Paul-Gerhard Schwesig
Die Rolle der Tag-JHWHs-Dichtungen im Dodekapropheton

Beihefte zur Zeitschrift für die alttestamentliche Wissenschaft

Herausgegeben von
John Barton · Reinhard G. Kratz
Choon-Leong Seow · Markus Witte

Band 366

Walter de Gruyter · Berlin · New York

Paul-Gerhard Schwesig

Die Rolle der Tag-JHWHs-Dichtungen im Dodekapropheton

Walter de Gruyter · Berlin · New York

♾ Gedruckt auf säurefreiem Papier,
das die US-ANSI-Norm über Haltbarkeit erfüllt.

ISBN-13: 978-3-11-019017-5
ISBN-10: 3-11-019017-6
ISSN 0934-2575

Bibliografische Information der Deutschen Nactionalbibliothek

Die Deutsche Nationalbibliothek verzeichnet diese Publikation in der Deutschen Nationalbibliografie; detaillierte bibliografische Daten sind im Internet über http://dnb.d-nb.de abrufbar.

© Copyright 2006 by Walter de Gruyter GmbH & Co. KG, 10785 Berlin
Dieses Werk einschließlich aller seiner Teile ist urheberrechtlich geschützt. Jede Verwertung außerhalb der engen Grenzen des Urheberrechtsgesetzes ist ohne Zustimmung des Verlages unzulässig und strafbar. Das gilt insbesondere für Vervielfältigungen, Übersetzungen, Mikroverfilmungen und die Einspeicherung und Verarbeitung in elektronischen Systemen.
Printed in Germany
Einbandgestaltung: Christopher Schneider, Berlin

Vorwort

Die vorliegende Arbeit wurde im Sommersemester 2005 von der Theologischen Fakultät der Martin-Luther-Universität Halle-Wittenberg als Dissertationsschrift angenommen und für den Druck geringfügig ergänzt. Sie ist neben meiner beruflichen Tätigkeit entstanden und hat deshalb einen entsprechend langen Weg hinter sich. Ich möchte allen danken, die dazu beigetragen haben, dass dieser Weg ans Ziel gekommen ist.

Herr Prof. Dr. Arndt Meinhold hat die Thematik der Dissertation angeregt, ihre Erarbeitung mit kritischen Impulsen gefördert und geduldig begleitet und schließlich eine Korrigenda-Liste mit formalen Fehlern und Unstimmigkeiten bereitgestellt. Das Kollegium des Gnadauer Theologischen Seminars Falkenberg hat meiner "Nebentätigkeit" Verständnis entgegengebracht und Freiräume eröffnet. Frau Andrea Völkner hat sich in der Endphase der Arbeit den Mühen des Korrekturlesens unterzogen. Die Herren Prof. Dr. Arndt Meinhold, Prof. Dr. Ernst-Joachim Waschke und Prof. Dr. Aaron Schart als externer Gutachter haben die Gutachten angefertigt. Außerdem danke ich den Herausgebern für die Aufnahme meiner Arbeit in die BZAW-Reihe und Frau Monika Müller vom zuständigen Lektorat für die unkomplizierte und entgegenkommende Begleitung.

Meine Frau schließlich ist den langen Weg unermüdlich mitgegangen und war mir dabei eine verlässliche und ermutigende Begleiterin.

Die Arbeit von Martin Beck[1] ist erst nach Abschluss meines Promotionsverfahrens erschienen, so dass eine Auseinandersetzung mit ihr nicht mehr erfolgen konnte. Die Schreibung der biblischen Eigennamen und die Abkürzung der biblischen Bücher folgt den Loccumer Richtlinien, und allen sonstigen Abkürzungen liegen Schwertners "Internationales Abkürzungsverzeichnis für Theologie und Grenzgebiete" und die Abkürzungsverzeichnisse des "Neuen Bibellexikons"[2] zugrunde.

Cöthen, im Sommer 2006   Paul-Gerhard Schwesig

---

[1] Beck, Martin. Der „Tag YHWHs" im Dodekapropheton: Studien im Spannungsfeld von Traditions- und Redaktionsgeschichte. BZAW 356. Berlin – New York: de Gruyter, 2005.
[2] Zu beiden Titeln siehe Literaturverzeichnis.

Inhaltsverzeichnis

Inhaltsverzeichnis	VII
0. Einführung	1
1. Amos 5,18-20	6
1.1. Literarische Gestaltung	6
1.2. Kontexte	9
1.2.1. Der Prophet Amos	10
1.2.2. Die älteste Amosschrift	12
1.2.3. Das beginnende Mehrprophetenbuch	15
1.3. Thematisches Profil	17
2. Zefanja 1*	20
2.1. Zef 1,14-16	20
2.1.1. Literarische Gestaltung	21
2.1.2. Thematisches Profil	27
2.2. Zef 1,7-16*	30
2.2.1. Literarische Abgrenzung	31
2.2.2. Kompositionelle Gestaltung	34
2.2.3. Thematisches Profil	40
2.2.4. Ausblick auf die älteste Zefanjaschrift	42
3. Am 5,18-20 und Zef 1* im wachsenden Mehrprophetenbuch	45
3.1. Am 5,18-20 und Zef 1* im Vierprophetenbuch*	45
3.1.1. Literarischer Befund	46
3.1.2. Thematisches Profil	50
3.2. Am 5,18-20 und Zef 1* im Sechsprophetenbuch*	54
3.2.1. Am 5,18-20 im Sechsprophetenbuch*	55
3.2.2. Zef 1* im Sechsprophetenbuch*	59
3.3. Der Tag JHWHs im Achtprophetenbuch*	70
3.3.1. Zef 3,14-20	72
3.3.2. Am 9,11-15*	73
3.3.3. Hos 2,1-3	74

4. Obadja 78

4.1. Obadja im Zehnprophetenbuch* 81
4.2. Obadja und Zefanja 85
4.3. Kompositionelle Gestaltung 89
4.3.1. Obd 1b-4.5-7 91
4.3.2. Obd 8-11.12-15 93
4.3.3. Obd 16-18.19-21 96
4.3.4. Obd 1b-7 // Obd 8-15 103
4.3.5. Obd 8-15 // Obd 16-21 105
4.3.6. Obd 1-7 // Obd 16-21 106
4.3.7. Obd 1b-21 107
4.4. Thematisches Profil 109

5. Joel 2,1-11 116

5.1. Literarischer Kontext 116
5.1.1. Joel 1,1-2,17 118
5.1.2. Joel 2,18-4,21 127
5.2. Literarische Gestaltung 142
5.3. Joel 2,1-11 und Zef 1,2-18* 147
5.4. Aufgenommene Traditionen 150
5.5. Thematisches Profil 157

6. Joel 4,1-3.9-17 160

6.1. Literarische Gestaltung 160
6.2. Joel 4,1-3.9-17 und Obadja 167
6.3. Weitere Referenztexte 170
6.4. Der יום־יהוה in der Joelschrift 174

7. Sacharja 14 179

7.1. Kompositionelle Gestaltung 183
7.2. Sach 14 als Summe der Tag-JHWHs-Dichtungen von X* 199
7.2.1. Sach 14 und Amosschrift 199
7.2.2. Sach 14 und die Zefanjaschrift 202
7.2.3. Sach 14 und die Obadjaschrift 207
7.2.4. Sach 14 und die Joelschrift 209
7.3. Weitere Referenztexte 214
7.3.1. Zehnprophetenbuch* 214
7.3.2. Jesajabuch 217
7.3.3. Jeremiabuch 222
7.3.4. Ezechielbuch 222

7.3.5. JHWH-König-Psalmen 93–100 226
7.3.6. Pentateuch 228
7.4. Thematisches Profil 231

8. Maleachi 3,13-21 und 3,23f 237
   8.1. Mal 3,13-21 in der Maleachischrift 238
   8.2. Literarische Gestaltung 242
   8.3. Mal 3,17-21 als letzte Tag-JHWHs-Dichtung im XII* 254
   8.4. Thematisches Profil von Mal 3,17-21 267
   8.5. Zum Abschlusscharakter von Mal 3,23f 269

9. Ergebnisse und Folgerungen 281
   9.1. Diachrone Lektüre der Tag-JWWHs-Dichtungen im XII 282
   9.2. Synchrone Lektüre der Tag-JHWHs-Dichtungen im XII 301

Literaturverzeichnis 313

Register 343

0. Einführung

Die Tatsache, dass die „zwölf kleinen Propheten" in der Antike als ein „Buch" galten, ist im Laufe der Forschungsgeschichte nie ganz in Vergessenheit geraten, aber erst in jüngster Zeit in den Brennpunkt des Forschungsinteresses gerückt.[1] Bis dahin schien ihre Überlieferung auf einer Rolle mit dem geringen Umfang der *„kleinen* Propheten" hinreichend erklärt und ihre Behandlung als eigene Bücher durch die Zuordnung zu verschiedenen „Verfassern" in eigenen „Buchüberschriften"[2] gerechtfertigt. Dass bei ihrer Zusammenstellung nicht nur formale Gründe leitend waren, zeigt aber schon die Zwölfzahl[3] der Schriften, ihre in der Überlieferung festliegende Reihenfolge[4] und die chronologische Abfolge der Zeitangaben in den datierten Schriftanfängen[5]. Die bisherige Forschung am Zwölfprophetenbuch hat darüber hinaus Einheit stiftende Merkmale herausgearbeitet, zu denen Stichwortverknüpfungen an den Rändern der Schriften (Nogalski), Leitthemen wie der יום־יהוה (Rendtorff), Fruchtbarkeit des Landes, Umkehr und Tempel auf dem Zion (Collins) oder die Rahmung des Zwölfprophetenbuches durch die Hosea- und die Amosschrift (Tooze) gehören.

Als derzeitiger Forschungskonsens kann gelten: Das Zwölfprophetenbuch ist eine „bewußt gestaltete, redaktionelle Großeinheit"[6], die sich als Sammlung von zwölf Schriften wie kein anderes Prophetenbuch „zu seinem Gewachsensein ‚bekennt'".[7] „Am Anfang war das Wort" der namengebenden Propheten, deren Verkündigung einen Prozess „prophetischer Prophetenauslegung"[8] initiierte, der sich zunächst innerhalb der

---

1 Vgl. die Überblicke über die Zwölfprophetenbuchforschung in Nogalski, Precursors, 3-12, Redditt, SBL: SP 2001, 58-80, Schart, Entstehung, 12-21 (6-21), Schart, VuF 43/2, 13-33 und Tooze, Framing, 11-57.
2 Bzw. Einleitungen in Prophetenschriften in vergleichbarer Funktion (Jona, Hag, Sach) – vgl. Schart, Entstehung, 33 (36).
3 Die Zwölfzahl steht im AT fast immer im Zusammenhang mit dem Zwölfstämmevolk Israel (vgl. Correns, BHH III, 2251).
4 Sowohl in der masoretischen wie auch in der G-Tradition.
5 Vgl. die Überschriften Hos 1,1; Am 1,1; Mi 1,1; Zef 1,1 und die Schriftanfänge Hag 1,1; Sach 1,1.
6 Schart, Entstehung, 21 (20).
7 Van Meeteren, NBL III, 1234.
8 Steck, Zeugnis, 145 u.ö.

Schriften vollzog. Die einzelnen Schriften wurden dann im Lauf der Redaktionsgeschichte des Zwölfprophetenbuches[9] zu Sammlungen verbunden, in denen sie von da ab „gemeinsam redigiert, tradiert und sukzessiv durch weitere Schriften ergänzt wurden"[10]. Hosea*, Amos*, Micha* und Zefanja* wurden zu einer ersten Sammlung verbunden[11], die den Untergang des Nord- und dann des Südreiches reflektierte. Eine zweite Sammlung umfasste Haggai und Sach 1-8, die formal durch eine Kette von Datierungen und inhaltlich durch ihren Bezug zum Wiederaufbau des Jerusalemer Tempels verbunden sind.

Unterschiedliche Ansichten bestehen über die weiteren redaktionellen Wachstumsphasen: Nach Nogalski wurden die genannten Sammlungen unter Aufnahme von Joel, Nahum, Habakuk, Obadja und Maleachi zu einem Elfprophetenbuch verbunden[12], das schließlich durch die Einfügung von Sach 9-14 und Jona seine Endgestalt erreichte. Schart fragt hinter das „D-Korpus" zurück und sieht die Redaktionsgeschichte des Zwölfprophetenbuches im Anschluss an Jörg Jeremias mit der Verbindung von Hosea* und Amos* zu einer „Zweiprophetenbuch-Rolle" beginnen, die durch Aufnahme von Micha* und Zefanja* zum „D-Korpus" anwuchs. In den folgenden redaktionellen Phasen wurden zunächst dem D-Korpus Nahum* und Habakuk* eingegliedert[13], dann das angewachsene Mehrprophetenbuch mit Haggai-Sacharja*[14] verbunden und später Joel, Obadja und Sach 14 eingefügt. Auf der letzten Redaktionsstufe erreichte die Schriftensammlung mit dem Zuwachs von Maleachi und Jona schließlich ihre kanonische Zwölfzahl.

Angesichts dieser aktuellen Forschungslage greift die vorliegende Arbeit eine innerhalb des Zwölfprophetenbuches besonders profilierte Thematik auf: die Ankündigung des יום־יהוה. Die Suche nach schriftenübergreifenden Stichwortverbindungen und Sachzusammenhängen im Zwölfprophetenbuch führt schnell auf dieses prophetische Leitthema: Allein dreizehnmal begegnet der in genau dieser Formulierung insgesamt

---

9 Auf die einzelnen Phasen der Redaktionsgeschichte wird jeweils zu Beginn der einzelnen Kapitel eingegangen.
10 Van Meeteren, NBL III,1233.
11 Nach Nogalski dtr („Deuteronomic Corpus" – Nogalski, Precursors, 278) und nach Schart dem dtr Denken nahestehend („D-Korpus" – Schart, Entstehung, 129 [156]).
12 Nogalski bezeichnet diese Redaktion nach ihrem „Literary Anchor" (Nogalski, Joel, 92) als „Joel-related layer" (Nogalski, Processes, 275-278).
13 Dieser Redaktion weist Schart auch die Hymnenschicht von Amos zu – vgl. Schart, Entstehung, 195-198 (234-237).
14 Offen bleibt, „ob und gegebenenfalls wie viel Textmaterial aus Sach 9-13 bereits dazu gehörte" – Schart, Entstehung, 255 (306).

sechzehnmal belegte Terminus im Zwölfprophetenbuch,[15] und die יוֹם־יהוה-Ankündigungsformel ist in ihrer exakten Form כי קרוב יוֹם־יהוה mit einer Ausnahme auf das Zwölfprophetenbuch beschränkt[16]. Darüber hinaus finden sich auch modifizierte יוֹם-Wendungen, die sich auf die gleiche Vorstellung beziehen, und (יהוה)יוֹם־-Bezugnahmen überziehen in unterschiedlichen Aussagezusammenhängen das gesamte Zwölfprophetenbuch. Schon von diesem Befund her erscheint nicht nur die JHWH-Tags-Vorstellung als exponierte Thematik des Zwölfprophetenbuches, sondern umgekehrt auch das Zwölfprophetenbuch als geeigneter Bezugsrahmen für die Untersuchung der יוֹם־יהוה-Thematik.

Doch was innerhalb dieses Bezugsrahmens verhandelt werden soll, bedarf noch einer Präzisierung. Der יוֹם־יהוה gehört zu den traditionsreichen und viel diskutierten Themen der alttestamentlichen Wissenschaft und wurde auch innerhalb der Zwölfprophetenbuchforschung bereits als schriftenübergreifendes Thema gewürdigt.[17] Doch Gegenstand dieser Arbeit ist nicht die יוֹם־יהוה-Vorstellung als solche, sondern sind *Texte*, die den JHWH-Tag zum Thema haben, in denen also der יוֹם־יהוה die Leitvorstellung bereitstellt, die die Einzelelemente dieser Texte verbindet und ihre Struktur bestimmt. Diese Texte sollen im Folgenden als „Tag-JHWHs-*Dichtungen*" bezeichnet werden.[18] Damit wird eine Formulierung von Perlitt für Zef 1,14-16[19] auf alle Tag-JHWHs-Texte des Zwölfprophetenbuches ausgeweitet, denn kein Thema des XII hat eine solche literarische Durchgestaltung erfahren wie das Leitthema des Tages JHWHs. Tag-JHWHs-Dichtungen in diesem Sinne sind innerhalb des Zwölfprophetenbuches in kanonischer Reihenfolge Joel 2,1-11; 4,1-3.9-17; Am 5,18-20; Obd; Zef 1*; Sach 14 und Mal 3,(13)17-21.[20]

Diese Tag-JHWHs-Dichtungen sollen zum einen im Anschluss an das von Schart entwickelte redaktionsgeschichtliche Modell einer diachronischen Untersuchung unterzogen werden, die ihre literarische Gestaltung

---

15 Jes 13,6.9; Ez 13,5; Joel 1,15; 2,1.11; 3,4; 4,14; Am 5,18bis.20; Obd 15; Zef 1,7.14bis; Mal 3,23.
16 Jes 13,6.(22); (Ez 7,7; 30,3); Joel 1,15; (2,1); 4,14; Obd 15; Zef 1,7.14(bis) (in Klammern Modifikationen).
17 Vgl. Barton, JSOT: SS 375, 68-79, Nogalski, SBL: SP 38, 617-642, Rendtorff, SBL: SP 36, 420-432, Rendtorff, God, 186-197 und Schart, Entstehung, 232-236 (278-282).
18 Dieser Terminus ist weiter als „Gedicht", das primär eine *lyrische* Dichtung bezeichnet (vgl. *Duden: Das große Wörterbuch der deutschen Sprache in 10 Bänden*, Band 3, 3., völlig neu bearb. u. erw. Aufl. Mannheim u.a.: Dudenverlag, 1999, 1402.) und eine zu enge Klassifizierung für *alle* Tag-JHWHs-Texte im Zwölfprophetenbuch wäre.
19 „'Tag Jahwes' -Dichtung" (sic!) – Perlitt, ATD 25/1, 102.
20 Die Einzelverse mit dem exakten Terminus יוֹם־יהוה (Joel 1,15; 3,4; Mal 3,23) oder modifizierte יוֹם-Wendungen (siehe besonders den יוֹם צרה in Nah 1,7; Hab 3,16) werden im Zusammenhang der Tag-JHWHs-Dichtungen ausgewertet werden.

und ihr thematisches Profil herausarbeitet und ihre Position und Funktion in ihrer jeweiligen Schrift und im wachsenden Mehrprophetenbuch bestimmt. Nach diesem Hauptteil der Arbeit soll die synchronische Fragestellung aufgenommen werden, ob die Tag-JHWHs-Dichtungen in ihrer kanonischen Abfolge einen sinnvollen Zusammenhang ergeben und eine schriftenübergreifende Lektüre ermöglichen.

Eine abschließende methodische Anmerkung soll zur Behandlung der Tag-JHWHs-Dichtungen überleiten. Bei der Erforschung der יום־יהוה-Vorstellung gibt es teilweise erhebliche Unterschiede in der Auswahl der Texte, die die Exegeten ihren Untersuchungen jeweils zugrunde legen.[21] Angesichts dieser unbefriedigenden Situation hat Yair Hoffmann die Forderung erhoben, zunächst die Texte mit dem exakten Terminus יום־יהוה zu analysieren, um methodisch gesicherte Kriterien für die Heranziehung von Texten mit modifizierten יום-Wendungen zu gewinnen.[22] Die diachronische Arbeit wird im Folgenden zeigen, was bei der kanonischen Abfolge der Tag-JHWHs-Dichtungen am Tage liegt: Die beiden Tag-JHWHs-Dichtungen, die eine modifizierte יום-Wendung einführen, Sach 14 und Mal 3,(13)17-21, sind die nicht nur der Reihenfolge, sondern auch dem Alter nach letzten Verlautbarungen zum יום־יהוה innerhalb des Zwölfprophetenbuches.[23] Ihnen voraus liegen die fünf Tag-JHWHs-Dichtungen mit dem exakten Terminus יום־יהוה, so dass im Lauf ihrer Untersuchung die Kriterien bereitgestellt werden, die zur Bestimmung von Sach 14 und Mal 3,(13)17-21 als Tag-JHWHs-Dichtungen erforderlich sind.

Mit der Beobachtung, dass die Autoren von Sach 14 und Mal 3,(13)17-21 mit einer modifizierten יום-Wendung arbeiten, deutet sich bereits an, was die nachfolgende Untersuchung nachweisen will: Die Tag-JHWHs-Dichtungen im Zwölfprophetenbuch spiegeln in ihrer diachronen Abfolge eine komplexe Geschichte der יום־יהוה-Vorstellung wider, die besonders in ihrer letzten Phase noch einmal tiefgreifende Wandlungen im Verständnis des JHWH-Tages erkennen lässt. Deshalb kann das Wagnis des Zusammendenkens der Tag-JHWHs-Dichtungen im Zwölfprophe-

---

21 Bis hin zur Einbeziehung des Textes Jer 4,23-28, der keinerlei יום-Wendung enthält – vgl. Victor Eppsteins Aufsatz „The Day of Yahweh in Jeremiah 4,23-28".

22 Für seine Untersuchung „The Day of the Lord as a Concept and a Term in the Prophetic Literature" nennt er als ersten Grundsatz: „At first, only those passages will be dealt with in which the exact phrase יום־יהוה appears, without even the slightest variation" (Hoffmann, ZAW 93, 39).

23 Die Erwähnung des יום־יהוה in Mal 3,23 ist nicht Bestandteil einer Tag-JHWHs-Dichtung, sondern einer abhängigen Infinitivkonstruktion, die das endzeitliche Kommen Elias temporal bestimmt. Der redaktionsgeschichtlich bedeutsame Maleachischluss wird im Zusammenhang der Analyse von Mal 3,(13)17-21 gewürdigt werden.

tenbuch, das eine Synchronlesung eingeht, nur dann gelingen, wenn das unverwechselbare Profil jeder einzelnen Tag-JHWHs-Dichtung nicht eingeebnet wird. Der Hauptteil wird folglich versuchen, dieses Profil jeweils herauszuarbeiten.

1. Amos 5,18-20

Amos stammte aus Tekoa im Südreich Juda und wirkte um 760 vC für kurze Zeit im Nordreich Israel. Er ist der erste Prophet, der dem Gottesvolk als ganzem das „Ende" ankündigt (Am 8,2), weil die Geduld des Gottes Israels an ihr Ende gekommen ist.[1] Amos ist zugleich der erste Prophet, der diese Unheilsbotschaft prägnant zusammenfasst in der Ankündigung des יום יהוה (Am 5,18-20). Dieser Terminus wird durch den Genitiv bestimmt als ein „Tag", der ganz vom geschichtlichen Eingreifen JHWHs bestimmt ist,[2] als ein „Tag", der seinen sichtbaren Machterweis bringt.[3] Diese machtvolle Manifestation JHWHs bedroht die Existenz des ganzen „Hauses Israel" (Am 5,1f.16f) – dass ist die unerhörte Botschaft des Amos. So wird er zugleich zum ersten Propheten, dessen Worte schriftlich fixiert und in „Buchform" ediert werden und „stark traditionsbildend auf seine Nachfolger"[4] wirken. Im Folgenden soll herausgearbeitet werden, inwieweit diese Beobachtung auch und gerade für seine Botschaft vom יום יהוה gilt.

1.1. Literarische Gestaltung

18 **Weh denen, die sich herbeisehnen den Tag JHWHs!**
   Wozu soll euch denn [dienen] der Tag JHWHs?

---

1   Näheres siehe S. 10-12. – Diese von der bisherigen Prophetenforschung nahezu einhellig vertretene Position ist von Kratz radikal bestritten worden (vgl. zuletzt Kratz, FRLANT 201, 54-89). Die unbedingte Unheilsprophetie sei erst das Produkt der Trägerkreise der Amosüberlieferung, die nach dem Untergang des Nordreiches Israel 722/1 vC das Hereinbrechen der Katastrophe begründen und JHWH rehabilitieren wollten. Von der Themenstellung der Arbeit her muss eine Auseinandersetzung mit dieser Sicht nicht in extenso geführt werden, da auch nach ihr Am 5,18-20 der Tag-JHWHs-Dichtung Zef 1,14-16 und ihren Fortschreibungen zeitlich vorausliegt. Deshalb sei hier lediglich die Frage aufgeworfen, welchen plausiblen Sitz im Leben unbedingte Gerichtsworte als vaticinia ex eventu – in diesem Fall nach der Katastrophe von 722/1 – haben sollten.
2   „In der vorliegenden Constructus-Verbindung meint יום ... ein durch den beigefügten Namen bestimmtes Geschehen in der Zeit" (Wolff, BK 14/2, 38).
3   Der Ton liegt nicht auf dem zeitlichen, sondern auf dem inhaltlichen Aspekt: „Der Begriff ‚Tag' beschreibt den Ereignis- und Geschichtscharakter eines machtvollen Geschehens und seine Wirkungen" (Herrmann, Heilserwartungen, 121; vgl. auch Jenni, THAT I, 724f).
4   Jeremias, RGG[4] I, 418.

1.1. Literarische Gestaltung　　　　　　　　　　　　　7

Er ist Finsternis und nicht Licht.
19 Wie wenn einer flieht vor dem Löwen,
da trifft ihn der Bär;
doch erreicht er das Haus und stützt seine Hand an die Wand,
da beißt ihn die Schlange:
20 Ist [so] nicht Finsternis der Tag JHWHs und nicht Licht,
Dunkel[5] und hat keinen Schimmer?

Am 5,18-20 ist eine selbstständige rhetorische Einheit[6] von formaler Geschlossenheit: V20 wiederholt aus V18 den dort zweimal begegnenden Terminus יום־יהוה und dessen Charakterisierung als חשך ולא־אור, die durch eine synonyme Aussage verstärkt wird. Ebenso rahmend und verstärkend wird das falsche Erwartungen abwehrende לא aus V18 in V20 dreimal wiederholt. Schließlich werden rhetorische Frage und These zum Finsternischarakter des יום יהוה aus V18 in V20 zu einer zweiteiligen rhetorischen Frage zusammengefasst. Auf diese Weise rahmen die fünf

---

5　Alle *Vrs* setzen eine substantivische Vokalisierung von אפל voraus, während *M* adjektivisch vokalisiert. Doch wäre אפל als Adjektiv hpleg und stünde neben drei parallelen Substantiven (vgl. Wolff, BK 14/2, 298).

6　Vgl. Wolff, BK 14/2, 299; Jeremias, ATD 24/2, 75. – Dass es sich bei Am 5,18-20 um eine literarische Einheit handelt, die auf Amos zurückgeht, wird von Fritz (vgl. SBAB 22, 109-124) und von Kratz (vgl. FRLANT 201, 54-89) bestritten. Da Am 5,18-20 auch als sekundäre Bildung nach beiden Autoren vor Zef 1,14-16 als nächster Tag-JHWHs-Dichtung entstanden ist, werden die Thesen dieser Arbeit davon nicht berührt. Deshalb soll im Folgenden nur kurz auf ihre Am 5,18-20 betreffende Ausführungen eingegangen werden. – Fritz geht von den Visionen des Amosbuches aus und führt nur Am 7,1-6 auf Amos zurück, da das kommende Gericht ab der dritten Vision unausweichlich ist. Aus Am 7,1-6 gewinnt er folgende Kriterien für „echte Amosworte": „bildhafte Redeweise, mangelnder Bezug zu konkreten Ereignissen und Fehlen eines Schuldaufweises" (SBAB 22, 115). Diesen Kriterien genügt Am 5,19, „wobei das Wort eine eigene literarische Einheit darstellt, die nichts mit dem vorangehenden Weheruf 5,18 zu tun hat" (a.a.O., 117), sondern für sich spreche (vgl. a.a.O., 118). Den Weheruf weist er der Amosschule zu (vgl. eb.), und V20 sieht er wegen seines wiederholenden Charakters als Nachtrag an (vgl. eb., Anm. 23). – Kratz dagegen geht vom Mittelteil Am 3-6 aus (vgl. FRLANT 201, 70) und findet in Am 3,12; 5,2-3.7 Parallelen für die Zusammenstellung von Bildwort und Weheruf in Am 5,18-20, durch die die ursprünglich selbstständige unbestimmte Unheilsansage von Am 5,19 und der Weheruf V18a zu einem Gerichtswort kompiliert worden sei (vgl. a.a.O., 79). – Aber Am 5,18-20 enthält weder formale noch inhaltliche Spannungen oder Unterschiede, die o. gen. literarkritische Operationen zwingend erfordern, und diese werden zudem auf einer äußerst schmalen exegetischen Basis innerhalb der Amosschrift vollzogen. Die Frage lässt sich nicht ganz unterdrücken, ob nicht die Vorstellung von Amos als allgemeinem Unheilskünder (Fritz) und „normalen" vorderorientalischen Propheten (Kratz) erkenntnisleitend war.Wenn die unbedingte Gerichtsbotschaft des Amosbuches auf den Propheten Amos zurückgeht, ist in keiner Weise befremdlich, dass der Prophet zu diesem Zweck die traditionellen Gattungen des Weherufes und des Bildwortes zu einem Gerichtswort verbunden hat.

Nominalsätze des Anfangs- und des Schlussverses die fünf Verbalsätze des Vergleichs, der die Unentrinnbarkeit vor diesem „Tag" entfaltet (V19).

Auch im Einzelnen wird formaler Gestaltungswille erkennbar: In V18 weisen Weheruf und Frage Alliterationen auf: Dem mit zweimaligem י anlautenden Hauptstichwort יום יהוה geht in V18a zweimaliges ה und in V18bα zweimaliges ל[7] jeweils im Anlaut der ersten beiden Wörter voran. Die beiden Fügungen von V18bβ nehmen das ה bzw. das ל noch einmal auf. Das wiederholte יום יהוה am Ende von V18a und von V18bα bildet eine Epiphora.

V19 besteht aus parallel aufgebauten Hälften: Sie beschreiben jeweils eine aus fünf Wörtern bzw. Fügungen bestehende Fluchtaktion, die schroff mit einer durch zwei Fügungen markierten tödlichen Gefahr konfrontiert wird. Hier fällt die Parallelität von ונשכו הנחש // ופגעו הדב besonders ins Auge, wobei die beiden kurzen Verbalsätze zugleich die Art der Gefahr jeweils onomatopoetisch charakterisieren.[8]

In V20 nehmen neun[9] dumpfe o-Laute das הוי der Totenklage von V16[10] auf und entfalten so onomatopoetisch den Unheilscharakter des יום יהוה.

So stellt sich der älteste alttestamentliche Belegtext für den יום יהוה als konzentrische Bildung dar, in der Rahmen (V18.20) und Gerahmtes (V19) schon in ihrer literarischen Gestaltung jeweils auf ihre Weise Unheilscharakter und Unentrinnbarkeit dieses Tages spiegeln. Dabei sind Ausruf, rhetorische Frage, Vergleich und variierende Wiederholung, Alliteration, Epiphora und Onomatopoiesis rhetorisch wirksame Stilmittel, die die Herkunft der Einheit aus mündlichem Vortrag des Propheten nahelegen. Nachstehende Übersicht hebt noch einmal die wichtigsten Merkmale hervor.

---

7 Die Fügung למה־זה stellt eine Toneinheit dar.
8 Jeweils dumpfe u-a-o-Vokalfolge der Verbform und dem Charakter des Tieres entsprechende Lautung der jeweiligen Lexeme.
9 Mit אפל – vgl. S. 7, Anm. 1.
10 Vgl. Rudolph, KAT 13/2, 203.

V18 Zweimaliges Vorkommen des Terminus יום יהוה Rhetorische Frage zur Erwartung des יום יהוה Charakterisierung: הוא־חשך ולא־אור – einmal לא

V19 Zweiteiliger Vergleich – eingeleitet mit כאשר: Veranschaulichung von Unheilscharakter und Unentrinnbarkeit des יום יהוה durch fünf Verbalsätze

V20 Wiederholung des Terminus יום יהוה Rhetorische Frage zum Charakter des יום יהוה Wiederholung von חשך ... ולא־אור – dreimal לא

1.2. Kontexte

Nach Überschrift (1,1) und Motto (1,2) eröffnet die Amosschrift in Am 1,3-2,16 mit einem Völkerspruchzyklus[11], der zusammen mit einem ebenfalls strophisch gegliederten Visionenzyklus in Am 7-9 den Mittelteil, Am 3-6, mit Prophetenworten gegen Israel rahmt. In ihrer Endfassung schließt die Amosschrift mit Fortschreibungen (9,7-15), die in einen heilseschatologischen Ausblick ausmünden, der sie mit dem Kontext des Zwölfprophetenbuches verbindet[12].

Zwischen dieser Endfassung der Amosschrift im literarischen Kontext des Zwölfprophetenbuches und dem Auftreten des namengebenden Propheten im historischen Kontext des Nordreiches Israel um die Mitte des 8. Jahrhunderts vC liegen Jahrhunderte, in denen die mündliche Verkündigung des Amos gehört und aufgeschrieben, neu gehört und fortgeschrieben und schließlich verbindlich „festgeschrieben" wurde.[13] Was lässt sich ausmachen über die früheste uns greifbare Verkündigung des

---

11 Die Anfangsstellung ist ungewöhnlich, da die Fremdvölkerworte entsprechend dem dreigliedrigen eschatologischen Schema sonst meist den Unheilsworten über das Gottesvolk folgen (Jes 13-23; Jer 25,14-32,24 G; Ez 25-32; Zef 2,4-15). Diese Position scheint die vorangehende Hoseaschrift schon vorauszusetzen, die keine Völkerworte bietet – vgl. Schart, Entstehung, 120f (145f).
12 Siehe nur Joel 4,18aα = Am 9,13bα und vgl. Am 9,12b mit Obd 17-20.
13 Zur forschungsgeschichtlichen Orientierung vgl. Steck, Zeugnis, 138ff.

יוֹם־יהוה, die zur „Initialzündung"[14] für die Botschaft vom יוֹם־יהוה im Zwölfprophetenbuch wurde?

1.2.1. Der Prophet Amos

Am 5,18-20 setzt voraus, dass die Hörer des Propheten den יוֹם־יהוה als einen heilvollen „Tag" für Israel erwartet haben, dass sich aber der Charakter dieses „Tages" für Amos in sein Gegenteil verkehrt hat. Was diesen Wandel verursacht hat, gibt der Visionenzyklus in Am 7-9* wieder:[15] Im ersten Visionenpaar kann der Prophet JHWH zur „Reue" bewegen und das Unheil abwenden (Am 7,2f.5f). Im zweiten Visionenpaar wird dem Propheten die Fürbitte abgeschnitten, weil die Geduld JHWHs mit seinem Volk an ihr Ende gekommen ist (Am 7,8; 8,2). Damit ist auch das „Ende" für das Gottesvolk gekommen, wie es in seiner Unentrinnbarkeit in der letzten Vision Am 9,1-4 entfaltet wird. „Die Visionen des Amos wollen als eine Geschehnisabfolge gelesen werden, als ein Weg, den der Prophet von Gott geführt wurde"[16]. Auf diesem Weg kommt es zur radikalen Wende im Selbstverständnis des Propheten: Der Mittler zwischen JHWH und seinem Volk[17] wird zum „Todesboten"[18] für das Gottesvolk. Der vom Volk herbeigesehnte יוֹם־יהוה wird für Amos zum Unheilstag.

Die Völkersprüche in Am 1-2*[19] zeigen, dass Amos seine Hörer einen vergleichbaren Weg führen will: Unheilsworte über feindliche Nachbarn wie die Aramäer und die Ammoniter entsprachen den Erwartungen, die

---

14 Schart, Entstehung, 23 (24).
15 Vgl. Jeremias, ATD 24/2, 96ff.
16 Jeremias, ATD 24/2, 96 – anders zur fünften Vision Waschke, ZAW 106, 434-445.
17 „...die Fürbitte war das altprophetische Amt schlechthin" (von Rad, Theologie I, 305, vgl. auch Theologie II, 59f). Die Überlieferung zeichnet die großen Mittlergestalten Abraham (Gen 20,7), Mose (Num 11,29; Dtn 18,15; 34,10) und Samuel (1Sam 3,20) als ideale Propheten, indem sie sie als Fürbitter darstellt (z.B. Gen 20,7; Ex 8,26; 9,28f; 18,19; 32,11-13; Dtn 9,18ff; 1Sam 7,5.8f; 12,23). Siehe außerdem Elia (1Kön 17,20f) und Elisa (2Kön 4,18ff) und Fürbitte als grundsätzlich formulierte Aufgabe von „wahren" Propheten in Jer 27,18 und Ez 13,5. Vgl. außerdem Jeremias, Kultprophetie, 140ff und Scharbert, NBL I, 712f.
18 Jeremias, ATD 24/2, 105.
19 Jeremias hat wahrscheinlich gemacht, dass „bei den Völkerworten des Amos mit einem doppelten Wachstumsprozeß zu rechnen" ist, so dass „Amos in mündlicher Verkündigung die Grausamkeiten der Aramäer und Ammoniter mit der Schuld Israels verglichen [hätte], während die Tradenten diese Botschaft für judäische Leser zu einer künstlerischen Fünferstruktur ausgebaut hätten, bevor die Endgestalt des Textes durch Zufügung der Tyros-, Edom- und der Judastrophe herbeigeführt worden wäre" (Jeremias, FAT 13, 178). Wenn schon bei Amos selbst Völkerworte und Israelstrophe miteinander verbunden waren, ist es plausibel, ihr Verhältnis auch schon für Amos wie oben dargestellt zu bestimmen.

1.2. Kontexte

die Hörerschaft prophetischen Verlautbarungen entgegenbrachte[20], so dass dem Propheten zunächst wohlwollende Aufmerksamkeit und bereitwillige Zustimmung sicher waren. Um so schockierender war es dann, dass die Israelstrophe das Gottesvolk als ungleich strafwürdiger und deshalb gewissermaßen im Epizentrum des heranziehenden Unheils befindlich darstellte. Diese Verbindung von Völkerworten und Israelstrophe funktioniert nach dem Muster des tu es ille vir (2Sam 12,7a) und versucht, die Adressaten zur Anerkennung des unwiderruflichen (Am 2,6a) Urteils zu bewegen.

Im Zusammenhang von Am 5,18-20 verdient eine Beobachtung noch genauere Beachtung: In der Ammoniterstrophe wird JHWHs Eingreifen angekündigt „unter (Kampf)geschrei am Tag des Krieges, unter Sturm am Tag des Unwetters" (Am 1,14).[21] Damit ist ein Anhaltspunkt gegeben für die genauere Erfassung des Vorverständnisses der Hörer vom יוֹם־יהוה: Er ist ein Tag kriegerischen Eingreifens JHWHs gegen seine Feinde unter theophanen Begleitumständen[22]. Schockierend für die ersten Hörer ist nun, dass das Gottesvolk in der Israelstrophe Am 2,6-16 unter die Gottesfeinde eingereiht wird, ja sogar Hauptbetroffener ist. Das kommende Unheil nimmt in V13-16 Züge eines Erdbebens an, dem auch die Schnellsten nicht entfliehen können.[23] Der von Amos verkündete יוֹם־יהוה bringt Israel den Tod, „sei es in Gestalt der Erschütterung der Erde (2,13; 9,1) oder der Verbannung in ein fernes Land (4,3; 5,27)"[24].

Weist der Weheruf von Am 5,18-20 Verknüpfungen zu anderen Amosworten auf? Die von den Überlieferern der Amossprüche an den Anfang der Wortsammlung Am 3-6*[25] platzierte Fragenkette Am 3,3-6.8 begründet, warum Amos mit einer in ihrer Totalität und Radikalität (Am 8,2)[26] völlig neuen Unheilsbotschaft hervortritt. Zielaussage ist die Parallelisierung des JHWH-Wortes mit Löwengebrüll (V8), um die Unwiderstehlichkeit der Indienstnahme des Propheten und den bedrohlichen Charakter seiner Botschaft herauszustellen. Wenn der Löwe so zur Metapher für JHWH wird, scheint auch durch V4 schon die Unheilsbotschaft durch:

---

20 Vgl. zur Vorgeschichte der Völkersprüche Jeremias, WMANT 35, 149.178. In Jer 28,8 erscheint Unheilsverkündigung „über viele Länder und über große Königreiche" als Merkmal der Propheten „von alters her".
21 Vgl. בתרועה ביום מלחמה בסער ביום סופה in Am 1,14.
22 כן תרדפם בסערך וסופתך תבהלם: Ps 83,16.
23 Vgl. die Wurzel נוס in Am 2,14a.16a; 5,19a.
24 Jeremias, RGG⁴ I, 418.
25 Vgl. Wolff, BK 14/2, 130 und Schart, Entstehung, 82 (98).
26 Vgl. בא הקץ אל־עמי ישראל in Am 8,2.

JHWH hat gebrüllt, weil Israel seine „Beute" ist![27] Ein weiteres Mal wird die Löwenmetapher schließlich aufgenommen im Sarkasmus von Am 3,12: Ein die Katastrophe überlebender „Rest" ist so wenig ein Hoffnungszeichen wie die nach Hirtenrecht[28] beizubringenden Überreste eines vom Löwen gerissenen Tieres. Die solchermaßen entfaltete Löwenmetapher assoziiert innerhalb des Vergleichs von Am 5,19 unentrinnbare Bedrohung Israels durch JHWH selbst.

Am 3,15 kündigt die Zerstörung der „vielen Häuser" an (viermal בית! – vgl. auch Am 6,11), die zu Statussymbolen eines durch „Gewalttat und Unterdrückung" erworbenen Luxus (Am 3,10) geworden sind. Damit wird die Vorstellung vom „Haus" als sicherem Zufluchtsort destruiert.

Schließlich ist noch einmal an die letzte Vision (Am 9,1-4) zu erinnern: „Nicht wird fliehen (ינוס) unter ihnen ein Fliehender (נס)", kündigt JHWH an; und im Folgenden werden bis ins Kosmische gesteigerte vergebliche Fluchtziele aufgeführt. Auch ein so irrealer Zufluchtsort wie der Grund des Meeres ist vom tödlichen „Biss" (נשך) der unter JHWHs Befehl stehenden „Schlange" (נחש) bedroht (vgl. auch Ps 139,7-12).

So versehen andere Amosworte die Gleichniserzählung von Am 5,19 mit Konnotationen, die eine Verstehenshilfe für seine Zielaussage bieten: Der יום־יהוה ist ein Unheilstag ohne Ausweg für Israel, weil seine Bedrohlichkeit von JHWH selbst ausgeht.

1.2.2. Die älteste Amosschrift

Ihren ältesten literarischen Niederschlag hat die Verkündigung des Amos in der Spruchsammlung Am 3-6* gefunden,[29] die die Unheilsverkündigung gegen Israel entfaltet. Flankiert von einem jeweils fünfteiligen Völkerspruchzyklus (Am 1,3-2,16*) und Visionenzyklus (Am 7,1-8; 8,1f; 9,1-4*) bildete sie die Mitte schon der ältesten Amosschrift, die nach dem Fall Samarias herausgegeben wurde.[30] Ihren „innersten Kern"[31] stellte Am 5* dar, das von Unheilsworten über die Oberschicht der Hauptstadt Samaria (Am 3,9-4,3* und Am 6*) gerahmt wurde. Am 5 gibt sich auch als inhaltliche Mitte zu erkennen: Das Kapitel redet „weit allgemeiner und prinzipieller vom Gottesverhältnis Israels als seine Umgebung; Tod und Leben

---

27 Jeremias, ATD 24/2, 35.
28 Vgl. Ex 22,9-12.
29 Wolff rechnet mit der Möglichkeit, „daß diese Sammlung auf Amos selbst zurückgeht" (Wolff, BK 14/2, 130), während Schart sie auf „Sammler" zurückführt (Schart, Entstehung, 82 [98]).
30 Vgl. Jeremias, RGG⁴ I, 419.
31 Jeremias, ATD 24/2, 62.

bilden die beherrschenden Leitworte, Gottesdienst und Recht sind die beherrschenden Themen."[32] So steht Am 5,18-20 schon in der ältesten Amosschrift an zentraler Position.

Am 3-6* ist zweigeteilt[33]: Am 3,1a und Am 5,1 stehen jeweils überschriftartig voran, sind völlig parallel gestaltet[34] und weisen zugleich signifikante Unterschiede auf[35]. Diese Strukturierung intendiert einen unumkehrbaren Zusammenhang: „In Am 3-4 benennt Jahwe die Schuld des Gottesvolkes, in Am 5-6 beklagt der Prophet den bevorstehenden Untergang des Gemeinwesens."[36] Am 5-6* ist seinerseits dreiteilig[37]: Auf eine kunstvolle Ringkomposition[38] in Am 5,1-17* folgen mit Am 5,18-27* und Am 6,1-14* zwei mit einem „Wehe" eingeleitete Abschnitte, die die Leitvorstellung der Totenklage von Am 5,1f.16f aufnehmen und weiter entfalten. Am 5,18-20 – mit 5,21-27* einen literarischen Zusammenhang bildend – stellt die Mitte dar, die mit den benachbarten Abschnitten eng verknüpft ist. Wie interpretiert nun dieser literarische Kontext die älteste Tag-JHWHs-Dichtung?

Am 5,18-20 mit seiner prophetischen Warnung vor Illusionen im Blick auf den יום־יהוה eröffnet das erste Wehewort und wird literarisch unmittelbar fortgesetzt in der JHWH-Rede von Am 5,21-27*, die den Gottesdienst Israels „verwirft" (Am 5,21: מאס). Der Kult des Gottesvolkes verfehlt Gott, weil „Recht und Gerechtigkeit" im Land „versiegen" (V24). So stellt die Kultkritik sicher, dass der Unheilscharakter des יום־יהוה nicht schicksalhaft, sondern verschuldet ist; und die angedrohte „Gottesferne der Verbannung"[39] gibt diesem Unheilstag geschichtliche Konkretion.

Die voranstehende Ringkomposition Am 5,1-17* ist von der קינה des Propheten über die „Jungfrau Israel" (V1f) bis zur Ankündigung allgemeiner Totenklage vom Leitthema „Tod und Leben" durchzogen. Die Begründung erfolgt denkbar knapp in zwei Worten „wie ein Hammer-

---

32 Jeremias, ATD 24/2, 62.
33 Vgl. Jeremias, ATD 24/2, 31f. – Diese Strukturierung geht nach Schart „wohl auf die Sammler zurück" (Schart, Entstehung, 82 [98]).
34 Auf den Höraufruf שמעו את־הדבר הזה folgt jeweils ein mit אשר eingeleiteter Relativsatz, der eine Präpositionalbestimmung mit על enthält.
35 In Am 3,1 ist das Subjekt JHWH, die mit ihm verbundene Verbform steht im Perfekt und Adressaten sind die בני ישראל (Am 3,1.12; 4,5); in 5,1 ist der Prophet das Subjekt, und seine Äußerung wird durch ein Partizip als aktuell ergehend und inhaltlich als קינה bestimmt, die an den בית ישראל (5,1.3.4.25; 6,1.14) gerichtet ist.
36 Jeremias, ATD 24/2, 32.
37 Vgl. Jeremias, ATD 24/2, 61.
38 Vgl. Jeremias, ATD 24/2, 62f und die Modifizierung durch Schart, Entstehung, 64 (74f).
39 Jeremias, ATD 24/2, 81.

schlag"⁴⁰: כִּי־אֶעֱבֹר בְּקִרְבְּךָ (V17b). JHWH kann nicht mehr schonend an Israel „vorübergehen" (עבר ל Am 7,8; 8,2), sondern wird durch seine „Mitte hindurchgehen", wie er während der zehnten ägyptischen Plage „durch das Land Ägypten ging" (עבר ב) Ex 12,12). Die ursprüngliche Mitte der Komposition (V7.10.12b⁴¹) begründet diese tödliche Epiphanie damit, dass Israel „Recht und Gerechtigkeit" pervertiert hat. Wenn aber Israel nicht durch ein blindes Schicksal bedroht ist, sondern durch JHWHs Gericht über seinen Rechtsbruch, dann ist der inmitten der Klage laut werdende Ruf zum Leben (V4b) nicht sinnlos. Er hängt aber an zwei unabdingbaren Prämissen: an der „Wiederaufrichtung" des Rechts und dem unverfügbaren „Vielleicht" erneuter Zuwendung JHWHs (V15).

Am 5,18-20 nimmt mit dem aus der Totenklage erwachsenen Weheruf הוֹי⁴² (V18) das lautmalende הוֹ־הוֹ der Totenklage aus V16 auf⁴³ und will aus dem Zusammenhang zu Am 5,1-17* verstanden werden: Die Hörer wünschen sich den יוֹם־יהוה herbei, weil sie der Überzeugung sind, JHWH sei „mit ihnen" (V14). Der יוֹם־יהוה wird inhaltlich näher bestimmt als der „Tag", an dem JHWH durch Israels „Mitte hindurchgeht", der also dem Gottesvolk eine tödliche Begegnung mit seinem Gott bringt. Dem Wortfeld von „Tag" entsprechend, wird das Leitthema „Leben und Tod" durch die Symbole „Licht" und „Finsternis" aufgenommen. Dass die tödliche Bedrohung verschuldet ist, wird weiter präzisiert durch die Konstatierung der Missstände im Rechtswesen. Der solchermaßen bestimmte יוֹם־יהוה ist nicht mehr ein Unheilstag, mit dessen Hereinbrechen man sich nur fatalistisch abfinden kann. Denn die leidenschaftliche Auseinandersetzung des Propheten um das richtige Verständnis dieses Tages verlöre ihren Sinn, wenn es nicht „vielleicht" noch Hoffnung gäbe!

Weitere Auslegung innerhalb der Wortsammlung erfährt Am 5,18-20 durch den Weheruf Am 6,1-7*, der den dritten Teil von Am 5-6* einleitet.⁴⁴ Die Parallelität beider Abschnitte wird noch sprechender, wenn es sich bei dem in Am 6,7 angesprochenen מַרְזֵחַ⁴⁵ nicht um Privatparties von Prominenten, sondern um Kultfeiern religiöser Vereine handelte, wie sie im Alten Orient weit verbreitet waren.⁴⁶ „Die in vv. 4-6 vom Propheten gescholtenen Verhaltensweisen gehören in der Tat zu den Grundvoll-

---

40 Jeremias, ATD 24/2, 73.
41 Abgrenzung im Anschluss an Schart, Entstehung, 66f (78).
42 Vgl. Jenni, THAT I, 474ff.
43 Vgl. Jeremias, ATD 24/2, 75.
44 Die Herausgeber der ältesten Amosschrift haben Am 5,18-27* und Am 6* bewusst parallelisiert – vgl. Jeremias, ATD 24/2, 75.
45 Im AT neben Am 6,7 nur noch in Jer 16,5 belegt.
46 Vgl. Fabry, ThWAT V, 12-14.

zügen des heidnischen *mrzḥ* mitsamt ihren exzessiven Entartungen"[47]. Dann äußert sich im Wohlstandsleben der samarischen Notabeln ein religiös eingefärbtes Selbstbewusstsein, „Spitze" zu sein (V1b - ראשית) und deshalb auch Anspruch auf „Spitzenprodukte" zu haben (V6a - ראשית). Entsprechend wird sie – so sichert ihr Amos in grimmiger Ironie zu – im Zug der Deportierten an der Spitze marschieren (V7a - בראש). Am 5,18-20 wird hier weiter ausgelegt: Als religiöse Elite innerhalb der Völker (V1b) meinen die Adressaten, der unheilvolle Charakter des יום־יהוה treffe sie nicht (V3a)[48], doch Amos zieht aus ihrer ausgezeichneten Position (V1b נקב) entgegengesetzte Schlussfolgerungen (V7). Prägnant und ganz im Sinne des Propheten haben die Herausgeber der ältesten Amosschrift diese Konsequenzen in Am 3,2 in der Sprache Hoseas formuliert und der Wortsammlung Am 3-6* überschriftartig vorangestellt.[49]

1.2.3. Das beginnende Mehrprophetenbuch

Im Anschluss an Jeremias[50] hat Schart wahrscheinlich gemacht, dass die Amos- und die Hoseaschrift „vom gleichen Herausgeberkreis bearbeitet wurden".[51] Hat diese These auch Relevanz für die יום־יהוה-Thematik im werdenden Mehrprophetenbuch?

Zu den von Schart herausgearbeiteten Texten, die „eine bemerkenswerte Nähe zu Texten aus Hos"[52] zeigen, gehören auch Am 3,2 und Am 3,14. Mit Am 3,2 fassen die Herausgeber der ältesten Amosschrift die Botschaft des Propheten „in einer für das Amosbuch singulären Terminologie"[53] zusammen und stellen es Am 3-4 als „Programmwort"[54] voran. Die hier angedrohte „Heimsuchung" (פקד) sieht Am 3,13f an der Heimsuchung (פקד V14bis) der Altäre von Betel beginnen. Am 3,13f steht im Kontext von Samariaworten (3,9-4,3*), deren letztes es unterbricht (Am 3,12.15) – die für Hoseas Kritik typische Verbindung von Samaria und Betel, von „Thron und Altar", ist den Herausgebern offensichtlich an

---

47 Fabry, ThWAT V, 15; vgl. auch Jeremias, ATD 24/2, 86f.
48 Die Parallelisierung bestätigt, dass der יום־יהוה im Vorverständnis der ersten Hörerschaft des Amos Unheilstag für die feindlichen Völker und damit „Licht" (als Synonym für „Heil") für Israel war.
49 Vgl. Jeremias, ATD 24/2, 31.32f.
50 Vgl. Jeremias, FAT 13, 34-54.
51 Schart, Entstehung, 255 (305); vgl. 85ff (101ff).
52 Schart, Entstehung, 255 (305).
53 Jeremias, ATD 24/2, 32. ידע (Hos 13,5 mit JHWH als Subjekt), עוון und פקד sind charakteristisch für den Sprachgebrauch der Hoseaschrift – vgl. Jeremias, ATD 24/2, 32f.
54 Jeremias, ATD 24/2, 31.

dieser Stelle wichtig[55]. Das innerhalb der Amosschrift nur in Am 3,2.14 vorkommende Verb פקד ist in der Hoseaschrift Leitwort für JHWHs Reaktion auf Israels Verfehlungen[56] und umfasst das *Auf*suchen der Schuldiggewordenen, das *Unter*suchen der Missstände und das *Heim*suchen im Sinne eines Einschreitens JHWHs[57]. Am Schluss der Hoseaüberlieferung zum syrisch-efraimitischen Krieg wird in Hos 9,7-9 zusammenfassend festgestellt, dass Israel mit der feindseligen Behandlung des Propheten das Maß voll gemacht hat und die „Tage der Heimsuchung gekommen" (V7a: באו ימי הפקדה) sind – bekräftigt durch den Schlusssatz יפקוד חטאותם (V9b: „Er wird ihre Sünden heimsuchen."). Am 3,14 kündigt ganz entsprechend „am Tag meines Heimsuchens" (ביום פקדי) das richtende Einschreiten JHWHs als „Heimsuchung" (ופקדתי) an. Damit soll offensichtlich die Unheilsverkündigung des Amos und näherhin seine יום־יהוה-Ankündigung mit der Hoseaschrift verbunden werden. So wird im Kontext eines „Hosea-Amos-Buches" der Unheilscharakter des יום־יהוה ganz vom Gottesverhältnis Israels her begründet als der Tag, an dem JHWH die Untreue seines Volkes ahndet. Dass Leser schon in Hos 5,14 dem „Löwen" als Metapher für JHWH und in Hos 13,7f der Abfolge von Löwe, Panther und Bärin als drastisch ausgeführtem Bild für JHWHs unentrinnbaren Zugriff begegnen, hilft ihnen zusätzlich, die יום־יהוה-Ankündigung des Amos auch im Licht der Hoseaschrift zu lesen. Und umgekehrt erhält das in der Hoseaschrift angekündigte gerichtliche Einschreiten JHWHs gegen Israel mit dem יום־יהוה von Am 5,18-20 seine zeitlich-geschichtliche Zuspitzung.

---

55 Vgl. Schart, Entstehung, 59 (69).
56 Hos 1,4; 2,15; 4,9.14; 8,13; 9,9; 12,3; dazu פקדה in Hos 9,7.
57 Vgl. W. Schottroff, THAT II, 466ff (besonders 477-483).

1.3. Thematisches Profil

Amos teilt mit seinen Hörern die Erwartung des יוֹם־יהוה als eines „Tages" machtvoller Manifestation JHWHs, bestreitet aber, dass dieser Machterweis für sie erstrebenswert sei. Welche Erwartungen die Hörer mit dem Eingreifen JHWHs verbanden, lässt sich indirekt erschließen aus den Vorstellungen und Einstellungen, die Amos zurückweist. So wird in Am 5,18.20 der Lichtcharakter des יוֹם־יהוה zweimal expressis verbis bestritten – in V20 verstärkt durch eine synonyme Aussage (לא־נגה).

אוֹר[58] ist ein Lebenssymbol[59] und wird dementsprechend zur Metapher für die Zuwendung JHWHs[60]. Außerdem ist אוֹר[61] und noch markanter נגה[62] Erscheinungsweise JHWHs und besonders Begleiterscheinung seiner Epiphanie. Am 1,14 legt die Vermutung nahe, dass das heilvolle Eingreifen JHWHs als kriegerischer Machterweis gegenüber seinen Feinden erwartet wurde. Da das Gottesvolk in seiner Geschichte immer wieder erfahren hatte, dass seine Feinde JHWHs Feinde waren[63], hatte der יוֹם־יהוה für Israel seine heilvolle Kehrseite. Von ihm wurde, wie aus Am 5,19 indirekt erschließbar ist, endgültige Sicherheit erhofft. Naheliegend ist, dass solches יוֹם־יהוה-Verständnis im Kult artikuliert und tradiert wurde, zumal in Am 5,21-27* das Thema „Gottesdienst" unmittelbar angeschlossen wird. Entsprechende Erwartungen gründeten im religiösen Selbstbewusstsein der ersten Hörer des Propheten, dass JHWH mit ihnen sei (Am 5,14) und sie deshalb die „Ersten" unter den Völkern seien (Am 6,1). Bestärkt wurden sie in solcher Haltung durch militärische Erfolge Jerobeams II. (Am 6,13) und die dadurch ausgelöste Spätblüte des Nordreiches (vgl. z.B. Am 6,4-6), an der offensichtlich auch der Kultbetrieb partizipierte[64].

Die יוֹם־יהוה-Verkündigung des Propheten ist solchen Erwartungen diametral entgegengesetzt, wird aber geformt aus einer den Hörern geläufigen Sprach- und Vorstellungswelt. Der Unheilscharakter des „Tages" wird mit Hilfe der Licht-Finsternis-Metaphorik dargestellt,[65] die Tierbilder

---

58 Vgl. Aalen, ThWAT I 160; Sæbø, THAT I, 84 und Podella, NBL II, 633.
59 Z.B. „Licht" // „Leben" Ps 36,10; „Licht der Lebendigen" Ps 56,14; Hi 33,30.
60 Z.B. Num 6,22-27; Ps 13,4; 31,17; 80,4.8.20; Ps 27,1 JHWH selbst.
61 Z.B. Jes 60,1.19; Hab 3,4.11; Ps 104,2a.
62 2Sam 18,3=Ps 18,13; Jes 4,5; 60,3.19; 62,1; Ez 1,4.13.27f; 10,4; Hab 3,4.11.
63 Vgl. die Erwähnung der Landnahme in Am 2,9 und die Anspielung auf den Exodus in Am 5,17 (עבר ב) in Ex 12,12).
64 Am 4,4f und Am 5,21-23* setzen einen florierenden Kultbetrieb voraus.
65 Zu חשׁך als Metapher für Unheil und Tod vgl. Ringgren, ThWAT III, 272-274.

veranschaulichen neben dem Unheilscharakter vor allem seine Unausweichlichkeit, und der einleitende Weheruf הוי war den Zeitgenossen „als einleitender Ruf der Totenklage"⁶⁶ wohl vertraut. Aber Amos ist der Erste, der dieses Wehe über eine kollektive Größe und ein lebendiges Gegenüber ausruft, und er bleibt der Einzige, der den Weheruf הוי mit der Ankündigung des JHWH-Tages verbindet. Das unerhört Neue seiner Botschaft spitzt sich zu in der provozierenden Frage: „Was denn soll *euch* JHWHs Tag?"⁶⁷ Die literarische Gestaltung von Am 5,18-20 spiegelt seine Botschaft: Die sorgfältig durchgestaltete konzentrische Bildung macht sowohl Unheilscharakter als auch Unentrinnbarkeit des erwarteten יום־יהוה deutlich.

Während also Am 5,18-20 ganz darauf konzentriert ist, die trügerischen Erwartungen hinsichtlich des JHWH-Tages zurückzuweisen, konkretisiert der literarische Kontext zum einen seinen Unheilscharakter, indem er ihn als militärische Katastrophe historisiert, hinter der JHWH selbst steht. Zum andern stellt der literarische Kontext sicher, dass der so bestimmte יום־יהוה kein unerklärliches Verhängnis ist, sondern in Verfehlungen Israels gründet, die sich in der Verkehrung von „Recht und Gerechtigkeit" konzentrieren. Im Zusammenhang dieser Begründungen gewinnt der Weheruf auch indirekt begründenden Charakter: Die Adressierung der Totenklage an Lebende signalisiert, dass „einem bestimmten menschlichen Verhalten der Keim des Todes bereits innewohnt"⁶⁸. Aber mit einem „Vielleicht"⁶⁹ im Nahkontext von Am 5,18-20 wird gewissermaßen die Tür aus dem „Sterbezimmer" von außen einen Spalt weit geöffnet.

Der älteste literarische Beleg für die prophetische Ankündigung des יום־יהוה war seit der ältesten Amosschrift an zentraler Position platziert: im die formale und inhaltliche Mitte bildenden Kapitel Am 5 und innerhalb der dreiteiligen Großeinheit Am 5-6 am Beginn des Mittelteils.

Die Verbindung der Amos- mit der Hoseaschrift profiliert auch die יום־יהוה-Botschaft: Indem die Tradenten den JHWH-Tag als „Tag meines Heimsuchens" (Am 3,14: יום פקדי) bestimmen, nehmen sie ein Leitwort der Hoseaschrift (פקד) auf und begründen den unausweichlichen

---

66 Jenni, THAT I, 474.
67 „למה ל" fragt nach der Bedeutung, dem Nutzen oder Schaden von etwas für jemanden" (Wolff, BK 14/2, 300) – vgl. למה לי in Hi 30,2.
68 G. Wanke, zitiert nach Jenni, THAT I, 474.
69 Nach Jeremias war Amos „gerufen, einem schuldigen Israel Gottes ... tödliche Nähe (5,17) anzusagen" (72), während das „Vielleicht" auf die Tradenten zurückgehe (vgl. Jeremias, ATD 24/2, 72f). Doch wenn diese äußerst verhalten formulierte Mahnung nicht auf Amos zurückginge, liefe auch seine Mahnung in V4 ins Leere.

Unheilscharakter des יוֹם־יהוה für das Gottesvolk expressis verbis mit seinem Gottesverhältnis (Am 3,2: פקד).

2. Zefanja 1*

Über ein Jahrhundert nach dem Auftreten des Propheten Amos im Nordreich Israel[1] nimmt der Prophet Zefanja die Amosbotschaft vom kommenden יוֹם־יהוה als Unheilstag wieder auf, um ihn nun an das Südreich Juda zu adressieren. Ihre erste geschichtliche Realisierung im Untergang des Nordreiches hat diese Botschaft nicht überholt, sondern ihr gesteigerte Aktualität gegeben: Zefanja ist der erste Prophet, der die „Nähe" des bevorstehenden JHWH-Tages proklamiert (Zef 1,7.14)[2]. Damit ist der יוֹם־יהוה mit einer markanten zeitlichen Qualifizierung versehen, die den exakten Terminus im Zwölfprophetenbuch begleitet (Obd 15a; Joel 1,15; 2,1; 4,14)[3].

2.1. Zef 1,14-16

14 Nahe ist der große Tag JHWHs,
nahe und sehr eilends.[4]
Schneller ist der Tag JHWHs als ein Läufer
und rascher als ein Krieger.[5]
15 Ein Tag des Zorns ist jener Tag,
ein Tag der Not und der Bedrängnis,
ein Tag des Untergangs und der Vernichtung,[6]

---

1 Auf Grund der religiösen Praktiken (vor allem) in Jerusalem (Zef 1,4-5*) und der assyrischen Einflüsse am Königshof (Zef 1,8-9*), die die Zefanjaworte voraussetzen, ist ein Wirken des Propheten vor der Reform Joschijas nach wie vor am wahrscheinlichsten – vgl. Irsigler, Zefanja,67-71.
2 Die יוֹם־יהוה-Ankündigungsformel כי קרוב יום־יהוה begegnet in Jes 13,6.(22); (Ez 7,7; 30,3); Joel 1,15; (2,1); 4,14; Obd 15; Zef 1,7.14 (in Klammern Modifizierungen), also hauptsächlich im Zwölfprophetenbuch. Zur יוֹם־יהוה-Ankündigungsformel vgl. Irsigler, ATS 3, 319-347; Bergler, BEAT 16, 180-184.
3 Außer Mal 3,23 – zum Maleachischluss siehe das Maleachikapitel.
4 מהר muss nicht als aus ממהר verkürztes Partizip aufgefasst werden (so z.B. Rudolph, KAT 13/3, 263), sondern „ist prädikativ verwendeter adverbieller Infinitiv" (Irsigler, Zefanja, 166) wie in Jes 8,1.3.
5 V14b M in masoretischer Akzentuierung: „Horch, der Tag JHWHs! Bitter schreit da auf [der] Held." Oder nach BHS: „Horch, der Tag JHWHs [ist] bitter! Da schreit auf der Held." Zur Konjektur, der obige Übersetzung folgt, siehe S. 21f.

2.1. Zef 1,14-16

ein Tag der Finsternis und der Verdunklung,
ein Tag der Wolke und des Wolkendunkels,
16 ein Tag des Horns und Kriegsgeschreis[7]
über die unzugänglichen Städte
und über die hochragenden Zinnen.

Auch von der Zefanjaschrift gilt, dass eine komplexe Wirkungs- und Wachstumsgeschichte vom Prophetenspruch zur Prophetenschrift geführt hat, die einen unreflektierten Zugriff auf mündliche Prophetenworte verwehrt. Besonders in Zef 1 ist die Verknüpfung der Einheiten so dicht, dass sie nur mit intensiver literarischer Gestaltung erklärt werden kann.[8]

Zef 1,14-16 aber setzt asyndetisch ein, bedarf zu seinem Verständnis keiner Verknüpfung mit anderen Einheiten[9] und weist auch keine Stichwortbezüge gleicher Intensität wie die anderen Einheiten von Zef 1 auf,[10] so dass sich Zef 1,14-16 als die selbstständigste Einheit von Zef 1 präsentiert. Außerdem weist Zef 1,14-16 besonders auf das Ohr zielende Stilmittel wie Anaphora und Endreim, Onomatopoiesis und Silbengradation in außergewöhnlicher Dichte auf[11] und gibt damit seine Herkunft aus mündlichem Vortrag zu erkennen. Deshalb liegt die Folgerung nahe, dass sich die mündliche Verkündigung Zefanjas am unmittelbarsten in Zef 1,14-16 spiegelt.[12] Diese Merkmale von Zef 1,14-16 sprechen dafür, die Untersuchung von Zef 1 mit dieser Einheit zu beginnen.

2.1.1. Literarische Gestaltung

Vor einer Analyse der literarischen Gestaltung muss der Frage nach der ursprünglichen Fassung von V14b nachgegangen werden, denn dessen

---

6   שאה kann zurückgehen auf שוא (hif „übel umgehen mit"), I שאה („öde liegen") oder II שאה (nif „brausen") und entsprechend mit „Verderben", „Öde" oder „Unwetter" wiedergegeben werden (vgl. KBL³ IV,1325f). משואה findet sich nur in Zef 1,15 und Ijob 30,3; 38,27 und ist nach Fohrer „die künstliche Erweiterungsform von שאה" (Fohrer, KAT 16, 413). – Die obige Übersetzung ist kontextbezogen und orientiert sich am Gefälle von V15-16a: Die Explikation des Zornestages setzt mit allgemeinen Bestimmungen ein, der dann optische und akustische Phänomene folgen.
7   Die Übersetzung von V15-16a versucht, den Sprachrhythmus des hebräischen Textes nachzuvollziehen.
8   Vgl. Weimar, AOAT 250, 827f.
9   Auch nicht der יום־(יהוה)-Aussagen von Zef 1,7; 2,1-3 – vgl. Irsigler, ATS 3, 310.
10 Die nachfolgenden Analysen werden diesen Befund herauszuarbeiten versuchen.
11 Näheres siehe nachfolgend.
12 Weimars grundsätzliche Skepsis hinsichtlich eines Zugangs zur Verkündigung Zefanjas (vgl. Weimar, AOAT 250, 828, Anm. 72) braucht also gerade für Zef 1,14-16 nicht geteilt zu werden.

masoretische Fassung weist Schwierigkeiten auf, die seit langem erörtert werden: So werde nicht erkennbar, worauf sich קול beziehe, שם fehle, lokal verstanden, der Bezug und eine temporale Bedeutung seien fraglich, und der letzte Stichos falle inhaltlich aus dem Parallelismus von V14 heraus, da die übrigen drei Stichen die Nähe des JHWH-Tages ansagen.[13] Diese Schwierigkeiten sind zwar von unterschiedlichem Gewicht[14] und machen Textänderungen nicht zwingend. Aber V14b fällt in jedem Fall aus der formalen und inhaltlichen Geschlossenheit von V14-16 heraus, so dass unterschiedliche Konjekturen vorgeschlagen wurden, von denen die von BHS vorgeschlagene Emendation[15] allgemeine Anerkennung gefunden hat: קל יום־יהוה מרץ וחש מגבור[16] („Schneller ist der Tag JHWHs als ein Läufer und rascher als ein Held."). Sie schließt sich äußerst eng an das masoretische Schriftbild an[17] und nimmt nur eine neue Zusammenordnung der Konsonanten vor. Der Einwand von Rudolph gegen diese auch für ihn „geniale Konjektur", sie ergäbe „nur eine Wiederholung von 14a"[18], spricht angesichts des wiederholenden Stils von Zef 1,14-16 geradezu für sie. Irsigler hat bündig zusammengefasst, was diese Emendation gegenüber der masoretischen Fassung wahrscheinlicher macht.

> „Sie schafft einen engen synonymen Parallelismus der Stichen und auch der Verszeilen in 1,14 (Tetrastichon). Auch in V. 14c.d fungiert nun der ‚Tag Jahwes' als S[ubjekt – PGS]. Insgesamt wird der Aufbau der Einheit 1,14-16 durchsichtiger, da V. 14 einheitlich vom schnellen Herannahen des Jahwetages redet und nicht mehr eine inhaltliche Qualifizierung dieses Tages vorwegnimmt, die V. 15-16 in geschlossener Form bieten."[19]

So legt die nachfolgende Analyse der literarischen Gestaltung[20] für Zef 1,14b diese Emendation zu Grunde. Zef 1,14-16 besteht durchgehend aus Nominalsätzen in der Abfolge Prädikat – Subjekt, die untereinander die drei nominalen Satzverbände V14a, V14b und V15-16 bilden. Deren Prädikate werden jeweils nachfolgend erweitert bzw. entfaltet:[21] קרוב am

---

13 Vgl. schon Marti, KHC 13, 365; Sellin, KAT 12, 378f; Horst, HAT 14, 188.
14 Zur temporalen Bedeutung von שם vgl. nur KBL3 IV, 1431.
15 Zu ihrer Herkunft vgl. Irsigler, Zefanja, 167.
16 Vgl. M: קול יום־יהוה מר צרח שם גבור.
17 Nur ein ו entfällt und ein ר wird in ו geändert.
18 Rudolph, KAT 13/3, 263.
19 Irsigler, ATS 3, 56. – Es bleiben allerdings Fragen hinsichtlich des Zustandekommens von Zef 1,14b M und seines jetzigen Kontextbezuges (vgl. vor allem קול als Interjektion in Zef 1,10a.14a!), die zu Zef 1,7-16* aufgenommen werden. – Wenn die Entstehung von Zef 1,14b M plausibel erklärt werden kann, ist seine Beibehaltung als lectio difficilior (so Striek, BET 29, 61f, Anm. 172) nicht mehr zwingend.
20 Vgl. dazu vor allem Irsigler, ATS 3, 299ff.
21 Zum besonderen syntaktischen Charakter der Nominalgruppen von V15b-16a siehe nachfolgend.

Anfang von V14aα durch V14aβ, קל (em.) am Beginn von V14bα durch V14bβ und יום עברה eingangs von V15a durch V15b-16a.²² Der JHWH-Tag ist jeweils determiniertes Subjekt der drei nominalen Satzverbände: יום(־)יהוה in V14a.b und היום ההוא in V15a. Mit Artikel versehen sind das Attribut des ersten Subjekts in V14aα, das Subjekt in V15a und die beiden Präpositionalverbindungen in V16b.²³ So ergeben sich die beiden Untereinheiten V14 und V15-16, die durch das auf das zweimalige יום־יהוה in V14 zurückweisende Demonstrativpronomen ההוא in V15a verbunden sind und durch die einzigen attributiven Adjektive הגדול in V14aα sowie הבצרות und הגבהות in V16b gerahmt werden. Die Zweiteiligkeit von Zef 1,14-16 wird verstärkt durch die jeweilige stilistische und inhaltliche Geschlossenheit von V14 und V15-16.

Die Nominalsätze von V14 enthalten adjektivische²⁴ und partizipiale (V14bβ)²⁵ Prädikate, die von Bewegungsverben gebildet sind, und die den יום־יהוה aktuell qualifizieren²⁶, und V14b weist mit רץ (em.) und גבור zugleich die einzigen belebten Nomina innerhalb von V14-16 auf. So wird der יום־יהוה in V14 als personifizierte Größe veranschaulicht, die sich in „übermenschlicher Geschwindigkeit"²⁷ nähert. Diese Qualifizierung wird in ihrer Wirkung verstärkt durch die Parallelisierung der vier Stichen zu zwei synonymen Parallelismen: Die beiden Stichen von V14a sind durch anaphorisches קרוב miteinander verbunden, und der erste Stichos enthält eine י-Alliteration und der zweite alliterierendes מ. Mit יום־יהוה קל (em.) in V14b wird ein enger lautlicher und thematischer Anschluss an das einleitende קרוב יום־יהוה von V14a erreicht. Die beiden Stichen von V14b sind durch das Klangspiel von מרץ (em.) als Endwort des ersten Stichos und וחש (em.) als Anfangswort des zweiten und durch die lautliche Paral-

---

22 Es werden jeweils Nähe (V14aβ.bβ) und Unheilswirkung des JHWH-Tages (V15b-16a) expliziert.
23 Vgl. הגדול in V14aα, היום ההוא in V15a und הערים הבצרות sowie הפנות הגבהות in V16b – der Artikel steht also einmal in V14aα, zweimal in V15a und viermal in V16b. Auch dieser Befund spiegelt das Gefälle einer zunehmende Konkretisierung.
24 Hierzu ist auch מהר zu rechnen, da die Bestimmung dieser Form als pt pi mit ausgefallenem מ-Präformativ fraglich ist: Die vollständige Form ist in Gen 41,32; Mal 3,5; Spr 6,18 belegt und eine Haplographie ist nicht „zureichend aus der Lautumgebung" begründbar (Irsigler, ATS 3, 49). Schon Keil erklärt מהר als „eine Adjectivform, die aus der adverbialen Gebrauche des *infin. abs.* hervorgegangen ist" (Keil, BC 3/4, 468).
25 Bartelmus bestimmt „Partizipialsätze" als eigene Gruppe innerhalb der Nominalsätze, die „in der Regel von einer Handlung des Subjekts, die zu dem in Rede stehenden Zeitpunkt gerade abläuft", berichten (Bartelmus, Einführung, 64). Damit verstärkt V14bβ die Dynamik von V14.
26 Nominalsätze mit der Funktion „Qualifikation", in denen „ein indeterminiertes Adjektiv unverbunden neben (in der Regel: vor) einer determinierten NG [Nominalgruppe - PGS] steht" (Bartelmus, Einführung, 45).
27 Seybold, ZBK 24/2, 101.

lelisierung von (em.) קל // (em.)וחש (a-Assonanz) und (em.) מרץ // מגבור (מ-Alliteration) ebenfalls eng miteinander verknüpft. So entsteht mit V14 ein Tetrastichon, das in seiner Geschlossenheit die Unentrinnbarkeit des heraneilenden JHWH-Tages unterstreicht.

Die Untereinheit V15-16 weist mit acht Stichen gegenüber V14 die doppelte Stichenzahl auf und bildet Nominalsätze mit substantivischen Prädikaten, die den יום־יהוה nach seiner aktuellen Qualifizierung in V14 nun prinzipiell klassifizieren[28]. Dabei sind die indeterminierten Nominalgruppen von V15b-16 nicht Appositionsreihe zum Subjekt in V15a[29], sondern „je eigene Prädikate ... in der Funktion eingliedriger Bestimmungssätze"[30], die das nomen regens יום aus V15a aufnehmen und den Zornescharakter „jenes Tages" entfalten. Sechsmaliges anaphorisches יום zieht sich so von V15a bis zu V16a und verleiht den sechs Stichen eine eindringliche Monotonie.

Innerhalb von V15-16 heben sich V15a als vollständiger Nominalsatz mit determiniertem Subjekt und V16b als synonymer Parallelismus mit determinierten Präpositionalverbindungen ab. Die so gerahmten fünf Nominalgruppen entfalten den Zornescharakter des יום עברה in strenger Parallelität: Jede Nominalgruppe besteht aus einer Konstruktusverbindung mit יום als nomen regens und zwei nomina recta, die jeweils ein Hendiadyoin bilden. Metrisch folgen alle Stichen[31] dem „poetischen Prinzip der Silbengradation"[32]: Auf das einsilbige יום folgen zwei Wörter[33], die die Silbenzahl des vorhergehenden Wortes jeweils verdoppeln. Inhaltlich sind die Stichen bestimmt von der „Stereometrie des Gedankenausdrucks"[34]: Der Unheilscharakter des יום־יהוה wird nicht abstrahierend auf den präzisen „Begriff gebracht", sondern durch Nebeneinanderstellung sinnverwandter Fügungen entfaltet.[35]

Die ersten vier Stichen von V15b-V16a bilden ein Doppelpaar: Die ersten beiden Stichen beginnen mit allgemeinen Bestimmungen des Unheilscharakters, die keine Anschauung zulassen, während die Fügungen der nächsten beiden Stichen atmosphärische Phänomene einbringen, mit denen sich zugleich (überwiegend) unheilvolle Konnotationen verbinden.

---

28 Nominalsätze mit der Funktion „Klassifikation", in denen „von zwei nebeneinander stehenden NG [Nominalgruppen - PGS] eine determiniert, die andere nicht" determiniert ist (Bartelmus, Einführung, 44).
29 Die Nominalgruppen müssten dann determiniert sein.
30 Irsigler, ATS 3, 299.
31 Auch V15a ist hier einbezogen.
32 Jakobson – zitiert nach Irsigler, ATS 3, 304.
33 In V15a ist das dritte Glied eine attributive Fügung.
34 Landsberger – zitiert nach von Rad, Weisheit, 43, Anm. 5.
35 Vgl. von Rad, Weisheit, 75f.

2.1. Zef 1,14-16

Vor allem der letzte Stichos der Reihe (V16a) verleiht dem יוֹם־יהוה kriegerische Züge und bringt ihn mit Metonymie (שׁוֹפָר) und Synekdoche (תְּרוּעָה)[36] eindrücklich auf Hörweite. So ergibt sich für die Entfaltung des יוֹם עֶבְרָה in V15b-16a rückblickend ein klares Aussagengefälle von unanschaulichen Bestimmungen über optisch wahrnehmbare Erscheinungen bis hin zu akustischen Phänomenen.[37] Indem der יוֹם־יהוה mit V16a die geschichtliche Wirklichkeit erreicht, gelingt zugleich eine wirkungsvolle Überleitung zu V16b. Die beiden determinierten Präpositionalverbindungen von V16b bilden einen synonymen Parallelismus, dessen Glieder durch anaphorisches עַל und endreimendes ־וֹת zusätzlich verknüpft sind. Der abschließende Parallelismus legt das eigentliche Ziel des heraneilenden JHWH-Tages offen: die „unzugänglichen Städte" und die „hohen (Mauer-)Zinnen" (Synekdoche)[38] als „Zeichen für Sicherheit und Verläßlichkeit, aber auch für Stolz und Überheblichkeit"[39].

Die Analyse der literarischen Gestaltung erweist Zef 1,14-16 als eine Einheit von außerordentlicher Geschlossenheit[40]: In den vier Stichen von V14, die die Totalität des Geschehens signalisieren[41], wird die rasante Annäherung des JHWH-Tages proklamiert. Die viergliedrige Totalitätsaussage von V14 überbietend, entfaltet die Untereinheit V15-16 in acht Stichen Charakter und Ziel des יוֹם־יהוה. Die den Zornescharakter des יוֹם־יהוה explizierenden sechs Stichen V15a-16a weisen jeweils sieben Silben auf und werden durch siebenmaliges יוֹם verbunden und repräsentieren so die Wesensmerkmale des Zornestages in ihrer Vollständigkeit.[42] In der abschließenden Ortsangabe kommt die mit V14 eröffnete Bewegung, in die auf subtile Weise auch V15a-16a einbezogen war, an ihr Ziel. Der unheilvolle Charakter des יוֹם־יהוה-Geschehens wird schließlich äußerst eindrucksvoll durch die Onomatopoiesis der Einheit verstärkt: Siebenmaliges langes o in V14 – davon dreimal in ā-ō-Sequenz – setzt sich in V15-16 fünfzehnmal fort – fünfmal dabei eine ō-ā-Sequenz bildend. Dazu kommt die Lautfolge ā-ū vom zweiten auf das dritte Wort und eine ū-ā-Sequenz beim jeweils letzten Wort des ersten und des fünften Stichos

---

[36] Das „Horn" als Mittel steht für das mit seiner Hilfe hervorgebrachte Alarmsignal und das „Kriegsgeschrei" als weiteres akustisches Begleitphänomen für den Krieg.
[37] Gegen Seybold, für den die „litaneiartige Verkettung von Prädikaten zum Tag JHWHs ... mehr Klang, Ton und Melodie ... als Sinngehalt und Aussage" bietet (Seybold, ZBK 24/2, 100).
[38] Die „hochragenden Zinnen" als ihr weithin sichtbarer Abschluss nach oben stehen für die Mauern insgesamt.
[39] Bergler, BEAT 16, 160.
[40] Gegen Weimar, AOAT 250, 829.
[41] Kreuzer, NBL III, 1160-1162.
[42] Kreuzer, NBL III, 1164-1167.

in V15b-16a, die durch Endreim[43] zu einer wirkungsvollen lautlichen Klammer um die Explizierung des Zornestages verbunden werden. So wirkt die Lautgestalt von Zef 1,14-16 wie die Nachahmung dumpfer Hornstöße, die Heraneilen und Unheilscharakter des יום שופר signalisieren.[44]

Folgende Übersicht fasst die Merkmale der stilistischen Gestaltung zusammen:

Zef 1,14-16	*Der יום־יהוה als naher Zornestag* Stilist. Merkmale: Nominalsätze (NS) mit der Folge Prädikat – יום(־יהוה) als Subjekt, Reihungen, o(-a)-Vokalismus, Rahmung durch attributive Adjektive in V14aα und V16b
V14	*Der herbeieilende יום־יהוה* Stilistische Merkmale: vier Stichen mit qualifizierenden NS
V14a	Synonymer Parallelismus mit adjektivischen Prädikaten: Anaphor. קרוב, alliterierendes י u. מ, dreimal ā-ō-Sequenz
V14b*	Synonymer Par. mit adjektivischem/partizipialem Prädikat: מגבור // מרץ (a-Assonanz), קל // וחש (מ-Alliteration)
V15-16	*Charakter und Ziel des יום־יהוה* - stilist. Merkmale: acht Stichen mit klassifizierenden NS, ההוא als Rückverweis
V15a-16a	*Der Unheilscharakter des יום עברה* - stilist. Gestaltung: siebenmal יום, je Stichos 1+2+4 Silben; fünfmal ō-ā-Sequenz V15b-16a sechs Konstruktusverb. mit anaphorischem יום: 1.+2. Stichos: allg. Bestimmungen unheilvollen Charakters 3.+4. Stichos: opt. Phänomene meteorologischen Charakters 5. Stichos: akustische Phänomene geschichtlichen Charakters
V16b	*Ziel des herbeieilenden יום־יהוה* - stilistische Gestaltung: synonymer Par. mit zwei determinierten Präpositionalverb.

---

43 Vgl. צרה ומצוקה in V15bα // שופר ותרועה in V16a.
44 Vgl. Seybold, ZBK 24/2, 101.

2.1.2. Thematisches Profil

Innerhalb des Zwölfprophetenbuches ist Zefanja der erste Prophet, der den יום־יהוה für das Südreich Juda ansagt, doch bereits ein Jahrhundert vor ihm kündigt Jesaja in Juda einen „Tag für JHWH Zebaot" an. Dass Zefanja an Jes 2,12-17 anknüpft, zeigen zum einen strukturelle Entsprechungen: Auf die Ankündigung des יום ליהוה צבאות in Jes 2,12aα folgt in V12aβ-V16 eine Reihung von zehn jeweils mit (ו)על־ eingeleiteten Präpositionalverbindungen, die die Reichweite des „Tages für JHWH Zebaot" entfalten. Auch in Zef 1,14-16 folgt auf die Ankündigung des nahen יום־יהוה in V14 eine Reihung, die in sechs jeweils mit יום eingeleiteten Nominalgruppen den Zorneschakter dieses „Tages" entfaltet (V15.16a). Dazu kommt in V16b eine mit zweimaligem (ו)על beginnende Zielangabe, die wie in Jes 2,15 die vom JHWH-Tag betroffenen Bauwerke mit den Attributen בצור und גבה versieht.[45]

Noch enger ist jedoch der thematische und terminologische Anschluss an Am 5,18-20 und die Amosschrift[46]: Zefanja übernimmt den exakten Terminus יום־יהוה und dessen Charakterisierung als חשך und אפל[47] aus Am 5,18.20 und veranschaulicht seine Unentrinnbarkeit ebenfalls durch einen Vergleich, der die Stichwörter קל (em.) und גבור mit Am 2,14.15 gemeinsam hat.[48] Schließlich werden שופר // תרועה aus Am 2,2 (dazu תרועה in Am 1,14) zur Konstruktusverbindung יום שופר ותרועה zusammengefügt und der o-Vokalismus besonders von Am 5,20 auf die ganze Einheit Zef 1,14-16 ausgeweitet. Die bewusste Bezugnahme auf Amos ist schon für Zef 1,14-16 so signifikant, dass eine vorexilische Amosschrift als Vorlage Zefanjas zu vermuten ist.[49]

Zugleich führt Zefanja die Ansage des Tages JHWHs durch Amos auch weiter: Er verstärkt den auf Amos zurückgehenden Finsternischarakter des יום־יהוה,[50] indem er ihn durch das Wortpaar ענן וערפל entfaltet. Das gleiche Wortpaar bezeichnet in Ps 97,2a die „Thronumgebung" des Weltkönigs JHWH und signalisiert in der Sinai-Horeb-Tradition die Präsenz des gebietenden Gottes.[51] Auf diese Weise verstärkt Zefanja gegen-

---

45 Vgl. Irsigler, Zefanja, 169.
46 Vgl. auch Irsigler, ATS 3, 348ff und Schart, Entstehung, 180 (216).
47 Die Wortform אפלה wird wegen des reimenden Wortauslauts der Stichen von Zef 1,15b gewählt sein.
48 Auch hier geht es darum, dass das drohende Gericht selbst der Schnelligkeit des Kriegers überlegen ist.
49 Vgl. Schart, Entstehung, 181 (217).
50 Zu den traditionsgeschichtlichen Zusammenhängen siehe S. 16f.
51 In Ex 19,9a.16b ענן und in Ex 20,21b ערפל; in Dtn 4,11 חשך ענן וערפל und Dtn 5,22 ענן וערפל.

über Amos[52] den theophanen Charakter des JHWH-Tages: „Finsternis und Dunkel", „Gewölk und Wolkendunkel" bezeichnen nicht nur optisch wahrnehmbare meteorologische Phänomene, sondern verweisen zugleich auf den an „seinem Tag" kommenden Gott. Die menschlichen Vergleichsgrößen für den in überlegener Geschwindigkeit herankommenden JHWH-Tag und insbesondere der גבור in Zef 1,14b lassen schon kriegerische Züge anklingen, die dann in V16 ganz in den Vordergrund treten. שופר // תרועה begleiten in Am 1,14; 2,2 die kriegerische Katastrophe, die über die Ammoniter und Moabiter hereinbrechen wird und werden von Zefanja zur Wendung יום שופר ותרועה verbunden. Diese Konstruktusverbindung ist dadurch aus den parallelen Charakterisierungen des JHWH-Tages in Zef 1,15b-16a herausgehoben, dass sie als einzelner Stichos für sich steht[53], die konkreteste Bestimmung enthält und die Reihe abschließt. So erhält der יום־יהוה eine kriegerische Spitze, deren Adressaten in gleicher Konkretheit[54] angeschlossen werden: die „unzugänglichen Städte und die hohen (Burg)-Zinnen" (V16b).

In Jos 6 finden sich nun ebenfalls das Wortpaar שופר und תרועה und darüber hinaus eine Anzahl weiterer Entsprechungen zu Zef 1,16: Das Stichwort העיר zieht sich wie ein roter Faden durch das Kapitel, die Unzugänglichkeit der „Stadt Jericho" wird in Jos 6,1 ausdrücklich betont, und unter deren preisgegebenen Bewohnern werden die גבורי החיל besonders genannt (V2). Schließlich spielt die Siebenzahl eine besondere Rolle – zusammengefasst in Jos 6,4: Sieben Priester sollen sieben Widderhörner[55] tragen; an sieben Tagen soll die Stadt umzogen werden und am siebten Tag siebenmal. Sollte Zefanja in Zef 1,14-16 auch auf die Eroberung Jerichos[56] anspielen? Dann würde er dieses Paradigma des heilvollen Eingreifens JHWHs in der Landnahme in sein Gegenteil verkehren, wie es Amos in Am 5,18-20 ähnlich mit vorgängigen JHWH-Tags-Erwartungen getan hat. Sollte dieser Bezug zutreffend sein, würde die Bestimmung des יום־יהוה als יום שופר ותרועה auf dem Hintergrund von Jos 6 zu einem subtilen Hinweis darauf, „was die Stunde geschlagen hat": Nach Jos 6,15f erhob das Volk erst am siebten Tag beim siebten Umzug auf Josuas Be-

---

52 Das in Am 5,18.20 verwendete Antonympaar אור – חשך hat die allgemeine Konnotation Tod – Leben und wird auch außerhalb von Theophanieschilderungen vielfältig verwendet (siehe auch zu Am 5,18-20, besonders S. 16f).
53 Die vorangehenden vier Stichen bilden zwei Paare.
54 Verglichen mit den vorangegangenen Bestimmungen des Zornestages – gegenüber der konkreten Adressierung der Gerichtsverkündigung von Zef 1,4-13 ist die Zielangabe in Zef 1,16b wiederum allgemein.
55 Der Bedeutung des durchgehend erwähnten Schofarsignals in Jos 6 entspricht der Hornstöße nachahmende o-Vokalismus in Zef 1,14-16.
56 In einer vordtr Fassung als Stadteroberungsgeschichte - vgl. Görg, NBL II, 393.

2.1. Zef 1,14-16

fehl hin das „(Kriegs-)Geschrei". Zefanja entfaltet in Zef 15a-16a den Zornescharakter des יום־יהוה unter siebenmaliger Nennung des Leitwortes יום und bestimmt den siebten „Tag" näher als יום שופר ותרועה, also den Tag, ja die „Stunde", an dem JHWHs Eingreifen unmittelbar bevorsteht. Eine solche Zeitansage würde den Beginn der Einheit aufnehmen und eindringlich verstärken: „Nahe ist der große Tag JHWHs, nahe und sehr eilend."

Neu und unabhängig von Amos bringt Zefanja den Zornescharakter und die Nähe des JHWH-Tages in den Vorstellungskreis vom יום־יהוה ein. Die Qualifizierung des יום־יהוה als יום עברה in Zef 1,15a wird von der Fortschreibung Zef 1,18aα[57] aufgenommen und in dem Mahnwort Zef 2,1-3* zweimal mit der synonymen Wendung יום אף־יהוה variiert. Unter den breit gestreuten Belegen für einen göttlichen Zornestag[58] verdient Ps 110,5 besondere Beachtung: In Ps 110,5-6 kündigt wie in Zef 1,14-16 ein prophetischer Sprecher ein Eingreifen JHWHs mit kriegerischen Zügen an, das er als seinen „Zornestag" (יום־אפו in Ps 110,5) bezeichnet; die von ihm betroffenen JHWH-Feinde sind aber in Ps 110,5f die „Könige" und ihre „Völker".[59] Mit dieser Bezugnahme auf alte Traditionen von einem göttlichen Zornestag verkehrt Zefanja ebenso wie Amos traditionelle Erwartungen auf einen „Tag" des Eingreifens JHWHs zugunsten seines Volkes in ihr Gegenteil und verstärkt zugleich den militärischen Charakter des יום־יהוה. Darüber hinaus aber profiliert seine Bezeichnung als יום עברה den JHWH-Tag theologisch „als von Jahwe herbeigeführten Gerichtstag"[60].

Die יום־יהוה-Ankündigungsformel כי קרוב יום־יהוה ist „ausschließlich bei Schriftpropheten seit dem ausgehenden 7. Jh. v. Chr. belegt"[61] und wird erstmalig von Zefanja (Zef 1,7.14a) verwendet. Irsigler hat wahrscheinlich gemacht, dass ihr ein älterer Gebrauch zu Grunde liegt und die Vermutung geäußert, dass sie in Israel eine positive Funktion „in kriegseröffnenden oder -begleitenden Orakeln gegen bestimmte Feindvölker"[62] gehabt habe. Dann würde Zefanja mit dieser Formel verbundene Hörererwartungen ebenfalls umkehren und die militärischen Konnotationen des JHWH-Tages weiter verstärken. In jedem Fall erhält der יום־יהוה mit der Ankündigung seiner Nähe eine zeitliche Qualifizierung, die ihn von da ab begleitet.

---

57 יום עברת יהוה – Näheres siehe unten.
58 Vgl. Schunck, ThWAT V, 1037f.
59 Vgl. Irsigler, ATS 3, 376f.
60 Schunck, ThWAT V, 1038.
61 Irsigler, ATS 3, 325 – zu den Belegen siehe oben.
62 Irsigler, ATS 3, 346.

Das thematische Profil von Zef 1,14-16 lässt sich nun dahingehend zusammenfassen: Der יום־יהוה wird in V14 als personifizierte Größe eingeführt, die sich in übermenschlicher Geschwindigkeit nähert, und die Vierzahl des Tetrastichons unterstreicht die Totalität und Unentrinnbarkeit der Annäherung. In V15a-16a wird er als יום עברה in seinem Gerichtscharakter akzentuiert und mit siebenmaligem יום als Leitwort und völlig parallelen Wendungen umfassend entfaltet. Zugleich wird sein Heraneilen anschaulich gemacht, indem die Charakterisierungen von allgemeinen Bestimmungen über optische zu akustischen Phänomenen fortschreiten, die wirkungsvoll zur Zielangabe in V16b überleiten. Der JHWH-Tag erscheint als Epiphaniegeschehen mit kosmischen Begleiterscheinungen und kriegerischen Zügen, in dem sich JHWH auf geschichtlichem Schauplatz durchsetzt und vor dem auch die sichersten menschlichen Bollwerke keinen Schutz bieten. Schon die sorgfältige sprachliche Gestaltung von Zef 1,14-16 zeigt, dass die bedrohliche Ankündigung nicht ein zeitenthobenes Gemälde vom JHWH-Tag entwerfen, sondern aktuelle Wirkung erzielen will. Im Nahkontext der Einheit, in Zef 2,1-3*[63], verdichtet sich dieses Anliegen zu einem Mahnwort an die vom יום־יהוה Bedrohten. In erneutem Anschluss an die Amosschrift werden sie zum „Suchen"[64] von „Gerechtigkeit"[65] und „Demut" aufgerufen, um „vielleicht"[66] am Zornestag „geborgen"[67] zu sein.

2.2. Zef 1,7-16*

7 Still vor dem Herrn JHWH!
Denn nahe ist der Tag JHWHs.
Denn bereitet hat JHWH ein Schlachtopfer,
geheiligt seine Geladenen.
8 Und es wird geschehen am Tag des Schlachtopfers JHWHs:
Da werde ich heimsuchen die Beamten und die Söhne des Königs
und alle, die sich kleiden in ausländische Kleidung.
9 Da werde ich heimsuchen jeden,
der über die Schwelle hüpft an jenem Tag,
die das Haus ihres Herrn füllen mit Gewalttat und Betrug.
10 Und es wird geschehen an jenem Tag – Spruch JHWHs –:

---

63 Zur Literarkritik von Zef 2,1-3 siehe unten.
64 בקש – vgl. דרש in Am 5,14.
65 צדקה – zur Bedeutung dieses Themas für Amos vgl. nur Am 5,7.24; 6,12!
66 אולי wie in Am 5,15.
67 סתר auch in Am 9,3 im Kontext drohenden Gerichts.

Horch! Geschrei vom Fischtor her
und Geheul aus der Neustadt
und lautes Krachen von den Hügeln her!
11 Heult, Bewohner des Mörsers!
Denn vernichtet ist das ganze Volk Kanaans,
ausgerottet alle, die Silber abwiegen.
12 Und es wird geschehen in jener Zeit:
Da werde ich Jerusalem durchsuchen mit Leuchten
und werde heimsuchen die Männer,
die eindicken auf ihren Hefen, die sagen in ihren Herzen:
„Weder Gutes tut JHWH, noch tut er Böses."
13 Da verfällt ihre Habe der Plünderung
und ihre Häuser [verfallen] der Verwüstung.
< *Und haben sie Häuser gebaut,
dann werden sie [sie] nicht bewohnen;
und haben sie Weinberge gepflanzt,
dann werden sie deren Wein nicht trinken.* > [68]
14 Nahe ist der große Tag JHWHs,
nahe und sehr eilends.
Horch, der Tag JHWHs [ist] bitter!
Da schreit auf der Held. [69]
15 Ein Tag des Zorns ist jener Tag,
ein Tag der Not und der Bedrängnis,
ein Tag des Untergangs und der Vernichtung,
ein Tag der Finsternis und der Verdunklung,
ein Tag der Wolke und des Wolkendunkels,
16 ein Tag des Horns und Kriegsgeschreis
über die unzugänglichen Städte
und über die hochragenden Zinnen.

2.2.1. Literarische Abgrenzung

Auch die Zefanjaschrift hat vom Prophetenspruch in spätvorexilischer Zeit bis zur Prophetenschrift in ihrer Endfassung einen langen Weg durchlaufen, der weithin Teil der Redaktionsgeschichte des Zwölfprophetenbuches ist.

---

68 Dtr Ergänzung, die in Spannung zu V13a unvermittelt auf fernere Zukunft ausgreift – Näheres siehe nachfolgend.
69 Zur Begründung der Zugrundelegung von *M* für diese Redaktionsstufe siehe S. 32f.

Für die Endfassung der Zefanjaschrift ergibt sich eine Dreiteilung, die durch die gleichlautende Ankündigung[70] von Zef 1,18aβ und Zef 3,8bγ markiert wird.[71] Der erste Teil umfasst damit Zef 1,2-18[72], in seine literarkritische Untersuchung ist aber Zef 2,1-3 einzubeziehen. Denn für einen ursprünglichen Zusammenhang von Zef 2,1-3 mit dem Vorhergehenden spricht das Gottesvolk als gemeinsamer Adressat und der יוֹם־יהוה als durchgehendes Thema, das mit einem Mahnwort wirkungsvoll abgeschlossen wird.

Zef 1,2-18; 2,1-3 lässt spätere Einschreibungen und Fortschreibungen erkennen:[73] Zef 1,2f bricht mit einer universalen Eröffnung den Juda-Jerusalem-Bezug der nachfolgenden Verse auf und steht in Beziehung zu Zef 1,17f*. V6 wechselt von der Aufzählung konkreter synkretistischer Praktiken in Gottesrede zu allgemeinen, wiederholenden Aussagen zu religiöser Gleichgültigkeit, die von JHWH in dritter Person reden und lexikalische Bezüge insbesondere zu Am 5,(4.14) aufweisen. Zef 1,13b fasst nach der angedrohten Häuserzerstörung in V13a überraschend erneuten Häuserbau ins Auge, steht mit seinem Ausgreifen auf fernere Zukunft in deutlicher Spannung zum im Kontext angekündigten nahen JHWH-Tag und hat signifikante Parallelen besonders in Am 5,11 und Dtn 28,30.39. Zef 1,17f[74] ist Fortschreibung der Prophetenrede vom nahen Zornestag[75], die Zef 1,14-16 voraussetzt und markante Stichwörter daraus aufnimmt[76]. Zugleich ergeht sie als Gottesrede und stellt nicht mehr den יוֹם־יהוה selbst dar. Statt dessen beschreibt die Fortschreibung in Verbalsätzen, die nicht mehr die stilistische Geschlossenheit von Zef 1,14-16 aufweisen, die Auswirkungen dieses „Tages" auf „den Menschen"[77], ja auf die „ganze Erde" und „alle Erdbewohner" (V18aβ.b). Innerhalb von Zef 2,1-3[78] schließlich weist V3a Unstimmigkeiten auf: V1 redet die religiös indifferenten Gruppen der Jerusalemer Oberschicht zusammenfassend als

---

70 Beide Sätze unterscheiden sich lediglich im auf JHWH zurückverweisenden Suffix der 3. sg m (Zef 1,18aβ) und der 1. sg c (Zef 3,8bγ) von קנאה.
71 Vgl. zuletzt Irsigler, NBL III, 1180 und ders., Zefanja, 40-43.
72 Die Überschrift Zef 1,1 liegt „auf einer Metaebene zum restlichen Textkorpus" und weist „weder grammatisch noch semantisch eine lineare Anknüpfung an den folgenden Text" auf (Schart, Entstehung, 30 [32]) und bleibt deshalb außerhalb der Gliederung.
73 Vgl. zum Folgenden die ausführliche Erörterung von Irsigler, ATS 3, 93ff und Schart, Entstehung, 171ff (205ff).- Ihre redaktionsgeschichtliche Einordnung wird nachfolgend vorgenommen.
74 Eine weitere Differenzierung von Zef 1,17f kann hier zunächst unterbleiben.
75 Anders Schart, Entstehung, 175 (211), der nur כי ליהוה חטאו als Zusatz ansieht.
76 Zu והצרתי vgl. צרה in V15b und zu יום עברת יהוה vgl. יום עברה in V15a.
77 האדם wie in Zef 1,3.
78 Für Schart „ist es geringfügig wahrscheinlicher, daß Zef 2,1-3 einen Nachtrag darstellt" – Schart, Entstehung, 176 (211).

"das Volk, das sich nicht sehnt" (הגוי לא נכסף)[79] an, während sich V3a an eine davon unterschiedene Gruppe wendet. Die gleichgültigen Adressaten werden zum „Suchen" von „Gerechtigkeit und Demut" (צדקה und ענוה) aufgefordert, die in V3a Angeredeten dagegen als „Arme/Demütige" (ענוים) charakterisiert, die „sein Recht getan haben". So ist V3a wohl als Einfügung anzusehen, die die Adressaten in späterer geschichtlicher Situation neu bestimmt und im Blick auf das „demütige und geringe Volk" (עם עני ודל) von Zef 3,12 vorgenommen wurde.

Als primäre Einheiten ergeben sich danach Zef 1,4-5*.7.8-9*.10-11*.12-13*.14-16; 2,1-3*, wobei die Einheiten von Zef 1,7-13* miteinander verknüpft sind. Zef 1,7 setzt asyndetisch ein, und die nachfolgenden Einheiten werden durch redaktionelle Einleitungen auf den nahen יום־יהוה zurückbezogen, so dass nun in Zef 1,7 in Prophetenrede das Thema formuliert wird, das die als Gottesrede gestalteten nachfolgenden Einheiten entfalten[80]. So wird mit Zef 1,7-13* die älteste Komposition von Zefanjaworten vorliegen, die den nahen JHWH-Tag über Jerusalem ankündigt und diese Ankündigung begründet und entfaltet. Nach Irsigler wird die Komposition „erweitert und gerahmt durch 1,4-5* und 1,14-16 + 2,1-3*"[81]. Nun fällt auf, dass Zef 1,4-5* nicht in diese älteste Komposition einbezogen ist, obwohl sie die Aufzählung der Adressaten, die vom nahen JHWH-Tag betroffen sind, eindrucksvoll eröffnet hätte. Die Zefanjatradenten sahen offensichtlich in Zef 1,4-5* eine geeignete Eröffnung ihrer Sammlung und wollten vielleicht auch die Nähe Zefanjas zum Reformprogramm Joschijas[82] herausstellen, so dass sie diese Einheit noch vor Zef 1,7 an den Anfang platzierten. Dass Zef 2,1-3* wiederum außerhalb der Komposition blieb, ist gut begründbar mit dem Charakter der Einheit als Mahnwort und seiner Funktion als Überleitung zu den Fremdvölkerworten, die nun der Mahnung folgen[83].

Anders stellt sich aber das Verhältnis von Zef 1,14-16 zu Zef 1,7-13* dar: Zef 1,14-16 setzt zwar asyndetisch ein, teilt aber mit Zef 1,7 die Ankündigung der Nähe des JHWH-Tages (קרוב יום־יהוה), so dass zwei

---

[79] So mit Perlitt, ATD 25/1, 118. – Die Wurzel כסף ist im AT nur noch viermal und nur in der Bedeutung „verlangen" (q – Ps 17,12; Ijob 14,15), „schmerzlich verlangen" (nif – Gen 31,30; Ps 84,3) belegt – vgl. KBL³ II, 467. In dieser Bedeutung bietet sie in ihrer negierten Form die von V2 her zu erwartende negative Charakterisierung des „Volkes". Zur ausführlichen Diskussion der lexikalischen Bedeutung von נכסף vgl. Irsigler, Zefanja, 196f.
[80] In V10-11* fehlt das Ich JHWHs, so dass die sonst mit V8aα und V12aα parallele Einleitung והיה + Zeitangabe in V10aα um die Gottesspruchformel erweitert ist, um auch Zef 1,10-11 in die durchgehende Gottesrede einzubinden.
[81] Irsigler, NBL III, 1182.
[82] Vgl. nur 2 Kön 23, 4.5.10-14.
[83] Die Fremdvölkerworte sind durch begründendes כי mit der Mahnung verbunden, so dass sie nun deren Dringlichkeit entfalten.

יוֹם־יהוה-Einheiten die Gottesrede in Zef 1,8-13* rahmen. Darüber hinaus fällt auf, dass Zef 1,14b in seiner masoretischen Fassung Zef 1,14-16 mit dem Gerahmten verknüpft: Interjektionelles קוֹל weist zurück auf Zef 1,10-11, die Mitte der Gottesrede, und lokales שם nimmt deren Jerusalembezug auf. Zudem schließt sich die Charakterisierung des יוֹם־יהוה als „bitter" an den יוֹם מר von Am 8,10 an. Diese Beobachtungen legen die Folgerung nahe, dass die Zefanjatradenten Zef 1,14b unter engstem Anschluss an den Konsonantentext ihrer Vorlage so modifizierten, dass sie eine Anbindung von Zef 1,14-16 an die älteste Komposition Zef 1,7-13* erreichten. Werden die Zeitangaben von Zef 1,8-13* allgemeiner[84] und damit in ihrem Rückbezug auf den nahen JHWH-Tag von Zef 1,7 schwächer, so wird die Ansage seiner Nähe durch den Anschluss von Zef 1,14-16 unvermittelt erneuert und entfaltet.

Im Folgenden soll zu zeigen versucht werden, dass die Zefanjatradenten mit Zef 1,7-16* eine Komposition geschaffen haben, die sich strukturell und thematisch erneut an Am 5,18-20 orientiert.

2.2.2. Kompositionelle Gestaltung

Zef 1,7-16* setzt wie Am 5,18-20 mit einer onomatopoetischen Interjektion ein, die anderen traditionsgeschichtlichen Zusammenhängen entstammt: Dem ursprünglich die Totenklage einleitenden הוֹי von Am 5,18 korrespondiert der von Haus aus kultische Ruf הס[85] in Zef 1,7.

Zef 1,7 und Zef 1,14-16 gewinnen durch ihre Gestaltung als Prophetenrede, durch die gemeinsame JHWH-Tags-Thematik und besonders durch die gleichlautende יוֹם־יהוה-Ankündigungsformel rahmende Funktion. Der vordere Rahmen Zef 1,7[86] besteht aus vier kurzen Sätzen: Zwei verblosen Sätzen mit Ausrufcharakter folgen zwei Verbalsätze. Der erste Satz fordert zur Stille vor JHWH auf (V7a), und der zweite liefert eine erste Begründung (V7bα). Beide Sätze werden durch dreifachen Langvokal ō und epiphorisches יהוה enger miteinander verbunden. Die anderen beiden Sätze begründen die Nähe des JHWH-Tages und sind ihrerseits durch dreifachen Langvokal ī und zwei assonante Verbformen näher verbunden. Anaphorisches כי markiert die drohenden Aussagen in den Sätzen zwei und drei als Mitte von Zef 1,7. Die Nähe und Unheilscharakter des יוֹם־יהוה akzentuierenden vier Stichen von Zef 1,7 werden von Zef 1,14-16 aufgenommen, entfaltet und weitergeführt: Die vier Stichen von

---

84 ביום זבח יהוה in V8aα – ביום ההוא in V10aα – בעת ההיא in V12aα.
85 „... unser *pst* ...", KBL³ I, 242 – Näheres siehe nachfolgend.
86 Ausführlich zur literarischen Gestaltung von Zef 1,7 Irsigler, ATS 3, 279ff.

V14 nehmen die Formel קרוב יום יהוה wörtlich auf und explizieren die Nähe des „Tages", während die acht Stichen von V15-16 seinen bedrohlichen Charakter entfalten und am Schluss eine Zielangabe hinzufügen. Zugleich weisen die Rahmenverse Beziehungen zum Gerahmten auf: Im Kontrast zueinander stehen einerseits der Aufruf zur Stille in V7 zum Lärm in und um Jerusalem und zur Aufforderung zum „Heulen" in V10f und andererseits JHWH als אדני und die Jerusalemer אדנים in V9. In Korrespondenz zueinander stehen, wie oben schon erwähnt, das interjektionelle קול in V10 und V14b und die Ortsangaben in V8-13* und das Lokaladverb שם in V14.

Um den Zusammenhang der rahmenden Verse mit Am 5,18-20 voll würdigen zu können, bedarf es noch einer kurzen Erörterung, dass und wie Zef 1,7 kultische Traditionen aufnimmt. V7a erweist sich durch seine literarisch unabhängigen Parallelen in Hab 2,20b und Sach 2,17a als kultische Formel, die zum Schweigen angesichts der Epiphanie JHWHs auffordert. In Zef 1,7 wird die Aufforderung zunächst mit dem nahen יום־יהוה begründet, der damit als Tag der Epiphanie JHWHs bestimmt wird. Nähe und Charakter des bevorstehenden Epiphaniegeschehens werden dann weiter präzisiert, indem es als Opferfest[87] charakterisiert wird, zu dem schon alle Vorbereitungen getroffen sind. Das Stichwort זבח löst bei den Adressaten positive Erwartungen aus: Die Teilnehmer, die sich für den זבח „geheiligt" haben, erfahren in der Opfermahlzeit „vor JHWH" Gemeinschaft mit Gott und untereinander. Doch vom hier angekündigten זבח wird schockierend anders geredet: Die den Gottesnamen enthaltenden nominalen Wörterverbindungen werden immer kürzer[88] und laufen auf JHWH als entscheidenden Akteur zu. Der יום־יהוה wird zum „Schlachttag", der unmittelbar bevorsteht, weil JHWH selbst schon alle Vorkehrungen zu seinem Vollzug getroffen hat. Dass JHWH selbst als unmittelbar und allein Handelnder vorgestellt wird und dass seine „gerufenen" – oder „einberufenen"?[89] – Gäste offensichtlich nicht die Adressaten sind, lässt nichts Gutes erwarten und macht den Ruf zur Stille zum unheimlichen Drohruf. Auch in Jes 34,6; Jer 46,10[90] und Ez 39,17-20 wird der זבח zum Bild für JHWHs Strafhandeln an seinen Feinden, aber verglichen mit diesen Parallelen bleibt Zef 1,7 irritierend zweideutig und eig-

---

87 „Zæbah ist der Name eines bestimmten Rituals: Schlachtopfer, meint aber auch die Feier des Rituals (Opferfest, Opfermahlzeit), oder das Tier, das geopfert wurde" (Bergman, ThWAT II, 514 – ausführlich zum זבח ThWAT II, 509-531).
88 יהוה – יום יהוה – מפני אדני יהוה.
89 Vgl. Jes 13,3, wo die von JHWH „gerufenen Geheiligten" die Werkzeuge seines „Zorns" sind.
90 Hier wird das Verb זבח gebraucht.

net sich so ausgezeichnet als allgemeine Einleitung, die durch die nachfolgenden Einheiten der Komposition konkretisiert wird.

Der hintere Rahmen V14-16 klärt und entfaltet, dass der „Schlachttag" nicht die gnädige Präsenz JHWHs bringt, sondern unheilvoller „Tag des Zorns" ist; und der Mittelteil V8-13* zeigt unzweideutig, wer die Adressaten sind.

Zu Am 5,18-20 werden folgende Entsprechungen erkennbar: Die rahmenden Verse enthalten jeweils dreimal den Terminus יום־יהוה, der vordere Rahmen Am 5,18 bzw. Zef 1,7 verkehrt positive Vorstellungen der Adressaten in ihr Gegenteil, und Am 5,20 und Zef 1,14-16 entfalten jeweils den Unheilscharakter unter erheblicher Verstärkung des o-Vokalismus. So spiegelt die literarische Inklusion in Zef 1,7-16* wie in Am 5,18-20 die unentrinnbare Einschließung der Adressaten durch den יום־יהוה, die dann im Gerahmten anschaulich gemacht wird. Weitere Bezüge zur Amosschrift insgesamt lässt Zef 1,7 erkennen: Der von Haus aus liturgische Ausruf הס wird auch in Am 6,10; 8,3 verwendet und dient dort als Warnung, nicht die tödliche Präsenz JHWHs heraufzubeschwören. Damit ist der bedrohliche Charakter angebahnt, den die liturgische Formel הס מפני אדני יהוה in Zef 1,7a gewinnt. Dazu kommt die Fügung אדני יהוה, die in Am 8,3 im gleichen Zusammenhang begegnet (und darüber hinaus als Bestandteil primärer Prophetenworte in Am 7,2.5[91]) und in der Zefanjaschrift nur in Zef 1,7a vorkommt. Schließlich ist von זבחים auch innerhalb der Kultkritik des Amos die Rede: In Am 4,4-5 parodiert der Prophet einen priesterlichen Wallfahrtsaufruf und spricht distanzierend von „euren Schlachtopfern", und die Amostradenten relativieren mit ihrem Verweis auf die opferlose Wüstenzeit in Am 5,25 die Bedeutung der von der Teilnehmerschaft hoch geschätzten[92] זבחים. Eine solche Infragestellung überkommener זבח-Vorstellungen bereitet den Boden für ihre Umkehrung in Zef 1,7bβγ.

Die Gottesrede Zef 1,7-13* ist durch die drei Einleitungsformeln in V8aα, V10aα[93] und V12aα strukturiert, und die so markierten Einheiten enthalten jeweils einmal den Gottesnamen יהוה[94] und weisen hinsichtlich des lokalen Bezuges ein Gefälle auf: In V8-9 verweisen die genannten Adressaten implizit auf den Jerusalemer Hof, die Ortsangaben in V10-11 rufen

---

91 In den sonstigen Belegen für die Fügung אדני יהוה in der Amosschrift ist אדני Zusatz, der in den alten Übersetzungen oft noch fehlt (vgl. Jeremias, ATD 24/2, 5, Anm. 3, 37, Anm. 3 und 94, Anm. 1), oder steht in Fortschreibungen (Am 3,13; 8,9.11; 9,8).
92 Wegen der damit verbundenen Mahlzeiten – vgl. Rudolph, KAT 13/2, 177.
93 Die zugefügte Gottesspruchformel gliedert auch die zweite Einheit in die Gottesrede ein.
94 In V8aα, V10aα und V12bα.

2.2. Zef 1,7-16*

die Topografie Jerusalems auf, und in V12-13* wird schließlich Jerusalem expressis verbis genannt.

Innerhalb der Gottesrede von Zef 1,8-13* zeigen die Einheiten von V8-9 und V12-13a eine Reihe von Entsprechungen: In beiden Einheiten steht die Strafbegründung im Vordergrund, und das Einschreiten JHWHs wird mit der Formulierung פקד על in V8f und in V12 angedroht. Die von diesem Einschreiten Betroffenen werden in V8f dreimal und in V12 zweimal durch determinierte partizipiale Wendungen – zwei davon satirischen Charakters[95] – bezeichnet, die ihr strafwürdiges Verhalten charakterisieren.

Zu den Entsprechungen treten steigernde Weiterführungen von V8-9 in V12-13a: Die erste Einheit stellt das Hofpersonal anschaulich vor Augen, dessen „höfliches" Verhalten in der peinlichen Einhaltung importierter Moden und Etiketten in scharfem Kontrast steht zum asozialen Verhalten im Dienst „ihres Herrn".[96] V12-13a schreitet vom wahrnehmbaren Verhalten zur verborgenen Haltung fort und kontrastiert den buchstäblich „springlebendigen" Höflingen die „Leute, die auf ihren Hefen festsitzen"[97] und ihre Unbeweglichkeit und Inaktivität auf JHWH übertragen: „Weder Gutes tut JHWH noch Böses."[98] In scharfen Gegensatz zu diesen „praktischen Atheisten"[99] in ihrer religiösen Erwartungslosigkeit tritt die Aktivität JHWHs, indem sein schon in V8-9 angekündigtes Einschreiten in einem grandiosen Anthropomorphismus veranschaulicht wird: JHWH „durchsucht[100] Jerusalem mit Lampen" und legt dabei selbst die verborgenen Gedanken „in ihren Herzen" offen (V12). V13a gibt die Folgen dieser Inspektion bekannt und knüpft zugleich an die Schlussaussage von V9 an:[101] Die mit unrechtmäßig erworbenen Gütern gefüllten Häuser werden geplündert und zerstört werden. Mit dieser Ankündigung wird angedeutet, das JHWHs „Heimsuchung" die Gestalt einer militärischen Katastrophe annehmen wird, und der in V16 angedrohte „Tag des Horns und des

---

95 Der „über die Schwelle Hüpfende" in V9 und in V12 die „auf ihren Hefen Eindickenden" – vgl. Seybold, Satirische Prophetie, 67f.
96 „... über die ‚vorschriftsmäßig' überschrittene Schwelle des königlichen Palastes kommen Gegenstände herein, die mit Trug und Gewalt den Untertanen abgenommen worden sind" (Rudolph, KAT 13/3, 268).
97 Rudolph, KAT 13/3, 260. – Die „Männer" werden mit Wein verglichen, der nicht von seiner Hefe abgegossen wurde – vgl. zum Vorgang Jer 48,11.
98 Die beiden einander polar gegenüberstehenden Teile dieses Merismus bezeichnen eine Totalität: JHWH tut nach Meinung der Zitierten „weder Gutes noch Böses", also nichts.
99 Seybold, ZBK 24/2, 99.
100 Neben פקד, das Leitverb von V8-9, tritt חפש.
101 V9b בית – V13a בתיהם.

Kriegsgeschreis über die unzugänglichen Städte und hohen Zinnen" beginnt, konkrete Konturen zu gewinnen.

Die beiden aufeinander bezogenen Einheiten V8-9 und V12-13a rahmen V10-11 und stellen damit sicher, dass die im Mittelteil dramatisierten Ereignisse, die das Ich JHWHs nicht enthalten, die von JHWH angedrohte „Heimsuchung" darstellen. In Zef 1,10-11 vergegenwärtigt eine „Hörszene"[102] den Strafvollzug: Interjektionellem קול folgen drei bedrohliche akustische Wahrnehmungen, die jeweils mit einer durch מן eingeleiteten konkreten Ortsangabe verbunden sind und die Wirkungen eines Feindeinfalls in Jerusalem von Norden her schildern. Das einleitende קול stellt zugleich einen Bezug zu V14b her und bestimmt die bestürzenden Ereignisse als JHWH-Tags-Geschehen. Die Aufforderung הילילו[103] richtet sich mit den Bewohnern des „Mörsers" an die nächsten Anwohner der betroffenen nördlichen Stadtbezirke, die mit ihrem Klagegeheul das Ausmaß der Katastrophe signalisieren und die übrigen Einwohner Jerusalems zur Volksklage mobilisieren sollen. Zugleich knüpft der Aufruf kontrastierend an den die Komposition einleitenden Ruf zum „Stillsein vor dem Herrn JHWH" an. Die Begründung des Imperativs הילילו nennt mit dem „Kanaansvolk" der Händler eine weitere Jerusalemer Gruppe als erstes Opfer der Katastrophe und stellt so seinerseits einen eindringlichen Kontrast her zwischen der Totenstille am Ort des Markttreibens und dem Lärm aus den sonst ruhigen Stadtteilen.[104] Auf diese Weise wird im Mittelteil der Komposition die in den Rahmenversen proklamierte Nähe des JHWH-Tages hörbar und lokalisierbar.

Schließlich soll nach Beziehungen auch von Zef 1,8-13a zu Am 5,18-20 und zur Amosschrift insgesamt gefragt werden. Wie in Am 5,18-20 werden die allgemeinen Unheilsaussagen zum יום־יהוה in den Rahmenversen im Gerahmten auf die Adressaten hin veranschaulicht und zugespitzt. Wie den „Mann" von Am 5,19 das Unglück im vermeintlich sicheren „Haus" trifft, werden die sich in Jerusalem sicher wähnenden „Männer" und ihre „Häuser" von der Katastrophe ereilt werden. Darüber hinaus teilt Zef 1,8-13a mit der Amosschrift markante Stichwörter: Wie in Samaria, der Hauptstadt des Nordreiches Israel, in den „Pälästen Gewalttat (חמס) und Unterdrückung angehäuft" werden (Am 3,10[105]), so werden in Jerusalem, der Hauptstadt des Südreiches Juda, die Häuser der

---

102 Seybold, ZBK 24/2, 98.
103 Die Wurzel ילל begegnet nur in prophetischen Texten und im Kontext außergewöhnlicher Katastrophen und bezeichnet zum Klagegeheul gesteigerte Wehklage, das zur Volksklage mobilisieren soll – vgl. Baumann, ThWAT III, 639-645.
104 Seybold, ZBK 24/2, 98.
105 Vgl. in Am 6,1.3 den Weheruf über die „Sorglosen in Zion (!) und die Sicheren auf dem Berg Samaria, die die Herrschaft der Gewalttat (חמס) herbeiführen".

2.2. Zef 1,7-16*

„Herren mit Gewalttat (חמס) und Betrug gefüllt" (Zef 1,9). Aber JHWH wird die straffällig Gewordenen „aufspüren" (חפש - nur in Am 9,3 und Zef 1,12 mit JHWH als Subjekt!) und ihre Taten „ahnden" (פקד). Die in Zef 1,8.9.12 dreimal vorkommende Wurzel פקד stellt den signifikantesten Bezug zur Amosschrift und darüber hinaus zur „Hosea*-Amos*-Rolle"[106] her: Das von den Amostradenten übernommene Leitwort der Hoseaschrift[107] bezeichnet JHWHs Reaktion auf die Verfehlungen des Gottesvolkes und charakterisiert den יום־יהוה in Am 3,14 als „Tag meines Heimsuchens" (יום פקדי). Indem פקד in Zef 1,8.9.12 zum Leitverb für JHWHs Einschreiten wird, werden implizit die in Zef 1,8-9.12 aufgezählten Verhaltensweisen als Verfehlung JHWH gegenüber charakterisiert und die katastrophalen Ereignisse von Zef 1,10-11 als JHWH-Tags-Geschehen, das diese Verfehlungen ahndet. Schließlich bezeichnet die Wurzel ילל die Reaktion der Überlebenden auf die Katastrophe: In Am 8,3 wird diese Reaktion angekündigt und in Zef 1,11 gefordert, und ההוא ביום + Gottesspruchformel schließen die Ankündigung in Am 8,3 ab, während die Formelverbindung die Szene von Zef 1,10-11 einleitet.

Nachdem die Beziehungen zwischen Zef 1,7-16* zu Amos 5,18-20 und zur gesamten Amosschrift herausgearbeitet worden sind, soll abschließend noch ein Blick auf den jeweiligen Kontext beider JHWH-Tags-Dichtungen geworfen werden. Sowohl Am 5,18-20 als auch Zef 1,7-16* enthalten in ihrem Nahkontext Kultkritik in Gottesrede[108] und ein prophetisches Mahnwort, das „Gute" bzw. „Gerechtigkeit" zu suchen, um „vielleicht" (אולי) das drohende Unheil zu überleben.[109]

Alle diese Beobachtungen zusammengenommen, ergeben sich zwei Folgerungen: Zum einen legen die internen Bezüge der Einheiten von Zef 1,7-16* untereinander eine literarische Durchgestaltung der Zefanjaüberlieferung schon durch die Tradenten nahe.[110] Zum anderen spricht das Netz der Beziehungen zwischen Zef 1,7-16* und Am 5,18-20 und der Amosschrift insgesamt für einen bewussten Rückbezug auf die älteste Amosschrift.

Eine abschließende Übersicht soll die wichtigsten Ergebnisse zur kompositionellen Gestaltung von Zef 1,7-16* noch einmal knapp zusammenfassen.

---

106 Zu einer „Zweiprophetenbuchrolle" siehe Schart, Entstehung 110-128 (133-155).
107 Näheres siehe S. 15f.
108 Am 5,21-27* bzw. Zef 1,4-5*.
109 Am 5,14f bzw. Zef 2,1-3*.
110 Vgl. auch Weimar, AOAT 250, 827f.

> **V7** *Prophetenrede*: 4 Stichen zu Nähe + Charakter des יום־יהוה – s. V14
> – קרוב יום־יהוה eingeleitet durch Ruf zur Stille
> – vgl. V10f הילילו angesichts des Lärms von Norden her
>
>> **V8-9** JHWH inspiziert Hof (einmal יהוה, zweimal פקד)
>> – Verhalten der Höflinge in drei Partizipien
>> – in Strafbegründung „Anfüllen" des בית
>>
>>> **V10-11** Hörszene: Ruf zur Klage (יהוה in Einl.)
>>> angesichts des Lärms (siehe V14b קול)
>>> aus den Nordbezirken (siehe V14b שם) – vgl. V7a
>>
>> **V12f*** JHWH inspiziert Jerusalemer (פקד + יהוה)
>> – Haltung der „Männer" in zwei Partizipien
>> – in Strafankündigung בתיהם
>
> *V8-13* Gottesrede mit red. Einleitungen*
>
> **V14-16** *Pr.-Rede*: 12 Stichen zu Nähe + Charakter des יום־יהוה – s. V7
> – קרוב יום־יהוה abgeschlossen durch eine allgemeine Zielangabe
> – vgl. die Ortsangaben in V8-13*

2.2.3. Thematisches Profil

Welche neuen Akzentuierungen enthält die Tag-JHWHs-Dichtung Zef 1,7-16* gegenüber dem thematischen Profil von Zef 1,14-16?

Zum einen bekommt die allgemeine יום־יהוה-Ankündigung mit den aufgezählten Jerusalemer Gruppen ihre konkreten Adressaten. Zum anderen erhält das Gericht des Zornestages seine ausdrückliche Begründung, indem der Jerusalemer Führungsschicht typische Verhaltensweisen zugeordnet werden, die durch die redaktionelle Verknüpfung der Einheiten auch in einen inneren Zusammenhang gerückt werden. In ihrem Gebaren äußert sich Entfremdung von JHWH und von den Mitmenschen: Gleichgültigkeit und Erwartungslosigkeit gegenüber dem „Herrn JHWH" (אדני יהוה) führt zur Willfährigkeit gegenüber ihrem „Herrn" (אדניהם) und dessen Erwartungen. In einer gewissermaßen „synthetischen" Zusammenschau werden die Verfehlungen der Adressaten nach ihrer religiösen und ihrer sozialen Seite, nach ihren verborgenen Wurzeln und nach ihren wahrnehmbaren „Früchten" erfasst. Sodann wird auch die Darstellung des JHWH-Tages selbst konkretisiert, indem seine militärischen Züge zu einer geschichtlichen Momentaufnahme aus der Perspektive der Betroffenen verdichtet werden. Schließlich werden die Amosreminiszenzen verstärkt: Besonders signifikant sind die Gestaltung der Tag-JHWHs-Dichtung in Entsprechung zu Am 5,18-20, deren Eröffnung mit einer Umkehrung der Hörererwartungen und die Verwendung von פקד als Leitverb für JHWHs Reaktion auf die Verfehlungen des Gottesvolkes. Mit פקד wird an prominente Einschreibungen der Amostradenten[111] und über diese auch an die Hoseaschrift angeknüpft.

Mit diesen Akzentuierungen wird die יום־יהוה-Verkündigung weiter profiliert: Der JHWH-Tag ist kein Schicksalstag, der wie ein Unwetter unterschiedslos über „alle" hereinbricht – ein Verständnis, das die unpersönlichen Konstruktusverbindungen mit ihren meteorologischen nomina recta und ihrem monotonen metrischen Gleichklang suggerieren könnten. Demgegenüber wird der יום־יהוה als „Tag der Heimsuchung"[112] entfaltet, der treffsicher die Jerusalemer Führungsschicht erreicht und in deren Haltung und Verhalten begründet ist. Gegenüber Am 5,18-20 und der Amosschrift gewinnt die JHWH-Tags-Thematik gesteigerte Bedeutung: Der יום־יהוה erschöpft sich nicht in einem mittlerweile weit zurückliegenden Ereignis der Vergangenheit. Diese erste geschichtliche Realisierung hat die JHWH-Tags-Ankündigung des Amos bewahrheitet und ihr in fortgeschrittener geschichtlicher Stunde eine erhöhte Dringlichkeit verliehen: קרוב יום־יהוה heißt es nun erstmalig bei Zefanja und zweimal in der Tag-JHWHs-Dichtung Zef 1,7-16*.

Es fällt auf, dass das Mahnwort Zef 2,1-3* nicht in diese Komposition einbezogen ist, obgleich es im Unterschied zu seinem Pendant Am 5,14f zweimal expressis verbis auf den „Tag des Zornes JHWHs" (יום אף־יהוה) verweist. Dadurch wird Zef 2,1-3* so eindringlich auf die JHWH-Tags-Komposition bezogen, dass über die schon oben erwähnte formkritische[113] und redaktionsgeschichtliche[114] Begründung hinaus auch ein theologisches Anliegen hinter der selbstständigen Position des Mahnwortes zu stehen scheint: Während die Ringkomposition Zef 1,7-16* mit dem in unerbittlicher Folgerichtigkeit auf die Verfehlungen reagierenden JHWH konfrontiert, lenkt das Mahnwort den Blick auf den in souveräner Freiheit agierenden JHWH, dessen „Unberechenbarkeit" auch einem „Vielleicht" Raum lässt. Oder von den Adressaten her formuliert: Mit

---

111 Am 3,2.14[bis] – Näheres siehe S.15f.
112 פקד in Zef 1,8.9.12 – vgl. den יום פקד in Am 3,14.
113 Zef 2,1-3* setzt sich als Mahnwort von der vorangehenden Strafverkündigung ab.
114 Das Mahnwort eröffnet jetzt die mit einem כי angeschlossenen Fremdvölkerworte.

dem nahen Zornestag muss unbedingt gerechnet werden, wogegen ein „Geborgenwerden" an diesem Tag „bedingt"[115] erhofft werden kann.

2.2.4. Ausblick auf die älteste Zefanjaschrift

Im dritten Teil der heutigen Zefanjaschrift, Zef 3,9-20, wird die Zefanjaüberlieferung in exilisch-nachexilischer Zeit fortgeschrieben, indem in verschiedenen Redaktionsphasen umfassendes Heil für das Gottesvolk und die Völker entfaltet wird,[116] so dass Zef 1,4-3,8*[117] als älteste Zefanjaschrift bestimmbar ist. Welche Rolle spielt die יום־יהוה-Thematik in dieser ältesten Gesamtkomposition von Zefanjaworten?

Die ganz vom nahen JHWH-Tag bestimmte Gerichtsverkündigung an das Gottesvolk in Zef 1,4-16* wird durch das Mahnwort Zef 2,1-3* abgeschlossen, das sich an die gleichen Adressaten wendet und die יום־יהוה-Verkündigung noch einmal betont aufnimmt. Zugleich fungiert das Mahnwort als Einleitung zu den Völkerworten in Zef 2,4-15*, die jetzt durch einleitendes כי die Mahnung begründen. Durch diese redaktionelle Verknüpfung werden die angekündigten Katastrophen als JHWH-Tags-Ereignisse bestimmt und auch die Völker damit in den Horizont des יום־יהוה gerückt[118]. Mit Zef 3,1-8* wird ein Gerichtswort über Jerusalem unmittelbar angeschlossen, das durch seine Stilisierung als Weheruf das Gottesvolk mit den Völkern[119] und durch seine anonymisierende Anrede an die „gewalttätige Stadt" Jerusalem mit Ninive parallelisiert.[120] Diese kompositionelle Gestaltung stellt eine genaue Entsprechung zum Völkerspruchzyklus von Am 1,3-2,16 her, der ebenfalls mit einem Spruch über das Gottesvolk schließt[121]. Das Schlusswort des Herausgebers[122] in Zef 3,6-8* blickt auf die Erfüllung der Völkerworte zurück und knüpft mit der Erwähnung der zerstörten „Städte" und „Zinnen"[123] an die JHWH-Tags-

---

115 Die erste Bedingung, das angemahnte Verhalten, wird eindringlich formuliert, die zweite, JHWHs Verschonen, nur mit einem „Vielleicht" und dem passivum divinum angedeutet.
116 Vgl. Schart, Entstehung, 170f (204f) und Irsigler, NBL III, 1182f.
117 Eine literarkritische Durchsicht von 2,4-15* und 3,1-8* ist nicht erforderlich, da die zur Erörterung stehende יום־יהוה-Orientierung der Gesamtkomposition von den Einschreibungen nicht berührt wird.
118 Ein Gleiches wird mit dem „Tag des Kampfes" (יום מלחמה) und dem „Tag des Sturmwinds" (יום סופה) in Am 1,14 für den Völkerzyklus der Amosschrift angedeutet.
119 Vgl. einleitendes הוי in Zef 2,5 und Zef 3,1.
120 Vgl. העיר העליזה in Zef 2,14 mit העיר היונה in Zef 3,1.
121 Vgl. Schart, Entstehung, 177 (212).
122 Vgl. Irsigler, NBL III, 1182.
123 Besonders das in der Bedeutung „Zinnen" nur noch 2Chr 26,15 vorkommende פנות ist signifikant.

Ankündigung von Zef 1,14-16 mit ihren Ortsangaben in V16b an. Die Jerusalemer haben aber diese Lektion JHWHs nicht als Warnung beherzigt, sondern als Bestätigung ihrer Selbstsicherheit missverstanden. „Darum" (לכן) ergeht in Zef 3,8*[124] eine „Gerichtsansage gegen die Jerusalemer, wohl in sarkastischer Ironisierung ('Wartet nur ...') einer Hoffnung auf Jahwes Eingreifen gegen Nebukadnezar",[125] die eine Herausgabe der ältesten Zefanjaschrift noch vor der Katastrophe von 587/6 vC plausibel macht.[126]

Damit wird genau die Erwartung ironisiert, über die Amos in Am 5,18 sein „Wehe" ausgerufen hatte, und der יום־יהוה wird zum „Tag meines Aufstehens als Zeuge" (יום קומי לעד).[127] Wenn *JHWH* als „Zeuge"[128] auftritt, impliziert das Auftreten sein richterliches Einschreiten wie in Mi 1,2 und Mal 3,5, wo ebenfalls JHWH selbst als „Zeuge" fungiert. Vom Aussagezusammenhang her kommen nur die unbelehrbaren Jerusalemer als Adressaten in Frage, und der Zef 3,1-8* voraussetzende Rückblick in Ez 22,23-31[129] lässt keinen Zweifel daran, dass JHWH seinen Zorn *über sein Volk* „ausgegossen" hat.[130] Die Schlusswendung כל חרון אפי in Zef 3,8* weist noch einmal rahmend auf den Zornestag von Zef 2,1-3* zurück[131] und macht den JHWH-Tag zum Horizont auch des zweiten Teiles Zef 2,3-3,8* und damit zum Bezugsrahmen der gesamten ältesten Zefanjaschrift.

Im Anschluss an Hos 10,10 wird in Zef 3,8b angekündigt, dass JHWH zur Bestrafung seines Volkes die „Völker sammeln" werde.[132] Damit wird

---

[124] Ohne den letzten Satz in Zef 3,8bγ, der mit seiner „apokalyptisierenden" Tendenz zu den spätesten redaktionellen Einschreibungen gehört (vgl. Irsigler, NBL III, 1183) und zusammen mit Zef 1,18bβ den Endtext strukturiert.
[125] Irsigler, NBL III, 1182.
[126] Vgl. Irsigler, NBL III, 1182.
[127] Die Parallelisierung von לי // ליום sichert den unheilvollen Charakter der einleitenden Aufforderung – vgl. Rudolph, KAT 13/3, 290.
[128] Vgl. *G*. – Die Prozessterminologie legt die Bevorzugung von *G* nahe (vgl. Irsigler, Zefanja, 342f. 354).
[129] Vgl. Zimmerli, BK 13/1, 521f.
[130] Vgl. לשפך עליהם זעמי in Zef 3,8* mit ואשפף עליהם זעמי in Ez 22,31.
[131] Vgl. חרון אף יהוה in Zef 2,2 und יום אף יהוה in Zef 2,2.3.
[132] Vgl. לאסף גוים ... לשפך עליהם זעמי ... in Zef 3,8b. ואספו עליהם עמים in Hos 10,10bα mit – Im jetzigen Kontext von Zef 3,8.9-10 bezieht sich das Suffix von עליהם auf die Völker, die damit zu Adressaten des JHWH-Zorns werden. Hier wird eine veränderte Sicht der Völker auf einer späteren Redaktionsstufe erkennbar (siehe nächste Anmerkung), die vielleicht ein ursprüngliches עליכם verändert hat. Der Zusammenhang von 3,1-8* spricht aber eindeutig für einen Jerusalembezug, der noch durch eine Einzelbeobachtung unterstützt wird: „Das an sich unnötige Suffix der 1.Person [am zweiten Infinitiv לקבצי - PGS], das für das synonyme לאסף mitgilt, ist offenbar zur Unterscheidung vom 3.Inf.

die JHWH-Tags-Topik in Zef 3,8* um den Zug bereichert, dass JHWH die „Völker" als Gerichtsvollstrecker aufbietet.[133] Mit den Völkern wird neben JHWH und seinem Volk expressis verbis die dritte Größe eingeführt, die für die יום־יהוה-Verkündigung des XII im Folgenden konstitutiv bleiben wird. Das Profil der nachfolgenden Tag-JHWHs-Dichtungen ist davon bestimmt, ob und wie JHWH zum Unheil oder zum Heil handelt, welche Rolle das Gottesvolk und die Völker in diesem Handeln einnehmen und welches Geschick ihnen darin bestimmt ist.

לשפך eingesetzt, wo nicht mehr Jahwe, sondern die Völker das logische Subjekt sind" (Rudolph, KAT 13/3, 287, Anmerkung c).

133 Die Bezugnahmen auf die Völker innerhalb der ältesten Zefanjaschrift lassen sich dahingehend zusammenfassen: Zefanja sieht Nachbarvölker von kommendem Unheil bedroht (Zef 2,4-6*.12*-14), und auf der Ebene der ältesten Zefanjaschrift begründen diese Völkerworte das Mahnwort angesichts des nahen Zornestages (Zef 2,1-3*). Im Schlusswort Zef 3,6-8* wird dann festgestellt, dass sich das Gottesvolk durch das über „Völker" bereits hereingebrochene Unheil nicht warnen lassen hat, so dass „Völker und Königreiche" am kommenden Gerichtstag als JHWHs Strafwerkzeuge fungieren. Erst auf einer späteren Redaktionsstufe werden die Völker aus Vollstreckern zu Empfängern des JHWH-Zornes (siehe vorherige Anmerkung).

3. Am 5,18-20 und Zef 1* im wachsenden Mehrprophetenbuch

Im Folgenden soll geprüft werden, ob und – wenn ja – wie die JHWH-Tags-Verkündigung von Am 5,18-20 und Zef 1* durch den erweiterten Kontext des wachsenden Mehrprophetenbuches im Ganzen und durch redaktionelle Einschreibungen in die Tag-JHWHs-Dichtungen selber modifiziert und weitergeführt wird.

3.1. Am 5,18-20 und Zef 1* im Vierprophetenbuch*

Die Überschriften in Hos 1,1; Am 1,1; Mi 1,1 und Zef 1,1 lassen ein „durchdachtes, kohärentes Überschriftsystem" erkennen und „zeigen konzeptionelle Übereinstimmungen mit dem DtrG ... Sie sind deshalb einer Redaktionsstufe zuzuordnen, die diesem Geschichtswerk nahe steht."[1] Auch die redaktionellen Einschreibungen in die solcherart verbundenen vier Schriften zeigen diese Nähe, so dass Nogalski sie als „Deuteronomistic Corpus" bezeichnet.[2] Schart will die Warnung Lohfinks „vor einer zu extensiven Deuteronomismusdefinition"[3] beherzigen und spricht deshalb von einer dem DtrG nahestehenden oder „D-Redaktion"[4] und entsprechend von einem „D-Korpus".[5] Im Folgenden soll, den Umfang dieses Mehrprophetenbuches bezeichnend, der Terminus „Vierprophetenbuch* (IV*)"[6] Verwendung finden. Die vier Prophetenschriften sind einander paarweise zugeordnet: Hosea* und Amos* wenden sich primär an das Nordreich Israel und Micha* und Zefanja* hauptsächlich an das

---

1 Schart, Entstehung, 40 (45f).
2 Nogalski, Precursors, 278-280.
3 Lohfink, NBL I, 414.
4 Schart, Entstehung, 40 (46).
5 Schart, Entstehung, 42 (48) u.ö.
6 Die Vierzahl drückt Vollständigkeit aus – siehe z.B. die „vier Enden der Erde" (Jes 11,12), vier Plagen (Jer 15,3) und in Ez 1,5-18 die vier Gestalten mit den vier Gesichtern, vier Flügeln und vier Händen (vgl. Kreuzer, NBL III, 1160f). Deshalb könnte die Vierzahl der Propheten und der auf sie zurückgeführten Schriften eine Anspielung darauf intendieren, dass diese vier Propheten vollgültig „seine Knechte, die Propheten" repräsentieren, durch die JHWH seinen Willen vollständig kundgetan und sein Volk umfassend vor der drohenden Katastrophe gewarnt hat (vgl. 2Kön 17,13.23; 24,2; Am 3,7).

Südreich Juda. Die jeweils zweite Schrift kündigt den יום־יהוה als einen Gerichtstag für das Gottesvolk an: Amos warnt das Nordreich vor seinem Unheilscharakter, und Zefanja richtet diese Warnung an Juda und Jerusalem.[7] Beide JHWH-Tags-Ankündigungen waren mittlerweile durch die Geschichte bewahrheitet, so dass ihre Verkünder gemäß Dtn 18,21f als „wahre" Propheten erwiesen waren: Das „Haus Israel" war unter den Schlägen der Assyrer 722/1 vC endgültig zusammengebrochen; und 587/6 vC war über die „Tochter Juda" der „Tag seiner Zornglut" (Klgl 1,12.15) und über die „Tochter Zion" der „Tag des Zornes JHWHs" (Klgl 2,1.21f) hereingebrochen. Gibt es redaktionelle Einschreibungen in das IV*, die Licht auf die יום־יהוה-Vorstellungen seiner Redaktion werfen?

3.1.1. Literarischer Befund

In *Am 4,6-11** werden die Adressaten an fünf typische Plagen erinnert, mit denen JHWH sein Volk angesichts eines verfehlten Kultes (Am 4,4-5) vergeblich zur Umkehr rufen wollte. Auch in den Fluchandrohungen in Lev 26,18-39 und Dtn 28,20-61 und in 1Kön 8,33-40 innerhalb des Tempelweihgebetes Salomos finden sich gleiche Plagenreihungen, die auch eine Anzahl gemeinsamer Formulierungen aufweisen.[8] Mit 1Kön 8,33-40 hat Am 4,6-11* darüber hinaus gemeinsam, dass auf den Plagenvollzug[9] zurückgeblickt wird und dass dieses Strafhandeln JHWHs jeweils „Umkehr" intendiert[10]. Der Zusammenhang von Am 4,6-11* mit 1Kön 8,33-40 reicht aber noch weiter: Die Umkehr wird in 1Kön 8,33-40* durch das Gebet „zu dieser Stätte", dem Jerusalemer Tempel, hin vollzogen. Die Redaktion hat den Rückblick auf die verweigerte Umkehr in Am 4,6-11* an die Kultkritik von Am 4,4-5 angeschlossen, die mit dem parodierten priesterlichen Ruf einsetzt: „Kommt nach Betel und sündigt!" Von 1Kön 8,33-40 her interpretiert dieser Aussagezusammenhang das kritisierte kultische Verhalten als ein verfehltes Suchen JHWHs in Betel und die „Umkehr" als eine Hinwendung zum Jerusalemer Heiligtum.[11]

Nach der permanenten Umkehrverweigerung in der Vergangenheit (Am 4,6-11*) erhält der Ruf zum Leben in Am 5,1-17 letzte Dringlichkeit.[12] Wer ihn überhört, hat von der Begegnung mit JHWH nur noch den

---

7   Schart, Entstehung, 184f (220f).
8   Vgl. die Übersicht in Wolff, BK 14/2, 252.
9   In 1Kön 8,33-40 von einem Standpunkt in (exilischer) Zukunft aus nach dem Muster: „Wenn die Plage eingetroffen ist, und sie kehren um zu dir, ... dann höre ...".
10 Vgl. Jeremias, ATD 24/2, 50f.
11 Vgl. Schart, Entstehung, 62 (72).
12 Vgl. Schart, Entstehung, 134 (161).

3.1. Am 5,18-20 und Zef 1* im Vierprophetenbuch*

Tod (V17), von seinem „Tag" nur noch „Finsternis" zu erwarten (V18.20). Indem Am 4,6-11* unmittelbar vor Am 5,1-17, der Mitte des Amosbuches, eingeschrieben wurde, tritt diese Fortschreibung in ein Korrespondenzverhältnis zu Am 5,18-20, das dieser Mitte unmittelbar folgt.[13] So liest sich Am 4,6-11* geradezu wie eine Auslegung von 5,19 und seiner Funktion in 5,18-20: Israel ließ sich durch JHWHs Heimsuchungen nicht zur Umkehr bewegen, sondern wiegte sich in der Sicherheit derer, die immer wieder davongekommen waren. Umgekehrt liest sich Am 5,18-20 wie eine Weiterführung von 4,6-11*: Weil das bisherige Handeln JHWHs nicht zur Umkehr Israels führte, hat das Gottesvolk an dem „Tag", der ganz vom Handeln JHWHs bestimmt sein wird, nur „Finsternis" zu gewärtigen. Die angedrohte unheilvolle Zukunft tritt in ein überbietendes Korrespondenzverhältnis zur erinnerten unheilvollen Vergangenheit.

Zef 1,6 steht in literarischer Spannung zu Zef 1,4-5[14] und spricht nach den dort aufgeführten synkretistischen Verfehlungen generalisierend von denen, „die abtrünnig geworden sind von JHWH (מאחרי יהוה)[15] und sich nicht zu JHWH halten (דרש // בקש)"[16]. Diese Einschreibung weist zurück auf die Aufforderung zur JHWH-Suche in Am 5[17] und konstatiert deren Nichtbefolgung. Die Folgen einer solchen Verweigerung sind in Am 5,1-20 eindringlich ausgesprochen, und mit der Position von Zef 1,6 vor der JHWH-Tags-Ankündigung von Zef 1,7 signalisieren die Redaktoren ihr Verständnis des יום־יהוה als eines Gerichtstages für die, die JHWH nicht „gesucht" haben. Zugleich leitet die allgemeine Kennzeichnung von Zef 1,6 auch zu den konkreten Verfehlungen von V8-12 über, die nun entfalten, wie sich das „Nicht-zu-JHWH-halten" in den Jerusalemer Führungskreisen äußert. Damit unterstreicht die Redaktion auch an dieser Stelle, „daß alle ethischen Verfehlungen aus einem zerbrochenen Gottesverhältnis herrühren"[18].

---

13 Dieses Korrespondenzverhältnis wird verstärkt durch den rahmenden Charakter der Kultkritik in Am 4,4-5 und Am 5,21-27*.
14 Zur Literarkritik von Zef 1 vgl. S. 30-33.
15 Die Präp.-Verbindung מאחרי יהוה kommt vor allem in dtn-dtr Texten vor: Num 14,43; Jos 22,16.18.23.29; 1Sam 12,20; 2Kön 17,21; 18,6 – vgl. Schart, Entstehung, 173 (208).
16 Vgl. nur Dtn 4,29. Westermann arbeitet in seiner Studie „Die Begriffe für Fragen und Suchen im Alten Testament" den Wandel im Sprachgebrauch von דרש את־יהוה von einem konkreten Sich-Wenden an JHWH angesichts einer akuten Notlage zu einer stetigen Haltung des Sich-Haltens zu Gott heraus, bei der dann דרש und בקש synonym verwendet werden und schreibt in seinem Resümee: „Dieses Sich-Halten an Gott ist eine wichtige, charakteristische Bezeichnung des Gottesverhältnisses von der deuteronomischen Zeit an ..." (Westermann, TB 55, 188).
17 דרש innerhalb des XII in Hos 10,12; Am 5,4.5.6.14 und Mi 6,8 (hier mit JHWH als Subjekt) – also nur im IV*!
18 So Schart, Entstehung, 187 (224), als eine der Intentionen des „D-Korpus".

Zef 1,13b[19] enthält einen Vergeblichkeitsfluch, der seinen Adressaten die Früchte ihrer Arbeit versagt. Er hat seine wichtigsten Paralleltexte in Dtn 28,30.39; Hos 4,10; Am 5,11 und Mi 6,14-15;[20] und die Gemeinsamkeit besonders von Zef 1,13b; Am 5,11 und Dtn 28,30-39 ist so groß, dass sich literarische Abhängigkeit nahe legt. „Zef 1,13b ist wohl in Anlehnung an Am 5,11 und Dtn 28,30.39 formuliert."[21] In Dtn 28 steht der Vergeblichkeitsfluch im Kontext der Sanktionen für den Fall, dass Israel den „Bund" bricht und die „Gebote und Ordnungen" JHWHs nicht befolgt. Wenn dieser Vergeblichkeitsfluch nun in die Tag-JHWHs-Dichtung Zef 1,7-16 eingetragen wird, erhält der Unheilscharakter des JHWH-Tages eine profilierte Begründung: Am יום־יהוה werden die von JHWH angedrohten Bundesflüche für die Nichtbefolgung seiner Tora wirksam.

In *Zef 2,3a*[22] wird das Mahnwort von Zef 2,1-3* auf einen bestimmten Personenkreis eingegrenzt: „Alle Demütigen des Landes" (כל־ענוי הארץ) werden angeredet. Dass ענוים hier nicht einen sozialen Status beschreibt, sondern eine ethische Qualität, zeigt der erläuternde Relativsatz: „... die sein Recht getan haben." משפט ist ein Schlüsselwort im Vierprophetenbuch*,[23] und das „Tun des Rechts" (Mi 6,8) fasst den verkündigten JHWH-Willen an prominenter Stelle redaktionell zusammen.[24] Da den „Demütigen" solches Verhalten bescheinigt wird, haben die Aufforderung, sich „zu JHWH zu halten"[25] und die nachfolgenden Mahnungen den Sinn einer Ermutigung, darin fortzufahren. Ziel des Mahnwortes bleibt das „Geborgenwerden am Zornestag", aber diese Möglichkeit wird nur noch einer bestimmten Gruppe eröffnet.

Zef 3,11-13 als letzter redaktioneller Text des IV*[26] steht in herausgehobener Schlussposition nicht nur von Zefanja*, sondern auch im gesamten Korpus. Dass Zef 3,11-13 dieser Redaktion angehört, soll im Folgen-

---

19 Zur Literarkritik von Zef 1 vgl. wieder S. 30-33.
20 Neben Dtn 28 also nur innerhalb des dtn/dtr beeinflussten IV*!
21 Schart, Entstehung, 174 (209).
22 Zur Literarkritik vgl. auch hier noch einmal S. 30-33.
23 Hos 5,1.11; 6,5; 10,4; 12,7; Am 5,7.15.24; 6,12 und Mi 3,1.8.9; 6,8; Zef 3,8*.
24 Vgl. Schart, Entstehung, 155 (187), 162 (195).
25 Zur Wendung siehe oben zu Zef 1,6.
26 Die Zugehörigkeit von Zef 3,11-13 zum IV* wird von Nogalski in Precursors, 177 für „not inconceivable" gehalten und zuletzt in Zephaniah 3, 213 vertreten und von Schart in Entstehung, 178 (214) als „vertretbar" angesehen. Eine ausführliche Begründung für diese Position bietet Albertz in SBL-SP 41, 213-233. Die nachfolgende Argumentation konzentriert sich auf die JHWH-Tags-Perspektive. – Auch für Striek ist Zef 3,11-13 ein redaktioneller Text, aber es bleibt unverständlich, wie er unter Verweis auf Rückbezüge zu dtr Einschüben und Bearbeitungen zu dem Urteil kommt, „daß 3,11-13 zu einer *nachdtr* Bearbeitung des Zephanjabüchleins aus *spätnachexilischer* Zeit gehört" (Striek, BET 29, 210 – Kursivdruck PGS).

den näher begründet werden, da diese Zuordnung nicht unerhebliche Konsequenzen für die Sicht des IV* auf den יום־יהוה hat. Zef 3,11-13 schließt sich eng an Zef 3,1-8* an: Das verknüpfende ביום ההוא nimmt den in V8* angekündigten לעד יום קומי auf, und die Anrede in der 2. sg fem und die Ortsangabe הר קדשי beziehen sich auf die „gewalttätige Stadt" Jerusalem in V1 zurück. Sie muss sich nun ihrer „Taten" (עלילות כל in V7 und V11) nicht mehr schämen, weil JHWH deren Urheber „aus ihrer Mitte" (מקרבך in V11) entfernt und „in ihrer Mitte" (בקרבך in V12 und בקרבה in V3.5) ein „demütiges und geringes Volk" übrig lässt, das im Gegensatz zur skrupellosen Führungsschicht (V3f), die „JHWH nicht vertraut hat" (V2), ihre „Zuflucht beim Namen JHWHs sucht".[27] Zugleich bezieht sich Zef 3,11-13 auf Zef 1,4-3,8* insgesamt zurück: V11 fasst die vorangegangene Gerichtsverkündigung zusammen und interpretiert JHWHs Strafhandeln als Läuterungsgericht, und die Verheißung eines „Restes" in V12f setzt den Strafvollzug voraus. Auf diese Weise äußert sich Zef 3,11-13 zum Geschick des Gottesvolkes nach der Katastrophe.

Zef 3,11-13 bezieht sich darüber hinaus auch auf das gesamte IV*: Besonders signifikant ist der Befund, dass das verfehlte Verhalten des Gottesvolkes innerhalb der Zefanjaschrift nur in Zef 3,11 mit der Wurzel פשע bezeichnet wird, die im XII nur noch innerhalb des IV* vorkommt.[28] Eine besondere Nähe zeigt sich zu Am 3,14, wo ebenfalls in Gottesrede auf den „Tag" verwiesen wird, an dem JHWH die „Verbrechen (פשעים) Israels an ihm heimsucht". Zef 3,11 präzisiert, dass die Heimsuchung dieser Verbrechen „an jenem Tag" die „hochmütigen Prahler" (גאותך עליזי) treffen wird[29]. Diese Charakterisierung konkretisiert ihrerseits die Schuldzuweisung, da zuvor allgemein in Hos 5,5; 7,10 der „Hochmut Israels" bzw. in Am 6,8; 8,7[30] der „Hochmut Jakobs" (jeweils גאון) angeprangert wurde. Übrig bleibt ein „armes und geringes Volk, das Zuflucht beim Namen JHWHs sucht" (V12). Diese Charakterisierung der Gruppe und ihr Gegensatz zu den „hochmütigen Prahlern" zeigt, dass sich die Bezeichnung עם עני ודל nicht auf den sozialen, sondern auf den religiösen Status des „Restes" bezieht. Dieser „Rest Israels"[31] wird „keine Verkehrtheit begehen und keine Täuschung aussprechen". „Die herausragen-

---

27 Zugleich knüpft die Wurzel חסה an das synonyme חכה in Zef 3,8* an.
28 Das Verb findet sich in Hos 7,13; 8,1; Am 4,4; Zef 3,11 und das Nomen in Am 1,3.6.9.11.13; 2, 1.4.6; 3,14; 5,12; Mi 1,5bis.13; 3,8; 6,7.
29 Auch 2Kön 17,20 wird vom „Demütigen" Israels gesprochen (II ענה pi vgl. Zef 3,12a!).
30 Zur Doppelsinnigkeit der Wendung in Am 8,7 vgl. Jeremias, ATD 24/2, 117f.
31 Diese theologisch ambivalente Formulierung (vgl. Wildberger, THAT II, 849) weist in 2Kön 17,18; 19,4 (Juda bzw. Jerusalem als „Rest") auf die eingetroffene Katastrophe zurück, gewinnt aber in 2Kön 19,30f heilvollen Charakter.

de feste Wortverbindung ᶜśh ᶜawæl / ᶜawla ... bezieht sich auf eine konkrete, juristisch faßbare Tat."[32] Ihre Verwendung an dieser Stelle zeigt, was Schart als Anliegen des „dtn/dtr Redaktors" hinsichtlich der prophetischen Sozialkritik herausgearbeitet hat, nämlich „eindeutige Verstöße gegen kodifizierte Rechtsnormen als Basis der Sozialkritik zu benennen".[33] Auch die zweite Bestimmung zeigt die Handschrift dieser Redaktion, denn die Wurzel כזב findet sich innerhalb des XII nur im IV*.[34] Dieses Verhalten ohne Lug und Trug wurzelt im Gottesverhältnis derer, die ihre „Zuflucht beim Namen JHWHs gesucht" haben und ermöglicht ihnen sicheres Wohnen. Noch einmal zeigt sich das gleiche Anliegen, das schon in den vorangegangenen redaktionellen Einschreibungen greifbar wurde, nämlich das ethische Verhalten aus dem Gottesverhältnis herzuleiten und seine Folgen in Segen und Fluch herauszustellen.

Wie in Am 9,7-10, dem „Schluß von D-Amos"[35], schließt die Redaktion also die Zefanjaschrift und damit das gesamte IV* mit einem Läuterungsgericht ab, schlägt aber gegenüber Am 9,7-10[36] einen ungleich volleren Schlussakkord an: Auf das prophetische Mahnwort von Zef 2,1-3 mit seiner verhaltenen Erwartung[37] antwortet die Gottesrede in Zef 3,11-13 mit ihrem Zuspruch. Dieser Zuspruch mündet in ein Bild aus: Der arme und geringe „Rest Israels" gleicht einer sicher weidenden Herde.

3.1.2. Thematisches Profil

Hat die JHWH-Tags-Verkündigung im IV* ein eigenes thematisches Profil? Der herausgearbeitete Befund ist vergleichsweise spärlich: Die wenigen auf den JHWH-Tag bezogenen redaktionellen Einschreibungen führen die vorgegebenen Aussagen zum יום־יהוה nicht weiter, sondern zeigen sich allein daran interessiert, die Begründung für sein Eintreffen weiter zu profilieren. Wie ist dieser Befund zu deuten?

Zur Klärung dieser Frage soll zunächst der historische und literarische Großkontext der Tag-JHWHs-Dichtungen kurz skizziert werden. Die dtndtr beeinflusste Redaktion komponierte und redigierte das IV* in der gleichen Situation, in der auch das deuteronomistische Geschichtswerk

---

32 Knierim, THAT II, 224.
33 Schart, Entstehung, 165 (199).
34 Hos 7,13; 12,2; Am 2,4; Mi 2,11 (Verb).
35 Schart, Entstehung, 139 (167).
36 JHWH stellt lediglich in Aussicht, „dass ich das Haus Jakob nicht völlig ausrotten will" (Am 9,8).
37 Zum „Vielleicht" von Zef 2,3 vgl. auch Am 5,15: „Vielleicht wird JHWH gnädig sein dem Rest Josefs."

3.1. Am 5,18-20 und Zef 1* im Vierprophetenbuch*

entstand: im Schatten der Katastrophe. Wie konnte man nach einer Katastrophe solchen Ausmaßes weiterleben? Wer diese Frage beantworten wollte, musste zunächst klären, wie es zu der Katastrophe von 587/6 vC kommen konnte. Dtr Denken war alles an dem Aufweis gelegen, dass nicht ein unbegreifliches Schicksal über das Gottesvolk hereingebrochen war oder JHWH sich als den Göttern der Siegermacht unterlegen erwiesen hatte, sondern dass prophetische Strafankündigungen ihre Erfüllung gefunden hatten. Wie in der dtr Geschichtsdarstellung namentlich vier herausragende Exponenten dieser Geschichte Israel an einschneidenden geschichtlichen Wendepunkten zum Gehorsam gegenüber JHWH gerufen und die Folgen des Ungehorsams vor Augen gestellt hatten,[38] so wirkten Hosea, Amos, Micha und Zefanja unter dem in Nord- und Südreich geteilten Gottesvolk und repräsentierten damit „seine Knechte, die Propheten, durch die JHWH Israel gewarnt"[39] und zur Umkehr gerufen hatte. Im Leseablauf des IV* schließt die Gerichtsverkündigung Hoseas mit dem Umkehrruf von Hos 14,2-4[40], während nachfolgend der redaktionelle Text Am 4,6-11* die Umkehrunwilligkeit Israels feststellen muss, dessen Geschichte darum folgerichtig mit dem יום־יהוה als Unheilstag endet. Mi 1,2-7* stellt dann Juda unter die gleiche prophetische Kritik wie das Nordreich Israel, und Mi 3,12 zeigt mit seiner Bezugnahme auf Mi 1,6, dass JHWH mit Zion ebenso verfahren wird wie mit Samaria.[41] In Mi 6,8 fasst die Redaktion[42] zusammen, was JHWH von seinem Volk erwartet, aber das Gottesvolk tut das genaue Gegenteil (Mi 6,9-12), so dass JHWH ihm sein Strafhandeln ankündigt (Mi 6,13-16). So endet die Geschichte Judas in Zef 1,4-3,8* ebenfalls im JHWH-Tag über Juda und Jerusalem. Weil das Gottesvolk nicht auf JHWHs Propheten gehört hatte, war es zur Katastrophe gekommen, „so wie er durch alle seine Knechte, die Propheten, geredet hatte" (2Kön 17,23). Die Gerichtsverkündigung von Hosea, Amos, Micha und Zefanja hatte sich als geschichtsmächtiges JHWH-Wort erwiesen, so dass die Redaktion diese unüberbietbar qualifiziert: In den

---

38 Mose in Dtn 1-3; 4; 30; Josua in Jos 1 (V1-9 Gottesrede *an* Josua); 23; 24; Samuel in 1Sam 12 und Salomo in 1Kön 8 (hier in Gestalt eines Gebetes, das in V46-51 ausdrücklich die Situation des Exils und die Möglichkeit des Schuldbekenntnisses und der Umkehr ins Auge fasst).
39 2Kön 17,13.
40 Redaktioneller Abschluss der Hoseaschrift – vgl. Schart, Entstehung, 144f (174f).
41 Vgl. Schart, Entstehung, 185 (221).
42 Dass „... Mi 6* ein dtn-dtr Nachtrag zu einem ... älteren Michabuch darstellt" (158 [190]), begründet Schart, Entstehung, 158-166 (190-200) im Anschluss an Wolff. – Kessler sieht Mi 6,1-7,7 als Fortschreibung aus der (späteren) Perserzeit an (Kessler, Micha, 46f) – zu den unterschiedlichen Datierungsvorschlägen insbesondere zu Mi 6,1-8 siehe Wehrle, NBL II, 799.

Überschriften Hos 1,1; Am 1,1[43]; Mi 1,1 und Zef 1,1 wird die jeweilige Schrift mit dem Gattungsbegriff דבר־יהוה versehen.[44]

Welches Profil gewinnen die JHWH-Tags-Dichtungen von Am 5,18-20 und Zef 1,7-16 innerhalb dieses Großkontexts? Aus der Perspektive der Redaktion sind sie *erfülltes* JHWH-Wort, auf das sie *zurückblickt*! Ihre Sicht auf den יום־יהוה entspricht damit exilischen Texten, die auf den eingetroffenen JHWH-Tag zurückblicken: In Ez 13,5 werden die „Propheten Israels" angeklagt, dass sie das Gottesvolk nicht vor der drohenden Gefahr des יום־יהוה gewarnt haben, Ez 34,12 blickt auf die „Zerstreuung der Schafe" Israels „am Tag des Gewölks und des Wolkendunkels"[45] zurück, und Ez 22,24 und Klgl 1,12; 2,1.21.22 deuten die über Juda und Jerusalem hereingebrochene Katastrophe als „Tag des Zornes JHWHs"[46]. Es fällt auf, dass die Zornesterminologie in den Jahrzehnten vor[47] und nach 587/6 vC besonders intensive Verwendung gefunden hat, um das Ende des Staates und die gesamte zu diesem Ende hinführende Geschichte des Gottesvolkes zu deuten[48].

Nähe und Unheilscharakter der prophetischen JHWH-Tags-Botschaft bedurften keiner Ergänzungen, denn sie waren durch den Untergang Judas, die Eroberung Jerusalems und die Zerstörung des Tempels eindringlich „ausgelegt" worden. Eine Unheilsgeschichte war an ihr Ende gekommen, und „seitdem stand die Heilsgeschichte über Israel still"[49]. Das Gottesvolk war in seiner Existenz bedroht – diesmal durch den *eingetroffenen* יום־יהוה. Der von der Redaktion in den JHWH-Tags-Kontext eingeschriebene Vergeblichkeitsfluch in Zef 1,13b verlängert die Folgen des

---

43 Dass Am 1,1 mit „Worte des Amos ..." eröffnet, soll der mit seinem Namen verbundene Schrift nicht diese Qualifizierung verweigern, sondern erklärt sich daraus, dass die Redaktion schon eine ältere Überschrift vorfand – vgl. Schart, Entstehung, 45-48 (50-54). Schon der Relativsatz „... die er geschaut hat ...", dann die Datierung „zwei Jahre nach dem Erdbeben" (singuläre Datierung nach einem Naturereignis!), die auf dessen Ankündigung durch Amos verweist und schließlich die nachfolgend häufig verwendete Botenspruchformel und Gottesspruchformel erweisen auch die „Worte des Amos" als von JHWH empfangenes Wort.

44 דבר־יהוה אשר היה אל... modifiziert die im dtrG häufig verwendete Wort-Ereignis-Formel ויהי דבר־יהוה אל... (vgl. 1Sam 15,10; 2Sam 7,4; 24,11; 1Kön 6,1; 13,20; 17,2.8; 18,1.31; 19,9; 21, 17.28; 2Kön 20,4).

45 ביום ענן וערפל – vgl. Zef 1,15b!

46 ביום זעם in Ez 22,24; ביום חרון אפו in Klgl 1,12 (vgl. Zef 2,2); ביום אפו bzw. אפך in Klgl 2,1.21 und ביום אף־יהוה in Klgl 2,22 (vgl. Zef 2,3) – Klgl 2 stellt so dicht wie nirgends sonst im AT den Untergang Jerusalems als Wirkung des göttlichen Zorns dar (vgl. V.1.2.3.4.6.21.22), vgl. Westermann, Klagelieder, 129 und Berges, Klagelieder, 135-139 u.ö.

47 Vgl. Zef 1,15a; 2,2.3; 3,8*.

48 Zur „Zornformel" („Und der Zorn JHWHs entbrannte gegen ...") im dtrG vgl. Braulik in Zenger, Einleitung⁴, 189f.

49 Von Rad, Gottes Wirken, 182.

Gerichts am יוֹם־יהוה in eine weitere Zukunft, die *nach* dem JHWH-Tag über Jerusalem die aktuelle Gegenwart der Adressaten ist.

Konnte es noch Hoffnung geben für die „Zeit danach"? Was war das Gebot der Stunde? Die redaktionellen Einschreibungen, die die Begründung für das Kommen des יוֹם־יהוה weiter profilieren (Am 4,6-11*; Zef 1,6.13b), lehren die Katastrophe als Folge des Abfalls von JHWH und des Ungehorsams gegenüber dem Umkehrruf seiner Propheten verstehen. Wollen die Überlebenden das Heute bestehen, müssen sie zunächst das Gestern verstehen. Aber war die von der Redaktion intendierte Einsicht dazu angetan, Hoffnung für das Morgen zu wecken? Was berechtigte dazu, angesichts des „Endes der Geschichte" auf einen neuen Anfang zu hoffen? Ein wichtiger Hoffnungsschimmer war das prophetische „Vielleicht" eines Amos und Zefanja, deren Wort auch hierin nicht getrogen hatte: JHWH war einem „Rest gnädig" gewesen (Am 5,15), der am „Zornestag JHWHs geborgen" blieb (Zef 2,3). Das IV* endet in Zef 3,11-13 mit einer Verheißung, die dem „armen und geringen Volk" eine Zukunft eröffnet, die denkbar verhalten mit der Hirtenmetaphorik angedeutet wird: Keine Anspielung findet sich auf den göttlichen oder messianischen „Hirten", kein Hinweis auf das fruchtbare „Weideland" Israel, kein Wort über „seine Herde", sondern nur die lapidare Feststellung: „Sie werden weiden und lagern und niemand wird sie aufschrecken."

Eingeleitet wird dieser Schlusspassus durch die Formel בַּיּוֹם הַהוּא, die auf den in Zef 3,8* letztmals expressis verbis erwähnten JHWH-Tag zurückweist. Damit ist fast beiläufig eine Wende in der Verwendung dieser Formel und damit auch im Verständnis des JHWH-Tages für das Gottesvolk vollzogen: Bisher bezog sich der Verweis auf „jenen Tag" auf ein Strafhandeln JHWHs an seinem Volk,[50] nun auf eine Läuterung, aus der ein „Rest" hervorgeht – „jener Tag" ist kein reiner Gerichtstag mehr![51]

---

50 Vgl. Hos 1,5; Am 2,16; 8,3.9.13; Mi 2,4; Zef 1,9.10 – also nur Belegstellen aus dem IV*!
51 Wenn man die zurückhaltende Diktion mit der Erwartung weltweiter Ehrung Judas in Zef 3,18-20 und anderen weit ausgreifenden spätnachexilischen Heilsworten (vgl. z.B. den Obd- und den Joelschluss und Sach 14) vergleicht, überrascht Perlitts Urteil, „dass die Ankündigungen von (11-)13 zu den spätesten Heilsworten in den Prophetenbüchern gehören" (Perlitt, ATD 25/1, 142).

3.2. Am 5,18-20 und Zef 1* im Sechsprophetenbuch*

Zunächst soll die neue Redaktionsphase im Wachstum des XII knapp skizziert werden, in der die Nahum- und die Habakukschrift redaktionell erweitert und in das IV* eingegliedert wurden.[52]

Die Prophetien Nahums und Habakuks verkörpern einen anderen Typus von Prophetie, als sie im IV* überliefert waren: Sie kritisieren das Vorgehen der mesopotamischen Großmächte gegen das Gottesvolk, kündigen ihnen JHWHs strafendes Eingreifen an und sind damit Heilsprophetie für Israel.[53] Mit dem „vermutlich nie als Überschrift über eine selbständige Prophetenschrift" gedachten Terminus משא[54] will die Redaktion anscheinend diese Prophetien als einen „Teilaspekt der prophetischen Botschaft"[55] kennzeichnen. Redaktionell erweitert und mit einem eigenen Überschriftentypus versehen[56], wurden die Nahum- und die Habakukschrift „sehr wahrscheinlich zusammen"[57] in das IV* eingefügt. Ihre Einfügung lässt sich erklären mit der Erfüllung der Prophetien Nahums und Habakuks,[58] die auch sie als „wahre Propheten"[59] qualifizierten.

Aber wie konnte die Redaktion so divergierende Prophetietypen[60] „zusammendenken" und zu einem Korpus zusammenfügen? „Theologische Basis"[61] dafür war die Theophanietradition, die von der weltüberlegenen Macht des kommen JHWH spricht, die auch die machtvollsten Exponenten der Welt sowohl auf kosmologisch-horizontaler als auch auf kosmologisch-vertikaler Ebene entmachtet.[62] Zugleich mit der Einfügung der Nahum- und der Habakukschrift werden deshalb in das vorgegebene

---

52 Vgl. Schart, Entstehung, 195-209 (234-251).
53 Die Völkerworte innerhalb von Am 1,2-2,16 und Zef 2,4-3,8* sind zwar auch begründete Strafankündigungen über die Völker, haben aber ihren Höhe- und Zielpunkt im Gericht über Israel bzw. über Juda und Jerusalem.
54 Zu משא am Anfang von Völkerworten vgl. Jes 13,1; 15,1; 17,1; 19,1; 21,1.11.13; 23,1.
55 Schart, Entstehung, 207 (248).
56 Statt der Gattungsbezeichnung דבר־יהוה die Charakterisierung als משא und Verzicht auf eine Datierung – vgl. Schart, Entstehung, 206 (247).
57 Beide Schriften werden jetzt durch zwei Theophaniepsalmen gerahmt – vgl. Schart, Entstehung, 205 (246).
58 Vgl. die Eroberung Ninives durch die Babylonier und Meder 612 vC und den Aufstieg des neubabylonischen Reiches (zum Aufkommen der „Chaldäer" siehe Hab 1,5-11).
59 Vgl. Dtn 18,21f.
60 Gerichtsprophetie über das Gottesvolk versus Gerichtsprophetie über die Großmächte und damit indirekte Heilsprophetie für Israel.
61 Schart, Entstehung, 207 (248).
62 Meinhold unterscheidet an Stelle der unzureichenden Gegenüberstellung von geschöpflicher und geschichtlicher Dimension eine kosmologisch-vertikale (Himmel – Erde – Unterwelt) von der kosmologisch-horizontalen Ebene, die sich vom Heiligtum als Zentrum des Erdkreises bis zu dessen Peripherie erstreckt (vgl. Meinhold, BK 14/8 [Ms], 318-321).

3.2. Am 5,18-20 und Zef 1* im Sechsprophetenbuch*

Korpus an exponierten Stellen „stark schöpfungstheologisch geprägte Texte"[63] eingeschrieben: die Hymnenschicht des Amosbuches Am 4,12-13; 5,8-9; 8,8; 9,5-6[64] und dazu Hos 4,3; Mi 1,3-4 und Zef 1,2-3.[65] Auf diese Weise entsteht das von Schart so genannte „Nahum-Habakuk-Korpus"[66], das im Folgenden wieder nach seinem Umfang als „Sechsprophetenbuch*" (VI*) bezeichnet werden soll. Es lenkt den Blick an kompositionellen Schlüsselpositionen auf JHWH als den Schöpfer und Herrn der Welt und bestimmt seinen Aktionsradius damit universal: JHWH ist nicht nur der nationale Gott Israels,[67] der die Verfehlungen seiner Führungseliten ahndet, sondern zugleich der übernationale Herr aller Völker, der den imperialen Großmächten ihren Untergang ankündigt.[68]

Welche Auswirkungen hat es auf das Verständnis der Tag-JHWHs-Dichtungen im wachsenden Mehrprophetenbuch, wenn sie mit einem solchermaßen geweiteten Blick gelesen werden? Dieser Frage soll zunächst für Am 5,18-20 nachgegangen werden.

3.2.1. Am 5,18-20 im Sechsprophetenbuch*

Die Untersuchung setzt mit der *Hymnenschicht der Amosschrift als Bezugsrahmen für Am 5,18-20* ein. Am 4,(12)[69].13; 5,8.(9)[70]; 8,8[71]; 9,5-6 sind seit lan-

---

63   Schart, Entstehung, 205 (246).
64   Levin schreibt die Hymnenschicht des Amosbuches der Redaktion des von ihm postulierten „Amosbuches der Anawim" zu, das er in der eschatologisch orientierten Armenfrömmigkeit der ausgehenden peresischen und der hellenistischen Zeit situiert. Entsprechend versteht er sie eschatologisch wie den „Jubel der Gerechten in der Jesaja-Apokalypse (Jes 24,14-16)" als den „Triumph derer, die von dem Gericht ihre Verschonung und Rechtfertigung erwarten, weil sie sich mit dem strafenden Gott in Einklang wissen: der Anawim" (Levin, BZAW 316, 286). Die Doxologien bezeugen aber nicht nur den richtenden Gott, sondern „die umfassende Schöpfermacht Jahwes zum Heil wie zum Unheil" (eb.), wie Levin selbst schreibt (Näheres hierzu siehe nachfolgend). Außerdem wird in ihnen JHWHs immerwährendes Wirken in hymnischen Partizipien entfaltet, während in Jes 24,14-16a von Jauchzen und Frohlocken die Rede ist, das sich über die Weltkatastrophe erhebt (V1-11) und das zudem in den folgenden Versen (V16b-20) als unangemessen abgewiesen wird.
65   Im Folgenden soll gezeigt werden, dass auch Zef 1,17-18* dieser Redaktionsschicht zuzurechnen ist (und auch für Zef 3,5 erscheint eine entsprechende Einordnung erwägenswert).
66   Schart, Entstehung, 205 (246).
67   Das VI* unterscheidet nicht mehr zwischen Nordreich Israel und Südreich Juda – vgl. Schart, Entstehung, 206 (247).
68   Dass JHWH Herr und Richter auch über die Grenzen des Gottesvolkes hinaus ist, sagen implizit schon die Völkerworte von Am 1,3-2,16 und Zef 2,4-3,8*, indem sie auch das Fehlverhalten von Nachbarvölkern unter JHWHs Gericht stellen.
69   Redaktioneller Überleitungsvers zu Am 4,13 – vgl. Wolff, BK 14/2, 254.
70   Textlich schlecht überlieferte Erweiterung von Am 5,8 – vgl. Wolff, BK 14/2, 255.
71   Gleicher Wortlaut wie Am 9,5, hier zur rhetorischen Frage umgeformt.

gem als im Kontext isoliert dastehende hymnische Stücke erkannt[72], die zugleich thematisch verbunden[73] sind und an exponierten Stellen eingefügt wurden[74]. Die Hymnenschicht lobt JHWH nicht nur als den Schöpfer, der die Welt wunderbar erschaffen hat und ihre Ordnungen verlässlich erhält, sondern auch als den kosmischen Wandler, der diese Ordnungen erschüttert und Angst und Schrecken verbreitet. „Der Generalnenner ist also größer: er ist die Verherrlichung der weltüberlegenen Macht Jahwes überhaupt",[75] und der polemische Schlusssatz in Am 4,13; 5,8; 9,6 יהוה שמו (אלהי־צבאות)[76] unterstreicht, dass sie niemand anders als JHWH zukommt.[77]

Damit ist ein erster Bezug zur Tag-JHWHs-Dichtung von Am 5,18-20 gegeben, die den Gottesnamen dreimal als nomen rectum der Konstruktusverbindung יום־יהוה enthält: Die Hymnenstücke stellen heraus, wer JHWH ist, dessen „Tag" bevorsteht. Dieser Bezug wird dadurch entfaltet, dass das Gegensatzpaar „Licht – Finsternis" aus Am 5,18.20 in der Hymnenschicht in verschiedenen Synonymen wiederkehrt, die durch ein schöpferisches Handeln JHWHs miteinander verbunden sind: JHWH wird als der gepriesen, der „Morgenlicht zu Finsternis macht" (Am 4,13)[78] „und der zum Morgen (Todes-)Finsternis umwandelt und Tag zu Nacht verfinstert" (Am 5,8).[79] Damit ist ein weiter Horizont für die JHWH-Tags-Botschaft von Am 5,18-20 eröffnet: Dass der יום־יהוה „Finsternis ist und nicht Licht", ist nicht nur metaphorische Formulierung für die geschichtliche Katastrophe des Gottesvolkes. Zu dieser kosmologisch-horizontalen Ebene tritt die kosmologisch-vertikale Dimension, weil der יום־יהוה vom Eingreifen des überlegenen Schöpfers und Herrn der Welt bestimmt ist.

Es soll noch eine Erwägung angeschlossen werden, die, wenn sie zutrifft, von Bedeutung für das Verständnis von Am 5,18-20 ist. Schart hat mit guten Gründen die Bestimmung der Hymnenschicht als „Gerichtsdo-

---

72 Vgl. Horst, TB 12, 155f.
73 Vgl. Horst, TB 12, 157.
74 Am 4,(12).13 am Ende des ersten Teiles der Spruchsammlung Am 3-4, Am 5,8-9 im Zentrum der Ringkomposition von Am 5,1-17 und Am 9,5-6 am Ende des Visionenzyklus – vgl. Schart, Entstehung, 206 (247).
75 Horst, TB 12, 157.
76 Diese Erweiterung des polemischen Schlusssatzes findet sich nur im ersten hymnischen Stück Am 4,13, fehlt aber in Am 5,8; 9,6.
77 Ein Handeln, das Israels Umwelt ihren Göttern zuschreibt, wird „für Jahwe, den Gott Israels, reklamiert" – Crüsemann, WMANT 32, 104.
78 עשה שחר עיפה in Am 4,13aγ. שחר = „(erstes) Morgenlicht" mit Rudolph, KAT 13/1, 131; עיפה nur noch in Hi 10,22 (in Parallele zu צלמות) und dort für das Totenreich.
79 והפך לבקר צלמות ויום לילה החשיך – צלמות hat im Unterschied zu seinem häufigsten Synonym חשך eine durchweg negative Konnotation – vgl. Niehr, ThWAT VI, 1057.

xologie" problematisiert⁸⁰ und darauf hingewiesen, dass ihr jeder Hinweis auf Israel, seine Geschichte und seine Schuld fehlt. Wie kommt es, dass das Gottesvolk nach der erfahrenen Katastrophe nicht mehr mit einem Sündenbekenntnis, sondern einem Lob der weltüberlegenen Schöpfermacht JHWHs antwortet? Vielleicht können folgende Beobachtungen weiterführen: Die hymnischen Stücke der Amosschrift sind formgeschichtlich als partizipialer Hymnus[81] zu bestimmen und haben Parallelen in den hymnischen Partizipien[82] in Hi 5,9-16;[83] 9,5-10;[84] 12,17-25[85] und 26,7-8,[86] die in unterschiedlicher Akzentuierung die überlegene Schöpfermacht JHWHs darstellen. Sie nehmen in gewisser Weise die Gottesrede(n)[87] von Hi 38,1-42,6* vorweg, die am umfassendsten im Alten Testament von JHWHs Schöpferhandeln reden und am intensivsten schöpfungstheologische Aussagen argumentativ verwenden.[88] Ihr Aussagenzusammenhang ist die Leiderfahrung Hiobs, die das Koordinatensystem von menschlicher Verfehlung und göttlicher Vergeltung aufsprengt, in dem die Freunde Hiobs Leid zu erfassen suchen und die Hiob selbst nur noch als grausame Willkür des übermächtigen Gottes begreifen kann. Die Gottesrede(n) stellen Hiob das überlegene Schöpferhandeln JHWHs in seiner „Paradoxie von sinnvoller Ordnung und letzter Undurchschaubarkeit"[89] vor Augen, die für Hiob dadurch zur existentiellen Antwort wird, dass dieser Gott ihm begegnet und Gemeinschaft gewährt.[90]

Könnte hier eine Strukturanalogie vorliegen zum „Sitz im Leben" der Hymnenschicht der Amosschrift? Ihr geht eine kollektive Leiderfahrung voraus, die in den Klageliedern ihren dichtesten Niederschlag gefunden hat. Freilich hatten die Propheten die Katastrophe des Gottesvolkes als

---

80 Vgl. das Fehlen von Anspielungen auf Rechtsterminologie und vor allem des Bekenntnisses zu JHWHs Gerechtigkeit – vgl. Schart, Entstehung, 197 (236f).
81 „Eine Reihe von Partizipialaussagen wird durch die Unterschrift יהוה שמו gedeutet und zu einer Einheit geformt" (Crüsemann, WMANT 32, 104).
82 Vgl. Crüsemann, WMANT 32, 115.
83 Hi 5,9-16; 9,5-10 weisen über die allgemeine thematische Gemeinsamkeit hinaus inhaltliche Berührungen zu den hymnischen Stücken der Amosschrift auf; vgl. Wolff, BK 14/2, 255.
84 Hi 9,5-10 ist an seiner jetzigen Stelle nachträglich eingefügt worden – vgl. Fohrer, KAT 16, 205.
85 Auch Hi 12,12-25 (ab V17 hymnische Partizipien) ist eine nachträgliche Einfügung – vgl. Fohrer, KAT 16, 245f.
86 Schließlich gehört auch Hi 26,7-8 zu dem später eingefügten größeren Hymnus in Hi 26,5-14 – vgl. Fohrer, KAT 16, 383.
87 Die literarkritische Frage nach der Ursprünglichkeit *zweier* Gottesreden kann hier außer Betracht bleiben.
88 Zu letzterem vgl. Wagner, Schöpfung, 96.
89 Fohrer, KAT 16, 500.
90 Vgl. Fohrer, KAT 16, 597-599.

JHWHs Gericht angekündigt, und die Klagelieder sind selbst durchzogen von Schuldbekenntnissen.[91] „Aber die Passion einer eroberten Stadt, wie sie in den Klageliedern beschrieben wird, ist mehr und anderes als nur das Erleiden einer Strafe. Es ist bei ihr immer ein Übermaß des Leidens die Folge, und dieses Übermaß des Leidens trifft immer auch die im Kampf um die Stadt nicht Beteiligten, die Kinder und ihre Mütter, die Kranken und die Gebrechlichen, auch die hilflosen Tiere ..."[92] Entsprechend wird z.B. das Elend der Kinder und Säuglinge[93], ja der Notkannibalismus der Mütter (Klgl 2,20; 4,10) beklagt, und die Nachgeborenen stöhnen unter den „Sünden der Väter" (Klgl 5,7). Und an JHWH richtet sich der Appell, das Elend „anzusehen" (Klgl 1,9.11.20; 5,1) und das grausame Wüten der Feinde zu strafen (Klgl 1,21f; 3,64-66; 4,21f). Könnte es sein, dass die schöpfungstheologischen Aussagen der Hymnenschicht in der Amosschrift eine ähnliche argumentative Funktion haben wie die der Gottesrede(n) des Hiobbuches? Dass sie den leidgeprüften „Rest" vor den souveränen Schöpfergott stellen, dessen Handeln sich nicht im *Reagieren* auf die Verfehlungen seines Volkes erschöpft, sondern in freiem *Agieren* Wandlungen schafft, deren Sinn noch verborgen ist? Wenn diese Überlegungen in die richtige Richtung gehen, würde der „Hoffnungsakzent"[94] der Hymnenstücke der Amosschrift noch verstärkt: Sie lenken den Blick nicht auf den strafenden Vergelter der Schuld seines Volkes, sondern auf den kosmischen Wandler, der auch „(Todes-) Finsternis zum Morgen" wandeln kann, und der zugleich kein unzugängliches Numinosum ist, sondern der Gott, dessen Name Israel bekannt und der darum für sein Volk anrufbar ist: „JHWH ist sein Name!" Die Botschaft der Hymnenschicht impliziert für den היום יהוה von Am 5,18-20: Der „Tag" dieses Gottes kann sich nicht in der zurückliegenden Katastrophe seines Volkes erschöpfen, sondern ist zugleich als künftiger „Tag" von weltweiten Ausmaßen zu erwarten; er wird nicht nur strafende *Reaktion* auf Fehlverhalten, sondern auch schöpferische *Aktion* sein.[95]

Für *Am 5,18-20* eröffnen sich auch *im Kontext des VI** neue Querbezüge, die bei der Lektüre Verweisfunktion gewinnen – unabhängig davon, ob sie jeweils redaktionell für diesen Zweck geschaffen wurden[96]. So eröffnet der *Weheruf* von Am 5,18-20 eine Reihe von mit הוי[97] eingeleiteten

---

91 Vgl. z.B. Klgl 1,8.18.20; 3,39.42; 4,6.13f; 5,16.
92 Westermann, Klagelieder, 189f.
93 Vgl. Klgl 2,12.19.21; 4,5f; 5,13.
94 Schart, Entstehung, 196 (236).
95 Dass Am 5,18-20 mit der Hymnenschicht korrespondieren kann, ermöglicht die allgemeine Formulierung, die geschichtliche Konkretion erst durch den unmittelbaren Kontext erhält.
96 Vgl. Schart, Entstehung, 208 (250).
97 Dazu kommen die mit הוי eingeleiteten Weherufe in Hos 7,13; 9,12.

3.2. Am 5,18-20 und Zef 1* im Sechsprophetenbuch*

Weherufen, die quer durch das VI* gehen: Während Am 5,18-20; 6,1 und Mi 2,1 Weherufe an Gruppen des Gottesvolkes adressieren, wird das Wehe in Nah 3,1 über die assyrische Hauptstadt Ninive ausgerufen und in der Reihe von Weheworten in Hab 2,5-19[98] ursprüngliche Sozialkritik neu auf die babylonische Großmacht bezogen.[99] Über Zef 2,5 mit seinem Weheruf über die philistäischen Nachbarn kehrt die Reihe der Weherufe schließlich in Zef 3,1, dem Wehe über die „gewalttätige Stadt" Jerusalem, zum Gottesvolk zurück.[100] Auf diese Weise parallelisiert die Folge der Weheworte im VI* die Verfehlungen der Mächtigen in Israel und die Verbrechen der Weltmächte und versieht letztere ebenso mit dem Vorzeichen des zu erwartenden JHWH-Tages von Am 5,18-20.

Der *Löwe* wird in Hos 5,14; 13,7-8; Am 3,4.8.12 als Metapher für das Einschreiten JHWHs gegen sein Volk und in Am 5,19 innerhalb des Gleichnisses für die Unentrinnbarkeit des יום־יהוה verwendet.[101] In Nah 2,12-14 dagegen wird die assyrische Weltmacht als hungrige und raubgierige Löwenfamilie dargestellt[102] – jeweils neunmal finden sich damit Lexeme für den Löwen als Metapher für JHWH und für die assyrische Weltmacht! Damit erscheint der assyrische Löwe als Gerichtswerkzeug JHWHs, das nun aber seinerseits dem Gericht verfällt[103].

3.2.2. Zef 1* im Sechsprophetenbuch*

2 **Einsammeln, ja einsammeln**[104] **werde ich alles**
weg von der Oberfläche des Erdbodens – Spruch JHWHs.
3 **Einsammeln**[105] **werde ich Mensch und Vieh,**
einsammeln die Vögel des Himmels und die Fische des Meeres,
< *nämlich was die Frevler zu Fall bringt;* >[106]

---

98 הוי in Hab 2,6.9.12.15.19.
99 Vgl. Seybold, ZBK 24/2, 70.
100 Die הוי-Worte des XII beschränken sich also – bis auf Sach 11,17 – auf das VI*.
101 כפיר und שחל in Hos 5,14; שחל und לביא in Hos 13,7-8; אריה und כפיר in Am 3,4; אריה in Am 3,8; ארי in Am 3,12 und Am 5,19 – insgesamt neun Belege.
102 V12 ארי, כפיר, zweimal אריה und לביא; V13 אריה, *גור und לביא und V14 noch einmal כפיר – zusammen ebenfalls neun Belege.
103 Vgl. auch den Hinweis von Schart auf die Überlagerung der „verschiedenen Sinnebenen der gleichen Metapher" – Schart, Entstehung, 208 (250).
104 Mit den antiken Versionen sind inf abs und finite Verbform von der Wurzel אסף hergeleitet (vgl. Rudolph, KAT 13/3, 261 und Irsigler, Zefanja, 95). – Die Übersetzung „einsammeln" wurde wegen der Mehrdeutigkeit der Wurzel (von „ernten" bis „ausrotten") und der mitschwingenden Erntemetaphorik (vgl. Zef 2,1f; Joel 4,13) gewählt.
105 Entsprechend der finiten Verbform in V2 ist auch in V3a 1. sg impf q von אסף zu lesen.

und ausrotten werde ich den Menschen
weg von der Oberfläche des Erdbodens – Spruch JHWHs.
4 Und ich werde meine Hand ausstrecken gegen Juda
und gegen alle Bewohner Jerusalems
und werde ausrotten <*von diesem Ort*>[107] [auch] den Rest Baals,
den Namen der Fremdpriester <*mit den Priestern*>[108]
5 und die anbeten auf den Dächern das Heer des Himmels
und die anbeten <*die zuschwören*>[109] JHWH,
aber [auch] schwören bei ihrem König[sgott][110]
6 und die sich abkehren von JHWH
und die JHWH nicht suchten und nicht nach ihm fragten.[111]
7 Still vor dem Herrn JHWH!
Denn nahe ist der Tag JHWHs.
Denn bereitet hat JHWH ein Schlachtopfer,
geheiligt seine Geladenen.
8 Und es wird geschehen am Tag des Schlachtopfers JHWHs:
Da werde ich heimsuchen die Beamten und die Söhne des Königs
und alle, die sich kleiden in ausländische Kleidung.
9 Da werde ich heimsuchen jeden,
der über die Schwelle hüpft an jenem Tag,
die das Haus ihres Herrn füllen mit Gewalttat und Betrug.
10 Und es wird geschehen an jenem Tag – Spruch JHWHs –:
Horch! Geschrei vom Fischtor her
und Geheul aus der Neustadt
und lautes Krachen von den Hügeln her!
11 Heult, Bewohner des Mörsers!
Denn vernichtet ist das ganze Volk Kanaans,
ausgerottet alle, die Silber abwiegen.

---

106 Übersetzung nach Irsigler, Zefanja, 95. Glosse, die in *G** noch fehlt und erklären will, warum auch die Tiere in die Katastrophe einbezogen sind (vgl. Rudolph, KAT 13/3, 261f) oder sogar V2f insgesamt neu interpretiert: „Es geht nicht um eine endzeitliche Vernichtung aller Lebewesen, sondern um das Ende der Götzenbilder und Götzendiener insgesamt" (Irsigler, Zefanja, 100f).

107 Glosse, die den Aktionsradius der ausgestreckten Hand JHWHs überraschend auf den Jerusalemer Tempel verengt (vgl. Rudolph, KAT 13/3, 262 und Irsigler, Zefanja, 106).

108 In *G** noch fehlende Glosse, die auch die JHWH-Priester in den Kreis der Betroffenen einbezieht (vgl. Rudolph, KAT 13/3, 262 und Irsigler, Zefanja, 106).

109 Glosse, die das pt m pl nif von שבע aus V5bβ versehentlich vorwegnimmt (vgl. Rudolph, KAT 13,3, 262) oder bewusst an V5bβ angleicht (Irsigler, Zefanja, 105).

110 Vgl. 2Kön 17,31f und siehe Irsigler, Zefanja, 116-118 (Exkurs).

111 V6 ist Nachtrag der Redaktion von IV* (siehe S. 46f), der von JHWH in der dritten Person redet und die Reichweite der Unheilsankündigung auf alle von JHWH Abtrünnigen ausweitet (vgl. Irsigler, Zefanja, 105f).

12 Und es wird geschehen in jener Zeit:
Da werde ich Jerusalem durchsuchen mit Leuchten
und werde heimsuchen die Männer,
die eindicken auf ihren Hefen,
die sagen in ihren Herzen:
„Weder Gutes tut JHWH, noch tut er Böses."
13 Da verfällt ihre Habe der Plünderung
und ihre Häuser [verfallen] der Verwüstung.
Und haben sie Häuser gebaut,
dann werden sie [sie] nicht bewohnen;
und haben sie Weinberge gepflanzt,
dann werden sie deren Wein nicht trinken.[112]
14 Nahe ist der große Tag JHWHs,
nahe und sehr eilends.
Horch! Der Tag JHWHs ist bitter.
Da schreit auf der Held.[113]
15 Ein Tag des Zorns ist jener Tag,
ein Tag der Not und der Bedrängnis,
ein Tag des Untergangs und der Vernichtung,
ein Tag der Finsternis und der Verdunklung,
ein Tag der Wolke und des Wolkendunkels,
16 ein Tag des Horns und Kriegsgeschreis
über die unzugänglichen Städte
und über die hochragenden Zinnen.
17 Da werde ich den Menschen in Bedrängnis bringen,
so dass sie umhergehen wie die Blinden,
denn an JHWH haben sie gesündigt.
Und ausgeschüttet werden wird ihr Blut wie Staub
und ihr Lebenssaft[114] wie Kotballen.
18 Sowohl ihr Silber als auch ihr Gold
vermag nicht, sie zu retten
am Tag des Zornes JHWHs <...>[115].

Im Folgenden soll die These begründet werden, dass die Redaktion des VI* *Zef 1,7-16* zur *Tag-JHWHs-Dichtung* von *Zef 1,2-18** *erweitert*[116] hat, die

---

112 Dtr Ergänzung, die die VI*-Redaktion bereits vorfindet (vgl. S. 31).
113 So V14b nach *BHS*. Zur Begründung siehe vorhergehendes Kapitel, S. 32f.
114 Zur Begründung dieser Wiedergabe des schwierigen ולחמם vgl. Irsigler, Zefanja, 179f.
115 V18aβ.b ist ein Zusatz in Prosa, der die JHWH-Rede von Zef 1,17.18aα nicht weiterführt und unter Verwendung der Feuermetaphorik ein Inferno für die „ganze Erde" ankündigt und damit ein apokalyptisches Weltende ins Auge fasst.

neue thematische Akzente setzt. Dazu sollen zuerst die redaktionellen Einschreibungen analysiert und dann die strukturellen Verschiebungen untersucht werden, die diese gegenüber der Vorgängerdichtung Zef 1,7-16 auslösen, um schließlich aus dem Befund die Konsequenzen für das thematische Profil der יהוה-יום-Komposition von Zef 1,2-18* zu ziehen.

Zef 1,2-3*[117] gehört zur schöpfungstheologisch orientierten Redaktionsschicht des VI*[118], zu der auch 1,17-18a*[119] zu rechnen ist: Beide Fortschreibungen sind JHWH-Rede, die dem „Menschen"[120] Unheil ankündigt. Sie bestehen jeweils aus drei Bikola, deren erste und dritte mit einer den Gottesnamen יהוה enthaltenden Wendung abgeschlossen werden. Dadurch erhalten beide Fortschreibungen formal jeweils eine Ringstruktur[121], die sich auch inhaltlich zeigt, indem das jeweilige mittlere Bikolon die Explikation des angedrohten Unheils bietet.[122] Zueinander stehen sie im Verhältnis fortschreitender Konkretisierung: In Zef 1,2-3* wird eine universale Vernichtung summierend angekündigt, hinsichtlich ihrer Adressaten entfaltet und auf den „Menschen" fokussiert, und dieses Gericht über den „Menschen" wird in Zef 1,17-18a* in seiner Wirkung konkretisiert, generalisierend motiviert und mit dem Tag JHWHs identifiziert.

---

116 Zur Struktur der Endgestalt von Zef 1,2-18 vgl. Weimar, AOAT 250, 811-827.
117 Ohne die Wendung והמכשלות את־הרשעים – zur Begründung siehe oben. – Striek spricht wegen der Fokussierung auf den „Menschen" in V3b von einer „unerträglichen Spannung" (Striek, BET 29, 89) zwischen V2.3a* und V3b. Diese Spannung löst sich aber, wenn V3b als Überleitung von der universalen (V2.3a*) zur lokalen Gerichtsankündigung über Juda und Jerusalem ab V4 erkannt wird. Dieser Überleitungscharakter wird expressis verbis verstärkt durch die Variierung des verbum finitum אסף in V3a durch הכרתי aus V4b (vgl. Irsigler, Zefanja, 96).
118 Vgl. Schart, Entstehung, 201 (241). – Irsigler bestimmt die Fortschreibung Zef 1,2-3* als späte protoapokalyptische Ankündigung, da sie die Fluterzählung der Genesis voraussetze und die Vernichtung allen Lebens ansage (vgl. Irsigler, Zefanja, 98). Aber die Verwandtschaft mit der Fluterzählung muss nicht zwingend Abhängigkeit bedeuten, da die Aufzählung der Lebewesen weisheitlicher Listenwissenschaft entstammt (vgl. a.a.O., 99f) und das Wie der Vernichtung in Zef 1,2-3* völlig offen bleibt. Außerdem hat die Aufzählung der Lebewesen ihre genaueste Entsprechung in Hos 4,3, wo ebenfalls Menschen, Landtiere, Vögel und Fische genannt und mit der Wurzel אסף verbunden werden. Dieser Befund lässt sich so interpretieren, dass die VI*-Redaktion eine Untergangsankündigung vom Anfang des VI* aufnimmt und den Bezug auf das Land (ארץ) Israel auf die gesamte bewohnte Erde (אדמה) ausweitet. – Näheres zur redaktionellen Funktion von Zef 1,2-3* siehe nachfolgend.
119 Ohne den noch späteren Zusatz V18aβ.b (siehe oben zur Übersetzung).
120 Vgl. אדם in V3aα, האדם in V3bα und לאדם in V17aα.
121 Die in Zef 1,2-3* dadurch noch erheblich verstärkt wird, dass V2b und V3b gleich lauten.
122 In V3a* hinsichtlich der Betroffenen und in V17b im Blick auf ihr Schicksal.

3.2. Am 5,18-20 und Zef 1* im Sechsprophetenbuch*

Parallelstruktur von Zef 1,2-3* und V17-18a*	
2 Einsammeln, ja einsammeln werde ich alles weg von der Oberfläche des Erdbodens – Spruch **JHWH**s. 3 Einsammeln werde ich **Mensch** und Vieh, einsammeln die Vögel des Himmels und die Fische des Meeres, und ausrotten werde ich den **Menschen** weg von der Oberfläche des Erdbodens - Spruch **JHWH**s.	אסף אסף כל מעל פני האדמה נאם־יהוה אסף **אדם** ובהמה אסף עוף־שמים ודגי הים והכרתי את־**האדם** מעל פני האדמה נאם־יהוה
17 Da bringe ich den **Mensch**en in Bedrängnis, so dass sie umhergehen wie die Blinden, denn an **JHWH** haben sie gesündigt. Und ausgeschüttet wird ihr Blut wie Staub und ihr Lebenssaft wie Kotballen. 18 Sowohl ihr Silber als auch ihr Gold vermag nicht, sie zu retten am Tag des Zornes **JHWH**s.	והצרתי ל**אדם** והלכו כעורים כי ליהוה חטאו ושפך דמם כעפר ולחמם כגללים גם־כספם גם־זהבם לא־יוכל להצילם ביום עברת יהוה

Beide Fortschreibungen werden an geeigneten „Anschlussstellen" unter Stichwortaufnahmen angefügt. *Zef 1,2-3** wird auf 1,4-6 hin formuliert: Zef 1,3bβ nimmt die Verbform הכרתי aus 1,4bα auf, und כל aus Zef 1,4aβ wird in 1,2a universal ausgeweitet. Damit wird die syndetisch angeschlossene Einheit Zef 1,4-6 mit ihrer religiösen Kritik in die Tag-JHWHs-Dichtung eingebunden und zugleich die Reichweite der über Juda und Jerusalem ausgereckten Hand JHWHs auf die „Oberfläche des Erdbodens" ausgedehnt, so dass mit Zef 1,2-6 eine zweiteilige Kleinkomposition entsteht. *Zef 1,17-18** wiederum schließt sich syndetisch an 1,14-16 an[123] und setzt mit einer Verbform ein, die von der gleichen Wurzel[124] gebildet ist wie das nomen rectum der Konstruktusverbindung יום צרה aus Zef 1,15bα. Außerdem bezieht sich die Zeitangabe ביום עברת יהוה in Zef 1,18aα auf den יום עברה von 1,15a zurück. Inhaltlich setzt Zef 1,17-18a* die JHWH-Tags-Ansage von 1,14-16 fort: Hatte Zef 1,14-16 Nähe und Zornescharakter des יום־יהוה entfaltet, wird nun seine tödliche

---

123 Die Unbestimmtheit der Aussagen von Zef 1,14-16 begünstigte eine Fortsetzung, die die Folgen des יום־יהוה universal ausweitet.
124 צרר - vgl. KBL³ III, 990.

Wirkung auf „den Menschen" dargestellt: Am „Tag der Finsternis und des Wolkendunkels" (V15bγ) „tappen sie umher wie die Blinden" (V17aβ), und am „Tag des Horns und des Kriegsgeschreis" (V16b) wird ihr Blut vergossen (V17b). Auf diese Weise entsteht Zef 1,14-18* als weitere zweiteilige Kleinkomposition.

Zef 1,7-13 besteht aus einer Kleinkomposition, deren Einheiten 1,8-9.10-11.12-13 sich durch die verknüpfenden Einleitungsformeln auf Zef 1,7 zurückbeziehen.[125] Da Zef 1,14-16[126] jetzt mit seiner Fortschreibung 1,17-18a* ebenfalls eine Kleinkomposition bildet, gewinnt die Verknüpfung von Zef 1,7 und 1,8-9 an Gewicht: Die Einleitungsformel in Zef 1,8aα verbindet den יום־יהוה aus 1,7, an dem JHWH einen זבח bereitet hat, zur Zeitbestimmung ביום זבח־יהוה, und die Formel ביום ההוא in Zef 1,9aα[127] weist zusätzlich auf 1,7 zurück und verstärkt die Zäsur zwischen V8-9 und V10-11. Dadurch wird Zef 1,7-13 zu einer dreiteiligen Kleinkomposition, in der 1,10-11 die Mittelstellung behält, die sie schon in der Vorgängerdichtung inne hatte.

So entsteht durch die rahmenden Fortschreibungen Zef 1,2-3* und 1,17-18a* eine dreiteilige Tag-JHWHs-Dichtung, deren Teile asyndetisch[128] einsetzen, den nunmehr universalen JHWH-Tag im Mittelteil auf Jerusalem fokussieren und die durch gemeinsame Stichwörter aufeinander bezogen sind. *Zef 1,2-6 und 1,7-13* teilen die Formel נאם יהוה in Zef 1,2.3b und 1,10aα, die Wurzel כרת in Zef 1,3b.4bα und 1,11b und die Stichwörter ישבי in Zef 1,4a und 1,11a und ירושלם in Zef 1,4a und 1,12a.[129] *Zef 1,7-13 und 1,14-18a** wiederum haben die Formel קרוב יום־יהוה in Zef 1,7bα und 1,14aα, das Leitwort יום viermal innerhalb von Zef 1,7-13 und zehnmal innerhalb von Zef 1,14-18a* und die Stichwörter קול in Zef 1,10aα und 1,14bα und כסף in Zef 1,11bβ und 1,18aα gemeinsam. Und schließlich sind *Zef 1,2-6 und 1,14-18a** miteinander verbunden durch das Stichwort (ה)אדם in Zef 1,3a.b und in 1,17a, durch die mit ... ועל ... על eingeleitete doppelte Zielangabe in Zef 1,4a und 1,16b und durch jeweils eine Reihenbildung mit fünf Gliedern in Zef 1,4-6 und

---

125 Vgl. S. 32.
126 Zef 1,7 und Zef 1,14-16 hatten zuvor Zef 1,8-13* gerahmt – vgl. S. 33f.
127 Die Verknüpfungsformel ביום ההוא befremdet in ihrer Position zwischen zwei partizipialen Wendungen und vor der ebenfalls mit ביום ההוא gebildeten Einleitungsformel in Zef 1,10a. Sie erklärt sich am zwanglosesten aus dem Anliegen der VI*-Redaktion, zwischen Zef 1,7-9 und Zef 1,10-11 eine stärkere Zäsur zu markieren, die beiden Verknüpfungsformeln aber nicht unmittelbar aufeinander folgen zu lassen.
128 Siehe den Einsatz mit אסף in Zef 1,2, mit הס in Zef 1,7 und mit קרוב in Zef 1,14.
129 Weniger signifikant ist das Stichwort דגים in Zef 1,3a und Zef 1,10a.

1,15-16a[130]. Die Übersicht versucht, die Struktur der durch die rahmenden Fortschreibungen 1,2-3*.17-18a* entstandenen Tag-JHWHs-Dichtung Zef 1,2-18* zusammenzufassen.

Zef 1,2-6 *Ankündigung des Gerichtes JHWHs ...*
V2-3* als „Einsammeln" aller Geschöpfe vom Erdboden
V4-6 als „Ausrotten" aller Götzenanbeter aus Juda und Jerusalem

Zef 1,7-13 *Gericht als JHWH-Tag gegen die Oberschicht:*
V7-9 JHWHs „Schlachttag" gegen den Jerusalemer Hof
V10f Feindeinbruch in die Nordbezirke Jerusalems
V12f Preisgabe der gleichgültigen Jerusalemer und Folgen

Zef 1,14-18* *die Ankündigung des JHWH-Tages ...*
V14-16 in seiner Nähe für die befestigten Städte
V17-18* in seiner Unentrinnbarkeit für den „Menschen"

Welches thematische Profil gibt diese Tag-JHWHs-Dichtung nun zu erkennen? Durch die universale Rahmung bringt die Redaktion des VI* eine *Spannung hinsichtlich der Reichweite* des JHWH-Tages in die יום־יהוה-Komposition ein. Universale und lokal auf Jerusalem begrenzte Aussagen werden jedoch in der Komposition nicht schroff gegenübergestellt, sondern in der Weise vermittelt, dass die personalen und lokalen Angaben zur Mitte hin immer konkreter werden. So wird in Zef 1,2 „alles" und in V3* besonders „der Mensch" auf dem „Erdboden" durch das Gericht bedroht, in Zef 1,4(-6) „Juda und alle Bewohner Jerusalems", in 1,7-13 verschiedene Gruppen der Oberschicht Jerusalems und in der Mitte in 1,10-11 begegnen detaillierte topografische Termini Jerusalems[131] und eine direkte Aufforderung an konkrete Adressaten[132]. Danach werden die Angaben wieder allgemeiner: Die nächste lokale Angabe in V16b spricht unbestimmt von den „unzugänglichen Städten und den hohen Mauern", und die nächste Adressatenangabe in V17a bezieht sich allgemein auf den „Menschen". So wird das Anliegen der Jerusalemfokussierung aus der Vorgängerdichtung Zef 1,7-16 aufgenommen, ja sogar noch erheblich verstärkt[133] und zugleich in einen universalen Rahmen gestellt.

---

130 In Zef 1,4-6 folgen auf הכרתי fünf mit את־ eingeleitete Objekte und in Zef 1,15-16a nach dem thematischen V15a fünf mit יום beginnende Konstruktusverbindungen.
131 „Fischtor", „Neustadt", „Mörser".
132 Die Bewohner des „Mörser".
133 Durch die zur Mitte hin immer konkreter werdenden personalen und lokalen Angaben.

Dazu kommt eine bezeichnende *Neuakzentuierung hinsichtlich der zeitlichen Orientierung*. Die Vorgängerdichtung Zef 1,7-16 wies eine deutliche Spannung in der Zeitperspektive auf: Die rahmenden יוֹם־יהוה-Einheiten V7 und V14-16 proklamierten die drängende Nähe des JHWH-Tages, doch die auf den „Schlachttag" JHWHs zurückweisenden Zeitangaben in V8aα.10aα.12aα wurden allgemeiner und schwächten damit die Ansage seiner drängenden Nähe ab.[134] Dieser Effekt wurde noch erheblich verstärkt durch den von der Redaktion des IV* eingeschriebenen Vergeblichkeitsfluch in V13b, der in eine weitere Zukunft ausgriff, indem er künftiges Häuserbauen und Weinbergpflanzen für vergeblich erklärte. Indem V14-16 nun den dritten Kompositionsteil eröffnet, werden der nahe JHWH-Tag über Jerusalem in 1,7-13 und seine Nähe über die Menschheit in 1,14-18* miteinander parallelisiert[135]. Die vierzehn Belege von יוֹם innerhalb der Komposition Zef 1,2-18* unterstreichen die Absicht der VI*-Redaktion, den nahen JHWH-Tag erneut und nunmehr umfassend zu anzusagen.

Personale, lokale und temporale Akzentsetzungen zusammen genommen, wird aus dem יוֹם־יהוה in Zef 1,2-18* ein universaler Gerichtstag, in dessen Brennpunkt das Gottesvolk steht. Wenn Israel dieses Gericht aus der Perspektive der Redaktion schon erlitten hat, ist das Ausgreifen des יוֹם־יהוה auf die gesamte Menschheit um so gewisser zu erwarten. Diese Perspektive wird dadurch noch deutlich verstärkt, dass die universal ausgerichtete Fortschreibung Zef 1,2-3* durch ihre Anfangsposition auch zum Vorspruch für die Völkerworte und damit für die älteste Zefanjaschrift insgesamt[136] wird, die dadurch in den Horizont des universalen JHWH-Tages gerückt wird. Letztere Folgerung soll mit einer abschließenden Erwägung zu Zef 3,8* weitergeführt werden.

Die Redaktion des VI* scheint Zef 1,2-3* und 1,17-18a* auch von Zef 3,8* her formuliert zu haben: Das viermalige Vorkommen der Wurzel אסף in Zef 1,2.3a[137] bezieht sich auf den Infinitiv לאסף in 3,8bα, und die Wurzel שפך in Zef 1,17bα nimmt den Infinitiv לשפך aus 3,8bα auf. Auf diese Weise wird die Gerichtsankündigung in 3,8* mit der universalen JHWH-Tags-Ankündigung von Zef 1,2-18* verbunden. Das universalistische Interesse dieser Redaktion könnte auch die masoretische Formulierung עליהם für die Adressaten des JHWH-Zornes in 3,8bγ plausibel

---

134 Siehe S. 32.
135 Beide Kompositionsteile beginnen mit der Formel קרוב יוֹם־יהוה, bestimmen den Unheilscharakter des JHWH-Tages, benennen seine Adressaten und kündigen seine verheerenden Folgen an.
136 Vgl. Irsigler, ATS 3, 456.
137 *M* ist entsprechend zu punktieren – vgl. *BHS* und Rudolph, KAT 13/3, 261 zur Stelle.

machen: Die VI*-Redaktion machte unter engstem Anschluss an das Schriftbild des Konsonantentextes[138] aus den Völkern als *Werkzeugen* des JHWH-Zornes[139] deren *Adressaten* und gab damit auch der JHWH-Tags-Ansage gegen Ende der Zefanjaschrift eine universale Ausweitung.

Wenn diese Erwägung zutreffend ist, wird die Frage noch verschärft, die schon der universale Rahmen der Tag-JHWHs-Dichtung aufwirft: *Warum* wird der יום־יהוה als universaler Zornestag angekündigt? „Denn an JHWH haben sie gesündigt", formuliert Zef 1,17aγ als allgemeine Begründung. Doch womit haben die „Menschen" (1,17aα) „an JHWH (!)[140] gesündigt", wodurch haben sich die „Völker" die „Glut des Zornes JHWHs" (3,8*) zugezogen?

Zur Beantwortung dieser Frage soll die Beziehung von Zef 1,2-18* zur Nahum- und zur Habakukschrift untersucht werden, die in dieser Redaktionsphase in das wachsende Mehrprophetenbuch eingefügt wurden. Eine markante terminologische Querverbindung fällt sofort ins Auge: In Nah 1,7 und in Hab 3,16 wird das erwartete Gerichtsgeschehen an der assyrischen bzw. babylonischen Weltmacht als יום צרה bezeichnet und so mit dem universalen Gerichtstag von Zef 1,2-18* verbunden, der in Zef 1,15bα ebenfalls יום צרה genannt wird. In diesem Zusammenhang verdient die Position von Nah 1,7 und Hab 3,16 besondere Beachtung: Nah 1,7 steht im Theophaniehymnus von Nah 1,2-8, und Hab 3,16 antwortet auf den Theophaniehymnus von Hab 3,3-15, setzt also diesen voraus. Diese beiden Theophaniehymnen scheinen in eine ältere Nahum- bzw. Habakukschrift eingefügt worden zu sein: Der Nahum-Hymnus ist ein Akrostichon, das mit der כ-Zeile abbricht[141] und an den Anfang der Nahumschrift platziert wurde, während der Habakuk-Hymnus – gewissermaßen als Fortsetzung des abgebrochenen Nahum-Hymnus – an das Ende der Habakukschrift gesetzt wurde, so dass die Theophaniehymnen nun die Nahum- und die Habakukschrift rahmen.[142] Wenn die Einfügung der Hymnen auf die Redaktion zurückgeht, wird der יום צרה von Nah 1,7 und Hab 3,16 zu einem bewussten Verweis auf den יום־יהוה von Zef 1,2-18*, und die durch die Theophaniehymnen gerahmten Gerichtsankündigungen über die Weltmacht werden in den Horizont des universalen JHWH-Tages gerückt.

---

138 Umänderung von ursprünglichem עליכם in עליהם.
139 Zur Literarkritik von Zef 3,8* vgl. S. 42f.
140 In כי ליהוה חטאו (Zef 1,17aγ) wird der Ton durch die Voranstellung noch ausdrücklich auf JHWH gelegt.
141 Also exakt bis zur Hälfte durchgeführt ist.
142 Vgl. Schart, Entstehung, 202-204 (242-244).

Das Gericht über die babylonische Weltmacht wird in Hab 2,6-19 in einer Weise begründet, die signifikante Beziehungen zu Zef 1,2-18* aufweist. Hab 2,6-19 ist ein als eine Reihung von Weherufen gestaltetes Gerichtswort, das eine überaus bemerkenswerte Umadressierung der prophetischen Sozialkritik auf die babylonische Weltmacht vornimmt[143]. Die Kritik setzt in Hab 2,6b mit einem Weheruf über den ein, „der anhäuft, was nicht sein ist" – in Zef 1,9b wird ebenfalls das „Anfüllen" der Häuser mit unrechtmäßig erworbenem Besitz kritisiert.[144] In Hab 2,8(E).17(E) wird die „Gewalttat (חמס)"[145] an Erde, Stadt und all ihren Bewohnern" und in Hab 2,17(E) außerdem die „Gewalttat (חמס) am Libanon" angeprangert – in Zef 1,9b wird das Verhalten der Höflinge als חמס charakterisiert. Dass das brutale Vorgehen zu Blutvergießen geführt hat, erwähnen Hab 2,8(E).17(E) (מדמי אדם) und Hab 2,12[146] (בדמים) – in Zef 1,17b kündigt JHWH strafendes Blutvergießen an. Das Verhalten der Adressaten wird nach Hab 2,9 (רע לביתו) und Hab 2,10 (לביתך בשת) auf ihr „Haus" zurückfallen – den mit „Gewalttat und Betrug" gefüllten „Häusern" der Jerusalemer „Herren"[147] wird in Zef 1,13 ein Gleiches angekündigt[148]. Hab 2,7 droht dem „Räuber der Völker" (Hab 2,8[E]) an, seinerseits „ihnen zur Beute" (למשסות) zu werden – nach Zef 1,13a soll die Habe der wohlhabenden Jerusalemer ebenfalls „zur Beute" (למשסה) werden. Das seltene Wort משסה kommt innerhalb des XII nur an diesen beiden Stellen vor! So wird nach Hab 2,13(E) die brutale Ausbeutung der Völker umsonst sein – für die Jerusalemer Oberschicht ist der gleiche Sachverhalt mit dem Vergeblichkeitsfluch in Zef 1,13b ausgedrückt. Das abschließende Wehe endlich gilt dem, der selbst verfertigten Götzenbildern vertraut (Hab 2,18-19)[149] – in Zef 1,2-18* findet sich neben der sozialen ebenfalls religiöse Kritik (Zef 1,4-6). Wenn in Hab 2,19b betont wird, dass die Götzenbilder trotz ihres Überzuges aus „Silber und Gold" wertlos bleiben, wird noch ein Nebensinn in Zef 1,18aα hineingetragen: Von Hab 2,19b her gelesen, schwingt hier auch die Wertlosigkeit der Götzenbilder mit, wenn die Nutzlosigkeit von „Silber und Gold" am Zornestag herausgestellt wird.

---

143 Vgl. Seybold, ZBK 24/2, 69f und Perlitt, ATD 25/1, 69f. – Im Folgenden werden die Verse aus Hab 2,6-19, die zu den Erweiterungen der völkerbezogenen Nachinterpretation gehören, mit einem (E) gekennzeichnet.
144 הוי המרבה לא־לו in Hab 2,6aα und חמס ומרמה בית אדניהם הממלאים in Zef 1,9b.
145 In Hab 1,9 ausdrücklich auf die „Chaldäer" bezogen.
146 Zum „Bauen einer Stadt mit Blut" vgl. Mi 3,10.
147 בית אדניהם in Zef 1,9b.
148 ... ובתיהם לשממה ובנו בתים ולא ישבו ... – Zef 1,13aβ.bα.
149 Die Götzenpolemik von V18-19 fällt völlig aus dem Rahmen der Weheworte heraus und hat ihre nächsten Parallelen besonders bei Dtjes – vgl. Perlitt, ATD 25/1, 80.

3.2. Am 5,18-20 und Zef 1* im Sechsprophetenbuch*

So erweist sich die Vergeblichkeit aller Versuche, sich „vor der Hand des Unheils zu retten"[150] (Hab 2,9bβ): Vor der „ausgereckten Hand"[151] JHWHs vermag an seinem Zornestag nichts „zu retten"[152] (Zef 1,18aα). Hab 2,20[153] fordert darum „die ganze Erde" auf, „still vor ihm" zu sein und leitet damit zum Theophaniehymnus in Hab 3 über. Nur wenige Verse danach wird dann mit der gleichen Aufforderung הס מפני אדני יהוה (Zef 1,7a) die Theophanie JHWHs am יום־יהוה eingeleitet.

Offensichtlich hat die VI*-Redaktion die vorgefundenen Querverbindungen zwischen den Weheworten Hab 2,6-19* und Zef 1* ihrerseits kräftig verstärkt, um beide Texte aufeinander zu beziehen. Wie in Hab 2,6-19 die ursprüngliche Sozialkritik der Weheworte auf die Völker umadressiert wird, so weiten die Fortschreibungen Zef 1,2-3*.17-18a* das JHWH-Tags-Geschehen universal aus. Auf welche Weise sich Zef 1* dabei auf Hab 2,6-19 zurückbezieht, war oben im einzelnen gezeigt worden: Auch Silber und Gold vermögen den Menschen nicht davor zu bewahren, dass JHWH Bluttaten durch Blutvergießen ahndet.

Zef 1,2-3* ist nicht in das Beziehungsgeflecht zwischen Hab 2,6-19 und Zef 1* eingebunden, sondern zeigt sich thematisch[154] auf den Theophaniehymnus Hab 3,3-15 bezogen, der zusammen mit Nah 1,2-8 Nahum-Habakuk rahmt und angesichts des brutalen Agierens der Weltmächte das Kommen des wahren Weltherrschers ankündigt.

In der Einleitung zu Hab 3,3-15 bittet der Prophet, JHWH möge die in der Theophanie vernommene Kunde „in den nächsten Jahren"[155] verwirklichen (V2), und in Zef 1,7.14 folgt die Ankündigung, dass der Tag JHWHs „nahe" (קרוב) sei. In Hab 3,3-7 wird dann mit JHWH in der dritten Person das Kommen Gottes unter theophanen Begleitumständen beschrieben, während Hab 3,8-15 in die Anrede JHWHs übergeht und sein Ausziehen als Krieger schildert, der die Völker „zerdrischt" (V12).

---

150 להנצל מכף־רע.
151 ונטיתי ידי in Zef 1,4a.
152 להצילם.
153 Nachtrag, der nicht zu den Weheworten gehört – vgl. Perlitt, ATD 25/1, 80.
154 Zu den terminologischen Querverbindungen zu Hos 4,3 siehe S. 61, Anm. 118.
155 בקרב שנים (lies mit BHS biqrōb).

Nach der Darstellung des Kommens Gottes in der dritten und zweiten Person nimmt nun JHWH selbst das Wort: Die „eschatologische Aura"[156] der Theophaniehymne aufnehmend und die Erntemetaphorik von Hab 3,12 („dreschen") weiterführend, wird das „Einsammeln" aller Lebewesen vom Erdboden angekündigt.

Damit kann nun eine Antwort auf die Ausgangsfrage nach der Begründung des universalen Gerichts in Zef 1,2-18* formuliert werden: Die Redaktion des VI* hat Nahum- und Habakukschrift erweitert und *vor* die Zefanjaschrift eingefügt, um den *universalen* Charakter des Gerichts in Zef 1,2-18* zu begründen, und sie hat diesen Begründungszusammenhang durch die vielfältigen Beziehungen zwischen Hab 2,6-20; 3,(2.)3-15 und Zef 1,2-18* ausdrücklich unterstrichen. Deshalb genügte ihr die lapidare Bemerkung כי ליהוה חטאו (Zef 1,17aγ) als Rückverweis auf die vorangegangene explizite Begründung. Da JHWH auch Herr der Völker ist, ahndet er am יום־יהוה gleichermaßen die Verbrechen der Weltmächte.

3.3. Der Tag JHWHs im Achtprophetenbuch*

Es gehört zum Konsens der bisherigen Forschung zur Entstehung des XII, dass Haggai und Sacharja 1-8 zunächst zu einer eigenen und eigenständigen Sammlung verbunden wurden,[157] die die Aktivitäten Haggais und Sacharjas im Zusammenhang mit dem Wiederaufbau des Jerusalemer Tempels dokumentierten.[158] Doch wann wurde diese Sammlung in das entstehende XII eingefügt?

Schart entwickelt sein Modell zur Entstehung des XII von der Redaktionsgeschichte der Amosschrift her, indem er den Nachweis unternimmt, dass die jeweilige Redaktionsstufe von Amos* Teil der schriftenübergreifenden Redaktion des entstehenden XII ist. Als nächste Redaktionsschicht nach der Hymnenschicht der Amosschrift bestimmt er die Heilsperspektive von Am 9,11-15*, zu der er Parallelen zu anderen redaktionellen Heilstexten sieht,[159] die „in nahezu allen Fällen ... am Ende größerer literarischer Komplexe"[160] stehen und die die jeweiligen Schriften ebenfalls um

---

156 Deissler, NEB-AT 8, 102.
157 Vgl. nur die chronologische Abfolge überschriftartiger Einleitungen in Hag 1,1-2; 1,15b-2,2.10-11.20-21; Sach 1,1.7; 7,1, die jeweils aus einer auf die Regierungszeit des persischen Königs Darius bezogenen Zeitangabe, der Wortereignisformel und dem Namen des Propheten bestehen.
158 Zenger spricht vom „Mehrprophetenbuch II", das er in die frühnachexilische Zeit datiert – vgl. Zenger, Einleitung⁴, 470.
159 Hos 2,1-3.18-25; Am 9,11-15*; Mi 2,12-13; 4-5; Nah 1,12b; 2,1; Hab 2,14 und Zef 3,14-20.
160 Schart, Entstehung, 216 (258).

3.3. Der Tag JHWHs im Achtprophetenbuch*

die Heilsperspektive erweitern. Schart findet nun das Anliegen des Amosschlusses (und der anderen Heilstexte) in Haggai und Sacharja 1-8 wieder[161]: Die Gerichtsverkündigung der vorexilischen Propheten ist erfüllt, und das Gottesvolk kann von JHWH nun Heil erwarten.[162] Dabei setzen sich Hag und Sach 1-8 mit Hindernissen auseinander, die der vollen Realisierung des Heils noch im Wege stehen.[163] „Nachdem insbesondere die Visionen des Sacharja in einem eschatologischen Sinn verstanden und entsprechend erweitert"[164] worden waren, wurden Haggai und Sacharja 1-8[165] in das VI* eingefügt. Damit entsteht eine nächste Vorstufe des XII, die Schart nach den neu aufgenommenen Schriften Haggai und Sacharja* „Haggai-Sacharja-Korpus"[166] nennt. Gerade diese Bezeichnung kann zur Verwechslung mit der von Zenger „Mehrprophetenbuch II"[167] genannten Haggai-Sacharja*-Sammlung führen, so dass im Folgenden wieder nach der Anzahl der Schriften vom „Achtprophetenbuch* (VIII*)"[168] gesprochen werden soll.

Bei aller thematischen und terminologischen Vielgestaltigkeit der Heilsverkündigung des VIII* ist ihm die Grundüberzeugung gemeinsam, dass die Gerichtsverkündigung der „früheren Propheten" erfüllt ist (Sach 1,1-6) und dem Gottesvolk eine neue Heilszeit bevorsteht, der die nachexilischen Propheten „in diesen Tagen" (Sach 8,9) den Weg bereiten wollen. Diese „Gegenüberstellung von früherer und neuer Prophetie"[169] schlägt sich auch makrostrukturell nieder in der Gegenüberstellung der Visionenzyklen von Amos und Sacharja: Während die Amosvisionen auf den von JHWH initiierten Untergang Israels zulaufen, schaut Sacharja die fortschreitende Erneuerung des Gottesvolkes.

Im Folgenden soll untersucht werden, ob die Tag-JHWHs-Dichtungen in dieser Redaktionsphase Neuakzentuierungen erfahren und damit zugleich erprobt werden, ob sich umgekehrt Scharts Modell zur Entstehung des XII weiterhin als tragfähiger Rahmen für eine diachrone Lektüre der Tag-JHWHs-Dichtungen innerhalb der Entstehungsgeschichte des XII erweist.

---

161 Vgl. Schart, Entstehung, 214 (256).
162 Vgl. Schart, Entstehung, 216f (259f).
163 Nach Hag 2,15-19 und Sach 8,9-12 markiert die Grundsteinlegung zum Tempelbau den entscheidenden Wendepunkt von erfahrener Vergeblichkeit zum Empfang neuen Segens.
164 Schart, Entstehung, 214 (257).
165 Auch Texte aus Sach 9-13 sind nach Schart in dieser Redaktionsphase angefügt worden – vgl. Schart, Entstehung, 214 (257).
166 Schart, Entstehung, 210 (252).
167 Vgl. Zenger, Einleitung⁴, 470.
168 Bestehend aus Hos – Am – Mi – Nah – Hab – Zef – Hag – Sach 1-8.
169 Schart, Entstehung, 216 (260).

3.3.1. Zef 3,14-20

Diese Redaktionsphase hat keine den Terminus יוֹם־יהוה enthaltende Komposition hervorgebracht oder erweitert, versieht aber die JHWH-Tags-Botschaft des Vorläuferkorpus VI* mit einer Heilsperspektive. Das geschieht am signifikantesten in der Fortschreibung Zef 3,14-20[170], die sich an die JHWH-Tags-Verkündigung der Vorläuferschrift[171] Zef 1,1-3,13* unmittelbar anschließt[172] und sich kontrastierend auf diese zurückbezieht und zugleich als Überleitung zu Hag und Sach 1-8 fungiert.[173] Die Verknüpfungsformel ביום ההוא am Anfang von Zef 3,16a verweist hier über Zef 3,11[174] auf den Zornestag der Zefanjaschrift zurück, doch dem Vorstellungskreis des יוֹם־יהוה lagern sich im Folgenden völlig neue Züge an, die – vielfach unter Stichwortaufnahmen – die traditionellen Unheilszüge kontrastieren.

Während im Zentrum der JHWH-Tags-Darstellung von Zef 1,2-18* das „Wehgeschrei" in Jerusalem und die Aufforderung zum Klagegeheul stehen (1,10-11), setzt die Fortschreibung in Zef 3,14 mit vier Imperativen ein, die die „Tochter Zion" zu Jubel und Freude auffordern. Zur Begründung wird darauf verwiesen, dass JHWH Zions „Strafgerichte" (משפטיך) „weggenommen"[175] und den „Feind entfernt" hat (V15a), wogegen in Zef 3,8* JHWHs „Rechtsspruch" (משפטי) erging, seinen strafenden „Zorn auszugießen". „In ihrer Mitte" wird nicht mehr eine raubtiergleiche Führungsclique ihre Macht missbrauchen (V3), die JHWH als Richter „heimsuchen" muss (1,8-13), sondern JHWH selbst wird als „König Israels in deiner Mitte" herrschen (Zef 3,15bα – siehe auch V17aα). Das Gottesvolk, das sich weigerte, JHWH zu „fürchten" (ויראי in V7aα), muss nun kein Unheil mehr fürchten (לא־תיראי in V15bβ)[176]. Gab es vor dem Zornestag JHWHs keine Rettung (1,18aα), so dass angesichts seiner Nähe selbst der „Held (גבור) aufschrie" (1,14bβ), so ist JHWH selbst jetzt „in deiner Mitte ein Held, der rettet" (Zef 3,17a)[177]. An die Stelle der „Glut

---

[170] Ob und gegebenenfalls wie Zef 3,14-20 sukzessive entstanden ist (vgl. dazu z.B. Nogalski, Zephaniah 3, 214-218 und Irsigler, Zefanja, 402-435), kann in diesem Zusammenhang außer Betracht bleiben.

[171] Wie oben gezeigt, haben die vorangegangenen Redaktionen die ganze Zefanjaschrift in den Horizont des „Zornestages" JHWHs gerückt.

[172] Unter Beibehaltung der Anrede Jerusalems in der 2. fem sg.

[173] Vgl. Irsigler, Zefanja, 403.

[174] Ebenfalls eingeleitet mit ביום ההוא.

[175] סור hif knüpft an die „Wegnahme (ebenfalls סור hif) der Prahler" in Zef 3,11b an.

[176] Siehe auch die Aufforderung אל־תיראי in Zef 3,16aβ.

[177] Siehe auch die Verheißung von Zef 3,19b (ebenfalls ישע hif), die die Hirtenmetaphorik von Zef 3,13b aufnimmt und eine gleichlautende Entsprechung auf der selben Redaktionsstufe in Mi 4,6 hat.

des Zornes JHWHs"¹⁷⁸ treten jetzt seine „Liebe" und seine „Freude" über Zion (V17b), an die Stelle seines unheilvollen „Sammelns" zum Gericht¹⁷⁹ tritt nun das „Sammeln" der Exulanten (V19bβ.20aβ)¹⁸⁰, und die „Schmach"¹⁸¹ des Gottesvolkes schließlich wird in „Lobpreis" verwandelt (V19b.20b). Wenn diese Heilswende abschließend „für eure Augen", d.h. noch zu Lebzeiten der Adressaten, in Aussicht gestellt wird, so artikuliert sich damit erneut „Naherwartung" im Horizont des יום־יהוה.

Zef 3,14-20 enthält eine Anzahl von Formeln und Themen, die für die Heilsverkündigung dieser Redaktionsschicht typisch sind und diese geradezu zusammenfassen können: JHWH wird die Zerstreuten sammeln und wird als König in Zion herrschen, wenn er ihr Geschick an jenem Tag und zu jener Zeit wenden wird.¹⁸²

3.3.2. Am 9,11-15*

Anders als am Anfang von Zef 3,16 bezieht sich die Am 9,11-15* einleitende Formel ביום ההוא nicht auf die Tag-JHWHs-Dichtung Am 5,18-20 zurück, die ja in der Mitte der Amosschrift platziert ist, sondern knüpft an das Läuterungsgericht von Am 9,7-10 an, um dem aus ihm hervorgehenden „Rest" eine Heilsperspektive zu eröffnen. In die JHWH-Tags-Thematik trägt aber Am 9,11-15* dennoch einen neuen Zug ein, indem in Am 9,14 die Rücknahme des Vergeblichkeitsfluches von Am 5,11 verheißen wird,¹⁸³ der in Zef 1,13b in den dortigen JHWH-Tags-Kontext eingefügt wurde.¹⁸⁴ Wenn JHWH das „Geschick seines Volkes Israel wendet", wird es die Früchte seiner Arbeit wieder genießen können. In der Aufzählung der nunmehr erfolgreichen Aktivitäten kehren expressis verbis auch die Wortpaare „bauen – wohnen" und „Weinberge pflanzen – Wein trin-

---

178 Zef 2,2bα – vgl. die Zornesterminologie in Zef 1,15a.18aα; 2,2-3; 3,8*.
179 אסף in Zef 1,2.3a und אסף // קבץ in Zef 3,8*.
180 אסף in Zef 3,18a und קבץ in Zef 3,19bβ und in Zef 3,20aβ.
181 חרפה in Zef 2,8aα und in Zef 3,18b – vgl. auch die Wurzel חרף in Zef 2,8bα.10bα.
182 Vgl. das „Heraufziehen" der Exulanten in Hos 2,2; ihre Rückkehr im Bild der „Aussaat" und dreimaliges ביום ההוא in Hos 2,18-25; das „Einpflanzen in ihr Land", ביום ההוא und שוב שבות in Am 9,11-15*; das „Sammeln" (אסף // קבץ) des „Überrestes Israels" und JHWH als vorausziehender „König" in Mi 2,12-13; JHWHs Königsherrschaft auf dem Zion, „Sammlung" der „Verstreuten" (אסף // קבץ) und zweimaliges ביום ההוא in Mi 4-5 und schließlich in Hag-Sach* ביום ההוא in Hag 2,23; Sach 2,15; 3,10 und der Plural בימים ההם in Sach 8,6.23; „Zion" in Sach 1,14; 2,11.14; 8,3 und die Rückführung der Exulanten in Sach 8,7-8.
183 Vgl. Schart, Entstehung, 211 (253).
184 Siehe S. 50.

ken" aus dem Vergeblichkeitsfluch von Am 5,11 und Zef 1,13b wieder.[185] Die in Zef 1,13b angedrohte Folge des JHWH-Tags-Geschehens ist nun aufgehoben – „jener Tag" bringt nicht nur eine Heilswende, sondern eröffnet auch einen neuen Heilszustand.

3.3.3. Hos 2,1-3

Im Unterschied zu den vielfältigen Näherbestimmungen des יום־יהוה als Unheilstag[186] sind die Heilszukunft kennzeichnende Konstruktusverbindungen mit יום als nomen regens selten. Der bemerkenswerteste Beleg ist der „Tag Jesreels" (יום יזרעאל in Hos 2,2b) von Hos 2,1-3, weil das nomen rectum einen außerordentlichen Beziehungsreichtum eröffnet und die Heilsverheißung von Hos 2,1-3 weit vorn in der Hoseaschrift[187] und damit im XII platziert ist. Diese יום-Wendung gehört zu den Konstruktusverbindungen, die יום durch einen Eigennamen näher bestimmen wie der „Tag Midians" in Jes 9,3[188], der „Tag von Massa" in Ps 95,8[189] und der „Tag Jerusalems" in Ps 137,7, der auf den Untergang der Stadt verweist.[190] Diese Wendungen sind Kurzformeln für einschneidende Ereignisse in der Geschichte des Gottesvolkes, die durch den jeweiligen Volks- bzw. Ortsnamen ins Gedächtnis gerufen werden.

Der „Tag Jesreels" verweist in seinem Kontext offensichtlich auf zukünftiges Heilsgeschehen – doch in welcher Weise soll das nomen rectum „Jesreel" die Heilszukunft inhaltlich näher qualifizieren? „Jesreel"[191] bezeichnet zunächst eine große *Talebene*[192] im Norden Israels, die auf Grund ihrer Fruchtbarkeit Getreideanbau und wegen ihres flachen Geländeprofils auch große militärische Operationen ermöglichte, so dass sie im Lauf der Geschichte immer wieder Schauplatz blutiger Konflikte wurde. Die alttestamentliche Überlieferung erwähnt besonders die erste militärische Auseinandersetzung mit einer kanaanäischen Streitwagenkoalition in Ri

---

185 Vgl.: בתי גזית בניהם ולא תשבו בם כרמי־חמד נטעתם ולא תשתו את־יינם in Am 5,11 und ובנו בתים ולא ישבו ונטעו כרמים ולא ישתו את־יינם: in Zef 1,13b mit Am 9,14: ... ובנו ערים נשמות וישבו ונטעו כרמים ושתו את־יינם.
186 Siehe nur Zef 1,7.8a.14-16 und vgl. Jenni, THAT I, 723f.
187 Gewissermaßen frühestmöglich nach den ersten Unheilsankündigungen in Hos 1 zu deren Kontrastierung.
188 Anspielung auf Gideons Midianitersieg in Ri 6-7.
189 Rückbezug auf das Murren in Massa und Meriba nach Ex 17,1-7 (vgl. Num 20,1-13).
190 Vgl. Jenni, THAT I, 713.
191 Vgl. Görg, NBL II, 319-320 und Jeremias, ATD 24/1, 30.
192 עמק – vgl. Jos 17,16; Ri 6,33; Hos 1,5.

3.3. Der Tag JHWHs im Achtprophetenbuch*

4,[193] dessen siegreicher Ausgang für die Stämme Israels in Ri 5 besungen wird, den wunderbaren Sieg über die Midianiter in Ri 6-7,[194] Sauls Niederlage gegen die Philister in 1Sam 29.31[195] und den Tod Joschijas in der Auseinandersetzung mit Pharao Necho in 2Kön 23,29-30. Der *Ort* Jesreel war zeitweise Residenzstadt nordisraelitischer Könige und wurde Schauplatz des Justizverbrechens Ahabs und Isebels an dem „Jesreeliter" Nabot (1Kön 21) und der blutigen Jehurevolution (2Kön 9-10).[196]

Das nomen proprium „Jesreel" wird nun innerhalb von Hos 1-2 mehrfach und beziehungsreich verwendet: Hos 1,4 bezieht sich auf das Blutvergießen Jehus in der *Stadt* Jesreel, die für Hosea Modell für das Königtum des Nordreiches mit seinen immer häufiger werdenden Königsmorden ist[197]. Als Name für Hoseas Sohn wird „Jesreel" hier zum Symbolnamen für JHWHs Gericht am „Königtum des Hauses Israel". Hos 1,5 nennt die *Ebene* Jesreel als Schauplatz einer künftigen militärischen Niederlage Israels, die im jetzigen Kontext in Verbindung mit Hos 1,7 auf die Vernichtung militärischer Macht überhaupt durch JHWH verweist, in die das Gottesvolk immer wieder verhängnisvolles Vertrauen setzte.[198] (Aufschlussreich ist, dass sich die Ankündigung totaler Abrüstung quer durch die Redaktionsschicht des VIII* zieht![199]) In Hos 2,24 wird mit „Jesreel" auf die Ebene als Kornkammer Israels angespielt und zugleich durch die Reihe „JHWH – Himmel – Land – Korn, Wein und Öl – Jesreel" auf den Symbolnamen für das gestrafte Israel (vgl. Hos 1,4), das nun erhört wird.[200] Hos 2,25 schließlich bezieht sich auf die etymologische Bedeutung Jesreels („Gott sät") und bezeichnet mit dem „Einsäen im Land" bildhaft die Rückführung der Exulanten. Auf diese Weise wird erreicht, was bei den anderen Symbolnamen durch die Aufhebung der Negation bewirkt wird[201]: „Jesreel" wird von einem unheilvollen zu einem heilvollen Symbolnamen.[202] In Hos 1-2 ist das nomen proprium „Jesreel" also ausgesprochen vieldeutig verwendet – auf welche Bedeutung spielt nun Hos 2,2b an? Zur Beantwortung dieser Frage muss das gesamte Heilswort Hos

---

193 Der in Ri 4, 7.13; 5,21 (vgl. Ps 83,10) als Schauplatz genannte Bach Kischon entwässert die Jesreelebene.
194 Die ausdrückliche Lokalisierung erfolgt in Ri 6,33.
195 In 1Sam 29,1.11 in „Jesreel" lokalisiert.
196 Der Ort Jesreel wird als Schauplatz ausdrücklich genannt in 1Kön 21,1 und 2Kön 9,15-17.30.36-37; 10,6.7.11).
197 Vgl. Jeremias, ATD 24/1, 31.
198 Vgl. Jeremias, ATD 24/1, 34.
199 Vgl. Hos 2,20b; Mi 4,3; 5,9-10; Hag 2,22; Sach 4,6.
200 Vgl. Wolff, BK14/1, 65f.
201 Aus לאעמי wird עמי, und aus לא רחמה wird רחמה (Hos 2,25 – vgl. Hos 2,3).
202 Vgl. Wolff, TB 22, 171; Wolff, BK 14/1, 67; Jeremias, ATD 24/1, 51.

2,1-3 ins Auge gefasst werden: Es ist überraschend unmittelbar nach dem einleitenden Bericht über die unheilvollen Namengebungen platziert, um gleich zu Beginn der Hoseaschrift und damit auch des XII herauszustellen, dass Gericht nicht das Ende der Wege Gottes mit seinem Volk ist. Als Merkmale der Heilszeit werden nacheinander ein außerordentliches Bevölkerungswachstum (Hos 2,1)[203], die Vereinigung der „Söhne Judas und der Söhne Israels" unter einem gemeinsamen „Haupt" und das „Heraufziehen" der Exulanten (Hos 2,2a)[204] angekündigt. „Der Heilszustand wird also vom Ergebnis her (V.1) zu seinen Voraussetzungen zurückverfolgt."[205] Letztes Glied in dieser Aussagenreihe ist der mit einem „hinweisenden und begründenden כי"[206] eingeleitete qualifizierende Nominalsatz: „Denn groß ist der Tag Jesreels."[207] Mit dieser geradezu akklamatorischen Aussage wird auf die letzte Voraussetzung für den neuen Heilszustand verwiesen. Um sie zu bestimmen, sind zunächst signifikante Aussageparallelen zu beachten: „Groß"[208] ist JHWH als überlegener Herr der Welt auf dem Zion[209], als „groß" hat er sich in der Geschichte seines Volkes erwiesen[210] und damit seinen „großen" Namen bekannt gemacht[211], und „groß" ist demzufolge der „Tag", der ganz von seinem Handeln bestimmt sein wird[212]. Entsprechend wird in Hos 2,2b das zuvor genannte außergewöhnliche Heilsgeschehen verhüllend auf JHWHs „großes" Handeln zurückgeführt. Wie „groß" seine Ausmaße bestimmt, so charakterisiert das nomen proprium „Jesreel" in seinem Beziehungsreichtum die Eigenart dieses Tages: Der Ort von entscheidenden Siegen und Niederlagen in der Geschichte des Gottesvolkes (vgl. Hos 1,5) wird zum „Ort" des endgültigen Sieges JHWHs, der die Voraussetzung für einen Neuanfang schafft. Der Ort von Schuld und Strafe (Hos 1,4-5) wird zum „Ort der Gnade"[213], an

---

203 Mit dem Vergleich „wie Sand am Meer" wird sie als Erfüllung der Väterverheißung von Gen 22,17; 32,13 charakterisiert.
204 Zu ועלו מן־הארץ vgl. עלה מן vom „Heraufziehen" aus Ägypten z.B. in Gen 13,1; 45,25; Ex 1,10; 12,38; 13,18; Num 32,11; Dtn 20,1(עלה hif); Ri 11,13.16; vom „Heraufziehen" aus Babylonien Esra 2,1.59; 7,6; Neh 7,6.61 und in Jer 16,14f = Jer 23,7f die Gegenüberstellung der „Heraufführung" (מן עלה hif) „aus dem Land Ägypten" und „aus dem Land des Nordens und aus allen Ländern, wohin ich sie verstoßen hatte".
205 Jeremias, ATD 24/1, 35.
206 Wolff, TB 22, 171.
207 כי גדול יום יזרעאל.
208 Vgl. Mosis, ThWAT I, 944-953.
209 Vgl. z.B. גדול יהוה in Ps 48,1.
210 Vgl. z.B. כי־גדול יהוה in Ps 135,5.
211 Vgl. שם גדול z.B. in Jos 7,9 und 1Sam 12,22.
212 קרוב יום־יהוה הגדול in Zef 1,14a – vgl. Joel 2,11; 3,4; Mal 3,23.
213 „Am Ort" heißt es in Hos 2,1b wörtlich, und Rudolph verweist darauf, dass die Übersetzung mit „anstatt dass" im AT nicht belegt ist – vgl. Rudolph, KAT 13/1, 55.

dem der Umschwung verkündigt wird"²¹⁴. Der Ort, an dem Jehu die Königshäuser Israels und Judas auslöschte (Hos 1,4), wird zum „Ort" der Vereinigung des Volkes unter einem „Haupt". Der Ort landwirtschaftlicher Fruchtbarkeit wird zum „Ort" endzeitlicher Prosperität des Landes und des Volkes (Hos 2,1.24-25). „Gott sät" Israel neu im Land ein (Hos 2,25), so dass Jesreel nun Symbolname für das durch JHWH erneuerte Gottesvolk ist²¹⁵. Damit gehört schon „Jesreel" bereits in die „Geographie der Endzeit"²¹⁶, die die nächste Redaktion des XII weiter entwickeln wird.²¹⁷

Die Botschaft vom großen Jesreeltag in Hos 2,1-3 wird in ihrem reichen Aussagegehalt und großen Beziehungsreichtum verständlich als redaktioneller Text, der bewusst an den Anfang nicht nur der Hoseaschrift, sondern des gesamten VIII* gesetzt wurde. Dieser Vorspruch stellt gleich vorab in verhaltener passivischer Formulierung heraus, dass die auf den יום־יהוה הגדול (Zef 1,14a) zulaufende Gerichtsverkündigung der nachfolgenden Schriften nicht das Ende der Wege Gottes ist. Im Anschluss an das Spiel mit dem nomen proprium „Jesreel" in Hos 1,4-5 und Hos 2,24-25 schafft die Redaktion des VIII* mit der Ankündigung כי גדול יום יזרעאל eine Kurzformel für den Neuanfang JHWHs nach dem Gericht. Diese Uminterpretation des JHWH-Tages zu einem reinen Heilstag wird von den nachfolgenden Redaktionen nicht aufgenommen. Der Grund dafür dürfte darin zu suchen sein, dass „der Tag Jahwes von Hause aus ambivalenten Charakter hat"²¹⁸, der sich in den nachfolgenden Tag-JHWHs-Dichtungen wieder durchsetzt.

---

214 Vgl. Rudolph, KAT 13/1, 56.
215 In Hos 1,4-5 wurde Jesreel zum Symbolnamen für das schuldige und strafwürdige Israel.
216 Vgl. Sellin, Zwölfprophetenbuch, 142, zum „Tal Schittim" in Joel 4,18.
217 Hos 2,1-3 kontrastiert alle drei Symbolnamen aus Hos 1: יזרעאל im unheilvollen Sinn (1,4) wird in 2,2b heilvoll uminterpretiert, und לא רחמה (1,6) wird in רחמה (2,3b) und לא עמי (1,9) in עמי (2,3a) umbenannt. Diese kontrastierenden Bezugnahmen sprechen gegen die von Schart erwogene Möglichkeit, dass Hos 2,2b „als verschlüsselter Vorverweis auf Joel von der JOK(=„Joel-Obadja-Korpus" – PGS)-Redaktion eingefügt worden sein" könnte (Schart, Entstehung [BZAW 260], 267, Anm. 13). Wahrscheinlicher ist, dass mit Hos 2,1-3 von Anfang an eine Bezugnahme auf *alle drei* Symbolnamen beabsichtigt war.
218 Jenni, THAT I, 726.

4. Obadja

1 **Die Vision**[1] **Obadjas.**
So hat der Herr JHWH[2] über Edom gesprochen;[3]
Nachricht hörten wir von JHWH,
ein Bote ist unter die Völker gesandt:
Auf, aufstehen lasst uns gegen es[4] zum Kampf!
2 Siehe, niedrig[5] mache ich dich unter den Völkern,
sehr verachtet [wirst] du [sein].
3 Die Vermessenheit deines Herzens betrog dich –
wohnend in Felsklüften,
erhöhend[6] seinen Sitz,
sprechend in seinem Herzen:
Wer wird mich herabstürzen zur Erde?
4 Wenn du [auch] hoch machtest wie ein Adler
und wenn du zwischen die Sterne setztest dein Nest,
werde ich dich [doch] von dort herabstürzen
– Spruch JHWHs.
5 Wenn Diebe über dich kommen,
wenn Räuber bei Nacht,
– wie bist du vernichtet[7] worden! –,
stehlen sie nicht [nur] für ihren Bedarf?

---

1   Diese Übersetzung wurde gewählt, weil die Überschrift vermutlich von Am 1,1 (חזה) und 9,1 (ראה) her formuliert wurde. – Näheres zu dieser und den nachfolgenden Anmerkungen zu Text und Übersetzung siehe nachfolgend.
2   Die Wendung אדני יהוה begegnet besonders häufig im Visionenzyklus der Amosschrift (Am 7,1.2.4^{bis}.5.6; 8,1.3) und auch in Am 9 (V5.8). In Anbetracht der Orientierung von Obd an Am 9 liegt die Vermutung nahe, dass diese Wendung sich an Am orientiert, so dass אדני kein späterer Zusatz ist (gegen Wolff, BK 14/3, 16).
3   Die Botenspruchformel ist vermutlich redaktionell an den Anfang der Redeeinleitung gesetzt worden, um das Folgende unmissverständlich als JHWH-Rede zu deklarieren (vgl. Rudolph, KAT 13/2, 301).
4   Das suff 3. f sg von עליה erklärt sich am zwanglosesten von der Parallele Jer 49,14 her, wo es auf Bozra bezogen ist.
5   Siehe KBL³ III, 1022.
6   So mit G wegen der Parallelität der Partizipien in V3.
7   III דמה (vgl. KBL³ I, 216) wie innerhalb von XII noch in Hos 4,6; 10,7.15; Zef 1,11. Eine Herleitung von II דמה wäre auch möglich, aber die Parallelen innerhalb von XII sprechen eher für obige Übersetzung.

4.1. Obadja im Zehnprophetenbuch*

Wenn Winzer über dich kommen,
lassen sie nicht eine Nachlese übrig?
6 Wie ist Esau durchsucht worden,
sind durchstöbert worden seine Verstecke!
7⁸ Bis zur Grenze haben dich getrieben
alle Männer deines Bundes,
betrogen, überwältigt haben dich
die Männer deines Friedens,
[die Männer] deines Brotes
stellen eine Falle unter dir. –
Es gibt keine Einsicht bei ihm.
8 Werde ich nicht an jenem Tag – Spruch JHWHs –
untergehen lassen die Weisen aus Edom
und die Einsicht vom Gebirge Esaus?
9 Da werden deine Helden zerbrechen, Teman,
so dass jeder ausgerottet wird vom Gebirge Esaus durch Mord.
10 Wegen der Gewalttat an deinem Bruder Jakob
wird Schande dich bedecken,
und du wirst ausgerottet werden für immer.
11 Am Tag, als du dabeistandest,
am Tag, als Ausländer sein Heer wegführten
und Fremde durch seine Tore kamen
und über Jerusalem das Los warfen,
[warst] auch du wie einer von ihnen.
12⁹ Und nicht soll[te]st¹⁰ du herabsehen auf den Tag deines Bruders
am Tag seines „Fremdgeschicks"¹¹,
und nicht soll[te]st du dich freuen über die Judasöhne
am Tag ihres Untergangs,
und nicht soll[te]st du groß machen deinen Mund
am Tag der Bedrängnis.
13 Nicht soll[te]st du kommen in das Tor meines Volkes
am Tag ihrer Not,

---

8   Zur Verdeutlichung der Struktur von V7 ist hier eine stärkere Wort-für-Wort-Übersetzung gewählt worden.
9   V12-14 ist wieder zur Vedeutlichung der stilistischen Geschlossenheit der Einheit weitgehende Wort-für-Wort-Übersetzung.
10 Die acht Vetitive geben V12-14 formal den Charakter von Warnsprüchen, die sich aber ausweislich von V11 (z.B. pf בוא von den Invasoren) und V15b (pf עשית von Edom) auf vergangene Ereignisse beziehen.
11 So mit Buber (Buber, Kündung, 658) zur Wiedergabe der Anspielung von נכרו auf נכרים in V11bα.

nicht soll[te]st gerade du herabsehen auf sein Unglück
am Tag seiner Not,
nicht soll[te]st du langen nach seiner Habe
am Tag seiner Not.
14 Und nicht soll[te]st du dich stellen an den Fluchtweg[12]
auszurotten seine Entronnenen,
und nicht soll[te]st du ausliefern seine Entkommenen
am Tag der Bedrängnis.
15 Denn nahe [ist] der Tag JHWHs über alle Völker.
Wie du getan hast, wird dir getan,
deine Tat kehrt auf deinen Kopf zurück.
16 Denn wie ihr getrunken habt auf meinem heiligen Berg,
werden alle Völker unablässig trinken;
sie werden trinken und schlürfen
und werden sein wie [solche, die] nie gewesen.
17 Und auf dem Berg Zion wird Entrinnen sein,
und er wird heilig sein.
Und das Haus Jakob wird in Besitz nehmen,
die sie in Besitz nahmen.[13]
18 Und das Haus Jakob wird Feuer werden
und das Haus Josef Flamme,
aber das Haus Esau Strohstoppeln;
und sie werden sie anzünden und verzehren,
dass nicht ein Entkommener bleiben wird dem Haus Esau –
denn JHWH hat [es] geredet.
19[14] Und es wird in Besitz nehmen der Negev den Berg Esau
und die Schefela die Philister.
Und sie[15] werden in Besitz nehmen das Gefilde Efraims
und das Gefilde Samarias
und Benjamin Gilead.
20 Und die Exulantenschaft dieses Heeres[16] der Israelsöhne[17]

---

12 So mit Wolff, BK 14/3, 15 (vgl. 18 die Begründung).
13 So mit *Vrs* – dieses Verständnis entspricht der adäquaten Vergeltung, wie sie in V15b formuliert ist.
14 Besonders die Übersetzung von V19f bedarf einer ausführlicheren Begründung, die nachfolgend gegeben wird. Wegen ihrer Schwierigkeiten legt sich für diese Verse wieder eine stärkere Wort-für-Wort-Übersetzung nahe.
15 Da der finiten Verbform hier kein explizites Subjekt folgt, muss das implizite Subjekt als problemlos aus dem Kontext erschließbar angesehen worden sein. Da in V19f V17b entfaltet wird, legt sich das „Haus Jakob" als implizites Subjekt aus V17b nahe (zur ausführlicheren Begründung siehe wieder nachfolgend).

> die [in NN ist, wird in Besitz nehmen]
> die Kanaanäer bis nach Zarpat;[18]
> und die Exulantenschaft Jerusalems, die in Sefarad [ist],
> wird in Besitz nehmen die Städte des Negev.
> 21 Und es werden heraufziehen Retter auf dem Berg Zion[19],
> um den Berg[20] Esaus zu richten;
> aber JHWH wird das Königtum gehören.

4.1. Obadja im Zehnprophetenbuch*

Die vorletzte Redaktionsphase des XII[21] ist bestimmt durch die Einfügung von Joel, Obadja und Sach 9-13.14 und die Einschreibung kleinerer Zusätze in das VIII* und wird von Schart deshalb als „Joel-Obadja-Korpus"[22] bezeichnet. Wegen der programmatischen Bedeutung der Joelschrift für diese Redaktionsschicht[23] hat Nogalski die Bezeichnung „Joel-related Layer"[24] gewählt. Im Folgenden soll auch diese Vorstufe des XII wieder nach der Anzahl der Schriften, die sie umfasst, „Zehnprophetenbuch* (X*)" genannt werden.

Charakteristisch für diese Redaktionsschicht ist eine neue Art von Prophetie, die als „Schriftprophetie" in einem erweiterten Sinn[25] bezeichnet werden kann: Schriftlich vorliegende prophetische Tradition wird breit und vielfach wörtlich aufgenommen und einer schriftlichen Neuinterpretation unterzogen.[26]

---

16 Mit den *Vrs*, die חל als defektive Schreibung von חיל gelesen und entsprechend wiedergegeben haben.

17 Das ל vor בני ישראל drückt Zugehörigkeit aus (vgl. KBL³ II, 484).

18 „Die Exulantenschaft dieses Heeres der Israelsöhne, die Kanaanäer bis nach Zarpat (sind) …" – so M – ergibt keinen Sinn. Obiger Übersetzung liegt die ansprechende Emendation von Raabe zugrunde (s.u.): Die zugefügten Wörter ergänzen V20aα zu einem V20aβ.b parallelen Satz, und ihr Ausfall ist durch Homoioarkton erklärbar.

19 „בהר ציון ist Näherbestimmung des Subjekts (vgl. V.17a) und nicht von ועלו abhängig" (Rudolph, KAT 13/2, 316).

20 הר ist hier mit „Berg" übersetzt, um die Kontrastierung mit dem „Berg Zion" zu verdeutlichen.

21 Vgl. Schart, Entstehung, 219-236 (261-282).

22 Schart, Entstehung, 220 (263).

23 Näheres siehe zu den beiden Joelkapiteln.

24 Nogalski, Processes, 275.

25 Die Überlieferung von Prophetenworten ist ihrerseits schon „prophetische Prophetenauslegung" (vgl. Stecks gleichnamigen Aufsatz), die die Botschaft des jeweils namengebenden Propheten auf- und fortschreibt und in diesem Sinne „Schriftprophetie" ist.

26 Dieses Phänomen wird im Rahmen der Behandlung der Tag-JHWHs-Dichtungen dieser Redaktionsphase im Folgenden ausführlich gewürdigt werden.

Neben der ausgeprägten Zionsperspektive dieser Redaktion ist vor allem die יום־יהוה-Thematik die entscheidende „Sinnlinie"[27] des X*, wie in den nächsten Kapiteln herausgearbeitet werden soll. Dabei wird sich zeigen, dass Obadjas JHWH-Tags-Aussagen besonders Zef 1 aufnehmen und weiterführen, während sich die Joelschrift innerhalb des X* besonders auf Zef 1 und Obadja zurückbezieht[28] und Sach 14 schließlich das X* in der Weise beschließt, dass es die vorangehenden Aussagen zum יום־יהוה mit ihren teilweise konträren Positionen zu einem Gesamtbild verbindet. Daraus ergibt sich die Reihenfolge, in der die in dieser Redaktionsphase neu hinzukommenden יום־יהוה-Dichtungen behandelt werden.

Die Obadjaschrift weist vielfältige intertextuelle Beziehungen vor allem zu den Edomorakeln von Jer 49,7-22 auf, die in Obd 1-5 so intensiv sind, dass drei Viertel des Wortbestandes mit Jer 49,9.14-16 übereinstimmen.[29] Nogalski führt Argumente für die Priorität der Jeremiaparallelen auf, von denen die signifikantesten genannt seien: Die präpositionale Wendung עליה in der Aufforderung zum Kampf am Ende von Obd 1 weist mit einem suff 3. f sg auf Edom zurück, dessen Genus im Obadjakontext schwierig ist,[30] sich in Jer 49,14 aber aus dem Bezug auf Bozra erklärt.[31] Die Differenz im Numerus von שמע[32] erklärt sich am einfachsten daraus, dass der ursprüngliche Singular aus Jer 49,14 in eine Pluralform geändert wurde, weil der Sprecher sich mit dem kollektiven Adressaten zusammenschließen wollte, der auch in Obd 16 angeredet ist.[33] Und schließlich setzt Obd 16 voraus, dass die Adressaten die Metapher vom „Trinken des Zornesbechers JHWHs" kennen[34] und auf die Erfahrung des „Trinkenmüssens" bereits zurückblicken.[35] Jer 49,12 dagegen spielt auf Jer 25,20f an und lässt erkennen, dass das Gottesvolk das „Trinken des Zornesbechers JHWHs" noch vor sich hat und verrät damit eine frühere Perspektive.[36] Eine Jeremiapriorität ergibt sich auch auf stilistischer Ebene: Meinhold arbeitet bei seiner Untersuchung der poetischen Stilmit-

---

27 Schart, Entstehung, 233 (279).
28 Bis hin zu einem ausdrücklichen Zitat von Obd 17aα in Joel 3,5bα.
29 Wolff, BK 14/3, 20.
30 Die weiteren auf Edom bezogenen Suffixe in Obd 2-4 sind maskulin. Auch wenn das Genus bei Ortsnamen variieren kann (vgl. Raabe, AB 24D, 116), ist das Femininum am zwanglosesten aus der Jeremiaparallele erklärbar.
31 Vgl. Nogalski, Processes, 63, Anm. 8.
32 1 sg שמעתי in Jer 49,14 und 1. pl שמענו in Obd 1.
33 Vgl. Nogalsi, Processes, 64.
34 In Jer 25,15-29 wird diese Metapher breit entfaltet.
35 Vgl. „Wie ihr *getrunken habt* auf meinem heiligen Berg ..." in V16aα.
36 Vgl. Nogalski, Processes, 69-71.

tel von Obd „die differenzierte, gegenüber Jer 49 deutlich gesteigerte Verwendung von Stilmitteln"[37] heraus.

Die Argumentation Nogalskis gehört zu seinem umfassenden Nachweis, dass wichtige Differenzen Obadjas gegenüber der Jeremiavorlage dem Anliegen dienen, den Obadjatext auf Am 9 zu beziehen und ihm damit seine Position im entstehenden XII* zu geben.[38] So ist zum einen *Obd 1-9 an Am 9,1-10(.11-15) orientiert*: Die Bezeichnung der Obadjaschrift als חזון in Obd 1a hat keinen Anhalt an der Jeremiavorlage und lässt sich auch nicht aus dem Inhalt von Obadja begründen, ist aber erklärbar als Rückbezug auf Am 9,1.[39] Während die Jeremiavorlage nur zwei אם-Sätze in Jer 49,9 aufweist, parallelisiert Obd 4-5 mit fünf אם-Sätzen Am 9,2-4.[40] Durch die Zufügung von Obd 4aβ zur Jeremiavorlage entsteht zusätzlich eine enge inhaltliche Parallele zu Am 9,2b: „*Und wenn* du dein Nest zwischen die *Sterne* setzt, werde ich dich *von dort herunterholen*" (Obd 4aβ.b). // „*Und wenn* sie in den *Himmel* hinaufsteigen, werde ich sie *von dort herunterholen*" (Am 9,2b). Obd 5 formt die beiden Aussagesätze von Jer 49,9 in zwei jeweils mit הלוא eingeleitete rhetorische Fragen um, wie sie sich auch in Am 9,7 finden. Obd 8f schließlich spielt auf Jer 49,7.22 an, wird aber wie Am 9,11 mit ביום ההוא eingeleitet und verwendet die Wurzel אבד in der ersten Person der Gottesrede,[41] so dass ein exaktes Oppositum zu Am 9,11.15[42] entsteht: Das „Ausrotten" JHWHs in Edom korrespondiert seinem „Aufrichten" und „Einpflanzen" in Israel. Auf diese Weise wird in Obd 1-9 das Gericht über Edom mit dem Gericht über Israel in Am 9,1-10 parallelisiert und mit dem künftigen Heil Israels kontrastiert.

Zum anderen ist *Obd 16-21 an Am 9,11-15 orientiert*: In Obd 16aα wird die Metapher vom „Trinken des Zornesbechers JHWHs" aus Jer 49,12[43] aufgenommen, aber die Anrede wechselt zu Juda/Jerusalem und das Tempus in das Perfekt. Damit wird zu den nachfolgenden Heilsaussagen für das Gottesvolk übergeleitet, die strukturell und thematisch in Entsprechung zu Am 9,11-15 entfaltet werden: Auf die einleitende Anspielung auf die Zerstörung Jerusalems (Am 9,11 // Obd 16) folgt die Ankündigung der Wiederherstellung Israels (Am 9,11f // Obd 17-20), die die Inbesitz-

---

37 Meinhold, Obadja, 73.
38 Vgl. Nogalski, Processes, 61-74.
39 Vgl. ראיתי in Am 9,1 am Anfang der letzten Amosvision – vgl. auch Am 1,1 (חזה).
40 Der erste zusätzliche אם-Satz in Obd 4aα entsteht durch Ersetzung des כי von Jer 49,16bα und die anderen beiden in Obd 4aβ.5aβ sind Zusätze zur Jeremiavorlage.
41 1. sg pf cons hif והאבדתי am Anfang von Obd 8b im Unterschied zur 3. f sg pf qal אבדה am Anfang von Jer 49,7b.
42 Zweimal אקים in Am 9,11 und ונטעתים in Am 9,15.
43 Der sehr knappe Rückbezug setzt bei der Leserschaft nicht nur die Kenntnis von Jer 49,12, sondern auch der breiten Entfaltung der Thematik in Jer 25,15-29 voraus.

nahme „Edoms" und anderer „Völker" (Am 9,12 // Obd 17b.19f) und die Wiederbesiedlung des Landes und seiner Städte (Am 9,14 // Obd 19f) einschließt und Endgültigkeitscharakter hat (Am 9,15 // Obd 21). Auf diese Weise wird die in Am 9,11-15 verheißene Wiederherstellung Israels in Obd 16-21 parallelisiert, aber darüber hinaus dessen politische Dimension besonders akzentuiert.[44]

Besondere Beachtung verdient abschließend Am 9,12a, das sich wie eine Vorschau auf Obadja liest, aber im Kontext von Am 9,11-15 schwierig zu erklären ist.[45] Die Ankündigung der Inbesitznahme von „Edom" und anderen „Völkern" in Am 9,12a wird am besten verständlich als Einschreibung der X*-Redaktion, die damit einen Übergang zu Obadja schafft und die Verbindung zwischen Am 9 und Obadja weiter verstärkt.[46]

Die Obadjaschrift parallelisiert also Am 9, zugleich aber ist offenkundig, dass Obd keine literarisch homogene Komposition darstellt. Als auffälligste Spannungen seien aufgeführt: Keine der konventionellen Einleitungs- und Abschlussformeln von Prophetensprüchen markiert die stärkste Zäsur innerhalb der Komposition, die durch den Adressatenwechsel in V16 vorgenommen wird (Näheres siehe S. 89ff). Das in V2-15 direkt angeredete Edom wird zunächst in zwei weisheitlich geprägten[47] Sprüchen ohne Bezug zum Gottesvolk allgemein der „Vermessenheit" bezichtigt (V2-4.5-7), während die Strafbegründung nachfolgend alles Gewicht auf die „Gewalttat an deinem Bruder Jakob" legt (V10-14). Die „Völker" fungieren dabei als Gerichts*vollstrecker* (V1b), aber am nahen יום־יהוה werden „alle Völker" überraschend zu Gerichts*empfängern* (V15f), während „das Haus Jakob" und „das Haus Juda" zu Strafwerkzeugen an Edom werden (V10). Diese Inhomogenität der Obadjaschrift bei gleichzeitiger Parallelität zu Am 9 lässt sich am plausibelsten damit erklären, dass die X*-Redaktion die Endkomposition aus vorgegebenem Material[48] für ihre Position und Funktion in X* geschaffen hat (Näheres siehe S. 109ff).

---

44 Zur Anspielung auf die Landnahme- und Richterzeit in Obd 17-21 siehe nachfolgend.
45 Auch der weitere Amoskontext kann die besondere Erwähnung Edoms nicht begründen.
46 Vgl. Nogalski, Precursors, 113-115.
47 Vgl. Meinhold, Obadja, 75-78.
48 Besonders zu nennen sind Jer 49,7-22; Am 9 und – wie noch zu zeigen sein wird – Zef 1.

Damit kann nun die These dieses Kapitels eingeführt werden: Wie bereits oben gezeigt, werden Edomworte aus Jer 49,7-22 in Obd 1-9 so gestaltet, dass sie Am 9,1-10 parallelisieren, während in Obd 16-21 Israels Wiederherstellung in Entsprechung zu Am 9,11-15 angekündigt wird. Obd 10-15 unterbricht diese Parallelisierung, ist aber zugleich fest mit seinem Kontext verbunden: Obd 10-15 setzt einerseits die Anrede an „Edom/Esau" fort, auf das sich auch die Suffixe der 2. m sg in Obd 10-12.15 zurückbeziehen und bietet die konkrete Strafbegründung für die Strafankündigung von Obd 1-9. Andererseits leitet die Ankündigung von Obd 15 die in Obd 16-21 entfaltete Heilswende ein.[49] Es ist nun die These dieses Kapitels, dass Obd 12-15 die JHWH-Tags-Botschaft von Zef 1 aufnimmt und weiterführt und mit seinen יום(יהוה)-Aussagen die Gerichtsankündigung über „Esau" in Obd 1-9 und die Heilsankündigung für „Jakob" in Obd 16-21 so miteinander verbindet, dass eine profilierte neue Tag-JHWHs-Dichtung entsteht. Diese These soll im Folgenden so begründet werden, dass zunächst der Bezug insbesondere des יום(יהוה)-Abschnitts Obd 12-15 zu Zef 1 aufgewiesen, dann die Struktur der Gesamtkomposition von Obd erhoben und schließlich deren thematisches Profil herausgearbeitet wird.

4.2. Obadja und Zefanja

Obadja weist eine Reihe von terminologischen und thematischen Bezügen zu Zef 1 und zur Zefanjaschrift insgesamt auf, die zum einen die *Anklage* gegen Edom betreffen: Edom hat „Gewalt" geübt wie die Jerusalemer Oberschicht[50] und wähnte sich sicher, weil es sein „Nest hoch gemacht"[51] hatte. Dieser trügerischen Sicherheit wird in Obd 3b Ausdruck gegeben durch ein Zitat, das sich nicht in Jer 49,16 findet, aber Parallelen in der Zitierung der Jerusalemer „Männer" (Zef 1,12b) und der „in Sicherheit" wohnenden Stadt Ninive (Zef 2,15a) hat.[52] Die drei Belegstellen sind nicht nur durch das Stilmittel des Zitats, sondern auch durch deren Inhalt miteinander verbunden, indem das Zitierte jeweils die trügerische Sicherheit der Zitierten variiert.[53] Weitere terminologische und thematische Bezüge finden sich in der *Strafankündigung* an Edom: JHWH wird „an jenem

---

49   Näheres siehe nachfolgend.
50   חמס in Obd 10 und in Zef 1,9.
51   גבה hif –vgl. in Zef 1,16b ועל הפנות הגבהות.
52   Vgl. die gleichlautenden partizipialen Einleitungen אמר בלבו (Obd 3b), האמרים בלבבם (Zef 1,12b) und האמרה בלבבה (Zef 2,15a).
53   Das entlarvenden Zitat ist weisheitlichen Ursprungs – vgl. Meinhold, Obadja, 76.

Tag"⁵⁴ die Schuldigen „durchsuchen"⁵⁵, „vernichten"⁵⁶ und „vertilgen"⁵⁷, so dass auch die „Helden"⁵⁸ nicht bestehen können und die Adressaten einer totalen Vernichtung „für immer"⁵⁹ verfallen. Besonders zu erwähnen ist in diesem Zusammenhang der Ausruf „Wie bist du vernichtet worden!", der den Aussagezusammenhang von Obd 5a unterbricht und in der Parallele von Jer 49,9 fehlt, dessen seltene Verbwurzel aber auch in Zef 1,11b verwendet ist.⁶⁰ Diese Bezüge der Gerichtsverkündigung parallelisieren Edom mit Gottesvolk und (Nachbar-)Völkern in Zef 1-2. Im Mittelpunkt der *Heilsankündigung für Israel* schließlich steht der „Zion", JHWHs „heiliger Berg",⁶¹ als Aktionszentrum seiner „Königsherrschaft",⁶² von dem „Rettung"⁶³ ausgeht und als Hauptstadt eines in vollem Umfang wiederhergestellten Landes.⁶⁴ Auf diese Weise wird die Heilsperspektive von Zef 3,11-20 parallelisiert und mit Hilfe von 2,5-9 konkretisiert.

Darüber hinaus fällt auf, dass sowohl Zef 1 als auch Obd einen regelmäßigen Wechsel von Gottes- und Prophetenrede ausweisen, in den bei Zef 1 auch das nicht mehr zur Komposition gehörende, aber literarisch und thematisch unmittelbar anschließende Mahnwort 2,1-3 einbezogen ist: Zef 1,2-6 JHWH – V7 Prophet – V8-13 JHWH – V14-16 Prophet – V17f* JHWH – Zef 2,1-3 Prophet. Der Wechsel ist in Obd noch gleichmäßiger durchgeführt:⁶⁵ Obd 1-4 JHWH – V5-7 Prophet – V8-11 JHWH – V12-15 Prophet – V16-18 JHWH – V19-21 Prophet. Diese Parallelität hat besonderes Gewicht für den Rückbezug von Obadja auf Zef 1(; 2,1-3), weil sie die gesamten Kompositionen betrifft und sich in anderen Tag-JHWHs-Dichtungen nicht findet.⁶⁶

---

54 Die ungewöhnliche einleitende Sequenz von Verknüpfungsformel ביום ההוא und Schlussformel נאם יהוה findet sich neben Obd 8a auch in Zef 1,10aα.
55 חפש in Obd 6 und Zef 1,12 – zu Am 9,3 s.o. (Die Parallele in Jer 49,10 verwendet andere Verbwurzeln).
56 אבד hif in Obd 8 und Zef 2,5 (Zef 2,13 אבד pi).
57 כרת in Obd 9-10 (zu Obd 14 s.u.) und Zef 1,3.4.11; 3,6.7.
58 גבור(יך) in Obd 1,9a und Zef 1,14b.
59 Thematisch entsprechen sich hier Obd 16b und Zef 1,2-3 (nur dass Obadja die Reichweite auf die „Völker" eingrenzt) und terminologisch לעלם in Obd 10b (Edom) und עד־עלם in Zef 2,9 (Moab und Ammon).
60 Siehe oben zur Übersetzung.
61 ציון in Obd 17a.21a und Zef 3,14.16 und הר קדשי in Obd 16a und Zef 3,11b.
62 מלוכה in Obd 21b und in Zef 3,15b מלך (vgl. Mi 2,13).– Innerhalb des XII kommt מלך als Gottesepitheton nur noch in den jüngeren Belegen Sach 14,9.16f; Mal 1,14 vor.
63 In Zef 3,17 יושיע mit JHWH als Subjekt – in Obd 21a vermittelt durch מושעים (M).
64 Einschließlich des Küstengebietes der „Philister" (Obd 19aβ; Zef 2,5-7) und des Ostjordanlandes (Obd 19b; Zef 2,8-9) – Näheres siehe nachfolgend.
65 Zur Begründung im Einzelnen siehe nachfolgend.
66 Joel 4,1-3.9-17 ist JHWH-Rede, deren Aussagen über JHWH in dritter Person durch die aufgenommenen Traditionen bedingt sind (Näheres siehe Kapitel zu Joel 4,1-3.9-17).

4.2. Obadja und Zefanja

Besonders signifikant sind die *Stichwortverknüpfungen zwischen Obd 12-15 und Zef 1*: Gemeinsames Thema ist der „Tag der Bedrängnis"[67] und seine „vernichtende"[68] Wirkung über „Juda und Jerusalem"[69] mit seinen „Toren"[70] und seinem „Vermögen"[71], und die in Zef 1,7b.14a erstmals belegte Formel (...עֵל־ קָרוֹב יוֹם יְהוָה כִּי) wird in Obd 15a aufgenommen.

Über diese terminologischen Entsprechungen hinaus werden *strukturelle Parallelen zwischen Obd 12-15 und Zef 1,14-16* erkennbar. Obd 12-14[72] besteht aus acht anaphorischen Bikola: Das jeweils erste Kolon beginnt mit einem Vetitiv,[73] und das zweite Kolon wird jeweils aus einer יוֹם-Wendung[74] gebildet (außer V14aβ[75]). Die Bikola verbinden sich zu zwei Teilen: V12 bildet den ersten Teil, dessen drei Vetitive durch וְאַל־ verknüpft sind und nacheinander zwei präpositionale Objekte und ein direktes Objekt bei sich haben. Dieser Teil thematisiert passive „Unbrüderlichkeit" mit der sich steigernden Verbfolge „herabsehen auf – sich freuen über – den Mund aufreißen". Der erste Teil wird thematisch eröffnet durch die erste יוֹם-Wendung, dessen nomen rectum das Opfer des „Tages"[76] nennt, der im Folgenden nach seinem Inhalt entfaltet wird, und er wird abgeschlossen durch einen ersten Verweis auf den יוֹם־צָרָה. Der zweite Teil folgt in V13-14: Eine gewisse Zäsur wird durch den asyndetischen Einsatz der ersten beiden Bikola markiert, während die weiteren Vetitive wieder mit waw-copulativum beginnen. Die Objekte der Vetitive haben wieder die Folge von - diesmal vier – präpositionalen Objekten und einem direkten Objekt. Thema dieses Teils sind die aktiven Feindseligkeiten, die wieder durch eine sich steigernde Aussagenfolge entfaltet werden: „durch das Tor hineingehen – das Unglück [aus nächster Nähe] ansehen – nach den Gütern langen" in V13 und fortgesetzt durch „sich an der Weggabelung aufstellen – die Entronnenen ausliefern" in V14. Auch der zweite Teil wird eröffnet durch eine präpositionale Wendung, deren nomen rectum auf das Opfer der Ereignisse verweist (בְּשַׁעַר־עַמִּי) und wird wieder abgeschlossen mit dem Verweis auf den יוֹם צָרָה. Die beiden Teile werden neben dem anaphorischen Einsatz der Bikola und den weiteren, oben dargestellten strukturellen Gemeinsamkeiten durch zweimaliges

---

67 יוֹם צָרָה in Obd 12b.14.b und Zef 1,15b.
68 כרת in Obd 14a und Zef 1,3.4.11.
69 „Juda" in Obd 12a und Zef 1,4a und „Jerusalem" in Obd 11b und Zef 1,4a.12a.
70 שַׁעַר(יו) in Obd 11b.13a und Zef 1,10a.
71 חַיִל in Obd 11a.13b und Zef 1,13a.
72 Zur Struktur von Obd 12-15 vgl. auch Raabe, AB 24D, 197-199.
73 אַל־(וְ) + verbum finitum.
74 בְּיוֹם + nomen rectum.
75 Dafür enthält das erste Kolon in V12aα eine weitere יוֹם-Wendung gleichen Musters.
76 בְּיוֹם־אָחִיךָ.

אל־תרא(ו) in V12a (erstes Bikolon) und V13a (fünftes Bikolon) und durch zwölfmaligen Verweis auf Edoms „Bruder"[77] verbunden.

Der mit כי angeschlossene V15 liefert die Begründung für die Vetitive:[78] „Denn nahe ist der Tag JHWHs über alle Völker" (V15a). V15b sagt, was Edom nach dem ius talionis vom יום־יהוה zu gewärtigen hat, wobei V15bα mit dem passivum divinum den Zusammenhang von Schuld und Strafe aus theozentrischer Perspektive betont, während V15bβ den gleichen Zusammenhang aus anthropozentrischer Perspektive als ein Sich-Auswirken von Edoms Verfehlung darstellt. V15a ist mit V12-14 neben dem begründenden כי durch das Qinah-Metrum 3 + 2 der Bikola und den onomatopoetischen ō-Vokalismus[79] verbunden. Nachfolgend die Parallelen noch einmal in tabellarischer Gegenüberstellung:

Obd 12-15	Zef 1,14-16
	יום־יהוה-Ankündigungsformel
Reihenbildung mit acht יום-Wendungen, davon zweimal יום צרה	Reihenbildung mit acht יום-Wendungen, davon einmal יום צרה
geografischer Bezug auf Juda/ Jerusalem	geografischer Bezug auf Juda/ Jerusalem
Zielangabe mit על־ eingeleitet	Zielangabe zweimal mit על eingel.
achtzehnmal onomatopoetischer ō-Vokalismus	vierundzwanzigmal onomatopoetischer ō-Vokalismus
metrische Gestaltung durch Qinahvers	metrische Gestaltung durch Silbengradation
Zweiteiligkeit von V12f.13f	Zweiteiligkeit von V14.15f
יום־יהוה-Ankündigungsformel	

---

77 Vier in V12 und acht in V13-14 – eine Anspielung auf das Zwölfstämmevolk würde zu der gesamtisraelitischen Ausrichtung der X*-Redaktion passen.
78 Ausführlicher zur Verbindung von V15 mit V12-14 und zur Funktion von Edom siehe nachfolgend.
79 Fünfmal in V12, zehnmal in V13-14 und dreimal in V15a.

Neben diesen Korrespondenzen sind ebenso markante *Differenzen zwischen Obd 12-15 und Zef 1,14-16* zu verzeichnen: Zef 1,14-16 wird mit der יום־יהוה-Ankündigungsformel *eröffnet*, und Nähe und Unentrinnbarkeit des יום־יהוה werden durch die achtmalige Ansage eines *künftigen* „Tages" entfaltet. Obd 12-14 verweist achtmal auf einen *vergangenen* „Tag" für das Gottesvolk, und die oben herausgearbeiteten Stichwortverbindungen zwischen Obd 12-14 und Zef 1,14-16 unterstreichen, dass das Gottesvolk den von Zefanja angekündigten יום־יהוה mittlerweile *erfahren* hat. Um so gewisser sind nun Nähe und Unentrinnbarkeit des JHWH-Tages für die durch Edom repräsentierten Völker wegen ihres Verhaltens gegenüber dem Gottesvolk an jenem vergangenen „Tag".

4.3. Kompositionelle Gestaltung

Die Strukturermittlung[80] orientiert sich zunächst an den konventionellen Einleitungs- und Abschlussformeln von Prophetensprüchen: Die „Prophetie Obadjas" (Obd 1a) wird in Obd 1bα mit der erweiterten Botenspruchformel כה־אמר אדני יהוה eröffnet, die Gottesspruchformel נאם יהוה dient in Obd 4b als Schluss- und in Obd 8a als Einleitungsformel, und die seltene Schlusswendung כי יהוה דבר findet sich in Obd 18b.[81] Nun fällt auf, dass keine dieser Formeln die stärkste Zäsur zwischen Obd 15 und Obd 16 markiert, die durch den Adressatenwechsel in V16[82] vorgenommen wird.[83] Die Strukturanalyse wird also auch stilistische und thematische Kriterien heranzuziehen und sich mit voreiligen Schlüssen zurückzuhalten haben.

Zunächst lässt sich Obd 1b-4 durch Einleitungs- und Schlussformel als ein erster Abschnitt abgrenzen, und die formale und thematische Geschlossenheit von Obd 12-15 war oben bereits erwähnt worden.[84] Da

---

80 Zur Kompositionsstruktur von Obadja vgl. auch Weimar, BN 27, 35-41 und Raabe, AB 24D, 18-22.
81 Innerhalb von XII nur noch in Joel 4,8 und in der erweiterten Form כי־פי יהוה צבאות דבר in Mi 4,4.
82 Nach der bis Obd 15 durchlaufenden Anrede Edoms in der 2. m sg wird nun in V16 das Gottesvolk in der 2. m pl angeredet – vgl. Nogalski, Processes, 60.
83 Schon diese Beobachtung zeigt, dass auch Obadja seine literarische Vorgeschichte hatte und widerrät einer Überbewertung der klassischen Marker von Prophetensprüchen bei der Strukturanalyse, wie sie sich z.B. bei Raabe, AB 24D, 15-21 findet. – Die oben aufgeführten Formeln scheinen teils aus dem vorgegebenen Material entnommen (vgl. Obd 1b mit Jer 49,7 und Obd 4b mit Jer 49,16), teils dieses als vorgegebenes Gotteswort kennzeichnen zu wollen (Obd 18b).
84 Die Zuordnung von V15 bedarf einer ausführlicheren Begründung, die S. 93-96 gegeben wird.

Obd 8a einen klaren Neueinsatz markiert, hebt sich als weiterer Abschnitt Obd 8-11 heraus, der zudem durch drei ביום-Wendungen gerahmt wird. Dazwischen liegt die Sequenz Obd 5-7, die keine expliziten Marker aufweist, aber thematische Geschlossenheit zeigt, denn das Thema „trügerische Sicherheit" aus V2-4 wird um einen neuen Aspekt ergänzt: Nicht nur die exponierte Lage (V2-4), sondern auch der erworbene Reichtum kann Edom nicht vor feindlichem Zugriff bewahren. Dies umso mehr, als dieser durch ehemalige Bundesgenossen erfolgt, die über so viel Ortskenntnis verfügen, dass sie Edoms Verstecke „durchstöbern" können.[85] Außerdem hebt sich V5-7 von V1b-4.8-11 dadurch ab, dass der Abschnitt nicht als Gottesrede deklariert ist und ihm auch das Ich JHWHs fehlt. Obd 16-18 ist durch den Adressatenwechsel in Obd 16a und die Schlusswendung in Obd 18b klar abgegrenzt. Dadurch wird Obd 19-21 als Schlussabschnitt markiert, der sich auch durch seinen Prosastil vom Vorhergehenden absetzt.

Lassen die so bestimmten Abschnitte untereinander Beziehungen erkennen? Ins Auge fällt sofort, dass Obd 8a.15a mit ihren auf einen künftigen „Tag" verweisenden יום-Formeln eine Inclusio bilden, die zehn יום-Wendungen rahmt, die sich auf vergangene Ereignisse beziehen. Der Schlussabschnitt Obd 19-21 nimmt dreimal das verbum finitum וירשו aus Obd 17b auf[86] und schließt sich thematisch konkretisierend und weiterführend an Obd 16-18 an. Auch mit Obd 5-7 wird der vorangehende Abschnitt fortgesetzt, indem die Strafankündigung an Edom konkretisiert wird: V2-4 spricht allgemein vom „Niedrigmachen" und „Herunterstürzen" durch JHWH, V5-7 dagegen anschaulich von Plünderung und Vertreibung durch ehemalige Bündnispartner. Innerhalb der so erkennbar werdenden drei großen Kompositionsteile Obd 1b-7.8-15.16-21 ist der jeweils erste Abschnitt expressis verbis als Gottesrede gekennzeichnet. Von den jeweils zweiten Abschnitten ist V19-21 eindeutig Prophetenrede[87], und für V5-7 spricht nichts gegen eine solche Bestimmung. Für Obd 12-15 ist die Nennung JHWHs in der dritten Person in V15a wegen des Formelcharakters von יום־יהוה kein zwingendes Argument[88] für Prophetenrede, aber der Bezug auf das „Tor meines Volkes" in Obd 13a greift Mi 1,9 auf,[89] das eindeutig Prophetenrede ist.[90] Wenn sich das Ergebnis dieser

---

85 Vgl. Meinhold, Obadja, 76-78.
86 וירשו jeweils am Beginn der beiden Sätze in Obd 19 und ירש in Obd 20b.
87 Obd 21b spricht von der Königsherrschaft JHWHs in der dritten Person.
88 Vgl. z.B. Ez 30,3.
89 An beiden Stellen שער־עמי.
90 Gegen Wolff, BK 14/3, 37 und Raabe, AB 24D, 179, die das suff 1. sg von עמי auf JHWH beziehen. – In X* folgt die Micha- der Obadjaschrift. Die „Kontextbewusstheit" Obadjas (vgl. oben zu Am 9) erhöht das Gewicht der Michaparallele erheblich.

ersten Annäherung an die Kompositionsstruktur Obadjas durch eingehendere Überprüfung erhärten lässt, wird ein bewusster Wechsel von Gottes- zu Prophetenrede innerhalb der Kompositionsteile Obd 1b-7.8-15.16-21 wahrscheinlich.[91] Die weitere Untersuchung der Kompositionsstruktur von Obadja wird jeweils mit der Analyse der Abschnitte einsetzen und dann ihrer Verknüpfung zu den drei großen Kompositionsteilen nachgehen, um schließlich die Beziehungen der Kompositionsteile zueinander zu ermitteln.

4.3.1. Obd 1b-4.5-7

Der erste Abschnitt *Obd 1b-4* wird, wie oben gezeigt, durch Botenspruch- und Gottesspruchformel gerahmt. Die Ringstruktur setzt sich innerhalb des so Gerahmten fort: Die „Kunde von JHWH", die ein „Bote" den „Völkern" überbringt, fordert zum *„Aufstehen"* gegen Edom auf (Obd 1b), während Obd 4b Edoms *„Herabstürzen"* durch JHWH ankündigt.[92] Dem Edom in Obd 2 angedrohten *„Niedrigmachen"* durch JHWH kontrastiert das *„Hochmachen"* seines *„Nestes"* in Obd 4a.[93] Der „Hochmut deines Herzens" (Obd 3aα) schließlich korrespondiert dem „Sprechen in seinem Herzen", das diesen Hochmut ausdrückt (Obd 3b).[94] In der Mitte ist die Beschreibung von Edoms vermeintlich unangreifbarer Wohnlage platziert (Obd 3αβγ), die es zu seinem Hochmut verführt, von der es aber „heruntergestürzt" werden wird. *Obd 5-7* konkretisiert dieses „Herunterstürzen" Edoms, indem in Obd 5f zunächst festgestellt wird, dass es Edom schlimmer ergehen wird als einem bestohlenen Haus oder einem abgeernteten Weinberg, die noch einen Überrest zurückbehalten. Formal fällt die syntaktische Parallelität der Aussagen auf: zwei אם-Sätze – mit איך eingeleiteter Ausruf – mit הלוא eingeleiteter Nachsatz (Obd 5a) // אם-Satz – mit הלוא eingeleiteter Nachsatz – mit איך eingeleiteter Ausruf (Obd 5b.6). Folgt man der Textgliederung von BHS[95], ist auch Obd 7a.bα durch syntaktische Parallelität gekennzeichnet: Es folgen drei Sätze aufeinan-

---

91 Die damit verbundene Absicht bewusster Parallelisierung von Zef 1(; 2,1-3) war S. 84ff bereits formuliert worden.
92 Der in der Aufforderung von Obd 1b zweimal verwendeten Wurzel קום korrespondiert das Antonym ירד hif in Obd 4b.
93 הנה קטן נתתיך am Beginn von Obd 2 und אם תגביה am Beginn von Obd 4a.
94 ... זדון לבך (Obd 3aα) und ... אמר בלבו (Obd 3b).
95 Für den Zeilenfall von *BHS* spricht auch die Parallelaussage in Jer 38, in der die Konstruktusverbindung Subjekt zweier finiter Verbformen ist: הסיתוך ויכלו אנשי שלמך (Jer 38,22) // השיאוך יכלו אנשי שלמך (Obd 7b) – vgl. Raabe, AB 24D, 146f.

der,[96] die aus finiten Verben in 3. pl m,[97] einer präpositionalen Wendung[98] und einer nominalen Wortgruppe als Subjekt[99] bestehen. Das schwierige לחמך in Obd 7bα lässt sich vielleicht so erklären, dass das nomen rectum אנשי der unmittelbar vorangehenden Konstruktusverbindung als weiterwirkend gedacht,[100] aber weggelassen worden ist, um auf diese Weise das dritte Subjekt um ein weiteres Wort zu verkürzen: כל אנשי בריתך – לחמך – אנשי שלמך. Damit würde effektvoll das „Verschwinden" der ehemaligen Bündnispartner gespiegelt.[101] In jedem Fall aber baut die Trias לחם – שלום – ברית eine zusammenhängende Vorstellung auf: Partner schließen einen Bund miteinander, um künftigen Frieden untereinander zu sichern und besiegeln den Bundesschluss mit einem Bundesmahl.[102] Eindringlich wird so herausgestellt, dass das „Herabstürzen" Edoms durch dessen eigene Bundespartner vollzogen wird. Kohärenz erreicht V5-7 stilistisch dadurch, dass jedes Kolon von V5-7bα durch epiphorisches Suffix 2. m sg abgeschlossen wird[103] und die präpositionale Wendung לך in Obd 5bis.7 den Abschnitt rahmt. אין תבונה בו (V7bβ) liegt außerhalb dieser stilistischen Gestaltung und ist der einzige Nominalsatz von Obd 5-7, so dass er einen geeigneten Abschluss darstellt.[104]

Die beiden Abschnitte *Obd 1b-4.5-7* sind zum einen an den Rändern in der Weise miteinander verknüpft, dass die zwei אם-Sätze in V4 durch drei אם-Sätze in V5 fortgesetzt werden. Zum andern bestehen signifikante Stichwortverbindungen: Die gegen Edom gerichtete Aktion beginnt mit der „Entsendung" eines Boten mit dem Marschbefehl für die „Völker" und führt zur „Vertreibung" Edoms „bis zur Grenze".[105] Der in Obd 3a formulierten „Täuschung" durch das eigene „Herz" korrespondiert die „Täuschung" durch die eigenen Alliierten in Obd 7,[106] und dem „Setzen

---

96 Zum abschließenden Nominalsatz siehe nachfolgend.
97 ישימו – השיאוך יכלו – שלחוך.
98 תחתיך – לך – עד־הגבול.
99 לחמך – אנשי שלמך – כל אנשי בריתך.
100 Zu diesem Zweck könnte לחמך auch – im Unterschied zu den beiden vorangehenden nominalen Fügungen, die ebenfalls als Subjekt fungieren, aber am Satzende stehen – bewusst an den Satzanfang platziert worden sein. – Für אנשי als mitzudenkendes Wort spricht zusätzlich, dass auch das erste Subjekt כל אנשי בריתך dieses Lexem enthält.
101 Vgl. Raabe, AB 24D, 150f.
102 Vgl. nur Gen 26,28-31; 31,44-54 und Jos 9,14-15.
103 Diese Beobachtung ist ein weiteres Argument dafür, *M* zu folgen und למחך als Ein-Wort-Kolon aufzufassen.
104 V7bβ ist offensichtlich ein redaktioneller Zusatz, der der Verknüpfung der beiden Kompositionsteile Obd 1b-7.8-15 dienen soll (zu dieser verknüpfenden Funktion vgl. Meinhold, Obadja, 74). – Siehe auch nachfolgend.
105 שלח pu in Obd 1b // שלח pi in Obd 7a.
106 Jeweils נשא hif in Obd 3a.7a.

des Nestes zwischen die Sterne" wird das „Stellen einer Falle unter dir" kontrastiert.[107] Durch diese Stichwortverbindungen wird neben der thematischen Verknüpfung gleichzeitig eine stilistische Rahmung der Abschnitte Obd 1b-4.5-7 erreicht. Zusammenfassend lässt sich zum Zusammenhang von Obd 1b-7 feststellen: JHWH wird dem auf seine vermeintlich unangreifbare Wohnlage vertrauenden Edom einen restlosen Untergang bereiten (Obd 2-6) und bietet dazu die „Völker" auf (Obd 1b), zu denen Edoms eigene Alliierte gehören (Obd 7).

4.3.2. Obd 8-11.12-15

In *Obd 8-11* wird die Strafankündigung über Edom zu Ende geführt und mit einer Strafbegründung versehen. Auf eine mehrteilige Einleitung in Obd 8a,[108] die einen stärkeren Neueinsatz signalisiert, folgen in Obd 8b.9 Verbalsätze, die JHWHs Aktion gegen die Weisen Edoms und deren Folgen ankündigen. Während der erste Teil Obd 1b-7 von „Niedrigmachen" und „Herabstürzen", Plünderung und Vertreibung sprach, wird Edom jetzt unter steigernder Ausweitung des Adressatenkreises[109] völlige Vernichtung angedroht. Diese erneute Strafankündigung wird wirkungsvoll abgeschlossen, indem am Ende von Obd 9 das Mittel der Vernichtung genannt wird.[110] V10 verbindet nun die weitgehend der Vorlage Jer 49,7-22 entnommene Strafankündigung mit der nachfolgenden Strafbegründung durch die Edoms Fehlverhalten prägnant zusammenfassende Wendung „wegen der Gewalttat an deinem Bruder Jakob". Obd 11 bietet eine erste Entfaltung dieser Strafbegründung: Statt sich an die Seite seines „Bruders Jakob" zu stellen, als „Fremde" sich seiner bemächtigten, hat Edom sich „abseits" gestellt, ja wurde „wie einer von ihnen". Der Abschnitt Obd 8-11 wird gerahmt durch ביום-Wendungen[111] und ist bis hin zum letzten Wort von Obd 11 von insgesamt sieben präpositionalen Wendungen mit מן durchzogen[112], von denen מקטל als letztes Wort von Obd 9 und מחמס als erstes Wort von Obd 10 Strafankündigung und Strafbegründung effektvoll miteinander verknüpfen. Eine genauere Analy-

---

107 Jeweils שים in Obd 4a und Obd 7b.
108 ה interrogativum + לוא – Verknüpfungsformel ביום ההוא – Gottesspruchformel נאם יהוה.
109 „die Weisen – deine Krieger – jeder".
110 So mit M. Siehe die gleiche Konstruktion in Gen 9,11: 3. m sg impf ni von כרת + מן־ zur Bezeichnung des Mittels (vgl. Raabe, AB 24D, 166).
111 ביום ההוא in Obd 8a und in Obd 11 zweimal ביום + Infinitivkonstruktion.
112 מנגד (Obd 10a) – מחמס (Obd 9b) – מקטל – מהר עשו (Obd 8b) – מהר עשו – מאדום – מהם (Obd 11).

se von *Obd 12-14* war oben vorgenommen worden, so dass hier zusammengefasst werden kann: Obd 12-14 umfasst acht Bikola, deren erstes Kolon jeweils anaphorisch mit einem Vetitiv einsetzt und deren zweites Kolon aus einer ביום-Wendung besteht (außer Obd 14aβ, für das aber Obd 12aα mit einer zusätzlichen ביום-Wendung eintritt). Diese acht Vetitive stellen eine konkretisierende Entfaltung des „Abseitsstehens" Edoms und seiner „Gewalttat" an seinem „Bruder Jakob" (Obd 10f) dar.

Ausführlicher muss in diesem Zusammenhang begründet werden, warum V15 als Abschluss des zweiten großen Kompositionsteils V8-15 anzusehen ist. Eine auf den ersten Blick elegante Lösung für die Zuordnung von V15 geht auf Wellhausen zurück[113] und ist von Wolff ausführlicher begründet worden:[114] V15b wird als Abschluss von V1b-14 angesehen und V15a als Eröffnung von V16-21, wobei allerdings die vermeintliche Vertauschung der Vershälften in *M* „nur im Rahmen fehlerhafter schriftlicher Überlieferung"[115] erklärlich ist. Durch einen solchen Tausch wird aber eine stilistische Verknüpfung zerrissen, die „singulär im Alten Testament"[116] ist: V15a beginnt mit כי und V15b mit כאשר, und beide Anfangswörter eröffnen in gleicher Reihenfolge V16: כי כאשר („Denn wie ...").[117] Diese Beobachtung könnte dazu veranlassen, V15 auf der Ebene der Endkomposition dem dritten Kompositionsteil V16-21 zuzuordnen.[118] Welche Gründe sprechen dennoch für eine Zuordnung von V15 zum zweiten Kompositionsteil V8-15? Einmal ist ein klarer Zusammenhang zu V12-14 erkennbar: V15a nimmt das Qinah-Metrum 3+2 der Bikola von V12-14 auf und setzt auch den onomapoetischen ō-Vokalismus der Einheit fort, und V15b fasst die in V12-14 explizierten „Taten" Edoms zusammen. Beide Vershälften zusammen liefern die mit כי eingeleitete Strafankündigung für das in V12-14 aufgeführte Fehlverhalten. Dann ist die Parallelisierung von V12-15 mit Zef 1,14-16 geltend zu machen,[119] in der die Aufnahme der יום־יהוה-Ankündigungsformel ein wesentliches Element ist.[120] Darüber hinaus ist V15 unentbehrlicher Abschluss des

---

113 Vgl. Wellhausen, Propheten, 57.213.
114 Vgl. Wolff, BK 14/3, 19.
115 Wolff, BK 14/3, 19.
116 Meinhold, Obadja, 74.
117 Meinhold spricht von einer „besonderen Form der Verflechtung" (Meinhold, Obadja, 74).
118 So ordnet Weimar V15 V16-18 zu (vgl. Weimar, BN 27, 39f). Richtig daran ist auf jeden Fall, dass V15 Verknüpfungscharakter hat und nicht nur V1b-14 wirkungsvoll abschließt, sondern mit der Einführung des Völkergerichts zugleich zum dritten Kompositionsteil V16-21 überleitet. Weitere Zusammenhänge mit V16-21 werden gewürdigt werden, wenn es um das Verhältnis der Kompositionsteile zueinander geht.
119 Siehe oben den Abschnitt „Obadja und Zefanja".
120 Vgl. (כי) קרוב יום־יהוה in Zef 1,14aα und in Obd 15aα.

gesamten zweiten Kompositionsteils V8-15: Terminologisch bietet V15 den letzten der zwölf יוֹם-Aussagen, die V8-15 durchziehen und bildet mit der ersten eine Rahmung, da erste und letzte יוֹם-Aussage einen *künftigen* „Tag" akzentuieren, während die dazwischen liegenden Belege einen *vergangenen* „Tag" explizieren. Thematisch schließt sich – wie bereits erwähnt – die Strafankündigung von V15 mit begründendem כִּי an die Anklage von V12-14 an. Eine solche Verbindung von Strafankündigung und Strafbegründung findet sich ebenfalls in V8-11, und V12-15 ist in kunstvoller chiastischer Verbindung auf diesen Abschnitt zurückbezogen:

V8-10 konkrete Strafankündigg. + erste allg. Strafbegründung[121]	V12-14 konkrete Strafbegründg. V15 allg. Strafankündigung +
V11 allgemeine Strafbegründung	letzte allg. Strafbegründung[122]

Schließlich begegnet die Anrede an Edom, die bereits in V2 einsetzt und alle nachfolgenden Edomworte durchzieht, in V15 ein letztes Mal, während in V16 ein Wechsel der Rederichtung vollzogen wird.[123] Mit den Beobachtungen zur Eingebundenheit von V15 in den zweiten Kompositionsteil V8-15 ist schon Wesentliches zur Verbundenheit von V8-11.12-15 zur Sprache gekommen, so dass im Folgenden nur noch zusammenzufassen und zu ergänzen ist.

Die beiden Abschnitte *Obd 8-11.12-15* sind prägnant verknüpft durch ihre יוֹם-Wendungen, die ihrerseits die Verbindung von Strafankündigung und Strafbegründung spiegeln: Obd 8-11 beginnt mit der Formel בַּיּוֹם הַהוּא, die sich auf einen künftigen „Tag" bezieht und schließt mit zwei einen vergangenen „Tag" bezeichnenden בְּיוֹם-Wendungen. Obd 12-14 entfaltet mit seinen acht בְּיוֹם-Wendungen diesen zurückliegenden „Tag" und verweist abschließend in V15 mit der יוֹם־יְהוָה-Ankündigungsformel auf den kommenden JHWH-Tag. Damit besteht der zweite Kompositionsteil aus zehn auf vergangene Ereignisse bezogenen בְּיוֹם-Wendungen, die durch zwei יוֹם-Formeln gerahmt werden, die sich auf die Zukunft beziehen. Obd 15b bildet einen wirkungsvollen Abschluss, indem der Obd 8-15 thematisch prägende Zusammenhang von Strafankündigung und Strafbegründung noch einmal in äußerster Dichte und Prägnanz formuliert wird. Die so erreichte Bezogenheit der Abschnitte Obd 8-11.12-15 aufeinander wird verstärkt durch Stichwortverbindungen, die zum einen

---

121 Kurz und überschriftartig: „Wegen der Gewalttat an deinem Bruder Jakob ..." in V10aα.
122 Kurz und unterschriftartig: „Wie du getan hast..." und „deine Taten" in V15b.
123 Anrede an das Gottesvolk in 2. m pl – auch wenn die Anrede nicht fortgesetzt wird, bleibt die Darstellung der Heilswende durchgängig auf Israel bezogen.

Edoms Fehlverhalten herausstellen: Als „Fremde" durch seine Tore zogen und „Jakob" ein „befremdliches Geschick" bereiteten,[124] ging auch Edom durch sein „Tor",[125] und als diese seine „Habe"[126] wegführten, vergriff sich auch Edom daran. „Ausgerechnet"[127] Edom „stand abseits", ja „trat" den Flüchtenden feindlich „entgegen"[128], obwohl es sich doch um seinen „Bruder"[129] handelte! Die beiden übrigen Stichwortverbindungen dienen der Bekräftigung des Tun-Ergehen-Zusammenhangs: Weil sich Edom über den „Tag des Untergangs" Judas freute, wird JHWH auch ihm den „Untergang" bereiten;[130] weil es seine „Entronnenen" zu „vernichten" suchte, wird es selber der Vernichtung anheimfallen.[131]

4.3.3. Obd 16-18.19-21

Obd 16-18 wird eröffnet durch drei Sätze, deren finite Verben von der Wurzel שתה gebildet sind. Dem „Trinken" des Gottesvolkes korrespondiert das „Trinken aller Völker", doch gegenüber der Korrespondenz tritt die Differenz in den Vordergrund: Das „Trinken" des Gottesvolkes ist ein vergangener und damit abgeschlossener Vorgang, während die Völker den Zornesbecher JHWHs zukünftig und unbegrenzt „trinken" werden. Dieses Geschick der Völker wird im vierten Satz (Obd 16bβ) ohne Bild und in prägnanter Formulierung[132] bekräftigt. Nach der Vergangenheit Zions und der Zukunft der Völker wendet sich die Darstellung nun in Obd 17 zweifach kontrastierend der Zukunft Zions zu: Zum einen wird der durch die Katastrophe von 587/6 vC entweihte und entvölkerte „heilige Berg" JHWHs Ort des „Entrinnens" und wieder „heilig" sein,[133] und andererseits wird der erloschenen Existenz der „Völker"[134] die erneuerte Existenz

---

124 Vgl. נכרים in Obd 11b und das nur noch Hiob 31,3 vorkommende נכר in Obd 12a.
125 Vgl. *Q* שעריו in Obd 11b und שער in Obd 13a.
126 חיל in Obd 11a.13b. – Der erste Beleg lässt – vielleicht in beabsichtigter Doppeldeutigkeit (vgl. Raabe, AB 24D, 171f) – offen, ob an Sachen oder Personen zu denken ist.
127 Zweimaliges גם אתה in Obd 11b.13a verrät Erregung und Erschütterung.
128 עמד in Obd 11a.14a.
129 אחיך in Obd 10a.12a.
130 אבד in Obd 8b.12a.
131 כרת in Obd 9b.10b.14a.
132 והיו כלוא היו.
133 הר קדשי in Obd 16a // קדש ... הר ציון in Obd 17a – gegen Raabe, AB 24D, 250f, der – von exilischer Abfassung Obadjas ausgehend – קדש in Obd 17a auf das Jerusalemer Heiligtum bezieht.
134 Gemeint ist nicht die vollständige Auslöschung „aller Völker" (כל־הגוים), sondern die Zerschlagung staatlich verfasster Nationen. Die politische Akzentuierung von גוי wird besonders deutlich an der häufigen Parallelisierung mit ממלכה: Ex 19,6 (von Israel!); 1Kön

4.3. Kompositionelle Gestaltung

auf dem Zion gegenübergestellt,[135] der nun Ausgangspunkt einer neuen Landnahme wird (Obd 17b). Die gleiche Gegenüberstellung nimmt dann Obd 18 mit Hilfe der Feuermetapher vor: Das wiedervereinigte Israel wird das „Haus Esau" verzehren[136], und das Ergebnis der totalen Vernichtung wird wieder ohne Bild festgehalten (Obd 18bα).[137] Die deutliche Parallelisierung „Esaus" mit „allen Völkern" zeigt, dass Edom hier die Völker repräsentiert. Gerahmt wird Obd 16-18 durch zwei Zornesmetaphern:[138] Während nach Obd 16 auch das Gottesvolk Objekt des JHWH-Zornes war, wird es in Obd 18 dessen Werkzeug. Die Rahmung wird fortgesetzt durch die den Zornesmetaphern jeweils folgenden bildlosen Sätze, die das Ende „aller Völker" bzw. des „Hauses Esau" feststellen.[139] Zusätzlich bezieht sich Obd 18bα kontrastierend auf Obd 17aα zurück: Auf dem Berg Zion wird es „Entrinnen" geben, während das „Haus Esau" keinen „Entkommenen" übrigbehalten wird.[140] Der letzte Satz כי יהוה דבר markiert nicht nur das Ende des Abschnitts, sondern hat auch bekräftigende und vergewissernde Funktion für die Adressaten.

Der Schlussabschnitt *Obd 19-21* entfaltet das in Obd 16-18 begonnene Thema der Wiederherstellung Israels. Breiten Raum nimmt dabei die Ankündigung einer neuen Landnahme ein, die nach Obd 19 – von den Gebieten Judas ausgehend – in alle vier Himmelsrichtungen erfolgt.[141] Zumeist werden die Landschaftsbezeichnungen „Negev" und „Schefela" in V19aα ebenso als Objekte aufgefasst wie das „Gefilde Efraims" in V19aβ und die ihnen jeweils folgenden Ortsangaben als erklärende Zusätze, während „Benjamin" als „zunächst am Rand notierte Glosse"[142] bewertet wird:[143]

> „Und sie werden in Besitz nehmen den Negev [das Gebirge Esaus] und die Schefela [die Philister], und sie werden in Besitz nehmen das Gefilde Efraims [und das Gefilde Samarias] und [Benjamin] Gilead."

18,10bis; Jes 13,4 (im JHWH-Tags-Kontext); 60,12; Jer 1,10; 18,7.9; 51,20.27; Ez 37,22 (Israel in der Vergangenheit als *zwei* גוים und *zwei* ממלכות!); Nah 3,5; Zef 3,8; Ps 46,7; 79,6; 2Chr 32,15 (zu גוי vgl. auch Botterweck/Clements, ThWAT I, 965-973).
135 והיו כלוא היו in Obd 16b versus ... והיה ... תהיה in Obd 17a.
136 Vgl. wieder והיה in V18a und ולוא־יהיה in V18b.
137 ולוא־יהיה שריד לבית עשו.
138 Zum „Trinken des Zornesbechers JHWHs" vgl. Jer 25,15-29 und zum „Feuer bzw. der Glut des Zornes JHWHs" Ez 21,36; 22,21.31; 38,19; Zef 2,2.
139 והיו כלא היו in Obd 16b // ולא־יהיה שריד in V18b.
140 Vgl. das gleiche Wortpaar in Obd 14: פליטיו (Obd 14a) // שרידיו (Obd 14b).
141 Dabei schreitet die Darstellung im Uhrzeigersinn von der Landnahme im Süden („Berg Esau") und Westen („Philister") zur Inbesitznahme im Norden („Gefilde Efraim") und im Osten („Gilead") fort – vgl. Raabe, AB 24D, 256.
142 Wolff, BK 14/3, 41.
143 Auf Wellhausen zurückgehend (vgl. Wellhausen, Propheten, 57) und von Wolff ausführlicher begründet (vgl. Wolff, BK 14/3, 41,46f).

Doch diese Erklärung bereitet Schwierigkeiten: Einmal fehlt bei den vermeintlichen Objekten הנגב und השפלה die Nota accusativi את־, während die beiden übrigen als ursprünglich angesehenen Objekte mit את־ beginnen;[144] umgekehrt fehlt את־ bei dem ebenfalls als zugefügtes Objekt angesehenen בנימן. Außerdem bleiben Position[145] und Funktion[146] „Benjamins" als Glosse unerklärt. Und schließlich ist die Wortfolge finites Verb – direktes determiniertes Objekt ohne את־ – direktes determiniertes Objekt mit את־ zumindest sehr ungewöhnlich.[147] So ist die Auffassung der alten Übersetzungen, der sich unter anderen auch Keil, Rudolph und Raabe angeschlossen haben,[148] wahrscheinlicher, dass die geografischen Bezeichnungen „Negev", „Schefela" und „Benjamin" jeweils als Subjekt aufzufassen sind, das synekdochisch auf die Bewohner der betreffenden Gebiete verweist:

> „Und es wird in Besitz nehmen der Negev den Berg Esau
> und die Schefela die Philister.
> Und sie werden in Besitz nehmen das Gefilde Efraims und das Gefilde Samarias
> und Benjamin Gilead."

Folgt man diesem Verständnis, weist Obd 19 die normale hebräische Wortfolge verbum finitum – Subjekt – Objekt (mit את־) auf und entspricht insbesondere dem Referenztext Obd 17b, der in Obd 19f ausgelegt wird. Da V19aγ kein explizites Subjekt hat, muss das implizite Subjekt als problemlos aus dem Kontext erschließbar angesehen worden sein. Obd 19 schließt sich an die Formulierung des Ausgangstextes Obd 17b an,[149] so dass an das „Haus Jakob" und damit an Juda[150] insgesamt zu denken sein wird. In Jer 17,26; 32,44; 33,13 wird bei der Aufzählung der Gebiete Judas neben dem Negev und der Schefela jeweils auch das judäische Bergland genannt, das in Obd 19 nicht erwähnt wird. Möglicherweise ist deshalb beim impliziten Subjekt von Obd 19aβ speziell an das judäische Bergland als Kernland Judas zu denken,[151] das bei der Aufreihung der judäischen Gebiete in Obd 19 fehlt. In jedem Fall beschreibt Obd 19 eine von Juda ausgehende erneute Inbesitznahme des gesamten Landes, die

---

144 את־שדה אפרים und את־הגלעד.
145 בנימן *vor* dem als ursprünglich angesehenen את־הגלעד.
146 „Benjamin" kann nicht, wie bei den andern Zusätzen angenommen, eine aktualisierende Erklärung des ursprünglichen Objekts sein.
147 Vgl. Raabe, AB 24D, 255.
148 Vgl. Keil, BC 3/4, 265, Rudolph, KAT 13/2, 314f und Raabe, AB 24D, 255f.
149 וירשו את־שדה אפרים ...// (Obd 17b) // וירשו בית יעקב את מורשיהם (Obd 19aγ).
150 Vgl. die Parallelisierung von בית יעקב // הר ציון in Obd 17.
151 Vgl. Keil, BC 3/4, 265.

4.3. Kompositionelle Gestaltung

ähnliche Aussagen aus dem VIII*[152] aufnimmt und um die Nord-Süd-Ausdehung ergänzt. Der masoretischen Fassung von Obd 20aα lässt sich kein Sinn abgewinnen:

„Die Exulantenschaft החל־הזה[153] der Israelsöhne, die Kanaanäer bis nach Zarpat hin [sind], und die Exulantenschaft Jerusalems, die in Sefarad [ist],[154] werden in Besitz nehmen die Städte des Negev."

Nachdem nach Obd 19 jede Gruppe ein eigenes Gebiet einnimmt, ist die Einnahme *eines* Gebietes durch *zwei* Größen mindestens überraschend, und die Identifizierung der „Israelsöhne" als „Kanaanäer" ist vollends unverständlich. Und wenn man die Präposition ב ergänzt und „Israelsöhne" annimmt, „die *unter* den Kanaanäern bis nach Zarpat hin [sind]", kommt man zu einer Aussage ohne historischen Anhalt.[155] Offensichtlich ist *M* verderbt, und Raabe schlägt eine ansprechende Emendation vor, die eine Parallelaussage zur zweiten Langzeile von Obd 20 bildet[156]:

„Die Exulantenschaft החל־הזה[157] der Israelsöhne, die [in NN sind,
wird in Besitz nehmen] die Kanaanäer bis nach Zarpat,
und die Exulantenschaft Jerusalems, die in Sefarad [ist],
wird in Besitz nehmen die Städte des Negev."

Der Ausfall ist durch Homoioarkton erklärbar: Der Blick des Schreibers sprang wegen der Verwechselbarkeit der Buchstaben ב und כ zu כנענים und ließ so versehentlich die mit ב beginnende Ortsangabe und die finite Verbform ירשו mit dem Akkusativzeichen את aus.[158] Auch wenn diese Emendation unsicher bleibt, ist die Intention von Obd 20 klar: An der neuen Landnahme werden auch alle in der Vergangenheit weggeführten „Israelsöhne" partizipieren; und der Beginn mit ו + Nomen signalisiert, dass dieser Vorgang als mit den Aktionen von Obd 19 gleichzeitig gedacht ist. Zu klären ist noch die Bedeutung der schwierigen Wendung החל־הזה, die in der Auslegungsgeschichte zu verschiedenen Erklärungen

---

152 Vgl. Mi 7,14 und Zef 2,7-9.
153 Zur Bestimmung dieser Wendung siehe nachfolgend.
154 Hier setzt *M* einen Atnach!
155 Vgl. Raabe, AB 24D, 261.
156 Aus einer „private communication" mit Freedman, vgl. Raabe, AB 24D, 260.
157 Zur Bestimmung dieser Wendung siehe nachfolgend.
158 Als Ortsangabe wären die „Städte Mediens" vorstellbar, die in 2Kön 17,6 unter den Zielorten der Exulanten Israels aufgeführt werden und die wie Sefarad in der zweiten Langzeile einen weit entfernten Ausgangspunkt für die Rückkehr bezeichnen würden. Ein Sprung von בערי מדי zu כענים wäre wegen der gewissen Ähnlichkeit der Konsonantenfolge über die verwechselbaren Anfangskonsonanten hinaus nachvollziehbar; aber dieser Vorschlag bleibt spekulativ.

und Emendationen Anlass gegeben hat.[159] Die alten Übersetzungen haben חל als defektive Schreibung von חיל gelesen[160] und entsprechend übersetzt;[161] und gute Gründe sprechen dafür, den alten Übersetzungen zu folgen. Auch das zweimalige גלת in Obd 20 ist defektiv geschrieben, und die Wiedergabe mit „Heer" fügt sich gut in den Kontext: Zum einen weist „dieses Heer" zurück auf die verschiedenen in Obd 19 aufgeführten Gruppen, die als Okkupationstruppen sinnvoll mit חיל zusammengefasst werden. Die Präpositionalgruppe לבני־ישראל stellt dabei heraus, dass die Landnahme von Obd 19 zwar vom Territorium Judas ausgeht, aber als eine Aktion des gesamten Zwölfstämmevolkes gedacht ist. Auch in Ez 37,10 wird das aus dem Totenfeld wiedererstehende Israel als „großes Heer" (חיל) bezeichnet. Zum andern passt der zur JHWH-Kriegs-Tradition gehörende Terminus „Heer" zur Tendenz von Obd 19-21, Termini der Landnahme- und Richterüberlieferungen aufzunehmen.[162] In die neue Landnahme von Obd 19 sind nach Obd 20 auch alle in der Vergangenheit Israels Exilierten einbezogen – wann[163] und wohin[164] immer sie weggeführt wurden. Dabei erweitert die Exulantenschaft der „Israelsöhne" das Gebiet nordwärts „bis nach Zarpat hin", während den aus Jerusalem Weggeführten die Städte des Negev[165] zugewiesen werden, die sich zur Abfassungszeit in edomitischer Hand befanden.[166] Solche Zuweisungen an die Weggeführten über die Grenzen des vorexilischen Israel hinaus lassen erkennen, dass deren angestammte Siedlungsgebiete durch Zurückgebliebene übernommen worden waren.[167] So stellt Obd 19-20 die neue Landnahme als eine konzertierte Aktion des ganzen Gottesvolkes dar, die die vorexilischen Grenzen Gesamtisraels noch erweitert, und die

---

159 Eine Zusammenstellung findet sich bei Rudolph, KAT 13/2, 315 und Raabe, AB 24D, 261f.
160 Zur Möglichkeit der Defektivschreibung vgl. Raabe, AB 24D, 261.
161 T עמא, α´ εὐπορίας, σ´ und θ´ δυνάμεως, V exercitus, und auch G ἀρχή lässt sich im Sinne von „Macht" verstehen (ἀρχή in diesem Sinne auch in G Nah 3,8) – vgl. Raabe, AB 24D, 261f.
162 Vgl. חיל in Jos 1,14; 6,2; 8,3; 10,7; Ri 3,29; 6,12; 11,1; 18,2; 20,44.46; 21,10 – Näheres dazu nachfolgend.
163 Von der Wegführung von Nordreichbewohnern bis zur zweiten Exilierung der Jerusalemer Oberschicht – vgl. 2Kön 17,6; 24,12-17; 25,11.
164 Mit „Sefarad" im westlichen Kleinasien wird ein äußerster Punkt im Nordwesten genannt, zu dem eine Ortsangabe im äußersten Nordosten passen würde (vgl. den Vorschlag von S. 99, Anm. 158).
165 Mit dem Negev wird der geografische Antipode zu Zarpat genannt, und dessen Städte sind passende Ansiedlungsziele für die aus der Hauptstadt Weggeführten – vgl. Raabe, AB 24D, 266.
166 Vgl. Raabe, AB 24D, 266.
167 Im Blick auf die deportierten Jerusalemer siehe Ez 11,15; 33,21-27 und vgl. Sasse, Geschichte, 12-14.

4.3. Kompositionelle Gestaltung

stilistisch gerahmt wird durch die zweimalige Erwähnung des Negev.[168] Obd 21 nennt nach der Wiederinbesitznahme des Landes zwei weitere Aktionen, die die Wiederherstellung Israels weiterführen und abschließen: Zum einen werden „Retter auf dem Berg Zion hinaufziehen, um den Berg Esaus zu richten". Das Subjekt מושעים ist defektiv geschrieben, so dass es alte Übersetzer auch als pt hof auffassen konnten und – vermutlich von Obd 17a her – mit „Gerettete" übersetzten.[169] Doch der masoretische Text verdient den Vorzug, weil ישע hof nicht belegt ist, während das pt hif häufig vorkommt. Vor allem aber bezeichnet das pt hif, auf Menschen bezogen, von JHWH befähigte Befreier des Gottesvolkes[170] und in Neh 9,27, der einzigen Belegstelle für den Plural des Partizips neben Obd 21a, die „Richter" Israels. Mit der Ankündigung von „Rettern" wird die Bezugnahme auf die vorstaatliche Zeit ebenso weitergeführt wie mit der Bezeichnung ihres Wirkens als „Richten", das hier den weiteren Sinn von „Regieren" hat.[171] Die Regierten können nur die Einwohner Edoms sein, die aber zur Kontrastierung mit dem „Berg Zion" synekdochisch als „Berg Esaus" bezeichnet werden. Dritte und abschließende Aktion ist der endgültige Anbruch der „Königsherrschaft" JHWHs, die nach Ps 22,28f, das die engste Parallele zu Obd 21bβ enthält,[172] universal zu denken ist. Nach den vorangegangenen Anspielungen auf die Richterzeit ruft auch diese Aussage eine entsprechende Erinnerung an den „Richter" Gideon wach, der die Königswürde mit der Begründung ablehnt: „JHWH soll über euch herrschen."[173] Die Konsistenz von Obd 19-21 wird neben der Verknüpfung der drei dargestellten Aktionen der Inbesitznahme des Landes, des Heraufziehens der „Retter" und des Anbruchs der Königsherrschaft JHWHs durch durchlaufende Stichwörter erreicht, die sich auf die vorstaatliche Zeit zurückbeziehen: die Verwendung von ירש als Terminus der Landnahme[174] und von מושעים[175] und שפט als Leitworten der Richterzeit, die Nennung der Gebiete Negev,[176] Schefela[177] und Gilead[178] und

---

168 הנגב ist zweites Wort von Obd 19 und letztes Wort von V20 und wegen seines Edombezuges besonders passend.
169 Rudolph, KAT 13/2, 315f und Raabe, AB 24D, 266f.
170 Vgl. Ri 2,16; 3,9.15; 12,2-3; 1Sam 10,19; 2Sam 22,3; Jer 30,10 = 46,27; Sach 8,7; Ps 17,7.
171 So auch in Ri 2,16-18; 3,10; 15,20; 16,31 – vgl. Raabe, AB 24D, 267f.
172 Vgl. Ps 22,29: כי ליהוה המלוכה ומשל בגוים.
173 Vgl. Ri 8,22f.
174 Von den 159 Vorkommen im qal entfallen 63 auf Dtn, 12 auf Jos und 9 auf Ri, während sich von den 66 Belegen im hif je 17 in Jos und Ri und 7 im Dtn finden – Schmid, THAT I, 779.
175 Siehe Anm. 170 und 171.
176 Vgl. Jos 10,40; 11,16; 12,8; 15,1.19.21; Ri 1,9.15.16.
177 Vgl. Jos 9,1; 10,40; 11,2.16; 12,8; 15,33; Ri 1,9.

schließlich die Erwähnung ethnischer Größen wie der Philister,[179] Efraims,[180] Benjamins,[181] Israels[182] und der Kanaanäer[183]. Gerahmt wird der Abschnitt durch die Ankündigung, dass der „Berg Esau" vom „Negev in Besitz genommen" und vom „Berg Zion" aus „regiert" werden wird.[184]
Die *Verbindung von Obd 16-18.19-21* zum dritten Kompositionsteil wird erreicht durch eine ringförmige Anordnung der Themen[185], die durch zwei markante Stichwortverbindungen unterstützt wird: Die „Königsherrschaft JHWHs" (Obd 21b) wird darin in ihrem universalen Charakter erkennbar, dass „alle Völker" den „Zornesbecher JHWHs trinken" werden (Obd 16).[186] Der „Berg Zion" wird nunmehr ein unantastbarer Zufluchtsort sein (Obd 17a), von dem aus „Retter" als irdische Repräsentanten der Königsherrschaft JHWHs über den „Berg Esau regieren" werden (Obd 21a).[187] In Obd 17b wird unter zweimaliger Verwendung der Wurzel ירש zusammenfassend angekündigt, dass das „Haus Jakob in Besitz nehmen wird, die sie in Besitz nahmen",[188] und Obd 19-20 entfaltet diese Ankündigung konkretisierend, indem sie die 3. m pl qal von ירש aus Obd 17b dreimal

---

178 **Jos** 12,2.5; **13**,11.25.31; **17**,1.3.5.6; **20**,8; **21**,38; **22**,9.13.15.32; **Ri** 5,17; 7,3 (*M*); **10**,4.8.17.18; **11**,1.2.5.7.8.9.10.11.29; **12**,4.5.7; **20**,1; **21**,8.9.10.12.14. – Buch- und Kapitelangaben stehen in dieser und den nachfolgenden Anmerkungen der besseren Übersichtlichkeit halber in Fettdruck.
179 **Jos** 13,2.3; **Ri** 3,3.31; **10**,6.7.11; **13**,1.5; **14**,1.2.3.4; **15**,3.5.6.9.11.14.20; **16**,5.8.9.12.14.18. 20.21.23.27.28.30.
180 **Jos** 14,4; **16**,4.5.8.9.10; **17**,8.9.10.15.17; **19**,50; **20**,7; **21**,5.20.21; **24**,30.33; **Ri** 1,29; 2,9; 3,27; 4,5; **5**,14; 7,24; 8,1.2; **10**,1.9; **12**,1.4.5.6.15; **17**,1.8; **18**,2.13; **19**,1.16.18.
181 **Jos** 18,11.20.21.28; **21**,4.17; **Ri** 1,21; 5,14; 10,9; 19,14; 20,3.4.10.12.13(Q).14.15.17.18.20.21. 23.24.25.28. 30.31.32.35.36.39.40.41.43.44.46.48; **21**,1.6.13.14.15.16.17.18.20.21.23.
182 **Jos** 1,2; 2,2; **3**,1.7.9.12.17; **4**,4.5.7.8.12.14.21.22; **5**,1.2.3.6.10.12; **6**,1.18.23.25; **7**,1.6.8.11.12. 13.15.16.19.20.23.24.25; **8**,10.14.15.17.21.22.24.27.30.31.32.33.35; **9**,2.6.7.17.18.19.26; **10**,1. 4.10.11.12.14.15.20.21.24.29.30.31.32.34.36.38.40.42.43; 11,5.6.8.13.14.16.19.20.21.22.23; **12**,1.6.7; **13**,6.13.14.22.33; **14**,1.5.10.14; **17**,13; **18**,1.2.3.10; **19**,49.51; **20**,2.9; **21**,1.3.8.41.43.45; **22**,9.11.12.13.14.16.18.20.21.22.24.30.31.32.33; **23**,1.2; **24**,1.2.9.23.31.32; **Ri** 1,1.28; 2,4.6. 7.10.11.14. 20.22; **3**,1.2.4.5.7.8.9.10.12.13.14.15.27.30.31; **4**,1.3.4.5.6.23.24; **5**,2.3.5.7.8.9.11; **6**,1.2.3.4.6.7.8.14.15.36.37; **7**,2.8.14.15.23; **8**,22.27.28.33.34.35; **9**,22.55; **10**,1.2.3.6.7.8.9.10. 11.15.16.17; **11**,4.5. 13.15.16.17.19.20.21.23.25.26.27.33.39.40; **12**,7.8.9.11.13.14; **13**,1.5; **14**,1; **15**,20; **16**,31; **17**,6; **18**,1.19.29; **19**,1.12.29.30; **20**,1.2.3.6.7.10.11.12.13.14.17.18.19.20.21.22.23. 24.25.26.27.29.30. 31.32.33.34.35.36.38.39.41.42.48; **21**,1.3.5.6.8.15.17.18.24.25.
183 „Kanaan": **Jos** 5,12; 14,1; 21,2; 22,9.10.11.32; 24,3; **Ri** 3,1; 4,2.23.24; 5,19; 21,12; „Kanaanäer(in)": **Jos** 3,10; 5,1; 7,9; 9,1; 11,3; 12,8; 13,3.4; 16,10; 17,12.13.16.18; 24,11; **Ri** 1,1.3.4.5. 9.10.17.27.28.29.30.32.33; 3,3.5.
184 את־הר עשו in Obd 19a.21a.
185 Vgl. auch Raabe, AB 24D, 251.
186 Vgl. והיו לכוא היו und והיתה ליהוה המלוכה (zur Wurzel היה siehe auch die Etymologie des JHWH-Namens in Ex 3,14).
187 Erste markante Stichwortverbindung: (ו)בהר־ציון in Obd 17a.21aα.
188 וירשו und מורשיהם.

wiederholt[189] (zweite markante Stichwortverbindung). Wie in Obd 17 der „Berg Zion" und das „Haus Jakob" parallelisiert werden, entsprechen einander die „Israelsöhne" und „Jerusalem" in Obd 20. Mitte dieser ringförmigen Anordnung der Themen ist Obd 18 mit seiner Ankündigung der restlosen Vernichtung des „Hauses Esau": Nur wenn seine Feinde nie wieder agieren können, wie in Obd 10-14 geschildert, ist Israels Wiederherstellung dauerhaft gesichert. Von den rahmenden Versen Obd 16.21 her erscheint das Gericht über das „Haus Esau" als Teil des Völkergerichts und Manifestation der Königsherrschaft JHWHs. Auf diese Weise sind also auch die letzten beiden Abschnitte Obd 16-18.19-21 fest zum dritten Kompositionsteil verknüpft.

4.3.4. Obd 1b-7 // Obd 8-15

Erster und zweiter Kompositionsteil sind zunächst dadurch miteinander verbunden, dass sie mit einem Wort *über* Edom beginnen[190] und nachfolgend durchgängig[191] in der 2. m sg *zu* Edom reden[192]. Der Edombezug wird noch verstärkt durch die Stichwortverbindungen von „Edom" jeweils am Beginn beider Kompositionsteile und „Esau" am Ende des ersten und am Beginn des zweiten Teiles,[193] und die Gottesspruchformel kennzeichnet den jeweils ersten Abschnitt als Gottesrede[194]. Schließlich verknüpft das Stichwort „Einsicht" beide Teile an ihren Rändern:[195] In Obd 8b kündigt JHWH die „Ausrottung" der Einsicht vom „Berg Esau" an, während am Schluss von Obd 7 ein unpersönlicher Nominalsatz das Fehlen der Einsicht bei den Edomitern konstatiert. Dieser meist als Glosse angesehene Schlusssatz ist in der Tat ohne Zusammenhang zu den vorangehenden Aussagen und bekommt seinen Sinn an dieser Stelle durch seine verknüpfende Funktion.

Zu diesen stilistischen Verknüpfungen treten thematische Bezüge, die noch durch Stichwortverbindungen verstärkt werden. Zum einen wird die Strafankündigung an Edom aus Obd 1b-7 in Obd 8-10 zu Ende geführt: Die mit הלוא eingeleitete und dadurch als rhetorische Frage stilisierte

---

[189] Zweimal וירשו und einmal ירשו.
[190] Obd 1b.8.
[191] Außer Obd 6.
[192] Das Personalpronomen 2. m sg findet sich in Obd 2b.11b.13a, finite Verbformen in 2. m sg in Obd 4aα.5aβ.10b.12-14 (acht Vetitive).15bα und das Suffix 2. m sg in Obd 2a. 3aα^{bis}.4aβ.b.5aα.bα.7aα^{bis}.β^{ter}.bα^{bis}.9a.10a^{bis}.11aα.12aα.b.15bα.β^{bis}.
[193] אדם in Obd 1bα.8bα und עשו in Obd 6a.8bβ.9b.
[194] נאם יהוה in Obd 4b.8a.
[195] תבונה in Obd 7bβ.8bβ.

Strafankündigung in Obd 8 weist auf die beiden mit הלוא eingeleiteten rhetorischen Fragen von Obd 5 zurück. Während „Diebe" und „Winzer" einen Rest zurücklassen (Obd 5), wird Edom nicht nur restlos ausgeplündert (Obd 6), sondern vollständig vernichtet werden (Obd 8f). Die meisten Rückbezüge von Obd 8-15 auf Obd 1b-7 dienen aber einem anderen Anliegen: Als „Fremde" über „Jakob" herfielen, ließ „Esau" seinen „Bruder"[196] im Stich, ja machte mit den Feinden gemeinsame Sache (Obd 11). Entsprechend werden die „Völker" gegen Edom zum Kampf ausziehen (Obd 1b), und sogar die eigenen Bundespartner werden Edom in den Rücken fallen (Obd 7). Wie Edom sich an der Bedrängnis seines „Bruders" geweidet und gegen ihn „groß getan" hatte (Obd 12), so wird es „klein gemacht" werden und „verachtet" sein (Obd 2[-4]). Wie Edom nach der Habe der Jerusalemer „gelangt" hatte (Obd 13), so werden seine „verborgenen Schätze" restlos geplündert werden (Obd 5f). Wie Edom den aus Jerusalem „Entronnenen" aufgelauert und seine „Entkommenen" ausgeliefert hatte (Obd 14), so werden ihm die eigenen Alliierten „Fallen stellen" und das Flüchtlingslos bereiten (Obd 7). Edom erleidet also eine „adäquate Vergeltung"[197], und der Zusammenhang von Schuld und Strafe wird durch Stichwortverbindungen noch verstärkt: So korrespondiert dem „Kommen" der Invasoren und der Edomiter durch Judas „Tore" das „Kommen" der Diebe und Winzer,[198] dem „Langen" Edoms nach der Habe des „Bruders" dem „Vertriebenwerden" durch die eigenen Bundespartner[199] und Edoms „Großtun" gegenüber Juda dem „Kleingemachtwerden" durch JHWH.[200] Obd 15 fungiert nicht nur als Schluss von Obd 8-15, sondern zugleich als Abschluss beider Kompositionsteile, indem der Zusammenhang von Schuld und Strafe auf eine überaus prägnante Formel gebracht und das Gericht über Edom in den Horizont des nahen יום־יהוה gestellt wird. Mit der Adressierung des JHWH-Tages an „alle Völker" wird zugleich – kompositionell rahmend und thematisch kontrastierend – ein Rückbezug auf Obd 1b.2a hergestellt: Die „Völker", die in Obd 1b.2a Edom gegenübergestellt und gegen Edom aufgeboten werden, sind in Obd 15 Edom gleichgestellt und mit ihm vom Gericht des יום־יהוה betroffen.[201]

---

[196] Jakob und Esau waren Zwillingsbrüder – vgl. Gen 25,24-26.
[197] Meinhold, Obadja, 81.
[198] 3. m pl pf qal באו in Obd 5a.b.11b und dazu תבוא in Obd 13a.
[199] שלח in Obd 7aα.13b.
[200] קטן in Obd 2a versus גדל in Obd 12b.
[201] בגוים in Obd 1b.2a und על־כל־הגוים in Obd 15a.

4.3.5. Obd 8-15 // Obd 16-21

Zweiter und dritter Kompositionsteil sind durch zwei Stichwortverbindungen an den Rändern fest verknüpft: Zum einen wird der nahe JHWH-Tag „über alle Völker" (Obd 15a) in Obd 16 interpretiert als „Trinken des Zornesbechers JHWHs" durch „alle Völker".[202] Wenn hier im Unterschied zu Obd 1b.2a von „*allen* Völkern" die Rede ist, so ist Edom darin ausdrücklich eingeschlossen. Zum anderen werden die Konjunktionen כי am Beginn von Obd 15a und כאשר am Anfang von Obd 15b in Obd 16aα aufgenommen und signalisieren ihrerseits, dass der so eingeleitete dritte Kompositionsteil den יום־יהוה über alle Völker entfaltet. Zugleich werden Verschiebungen erkennbar: Das begründende כי aus Obd 15a bekommt in Obd 16aα explikative Funktion, und das mit כאשר eingeleitete Satzgefüge bezieht nicht wie in Obd 15b Edoms vergangenes Verhalten und künftiges Ergehen aufeinander, sondern das zurückliegende Ergehen des Gottesvolkes und das kommende Geschick der Völker (Obd 16). Auf diese Weise wird Edom, das sich in der Vergangenheit auf die Seite der Völker gestellt hatte, den Völkern im zukünftigen Gericht gleichgestellt,[203] während Edom und die Völker dem Gottesvolk gegenüber gestellt werden. Die Gegenüberstellung Israels und Edoms wird entfaltet durch die Stichwortverbindungen „Jakob" und „Esau"[204], die einen vollständigen Rollentausch signalisieren: „Jakob", das in der Vergangenheit seinem „Bruder" zum Opfer fiel (Obd 10f), wird in der Zukunft den einstigen Täter richten (Obd 18).

Diese Umkehrung bedeutet für „Jakob" im einzelnen: Zunächst wird seine vergangene Katastrophe, die in Obd 10-14 aus anthropozentrischer Perspektive als durch die „Fremden" – unter tätiger Mithilfe Edoms – verursacht dargestellt wurde, nun in Obd 16aα aus theozentrischer Perspektive als „Trinken des Zornesbechers" und damit implizit als selbst verschuldet[204] bezeichnet. Damit wird vorab sichergestellt, dass die Umkehrung der Verhältnisse nicht wie bei Edom als der verdiente Lohn vergangener Taten (Obd 15b) erscheint. „Jakob" wird im zweiten Kompositionsteil repräsentiert durch die „Judasöhne", über die der „Tag des Untergangs" kam (Obd 12a) und im dritten Kompositionsteil identifiziert mit den „Israelsöhnen" (Obd 20a), deren Territorium in vollem Umfang

---

202 כל־הגוים in Obd 15a.16a.
203 Diese Gleichstellung drückt sich auch in der doppelten Akzentuierung der Fortdauer des Gerichtes aus: לעולם für Edom (Obd 10b) // תמיד für die Völker (Obd 16a).
204 Als Eponyme für Israel und Edom: יעקב in Obd 10a.17b.18a und עשו in Obd 8b.9b. 18a.b.19a.21a.
204 Vgl. Jer 25,17f.

wiederhergestellt wird (Obd 19f). Die gleiche Umkehrung des Geschicks widerfährt der Hauptstadt Jerusalem, die vom Objekt fremder Begehrlichkeit (Obd 11b) zum Subjekt eigener Landnahme wird (Obd 20a).[205] Während in der Vergangenheit die Überlebenden Jerusalems der Deportation preisgegeben waren, wird der „Berg Zion" am יום־יהוה unantastbarer Zufluchtsort sein.[206] Auf diese Weise akzentuieren die thematischen und terminologischen Bezüge zwischen dem zweiten und dritten Kompositionsteil eine vollständige Wendung des Geschicks Jakobs.

Die gleiche Umkehrung der Verhältnisse – nur unter umgekehrtem Vorzeichen – signalisiert die folgende, auf Edom bezogene Stichwortverbindung: Edom hatte die „Entkommenen" Jerusalems ausgeliefert (Obd 14b) und wird nun seinerseits keinen „Entkommenen" zurückbehalten (Obd 18b).[207] Zugleich parallelisiert Obd 18 thematisch die Untergangsankündigung von Obd 8-9. Die weitere auf Edom bezogene Stichwortverknüpfung rahmt den zweiten und dritten Kompositionsteil und dient der Bekräftigung des künftigen Schicksals Edoms: In Obd 8-9 ist der „Berg Esau" Ort totaler Vernichtung Edoms und in Obd 19a.21b weiterführend Ort der Besiedlung und Beherrschung durch Israel.[208]

Eine letzte Entsprechung bieten die Schlussverse beider Kompositionsteile: Die Gerichtsverkündigung über Edom läuft auf die Proklamation des Tages JHWHs zu, die die Strafankündigungen der beiden ersten Kompositionsteile zusammenfasst und ausweitet (V15).[209] Die Heilsverkündigung für das Gottesvolk läuft auf die Proklamation der Königsherrschaft JHWHs zu, die die angekündigte Wiederherstellung Israels abschließt und vertieft. Damit wird der יום־יהוה als der „Tag" qualifiziert, an dem sich JHWHs Königsherrschaft endgültig manifestiert.

4.3.6. Obd 1-7 // Obd 16-21

Während der erste Kompositionsteil ganz auf das Gericht über Edom konzentriert ist und keinen Terminus für das Gottesvolk enthält, ist der dritte Kompositionsteil ganz von der Wiederherstellung Israels bestimmt und verwendet gehäuft Wörter und Wendungen, die ganz Israel („Israel-

---

205 Der Zusammenhang ist subtil: Von Joel 4,3 und Nah 3,10 her (den einzigen Stellen, an denen גורל על־ ידד noch vorkommt) ist „Jerusalem" hier Synekdoche für die in die Sklaverei verkauften Bewohner, und die Landnahme von Obd 20aβ.b erfolgt durch die Nachkommen eben dieser weggeführten Jerusalemer!
206 Vgl. פליטיו in Obd 14a und פליטה in Obd 17a.
207 Vgl. שרידיו in Obd 14b und שריד in Obd 18b.
208 Vgl. הר עשו in Obd 8b.9b.19aα.21aβ.
209 Die Ausweitung erfolgt von Edom auf „alle Völker".

söhne" in V20aα), seine ehemaligen Teilstaaten („Haus Jakobs" und „Haus Josefs" in V17bf), einige seiner Landschaften (V19) und schließlich seine Hauptstadt („Zion" in V17a.21a und „Jerusalem" in V20aβ) bezeichnen. Dennoch sind diese Kompositionsteile nicht ohne Bezogenheit aufeinander, denn zum einen enthalten sie die beiden einzigen direkten Bezugnahmen auf die Adressaten der Obadjaschrift: In Obd 1b schließt sich Obadja innerhalb des kurzen Prophetenwortes durch die 1. c pl pf שמענו mit ihnen zusammen, während sie innerhalb der Gottesrede in Obd 16aα mit der 2. m pl pf שתיתם angeredet werden. Damit verbunden ist zum anderen ein kontrastierender Völkerbezug: Inhalt der „Nachricht" von Obd 1b ist die Aufforderung an die „Völker" zum „Kampf gegen Edom", wogegen in Obd 16 dem „Trinken" des Gottesvolkes in der Vergangenheit das künftige „Trinken aller Völker" gegenübergestellt wird, so dass aus den Instrumenten die Adressaten des Gerichtes werden.

Eine thematische Verknüpfung zwischen erstem und drittem Kompositionsteil schließlich rahmt die gesamte Komposition. Die Obadjaschrift endet mit der Proklamation der endzeitlichen Königsherrschaft JHWHs und beginnt mit einer „Nachricht", die deren aktuellen Vollzug enthüllt: JHWH entsendet einen Boten „unter die Völker" und mobilisiert diese gegen Edom.

4.3.7. Obd 1b-21

Auch die gesamte Komposition weist signifikante Stichwortbezüge in symbolträchtiger Anzahl[210] auf, die die drei Kompositionsteile ihrerseits verknüpfen. Siebenmal wird das Eponym „Esau" verwendet,[211] und die Siebenzahl[212] signalisiert die Absicht, das Schicksal Edoms vollständig darzustellen : „Esau" wird geplündert (Obd 6) – der „Berg Esau" wird entvölkert (Obd 8f) – das „Haus Esau" wird vernichtet (Obd 18) – der „Berg Esau" durch das Gottesvolk neu besiedelt (Obd 19aα) und von „Zion" aus regiert werden (Obd 21a).[213] Viermal ist von den „Völkern" die Rede,[214] wobei die Vierzahl die Vorstellung von den vier Himmelsrichtungen wachruft und an „alle Völker" denken lässt: In Obd 1b.2a werden die Völker von den Edomitern unterschieden und gegen sie mobilisiert,

---

210 Vgl. auch Raabe, AB 24D, 20.
211 Vgl. עשו in Obd 6a.8bβ.9b.18a.b.19aα.21aβ – das Vorkommen verdoppelt sich also von Kompositionsteil zu Kompositionsteil. Dazu kommt zweimaliges אדום in Obd 1bα.8bα und תימן in Obd 9a, sodass Edom insgesamt zehnmal vertreten ist.
212 Vgl. Kreuzer, NBL III, 1164-1167.
213 Der Wechsel des nomen regens dürfte kein Zufall sein – Näheres s.u.
214 גוים in Obd 1b.2a.15a.16a.

während sie in Obd 15a.16a, hier Edom einschließend, Adressaten des יוֹם־יהוה und Empfänger des „Zornesbechers" sind. Ebenfalls siebenmal[215] schließlich erscheint der Gottesname יהוה[216] – die Ganzheit und Abgeschlossenheit des dargestellten Redens und Handelns JHWHs bezeichnend: Der „Ausspruch JHWHs" verbürgt dem Gottesvolk den Anbruch des nahen „Tages JHWHs", an dem sich die „Königsherrschaft JHWHs" im Gericht an seinen Feinden und zum Heil für sein Volk endgültig durchsetzen wird. Auffällig ist, dass sich das Vorkommen des Stichwortes mit den meisten Belegen auf den Mittelteil konzentriert. Zwölfmaliges יוֹם zieht sich als Leitwort durch Obd 8-15: Zehnmal bezieht es sich auf die vergangene Katastrophe und zweimal auf den nahen JHWH-Tag.[217] Das Maß der Leiden ist voll für das Volk der zwölf Jakobssöhne;[218] der kommende „Tag" wird deshalb einen vollständigen Rollentausch zwischen Opfern und Peinigern von einst herbeiführen.[219]

Abschließend soll wieder eine Übersicht die wichtigsten Beobachtungen zur Kompositionsstruktur zusammenfassen:

---

215 Vgl. Kreuzer, NBL III, 1164-1167.
216 Obd 1b[bis].4b.8a.15a.18bβ.21b.
217 Zehn Wendungen mit בְּיוֹם als nomen regens in Obd 11-14, zwei auf die Zukunft bezogene, rahmende Formeln in Obd 8a (בַּיּוֹם הַהוּא) und Obd 15a (יוֹם־יהוה).
218 In Obd repräsentiert durch traditionsreiche Personen- und Ortsnamen im zweiten und dritten Kompositionsteil: dreimal „Jakob" (Obd 10a.17b.18a), je zweimal „Jerusalem" (Obd 11b.20a) und „Zion" (Obd 17a.21a) und je einmal „Juda" (Obd 12a), „Josef" (Obd 18a), „Efraim" (Obd 19a), „Benjamin" (Obd 19b) und „Israel" (Obd 20a) – insgesamt zwölf Belege! Ebenfalls zwölf Verweise auf das Gottesvolk finden sich innerhalb der Vetitive: dreimal durch die nominalen Wendungen אָחִיךָ (Obd 12aα), לִפְנֵי־יְהוּדָה (Obd 12aγ) und עַמִּי (Obd 13a) und neunmal durch Sufixe in der 3. Person (zu letzterem vgl. Raabe, AB 24D, 198).
219 Die Zwölfzahl symbolisiert fast ausschließlich das Zwölfstämmevolk Israel (vgl. Correns, BHH III,2251f), die Zehnzahl kann ein abgeschlossenes Ganzes bezeichnen (vgl. z.B. die zehn Plagen in Ex 6-11;12,29-33), und die Zweizahl drückt auch einen Gegensatz aus (vgl. Kreuzer, NBL III, 1159).

> **Obd 1b-7: das Gericht über Edom am יוֹם־יהוה**
> – u.a. fünf אִם-Sätze
> Obd 1b-4 JHWH-Wort: JHWH mobilisiert die „Völker" gegen
>   Edom und macht es „klein unter den Völkern".
> Obd 5-7 auslegendes Prophetenwort: Edom wird ausgeplündert
>   und durch seine eigenen Aliierten vertrieben werden.
>
> *Obd 1b-15 – gemeinsame Stichwörter:* יהוה, הלוא, בוא, אדום,
> נאם, שלח und תבונה und dazu kontrastierend גדל – קטון
> > der יוֹם־יהוה als Tag der Vergeltung für Edom
>
> > **Obd 8-15: Begründung des Gerichts über Edom**
> > – zwölfmal יום
> > Obd 8-11 JHWH-Wort: JHWH vernichtet Edom, weil es
> >   sich auf die Seite der Feinde Jakobs gestellt hat.
> > Obd 12-15 Prophetenwort: Sein Verhalten wird Edom
> >   am יוֹם־יהוה „über alle Völker" vergolten werden.
>
> *Obd 8-21 – gemeinsame Stichwörter:* כי (...), ירושלם, יעקב, הר עשו,
> שריד – שרידיו, פליטה – פליטיו, לפני, כאשר
> > der יוֹם־יהוה als Tag der Wiederherstellung Israels
>
> **Obd 16-21: die Wiederherstellung Israels am יוֹם־יהוה**
> – fünfmal Wurzel ירש
> Obd 16-18 JHWH-Wort: „Alle Völker" wird JHWHs Zorn
>   treffen, während Israel wieder zu seinem Besitz gelangt.
> Obd 19-21 Prophetenwort: Israel wird sein Land einnehmen,
>   und JHWH wird vom Zion aus herrschen.

Obd 1b-21 – durchlaufende Stichwörter: siebenmal יהוה, siebenmal עשו, viermal יום

4.4. Thematisches Profil

Angesichts des geringen Umfangs der Obadjaschrift ist ihre thematische Vielfalt erstaunlich.[220] Die יוֹם־יהוה-Thematik erweist abermals ihre Kraft, immer neue Topoi und Themen an sich zu binden und fungiert in Obadja gewissermaßen als „Scharnier", das die drei Kompositionsteile miteinander verbindet.

---

[220] Mit Raabe, AB 24D, 3 und gegen Schart, Entstehung, 227 (270), der den „Themenbestand" als „für ein selbständiges Buch ungewöhnlich schmal" beurteilt.

Zunächst einmal ist eine offenkundige *Weiterführung der JHWH-Tags-Thematik* zu konstatieren: Die Ansage des יוסיהוה für das Gottesvolk in Am 5,18-20 und Zef 1,7-16* hatte mit dem Untergang des Nordreiches Israel und des Südreiches Juda seine geschichtliche Bewahrheitung erfahren und war daraufhin universal zur JHWH-Tags-Komposition von Zef 1,2-18* ausgeweitet worden. In Obd 8-15 wird nun der יוסיהוה für das Gottesvolk explizit als ein zurückliegender „Tag" dargestellt, an dem Israel bereits den „Zornesbecher JHWHs getrunken" hat, der „allen Völkern" am nahen JHWH-Tag noch bevorsteht (Obd 15f). Auf diese Weise werden die innerhalb von Zef 1,2-18* festgestellten Spannungen hinsichtlich der Zeitperspektive und der Adressaten des יוסיהוה in Obadja in ein Nacheinander aufgelöst. Wie sich der universale יוסיהוה in Zef 1,2-18* auf Juda-Jerusalem fokussiert, so rückt in Obadja Edom-Esau in den Brennpunkt. Während in der Zefanjaschrift noch Jerusalem die Mitte der Gerichtsankündigung von Zef 1,2-18* bildet und erst innerhalb von Zef 3,11-20 eine hoffnungsvolle Perspektive für Jerusalem-Zion formuliert wird, die mit der Verknüpfungsformel ביום ההוא nur lose mit der JHWH-Tags-Thematik verbunden ist, wird in Obd 16-21 Zions neue Rolle im kommenden JHWH-Tags-Geschehen bestimmt. Während sich erst im weiteren Kontext – vor allem in Hab 2,6-19 – eine Begründung dafür findet, warum das Gericht des JHWH-Tages von Zef 1,2-18* über das Gottesvolk hinausgreift, ist es ein zentrales Anliegen im Mittelteil der Komposition, in Obd 8-15, das Gericht über „Esau" mit seinem Verhalten gegenüber seinem „Bruder Jakob" zu begründen. In Zef 1,2-18* werden die „Völker" nicht explizit genannt, und in Zef 3,8* wurden aus den „Völkern", die im IV* noch Strafinstrumente JHWHs waren, Adressaten des JHWH-Zorns, während die „Völker" innerhalb von Obadja in beiden Funktionen begegnen. Schließlich wird „Zion" in Zef 3,15b zugesagt, dass JHWH als „König Israels in deiner Mitte" sei,[221] wogegen Obd 21b JHWHs „Königsherrschaft" in die יוסיהוה-Komposition Obd 1b-21 einschließt und die Obadjaschrift mit diesem Ausblick wirkungsvoll abschließt.

Die Obadjaschrift führt aber nicht nur Am 5,18-20 und Zef 1,2-18* weiter, sondern sie bringt auch *neue Akzente* in die JHWH-Tags-Thematik ein. Zu diesen gehört zunächst der *Tag JHWHs als Tag adäquater Vergeltung für Edom*[222]. Nun ist Edom besonders häufig Adressat prophetischer Unheils-

---

[221] Mit der Verknüpfungsformel ביום ההוא wieder nur lose mit der JHWH-Tags-Thematik verbunden.
[222] Zu „Edom" vgl. Wildberger, BK X/3, 1335-1339 und Meinhold, BK XIV/8, 44-47 und speziell zu „Edom" in den Prophetenbüchern vgl. Raabe, AB 24D, 33-47.

ankündigungen[223] und in Jes 34 sogar innerhalb einer (יהוה)יום-Komposition, in der Edom ebenso wie in Obd als Repräsentant „aller Völker" fungiert (Jes 34,2), doch nur die Obadjaschrift hat einen so durchgehenden Edombezug.[224] Warum nimmt Edom eine so prominente Rolle in Obadja ein? Weder wird Edom als Israels „Erbfeind" angesehen,[225] noch wird sein Verhalten in Jerusalems Katastrophe als besonders inhuman herausgestellt[226], noch auch wird Edom eine Besiedlung Südjudas vorgeworfen.[227]

Als stilistischer Grund verdient zunächst die phonetische und grafische Ähnlichkeit von אדום mit אדם Erwähnung, die sich auch in Am 9,12 G[228] niedergeschlagen hat. Raabe hat nachgewiesen, dass Edom in Prophetentexten außerhalb von Fremdvölkerworten[229] als Repräsentant der Völker fungiert, und die oben vorgenommene Untersuchung der Kompositionsstruktur hatte diesen Sachverhalt für Obadja bestätigt. Als entscheidender Grund wird aber in der Obadjaschrift die Verletzung des Bruderverhältnisses zwischen Edom und Juda herausgestellt (V10a.12a). Die Vorstellung vom Bruderverhältnis beider Völker gründet in der Jakob-Esau-Erzählung (Gen 25-36), die von der spannungsvollen Beziehung der Zwillingsbrüder[230] Jakob und Esau bestimmt ist, und begegnet innerhalb des prophetischen Schrifttums nur im XII.[231] Doch kein anderes Prophetenbuch bezeichnet Edom so gehäuft mit seinem Eponym „Esau" und betont das Bruderverhältnis zu „Jakob" so stark wie die Obadjaschrift. Jeweils zweimaliges אחיך und גם־אתה in Obd 10-13 spiegelt das Entsetzen „Jakobs", das „ausgerechnet sein Bruder" in seiner Katastrophe den „Fremden" gleich geworden ist. Keine Gerichtsverkündigung inner-

---

223 Jes 11,14; 34; Jer 9,25; 25,21; 49,7-22; Ez 25,12-14; 35; 36,5; Am 1,11f; Obd; Mal 1,2-5 und außerhalb des Schriftprophetenkanons noch in Num 24,18; Klgl 4,21f.
224 Nur Obd 16.17.20 sind ohne expliziten Edombezug.
225 Anders wird Edom z.B. in Am 1,11f wegen seines „immerwährenden Zorns" angeklagt.
226 Als die Belagerer die Stadt einnahmen, handelte Edom „*wie* einer von ihnen", aber nicht schlimmer als diese. Sein Gewicht bekommt dieses Handeln dadurch, dass Edom es an seinem „Bruder Jakob" verübte (V10f) – Näheres siehe nachfolgend.
227 Okkupationsgelüste und -maßnahmen werden Edom in Ez 35,10; 36,5 vorgeworfen.
228 οἱ κατάλοιποι τῶν ἀνθρώπων für שארית אדום.
229 Innerhalb der Aufreihungen namentlich erwähnter Völker wird Edom als ein Volk unter anderen aufgeführt – vgl. Raabe, AB 24D, 45f.
230 Siehe Gen 25,24 – das Leitwort אח zur Bestimmung ihres Verhältnisses findet sich innerhalb der Jakob-Esau-Erzählung in Gen 25,26; 27,6.11.23.35.40.41.42.44.45; 32,12.14.18; 33,3.9.
231 Siehe Am 1,11; Obd 10.12; Mal 1,2 (außerdem Num 20,14; Dtn 2,4f.8a; 23,8a; [ohne das Lexem אח auch 1Chr 1,34]). – Das Bruderverhältnis von „Jakob und Esau" ist damit ein weiterer schriftenübergreifender Topos im XII: Der in Am 1,11f und Obd angekündigte Untergang Edoms wegen seines Verhaltens gegenüber seinem „Bruder" ist nach Mal 1,2-5 erfolgt und zeigt JHWHs „Liebe" zu seinem Volk (vgl. Meinhold, BK XIV/8, 46).

halb einer Tag-JHWHs-Dichtung ist so persönlich gehalten, und diese inhaltliche Besonderheit findet auch ihre formale Entsprechung: Innerhalb von V2-15 wird Edom durchgängig direkt und personifizierend in 2. m sg angeredet,[232] und seine Delikte werden singulär in Form einer Vetitivreihe aufgezählt, die sowohl Unmittelbarkeit und Nähe des Sprechers als auch Erregung und Abscheu über Edoms Verhalten ausdrückt (V12-14).[233] Auch innerhalb der Strafankündigung von V15 findet sich ein letztes Mal die direkte Rede in 2. m sg,[234] doch zugleich ist dieser Halbvers so verallgemeinernd und neutral[235] formuliert, dass er in Verbindung mit V15a den יום־יהוה zum Tag adäquater Vergeltung erklärt.[236] Das bedeutet für Edom: So wie es das Bruderverhältnis zu „Jakob" missachtet hatte (V10.12-14), ebenso werden seine Alliierten das Bündnisverhältnis zu Edom missachten (V7). So wie es „Ausländern und Fremden" am Tag der Eroberung Jerusalems gleich wurde, ebenso wird es am Tag JHWHs den Völkern gleich werden (V15).

Da Edom die Völker in der Strafankündigung repräsentiert,[237] legt sich die Frage nahe, ob es auch in der Strafbegründung exemplarisch für die Völker steht. Ist אדום in der Missachtung des Bruderverhältnisses ebenso wie bei deren Ahndung Paradigma für den אדם? Das Motiv des Bruderkonfliktes in der Jakob-Esau-Erzählung hat seine engste Parallele in der urgeschichtlichen Erzählung von Kain und Abel in Gen 4,1-16, die die Beziehung Mensch – Mitmensch als Bruderverhältnis bestimmt,[238] dessen Missachtung den Schöpfer des Menschen auf den Plan ruft. Die Vehemenz, mit der die Strafbegründung Edoms Fehlverhalten als „Gewalttat an deinem Bruder" (V10a) bestimmt, könnte auf den urzeitlichen Brudermord anspielen.[239] Auf jeden Fall aber rückt die Obadjaschrift in den Mittelpunkt, dass am יום־יהוה zwischenmenschliches Fehlverhalten geahndet wird, während in Zef 1* religiöse Vergehen im Vordergrund standen.[240] Nach Zef 1* wird JHWH „den Menschen (לאדם[241]) in Bedrängnis

---

232 Ein Wechsel zur dritten Person findet sich nur in V6.8.
233 Der Vetitiv, der durch אל verneinte Jussiv (vgl. Waltke/O´Connor, Syntax, 567), spricht normalerweise ein Verbot künftigen Verhaltens, nicht den Tadel vergangener Taten aus. Dieser Sachverhalt wird im Schlusskapitel noch einmal aufgenommen werden.
234 Lev 24,19b als engste Parallele zu V15bα formuliert in 3 m sg: vgl. כאשר עשה כן יעשה לו (Lev 24,19b) mit כאשר עשית יעשה לך (Obd 15bα).
235 Indem es Wohl- und Fehlverhalten umfasst – vgl. Meinhold, Obadja, 82.
236 Darin ist auch das Gottesvolk eingeschlossen, denn es gehört zu „allen Völkern", aber es hat „am Tag seiner Not" (V13) bereits JHWHs Zornesbecher „getrunken" (V16aα).
237 Siehe oben den Nachweis innerhalb der Analyse der Kompositionsstruktur.
238 Vgl. das siebenmalige Vorkommen des Leitwortes אח in Gen 4,2.8a.b.9a.b.10.11.
239 Vgl. אחיך jeweils in direkter Anrede innerhalb des Schuldaufweises in Gen 4,9-11 und in Obd 10-12.
240 Vgl. Zef 1,4-6.8f.12.17a.

bringen", weil er „an *JHWH* gesündigt" hat (V17a), und „den Menschen ausrotten von der Oberfläche des Erdbodens" (V3b).[242] Nach Obd kündigt JHWH „über Edom" (לאדום[243]) Unheil an (V1bα), will er die „Weisen vernichten aus Edom" und Edom für immer „ausrotten", weil es „Gewalttat *an seinem Bruder*" geübt hat (V8-10).[244]

Der *Tag JHWHs als Tag der Wiederherstellung des Gottesvolkes* scheint zunächst auch von adäquater Vergeltung bestimmt zu sein: „Jakob" wird wieder erstattet, was er durch „Esau" verloren hatte. Doch der Rückblick auf das „Trinken des Zornesbechers" in Obd 16aα zeigt, dass die zurückliegende Katastrophe des Gottesvolkes unbeschadet der Schuld Edoms als selbst verschuldet angesehen wird.[245] Außerdem wird das künftige Ergehen Israels nicht mit einem entsprechenden vergangenen Verhalten begründet[246] – im Unterschied zu Edom, dessen Geschick eindringlich als Ergebnis seines Verhaltens seinem „Bruder" gegenüber herausgestellt wird. Auffällig ist ferner, dass die Wiederherstellung Israels, wie oben gezeigt, in der Terminologie der Landnahme- und Richtererzählungen dargestellt wird. Diese terminologischen und thematischen Anleihen dienen einem doppelten Zweck: Zum einen erhalten an der neuen Landnahme auch die Nachfahren des ehemaligen Nordreiches Anteil, deren Gola sogar in Obd 20a ausdrücklich miterwähnt ist. Damit entspricht das Israel der Heilszeit dem Zwölfstämmeverband der vorstaatlichen Zeit und wird nicht nur hinsichtlich seines Territoriums, sondern auch seiner Bevölkerung vollständig wiederhergestellt werden. Zum andern wird mit der Orientierung an der vorstaatlichen Zeit ein Bild vom künftigen Israel entworfen, das die Verwerfungen der hierarchisch strukturierten Königszeit, die die vorexilischen Propheten angeprangert hatten, nicht kennt. So erscheint die Heilszeit als endzeitliche und endgültige Erfüllung dessen, was JHWH mit der Landgabe intendiert hatte.[247] Raabe sieht nun die Wiederinbesitznahme des Landes darin die Frühzeit Israels kontrastieren, dass sie hier als friedliche Neubesiedlung vorgestellt ist,[248] doch dürfte solche Auffassung kaum zutreffend sein. Die Darstellung enthält zwar expressis verbis keine militä-

---

241 לאדם findet sich innerhalb des Schriftprophetenkanons nur noch in Jes 44,15; Jer 10,23; Am 4,13; Zef 1,17, doch lediglich in Zef 1,17a innerhalb einer Unheilsankündigung.
242 והכרתי את־האדם מעל פני האדמה נאם־יהוה – vgl. die Parallelität zu Obd 8a.bα und die Wurzel כרת in Obd 9b.10b.
243 לאדום nur in Jer 49,7; Am 1,6.9 und Obd 1.
244 Vgl. die Parallelität von נאם־יהוה ... והאבדתי חכמים מאדום in Obd 8a.bα und die Wurzel כרת in Obd 9b.10b mit Zef 1,3a.
245 Dabei Jer 25,15-29; 49,12 voraussetzend – siehe oben.
246 Vgl. Raabe, AB 24D, 59.
247 Vgl. Jos 21,43-45.
248 „Israel will possess the land apparently without warfare" (Raabe, AB 24D, 270).

rischen Vollzüge, doch die Wurzel ירש, die im dritten Kompositionsteil V16-21 Leitwortcharakter besitzt, hat „eine feste Position in der Topik der Eroberungsberichte", so dass sie „Besitzergreifung durch Eroberung"[249] akzentuiert. Außerdem fasst das Lexem חל (V20aα), das auch Raabe als Defektivschreibung von חיל („Heer") auffasst, die Subjekte von ירש in V19f zusammen.[250] Dennoch zeichnet Obd das künftige Heil des Gottesvolkes nicht einfach als Restauration der vorstaatlichen Verhältnisse, sondern gibt seinem in traditionellen Farben gemalten Zukunftsbild eine neue perspektivische Mitte: Der Zion wird unantastbarer Zufluchtsort am יום־יהוה und JHWHs Herrschaftszentrum inmitten eines erneuerten Israel sein. Damit ist sichergestellt, dass sich auch die Gefährdungen der vorstaatlichen Zeit nicht wiederholen können.

Schließlich begegnet der *Tag JHWHs als Tag der Durchsetzung von JHWHs Königsherrschaft*. Der Schlusssatz der Obadjaschrift unterstreicht seinerseits, dass der JHWH-Tag nicht Israels imperiale Herrschaft heraufführt. In Verbindung mit der Zionstradition[251] wird auch der Topos von der Königsherrschaft JHWHs in die יום־יהוה-Thematik einbezogen. Obd 21b hat seine engste Parallele, wie schon erwähnt, in Ps 22,29: „Denn JHWH [ist] die Königsherrschaft, und er herrscht über die Völker."[252] Im Vergleich dazu wird die prägnante Kürze der Formulierung von Obd 21b noch auffälliger, die gänzlich darauf verzichtet, die räumliche oder zeitliche Reichweite der Königsherrschaft JHWHs zu bestimmen. Damit kontrastiert die Schlussaussage der Obadjaschrift wirkungsvoll die breiten Darstellungen von Schuld und Strafe Edoms und neuer Landnahme Israels und parallelisiert und interpretiert zugleich den Zielsatz des vorangehenden Kompositionsteils: „Denn nahe ist der יום יהוה über alle Völker." Eigentliches Ziel des universalen JHWH-Tages ist die endgültige Aufrichtung der Königsherrschaft JHWHs.

Das Kapitel schließt mit Erwägungen zur Platzierung Obadjas nach der Amosschrift. Amos ist die erste Schrift im X*, die Fremdvölkerworte – auch gegen Edom – überliefert. An zentraler Position in ihrem Mittelteil enthält sie die erste Tag-JHWHs-Dichtung (Am 5,18-20) – gegen das Gottesvolk gerichtet –, und an ihre Gerichtsverkündigung schließt sich eine ausdrückliche Ankündigung der Wiederherstellung Israels an (Am 9,11-

---

249 Lohfink, ThWAT III, 973.
250 Siehe oben die textkritischen Erwägungen hierzu.
251 Zur Königsherrschaft JHWHs vgl. Seybold, ThWAT IV, 947-956 und zur Verbindung der Zionstradition mit dem Topos von JHWHs Königsherrschaft besonders Sp. 949 und 952.
252 כי ליהוה המלוכה ומשל בגוים: (Ps 22,29).

4.4. Thematisches Profil

15). Die nachfolgende Obadjaschrift zeigt der Leserschaft, in welchem Zusammenhang diese Themen untereinander stehen, indem sie sie auf den יום יהוה in der Mitte der Obadjakomposition bezieht, und zugleich präzisiert und konkretisiert sie die durch die Amosschrift eröffnete prophetische Perspektive: Nachdem das Gottesvolk das Gericht des JHWH-Tages erfahren hat, steht der יום יהוה nun „allen Völkern" unter Einschluss Edoms bevor. Das den umliegenden Völkern angedrohte „Feuer"[253] wird in Gestalt des wiedervereinigten Israel das die Völker repräsentierende „Haus Esau verzehren" (Obd 18). Erst wenn die Völker keine potentielle Bedrohung mehr für das Gottesvolk darstellen, ist sichergestellt, dass es „nicht mehr herausgerissen wird aus seinem Land" (Am 9,15b). Der Schlusssatz der Obadjaschrift scheint die Heilsperspektive der Amosschrift zugleich implizit zu korrigieren: Nicht die Wiedererrichtung des davidischen Königtums (Am 9,11) wird erwartet, sondern die Aufrichtung der Königsherrschaft JHWHs als letztes Ziel des JHWH-Tags-Geschehens.[254] Auf diese Weise rückt die Obadjaschrift die Heilsperspektive, die die Vorgängerredaktion in das VIII* eingebracht hatte, in den Horizont des universalen יום יהוה.

---

253 Vgl. Am 1,4.7.12.14; 2,2.5.
254 Angesichts des Rückbezugs von Obd 16-21 auf die vorstaatliche Zeit im Allgemeinen und der unmittelbar vorangehenden Erwähnung der Regentschaft von „Rettern" über den Berg Esau im Besonderen und wegen der kritischen Korrespondenz von Am 9,11 und Obd 21b ist der Schlusssatz der Obadjaschrift adversativ aufzufassen: „Aber die Königsherrschaft wird JHWH gehören" (vgl. auch noch einmal Ri 8,23).

5. Joel 2,1-11

Auch Joel ist „Schriftinterpret"[1], der noch ausgedehnter als Obadja schriftlich vorliegende Prophetentradition für eine spätere Zeit neu auslegt und damit fortschreibt. Die beiden Joelkapitel dieser Arbeit versuchen zu zeigen, dass Joel der gleichen Redaktionsphase wie Obd angehört, aber später entstanden und auch nach Obd in das X* eingegliedert worden ist.[2]

Joel handelt so intensiv wie keine andere Prophetenschrift vom יום־יהוה,[3] ist so deutlich wie keine andere Schrift im XII auf seine beiden Nachbarschriften bezogen und nimmt darüber hinaus eine hermeneutische Schlüsselfunktion für das X* und damit auch innerhalb der Zwölf ein[4]. Darum macht es sich erforderlich, zunächst einen Überblick über die gesamte Joelschrift zu geben, der besonders ihre Kohärenz und gleichzeitige „Kontextbewusstheit" herausstellt, um dann die hermeneutische Schlüsselrolle von Joel 2,1-11 und Joel 4,1-3.9-17 für die יום־יהוה-Thematik innerhalb des X* herauszuarbeiten.

5.1. Literarischer Kontext

Der Übersichtlichkeit halber soll zunächst ein Überblick über die Struktur der Joelschrift gegeben werden, der anschließend begründet und entfaltet werden wird. Nach der Darstellung jedes einzelnen Abschnitts wird jeweils auf Querverbindungen zu Hosea und Amos und zum XII insgesamt verwiesen.[5] Folgende Übersicht versucht, die Symmetrie der beiden

---

1   Vgl. Berglers Studie „Joel als Schriftinterpret", die Joels Bezugnahmen auf prophetische Texte und außerprophetische Traditionen umfassend nachgeht.
2   Schon die gegenüber Obadja weit intensivere Aufnahme prophetischer (und anderer) Traditionen deutet auf ein fortgeschrittenes Stadium von Schriftprophetie im oben skizzierten Sinn hin, und dazu sei vorab auf das ausdrückliche Zitat von Obd 17aα in Joel 3,5bα verwiesen.
3   Der exakte Terminus יום יהוה begegnet in Joel 1,15; 2,1.11; 3,4; 4,14 und die Tag-JHWHs-Ankündigungsformel in Joel 1,15; 4,14 und modifiziert in Joel 2,1.
4   „... Joel is the writing through which all major themes of the Twelve must travel" (Nogalski, SBL-SS 15, 105). Für die יום־יהוה-Thematik soll das in den folgenden beiden Kapiteln gezeigt werden.
5   Den intertextuellen Bezügen von Joel 2,1-11 und Joel 4,1-3.9-17 wird gesondert nachgegangen werden.

5.1. Literarischer Kontext

Hauptteile der Joelschrift und ihre Bezogenheit aufeinander anschaulich zu machen.

ÜBERBLICK ÜBER DIE JOELSCHRIFT	
1,1 Überschrift: Propheten- und Gottesrede Joels als דבר־יהוה	
1,2-2,17 Prophetenrede: Aufruf zu Klage u. Hinkehr zu JHWH	*2,18-4,17 Gottesrede: Erhörungszusage als Antwort JHWHs*
1,2-4 Hör- und Überlieferungsaufruf mit narrativer Einleitung	2,18-20 Narrative Einleitung und thematische Vorschau

1,5-20 Aufruf angesichts von Heuschreckeneinfall und Dürre
 	
   1,5-14 Aufforderung zur Klage an vier Adressatenkreise
   1,15-20 Klage ü. „diesen Tag" als Vorboten des יום־יהוה
 	
      1,19f Gebet als Abschluss: Klage des Propheten
	2,21-27 Ankündigung neuer Fruchtbarkeit des Landes
	
	   2,21-24 Aufforderung zum Jubel an drei Adressaten
	   2,25-27 Lob für die Erstattung des Heuschreckenschadens
	
	      2,27 Erkenntniszusage als Abschluss

2,1-17 Aufruf angesichts des anrückenden „Heeres" JHWHs
 	
   2,1-11 Anrücken des „Heeres" JHWHs am יום־יהוה
   2,12-17 Umkehrruf mit Begründung und Entfaltung
 	
      2,17 Gebet als Abschluss: Bittformular für Priester
	3,1-4,17 Ankündigung endgültigen Heils auf dem Zion
	
	   3,1-5 Bestehen des יום־יהוה auf dem Zion
	   4,1-17 Der יום־יהוה für die Völker und das Gottesvolk
	
	      4,17 Erkenntniszusage als Abschluss

4,18-21 Zusammenfassung: Die endgültige Wiederherstellung Judas und Jerusalems	

5.1.1. Joel 1,1-2,17

Die *Überschrift in Joel 1,1*[6] bindet den ersten Hauptteil Joel 1,2-2,17, der in der Hauptsache Prophetenrede ist, und Joel 2,18-4,21, den fast durchgängig Gottesrede aufweisenden zweiten Hauptteil, zusammen: Für den „prophetischen Prophetenausleger" Joel wird die gleiche Autorität beansprucht wie für seine prophetischen Vorgänger, und seine gesamte Schrift soll als einheitlicher und zusammenhängender דבר־יהוה gelesen werden.

Der so überschriebene Joeltext ist zweiteilig und orientiert sich an der Klageliturgie eines Fasttages.[7] Der erste Teil *Joel 1,2-2,17* ist entsprechend seinem Charakter als Volksklage *Prophetenrede*,[8] die von einer Kette von Imperativen[9] durchzogen ist, die zu *Klage und Hinkehr zu JHWH* aufrufen.

Der *Hör- und Überlieferungsaufruf mit narrativer Einleitung in Joel 1,2-4* ergeht an Führung und Volk,[10] doch was die Adressaten in der Gegenwart hören sollen, was in der Vergangenheit nicht seinesgleichen hat und was in Zukunft überliefert werden soll, bleibt zunächst in der Schwebe.[11] V4 mit seinem Bericht von einem verheerenden Heuschreckeneinfall[12] scheint die zu erwartende Näherbestimmung zu bieten. Aber rechtfertigt diese Auskunft die exponierte Position des Hör- und Überlieferungsaufrufes am Schriftanfang und die Reichweite des Überlieferungsaufrufes über vier Generationen?

Worauf die Einleitung aus ist, gibt ihr terminologischer und thematischer Anschluss an Ex 10 zu erkennen:[13] V2a ruft zur Aufmerksamkeit für ein Geschehen, das „in euren Tagen und in den Tagen eurer Väter" nicht geschehen ist (V2b) – Ex 10,6a kündigt dem Pharao ein Ereignis an, „wie es deine Väter und die Väter deiner Väter nicht gesehen haben, von dem Tag an, da sie auf diesem Erdboden sind, bis zu diesem Tag". „Erzählt

---

6 Joel 1,1 weist mit dem Gattungsbegriff דבר־יהוה und der Nennung des Prophetennamens die beiden konstitutiven Bestandteile einer Überschrift auf und wird auch nicht durch den nachfolgenden Text linear fortgesetzt (vgl. Meinhold, BK 14/8 (Lfg. 1), 4f).
7 Jeremias, TRE 17, 92f – zur Begründung siehe zu 2,18.
8 Vgl. aber 1,6.7; 2,1.12: Das Prophetenwort ist nach 1,1 „das *Wort JHWHs*, das ergangen ist an Joel". Der literarische Grund für solche „Inkonsequenzen" dürfte teils in der jeweiligen Aufnahme von Traditionsgut und teils auch in inhaltlichen Akzentuierungen liegen (Näheres siehe zu den Stellen).
9 Belege siehe nachfolgend.
10 זקנים und יושבי הארץ.
11 In V2 zweimal זאת – „häufiger als זה neutrisch gebraucht" (Meyer, Gramatik II, 12) – und in V3 עליה. Crenshaw spricht von „mystery behind the demonstrative *zō't*, ... which remains hidden in a pronominal suffix in v 3" (Crenshaw, AB 24C, 86).
12 חסיל, ילק, ארבה, גזם für Heuschrecken.
13 Zu Joels Exodustypologie vgl. Bergler, BEAT 16, 247ff.

5.1. Literarischer Kontext

(ספרו) es euren Söhnen, und eure Söhne ihren Söhnen und ihre Söhne der folgenden Generation!" fordert V3 auf – nach Ex 10,2aα soll das Angekündigte geschehen, „damit du (es) erzählst (תספר) vor den Ohren deines Sohnes und des Sohnes deines Sohnes". V4 berichtet vom Heuschreckeneinfall in seiner Totalität – Ex 10,4f kündigt an, dass die Heuschrecken das ganze Land „bedecken" und den „Rest [des] vom Hagel [Übriggelassenen] fressen" werden.[14] Der schriftkundigen Leserschaft wird so signalisiert, dass von einem Vorgang berichtet werden soll, der der achten ägyptischen Plage entspricht und damit in den Zusammenhang eines Geschehens von Exodusqualität gehört, das deshalb erst eigentlich überlieferswert ist.

Schon die Einleitung lässt *schriftenübergreifende Bezüge* erkennen: Das Rätsel des zweimaligen זאת lässt sich lösen, wenn man es auf den unmittelbar vorangehenden Umkehrruf von Hos 14,2-9 bezogen sieht.[15] Auch in der noch zu entfaltenden außerordentlichen Bedrohung eröffnet die zugesagte Zuwendung JHWHs eine Umkehrmöglichkeit. Die Aussagekraft dieses Verweises erhöht sich dadurch erheblich, dass in Joel 2,12-17 ein Umkehrruf angesichts der Bedrohung durch den יום־יהוה ergeht, auf den JHWH mit neuem „Eifer für sein Land" antwortet (Joel 2,18). Diese Erfahrung abgewendeter Bedrohung weiterzugeben, ist im Horizont des nahen JHWH-Tages not-wendig und dringlich.[16] Die Einleitung von Joel 1,2-4 umgreift also beide Teile der Joelschrift.[17]

Es folgt in *Joel 1,5-20* eine erste Aussagenreihe mit einem *Aufruf zur Volksklage* angesichts der akuten Gefährdung der Existenz durch *Heuschreckeneinfall und Dürre*. Die im Folgenden dargestellte Notlage ist in ihrem Ausmaß so ungewöhnlich, dass sie als Vorzeichen für den יום־יהוה gedeutet[18] und in dessen Farben gemalt[19] wird. Erlebte (Joel 1,5ff) und kommende Bedrohung (Joel 2,1ff) beeinflussen sich in ihrer Darstellung im Folgenden wechselseitig.

---

14 In Joel 1,4 vier Heuschreckentermini, dreimal יתר und dreimal אכל – in Ex 10,4f ארבה, יתר und zweimal אכל.
15 Vgl. Nogalski, SBL-SS 15, 97f.
16 Vgl. Jeremias, Prophetie, 102.
17 Die einleitende Übersicht stellt die *strukturelle* Parallelisierung von Joel 1,2-4 und 2,18-20 heraus, während in die *thematische* Reichweite von Joel 1,2-4 auch der zweite Teil der Joelschrift einbezogen ist (vgl. auch die Übersicht am Schluss dieses Abschnitts).
18 Vgl. Wolff, BK 14/2, 38,41.
19 Die Heuschrecken sind „in 6f. als das feindliche Volk geschildert (vgl. Jes 13 4ff. Ez 30 3ff. 38 14ff.), und die Verheerung durch die Dürre (10 שדד) lässt schon den Terminus שד aufklingen" (Wolff, BK 14/2, 39).

Die erste Aussagenreihe setzt in *Joel 1,5-14* ein mit *Aufforderungen zur Volksklage*: Die Aufforderung zur Wehklage an die „Trunkenen und Weintrinker" (הלילו) in *V5-7* wird begründet mit dem Zug eines mächtigen Volkes (גוי ... עצום) gegen „mein Land", der „meinen Weinstock ... und meinen Feigenbaum"[20] verwüstet zurückgelassen hat (V6f). Die Zahllosigkeit dieses „Volkes" wird in Anspielung an Ex 10,14a formuliert – nur dass jetzt nicht das „Land Ägypten", sondern „mein Land" betroffen ist![21] Zugleich assoziiert die Beschreibung der verheerenden Wirkung des „Volkes"[22] die Darstellung des „Feindes aus dem Norden" in Jer 4,5-6,26.[23] Angesichts dieser Verheerung deutet sich JHWHs Mitgefühl über „mein Land, meinen Weinstock und meinen Feigenbaum" im dreimaligen suff 1. sg an.[24] Es schließt sich in *V8-10* eine Aufforderung in der 2. f sg – unter Ausfall der Aufgeforderten[25] – an, die sich wörtlich mit den Klageaufforderungen von Jer 4,8 berührt[26] und wie dort der Schilderung des unheilvollen „Volkes" folgt. Die Begründung in V9f betont ein erstes Mal die Folgen für den Kult (Verlust von מנחה ונסך), und mit dem Vertrocknen von „Korn, Wein und Öl" (דגן, תירוש, יצהר) tritt zum Heuschreckenfraß die Dürrekatastrophe hinzu.[27] Adressat der nächsten Aufforderung zur Wehklage (הלילו) sind in *V11-12* die „Bauern und Winzer": Mit dem Verdorren der Fruchtbäume (u.a. גפן und תאנה) erreichen die katastrophalen Folgen eine neue Dimension, so dass sich für ihre Abfolge innerhalb von V5-12 eine Steigerung ergibt: Nach der Gefährdung von Genuss und Kult kommt es schließlich zur Bedrohung der „nackten Existenz"[28]. Die Feststellung über das „Vertrocknen der Freude" (V12bβ) fasst diese Folgen verallgemeinernd zusammen, und בני אדם summiert die ab V5 Angeredeten[29], so dass eine gewisse Zasur markiert wird. Zuletzt ergehen

---

20 Die Sprache „erinnert ... hier an prophetische Gottesrede" (Wolff, BK 14/2, 33); in Joel findet sich keine strenge Unterscheidung zwischen Gottes- und Prophetenrede – siehe S. 118, Anm. 8 und vgl. Crenshaw, AB 24C, 81.
21 Vgl. ויעל הארבה על כל־ארץ in Joel 1,6 mit כי גוי עלה על־ארצי עצום ואין מספר in Ex 10,14a. מצרים כבד מאד...
22 כי־גוי עלה על־ארצי ... שניו שני אריה ... שם גפני לשמה ותאנתי לקצפה in Joel 1,6f.
23 Vgl. גוי ... יאכל גפנך ותאנתך Jer 5,15.17: עלה אריה ... לשום ארצך לשמה Jer 4,7: dazu in Jer 5,15 viermal גוי und in Jer 5,17 viermal אכל mit den vier Termini für Heuschrecken und dreimal אכל in Joel 1,4 (vgl. Bergler, BEAT 16, 187ff).
24 ארצי in V6 und גפני und תאנתי in V7 – vgl. Jeremias, Prophetie, 104.
25 Zu ergänzen ist vielleicht „'Tochter meines Volkes' (vgl. Jer 6,26)" – Wolff, BK 14/2, 34 – oder „Zion" – Rudolph, KAT 13/2, 39.
26 חגרת־שק in Joel 1,8a – חגרו שקים in Jer 4,8; vgl. Jes 22,12.
27 Rudolph, KAT 13/2, 44.
28 Rudolph, KAT 13/2, 45.
29 Dadurch erhält der כי-Satz einen gewissen Abschlusscharakter (vgl. Rudolph, KAT 13/2, 46).

5.1. Literarischer Kontext

in *V13-14* Aufforderungen an die Priester zu Wehklage (הילילו) und Trauer (V13) und zum Zusammenrufen von Führung und Volk zu „Fasten und Beten" (V14): Die Schlussposition,[30] die Häufung der Imperative und die erneute Klage über den Verlust von מנחה ונסך (vgl. V9) geben den Folgen für den täglichen Gottesdienst und damit für das Gottesverhältnis besonderes Gewicht. זקנים und יושבי הארץ in V14 ergeben eine Inclusio mit V2; dazwischen dominieren Imperative mit perfektischen Begründungen.

Die erste Aussagenreihe von Joel 1,5-20 wird zu Ende geführt mit der *Klage über „diesen Tag"*[31] *in Joel 1,15-20*, der nach *V15-18* Vorbote des יום־יהוה ist. V15 setzt ein mit dem „Schreckensruf"[32] über die katastrophale Situation, die wegen des Ausmaßes der durch Heuschreckeneinfall und Dürre[33] verursachten Katastrophe für Kult, Mensch und Tier die Nähe des יום־יהוה signalisiert (V16-18). Der Schreckensruf entstammt Ez 30,2b und wird in Ez 30,3a ebenfalls mit dem nahen Tag (JHWHs) begründet.[34] Nähe und Charakter des יום־יהוה werden unter wörtlicher Aufnahme von Jes 13,6aβ.b formuliert.[35] Die sowohl Jes 13,6 als auch Ez 30,2b.3a einleitende Aufforderung zur Wehklage (הילילו) fehlt hier, findet sich aber in Joel 1,5.11.13 und wird nun durch V15 in den Horizont des kommenden יום־יהוה gestellt. Die erste Aussagenreihe Joel 1,5-20 wird in *V19-20* abgeschlossen mit *Notschrei und Klage des Propheten*: Die gemeinsame Ausrichtung von Mensch und Tier auf JHWH (V19a.20a אליך) verklammert beide Verse, und nach dem Notschrei (V19a) wird die Begründung durch die Wiederholung von V19bα in V20bβ gerahmt.[36] Die Feuermetaphorik[37] transzendiert die dargestellte Notsituation durch Anspielungen auf 2,3a.5a und wiederholt und verstärkt damit abschließend deren Vorzeichencharakter. *V15* erweist sich als *Mitte* von 1,5-20, indem die Notschilderungen auf die יום־יהוה-Ansage bezogen und von ihr her gestaltet sind und die Klageaufrufe von dieser Mitte her ihre Dringlichkeit erhalten.

---

30 Außerdem ist V13-14 durch den einen relativen Einschnitt markierenden V12bβ etwas vom Vorhergehenden abgesetzt.
31 Mit ליום, dem Dativ von היום (vgl. Rudolph, KAT 13/2, 47) = „dieser Tag, heute" (vgl. Jenni, THAT I, 714), ist die aktuelle Situation gemeint.
32 Wolff, BK 14/2, 27.
33 Spätestens die Schäden von V17aα sind nicht mehr durch Heuschrecken verursacht – vgl. Rudolph, Joel, 48.
34 הה ליום (Kurzform von אהה) in Ez 30,2b und כי־קרוב יום וקרוב יום ליהוה in Ez 30,3a.
35 Jes 13,6aβ.b: כי קרוב יום יהוה כשד משדי יבוא.
36 V19bα: ואש אכלה נאות המדבר – V20bβ: כי אש אכלה נאות מדבר.
37 Zweimal אש אכלה und להטה להבה.

Auch Joel 1,5-20 weist *schriftenübergreifende Bezüge* auf: Zum einen fällt die Fruchtbarkeitsterminologie ins Auge, die sich besonders prägnant in der Trias der landwirtschaftlichen Produkte „*Korn, Wein und Öl*" (דגן, תירוש, יצהר) zeigt.[38] Damit bezieht sich Joel offensichtlich auf Hosea zurück: Israel „erkannte nicht", dass „Korn, Wein und Öl" (דגן, תירוש, יצהר) JHWHs Gaben sind, darum entzieht JHWH ihm „Korn und Wein" (דגן, תירוש – Hos 2,10f); das Gottesvolk „hurte weg von seinem Gott", darum werden „Tenne und Kelterkufe" keinen Ertrag (תירוש) geben (Hos 9,1f). Statt zu JHWH umzukehren, lehnt sich sein Volk gegen ihn auf und führt Klage „um Korn und Wein" (דגן, תירוש – Hos 7,14). Doch JHWH wird die Beziehung zu Israel wieder herstellen, und dann wird das Land wieder „Korn, Wein und Öl" (דגן, תירוש, יצהר) hervorbringen (Hos 2,24). Wenn JHWH sich seinem Volk wieder zuwendet, wird es selbst „wie der Ölbaum" (זית) und „wie der Weinstock" (גפן) werden und wieder „Korn" (דגן) anbauen (Hos 14,7f). Ganz entsprechend macht Joel die eingetretene Notlage am Verlust von „Korn, Wein und Öl" (דגן, תירוש, יצהר) anschaulich und lässt auf die – nun vollzogene![39] – „Umkehr von ganzem Herzen" die Zusage JHWHs folgen, wieder „Korn, Wein und Öl" (דגן, תירוש, יצהר) zu „senden" (Joel 2,19) und die „Tennen von Getreide" (בר) und die „Kelterkufen von Wein und Öl (תירוש, יצהר) überfließen" zu lassen (Joel 2,24). Noch einmal ist schließlich vom Verlust von „Korn, Wein und Öl" (דגן, תירוש, יצהר) in Hag 1,11 die Rede, wo er Folge der Missachtung des „Hauses JHWHs" ist.[40] In der Joelschrift wird dieser Verlust hervorgerufen durch *Heuschrecken*fraß (vgl. die vier Termini in Joel 1,4; 2,25). Damit wird auf die erste Amosvision angespielt, die „Jakob" ebenfalls durch eine Heuschreckeninvasion gefährdet sieht.[41] In Am 4,9 trägt die X*-Redaktion den Hinweis nach, dass „die Heuschrecke eure Feigenbäume und eure Olivenbäume fraß",[42] um die Heuschrecken in die Aufzählung der Mittel einzureihen, durch die JHWH vergeblich versucht hat, sein Volk zur Umkehr zu bewegen. In Joel 2,1-11 wird die Heuschreckeninvasion zugleich zur Metapher für das

---

38 Vgl. Nogalski, SBL-SS 15, 101f.
39 Hosea schließt mit der Aufforderung zur Umkehr, die durch eine Abkehr JHWHs von seinem Zorn und eine neue „Hinkehr" zu seinem Volk erst möglich wird – vgl. Jeremias, ATD 24/1, 169. Weiteres siehe zu Joel 2,12-17.
40 Ob die Trias in Hag 1,11 redaktionell ist (vgl. Nogalski, SBL-SS 15, 102), muss in diesem Zusammenhang nicht erörtert werden; die Parallelität ist in jedem Fall aussagekräftig. In Hag 2,19 finden sich „Weinstock, Feigenbaum, Granatapfelbaum und Ölbaum", und Wolff sieht die drei erstgenannten Fruchtbäume als Nachtrag aus Joel 1,12 an, wo sie in der gleichen Reihenfolge aufgezählt werden – vgl. Wolff, BK 14/6, 43.
41 Am 7,1-3 – für „Heuschrecke" גבי.
42 ותאניכם וזיתיכם יאכל הגזם – vgl. Schart, Entstehung, 219 (261f).

heraufziehende Heer und entspricht damit deren metaphorischer Verwendung für die fliehenden Assyrer und die anrückenden Babylonier in Nah 3,15-17.[43] Schließlich ist das oszillierende *Nebeneinander von Heuschrecken und Dürre*[44] als Verursacher der in Joel 1,5-20 geschilderten extremen Notsituation zu nennen, das als Entsprechung zu den ersten beiden Amosvisionen verständlich wird, die ebenfalls die Abfolge von Heuschrecken und Dürre zeigen.[45]

Der erste Hauptteil, Joel 1,2-2,17, wird fortgesetzt mit einem *Aufruf angesichts bevorstehender Bedrohung durch JHWHs endzeitliches Heer in Joel 2,1-17*. Diese zweite Aussagenreihe des ersten Teils[46] ist bestimmt von Entsprechung und Steigerung gegenüber 1,5-20. In beiden Aussagenreihen löst eine Gefährdung eine Folge von Imperativen aus: Diese Imperative durchziehen 1,5-20, haben den Grundton der Klage (V.5.11.13 הילילו), unterscheiden sich hinsichtlich der Adressaten und werden jeweils adressatenspezifisch begründet. Solche Begründung ist möglich, weil die Bedrohung ein eingetretener *Zustand* ist, der im Blick auf seine Auswirkungen auf unterschiedliche Personenkreise und auch auf die Tierwelt entfaltet wird. In der zweiten Aussagenreihe 2,1-17 ist die Bedrohung ein bevorstehendes *Geschehen*, das in seinem Zusammenhang dargestellt (2,1b-11) und durch die bezugnehmenden Imperative gerahmt wird: kurz eröffnend in 2,1a und breit entfaltend in 2,12-17.

Dieses bevorstehende Geschehen enthüllt sich in *Joel 2,1-11* als das *Kommen des Tages JHWHs*.[47] Auch die zweite Aussagenreihe Joel 2,1-17 wird in V1a mit Imperativen eröffnet, die sich an die ישבי הארץ richten. Sie beziehen sich aber hier auf ein kommendes Ereignis und sind als Gottesrede gestaltet (בהר קדשי). Das suff 1. sg deutet wieder JHWHs Involviertsein an und gibt Joel 2,1-11 zugleich den Charakter einer Antwort auf das Gebet von 1,19f und einer Bestätigung des Schreckensrufs von Joel 1,15: JHWH fordert selbst zur Warnung auf vor seinem heranrückenden Heer![48] In V1b.2aα wird der Ruf קרוב יום יהוה von 1,15 variiert und

---

43 Für „Heuschrecke" dreimal ילק, zweimal ארבה und einmal גבי – vgl. Nogalski, SBL-SS 15, 103f.
44 Während V4 eindeutig Heuschrecken benennt, gehen die in V7 genannten Schäden schon über Heuschreckenfraß hinaus. Die in V10.12 beklagte Situation ist eher Folge extremer Trockenheit, während schließlich in V17-20 eindeutig von Dürre die Rede ist – vgl. Jeremias, Prophetie, 105f.
45 Am 7,1-6, wobei die Dürre wie in Joel 1,19f als „Fressen des Feuers" bezeichnet wird.
46 „Beide Sachhälften der imitierten Liturgie [werden] jeweils doppelt durchlaufen", Jeremias, TRE 17, 93.
47 „Alarmbefehl mit Feindschilderung", Wolff, BK 14/2, 45 – zur eingehenden Analyse siehe unten.
48 Wolff, BK 14/2, 50.

erweitert aufgenommen,[49] begründet aber hier nicht den Vorzeichencharakter des aktuellen „Tages", sondern den Alarmruf angesichts eines näher rückenden „Volkes". Das verheerende Vordringen dieses „großen und mächtigen Volkes" wird in V2aβ-9 durch Imperfecta[50] entfaltet, während bei den Situationsschilderungen von 1,5-20 Perfecta[51] dominieren. Das Subjekt der Bedrohung in V2aβ.b ist wie in Joel 1,6 ein „großes und mächtiges Volk",[52] dessen Auftreten aber in seiner Unvergleichlichkeit zeitlich entschränkt wird.[53] Das Vordringen des „Volkes" wird in V3 mit dem „Fressen des Feuers" und dem „Verzehren der Flamme" verglichen,[54] die Wirkung des Feuers aber steigernd als Wandlung des „Gartens Eden in öde Wüste" dargestellt. Ebenso steigernd ist die ausdrückliche Feststellung, dass es „bei ihm" (לו) kein Entrinnen gibt (V3bβ). Nicht nur der Heuschreckeneinfall, sondern auch die Dürre wird hier also zum Bild für das anrückende Heer, so dass noch einmal der Vorzeichencharakter der Geschehnisse von 1,5-20 unterstrichen wird. In V4-5.7-9 wird das „Volk" wie in 1,6 durch Tiermetaphorik veranschaulicht, wobei die „Pferde" sogleich die Armee assoziieren, deren Formationen im folgenden dargestellt werden. In V6.10 wird die lokale Reichweite der Katastrophe (vgl. 1,2.14) universal und kosmisch ausgeweitet. In V11 schließlich wird das Geheimnis des unheimlichen „Volkes" gelüftet: Es ist das Heer JHWHs, das von ihm selbst angeführt wird, und die vorher geschilderten Ereignisse sind nicht mehr Vorboten (1,15), sondern Vorgänge des יום־יהוה.

Auf die Darstellung des herbeikommenden JHWH-Tages folgt mit *Joel 2,12-17* ein *begründeter und entfalteter Umkehrruf*. Wie in 1,5-20 löst die Bedrohung eine Kette von Imperativen aus, die aber hier vom Klageappell zum Umkehrruf gesteigert sind. Da keine konkreten Verfehlungen der Adressaten genannt werden, kann „Umkehr zu JHWH, euerm Gott" (V12f) vom Aussagenzusammenhang her nach Wolff[55] nur Hinkehr zum kommenden JHWH (V11aα) bedeuten. Diese Auskunft will nicht voll befriedigen, da nach Wolff selbst שוב „das Ereignis einer *Wendung*" be-

---

49 כי־בא יום־יהוה כי קרוב יום חשך ואפלה יום ענן וערפל.
50 Joel 2,3-9: תלהט (V3), ירוצון (V4), ירקדון (V5), יחילו (V6), יעלו ,ירגון ,ילכון ,יעבטון (V7), יבצעו ,ירגון ,ישקו (V8), יבאו ,יעלו ,ילכון ,יפלו ,ידחקון (V9).
51 Joel 1,5-20: הכרת ,אבלו (V5), עלה (V6), שם ,חשפה ,השליך ,הלבינו (V7), אבלו (V9), שדד zweimal, אבלה ,הוביש ,אמלל (V10), אבד (V11), אמללה ,יבשו ,הביש (V12), נמנע (V13), נכרת (V16), הביש ,נשמו ,נהרסו ,נאנחה ,נבכו ,נאשמו (V17), אכלה ,להטה (V18), יבשו ,אכלה (V19), אכלה ,להטה (V20).
52 גוי... in Joel 1,6. עצום ואין מספר – in Joel 2,2bα עם רב ועצום.
53 Vgl. „nicht von Urzeit her ... und nicht bis in die fernsten Generationen" mit „[nicht] in euren Tagen und [nicht] in den Tagen eurer Väter" in Joel 1,2a – „Die Heuschreckennot war außergewöhnlich, die neue Feindnot wird einmalig sein" (Wolff, BK 14/2, 49).
54 Vgl. אש אכלה ... in Joel 1,19b mit להבה להטה ... אכלה אש ... תלהט להבה.
55 Vgl. Wolff, BK 14/2, 62f.

5.1. Literarischer Kontext

zeichnet, „zu der notwendig sowohl das Moment der Abkehr wie das der Hinkehr gehört" und „im Sinne der *Rückkehr in das ursprüngliche Jahweverhältnis*" zu bestimmen ist.[56] Im Zusammenhang der schriftenübergreifenden Bezüge wird noch einmal zu fragen sein, in welchen thematischen Zusammenhängen dieser Umkehrruf steht. V12 steht überschriftartig voran: Das Gebot der (vorgerückten[57]) Stunde heißt Umkehr, die im Folgenden gewissermaßen nach ihrer verborgenen Innenseite („mit ganzem Herzen" – vgl. V13-14) und nach ihrer sichtbaren Außenseite („mit Fasten und mit Weinen und mit Klagen" – vgl. V15-17) entfaltet wird. Dabei bezieht sich das einleitende וגם־עתה im Kontext von 2,1-17 zunächst auf das Moment der Unentrinnbarkeit von V3bβ und hat damit gegenüber den Klageaufrufen von 1,5ff „eine additiv-steigernde Funktion"[58]: Waren die Klageaufrufe aus der aktuellen Notlage begründet, bedarf es für die Umkehrforderung einer besonderen Begründung, die im folgenden gegeben wird. Aber schon die Charakterisierung des Umkehrrufes als נאם־יהוה (nur hier in Joel!)[59] deutet – steigernd gegenüber den Imperativen in 1,5ff – implizit die Umkehr als im Willen JHWHs begründet an.[60] So initiiert JHWH selbst die Umkehr der Adressaten! In V13-14 wird die Forderung einer Umkehr (שובו) „mit ganzem Herzen" begründet mit der Möglichkeit einer „Umkehr" (ישוב) Gottes, die auf Grund seiner Barmherzigkeit und Langmut erhofft werden kann. Die Erwartung, dass „er Segen hinter sich zurücklässt", knüpft an V3 an[61] und stellt neue Fruchtbarkeit an Stelle angedrohter Verheerung in Aussicht. Als Zeichen wieder gewährter Fruchtbarkeit werden pars pro toto „Speis- und Trankopfer" genannt,[62] deren Aufhören in 1,9.13 beklagt wurde.[63] Diese Hoffnungsperspektive fehlt in 1,5-20 noch völlig! V15-17 entfalten nun die Umkehr „mit Fasten, Weinen und Klagen", indem sieben Imperativ- und drei Jussivformen die entsprechenden kultischen Anweisungen geben, und die Konkretisierung des Adressatenkreises wird gegenüber 1,5-14 eindringlich ausgeweitet („Kinder und Säuglinge – Braut und Bräutigam"[64]). Die zweite

---

56 Wolff, TB 22, 134f, Kursivdruck im Original.
57 Vgl. Wolff, BK 14/2, 57.
58 Wolff, BK 14/2, 57.
59 Daneben soll vielleicht mit der Gottesspruchformel der Rückbezug auf Dtn 4,29f; 30,2 gekennzeichnet werden – vgl. Jeremias, Prophetie, 100.
60 So werden beide Teile der zweiten Aussagenreihe Joel 2,1-17 zunächst als Gottesrede begonnen (V1aα.12aα).
61 Vgl. והשאיר אחריו ברכה mit dem zweimaligen אחריו in V3.
62 Vgl. Crenshaw, AB 24C, 139.
63 Noch einmal zeigt sich, dass die Gefährdung des JHWH-Kultes besonderes Vorzeichen der Bedrohung durch den JHWH-Tag ist.
64 Zur Doppeldeutigkeit von חתן vgl. Kutsch, ThWAT III, 291f und von כלה vgl. Conrad, ThWAT IV, 175. – In Joel 2,16 ist nicht auf die Beziehung zum jeweiligen Schwiegervater,

und die dritte Aufforderung (2,15b) finden ihre wörtliche Entsprechung in 1,14aα, werden aber durch das vorangestellte תקעו שופר בציון verstärkt. Diese Aufforderung wiederum nimmt V1aα wörtlich auf, aber aus dem Warnruf für die Bevölkerung vor Feindbedrohung wird nun das Signal zur Kultversammlung an die Gesamtheit der Adressaten (קהל): Nachdem sich gezeigt hat, dass JHWH selbst das feindliche Heer anführt (V11aα), soll die Flucht vor dem kommenden JHWH als Zuflucht zu dem umkehrwilligen JHWH gewagt (מי יודע in V14) werden.[65] Wie die erste Aussagenreihe (1,19f) mündet auch die zweite in ein Gebet ein (V17), das aber gegenüber 1,19f bezeichnend modifiziert wird: Subjekt ist jetzt nicht mehr der Prophet, sondern den Priestern, die schon in 1,14b zum „Schreien zu JHWH" aufgefordert werden, wird nun ein kurzes Bittgebet in den Mund gelegt.[66] Dass als Motiv des Eingreifens JHWHs nicht die akute Notsituation, sondern allgemein der „Spott der Völker" genannt wird, zeigt den Bezug des Bittgebetes auf die universale Bedrohung durch den יום־יהוה von 2,1-11[67]. Der erneute Hinweis auf JHWHs Involviertsein[68] schließt sich seinerseits an die Gottesaussagen von V13f an.

Zusammenfassend lässt sich feststellen, dass die beiden Aussagenreihen des ersten Hauptteils in sich sorgfältig gestaltet und zugleich so aufeinander bezogen sind, dass 2,1-17 durchgehend Aussagen von 1,5-20 aufnimmt und überbietet. Zugleich gibt sich die zweite Aussagenreihe literarisch und sachlich als angedeutete Vorwegnahme der Gottesrede des zweiten Hauptteils mit seinem Erhörungszuspruch: Die beiden Teile der zweiten Aussagenreihe beginnen jeweils als Gottesrede, und der יום־יהוה mit seinem endzeitlichen Heer bedroht in 2,6 auch die „Völker"[69].

Abschließend sei wieder auf die *schriftenübergreifenden Bezüge von Joel 2,1-17* verwiesen. Da dem intensiven Rückbezug von Joel 2,1-11 auf Zef 1* im Rahmen der JHWH-Tags-Thematik ein eigener Abschnitt gewidmet ist, kann hier summarisch auf diesen Zusammenhang verwiesen werden. Daneben bezieht sich Joel 2,1-11 auch auf die Amosschrift: Amos spricht

---

sondern auf das Verhältnis von חתן und כלה zueinander abgehoben. Dass „Bräutigam" und „Braut" aus dem Hochzeitsgemach gerufen werden sollen, zeigt den außergewöhnlichen Ernst der Lage.

65 Vgl. Wolff, BK 14/2, 47.
66 Vgl. Rudolph, KAT 13/2, 59.
67 Heuschreckeneinfall und anhaltende Dürre lösen eine *geschichtliche* Notsituation aus, über die die *Nachbarn* des Gottesvolkes Kenntnis erhalten und spotten können. Entsprechend wird angesichts geschichtlicher Notsituationen das „Schmähen der Nachbarn" beklagt (Ps 44,14; 79,4; 89,42) und die Bestrafung der „Nachbarn" erbeten (Ps 79,12) und angekündigt (Jer 12,14; 49,10; Ez 28,24; 36,7). Der kommende יום־יהוה führt zu einer *universalen* Bedrohungssituation, und entsprechend allgemein treten im Bittgebet von Joel 2,17 die גוים und die עמים „deinem Volk" und „deinem Erbteil" gegenüber.
68 Vgl. das suff 2. m sg von עמך und נחלתך in V17.
69 Vgl. zu letzterem Meinhold, Joel, 2,1-11, 215f.

andeutend von einem „Volk", dass JHWH gegen Israel „aufstehen lassen" wird, und in Joel 2,1-11 zieht es als „großes und mächtiges Volk" gegen den Zion.[70] Das „Feuer", das JHWH in den Völkersprüchen des Amos gegen die Nachbarvölker Israels „sendet",[71] kennzeichnet in Joel 2,3 die Wirkung dieses Heereszuges und in Joel 2,5 das Heer selbst. Und schließlich wird der Finsterischarakter des יום־יהוה aus Am 5,18.20 in Joel 2,2aα.10b[72] als kosmische Verfinsterung gedeutet. Der auf diese Bedrohung antwortende Umkehrruf parallelisiert Hos 14,2-9:[73] Die Aufforderung zur Umkehr[74] mündet ein in das Formular eines Bittgebets,[75] an das sich die Zusage neuer Zuwendung JHWHs und erneuerter Fruchtbarkeit anschließt.[76] Von dieser Parallelisierung her bekommt das einleitende וגם־עתה aus Joel 2,12 auch die Funktion einer Anknüpfung an Hos 14,2-9: Die dort zugesagte Vergebungsbereitschaft JHWHs und damit die Chance zur Umkehr gelten unverändert „auch jetzt noch". Zugleich ist Joel 2,12-17 positives Gegenbeispiel zu Am 4,6-9: Während die Heimsuchungen Israels – unter anderem auch durch Heuschrecken – nicht zu dessen „Umkehr bis zu JHWH hin" führten, löst die aktuelle Bedrohung die Ausrufung eines Bußgottesdienstes auf dem Zion aus. Diese Ausrufung ist von der Hoffnung getragen, dass JHWH sich das „Unheil gereuen" lässt, wie er sich Heuschreckenfraß und Dürre auf die Intervention des Amos hin „gereuen" ließ (vgl. Am 7,1-6).[77] Und von Amos übernimmt Joel schließlich auch die Grenze, die jeder menschlichen Inanspruchnahme des göttlichen Erbarmens durch JHWHs Souveränität gesetzt ist.[78]

5.1.2. Joel 2,18-4,21

Der zweite Hauptteil der Joelschrift, *Joel 2,18-4,17*, ist als *Erhörungszusage JHWHs* gestaltet, die auf die Klage des ersten Hauptteiles antwortet. Joel

---

70 Vgl. גוי in Am 6,14 mit עם רב ועצום in Joel 2,2.
71 Vgl. Am 1,4.7.10.12.14; 2,2.5.
72 Zum Zitat von Zef 1,15bγδ in Joel 2,2aα siehe unten.
73 Vgl. Schart, Entstehung, 223 (266) und Nogalski, SBL-SS 15, 95-97.
74 שבו עדי ... ושובו ... ושובו ישראל עד יהוה אלהיך ... ושובו אל־יהוה in Hos 14,2f – אל־יהוה אלהיכם... in Joel 2,12f.
75 Vgl. Hos 14,3f mit Joel 2,17.
76 Vgl. Hos 14,5-9 mit Joel 2,18f.
77 Vgl. das zweimalige נחם יהוה על־זאת in Am 7,3a.6a mit dem zweimaligen ונחם in Joel 2,13b.14a. Damit zeigt sich nach Joel 1,5-20 eine zweite Bezugnahme auf das erste Visionenpaar des Amos (Am 7,1-6) – vgl. Jeremias, Prophetie, 104.
78 Vgl. ... אולי יחנן יהוה in Am 5,15b (vgl. auch Zef 2,3b!) mit ... מי יודע ישוב in Joel 2,14a.

2,18 setzt die Ausführung der vorangegangenen Aufforderungen voraus,[79] „nimmt das Erzähltempus von 1,4 wieder auf"[80] und berichtet die erfolgte „Umkehr" JHWHs. Damit wird die folgende Gottesrede[81] als Erhörungszusage gekennzeichnet,[82] die ausschließlich auf eine heilvolle Zukunft für das Gottesvolk gerichtet ist. Die Gottesrede ist zweiteilig und bezieht sich so auf die beiden Teile der Prophetenrede zurück, dass zwischen 1,2-2,17 und 2,18-4,21 „eine nahezu vollendete Symmetrie" besteht: „Der Klage über die vorläufige Lebensmittelnot in 1 4-20 entspricht die Zusage der Wende dieser Not in 2 21-27, der Ankündigung der eschatologischen Katastrophe Jerusalems in 2 1-11 entspricht die Zusage ihrer Wende in 4 1-3.9-17, der Aufforderung der Umkehr zu Jahwe als dem vorläufig Notwendigen in 2 12-17 entsprechen Geistausschüttung und Rettung auf Zion als das eschatologisch Notwendige in Kap. 3."[83]

Wolff sieht den Einschnitt innerhalb des zweiten Hauptteils nach Joel 3,5, da ab 4,1 die Völkerperspektive hervortrete, die Anrede Jerusalems nicht mehr vorkomme und der Abschnitt davor seinen Abschluss finde, indem das „wie JHWH gesagt hat" in 3,5 der Einführung in 2,(18.)19 korrespondiere.[84] Doch mit כאשר אמר יהוה wird das Zitat von Ob 17 gekennzeichnet,[85] Anrede an das Gottesvolk begegnet nach Joel 2,27 nur in 3,1 und dann in 4,17, und der lokale Horizont wird schon in 3,3f kosmisch ausgeweitet. Literarische und thematische Indizien sprechen für eine Zäsur nach 2,27: Die beiden Aussagenreihen 2,18-27 und 3,1-4,17[86] münden jeweils in die Erkenntnisaussage ein,[87] Querbezüge finden sich jeweils zwischen den beiden ersten[88] und den beiden zweiten[89] Aussagenreihen beider Hauptteile,[90] und schließlich kündigt 2,21-27 die Wendung der aktuellen Notsituation an, 3,1-4,17 dagegen die Abwendung der zukünftigen Bedrohung. Dabei leitet das ungewöhnliche אחרי־כן am Beginn von 3,1 „zu allen weiteren Worten in Kap. 3 und 4 über, die prophe-

---

79 Die als selbstverständlich angesehene Ausführung des Gebotenen fehlt häufig im AT (vgl. Rudolph, KAT 13/2, 62).
80 Wolff, BK 14/2, 70.
81 Vgl. aber Joel 2,21-24; 3,4f; 4,11bβ.15f.18.21b: Das Gotteswort ist nach 1,1 „Wort JHWH, das ergangen ist an *Joel*".
82 Vgl. Jeremias, TRE 17, 92.
83 Wolff, BK 14/2, 6f.
84 Wolff, BK 14/2, 67.
85 Joel zeigt sich auch darin als „Schriftprophet", dass er die Zitierung aus einer Prophetenschrift ausdrücklich als vorgegebenes JHWH-Wort kennzeichnet.
86 Zur Abgrenzung der zweiten Aussagenreihe siehe zu 4,18-21.
87 Vgl. Jeremias, TRE 17, 93.
88 Joel 1,5-20 // Joel 2,21-27.
89 Joel 2,1-17 // Joel 3,1-4,17.
90 Siehe unten und vgl. Bosshard, BN 40, 39f.

tische Verheißungen für eine fernere Zeit bringen; sie setzt voraus, daß die voraufgegangenen Erhörungszusagen für die frühere Zeit zur Vergewisserung der Erwartung der weit größeren künftigen (2 27) schon eingetroffen sind"[91].

Joel 2,18-20 bildet die *Einleitung* zum zweiten Hauptteil Joel 2,18-4,17: In V18 erzählen zunächst zwei Imperfecta consecutiva von der erfolgten neuen Zuwendung JHWHs, die in 2,13b.14 erhofft und in V17 erbeten worden war. Dabei weist der „Eifer für sein Land" (V18a) auf 1,5-20 zurück und auf 2,21-27 voraus, und das „Erbarmen[92] mit seinem Volk" bezieht sich entsprechend auf 2,1-17 und 3,1-4,17.[93] Es folgt mit V19f eine Vorschau auf die Heilsworte – in gleicher Differenzierung wie V18:[94] V19a wird Sättigung durch דגן, תירוש und יצהר versprochen, deren Verlust in 1,10 beklagt worden war (vgl. auch 1,16f) und deren reiche Erstattung in 2,24 (בר für דגן) angekündigt wird. V19b.20 verheißen die „Entfernung" des „Nördlichen" im Anschluss an den prophetischen Topos vom „Feind aus dem Norden", der schon im Hintergrund von 2,1-11 steht.[95] Doch während letzterer bei Jeremia eine geschichtliche Größe ist, dürfte der singuläre Terminus הצפוני zusammen mit der wie in 2,1-11 anklingenden Heuschreckenmetaphorik den endzeitlichen Charakter des Feindheeres bezeichnen.[96] Damit ist die חרפה בגוים (V19b) abgewendet, die in 2,17 befürchtet wurde. Auf diese Weise wird V19b.20 zur Vorschau auf die Abwendung der zukünftigen Gefährdung, die in 3,1-4,17 entfaltet wird. Die Erhörung umfasst also die Wendung der aktuellen Notlage, die durch Heuschreckenfraß und Dürre entstanden war *und* die Abwendung der akuten Bedrohung durch JHWH-Heer und JHWH-Tag!

Schriftenübergreifend bezieht sich der Bericht von JHWHs „Eifer für sein Land" (V18a) auf Sacharja: Der „große Eifer", mit dem sich JHWH nach der Zerstörung Jerusalems und der Exilierung seiner Oberschicht „Zion" wieder zugewandt hatte, ist jetzt „seinem Land" zuteil geworden.[97] Das

---

91 So Wolff selbst in Wolff, BK 14/2, 78; schon Keil unterscheidet unter Hinweis auf die „auf die ferne Zukunft hinweisende Formel אחרי־כן„, zwischen „Segen, welchen der Herr für die nächste Zeit und für die ferne Zukunft in Aussicht stelt (sic!)" (Keil, BC 3/4, 141).
92 Mit „Erbarmen" als substantivierter Wiedergabe von חמל wird versucht, „seelische Haltung und tätiges Verhalten" (Tsevat, ThWAT II, 1042) in dieser Wurzel zugleich zum Ausdruck zu bringen.
93 Zum Landbezug siehe zu Joel 2,21-27 und zum Volkbezug siehe zu Joel 3,1-4,17.
94 Zu dieser Differenzierung von Joel 2,18 und 2,19f vgl. auch Bossard, BN 40, 39.
95 Vgl. besonders Jer 6,22f und siehe unten zur Analyse von Joel 2,1-11.
96 Vgl. Wolff, BK 14/2, 73f – auch die Darstellung des Endes des „Nördlichen" nimmt mit ihrer Anspielung auf Ex 10,19 die Heuschreckenmetaphorik auf.
97 Sach 1-8 geradezu rahmend heißt es in Sach 1,14b: קנאתי לירושלם ולציון קנאה גדולה und in Sach 8,2aβ: קנאתי לציון קנאה גדולה. Vgl. damit Joel 2,18a: ויקנא יהוה לארצו.

„Erbarmen mit seinem Volk" in V18b korrespondiert thematisch Hos 11,8:[98] Wenn JHWHs „Reue" schon über sein in „Abkehr" (משובה in Hos 11,7) von ihm verstricktes Volk „entbrannt" ist, wie viel mehr wird die „Umkehr" seines Volkes JHWHs „Erbarmen" wecken![99] Die zugesagte Sendung von „Korn, Wein und Öl" in V19a hat ihre Entsprechung in der Zusage von Hos 2,24, dass die Erde diese Lebensgüter wieder hervorbringen werde.[100] Der „Nördliche" hat innerhalb des X* seine Vorgänger im „Norden", gegen den JHWH seine Hand ausstreckt, um Assur zu vernichten (Zef 2,13) und dem „Land des Nordens" Babel, das ebenfalls durch JHWHs Hand bedroht ist (Sach 2,10-13; vgl. Sach 6,6.8). Assur und Babel werden innerhalb dieser Traditionslinie zu Vorläufern des endzeitlichen Heeres, das gegen den Zion zieht. Ebenfalls als dessen Vorläufer erscheinen Israels Nachbarn Moab und Ammon, weil sie gegen das Gottesvolk und sein Gebiet „groß getan" (Zef 2,8.10) haben wie der „Nördliche"(V20bγ).[101]

Joel 2,21-27, die erste Aussagenreihe des zweiten Hauptteils, gilt der *Ankündigung neuer Fruchtbarkeit des Landes*. Der erste Zuspruch richtet sich an die אדמה, deren Verdorren in 1,10a beklagt worden war[102] und entspricht dem „Eifer" JHWHs für „sein Land" in der Einleitung (V18a // 1,6.14). V21-24 verlassen den Modus der Gottesrede, sind durch zusprechende Vetitive (jeweils am Beginn von V21a.22aα) und hymnische Imperative (V21bα.23aα) strukturiert, deren perfektische Begründungen (bis auf V24) immer umfangreicher werden und greifen fortlaufend auf Joel 1 zurück. Den Aufforderungen zu Jubel und Freude in V21bα.23aα (גיל und שמח) korrespondieren die Klageaufrufe in 1,5a.8.11aα.13aα und insbesondere die Feststellung des Verlustes von Freude und Jubel in 1,16b (שמחה וגיל). Das „Herabkommen" von Regen (V23) beendet die ver-

---

98 Schart findet es „mehr als überraschend, daß Jahwe zum Erbarmen mit seinem Volk findet ..., obwohl nichts davon berichtet wird, dass Israel auf den Aufruf des Joel hin tatsächlich umgekehrt sei" (Schart, Entstehung, 224 [267]). Doch Joel will hier als „Schriftprophet" weniger geschichtliche Vorgänge wiedergeben, als vielmehr unter Aufnahme älterer prophetischer Texte herausstellen, dass JHWH auf Umkehr „antwortet". Dennoch ist Scharts Hinweis auf Hos 11,8-11 thematisch zutreffend.
99 Vgl. נחומי („meine Reue") in Hos 11,8b und וינחם („er empfand Erbarmen").
100 Diese thematische Linie war oben im Zusammenhang mit Joel 1,5-20 weiter verfolgt worden.
101 3. m pl impf cons hif von גדל in Zef 2,8.10 – 3. m sg pf hif von גדל in Joel 2,20b. – Vgl. auch Edom, das nach Obd 12b seinen „Mund groß gemacht" hat am „Tag der Bedrängnis" seines „Bruders" und an dem JHWH deshalb seine „Größe" erweisen wird (יגדל in Mal 1,5bβ).
102 Im folgenden vertreten durch die Synonyme שדה (V22aα // Joel 1,10a.11b.12bα.19bβ. 20a) und נאות מדבר (V22aβ // Joel 1,19bα.20bβ).

5.1. Literarischer Kontext

heerende Trockenheit,[103] und der Zusage grünender „Weiden der Steppe" (V22aβ) נאות מדבר) an die בהמות שדי entspricht der Schrei derselben zu JHWH angesichts der „verzehrten" נאות המדבר (1,20bβ). Wie 1,12.19 die Dürrefolgen für „alle Bäume des Feldes" beklagen und in V12 an fünf Fruchtbäumen veranschaulichen, wird in 2,22b das neue Fruchttragen des „Baumes" zugesagt und durch „Feigenbaum und Weinstock"[104] konkretisiert. Und schließlich greift der in V24 angekündigte Überfluss an „Getreide" (בר), „Wein" (תירוש) und „Öl" (יצהר) deren beklagten Verlust in 1,5.10.17[105] auf. V25-27 nehmen die Gottesrede wieder auf und entfalten den „Eifer JHWHs für sein Land" (V18a), indem sie nun ausdrücklich die Erstattung des Heuschreckenschadens zusagen.[106] Dabei veranschaulicht die Wendung vom „Erstatten der *Jahre*" den in 1,2 festgestellten außergewöhnlichen Charakter des Geschehenen. Die göttliche Schadensregulierung erlaubt wieder אכל und שבע, und damit bezieht sich V26aα zum einen auf die Vorschau von V19a (שבע) zurück und zum andern auf die Klage von 1,16a (אכל). Und so wie 1,16b im Anschluss daran den Verlust von „Freude und Jubel im Haus unseres Gottes" beklagt, folgt in V26aβ die Ankündigung: „... und ihr werdet den Namen JHWHs, eures Gottes, loben". Der begründende Relativsatz schließlich bezieht sich auf die Begründung in V21 zurück,[107] so dass sich eine gewisse innere Rahmung der Erhörungszusagen ergibt. Die Ankündigung neuer Fruchtbarkeit mündet in das Erkenntniswort V27 ein[108] und weist mit V27b schon auf die zweite Aussagenreihe 3,1-4,17 voraus.[109]

Rückblickend lässt sich festhalten, dass die erste Aussagenreihe Joel 2,21-27 fast ausschließlich auf Joel 1 Bezug nimmt und die Wendung der akuten Gefährdung in der Weise entfaltet, dass V21-24 neue Fruchtbarkeit nach der verheerenden Dürre und V25-27 volle Erstattung des Heuschreckenschadens in Aussicht stellen. Nur zwei Stichworte aus 2,1-17, der zweiten Aussagenreihe des ersten Hauptteils, werden aufgenommen: Zum einen werden die „Landesbewohner" von 1,2.14; 2,1 hier als „Zionssöhne" angeredet,[110] und zum andern werden die Heuschrecken als „mein

---

103 In Joel 1,10.12 jeweils אבל und יבש und Joel 1,19f neben יבש wegen der steigernden Feuermetaphorik אכל und להט.
104 גפן und תאנה stehen auch in Joel 1,12 zusammen.
105 In V5 עסיס, in V10 דגן, תירוש, יצהר und in V17 דגן.
106 Vgl. die gleichen Bezeichnungen für die Heuschrecken wie in Joel 1,4, in V25 nur in der variierten Reihenfolge ארבה, ילק, חסיל, גזם.
107 כי־הגדיל יהוה לעשות (21). – אשר־ עשה עמכם להפליא (V26)
108 Vgl. die Erkenntnisaussage in Ex 10,2b und siehe zu Joel 1,2-4!
109 Zugleich knüpft V27b an V19b an, so dass es auch zu einer Art äußeren Rahmung kommt (vgl. Wolff, BK 14/2, 77).
110 בני ציון in V23 – ציון in V1.15 Ort des Hornsignals.

Heer" bezeichnet.[111] Mit diesen Bezugnahmen wird die vergewissernde Funktion des ersten Heilswortes für die auf fernere Zukunft zielenden Ankündigungen von 3,1-4,17 angedeutet: So gewiss JHWH die durch das Heuschreckenheer verursachte aktuelle Notlage wendet, wird er auch die kommende Bedrohung durch das endzeitliche Völkerheer abwenden (4,9-14) und den „Zionssöhnen" auf dem Zion, seinem „Wohnort" (4,17) und Aktionszentrum (4,16), „Rettung" gewähren (3,5).

Die *schriftenübergreifenden Zusammenhänge* können summarisch erwähnt werden, da sie schon zu Joel 1,2-20 ausführlicher dargestellt wurden: Die erneute Zuwendung JHWHs wird sich darin zeigen, dass „Getreide, Wein und Öl" wieder im Überfluss vorhanden sein werden, wie schon Hos 2,24 in Aussicht gestellt hatte, und dass der Heuschreckenschaden erstattet wird, der die Existenz des Gottesvolkes wie in Am 7,1-3 bedroht.

Joel 3,1-4,17, die zweite Aussagenreihe des zweiten Hauptteiles Joel 2,18-4,17, steht ganz im Zeichen der *Ankündigung endgültigen Heils auf dem Zion* und nimmt zentrale Stichwörter von 2,1-17 auf: „Sein Volk" – in 2,1-17 noch Adressat der Bedrohung – wird zum Adressaten der Verheißung;[112] der „(Berg) Zion" – in 2,1-17 noch von JHWH bedrohter Ort des Hornsignals (2,1.15), auf dem es kein „Entrinnen" vor dem heranziehenden Heer gibt (2,3bβ) – wird zum von JHWH bewohnten Ort endzeitlicher Zuflucht (3,5; 4,16.17).[113] Das angekündigte Geschehen hat sowohl in 2,1-17 als auch in 3,1-4,17 endzeitlichen Charakter[114] und universale[115] und kosmische Dimensionen.[116] והיה אחרי־כן steht gewissermaßen als Vorzeichen vor dem gesamten Abschnitt: Wird in 2,21-27 die Wiederherstellung des status quo ante angekündigt,[117] so läuft die zweite Aussagenreihe auf die Errichtung eines ganz neuen status zu.

Die Ankündigung des Gerichtes über die Völker in 4,1-14 wird gerahmt durch die Ansage kosmischer Veränderungen (3,3f und 4,15) und die Rettungszusage „für sein Volk" (3,5 und 4,16).

---

111 Vgl. חילי הגדול in V25 mit חילו in V11 für das endzeitliche Heer. Ähnlich werden die Heuschrecken in Anspielung auf den עם רב ועצום von Joel 2,2 schon in Joel 1,6 als גוי ... עצום ואין מספר gekennzeichnet (vgl. Wolff, BK 14/2, 76).
112 Joel 2,18.19 עמו, 2,17 עמך, 4,2.3 עמי und 4,16 עמו; dazu 2,17 נחלתך und 4,2 נחלתי.
113 Joel 2,1.15; 4,16a.17a ציון und 3,5b הר־ציון; 2,3bβ; 3,5bα פליטה.
114 Joel 2,1 לפני בוא יום יהוה הגדול והנורא, 2,11 גדול יום־יהוה ונורא מאד, בא יום־יהוה in 3,4 und 4,14 קרוב יום יהוה.
115 Joel 2,17.19; 4,2bis.9.11.12bis גוים und 2,6.17 עמים.
116 Joel 2,10; 3,3; 4,16 „Erschütterung" von „Himmel und Erde" und Joel 2,10; 3,4; 4,15 Verfinsterung der Gestirne – hierzu nachfolgend Einzelbezugnahmen auf Joel 2,1-17.
117 Joel 2,23 am Schluss ist mit G כראשון „wie früher" zu lesen – vgl. Rudolph, KAT 13/2, 62; Wolff, BK 14/2, 66.

5.1. Literarischer Kontext

Joel 3,1-5 begründet nun, warum dem Gottesvolk ein *Bestehen des JHWH-Tages* möglich ist. Wie der Prophet in 2,12-14 zu einem Fastgottesdienst mit priesterlichem Ruf zu JHWH auffordert und daraufhin eine neue Zuwendung JHWHs erhofft, so wird hier eine endzeitliche Zuwendung JHWHs zu seinem Volk[118] angekündigt, die die Deutung der „Zeichen der Zeit" und rettendes „Anrufen des Namens JHWHs" ermöglicht: die „Geistausgießung",[119] die die Grenzen von Geschlecht, Alter und Sozialstatus innerhalb des Gottesvolkes überwindet und eine Unmittelbarkeit zu Gott eröffnet, die bisher nur prophetischen Einzelgestalten zuteil wurde. Dieses „neue prophetische Gottesverhältnis betätigt sich im bevollmächtigten Anrufen (5a) des anrufenden (5b) Gottes"[120] – doch wie groß ist die Reichweite dieses neuen Gottesverhältnisses? Der Kontext scheint zunächst klar für das Gottesvolk zu sprechen (vgl. z.B. 2,27b; 3,1aß.b; 4,1), doch widerrät 3,5bβ schneller Festlegung: Der nach כאשר אמר יהוה wie nachgetragen wirkende Schlusssatz ist „wegen seiner isolierten Stellung ... verschiedener Deutung fähig"[121]. Wolff denkt bei den שרידים an den gleichen Adressatenkreis wie auch sonst in Joel und Rudolph und Deissler an Diasporajuden[122]. Doch nach 3,5a bedarf es einer solchen Näherbestimmung nicht, während eine Entschränkung des Personenkreises über das Gottesvolk hinaus den allgemein formulierten V5a (... כל אשר־יקרא) weiterführen würde, der dem כל־בשר von 3,1aα entspricht.[123] Wird hier angedeutet, dass die Völker, wie in 2,1-11 in das unheilvolle Geschehen (2,6), so hier auch in das heilvolle Geschehen involviert sind? Auf jeden Fall findet die 2,1-11 abschließende Frage in 3,5 ihre ausdrückliche Antwort.

Die Zusagen der Zuwendung JHWHs und der Rettung derer, die sich JHWH zuwenden (3,1f.5), rahmen die Ankündigung der bedrohlichen Vorzeichen des „großen und furchtbaren" יום־יהוה (V3f). Diese ist kunstvoll aufgebaut[124] und weist sowohl auf 2,1-11 zurück als auch auf 4,9-14 voraus:[125] Die Verfinsterungen der Gestirne (3,4) als kosmische

---

[118] Dass JHWH seinen Geist „ausschüttet", bedeutet die „rückhaltlose Selbsthingabe Gottes an Menschen, die in sich haltlos und hinfällig sind, besonders in nahenden Gerichtszeiten" (Wolff, BK 14/2, 78).
[119] אשפוך את־רוחי (Joel 3,1) – die Formulierung assoziiert das „Herabkommen lassen" des Regens „wie früher" in Joel 2,23.
[120] Wolff, BK 14/2, 79
[121] Wolff, BK 14/2, 66.
[122] Vgl. Wolf, BK 14/2, 82; Rudolph, KAT 13/2, 72; Deissler, NEB-AT 4, 82; Crenshaw stellt zu letzterer Deutung einen Bezug zu Joel 4,7 her (Crenshaw, AB 24C,170).
[123] Vgl. Keil, BC 3/4, 149,152 und auch Rendtorff, Day, 190.
[124] Die angekündigten Zeichen am *Himmel* und auf der *Erde* werden in chiastischer Folge expliziert – vgl. Keil, BC 3/4, 150; Wolff, BK 14/2, 81.
[125] Siehe oben zu 3,1-4,17 im Ganzen.

Phänomene kehren in 2,10 und 4,15 wieder, während „Blut und Feuer und Rauchsäulen" Metonyme für Krieg sind und damit auf 2,3-5 (zweimal אש) und V7-9 mit seiner Kriegsmetaphorik und auf 4,9-14 mit seinen Kampfaufrufen (4,9-12a) und Gerichtsmetaphern (4,13)[126] verweisen. Dabei knüpft die Formulierung wieder an die ägyptischen Plagen an: an die Verwandlung des Nilwassers in Blut,[127] das Herniederfahren von Feuer im Hagelregen[128] und das Entstehen einer „dichten Finsternis".[129] Diese Vorgänge werden nun als מופתים eingeführt: als *Vor*zeichen für den bevorstehenden יום־יהוה und als *Wahr*zeichen für die Erfüllung der prophetischen Ankündigung.[130] Die mit dem Geist JHWHs Erfüllten (3,1f) können diese „Zeichen der Zeit" deuten[131] und den „Namen JHWHs anrufen" (3,5a). מופתים ist zugleich der die neun Plagen rahmende und zusammenfassende Terminus in Ex 4,21; 11,9f, so dass die hier erwähnten „Wunderzeichen am Himmel und auf der Erde" als die Kriegs- und Plagenassoziationen überbietenden endzeitlichen Stationen vor dem letzten Gerichtsschlag („zehnte Plage") und der endgültigen Rettungstat („Exodus") JHWHs erscheinen.[132] Im Kontext der Joelschrift hat Joel 3 eine retardierende Funktion: Hatte die Katastrophenerfahrung von Joel 1 die Erwartung des nahen יום־יהוה evoziert (1,15) und 2,1-11 sein Kommen angekündigt, wehrt Joel 3 nun einen entsprechenden Schluss aus 2,21-27 ab: Die wiederhergestellte Fruchtbarkeit des Landes ist noch nicht das unmittelbare Präludium eschatologischen Heils, sondern diesem „Nächsten" wird erst ein „Übernächstes" (אחרי־כן והיה) folgen.

Mit Joel 3,5b wird expressis verbis ein *schriftenübergreifender Zusammenhang* hergestellt: Dass nach Obd 17a „auf dem Berg Zion Entrinnen sein wird", wird mit כאשר אמר יהוה ausdrücklich als Zitat eines früheren JHWH-Wortes bezeichnet.[133]

Joel 4,1-17 stellt nun den *Tag JHWHs für die Völker und das Gottesvolk* dar.[134] Die Zeitangabe von V1a knüpft an 3,1aα an und parallelisiert die folgende

---

126 Dabei verbindet sich besonders mit dem Bild des Keltertretens die Vorstellung des Blutvergießens – vgl. Jes 63,3f.
127 Erste Plage: in Ex 7,17b.21b הפך לדם.
128 Siebte Plage: in Ex 9,23f zweimal אש.
129 Vorletzte Plage: in Ex 10,21f dreimal חשך.
130 מופת ist „in der prophetischen Literatur ... vergewisserndes Zeichen der prophetischen Botschaft" (Wagner, ThWAT IV, 751).
131 Vgl. Jeremias, Prophetie, 109.
132 Vgl. noch einmal Bergler, BEAT 16, 247-276 (besonders 268-276).
133 Vgl. כי בהר־ציון ובירושלם תהיה פליטה in Obd 17aα mit ובהר ציון תהיה פליטה in Joel 3,5bα – Näheres zu Joels Obadjabezug im nächsten Kapitel.
134 Eine eingehende Analyse erfolgt im nächsten Kapitel.

5.1. Literarischer Kontext

Aussagenreihe mit Joel 3: Das in 3,3b angedeutete kriegerische Geschehen wird jetzt entfaltet, indem das Ergehen der Völker am יום־יהוה geschildert wird. Gerahmt wird diese Darstellung wieder durch Heilsaussagen für das Gottesvolk (4,1 und V16b.17), die mit einem begründenden כי eröffnet werden. So wird 4,1-17 zur Erklärung dafür, wie „Zion" aus dem Ort höchster Gefährdung (2,1aα) zum Ort endgültiger Zuflucht (3,5; 4,16f) werden kann. Die ankündigende Gottesrede wird wieder durch die Aufnahme tradierter Wendungen in V11b.14.16a.b unterbrochen.

V1-3 verknüpfen die „Wendung des Geschicks" von „Juda und Jerusalem" mit dem Gericht über „alle Völker", das mit deren Verhalten gegenüber „meinem Volk" und „meinem Land" begründet wird. Deshalb wird JHWH sie „im Tal Joschafat versammeln", ähnlich wie er „sein Heer" gegen Jerusalem anführte (2,11).

V4-8 wird überwiegend als Nachtrag angesehen,[135] soll aber im Zuge einer Synchronlesung auf Zusammenhang und Funktion in Joel 4 befragt werden. Die in V2bα angekündigte Rechtsauseinandersetzung[136] wird mit einer rhetorischen Doppelfrage aufgenommen (V4),[137] und unter Aufnahme und Entfaltung des Stichwortes מכר[138] werden Strafankündigung und Strafbegründung von V1-3 konkretisiert. Diese Konkretisierung selbst, die direkte Anrede der Adressaten und die Androhung der Schnelligkeit der Vergeltung (V4bβ) und der einstigen Opfer als künftige Vergelter (V7f) entwickeln eine steigernde Wirkung.

V9-14 erweist sich als unmittelbare Fortsetzung von V1-3, indem es zentrale Stichworte aufnimmt:[139] Die V1-3 angekündigte Einbestellung der Völker zum Gericht im Tal Joschafat wird jetzt in Gang gesetzt. Eine erste Kette von Imperativen mündet in einen ersten כי-Satz (V12b) ein: Ungenannte sollen den „Völkern" Aufforderungen zum Kampf überbringen[140] und sie ins „Tal Joschafat" bestellen, doch dann wechselt das Bild, und der Kampfplatz wird zur Richtstätte (V12b). Unvermittelt wechselt erneut das Bild, indem wieder Imperative an Ungenannte zu Schneiden und Keltertreten auffordern und weitere begründende כי-Sätze feststellen, dass die Ernte reif, das „Maß voll" ist (V13). Mit dem Strafvollzug bricht

---

135 Der Zusammenhang von Joel 4,1-3 mit V9-14 (siehe zu V9-14) wird unterbrochen, konkrete Adressaten werden direkt angeredet, Anklage und scharf formulierte Vergeltung (V4b.7f) werden im Prosastil vorgetragen und das Ganze ist durch וגם und כי יהוה דבר gerahmt – vgl. Wolff, BK 14/2, 89f.94f.
136 ונשפטתי in Joel 4,2bα.
137 Vgl. Mi 6,3.
138 מכר in Joel 4,3bβ.6aβ.7aβ.8bis.
139 גוים in Joel 4,2[bis].9aα.11a.12bis, קבץ in Joel 4,2aα.11a, עמק יהושפט in Joel 4,2aβ.12aβ und vgl. עמק החרוץ in Joel 4,14[bis] mit שפט in Joel 4,2bα.12b – vgl. Wolff, BK 14/2, 88.
140 Das eröffnende קראו־זאת erinnert an שמעו־זאת, den ersten Impt. in Joel (Joel 1,2)!

der יוֹם־יהוה an, der die „Entscheidung" (חרוץ) in der Auseinandersetzung JHWHs mit den Völkern bringt.[141] Die Ansage des nahen יוֹם־יהוה ruft 2,1-11 ins Gedächtnis: Während der nahe JHWH-Tag dort den „Zion" und „alle Landesbewohner" (V1), aber auch die „Völker" (V6) bedroht, sind hier nur die „Völker" betroffen; während der „Zion" vor der Gefahr gewarnt wird (2,1a), werden die „Völker" ahnungslos in eine für sie aussichtslose Auseinandersetzung gerufen (4,9-11).

Nachdem diese Auseinandersetzung als יוֹם־יהוה-Geschehen identifiziert ist, wird nun in *V15-17* die Kontrastierung zu 2,1-11 intensiv weitergeführt: Zunächst nimmt 4,15 wörtlich die kosmischen Begleiterscheinungen von 2,10b auf,[142] aber JHWHs Stimme erschallt (נתן/יתן קולו) nun nicht mehr vor seinem gegen Zion ziehenden Heer (2,11aα), sondern vom Zion her (4,16aα). Zwar spricht 4,16aβ fast wortgleich mit 2,10a vom Erbeben von Himmel und Erde, doch diesmal findet die bange Frage nach dem Bestehen in diesem unheilvollen Szenario (2,11bβ) eine Antwort, die erstmals seit 3,5 aus dem endzeitlichen Geschehen heilvolle Konsequenzen für das Gottesvolk zieht (4,16b), so dass 4,15-17 auch mit 3,3-5 parallelisiert wird.[143]

Auch die zweite Erhörungszusage Joel 3,1-4,17 wird durch eine Erkenntniszusage abgeschlossen, deren Entfaltung noch einmal den Bogen zu 2,1-11 schlägt[144] und den Ertrag des Endgeschehens zusammenfasst: Das Wohnen JHWHs auf dem Zion heiligt ganz Jerusalem und schützt es vor künftigen Invasoren (4,17).[145]

In Joel 4,1-17 werden ebenfalls *schriftenübergreifende Zusammenhänge* hergestellt: Besonders dicht ist die Rezeption Obadjas, die im nächsten Kapitel eingehender gewürdigt wird, so dass an dieser Stelle der summarische Hinweis genügt. Dass JHWH das „Geschick seines Volkes wendet", wird in Am 9,14f mit der Wiederherstellung Israels in seinem Land konkretisiert. In Joel 4,1 dient die Formel dazu, gleich einleitend Israels „Schicksalswende"[146] als Ziel des JHWH-Tags-Geschehens zu bestimmen.[147] Dass „alle Völker *ringsumher*" (Joel 4,11a.12b) aufgeboten werden, überrascht nach der Ankündigung des Gerichtes „über alle Völker" in Joel 4,2, bildet aber eine passende Überleitung zur Gerichtsankündigung über die

---

141 „Mit Ausnahme von Lev 22,22 stehen alle theologisch gefärbten Belege des Verbs und der Substantive im Kontext von Gericht und Krieg" (Freedman/Lundbom, ThWAT III, 233).
142 שמש וירח קדרו וכוכבים אספו נגהם in Joel 2,10b und 4,15.
143 Veränderungen an Himmel und Erde – Kommen des „großen und furchtbaren" יוֹם־יהוה – „Zuflucht für sein Volk" auf dem Berg Zion.
144 Joel 2,1a בציון ... הר קדשי.
145 Vgl. Wolff, BK 14/2, 89.97f.
146 Wolff, BK 14/2, 407.
147 שוב שבות in Am 9,14aα und Joel 4,1b.

Nachbarvölker „ringsum" in Am 1,3-2,3.[148] Umgekehrt bekommt das innerhalb des Völkerspruchzyklus beziehungslos bleibende suff 3. m sg in der stereotyp wiederkehrenden Ankündigung „Ich nehme *es* nicht zurück"[149] in Joel 4,1-17 seinen Bezug: Der von der Lektüre Joels herkommenden Leserschaft wird durch Joel 4,12-14 nahegelegt, die Unwiderruflichkeitsdrohung auf das angekündigte Gericht des יום־יהוה zu beziehen.[150] Die Aufzählung der Nachbarvölker in Am 1,3-2,3 liest sich dann als Entfaltung „aller Völker ringsum" (Joel 4,11a.12b) und die jeweiligen Strafbegründungen als Konkretisierung des Pauschalurteils: „Denn groß ist ihre Bosheit." Den prominentesten Amosbezug stellt aber das Zitat von Am 1,2a in Joel 4,16a dar,[151] dass beide Schriften an ihren Rändern unübersehbar miteinander verknüpft. Dieser Effekt wird noch verstärkt durch die in Joel 4,16a beschriebene Wirkung der JHWH-Stimme, die nicht nur Joel 2,10a parallelisiert, sondern zu- gleich an Am 1,1 anknüpft: Amos hatte geschaut, dass das kosmische „Erbeben" von Himmel und Erde (Joel 4,16aγ) seinen Ausgang nimmt beim „Schlag" JHWHs gegen sein Heiligtum, der dessen „Schwellen" zum „Erbeben" bringt (Am 9,1). Die Amostradenten hatten in einem besonders schweren Erdbeben „einen ersten Schritt der Verwirklichung des Gotteswortes des Amos"[152] gesehen, so dass sie eine singuläre Datierung des Prophetenwirkens nach diesem Naturereignis vornahmen. Mit der Stichwortanknüpfung an Am 1,1 macht Joel Amos zu einem ersten Verkünder des in Joel 4,16aγ angekündigten kosmischen „Bebens".[153]

Die mit der Verknüpfungsformel für Nachträge[154] angeschlossenen Schlussverse *Joel 4,18-21* bieten eine *Zusammenfassung* der Joelschrift und nicht nur eine „Nachinterpretation", die das zuvor Gesagte lediglich um „zwei spezielle Folgen" des Wohnens JHWH auf dem Zion ergänzt.[155]

Nach V18 sind die Berge (ההרים) nicht mehr vom endzeitlichen Heer bedeckt (2,2.5), sondern triefen von „Traubensaft"[156], dessen Verlust in 1,5 beklagt worden war und von dem nach 2,24 (hier תירוש) die Kelterkufen überfließen sollen. Das Überfließen der Hügel von Milch spielt

---

148 Vgl. Schart, Entstehung, 221 (264).
149 לא אשיבנו in Am 1,3.6.9.11.13; 2,1.4.6.
150 Vgl. Schart, Entstehung, 222 (264f).
151 (ו)יהוה מציון ישאג ומירושלם יתן קולו).
152 Jeremias, ATD 24/2, 3.
153 Vgl. ארץ ו שמים וירעשו in Joel 4,16aγ mit הרעש לפני שנתים in Am 1,1 und וירעשו הספים in Am 9,1 (siehe außerdem Am 2,13; 8,8 [רגז] und 9,5f).
154 והיה ביום ההוא.
155 Wolff, BK 14/2, 99f.
156 עסיס nur Jes 49,26; Joel 1,5; 4,18; Am 9,13 (vgl. Hld 8,2 עסיס רמני).

einerseits auf das Darben des Milchviehs angesichts vertrockneter Weiden (1,18) an, steigert das Wiederergrünen der Weideplätze (2,22) und ruft anderseits die Vorstellung wach vom Land der Verheißung als dem Land, „wo Milch und Honig fließt" (Ex 3,8.17 u.ö.). Die Ankündigung, dass „alle Bäche Judas" von Wasser überfließen werden, knüpft schließlich an die Klage über die vertrockneten Wasserbäche in 1,20b an[157] und überbietet zugleich die Behebung des Wassermangels durch Wiedereinsetzen des Regens „wie früher" (2,23). V18 bezieht sich also auf die Notsituation von Joel 1 und steigert deren Wende (2,21-27) ins Paradiesische. Dem entspricht das Fließen einer wunderbaren Quelle aus dem „Haus JHWHs", in der die Paradiesströme der Urzeit wiederkehren (Gen 2,10-14).[158] Diese Aussage ist aber nicht nur Schlussglied einer Reihung, sondern Begründung für die vorangehenden Sätze:[159] Wie der in Joel 1 beklagte lebensbedrohliche Mangel selbst das „Haus JHWHs" erreichte (1,9.13f.16), geht von hier jetzt Belebung in solcher Fülle aus, dass das ganze Land davon „überfließt". Die Ortsangabe „Tal Schittim" bezeichnet sonst die letzte Station der Wüstenwanderung (Num 25,1; 33,49) und den Ausgangspunkt für Jordandurchzug und Landnahme (Jos 2,1; 3,1; Mi 6,5), gehört aber hier zur „Geographie der Endzeit"[160], die sich topografischer Festlegung entzieht und Hoffnung auf neue Inbesitznahme des nunmehr zu paradiesischer Furchtbarkeit gelangten Landes weckt.

V19 entwirft das Gegenbild der Verödung „Ägyptens" und „Edoms" wegen deren „Gewalttat an den Söhnen Judas" und nimmt damit das andere große Thema Joels auf: die endzeitliche Bedrohung des Gottesvolkes (2,1ff) und deren Abwendung durch das Völkergericht (4,1ff).[161] Hatte das endzeitliche Heer „öde Wüste" (2,3) hinter sich zurückgelassen, und sollte der „Nördliche" seinerseits in ein „trockenes, ödes Land" (2,20)

---

157 Vgl. כל־אפיקי יהודה in Joel 4,18 und אפיקי מים in Joel 1,20b.
158 Vgl. ומעין מבית יהוה יצא והשקה in Gen 2,10a mit ונהר יצא מעדן להשקות את־הגן את־נחל השטים in Joel 4,18b und גיחון als Namen für den zweiten Strom, der aus der Paradiesquelle hervorgeht (Gen 2,13a). גיחון bezeichnet sonst eine der Quellen Jerusalems, und die im Tempel entspringende endzeitliche Quelle ist als „Idealisierung des גיחון" (Eising, ThWAT I, 1010) anzusehen (zum Zusammenhang von Paradies- und Tempelfluss vgl. auch Snijders, ThWAT V, 286f). – Die Wirkung der Tempelquelle resultiert aus der kosmischen Dimension des irdischen Gotteshauses, das mit dem himmlischen Heiligtum den *einen* Wohnort Gottes bildet – vgl. Jeremias, ATD 24/2, 125.
159 Betonte Voranstellung von מעין מבית־יהוה, Schlussstellung des finiten Verbs, auch in der Vorlage Ez 47,1-12 Tempelstrom „Quelle" paradiesischer Fruchtbarkeit, wie auch Joel 4,18bβ zeigt – vgl. Wolff, BK 14/2, 100f.
160 Sellin, Zwölfprophetenbuch, 142 – vgl. auch das „Tal Joschafat" in V2.12 // „Tal der Entscheidung" bzw. „Dreschschlittental" in V14.
161 Vgl. מדבר שממה in Joel 2,3, ארץ ציה ושממה in Joel 2,20 und in Joel 4,19 „Ägypten" מדבר שממה und „Edom" שממה.

vertrieben werden, so werden nun „Ägypten" und „Edom" selbst veröden. Ägypten und Edom sind keine aktuellen Bedränger mehr, sondern „Typen der gottfeindlichen Weltmacht"[162], die als Erbfeinde Israels auch in der יום־יהוה-Tradition[163] besondere Erwähnung finden. Darüber hinaus sind beide Völker und Länder mit unverwechselbaren Assoziationen verbunden: Ägypten ist das Land der Knechtschaft, aus dem JHWH sein Volk am Anfang seiner Geschichte herausgeführt hatte, und seine Erwähnung ruft noch einmal die Exodustypologie des Vorwortes 1,2-4 ins Gedächtnis.[164] „Edom" erinnert an das Ende der Nationalgeschichte in der Katastrophe von 587/6 vC, mit der die prophetische Tradition das gnadenlose Ausnutzen der Wehr- und Schutzlosigkeit des Gottesvolkes durch die Edomiter verbindet.[165] Nach der Verödung dieser Länder brauchen die „Judasöhne" keine „Gewalttat" mehr zu fürchten (V19b).

V20 formuliert wieder in scharfem Kontrast zu V19 den Heilsstatus Judas: Während V18 die paradiesische Furchtbarkeit des Landes entfaltete, wird nun „Juda" und „Jerusalem" immerwährendes Wohnen im Land verheißen. Dabei beziehen sich die Endgültigkeitsaussagen auf exponierte Passagen der Joelschrift zurück: Die mit der ersten Erkenntnisaussage 2,27 verbundene Zusage ist hier positiv formuliert,[166] und der Feststellung von 2,2b, dass das gegen Jerusalem ziehende endzeitliche Heer auch für alle Zukunft einzigartig bleibe,[167] entspricht der endgültige Heilsstatus Jerusalems.[168] Schließlich wird an das Vorwort angeknüpft und abschließend geklärt, was denn so erinnernswürdig ist, dass es von Generation zu Generation überliefert werden soll (1,3 לדור): nicht die aktuelle Notsituation als Einzelereignis, sondern als erstes Glied einer Ereignisfolge, deren letztes Glied nun Judas endgültiges Wohnen im Land ist. So „vollenden" 4,19f in Gericht und Heil das in 3f dargestellte Endgeschehen.

Der letzte Satz der Joelschrift wiederholt die Entfaltung der zweiten Erkenntnisaussage[169] und nennt zum Schluss noch einmal den Garanten

---

162 Keil, BC 3/4, 142.
163 Für Edom vgl. besonders Jes 34; 63,1-6; Obadja und für Ägypten Jer 46,3-10; Ez 30,2-9 und Sach 14 (18.19).
164 Vgl. noch einmal Bergler, BEAT 16, 247-294.
165 Siehe z.B. Ez 25,12-14; Am 1,11f und besonders Obd 10-14 – daher ist das „Vergießen unschuldigen Blutes in ihrem (= der Judäersöhne) Land" besonders auf Edom zu beziehen. Zu Joels Edomtypologie vgl. Bergler, BEAT 16, 295 und siehe die Analyse von Joel 4. – Zur Frage, was von der „Gewalttat Edoms" im Zusammenhang mit dem Untergang Judas historisch greifbar ist, vgl. Meinhold, BK 14/8 (Lfg. 1), 45 (mit weiteren Literaturangaben).
166 Vgl. לעולם ... ולא־יבשו in Joel 2,27 mit לעולם תשב in Joel 4,20.
167 In der Rückschau heilvollen Charakter gewinnend!
168 Vgl. דור ודור in Joel 2,2b mit לדור ודור in Joel 4,20.
169 Joel 4,17: ... יהוה ... שכן בציון.

paradiesischer Fruchtbarkeit des Landes und immerwährender Sicherheit des Volkes: das dauerhafte Wohnen JHWHs auf dem Zion.

Auch in Joel 4,18-21 findet sich ein *schriftenübergreifender Zusammenhang*: Sowohl Joel 4,18aβγ als auch Am 9,13b stellen als ein Merkmal der Wiederherstellung Israels in fast identischer Formulierung[170] „überfließende" Fruchtbarkeit des Landes heraus. Für die von Schart[171] vertretene Joelpriorität könnte sprechen, dass in Joel 4,18 ausdrücklich die „Quelle" dieser „überströmenden" Fruchtbarkeit genannt wird, während die Kontextverhaftung von Am 9,13b nicht ebenso stark erscheint. In jedem Fall aber stellt die nur hier und fast wortgleich begegnende Aussage einen bewussten Querverweis dar, der die Leserschaft ein letztes Mal dazu anleitet, die Amosschrift im Licht Joels zu lesen.

Nachstehende Übersicht stellt noch einmal die Stichwortverknüpfungen zwischen der Einleitung Joel 1,2-4 bzw. der Zusammenfassung Joel 4,18-21 und der übrigen Joelschrift und zwischen den beiden Aussagereihen beider Hauptteile, Joel 1,5-20; 2,1-17 und Joel 2,21-27; 3,1-4,17, zusammen. Da Joel 2,18-20 *beide* Aussagereihen des zweiten Hauptteils einleitet, werden die einleitenden Verse auch entsprechend aufgeteilt: Joel 2,18a.19a sprechen von JHWHs „Eifer für sein Land" und leiten die erste Aussagereihe Joel 2,21-27 ein, die neue Fruchtbarkeit des Landes zusagt, und Joel 2,18b.19bf thematisieren JHWHs „Erbarmen mit sein Volk" und leiten die zweite Aussagereihe Joel 3,1-4,17 ein, die Gottes Volk endgültiges Heil auf dem Zion zusagt.

---

170 ההרים עסיס וכל־הגבעות – יטפו ההרים עסיס והגבעות תלכנה חלב in Joel 4,18aβγ – תתמוגגנה והטיפו in Am 9,13b.
171 Vgl. Schart, Entstehung, 219 (261).

1,2-4 Einleitung
דור 1,3; 2,2; 4,20; 2,1 ;1,2.14 כל יושבי הארץ 1,2.14; 2,16; זקנים
חסיל ,ילק, ארבה, גזם 1,4; 2,25; אכל 1,4ter.16.19.20; 2,3.25.26

1,5-2,17 erster Hauptteil der Joelschrift
1,5-20 // 2,1-17
2,3; שממה 1,7; שמה 2,2.5; עם ... עצום 1,6; גוי... עצום
2,17; מנחה ונסך 1,9.13; 2,14; הכהנים משרתי יהוה 1,9 (vgl. 13);
1,14; קדשו־צום 2,16bis 1,14; אספו 1,14; 2,15; קראו עצרה 1,14; 2,15
1,19; 2,3 אש אכלה ... להבה להטה

1,5-20 // 2,18a.19a.21-27	Hauptstichwörter der Joelschrift	2,1-17 // 2,18b.19b-4,17
תאנה, גפן 1,7.12; 2,22	אכל 1,4ter.16.19. 20b; 2,3.25.26	הר קדשי 2,1; 4,17;
אדמה 1,10; 2,21	ארץ 1,2.6.14; 2,1.3. 10.18; 4,2.19	פליטה 2,3; 3,5
שדה 1,10.11.12. 19.20; 2,22	אש 1,19.20; 2,3.5; 3,3	מלחמה 2,5; 4,9;
יצהר, תירוש, דגן 1,10; 2,19 (vgl. 24)	יום־יהוה 1,15; 2,1. 11b; 3,4; 4,14	עמים 2,6.17; 4,2
עץ 1,12; 2,22	עם 2,16.17.18. 19.26.27; 4,2.3.16	גבור(ים) 2,7; 4,9.10.11
שמחה וגיל 1,16; 2,21.23	ציון 2,1.15.23; 3,5; 4,16.17.21	אנשי מלחמה 2,7; 4,9
נאות מדבר 1,19. 20; 2, 22		(ו)רעשו שמים 2,10; 4,16
בהמות שדי 1,20; 2,22		ארץ - שמים 2,10; 3,3; 4,16
		2,10b = 4,15
		ויהוה נתן קולו 2,11; 4,16
		הרעה 2,13; 4,13
		נחלה 2,17; 4,2
		גוים 2,17.19; 4,2bis.9.11.12bis
		חרפה 2,17.19

2,18a.19a.21-27 // 2,18b.19bf; 3,1-4,17
4,13; מלאה 2,24; ומלאו 2,20.21; הגדיל 4,13; שלח 2,19.25;
השיקו היקבים 2,24; 4,13; שם יהוה 2,26; 3,5; ישראל 2,27; 4,2.16;
וידעתם כי (...) ו)אני יהוה אלהיכם 2,27; 4,17

2,18-4,17 zweiter Hauptteil der Joelschrift

4,18-21 Zusammenfassung
עסיס 4,18; ההרים 4,18; 2,2.5; יום (יהוה) 4, 18; 1,15; 2,1.11; 3,4; 4,14
אפיקי מים 1,5; (מדבר) שממה 4,19bis; 2,3.(20);
לעולם 4,20; 2,27; דור 4,20; 1,3; 2,2; ירושלם 4,20; 3,5; 4,1.16.17;
ציון 4,21; 2,1.15.23; 3,5; 4,16.17

Die einzelnen Teile der Joelschrift sind dicht miteinander verwoben und entfalten die JHWH-Tags-Thematik so umfassend wie keine andere Prophetenschrift.[172] Indem sich die Joelschrift intensiv vor allem auf die Nachbarschriften Hosea und Amos bezieht, exponiert sie die יום־יהוה-Thematik für das X* insgesamt. Nach einer ersten knappen Erwähnung in Joel 1,15, die durch die außergewöhnliche Notlage evoziert ist, wird der יום־יהוה ein erstes Mal in Joel 2,1-11 thematisiert, so dass die Analyse mit diesem יום־יהוה-Gedicht einsetzt.

5.2. Literarische Gestaltung[173]

1 Stoßt ins Horn auf[174] Zion,
und lärmt auf meinem heiligen Berg;
erbeben sollen alle Bewohner des Landes!
Denn [es] kommt der Tag JHWHs, ja nahe [ist er]:
2 ein Tag der Finsternis und der Verdunklung,
ein Tag der Wolke und des Wolkendunkels.[175]
Wie Frühlicht [ist] ausgebreitet auf den Bergen
ein großes und mächtiges Volk,
wie es nicht gewesen ist von Urzeit her
und nach ihm nicht wieder sein wird
bis in fernste Generationen.[176]
3 Vor ihm fraß das Feuer,
und hinter ihm verzehrt die Flamme.
Wie [der] Garten Eden [ist] das Land vor ihm,
und hinter ihm [ist es] öde Wüste;
und auch [nacktes] Entrinnen gab es nicht bei ihm.
4 Wie das Aussehen von [Reit-]Pferden ist sein[177] Aussehen,
und wie Wagenpferde[178], so laufen sie[179].
5 Wie Getöse von [Kriegs-]Wagen hüpfen sie über die Berggipfel,

---

172 Von den 16 Belegstellen des exakten Terminus יום־יהוה (13 davon in XII) entfallen allein fünf auf die Joelschrift (Joel 1,15; 2;1.11; 3,4; 4,14).
173 Vgl. Meinhold, Joel 2,1-11, 210-216.
174 „*Auf* Zion" wegen des Parallelismus בציון // בהר קדשי.
175 Zu V2aα vgl. die Übersetzung von Zef 1,14-16.
176 Wörtlich: „... bis in die Jahre von Generation zu Generation".
177 Immer noch auf das Volk bezogen.
178 Die Parallele סוסים // פרשים meint hier Reit- und Wagenpferde – vgl. Niehr, ThWAT VI, 784.
179 Jetzt constructio ad sensum entsprechend der Vielzahl der Krieger.

5.3. Joel 2,1-11 und Zef 1,2-18*

wie Prasseln einer Feuerflamme, die Strohstoppeln frisst,
wie ein mächtiges Volk, gerüstet zum Kampf.
6 Vor ihm winden sich die Völker,
haben sich alle Gesichter verfärbt.[180]
7 Wie Helden laufen sie,
wie Kriegsleute ersteigen sie [die] Mauer,
und jeder auf seinen Wegen – gehen sie,
und nicht verlieren sie ihre Pfade.
8 Und einer den andern – nicht bedrängen sie sich,
und jeder auf seinen Straßen – gehen sie,
und durch Geschosse[181] hindurch fallen sie ein,
nicht unterbrechen sie [ihren Zug].
9 In die Stadt stürmen sie,
auf der Mauer laufen sie,
in die Häuser steigen sie,
durch die Fenster kommen sie wie der Dieb.
10 Vor ihm[182] erbebt die Erde,
erzittert der Himmel,
Sonne und Mond verfinstern sich,
und Sterne ziehen ihren Glanz zurück.
11 Und JHWH erhebt seine Stimme vor seinem Heer,
denn sehr groß [ist] sein Heerlager,
ja mächtig der Vollstrecker seines Wortes,
ja groß der Tag JHWHs und sehr furchtbar.
Und wer kann ihn aushalten?

Zwei einleitende Imperative in Joel 2,1aα knüpfen an die Reihe der Imperative aus Joel 1[183] an und stellen zugleich die Verbindung her zur Imperativkette in Joel 2,12.13a.15-17. Die wortgleiche Aufforderung תקעו שופר בציון – in V15a Signal für einen Bußgottesdienst – ist hier zusammen mit dem zweiten Befehl ein Alarmruf angesichts von Feindbedrohung, der die „Landesbewohner" aufschrecken soll.[184]
Die Ansage des nahen יום־יהוה in zwei כי-Sätzen (Joel 2,1b-2aα) begründet die Imperative und wird in Joel 2,11b mit einleitendem כי wieder

---

180 Wörtlich: „... haben alle Gesichter Röte (ein-)gesammelt".
181 Rudolphs Einwand gegen diese Übersetzung geht von der irrigen Annahme aus, dass hier Heuschrecken gemeint seien – Näheres siehe unten.
182 Der Singular knüpft an das „große und mächtige Volk" an und weist zugleich auf V11 voraus.
183 Joel 1,2.5.8.11.13f.
184 Hos 5,8; 8,1; Jer 4,5; 6,1 – vgl. Wolff, BK 14/2, 45.50.

aufgenommen, so dass der Terminus יוֹם־יְהוָה eine Inclusio bildet. Die zum Vorstellungskreis des יוֹם־יְהוָה gehörende Aussage von Joel 2,10 nimmt aus Joel 2,1a רגז und אֶרֶץ auf, so dass die Bezogenheit der *Rahmenteile Joel 2,1.2aα und Joel 2,10f* aufeinander verstärkt wird.

Die so *gerahmten Verse Joel 2,2aβ-9* bilden ihrerseits ein engmaschiges textum von Wiederholungen und Variierungen von Stichwörtern, Wortanfängen und Satzgestaltungen. Mit der Präposition כ eingeleitete Vergleiche beginnen V2aβ. bβ.3bα.4a.b.5aα.β.bα.7aα.β, und zu diesen zehn Vorkommen – davon acht Zeilenanfänge – kommt ein letzter mit כ eingeleiteter Vergleich am Schluss von V9. Die übrigen Zeilenanfänge zwischen V2aβ und V7a eröffnen mit „und hinter ihm" (וְאַחֲרָיו in V2bγ) und „vor ihm" (לְפָנָיו in V3aα und מִפָּנָיו[185] in V6). Zwei weitere Vorkommen von וְאַחֲרָיו jeweils am Anfang von V3aβ.bα knüpfen an V2bγ an, und innerhalb von V3 wird לְפָנָיו wiederholt (V3bα). Schließlich beginnt auch V10 mit לְפָנָיו, so dass auch der zweite Rahmenteil in diese Stichwortverknüpfung einbezogen ist und die beiden Fügungen וְאַחֲרָיו und לְפָנָיו innerhalb von V1-11 jeweils dreimal vorkommen.

Auch die Zeilenanfänge von V7b-9 weisen stilistische Besonderheiten auf: Zweimaliges וְאִישׁ beginnt V7b[186] und V8a und bildet ebenso wie das zweimalige כְּקוֹל in V5a eine Anapher, und ein Homöoarkton begegnet in der Konsonantenfolge (וּ)בְעַ(ד) am Beginn von V8b.9a.b. Über den anaphorischen Zeilenbeginn hinaus sind V7b und V8a miteinander verwoben durch drei Lexeme für „Weg"[187] und drei für „Mann"[188], durch Nun paragogicum[189] am Ausgang aller vier Verbformen[190] und schließlich durch die chiastische Stellung der vier Sätze von V7b.8a,[191] deren erster und letzter völlig parallel aufgebaut sind.[192] Entsprechend der Funktion der Präposition כ in V2aβ-7aβ beginnen die Sätze von V8bα-9bα (außer V8b zweiter Satz) mit der Präposition ב,[193] wobei die wieder parallel beginnenden V8b.9b[194] vier Zwei-Wort-Verbalsätze[195] rahmen.

---

185 Auch kausal übersetzbar: „seinetwegen".
186 Hier Stichwortanschluss an das V7aβ einleitende כְּאַנְשֵׁי.
187 מְסִלָּה, אֹרַח, דֶּרֶךְ.
188 אִישׁ[bis], אָח, גֶּבֶר.
189 Nach J.Hoftijzer vor allem an Stellen, die einen Kontrast ausdrücken – vgl. Bartelmus, Hebräisch, 84.
190 Die übrigen Verbformen mit Nun paragogicum finden sich in V4b.5bα.7aα.9aα.
191 Erster und vierter Satz positiv, zweiter und dritter negativ formuliert.
192 גֶּבֶר בִּמְסִלָּתוֹ יֵלֵכוּן // וְאִישׁ בִּדְרָכָיו יֵלֵכוּן.
193 Vgl. Bergler, BEAT 16, 51.
194 בְּעַד הַחַלּוֹנִים יָבֹאוּ // וּבְעַד הַשֶּׁלַח יִפֹּלוּ.
195 Der erste negiert, die übrigen invertiert.

5.3. Joel 2,1-11 und Zef 1,2-18*

Der zweite Rahmenteil V10f schließlich endet mit drei Nominalsätzen, die mit כי beginnen und wirkungsvoll von einem Verbalsatz mit einer Zwei-Wort-Frage abgeschlossen werden.
*Struktur*bildend ist neben der schon herausgearbeiteten Differenzierung von Rahmen (V1.2aα und V10.11) und Gerahmtem (V2aβ-9) die Funktion von V6: Die nach dem Zionbezug von V1a überraschende Schilderung der Reaktion der Völker unterbricht die Darstellung vom Vorrücken des Feindheeres auf die „Stadt" und erscheint „gewissermaßen als Brückenpfeiler, der die sich von V.1 zu V.10f erstreckende Brücke in der Mitte stützt"[196].

Die Auswertung der stilistischen Beobachtungen unter Einbeziehung weiterer, noch nicht gewürdigter Stichwortbezüge lässt sich zu folgender Strukturübersicht von Joel 2,1-11 zusammenfassen.

A V1-2bα erster Rahmenteil:
Alarmruf für die Bewohner des Landes angesichts des nahen יום־יהוה
Rahmenstichwörter: רגז, ארץ, יום־יהוה (vgl. V10f)

> **B** V2bβ-5[197] erste Feindschilderung: wie Kavallerie
> rahmende Stichwörter: על(...)ההרים (V2aβ.5aα), עם (...) עצום (V2bα.5b), אכל (V3aα.5aβ), אש (V3aα.5aβ), להב(ה) (V3aβ.5aβ)
>
> > **C** V6 Reaktion der Völker
>
> **B₁** V7-9 zweite Feindschilderung: wie Infanterie
> rahmende Stichwörter: ירצון (V7aα.9aα), יעלו (V7aβ.9aβ), חומה(...) (V7aβ.9aα)

A₁ V10.11 zweiter Rahmenteil:
der Tag JHWHs und seine kosmischen Begleiterscheinungen
Rahmenstichwörter: רגז, ארץ, יום־יהוה (vgl. V1-2bα)

Danach ergibt sich für eine *lineare Leserichtung* folgendes Aussagegefälle: Die „Landesbevölkerung" wird vom Zion aus vor drohender Gefahr alarmiert (**A**); die Bedrohung wird als „großes und mächtiges Volk" auf den

---

196 Kutsch, BZAW 168, 238.
197 Meinhold differenziert noch in allgemeinen (V2aβ.b.3) und ersten konkreten Vergleich (V4f), Meinhold, Joel 2, 1-11, 214; hier sind die Verse wegen der rahmenden Stichworte zusammengenommen.

Bergen sichtbar, und seine Identifizierung mit dem „Heuschreckenheer" (Joel 1,4.6) wird durch die Betonung seiner Unvergleichlichkeit abgewehrt. Im Näherrücken konkretisiert sich der visuelle Eindruck in „Pferde / Kampfpferde", und es treten akustische Wahrnehmungen der anrückenden Kavallerie hinzu, die ihrerseits durch den Wechsel von dumpfem Wagengeräusch zu hellem Feuerprasseln das Näherkommen hörbar machen[198] (**B**). Überraschend wird dieses „mächtige Volk" seinerseits zur Vergleichsgröße (עם עצום V5bα), so dass der Charakter der Bedrohung unbestimmt bleibt. Ihre universale Dimension wird an der Schreckensreaktion der „Völker" erkennbar (**C**). Nachdem die unheimliche Armee die Stadt erreicht hat, tritt die Infanterie in den Blick, die zunächst allgemein in ihrem geordneten und unaufhaltsamen Vordringen geschildert wird, um dann gewissermaßen in Nahaufnahme die einzelnen Kämpfer auf ihrem Eroberungsweg „in die Stadt – auf der Mauer – in die Häuser – durch die Fenster hindurch" zu zeigen (**B₁**). Der harte grammatische Anschluss in V10aα[199] markiert eine Zäsur: Unter Aufnahme von Stichwörtern (רגז, ארץ) und Vorstellungen (Verfinsterung) des ersten Rahmenteiles werden kosmische Umwälzungen geschildert, die aus dem Aussagenzusammenhang heraus als durch das unheimliche Heer ausgelöst erscheinen müssen (לפניו in V3aα.bα.10aα). Nach der Darstellung dieser kosmischen „Wunderzeichen" (Joel 3,3f) wird das Geheimnis des unvergleichlichen und unaufhaltsamen Heeres gelüftet: Es ist „sein Heer", von JHWH selbst angeführt und befehligt, und sein Vordringen bringt die Schrecken des יום־יהוה, so dass nur noch die rhetorische Frage bleibt: „Wer kann ihn aushalten?" (**A₁**)

Daneben setzt die gleichzeitige Anordnung der Teile zu einer *Ringkomposition* einen bemerkenswerten neuen Akzent: Der Alarmruf des ersten Rahmenteils (**A**) hat lokalen Bezug und wird in traditionellen Formulierungen mit Nähe und Finsternis des יום־יהוה begründet. Der ihm korrespondierende zweite Rahmenteil (**A₁**) fügt der יום־יהוה-Thematik mit ihrer kosmischen Ausweitung einen weiteren traditionellen Topos hinzu und ergänzt entsprechend die Charakterisierung des יום־יהוה um dessen Größe und Furchtbarkeit. Diese Charakterisierung ist aber durch die Erwähnung des „Heeres JHWHs" mitbedingt, das seinerseits auf den inneren Ring verweist, der mit der Darstellung dieses „Heeres" die Realisierung des יום־יהוה entfaltet.

---

198 Vgl. Wolff, BK 14/2, 54.
199 לפניו mit suff 3 m sg, Einsetzen von Perfektformen – vgl. Wolff, BK 14/2, 55.

Teil **B** stellt Unvergleichlichkeit und verheerende Wirkung des „großen und mächtigen Volkes" in einer Kette von Vergleichen (achtmal כ[200]) heraus, die auf das militärische Bild einer schlagkräftigen Kavallerie zulaufen. Die Entsprechung **B₁** schildert Zielstrebigkeit und Unaufhaltsamkeit der Kämpfer, und ein siebenmaliges Vorkommen der Partikel ב[201] entfaltet ihre unentrinnbare Präsenz „in der Stadt".

Im Brennpunkt der Ringkomposition (**C**) steht aber die Reaktion der Völker auf dieses Heer ohnegleichen, deren Formulierung wieder dem יום־יהוה-Vorstellungskreis angehört, und von dieser universalen Mitte her bekommt ארץ in Teil **A** (V1a) und **B** (V3bα) einen universalen Klang.

Durch die kunstvolle Verbindung von linearer und konzentrischer Struktur erhält der יום־יהוה in Joel 2,1-11 hinsichtlich seiner Adressaten eine doppelte Ausrichtung als Unheilstag für das Gottesvolk und für die Völker. Es wird im Folgenden zu zeigen sein, dass diese Strukturierung dadurch bedingt ist, dass und wie vorgegebene Traditionen aufgenommen wurden.

5.3. Joel 2,1-11 und Zef 1,2-18*

Im Folgenden soll begründet werden, dass Joel 2,1-11 den יום־יהוה unter Rückbezug auf und Weiterführung von Zef 1,2-18* als akute Bedrohung des Gottesvolkes aktualisiert.

Die Aufforderung zu Hornblasen und Kriegsgeschrei in Joel 2,1aα signalisiert, dass der in Zef 1,16a angekündigte „Tag des Horn(blasens) und Kriegsgeschreis" heraufzieht.[202] Die Nähe des יום־יהוה wird durch die verstärkende Modifizierung der יום־יהוה-Ankündigungsformel von Zef 1,7bα.14a in Joel 2,1b herausgestellt.[203] Als „Tag der Finsternis und des Dunkels, Tag des Gewölks und des Wolkendunkels" wird er ausdrücklich mit dem von Zefanja angekündigten „Tag" identifiziert,[204] wobei lediglich die *optische* Phänomene bezeichnenden Nominalwendungen aus Zef 1,15 zitiert werden, die für die kosmische Interpretation in Joel 2,10 offen sind. Wie der einzige Imperativ in Zef 1,2-18* an eine Jerusalemer Bevölkerungsgruppe gerichtet ist (ישבי המכתש in Zef 1,11a), so

---

200 V2aβ.bβ.3bα.4a.b.5aα.β.bα – außerdem V7aα.β.9b.
201 V7bα.8aβ.b.9aα^bis.β.9b – außerdem V1aα^bis (dadurch mit „Zion" identifiziert!).
202 Vgl. יום שופר ותרועה in Zef 1,16a und ... והריעו ... in תקעו שופר in Joel 2,1aα (ותרועה) und והריעו von der Wurzel רוע).
203 Vgl. (כי) קרוב יום(־)יהוה in Zef 1,7bα.14a und כי־בא יום־יהוה כי קרוב in Joel 2,1b.
204 יום חשך ואפלה יום ענן וערפל in Zef 1,15bβγ = Joel 2,2aα.

soll der einleitende Alarmbefehl „auf dem Zion" laut werden (Joel 2,1aα). Doch während die Aufforderung von Zef 1,11a ein fortgeschrittenes Stadium der Eroberung Jerusalems vergegenwärtigt und nur noch an die „Bewohner des Maktesch" gerichtet werden kann und sie lediglich zu „Klagegeheul" aufruft, soll der Warnruf von Joel 2,1aα „alle Landesbewohner" erreichen.[205]

Die militärische Invasion führt nach Zef 1,13a zur „Verwüstung der Häuser" Jerusalems, während der unheimliche Heereszug in Joel 2,3bα zunächst noch im Anrücken ist und das „Land" als „öde Wüste" zurücklässt.[206] Entsprechend lenkt Zef 1,10 die akustische Wahrnehmung auf das „Geschrei" der betroffenen Jerusalemer Bevölkerung, wogegen Joel 2,5a die Aufmerksamkeit auf das Geräusch des heranrückenden Heeres richtet.[207] Wie in Zef 1,17a wird in Joel 2,6 die Wirkung auf die Menschenwelt universal ausgeweitet, aber die Darstellung Joels ist zurückhaltender: Weder nennt er JHWH als unmittelbaren Verursacher der Schrecken, noch gibt er diesen irgendeine Konkretion wie Zef 1,17b. Der demoralisierenden Wirkung des יום־יהוה kann sich nach Zef 1,14b auch der „Held" nicht entziehen, während Joel wieder an dem diese Wirkung erzielenden Heer interessiert ist, dessen Angehörige „wie Helden laufen" (Joel 2,7aα). In der gleichen Weise differiert die Perspektive bei der Darstellung des JHWH-Tags-Geschehens in der „Stadt"[208] (Jerusalem): Ist Zef 1,10f bis in topografische Details hinein auf Jerusalem bezogen und am Ergehen der Jerusalemer interessiert, so bleibt die „Stadt" in Joel 2,9 trotz der konkreten Züge der Stadteroberung[209] anonym[210] und die Darstellung auf das geordnete und unaufhaltsame Vordringen des Heeres orientiert.

Joel 2,10 beschreibt dann wie Zef 1,2f die Wirkung des JHWH-Tags-Geschehens auf die gesamte Schöpfung, doch während nach Zef 1,2f alle Lebewesen betroffen sind, wird in Joel 2,10 deren Lebensraum involviert. Dabei entfaltet die besondere Akzentuierung der Verfinsterung der Gestirne den in Joel 2,2a zitierten „Tag der Finsternis und des Dunkels, Tag des Gewölks und des Wolkendunkels" aus Zef 1,15b und gibt ihm eine kosmische Dimension. In Joel 2,11aα tritt die Zurückhaltung in der Darstellung Joels am eindringlichsten hervor: Während Zef 1,2-18* durchzo-

---

205 Vgl. הילילו ישבי המכתש in Zef 1,11a und ירגזו כל ישבי הארץ in Joel 2,1aβ (siehe auch כל־יושבי ירושלם in Zef 1,4aβ).
206 Vgl. ובתיהם לשממה in Zef 1,13aβ und הארץ ... מדבר שממה in Joel 2,3bαβ.
207 Vgl. קול צעקה in Zef 1,10aβ (siehe auch Zef 1,14a) und zweimaliges כקול in Joel 2,5a.
208 In Zef 1,16b ist allgemein davon die Rede, dass der יום־יהוה „über alle befestigten Städte" kommt, und im Mittelpunkt der Komposition steht dann der JHWH-Tag über Jerusalem. Die Darstellung von Joel 2,2aβ läuft auf das JHWH-Tags-Geschehen „in der Stadt" zu.
209 בתים in Joel 2,9a wie in Zef 1,13b erwähnt.
210 Der Bezug auf Jerusalem ist nur von Joel 2,1a her gegeben.

5.3. Joel 2,1-11 und Zef 1,2-18*

gen ist von meist in Gottesrede ergehenden Aussagen vielfältiger Aktivitäten JHWHs, beschränkt sich Joel auf die Feststellung, dass JHWH „seine Stimme vor seinem Heer erhebt". Damit wird aber überaus wirkungsvoll der Schleier über der bis dahin uneindeutigen und unheimlichen Szenerie gelüftet und die prima causa des dargestellten Geschehens enthüllt. Mit Zefanja betont Joel schließlich die „Größe" des יום־יהוה und über ihn hinaus seine „Furchtbarkeit".[211] Während Zef 1,18a eine Rettungsmöglichkeit in einem Aussagesatz verneint, formt Joel die Feststellung der Aussichtslosigkeit zu einer Frage um, die eine definitive Antwort noch offen lässt.

Im Anschluss an die Tag-JHWHs-Dichtung von Zef 1,2-18* folgen in Zef 2,1-3 auf konkretes Verhalten zielende Imperative mit der Absicht, „vielleicht" den „Tag des Zornes JHWHs" zu überstehen. Parallel dazu ruft Joel nach der Tag-JHWHs-Dichtung von Joel 2,1-11 zur Umkehr in der Hoffnung, dass JHWH „vielleicht" seinerseits umkehrwillig ist (Joel 2,14a).[212] Er gibt dieser Hoffnung aber in Joel 2,13b eine theologische Begründung, die die „Gnadenformel"[213] aus Ex 34,6 zitiert und um die prophetische Erfahrung erweitert, dass „JHWH sich das Unheil gereuen lässt"[214]. Damit wird der Güte JHWHs zugetraut, dass sie auch die Bedrohung durch den יום־יהוה abwenden kann.

Die herausgearbeiteten Bezüge resümierend, ergibt ein Vergleich von Joel 2,1-11 und Zef 1,2-18*: Joel schließt sich vor allem durch das Zitat von Zef 1,15bβγ eng an die יום־יהוה-Aussagen von Zef 1,2-18* an und teilt mit der Zefanjadichtung die Verbindung von kosmologisch-horizontaler (Jerusalembezug, militärische Züge) und kosmologisch-vertikaler Dimension (Involvierung der gesamten Schöpfung) des JHWH-Tags-Geschehens. Anders als in Zef 1,2-18* fehlt in Joel 2,1-11 jegliche Begründung für das Kommen des יום־יהוה, und auch sonst sind nicht die Jerusalemer Adressaten des JHWH-Tages, sondern die Krieger des JHWH-Heeres im Fokus der Darstellung. Die Größe und Furchtbarkeit des יום־יהוה zeigt sich auf kosmologisch-horizontaler Ebene in der Unvergleichlichkeit dieses Heeres und auf kosmologisch-vertikaler Ebene in seinen kosmischen Begleiterscheinungen. Literarisch fällt gegenüber dem Mosaik der JHWH-Tags-Aussagen von Zef 1,2-18* die geschlossene Darstellung des יום־יהוה-Geschehens von Joel 2,1-11 auf. Die gestalterische

---

211 Vgl. יום־יהוה הגדול in Zef 1,14a und כי־גדול יום־יהוה ונורא מאד in Joel 2,11b.
212 Vgl. אולי תסתרו ביום אף־יהוה in Zef 2,3b und ... מי יודע ישוב in Joel 2,14a.
213 Spiekermann – zitiert nach Simian-Yofre, ThWAT VII, 472.
214 Vgl. ונחם על־הרעה in Joel 2,13bγ mit נחם יהוה על־זאת in Am 7,3a.6a. Wie schon bei der Verbindung von Heuschreckenplage und Dürre zeigt sich Joel auch hier auf die ersten beiden Amosvisionen bezogen (vgl. Jeremias, Prophetie, 106).

Meisterschaft Joels zeigt sich in der poetischen Anschaulichkeit dieser Darstellung, die sich zugleich jeder historischen Konkretion entzieht.

Bevor nun das thematische Profil von Joel 2,1-11 bestimmt werden kann, macht es sich erforderlich, die Herkunft der neuen Elemente zu bestimmen, die Joel in die יום־יהוה-Thematik einführt und mit deren Hilfe er Zef 1,2-18* weiterführt.

5.4. Aufgenommene Traditionen

Zum einen hat Joel Elemente aufgenommen, die fest in *Theophanieschilderungen* verwurzelt sind. Die beiden ältesten Elemente der Theophanietradition sprechen in variierender Terminologie vom Kommen JHWHs und vom „Aufruhr der Natur"[215]. Für das Kommen Gottes wird in Ps 96,13^{bis}; 98,9 und Hab 3,3 die Wurzel בוא verwendet,[216] die in Joel 2,1b.9bβ den JHWH-Tag und das JHWH-Heer zum Subjekt hat. Festes Motiv des „Aufruhrs der Natur" ist das „Erbeben" von Erde, Bergen und Himmel „vor JHWH", das nach Joel 2,10a von JHWHs Heer ausgelöst wird[217] und innerhalb der JHWH-Tags-Tradition nur noch in Jes 13,13; 34,4 begegnet. Auch die Übertragung des „Erbebens" von der Natur auf die Menschenwelt in Joel 2,1aβ.6a ist schon in Theophanieschilderungen vollzogen worden.[218] Besonders signifikant ist das Motiv in Joel 2,11aα, dass JHWH „seine Stimme erhebt": Innerhalb der יום־יהוה-Tradition nur hier belegt, begegnet es sonst nur in Theophanieschilderungen.[219] Auch „Feuer" gehört zu den Begleiterscheinungen der Theophanie,[220] und die Formulie-

---

215 Jeremias, Theophanie, 151.
216 אלוה מתימן יבוא in Hab 3,3; ... לפני יהוה (...) כי בא לשפט הארץ in Ps 96,13 = Ps 98,9;
217 Vgl. לפניו רגזו ארץ רעשו שמים in Joel 2,10a. Die hier verwendeten Wurzeln רגז und רעש finden sich noch an folgenden Belegstellen: ארץ רעשה ... הרים נזלו מפני יהוה in Ri 5,4f; ויתגעשו ותרעש הארץ ומוסדי הרים ירגזו in Nah 1,5a; הרים רעשו ממנו in Ps 18,8; אף ירגזו תהמות in Ps 68,9; ארץ רעשה ... מפני אלהים in Ps 77,17 und תחל הארץ רגזה ותרעש in Ps 77,19. – Dazu die Wurzel חול (vgl. Joel 2,6a): מלפני ראון יחילו הרים in Ps 97,4b.5b und יהוה מלפני אדון לכ־הארץ in Hab 3,10.
218 Vgl. ירגזו כל ישבי הארץ in Joel 2,1a mit ירגזו מלך עמים in Ps 99,1 und מפניו יחילו עמים in Joel 2,6a mit חילו מפניו כל־הארץ in Ps 96,9 (siehe den Parallelismus in V9a!).
219 Vgl. ויהוה נתן קולו in Joel 2,11aα mit נתן קולו in Ps 18,14; נתן בקולו קול עז in Ps 68,34b; יעננו בקול in Ex 19,19; קול דברים in Dtn 4,12; דבר קול גדול in Dtn 5,22 und in Dtn 5,23-26 viermal קול.
220 Vgl. folgende pyrische Phänomene: חמתו נתכה כאש in Nah 1,6b; וגחלי־אש in Ps 18,14; כאש תבער־יער וכלהבה תלהט הרים in Ps 83,15; קול־יהוה חצב להבות אש in Ps 29,7; כאש אכלת ומראה כבוד in Ps 97,3; ותלהט סביב צריו אש לפני תלך in Ex 24,17; ידבר יהוה ... מתוך האש in Dtn 4,11 // 5,23; וההר בער באש in Dtn 4,12 //

5.4. Aufgenommene Traditionen

rung insbesondere von Joel 2,3a zeigt, dass „Feuer" in Joel 2,3 nicht nur Mittel der Kriegführung ist, sondern den theophanen Charakter des Geschehens andeuten soll: Das Heer lässt nicht nur verbrannte Erde „*hinter sich*" zurück, sondern auch „*vor ihm* frisst das Feuer".[221] Von keiner der aufgeführten Belegstellen lässt sich eine literarische Abhängigkeit Joels postulieren, aber die Bezüge lassen erkennen, dass Joel wichtige neue Elemente seiner ersten Tag-JHWHs-Dichtung der Sprach- und Vorstellungswelt der Theophanieschilderungen entnimmt.

In vergleichbarer Intensität wird auf prophetische *Feindschilderungen*[222] und insbesondere die Nordfeinddarstellung in Jer 4,5-6,26[223] angespielt. So soll Benjamin in *Hos 5,8f* vor einem ungenannten Feind gewarnt werden, der Efraim „am Tag der Züchtigung zur Wüste" machen wird.[224] Die Hoseabezüge der Joelschrift im Allgemeinen und besonders die Tatsache, dass die Verbindung von Hornblasen und Kriegsgeschrei nur in Hos 5,8 und Joel 2,1 belegt ist, sprechen dafür, dass Joel bewusst Hoseas Alarmruf aufnimmt und ihn wie Jer 4,5; 6,1 auf Juda und Jerusalem bezieht.[225]

Nach *Jes 5,25-30* bietet JHWH gegen sein Volk „Völker aus der Ferne" auf, deren unaufhaltsames und furchterregendes Vordringen in Jes 5,27 in sechs verneinenden Aussagen[226] und in Jes 5,28-30 in fünf mit כ eingeleiteten Vergleichen[227] beschrieben wird und vor dem es „keinen Retter"[228] gibt. Jes 5,30 ist ein späterer Zusatz,[229] der dem geschichtlichen Feindeinfall „an jenem Tag" kosmische Dimensionen verleiht.[230]

Noch dichter sind die Querverbindungen zur Schilderung des „Feindes aus dem Norden" in Jer 4,5-6,26:[231] Die Darstellung wird in Jer 4,5

תאכלנו האש הגדלה הזאת in Dtn 5,24 und ואת־קלו שמענו מתוך האש in 5,22.26; Dtn 5,25.
221 Vgl. mit אש אכלה לפניו in Joel 2,3aα z.B. אש לפניו תלך in Ps 97,3 – das Feuer signalisiert das Gegenwärtigwerden JHWHs bzw. seines Heeres.
222 Vgl. Wolff, BK 14/2, 45f.50-56.
223 Vgl. Bergler, BEAT 16, 187-211 für die gesamte Joelschrift.
224 תקעו שופר בגבעה ... הריעו בית און ... אפרים לשמה תהיה ביום תוכחה ... in Hos 5,8f.
225 Als Feindschilderung aus dem XII sei noch auf die Schilderung der „Chaldäer" in Hab 1,5-11 verwiesen, die mit Joel 2,1-11 einzelne Motive („furchtbares" Auftreten, Tiervergleiche, unaufhaltsames Vordringen) gemeinsam hat.
226 Zweimal mit אין und viermal mit לא verneint – vgl. die Beschreibungen via negationis in Joel 2,7f (dreimal לא).
227 Vgl. die zehn mit כ eingeleiteten Vergleiche in Joel 2,2-5.7.
228 ואין מציל am Schluss von Jes 5,29 – vgl. וגם־פליטה לא־היתה לו am Ende von Joel 2,3.
229 Vgl. Wildberger, BK 10/1, 226.
230 Vgl. ביום ההוא ... והנה־חשך צר ואור חשך בעריפיה ... mit dem Verfinsterungsmotiv in Joel 2,2a (יום... חשך).11.
231 Vgl. Bergler, BEAT 16, 187-211 für die gesamte Joelschrift.

mit der Aufforderung zum Hornblasen eröffnet,[232] die an Juda und Jerusalem gerichtet ist (Jer 4,5; vgl. 6,22) und mit dem „Heraufziehen"[233] eines Feindes „von Norden her" (Jer 4,6) begründet wird.[234] Das Heer ist „zum Kampf gerüstet" (Jer 6,23),[235] zieht in „Windeseile" herauf (Jer 4,13)[236], „verzehrt"[237] alles Leben und alle Lebensgüter (Jer 5,17) und „macht das Land zur Wüste" (Jer 4,7),[238] ja „entleert" die Erde und verfinstert den Himmel (Jer 4,23-26.27f),[239] so dass sich der Prophet (Jer 4,19a) und die „Tochter Zion" (Jer 6,24) „winden wie eine Gebärende".[240]

Die Querverbindungen zwischen Joel 2,1-11 einerseits und Jes 5,25-30 und Jer 4,5-6,26 andererseits erreichen nirgends die Dichte eines ausdrücklichen Zitats, haben aber den Charakter bewusster Bezugnahmen: Joel 2,1-11 nimmt die wesentlichen Elemente prophetischer Feindschilderung auf wie Alarmierung des Gottesvolkes durch Hornsignal vor dem anrückenden Feind, dessen Kennzeichnung als „großes Volk" und Charakterisierung durch Tiervergleich,[241] besondere Erwähnung von „Pferden und Wagen", verheerende Wirkung des Heeres, vor dem es kein Entrinnen gibt, kosmische Begleiterscheinungen, Reaktion der Betroffenen und schließlich die Verknüpfung des Geschehens mit einer יום-Aussage.

Signifikant sind zugleich die Differenzen zu den Feindschilderungen: Die Charakterisierungen und Vergleiche geben dem Bild des Feindes keine geschichtlichen Konturen, sondern verleihen ihm im Gegenteil trotz der „Nahaufnahmen" von Joel 2,8 eine Unschärfe[242] und damit zugleich eine Spannung, die erst in Joel 2,11a mit der Identifizierung des unheimlichen Feindes als JHWHs Heer ihre Auflösung findet. Das Kommen des Feindes erfährt keinerlei Begründung und die Reaktion der Erstbetroffenen darauf keinerlei Erwähnung (Joel 2,6 führt – vom Kontext her überraschend – die Reaktion der „Völker" ein.).[243]

---

232 תקעו שופר בארץ in Jer 4,5 (vgl. 6,1.17).

233 עלה – vgl. Joel 2,7.9.

234 מצפון in Jer 4,6 – vgl. den „Nördlichen" (הצפוני) in Joel 2,20.

235 Vgl. ערוך כאיש למלחמה in Jer 6,23 mit ערוך מלחמה am Ende von Joel 2,5.

236 Die Schnelligkeit von מרכבותיו und סוסיו in drei Vergleichen – davon zwei mit כ.

237 Viermal אכל in Jer 5,17 – vgl. jeweils einmal אכל in Joel 2,3a.5a.

238 לשום ארצך לשמה in Jer 4,7 (vgl. V27) – siehe מדבר שממה am Schluss von Joel 2,3.

239 Vgl. Joel 2,10: jeweils „Himmel und Erde" betroffen (Jer 4,23), für Erbeben Wurzel רעש (Jer 4,24) und für Verfinsterung Wurzel קדר (Jer 4,28).

240 Jeweils Wurzel חול wie in Joel 2,6a als Reaktion der „Völker".

241 Vgl. die Anspielungen auf die Heuschreckenmetaphorik vor allem in Joel 2,2-5 mit dem Löwenbild in Jer 4,7.

242 Die Vergleiche in V4f.7 machen Kavallerie und Infanterie eines Heeres selbst zur Vergleichsgröße!

243 Vgl. demgegenüber die eindringlichen Reaktionsschilderungen (4,8f.10.30f; 6,24-26) und Anklagen (4,18.22; 5,1-5.7-9.19-31; 6,6f.10.13-15.17-21) in Jer 4,5-6,26! – Warum in Joel

5.4. Aufgenommene Traditionen

Die Prädizierung des יוֹם־יהוה selbst gehört in einen anderen Traditionszusammenhang: גדול und נורא bezeichnen das „numinose Wesen Gottes", und נורא „gehört zum typischen Vokabular der *Zions- und JHWH-Königs-Lieder*".[244] Die Prädikate des Weltkönigs JHWH und seines Namens[245] werden von Joel auf den „Tag" übertragen, der ganz vom Eingreifen JHWHs bestimmt und deshalb „groß und sehr furchtbar" sein wird.

Am umfassendsten werden aber *JHWH-Tags-Traditionen* in Joel 2,1-11 aufgenommen.[246] Zef 1,2-18* ist, wie oben gezeigt wurde, Hauptreferenztext für Joel 2,1-11, weil Joel die JHWH-Tags-Botschaft dieser redaktionsgeschichtlich vorausliegenden Tag-JHWHs-Dichtung weiterführen will.

Aus *Am 5,18-20* übernimmt Joel die Strukturierung seiner Dichtung durch rahmende יוֹם־יהוה-Aussagen[247] und die Akzentuierung des Finsternischarakters in den Rahmenteilen[248], die dann aber in Joel 2,10 als kosmische Verfinsterung interpretiert wird. Wie das Gerahmte in Am 5,19 die Unentrinnbarkeit vor dem יוֹם־יהוה in einem Vergleich darstellt, so entfalten Joel 2,2-5.7 Größe, Schnelligkeit, Ordnung und verheerende Wirkung des Heeres, „vor dem es kein Entrinnen gibt", in einer Kette von Vergleichen.[249] Diese Bezugnahmen stellen eindrücklich die bleibende Aktualität des ältesten יוֹם־יהוה-Textes für die Leserschaft Joels heraus.

Auch zu *Ez 30,1-19* bestehen Querverbindungen: Der „Tag Ägyptens" (Ez 30,9) ist von Verfinsterung begleitet,[250] hat Verheerung des Landes zur Folge,[251] und die Betroffenen „winden sich" vor Angst.[252] Außerdem findet sich der einleitende Schreckensruf „Ach, der Tag!" (Ez 30,2b) auch in Joel 1,15a.[253] Für Joel 2,1-11 belegen diese Parallelen jedoch lediglich, dass sich Joel traditioneller Terminologie und Topik der יוֹם־יהוה-Tradition bedient.

2,6 überraschend die Reaktion der Völker eingeführt wird, soll im nächsten Kapitel begründet werden.
244 Fuhs, ThWAT III, 879 (Kursivdruck PGS).
245 גדול // נורא in Ps 47,3; 96,4; 99,3 und außerdem נורא in Ps 76,8.13. Ps 99 wurde vermutlich im ausgehenden 4.Jh. vC abgefasst (vgl. Zenger, Psalmen, 697) und gehört dann nicht mehr zu den Joel vorgegebenen Traditionen.
246 Vgl. die ausführliche Darstellung in Bergler, BEAT 16, 131-185 für die gesamte Joelschrift.
247 יום יהוה als Inclusio in Am 5,18bis.20 und in Joel 2,1b.11b – vgl. Meinhold, Joel 2,1-11, 210, Anm. 18.
248 Besonders signifikant ist die Verwendung des Nomens נגה, das innerhalb der יוֹם־יהוה-Tradition nur in Am 5,20b und Joel 2,10b vorkommt.
249 Vgl. einleitendes ... כאשר in Am 5,19 und zehnmaliges כ in Joel 2,2-5.7.
250 ענן יכסנה ... חשך היום in Ez 30,18 – vgl. Joel 2, 2aα.10.
251 שםם (ונשמו בתוך ארצות נשמות nif) in Ez 30,7; (והשמתי ארץ שםם hif) in Ez 30,12 – vgl. Joel 2,3bα.
252 חול תחיל סין in Ez 30,16 – vgl. Joel 2,6a.
253 Vgl. אהה ליום in Ez 30,2b und אהה ליום in Joel 1,15 – in יוֹם־יהוה-Tradition nur hier.

Die Parallelen zu *Jes 13* jedoch haben den Charakter eindeutiger literarischer Beziehungen,[254] und sie finden sich ausschließlich innerhalb der Weltgerichtsdarstellung von Jes 13,2-16. Stärkster Beleg ist das Zitat von Jes 13,6 in Joel 1,15b,[255] ähnlich deutlich wird das „Erbeben" von Himmel und Erde in Joel 2,10a im Anschluss an Jes 13,13a formuliert,[256] und Joel 2,10b schließlich spricht wie Jes 13,10 – wenn auch in anderer Formulierung und Reihenfolge – von der Verfinsterung von Sonne, Mond und Sternen.[257] Auch die Schilderung des JHWH-Heeres weist terminologische Querverbindungen auf: JHWHs „Helden" bilden ein „großes Volk", dessen Ausbreitung „auf den Bergen" von einer unüberhörbaren Geräuschkulisse begleitet ist.[258] Jeremias arbeitet heraus, dass der יום־יהוה in Jes 13,6-13 „in zwei analogen und parallelen Anläufen entfaltet" wird, wobei Jes 13,6-8 „die im Volk geläufige" Vorstellung wiedergibt, „die durch die Verse 9-13 überhöht werden soll".[259] Die Bedeutung dieses Befundes für die Joelschrift bestimmt er so: „Insbesondere die ... Entfaltung des ‚Tages Jahwes' in zwei Stadien hat das Joelbuch so stark beeinflusst, dass sie für Jl 1-2 geradezu zum konstitutiven Merkmal geworden ist."[260] Die Übernahme der Zweistufigkeit in der Darstellung des יום־יהוה ist eine für das Verständnis der Joelschrift grundlegende Beobachtung, doch bestimmt diese Zweistufigkeit nicht das Verhältnis von Joel 1 und 2, sondern die Beziehung der beiden יום־יהוה-Darstellungen in Joel 2,1-11 und 4,1-17, auf die die beiden Hauptteile Joel 1,2-2,17 und 2,18-4,17 jeweils zulaufen. Denn bei aller Transparenz auf den יום־יהוה hin bleiben Heuschreckeneinfall und Dürre in Joel 1 doch zurückliegende Ereignisse, von denen der kommende JHWH-Tag deutlich unterschieden wird.[261] Das יום־יהוה-Geschehen selbst jedoch wird in Joel 2,1-11 und 4,1-17 „in zwei Stadien" dargestellt, die in intensiver Wechselbeziehung zueinander stehen. „Die beiden wichtigsten Differenzen [von Joel 2,1-11 – PGS] zu Jes 13",[262] die Adressierung des יום־יהוה an das Gottesvolk und die fehlende Begrün-

---

254 Zu den Parallelen zu und der Priorität von Jes 13 vgl. Jeremias, BZAW 300, 129-138.
255 Vgl. כי קרוב יום יהוה וכשד in Jes 13,6 und הילילו כי קרוב יום יהוה כשד משדי יבוא משדי יבוא in Joel 1,15b. Der einleitende Imperativ הילילו fehlt, findet sich dafür aber gleich dreimal in Joel 1,5.11.13.
256 Vgl. לפניו רגזה ארץ in Jes 13,13a und על־כן שמים ארגיז ותרעש הארץ ממקומה רעשו שמים in Joel 2,10a (siehe auch Joel 4,16aγ!).
257 in כי־כוכבי השמים וכסיליהם לא יהלו אורם חשך השמש בצאתו וירח לא־יגיה אורו Jes 13,10 und in Joel 2,10b שמש וירח קדרו וכוכבים אספו נגהם.
258 V3 גבורים in Jes 13,3 und Joel 2,7a; עצרב in Jes 13,4 // עצרב ועצום in Joel 2,2 bα; הרים in Jes 13,4 und Joel 2,2aβ; zweimal קול in Jes 13,4 und Joel 2,5a.
259 Jeremias, BZAW 300, 135.
260 Jeremias, BZAW 300, 136.
261 Siehe oben zu Joel 1,1-2,17.
262 Jeremias, BZAW 300, 135.

5.4. Aufgenommene Traditionen

dung für sein Kommen, bestehen bezeichnender Weise nicht für Joel 4,1-17: Adressat des יום־יהוה ist hier wie in Jes 13,2-16 die Völkerwelt, und Joel 4,1-17 bietet wie Jes 13,9-13 (= „zweite Stufe") eine Begründung für den universalen Gerichtstag.[263] Die Bedeutung dieser Zweistufigkeit in der JHWH-Tags-Darstellung Joels wird erst im nächsten Kapitel nach der Analyse von Joel 4 voll gewürdigt werden können.

In Joel 2,1-11 haben zahlreiche Elemente der יום־יהוה-Traditionen – vorzugsweise aus der Weltgerichtsdarstellung von Jes 13,2-16 – Aufnahme gefunden: Charakteristische Züge der Feinddarstellung und die Unentrinnbarkeit „vor ihm", der Finsternischarakter des יום־יהוה und seine verheerende Wirkung und schließlich der Vergleich der Schreckensreaktion der Betroffenen mit dem Sich-Winden einer Gebärenden sind zu einer geschlossenen JHWH-Tags-Schilderung verbunden. Angesichts dieses Befundes ist für die Intention von Joel 2,1-11 umso signifikanter, welche Elemente Joel nicht aufnimmt: Es finden sich keine historischen Identifizierungen des Feindes (vgl. dagegen Jes 13,17; Ez 30,10), keinerlei Begründungen (vgl. dagegen Jes 13,11f; Ez 30,6.13.18b) und keine Zornesterminologie (Jes 13,5.9; Ez 30,15) und schließlich auch keine Entfaltung der grausigen Kriegswirkungen (Jes 13,15f; Ez 30,11).[264]

Schließlich bedürfen auch die in erster Linie die Heuschreckenplage von Ex 10 betreffenden Bezugnahmen auf die *Exodustradition* innerhalb von Joel 2,1-11[265] einer kurzen Würdigung. Die Feststellung der Einzigartigkeit des „großen und mächtigen Volkes" in Joel 2,2b berührt sich auffällig mit der entsprechenden Charakterisierung des Heuschreckeneinfalls in Ex 10,14b und steigert zugleich die Unvergleichlichkeitsaussage.[266] In Ex 10,6a wird angedroht, dass die Heuschrecken alle „Häuser" der Ägypter füllen werden,[267] und die in die Stadt vordringenden Angehörigen des JHWH-Heeres steigen nach Joel 2,9a auch „in die Häuser ein" (יעלו בבתים). Signifikant ist die Beobachtung, dass Joel für die Beschreibung des JHWH-Heeres nicht die von Joel 1 und Ex 10 her nahe liegende Heu-

---

[263] Vgl. nur, dass JHWH nach Jes 13,11aα die „Bosheit" (רעה) am Erdkreis heimsuchen" wird, mit dem letzten Satz von Joel 4,13: „Denn groß ist ihre [der Völker] Bosheit (רעתם)."
[264] Die Unterschiede zu Zef 1,2-18* waren oben herausgearbeitet worden.
[265] Vgl. Bergler, BEAT 16, 261-265.
[266] Vgl. עם רב ועצום לפניו לא־היה כן ארבה כמהו ואחריו לא יהיה־כן in Ex 10,14b mit כמהו לא נהיה מן־העולם ואחריו לא יוסף עד־שני דור ודור in Joel 2,2b und siehe außerdem Ex 11,6: כמהו לא נהיתה וכמהו לא תסף (gleiche Verbfolge היה nif - יסף hif wie in Joel 2,2b) vom Klageschrei der Ägypter angesichts des Verlustes der Erstgeburt.
[267] ומלאו בתיך ובתי כל־מצרים in Ex 10,6 – vgl. auch die Androhung der Froschplage in Ex 7,28 (ועלו ובאו בביתך ... ובבית עבדיך) und der Stechfliegen in Ex 8,17 (בך ובעבדיך ובעמך ובבתיך ... ומלאו בתי מצרים).

schreckenmetapher wählt, sondern eine Bezeichnung der Akteure, die an exponierter Position gleichfalls in der Exodustradition vorkommt, hier aber die „Israelsöhne" charakterisiert. In Ex 1,9f (J) trifft der „neue König über Ägypten" die Feststellung, dass „das Volk der Israelsöhne stärker und zahlreicher ist als wir"[268] und findet diese Tatsache bedrohlich für den Kriegsfall.[269] Damit konstatiert er die Erfüllung der Abrahamverheißung, dass „Abraham zu einem großen und mächtigen Volk" werden soll (Gen 18,18a).[270] Die beiden Wurzeln רבב und עצם begegnen auch in Ex 1,7.20 (P), wo wohl die jeweils gleichlautende Verbform ויעצמו unter Anknüpfung an V9 vom Redaktor (R^P) eingefügt wurde, so dass die beiden Wurzeln für Ex 1 Leitwortcharakter erhalten.[271] Die ursprünglich in den Väterüberlieferungen wurzelnde Mehrungsverheißung wurde von P universal ausgeweitet „und spannt ... einen Bogen vom Anfang des Werkes bis zum Bericht von der Volkwerdung"[272].

Diese Bezugnahmen auf die Exodustradition sind aber innerhalb von Joel 2,1-11 so andeutend, dass sie – selbst wenn sie für eine schriftkundige Leserschaft gedacht sind – nur als Untertöne wahrgenommen werden können. Immerhin könnten sie andeuten, dass Joel ein Geschehen ankündigen will, das in seiner Bedeutung dem Exodus entspricht.

5.5. Thematisches Profil

Die Tag-JHWHs-Dichtung Joel 2,1-11 ist an exponierter Stelle innerhalb der Joelschrift platziert: Nachdem in Joel 1,5-20 Heuschreckeneinfall und Dürrekatastrophe zu Vorzeichen des יום־יהוה erklärt worden sind, wird mit Joel 2,1-11 die zweite Aussagenreihe des ersten Hauptteils Joel 1,2-2,17 eröffnet, indem in Aufnahme und Überbietung der Aussagen von Joel 1,5-20 das Kommen und die Schrecken des יום־יהוה für das Gottes-

---

268 הנה עם בני ישראל רב ועצום ממנו in Ex 1,9.
269 מלחמה in Ex 1,10 – vgl. Num 22,3.6!
270 ואברהם היו יהוה לגוי גדול ועצום in Gen 18,18a – knapper Gen 12,2: ואעשך לגוי גדול (vgl. WHSchmidt, BK 2/1, 33).
271 WHSchmidt, BK 2/1, 19.
272 WHSchmidt, BK 2/1, 29.

volk entfaltet werden. Damit wird die anschließende Umkehrforderung begründet und zugleich das Bild gezeichnet, zu dem Joel 3,1-4,17, die zweite Aussagenreihe des zweiten Hauptteils, und insbesondere Joel 4,1-3.9-17 ein Gegenbild entwirft. Durch die als Gottesrede gestaltete Einleitung und den überraschenden Völkerbezug in Joel 2,6 nimmt Joel 2,1-11 sogar andeutend den Erhörungsteil vorweg.

Joel 2,1-11 ist auch in sich außerordentlich beziehungsreich und kunstvoll durchkomponiert: Die Gestaltung des heranziehenden Heeres entsprechend den prophetischen Feindschilderungen[273] gibt dem Text ein Gefälle von der Sichtung des Feindes „auf den Bergen" bis hin zu Eroberungsaktivitäten der einzelnen Kämpfer „in der Stadt". Die Kennzeichnung dieses „Heeres" als עם רב ועצום und die Betonung seiner Einzigartigkeit könnte dabei auf die Situation Israels in Ägypten anspielen, würde sie dann aber unter ein umgekehrtes Vorzeichen stellen: Nicht mehr das Gottesvolk, sondern das feindliche Heer ist das „große und mächtige Volk", und nicht mehr Ägypten, sondern Israel ist bis in die „Häuser" hinein von JHWHs „Plage" bedroht.

In den Rahmenteilen **A** (Joel 2,1-2aα) und **A¹** (Joel 2,10-11) und im Mittelteil **C** (Joel 2,6) verdichten sich die Anspielungen auf Theophanieschilderungen[274] und JHWH-Tags-Traditionen,[275] wobei letztere durch die zweimalige ausdrückliche Nennung des exakten Terminus יום־יהוה und seine sich steigernde Charakterisierung die dominierende Vorstellung liefern.

Die dargestellte Verschmelzung der aufgenommenen Traditionselemente wird dadurch begünstigt, dass die Traditionen sich wechselseitig beeinflusst haben und daher eine nicht geringe „Schnittmenge" an gleicher Terminologie[276] und Topik[277] aufweisen.[278] So kündigt Joel 2,1-11 an, dass JHWH an seinem Tag machtvoll „vor seinem Heer" erscheint, das „sein

---

273 Vorzugsweise in **B** (Joel 2,2bβ-5) und **B1** (Joel 2,7-9) – markante Stichworte sind תקעו שופר, הריעו bzw. תרועה, סוסים und מרכבות.
274 Markant sind die Stichwörter חשך ענן וערפל, נתן קול und גדול ונורא und der Topos vom Erbeben von Himmel und Erde.
275 Hier sind besonders יום־יהוה-Aussagen, Unentrinnbarkeitsmotiv, die Verfinsterung der Gestirne und das „Sich-Winden" der Betroffenen zu nennen.
276 יושבי, חשך (Heer), חיל (sich winden), חיל I, גוים, גבורים, בא, אש (Feuer), ארץ, אכל, שמה, שמים, שופר, רעש, רגז, קול, ענן, עם, מלחמה, לפני הארץ und שממה.
277 Feuer- und Kriegsmetaphorik, Verödung des Landes / der Erde, Erschütterung von Himmel und Erde, Verfinsterung der Gestirne und Erbeben der Menschen / Völker.
278 In diesem Zusammenhang von der „Austauschbarkeit von Nordfeind-, Jahwe- und JJ-Charakteristika" (Bergler, BEAT 16, 202) zu sprechen, ist aber eine überzogene Folgerung, denn die hinter Joel 2,1-11 stehenden Traditionen sind – wie oben gezeigt – gut greifbar und liefern einen je spezifischen Beitrag zu Joels Darstellung.

Wort" am Gottesvolk (und an den Völkern) vollstreckt und selbst den Kosmos erschüttert.

Diese Botschaft hat in Joel 2,1-11 eine adäquate poetische Form von beeindruckender Geschlossenheit gefunden, so dass der Text als „Gedicht" bezeichnet werden kann, das „innerhalb von Joel ... als etwas Besonderes"[279] dasteht – ein Urteil, das auf das gesamte XII ausdehnbar ist.

Worauf will Joel mit der Verschmelzung einer solchen Vielfalt verschiedener Traditionselemente hinaus? Welche neue Akzentuierung will er dem יום־יהוה in diesem kunstvollen Gedicht geben?

Wie in Zef 1,2-18* steht Jerusalem im Brennpunkt eines יום־יהוה-Geschehens, das zugleich die gesamte Schöpfung involviert. Über Zef 1,2-18* hinaus dient der geballte Einsatz neuer Gestaltungselemente der *Transzendierung* des traditionellen JHWH-Tages: Im Mittelpunkt der Darstellung steht ein „großes und mächtiges Volk", dessen militärische Züge unversehens zum Bild werden[280] und dessen Unvergleichlichkeit es von geschichtlichen Feindschilderungen abhebt. Dieses endzeitliche Heer wird mit Attributen JHWHs aus den Theophanieschilderungen versehen und ist in seiner Wirkung weit verheerender als historische Heereszüge: Es verwandelt die „Erde" vom „Garten Eden" in „öde Wüste", bringt Himmel und Erde zum „Erbeben" und löst eine Verfinsterung der Gestirne aus. Mit dem einzigen Anthropomorphismus von Joel 2,1-11 erreicht die Darstellung eine letzte Steigerung: Dieses unvergleichliche Volk ist JHWHs Heer und wird von ihm selbst befehligt. Folgerichtig erhält der „Tag" des Eingreifens JHWHs Prädikate, die nach der Zionstradition JHWH selbst und seinem Namen zukommen: Der יום־יהוה ist „groß und sehr furchtbar", so dass die Frage seiner Bestehbarkeit eine letzte Dringlichkeit erhält.

Mit dieser Transzendierung des יום־יהוה-Geschehens wird eine *Aktualisierung* der JHWH-Tags-Botschaft für das Gottesvolk erreicht: Israel hatte in seiner Geschichte historische Realisierungen des יום־יהוה erlebt, und die in der gleichen Redaktionsphase wie Joel in das wachsende Zwölfprophetenbuch eingefügte Obadjaschrift blickt auf den יום־יהוה für das Gottesvolk als vergangenen Unheilstag zurück.[281] Doch der יום־יהוה geht für Joel weder in vergangenen geschichtlichen Katastrophen auf, noch ist er in seiner künftigen Reichweite auf die „Völker"[282]

---

279 Meinhold, Joel 2,1-11, 210.
280 Siehe die Vergleiche in Joel 2,4f.7.
281 Vgl. besonders Obd 12-15.
282 Wie nach Obd 15b.

5.5. Thematisches Profil

begrenzt. Darum soll der Alarmruf auf dem Zion das Gottesvolk aufschrecken und zur Umkehr rufen.

Innerhalb der Joelschrift sind die Klage- und Umkehrrufe des ersten Hauptteiles Joel 1,2-2,17 und die Erhörungszusagen des zweiten Hauptteiles Joel 2,18-4,17 eng aufeinander bezogen, und insbesondere die יום־יהוה-Darstellungen beider Hauptteile stehen in intensiver Wechselbeziehung zueinander. Deshalb ist eine volle Würdigung der JHWH-Tags-Botschaft Joels in ihrer Zweistufigkeit erst im nächsten Kapitel nach der Analyse von Joel 4,1-17 möglich. Aber schon jetzt wird erkennbar, dass Joel mit seiner Darstellung des יום־יהוה unterwegs ist zur Erwartung eines „letzten Tages".

6. Joel 4,1-3.9-17

Wie der Überblick über die Joelschrift im vorhergehenden Kapitel ergeben hat, entfaltet ihr zweiter Hauptteil, Joel 2,18-4,17, JHWHs „Eifer für sein Land" und sein „Erbarmen mit seinem Volk" (Joel 2,18) durch Erhörungszusagen, die in zwei Aussagenreihen die Erstattung der Schäden durch Heuschreckeneinfall und Dürre (Joel 2,21-27) und die Abwendung der Bedrohung durch den nahen יום־יהוה (Joel 3,1-4,17) ankündigen. Wie der erste Hauptteil Joel 1,2-2,17 in der Warnung des Gottesvolkes vor dem nahen יום־יהוה kulminiert, dessen heranrückendes Heer den Zion bedroht (Joel 2,1-11), so läuft der zweite Hauptteil Joel 2,18-4,17 auf die Ankündigung des יום־יהוה für die Völker zu, der das Geschick des Gottesvolkes wendet.

6.1. Literarische Gestaltung

1 Denn siehe, in jenen Tagen und in jener Zeit,
wenn ich wende das Geschick Judas und Jerusalems,
2 da versammle ich alle Völker
und führe sie hinab ins Tal Joschafat
und rechte mit ihnen dort
wegen meines Volkes und meines Eigentums Israel,
weil sie es unter die Völker zerstreut
und mein Land aufgeteilt
3 und über mein Volk das Los geworfen
und den Knaben für die Hure gegeben
und das Mädchen für Wein verkauft
und vertrunken haben.
9 Ruft dies aus unter den Völkern:
Heiligt einen Krieg, weckt die Helden,
antreten, hinaufziehen sollen alle Kriegsleute!
10 Schmiedet eure Pflugscharen zu Schwertern
und eure Winzermesser zu Lanzen!
Der Schwache spreche: Ein Held bin ich!

6.1. Literarische Gestaltung

11¹ Eilt und kommt, alle Völker ringsum,
versammelt euch dorthin,
damit² JHWH deine Helden zerschmettere!
12 Es sollen geweckt werden und hinaufziehen die Völker
ins Tal Joschafat,
denn dort werde ich sitzen, um zu richten
alle Völker ringsum.
13 Schickt die Sichel,
denn gereift ist die Ernte!
Kommt, tretet,
denn gefüllt ist die Kelter!
Übergelaufen sind die Kufen,
denn groß ist ihre Bosheit!
14 Getümmel [über] Getümmel im Tal der Entscheidung,
denn nahe [ist] der Tag JHWHs im Tal der Entscheidung!³
15 Sonne und Mond haben sich verfinstert
und Sterne zurückgezogen ihren Glanz.
16 Und JHWH brüllt aus Zion
und aus Jerusalem erhebt er seine Stimme,
dass Himmel und Erde erbeben.
Doch [ist] JHWH Zuflucht für sein Volk
und Festung für die Israelsöhne.
17 Und ihr werdet erkennen,
dass ich JHWH, euer Gott, [bin],
wohnend auf dem Zion, meinem heiligen Berg.
Dann wird Jerusalem heilig sein,
und Fremde werden es nicht mehr durchziehen.

Die Textabgrenzung folgt der communis opinio der Joelexegese[4], die für Joel 4,4-8 von Bergler in Frage gestellt wurde.[5] Doch seine Gründe für die „Authentizität von 4,4-8"[6] können genauso einen bewusst anknüpfenden

---

1 Zur Behebung der Schwierigkeiten, die die letzten fünf Wörter von V11 bereiten, sind verschiedene Lösungsversuche gemacht worden. Die der obigen Übersetzung zu Grunde liegende Emendation bedarf einer ausführlicheren Begründung, die nachfolgend gegeben wird.
2 Zu waw copulativum mit finaler Bedeutung (hier Jussiv mit waw copulativum nach Imperativ) vgl. GK §165aγ.
3 Das zweimalige עמק החרוץ ist auch mit „Dreschschlittental" übersetzbar – zur wohl beabsichtigten Doppelsinnigkeit siehe unten.
4 Siehe z.B. Wolff, BK 14/2, 89f.
5 Vgl. Bergler, BEAT 16, 102f.
6 Bergler, BEAT 16, 102.

Nachtrag erklären und entkräften die von Wolff geltend gemachten Argumente nicht.[7] Nogalski wiederum sieht in Joel 4,1-21 eine Ringkomposition,[8] aber Joel 4,18-21 ist deutlich Abschluss der gesamten Joelschrift,[9] und Joel 4,1-3.9-17 bilden einen Zusammenhang, den Joel 4,4-8 nicht aufnimmt, sondern zerreißt.

Vorgegebenes Material ist nicht wie in Joel 2,1-11 miteinander verschmolzen, so dass die kleineren Abschnitte deutlicher abgrenzbar sind. Zugleich bilden diese untereinander einen erkennbaren Zusammenhang und ein deutliches Gefälle.

Die gesamte Tag-JHWHs-Dichtung wird gerahmt durch V1-3 und V16b-17: V1-3 enthält den Entschluss JHWHs, das „Geschick seines Volkes zu wenden", indem er die Völker richtet, die für dieses Geschick verantwortlich sind. V16b-17 konstatiert das gewendete Geschick für „sein Volk" in drei Nominalsätzen,[10] die die Proexistenz JHWHs für „sein Volk" beschreiben und in drei Verbalsätzen, die die sich daraus ergebenden Folgerungen für die „Israelsöhne" und für Zion-Jerusalem ziehen. Eingangs- und Schlussteil sind einmal verbunden durch das Ich JHWHs, das in V1-3 repräsentiert wird durch vier Suffixe, drei Afformative und ein Präformativ der 1. sg und in V17 durch ein Personalpronomen und ein Suffix der 1. sg. Dazu kommen die verbindenden Stichwörter ירושלים in V1b.17b, ישראל in V2b.16b und עם in V2b.3a.16b. Die zweite Tag-JHWHs-Dichtung Joels ist also umschlossen vom Heilswillen JHWHs für sein Volk.

Zugleich ist V1-3 durch gemeinsame Stichwörter auch mit allen anderen Teilen verbunden und erweist so seinen Einleitungs- und Vorschaucharakter. Besonders eng ist die Verbindung mit V9-13: V1-3 gibt JHWHs Entschluss zur Gerichtsvollstreckung an den Völkern wieder und V9-13 seine Aufforderung an Ungenannte zur Umsetzung dieses Entschlusses. Rahmend sind das „Richten" JHWHs (שפט V2b und V12b), die symbolträchtige Ortsangabe für die Gerichtssitzung עמק יהושפט in V2a und V12a und das darauf bezogene שם in V2b und V12b, die Begründung für das Gericht – entfaltet in V2b.3 und im letzten Satz von V13 knapp zusammengefasst (כי רבה רעתם) – und erneut das Ich JHWHs in V1-3 (siehe oben) und in V12b. Kohärenzstiftend ist das Leitwort גוים in V2bis.9.11. 12bis, das in V2bis.13 aufgenommen ist durch das Suffix der 3. m

---

7   Stichwortartig seien zusammengefasst: Unterbrechung des Zusammenhangs von V1-3.9-17 (siehe unten), die „Beifügungsformel" וגם und die Schlussformel כי יהוה דבר, eigene Terminologie, Nennung konkreter Völker, scharfe Formulierung der Vergeltung durch die „Judasöhne" selber und schließlich der prosaische Stil – vgl. Wolff, BK 14/2, 89f.
8   A V1 – B V2 – C V3 – C1 V4-8 – B1 V9-17 – C1 V18-21 – vgl. Nogalski, Processes, 27.
9   Siehe oben zu Joel 4,18-21.
10 Der dritte Nominalsatz in V17a ist durch eine partizipiale Fügung erweitert.

6.1. Literarische Gestaltung

pl und in V10a durch das suff 2. m pl. So macht schon die literarische Gestaltung eindrucksvoll deutlich: Die „Völker" sind wegen ihrer Vergehen am Gottesvolk vom Gerichtswillen JHWHs umschlossen. Mit der Mitte der Komposition, V14, teilt V1-3 die Stichwörter יום und עמק und mit V15-16a schließlich das Stichwort ירושלם.

V9-13 ist von Aufforderungen durchzogen, die das kriegerische Kolorit des Abschnitts verstärken: Imperative der 2. m pl finden sich in V9ter.10.11bis.13ter und außerdem ein Imperativ der 2. m sg in V11, und dazu kommen Jussive in 3. m pl in V9bis.11.12bis und ein Jussiv in 3. m sg in V11. Eine Rahmung ergibt sich einmal durch die Aufforderung JHWHs an Ungenannte in V9aα.13 und zum andern durch die finiten Verbformen von עור[11] und עלה[12] jeweils in V9 und V12. V13 schließt den Abschnitt mit drei völlig parallel gestalteten kurzen Zweireihern wirkungsvoll ab.

Die letzten fünf Wörter von V11 bereiten Schwierigkeiten,[13] für die Rudolph im Anschluss an Procksch folgende Lösung vorgeschlagen hat. Werden diese fünf Wörter an V12 angeschlossen, ergibt sich eine glatte Lesung:[14]

V11aα „Eilt und kommt, alle Völker ringsum, ...
V12 es sollen geweckt werden und hinaufziehen die Völker
ins Tal Jehoschafat.
Denn dort werde ich sitzen, zu richten
alle Völker ringsum."
V11aβ.b „Und sind sie dort versammelt,
führe herab, JHWH, deine Helden!"

Was die Ungenannten „unter den Völkern ausrufen" sollen, schließt mit der Einbestellung ins „Tal Jehoschafat" ab.[15] Die JHWH-Rede ihrerseits schließt dann mit der Konstatierung des Zieles dieser Einbestellung. Das veranlasst den Propheten, an den hier wohl zu denken ist, zu einem Gebetsruf, der dann in V13 unmittelbare Erhörung findet. Bei dieser Lesung wäre קבץ (V11aβ) ein weiteres rahmendes Stichwort für 1-3.9-13. Doch die von Rudolph vorgeschlagene Lösung hat auch ihre Probleme: Für die Umpositionierung der letzten fünf Wörter von V11 gibt es keinen textkritischen Anhaltspunkt, und der abrupte Wechsel der Rederichtung bleibt unerklärt. Die Position der letzten fünf Wörter von V11 genau in der Mit-

---

11 Imperativ 2. m pl hif in V9 und Jussiv 3. m pl nif in V12.
12 Jussiv 3. m pl in V9.12.
13 ונקבצו fügt sich schlecht zu den beiden vorangehenden Imperativen, שמה fehlt an dieser Stelle das Beziehungswort, und der Gebetsruf an JHWH unterbricht hier die Kette von Aufforderungen an die „Völker".
14 Vgl. Rudolph, KAT 13/2, 77.
15 Es würden dann auf zwei Imperative zwei Jussive folgen, ähnlich wie sich in V9 an drei Imperative zwei Jussive anschließen.

te des Abschnittes V9-13 erweckt nicht den Eindruck, zufälliges Ergebnis eines Abschreibeversehens zu sein, so dass es ratsam ist, bei den weiteren Erwägungen zur Stelle von der Platzierung in M auszugehen. Da in V11a zwei Imperative m pl vorangehen und das suff 2. m sg von גבוריך in V11b ebenfalls Anrede signalisiert, erscheint es plausibel, im Anschluss an G und V für ונקבצו den impt הקבצו zu lesen: „Dorthin ‚versammelt euch'"![16] Für הנחת („führe herab")[17] schlägt Wolff im Anschluss an T eine Emendation in ויחת vor: „Daß Jahwe deine Helden ‚zerschmettere'."[18] Der so emendierte Ausruf behält die Rederichtung auf die Völker hin bei und hat eine enge Parallele in Obd 9a. Wegen dieses Obd-Bezuges sollen die Erwägungen zur Stelle im nächsten Abschnitt zu Ende geführt werden, der sich mit dem Verhältnis von Joel 4,1-3.9-17 zur Obadjaschrift befasst.

V14 steht in Asyndese und markiert mit der Ankündigung des nahen יום־יהוה das Ziel der zuvor initiierten Völkerbewegung und die Mitte der Komposition. Die Gemination von המונים entfaltet das Getöse der sich versammelnden Menschenmassen, und die Epiphora von בעמק החרוץ verleiht dem Vers Eindringlichkeit und Geschlossenheit und weist zugleich auf den עמק יהושפט in V2a.12a zurück. Indem auf V14a ein mit כי eingeleiteter Satz folgt (V14b), wird die Struktur von V13[19] fortgeführt: Der Tag JHWHs erscheint als Erntetag über die Bosheit der Völker, die „reif" zum Gericht ist. Mit dem nächsten Teil V15-16a ist V14 verbunden durch die Prophetenrede und das Leitwort יהוה.

Auch der vorletzte Teil, Joel 4,15-16a, setzt asyndetisch ein. Sein Gefälle erschließt sich, wenn man die Umkehrung von Joel 2,10-11 beachtet.[20] Dort läuft die Bewegung auf den Zion zu. Der Zug des unheimlichen Heeres zeitigt kosmische Begleiterscheinungen, JHWH erhebt seine Stimme vor seinem Heer (dessen Geheimnis damit gelüftet ist), und die Vorgänge werden als יום־יהוה-Geschehen identifiziert. Der enge Anschluss von Joel 4,15-16a an diese Aussagen[21] stellt sicher, dass es sich um das gleiche יום־יהוה-Geschehen handelt. Aber jetzt geht die Bewegung vom Zion aus: JHWH erhebt von dorther seine Stimme, und sein „Brül-

---

16 Vgl. Wolff, BK 14/2, 87.
17 2. m sg impt hif von נחת – einzige von נחת belegte hif-Form.
18 Wolff, BK 14/2, 86, vgl. 87f.
19 Dreimal steht ein כי-Satz jeweils an zweiter Stelle.
20 Vgl. den Überblick über die Joelschrift im vorhergehenden Kapitel.
21 Joel 2,10b wird in V15 wörtlich zitiert, der Parallelismus von Joel 2,10a wird unter Verwendung seines Wortbestandes in V16aγ zu einem Satz zusammengezogen und das Zitat von Am 1,2 nimmt zugleich Joel 2,11aα auf.

len aus Zion" wird flankiert von kosmischen Begleiterscheinungen,[22] und Ziel der Bewegung ist jetzt der עמק החרוץ in V14. V14 als Mitte der Komposition ist also sowohl Ziel des Völkeraufmarsches als auch des zum Gericht kommenden JHWH.

Der Schlussteil Joel 4,16b-17 hält den Ertrag des JHWH-Tags-Geschehens für das Gottesvolk fest: Die Joel 2,1-11 abschließende Frage nach der Bestehbarkeit des יום־יהוה findet in Joel 4,16b seine positive Antwort in zwei Nominalsätzen, die den gesicherten Status der „Israelsöhne" beschreiben. Die abschließende Erkenntnisaussage in V17 nennt den Ausgangspunkt für JHWHs Kommen und gibt damit die letzte Begründung für die gegenüber Joel 2,1-11 völlig gewandelte Situation: JHWH „wohnt auf dem Zion". Der Schlussteil wechselt in V17 wieder in Gottesrede und nimmt wie die Einleitung in V1-3 Stichwörter aus den anderen Teilen zusammenfassend auf: aus V1-3 ירושלם, ישראל, עם und das Ich JHWHs (Näheres siehe oben), den Gottesnamen יהוה aus V14.15-16a und aus letzterem Teil auch ציון und ירושלם. Auf die feindlich gegen Jerusalem ziehenden גוים (Leitwort von V9-13) wird in der Schlussaussage angespielt, die die gewandelte Situation noch einmal knapp zusammenfasst: זרים werden Jerusalem nicht mehr (feindlich) durchziehen (V17bβ).

In der nachfolgenden zusammenfassenden Übersicht werden unter (1) Kennzeichen des jeweiligen Kompositionsteils und unter (2) Stichwörter bzw. Themen aufgeführt, die diesen mit den anderen Kompositionsteilen verbinden. Die Abfolge der Stichwörter richtet sich nach der Reihenfolge ihres Vorkommens im jeweiligen Kompositionsteil.

---

22 Dass die kosmischen Begleiterscheinungen nicht wie in Joel 2,10 miteinander verbunden sind, sondern das „Erbeben der Erde" an das Amoszitat angeschlossen ist, wird darauf zurückzuführen sein, dass eine steigernde Entsprechung zu Am 1,2b beabsichtigt ist.

6. Joel 4,1-3.9-17

V1-3 Ankündigung der „Wendung des Geschicks" des Gottesvolks durch Gericht an den Völkern, die dieses „Geschick" herbeiführten
(1) vier finite Verbformen mit JHWH u. sechs mit „Völkern" als Subjekt
(2) Komp. rahmend: ירושלם, ישראל, עם, Ich JHWHs, זרים//גוים
weitere Stichwörter גוים (V2a.b.9a.11a.12a.b + dreimal suff. 3. m pl), עמק (V14), ירושלם (V15-16a)

V9-13 Aufforderungen an Ungenannte zur Einbestellung der Völker zum Gericht und zum Vollzug des Gerichtes
(1) rahmend: Auff. an Ungenannte (V9.13), עור, עלה (V9.12)
durchlaufend: Imperative u. Jussive (zus. 16 Auffordergn.)
(2) Schuld der Völker (V2b.3.13bγ), שפט (V2b.12b), עמק
יהושפט (V2a.12a), שם (V2b.12b – vgl. V11a)

V14 Die Völker am nahen יום־יהוה im „Tal der Entscheidung"/„Dreschschlittental"
(1) hier Aufeinandertreffen der Völker und JHWHs
> V14 Mitte der Komposition
(2) עמק (V2a.12a.14a.b), כי (Strukturparallele in V13.14), יהוה (V11b.14b.16a.b.17a)

V15-16a Die aus Zion ertönende Stimme JHWHs und ihre kosmischen Begleiterscheinungen
(1) Zitate von Joel 2,10bα in V15a und Am 1,2a in V16aα
(vgl. die Zusammenziehung von Joel 2,10a in V16aβ)
(2) יהוה (V11b.14b.16a.b.17a), ציון (V16a.17a), ירושלם (V1b.16a.17b), ארץ (V2b.16a)

V16b-17 Der Ertrag des יום־יהוה-Geschehens für das Gottesvolk
(1) „Zionstheologie" in drei Nominalsätzen: Proexistenz JHWHs für sein Volk > drei Verbalsätze: daraus erwachsende Unantastbarkeit Zions
(2) Komposition rahmend: ישראל ... לבני ישראל//על־עמי/לעמו, ירושלם, Ich JHWHs (V1-3.17), זרים//גוים;
weit. Stichw.: יהוה (V11.14.16a.b.17a), ציון (V16a.17a), ירושלם (V16a)

6.2. Joel 4,1-3.9-17 und Obadja

Wie sich Joel 2,1-11 auf Zef 1,2-18* zurückbezieht und den יום־יהוה für das Gottesvolk aktualisiert, so nimmt Joel 4,1-3.9-17 Obadjas Ankündigung des יום־יהוה „über alle Völker" auf und setzt ihn in Beziehung zu Joel 2,1-11, um den einen יום־יהוה für Israel und die Völker „zusammenzudenken". Diese These wird im Folgenden begründet, indem zunächst die Beziehungen von Joel 4,1-3.9-17 zu Obd untersucht werden.[23]

In der Mitte beider Tag-JHWHs-Dichtungen ist die יום־יהוה-Ankündigungsformel platziert,[24] die den nahen JHWH-Tag über alle Völker proklamiert. Während sich Obd 15a expressis verbis auf alle Völker bezieht, wird der Völkerbezug von Joel 4,14b durch die Einleitung Joel 4,1-3 sichergestellt, die JHWHs Entschluss mitteilt, alle Völker im Tal Joschafat zum Gericht zu versammeln (Joel 4,2) und durch die Umsetzung dieses Entschlusses in der Einbestellung der Völker an die Gerichtsstätte (Joel 4,9-13).[25] An die Stelle der Adressierung des יום־יהוה an alle Völker (Obd 15a) tritt seine Lokalisierung[26] im Tal der Entscheidung/Dreschschlittental. Die Ortsangabe עמק החרוץ scheint bewusst doppelsinnig formuliert zu sein, um sowohl an die Gerichtsvorstellung von V2a.12 als auch an die Erntemetaphern von V13 anzuknüpfen.[27]

Der *Völker*bezug des יום־יהוה erfährt innerhalb von Obd nur eine indirekte Begründung in V11, indem feindliche Verhaltensweisen der „Fremden" erwähnt werden, denen sich Edom angeschlossen hat. In V12-14 wird dann *Edoms* „unbrüderliches" Verhalten entfaltet, um dessentwillen es in den universalen יום־יהוה von V15a eingeschlossen ist. Joel dagegen sagt gleich einleitend und direkt, warum JHWH mit „allen Völkern" ins Gericht geht und zählt dazu wie Obd 10-14 am Gottesvolk begangene Verbrechen auf. Dabei vollzieht er die Anknüpfung an Obadja auch verbaliter, indem er das Delikt des „Loswerfens" aus Obd 11 aufgreift.[28] Die seltene Wendung ידד גורל[29] bezieht Joel wie in Obd 11b auf das Gottesvolk, weitet es aber über „Jerusalem" hinaus auf „mein Volk" aus.

---

23 Umfassend verhandelt im Kapitel „Joels Edomtypologie" in Bergler, BEAT 16, 295-333.
24 כי קרוב יום יהוה בעמק החרוץ (Obd 15a)/כי־קרוב יום־יהוה על־כל־הגוים (Joel 4,14b).
25 Vgl. את־כל־הגוים in Joel 4,2, בגוים in V9a und כל־הגוים מסביב (את) in V11a.12b und הגוים in V12a.
26 Die Lokalisierung des יום־יהוה-Geschehens bleibt in der Obadjaschrift offen.
27 Der עמק החרוץ (V14) weist als „Tal der „Entscheidung" auf den עמק יהושפט (V2.12) und als „Dreschschlittental" auf die Erntemetaphorik von V13 zurück.
28 Vgl. ועל־ירושלם ידו גורל in Obd 11b mit ואל־עמי ידו גורל in Joel 4,3a.
29 Joel 4,3a; Obd 11b und Nah 3,10b (hier auf Theben bezogen).

In der Mitte beider Tag-JHWHs-Dichtungen läuft eine Kette von Aufforderungen auf die Ankündigung des nahen JHWH-Tages zu. Doch während sich die acht Vetitive in Obd 12-14 auf vergangenes Verhalten von Edom beziehen und als Anklage fungieren, zielen die insgesamt sechzehn Aufforderungen von Joel 4,9-13 auf die Mobilmachung der Völker und den Vollzug des Gerichts an ihnen. Für den Strafvollzug werden in beiden Tag-JHWHs-Dichtungen Metaphern verwendet, die dem Bildkreis des Weinbaus entstammen: Während in Obd 5b Edoms Geschick mit der Nachlese von Winzern verglichen wird und in Obd 16 allen Völkern das Trinken des Zornesweins JHWHs (vgl. Jer 25,15f) angedroht wird, werden die Strafvollstrecker in Joel 4,13 zum Ernten und Keltertreten aufgefordert und die „Bosheit" der Völker mit überlaufenden Kufen verglichen.

Joels Obadjabezug spricht für Wolffs Konjekturen der beiden letzten Verbformen von V11:[30] „Dorthin ‚versammelt euch'! Daß Jahwe deine Helden ‚zerschmettere'."[31] Joel würde dann an die Ankündigung von Obd 9a anknüpfen, dass „deine Helden zerbrechen, Teman"[32] und diese auf die Völker erweitern, indem er ihnen wünscht, dass „JHWH deine Helden zerbricht".[33] Dass in Spannung zu den pluralischen Aufforderungen in V11a in V11b singularisch „*deine* Helden" angeredet werden, erklärt sich dann aus der Vorlage Obd 9a. Allerdings ist Joel eine solche anthropomorphe Vorstellung von JHWHs Eingreifen sonst fremd, wie seine diesbezügliche Zurückhaltung bei der Darstellung des JHWH-Tags-Geschehens von Joel 2,1-11 gezeigt hat. Deshalb geht dieser Wunsch vielleicht auf die gleiche Hand zurück, die die Anklage von Joel 4,2b-3 in V4-8 aktualisiert und sich dabei kräftig auf Obadjas Vergeltungsaussage bezogen hat. Danach droht JHWH den Phöniziern und Philistern wie Edom, dass er „eure Tat auf euern Kopf zurückbringen" wird.[34] Dieser Obadjabezug könnte als Argument für die Authentizität von Joel 4,4-8 herangezogen werden, doch der literarische Nachtragscharakter ist evident,[35] und thematisch entspricht die scharf formulierte rahmende Vergeltungsaussage nicht dem Aussagewillen Joels. Denn mit Joel 4,1-3.9-17 will er begründen, warum es auf dem Berg Zion Entrinnen gibt (3,5b) und weshalb das Gottesvolk eine dauerhafte Wendung seines Geschicks (4,1b) erhoffen darf. Offensichtlich war sich der spätere Ergänzer des Obadjabezuges von Joel

---

30 Zu diesen vgl. die Ausführungen zu V11 im vorigen Abschnitt.
31 Wolff, BK 14/2, 86.
32 וחתו גבוריך תימן in Obd 9a.
33 ויחת יהוה גבוריך in Joel 4,11b nach der Emendation von Wolff, BK 14/2, 86, vgl. 87f.
34 Vgl. גמלך ישוב בראשך in Obd 15b mit גמלכם בראשכם in Joel 4,4b bzw. אשיב גמלכם בראשכם והשבתי in Joel 4,7b.
35 Siehe S. 135, Anm. 135.

6.2. Joel 4,1-3.9-17 und Obadja

3-4 bewusst[36] und wollte sich seinerseits für sein Anliegen auf die Autorität von Obd stützen, wie die Aufnahme der seltenen Formel כי יהוה דבר von Obd 18bβ in Joel 4,8b zeigt. Wenn nun der erregte Ausruf von Joel 4,11b (emendierter Text) Glosse des gleichen Ergänzers ist, wäre das Lokaladverb שמה aus der Perspektive des Glossators erklärbar, der das Tal Joschafat als Ortsangabe in V12a schon mit im Blick hat. Unabhängig von der Beurteilung von Joel 4,11b treten aber die unterschiedlichen Intentionen von Obd 12-14.15 und Joel 4,9-13.14 deutlich hervor: Während Obd daran interessiert ist, Edoms Verletzung des Bruderverhältnisses herauszustellen und deren Ahndung in den Horizont des universalen יום־יהוה zu stellen, entfaltet Joel dieses יום־יהוה-Geschehen selbst, in das auf JHWHs Initiative hin alle Völker involviert sind.

Neben dieser strukturellen Entsprechung auffordernder JHWH-Rede, an die sich die Ankündigung des nahen יום־יהוה begründend anschließt,[37] haben die Aufforderungen zum Kampf in Joel 4,9-11 aber auch eine thematische Entsprechung in Obd 1b:[38] JHWH bietet einen Boten bzw. Ungenannte zur Mobilmachung der Völker auf. Doch während das Völkerheer in Obd 1b mobilisiert wird, um das Gericht an Edom zu vollstrecken, wird es in Joel 4,9-12 zu seinem eigenen Gericht in Marsch gesetzt. Die Einführung des Topos vom יום־יהוה über alle Völker in Obd 15a macht diese überraschend von Instrumenten zu Adressaten des Gerichtes und nimmt eine unausgleichbare Spannung zu Obd 1b in Kauf, die am plausibelsten aus dem literarischen Wachstum von Obd erklärt. Die Aufforderungen zum Kampf in Joel 4,9-11 lassen ihre Intention zwar zunächst nicht erkennen, laufen aber dennoch zielgerichtet auf das Gericht an den Völkern im Tal der Entscheidung / Dreschschlittental zu.

Ein weiteres Mal bezieht sich Joel schließlich auf Obd zurück, wenn er den Ertrag des יום־יהוה-Geschehens für das Gottesvolk formuliert: Einmal kündigt er kontrastierend an, dass JHWHs heiliger Berg – vormals Schauplatz für das Trinken des Zornesbechers JHWHs durch Juda (Obd 16a) – Wohnstätte JHWHs sein wird,[39] so dass Fremde Jerusalem nicht mehr in feindlicher Absicht betreten werden (Joel 4,17).[40] Zum anderen wird in V17b die Folge der Einwohnung JHWHs auf dem Zion im Anschluss an Obd 17a formuliert: „Und Jerusalem wird heilig sein."[41] Diese

---

36 Vgl. zu den Obadjabezügen noch das Zitat von Obd 17a in Joel 3,5b, das mit der Formel כאשר אמר יהוה ausdrücklich als solches gekennzeichnet wird.
37 Obd 12-14.15 // Joel 4,9-13.14.
38 Eine Aufforderung zum Kampf, die „unter den Völkern" (בגוים) laut werden soll, kommt neben Joel 4,9a und Obd 1b nur noch in Jer 51,27 vor – vgl. Bergler, BEAT 16, 313f.
39 Vgl. על־הר קדשי in Obd 16a mit בציון הר־קדשי in Joel 4,17a.
40 Vgl. die זרים in Obd 11a und Joel 4,17b – Joel gebraucht sonst גוים oder עמים.
41 Vgl. והיה קדש (...) ציון) in Obd 17 mit והיתה ירושלם קדש in Joel 4,17b.

Aussage ist in Obd 17a mit der Zusage verbunden, dass „auf dem Berg Zion Entrinnen" sein wird. Joel platziert diese Zusage bereits in Joel 3,5bα und deklariert sie mit der Formel „wie JHWH geredet hat" ausdrücklich als Zitat. Wie er seinen Rückbezug auf den יום־יהוה von Jes 13 bereits in Joel 1,15 mit einem Zitat von Jes 13,6 eröffnet, bevor er dann in Joel 2,1-11 die JHWH-Tags-Thematik im Anschluss an Jes 13 entfaltet, so leitet er seine Obadjarezeption in Joel 4,1-3.9-17 mit einem ausdrücklichen Obadjazitat schon in Joel 3,5bα ein. Damit gibt Joel zu erkennen, was die für seinen Aussagezusammenhang wichtigste thematische Verbindung zu Obadja ist: Die Tag-JHWHs-Dichtung von Joel 4,1-3.9-17 ist Teil der Erhörungszusage von Joel 3,1-4,17, die entfaltet, dass und wie der יום־יהוה für das umkehrwillige Gottesvolk bestehbar sein wird. Eröffnet wird diese Erhörungszusage mit Kapitel 3, das die Bestehbarkeit des יום־יהוה noch vor der Darstellung des JHWH-Tages für die Völker in Joel 4,1-3.9-17 ausdrücklich feststellt und durch das Obadjazitat wirkungsvoll abgeschlossen wird.

6.3. Weitere Referenztexte

Um die יום־יהוה-Thematik von Obd weiterzuführen, bezieht sich Joel auf weitere Referenztexte, die einmal der *JHWH-Tags-Tradition* entstammen. *Jer 46,3-12* ist ein kunstvolles Gedicht, das die Niederlage der Ägypter in der Schlacht von Karkemisch dramatisch entfaltet und als Tag der Rache JHWHs (V10a) deutet. Die auffälligste Parallele zeigt sich in den Aufforderungen zum Kampf, die sowohl Jer 46,3ff als auch Joel 4,9ff durchziehen und jeweils auf den Untergang der Aufgeforderten zulaufen.[42]

Dazu kommt eine signifikante Stichwortentsprechung in der Aufforderung, die Lanze zu schärfen (Jer 46,4b) bzw. umzuschmieden (Joel 4,10a):[43] Das seltene Lexem רמח findet sich nur dreimal in prophetischen Texten[44] und ersetzt in Umkehrung von Mi 4,3bαβ in Joel 4,10a bei sonst gleichem Vokabular die dort erwähnten Spieße.[45]

---

42 Vgl. עלי...והתהללו... ,אסרו... (4), ועלו...והתיצבו...מרקו...לבשו ,מרקו... (3), ערכו...וגשו ,וקחי... (9), ויצאו... (11a) und die Feststellung des Falls Ägyptens in 6b.10b.12b in Jer 46,3-12 mit יערו עושו ובאו...ונקבצו... ,(10) כתו...יאמר (9), יגשו יעלו...קראו...קדשו...העירו M הנחת (11), ויעלו (V12a), באו רדו...שלחו (13) und die Ankündigung des Gerichts in 12b und die Aufforderung zu seinem Vollzug in 13 in Joel 4,9-13.
43 Vgl. מרקו הרמחים in Jer 46,4b mit כתו ... לרמחים in Joel 4,10a.
44 Ez 39,9; Jer 46,4 und Joel 4,10.
45 Vgl. וחניתיהם למזמרות in Mi 4,3bβ mit ומזמרתיכם לרמחים in Joel 4,10aβ.

6.3. Weitere Referenztexte

Joel übernimmt aus Jer 46,3-12 also Dramatik und Gefälle des יוֹם־יהוה-Geschehens, macht aber aus einem innergeschichtlichen[46] ein endgeschichtliches Ereignis, das nicht mehr nur Ägypten und seine Alliierten (Jer 46,9b.11a), sondern alle Völker betrifft.

Diese universale Perspektive findet Joel in der Weltgerichtsdarstellung von *Jes 13,2-16*, die ausweislich des Zitates von Jes 13,6 in Joel 1,15 und der intensiven Bezugnahmen in Joel 2,1-11[47] den Horizont für seine Entfaltung der יוֹם־יהוה-Thematik absteckt. Innerhalb von Joel 4,1-3.9-17 finden sich zwei weitere Bezugnahmen auf Jes 13,2-16: In Jes 13,4 wird auf das Getöse aufmerksam gemacht, das die versammelten Völker verursachen.[48] Nach Joel 4,2 versammelt JHWH alle Völker zum Gericht,[49] so dass am יוֹם־יהוה Getöse über Getöse im Tal der Entscheidung herrscht (Joel 4,14).[50] Das Lexem המון weckt die „Vorstellung eines Durcheinanders von Geräusch und Bewegung"[51] und kommt nur in Jes 13,4a und Joel 4,14a innerhalb eines יוֹם־יהוה-Kontextes vor.[52] Joel verstärkt das chaotische „Ineinander von optischen und akustischen Eindrücken"[53] durch die singuläre Gemination des Plurals von המון erheblich und erzielt damit zugleich eine starke onomatopoetische Wirkung.

Die Begründung für das Kommen des יוֹם יהוה in Jes 13,11 setzt ein mit der Ankündigung, dass JHWH am Erdkreis die Bosheit heimsuchen wird, und in Joel 4,13 wird die metaphorische Aufforderung zum Vollzug des Gerichts an den Völkern damit begründet, dass ihre Bosheit groß ist.[54] Das Lexem רעה kommt viermal in einem יוֹם־יהוה-Kontext vor: In Ez 7,5 und Obd 13 dient רעה zur Charakterisierung der unheilvollen Wirkung des יוֹם(־יהוה), und nur in Jes 13,11 und Joel 4,13 qualifiziert es begründend das Verhalten der Betroffenen. Während die Bosheit in Jes 13,11 allgemein als „Anmaßung der Vermessenen und Hochmut der Gewalttätigen" bestimmt wird, fasst Joel mit רעה die in Joel 4,2b-3 aufgezählten Verbrechen gegen das Gottesvolk zusammen, weil es ihm in seiner JHWH-Tags-Darstellung um die Wendung des Geschicks des Gottesvolkes (Joel 4,1b) geht. Da diese Schicksalswende nach Joel 2,18

---

46 Die Jeremiatradenten identifizierten den in Jer 46,3-12 dargestellten Fall Ägyptens in V2 mit der Niederlage Pharao Nechos gegen Nebukadnezar in der Schlacht von Karkemisch.
47 Siehe voriges Kapitel.
48 קוֹל הָמוֹן ... גּוֹיִם נֶאֱסָפִים in Jes 13,4.
49 וְקִבַּצְתִּי אֶת־כָּל־הַגּוֹיִם am Beginn von Joel 4,2.
50 הֲמוֹנִים הֲמוֹנִים בְּעֵמֶק הֶחָרוּץ in Joel 4,14a.
51 Baumann, ThWAT II, 445.
52 Die Belege in Ez 7,11-14 fehlen in G (vgl. Zimmerli, BK 13/1, 180) und zielen semantisch in eine andere Richtung („Gepränge").
53 Baumann, ThWAT II, 445.
54 Vgl. וּפָקַדְתִּי עַל־תֵּבֵל רָעָה in Jes 13,11aα mit כִּי רַבָּה רָעָתָם am Schluss von Joel 4,13.

Ausdruck des Erbarmens JHWHs mit seinem Volk ist, übergeht er die Zornesterminologie von Jes 13,9.13b und die in V15-16 dargestellten blutigen Folgen des „grausamen" יוֹם־יהוה (V9a). Der יוֹם־יהוה ist in beiden Tag-JHWHs-Dichtungen begleitet von der Verfinsterung der Gestirne (Jes 13,10; Joel 4,15) und dem Erbeben von Himmel und Erde (Jes 13,13; Joel 4,16aγ), doch Joel formuliert diese Begleitphänomene im engsten Anschluss an Joel 2,10.[55] So bestätigt sich auch von Joel 4,1-3.9-17 her, dass Jes 13,2-16 Joel für seine Darstellung den Weltgerichtshorizont liefert.

Um die יוֹם־יהוה-Thematik Obadjas in Joel 4,1-3.9-17 weiterzuführen, greift Joel außerdem auf die *Zionstradition* zurück, um zum einen den Ertrag des יוֹם־יהוה-Geschehens für das Gottesvolk zu entfalten. Die engsten Parallelen finden sich dabei in *Ps 46*:[56] Dass „Gott für uns Zuflucht und Schutz" ist (Ps 46,2a), entfaltet Joel in zwei Nominalsätzen: „JHWH [ist] Zuflucht für sein Volk und Schutzwehr für die Israelsöhne."[57] Doch über diese terminologisch und thematisch signifikante Querverbindung hinaus hat die Konfiguration des gesamten Geschehens und seiner Handlungsträger sowie die Orientierung auf die „Gottesstadt" als Aktionszentrum in Ps 46 Parallelen zu Joels zweiter Tag-JHWHs-Dichtung: Wie die „tosenden Wasser", die „erbebenden Berge" und die „tosenden Völker" gegen die Gottesstadt anbranden (Ps 46,4.7a), so erfüllt das „Getöse" der Völker das „Tal der Entscheidung" und „erbeben Himmel und Erde" am יוֹם־יהוה (Joel 4,14.16aγ).[58] Doch sie scheitern am Heiligkeitscharakter der Stadt, der ihr durch die Einwohnung Gottes „in ihrer Mitte" zuteil wird (Ps 46,5.6a; Joel 4,17aβ.bα)[59] und müssen sich der gebietenden „Stimme" JHWHs beugen (Ps 46,7b; Joel 4,16aβ).[60] Diese machtvolle Manifestation zum Schutz seines Volkes soll dazu dienen, dass JHWH in seiner Gottheit „erkannt" wird (Ps 46,11a; Joel 4,17a).[61] Die Erfahrung innergeschichtlichen Standhaltens vor feindlicher Bedrohung, die der

---

55 Vgl. das vorige Kapitel.
56 Ps 46 ist nach Zenger (spät-)vorexilisch mit V10 als nachexilischer Erweiterung – vgl. Hossfeld/Zenger, NEB-AT 29, 284f.
57 ויהוה מחסה לעמו ומעוז לבני ישראל (Ps 46,2a) / אלהים לנו מחסה ועז (Joel 4,16b).
58 Vgl. ... ירעשו־הרים ... מימיו in Ps 46,4 und ... יהמו ... המו גוים in Ps 46,7a mit המונים in Joel 4,14a und ורעשו שמים וארץ in Joel 4,16aγ. Die גוים sind Leitwort in Joel 4,2a.b.9a.11a12a.b.
59 Vgl. ...עיר־אלהים קדש משכני עליון: אלהים בקרבה... in Ps 46,5.6a mit יהוה אלהיכם שכן בציון הר־קדשי והיתה ירושלם קדש in Joel 4,17aβ.bα.
60 Vgl. ... נתן בקולו in Ps 46,7b mit ומירושלם יתן קולו in Joel 4,16aβ. – Das Zitat von Am 1,2 in Joel 4,16a dient also nicht nur der Verknüpfung der Joel- mit der Amosschrift, sondern verstärkt auch die Bezugnahme auf die Zionstradition, wie sie in der Parallelität von Joels zweiter Tag-JHWHs-Dichtung und Ps 46 greifbar wird.
61 Vgl. ודעו כי־אנכי אלהים (Ps 46,11a) mit וידעתם כי אני יהוה אלהיכם (Joel 4,17aα).

Psalmist in mythischer Sprache auf Gottes Beistand zurückführt[62], bietet das Paradigma für die endgeschichtliche Bewahrung Jerusalem-Zions, und die Aufforderung an die Völker zur Anerkenntnis der Gottheit JHWHs in Ps 46,11a findet ihre modifizierte Entsprechung in der Zusage, dass die „Israelsöhne erkennen" werden, „dass ich *euer* Gott bin". Bemerkenswert ist, dass Joel die „friedenstheologische"[63] Erweiterung in Ps 46,10, nach der JHWH den Kriegen ein Ende bereitet und die Kriegswaffen vernichtet, nicht aufnimmt, sondern in Joel 4,10 sogar kontrastiert.

Diese Beobachtung findet vom zweiten zionstheologischen Referenztext her ihre Erklärung. Nach *Mi 4,1-3*[64] (// Jes 2,2-4) werden die Völker am Ende der Tage zum alle Berge überragenden Berg JHWHs ziehen, um sich dort Weisung zu holen und Rechtsentscheid geben zu lassen. Diese „Konversion" zum Zion löst eine Konversion des militärischen in landwirtschaftliches Gerät aus, die eine dauerhafte Absage an das Kriegshandwerk einleitet. Nach Joel 4,10a lässt JHWH in fast identischer Formulierung[65] zu einer entgegengesetzten Konversion von Acker- in Kriegsgerät auffordern, die im Kontext von Mobilisierungsbefehlen an die Völker steht und einen „totalen Krieg" intendiert. Dieser Sachverhalt lässt sich kaum anders denn als polemische Bezugnahme Joels auf Mi 4,1-3[66] interpretieren: Die Schicksalswende des Gottesvolkes kommt nicht dadurch zustande, dass sich die Völker in friedlicher Absicht dem Zion zuwenden, sondern dadurch, dass JHWH ihr aggressives Potential auf den Zion lenkt und dort zunichte macht. JHWHs Richten ist nicht friedlicher Rechtsspruch zwischen vielen Völkern wie in Mi 4,3a, sondern strafender Schuldspruch über die versammelten Völker (Joel 4,12),[67] dessen Vollstreckung wie in Mi 4,11-13 metaphorisch als Erntevorgang beschrieben wird. Zusammenfassend lässt sich also sagen, dass sich Joel der Zionstradition bedient, um die Heilsperspektive des Gottesvolkes zu entfalten.

---

62 Ps 46,7 blickt im Perfekt auf geschichtliche Erfahrungen der „Gottesstadt" zurück.
63 Hossfeld/Zenger, NEB-AT 29, 285.
64 Heilseschatologische Einschreibung der VIII*-Redaktion.
65 Vgl. וכתתו חרבתיהם לאתים וחניתותיהם למזמרות in Mi 4,3bα.β mit כתו אתיכם לחרבות ומזמרתיכם לרמחים in Joel 4,10a.
66 Vgl. auch Schart, Entstehung, 224f (268f).
67 ושפט בין עמים רבים (Mi 4,3aα)/ושפט את־כל־הגוים מסביב כי שם אשב לשפט (Joel 4,12b).

6.4. Der יום־יהוה in der Joelschrift

Der יום־יהוה ist das *zentrale Thema* Joels, wie schon der terminologische Befund deutlich zeigte: Von den insgesamt sechzehn Vorkommen der Wendung יום־יהוה[68] entfallen allein fünf auf die kurze Joelschrift, und die יום־יהוה-Ankündigungsformel, die in der exakten Formulierung יום־יהוה כי קרוב sechsmal belegt ist,[69] findet sich in Joel 1,15; 4,14.[70] Diese thematische Zentrierung spiegelt auch die Struktur der Joelschrift: Ihre beiden Hauptteile, Joel 1,2-2,17 und 2,18-4,17, finden jeweils ihren Höhepunkt in der Darstellung des kommenden יום־יהוה in Joel 2,1-11 und 4,1-3.9-17.

Auffällig und erklärungsbedürftig ist Joels *zweifache Darstellung* des יום־יהוה: Joel 2,1-11 schildert einen JHWH-Tag, dessen Stoßrichtung auf das Gottesvolk zielt, während in Joel 4,1-3.9-17 die „Völker" im Brennpunkt des JHWH-Tags-Geschehens liegen. Diese Differenz der Adressierungen ist Joel durch die vorausliegenden Tag-JHWHsDichtungen vorgegeben: Zum einen handeln die Tag-JHWHs-Dichtungen Am 5,18-20 und Zef 1,2-18* vom יום־יהוה über das Gottesvolk, und Joel 2,1-11 schließt sich, wie im vorigen Kapitel gezeigt wurde, an diese Aussagenreihe an, indem der יום־יהוה für Israel mit Hilfe epiphaner Elemente transzendiert und unter Rückgriff auf prophetische Feindschilderungen aktualisiert wird. Diese Aktualisierung wird durch Joel 1 außerordentlich verstärkt, indem ein verheerender Heuschreckeneinfall und anhaltende Dürre zu Vorzeichen des nahen יום־יהוה erklärt werden. Zum anderen hat die Gerichtsankündigung über Edom in der Obadjaschrift ihre Mitte in der Ankündigung des יום־יהוה „über alle Völker" (Obd 15a). Die Obadjaschrift löst die Spannung der doppelten Adressierung des JHWH-Tages in Zef 1*, indem sie die Differenz der Adressaten in eine Differenz der Zeiten überführt: Der יום־יהוה ist für das Gottesvolk Vergangenheit, während er für Edom mitsamt den Völkern noch in der (nahen) Zukunft liegt. Joel 4,1-3.9-17 schließt sich, wie oben gezeigt wurde, an die JHWH-Tags-Darstellung der Obadjaschrift an und weitet die auf Edom fokussierte Darstellung ausdrücklich zu einem universalen Gerichtstag über alle Völker aus. Dass aber der יום־יהוה für *beide* Adressaten in der Zukunft liegt, schlägt sich in Joels doppelter Darstellung des יום־יהוה[71] nieder. Doch in welchem *Verhältnis* stehen beide Darstellungen?

---

68 Jes 13,6.9; Ez 13,5; Joel 1,15; 2.1.11; 3,4; 4,14; Am 5,18bis.20; Obd 15; Zef 1,7.14bis; Mal 3,23.
69 Jes 13,6; Joel 1,15; 4,14; Obd 15; Zef 1,7.14.
70 Dazu kommt noch eine modifizierte Fassung in Joel 2,1.
71 Auch Jeremias sieht den יום־יהוה in Joel „zerdehnt" (Jeremias, Prophetie, 101), findet diese „Zerdehnung" aber in Joel 1-2 und leitet sie aus Jes 13,2-16 her. In diesem Abschnitt

6.4. Der Tag JHWHs in der Joelschrift

Zum einen ist noch einmal[72] die Parallelisierung von Joel 4,1-3.9-17 mit Joel 2,1-11 zu würdigen: Der יוֹם־יהוה ist „nahe" (Joel 2,1; 4,14),[73] die Verfinsterung der Gestirne (Joel 2,10b = 4,15)[74] und das „Erbeben" von Himmel und Erde (Joel 2,10a; 4,16aγ)[75] kündigen sein Kommen an, und JHWHs gebietende Stimme signalisiert sein Hereinbrechen (Joel 2,11aα; 4,16aαβ).[76] Zur terminologischen tritt die strukturelle Parallelisierung: Im vorigen Kapitel wurde herausgearbeitet, dass die lineare Leserichtung der JHWH-Tags-Darstellung in Joel 2,1-11 von einer konzentrischen Anordnung der Aussagen überlagert wird, deren Mitte die Reaktion der Völker auf den nahen יוֹם־יהוה bildet (Joel 2,6). Die strukturelle Parallelisierung in Entsprechung und Entgegensetzung lässt sich tabellarisch präsentieren:

Joel 2,1-11	Joel 4,1-3.9-17
V1-2bα Alarmierung des *Gottesvolkes* angesichts des nahen יוֹם־יהוה	**V1-3** Ankündigung der Schicksalswende des *Gottesvolkes*
V2bβ-5 Schilderg. des *heranziehenden* „großen u. mächtigen *Volkes*"	**V9-13** Mobilisierung der *Völker* zum *Zug* in das „Tal Joschafat"
V6 Reaktion der *Völker*	**V14** Der יוֹם־יהוה über die *Völker*
V7-9 Eindringen der „Helden" in die „Stadt" (nach V1 *Zion*)	**V15-16a** *Stimme JHWHs* aus Zion unter kosmischen Begleitphänomenen
V10-11 *Stimme JHWHs* am יוֹם יהוה unter kosmischen Begleitphänomenen > „Wer kann ihn bestehen?"	**V16b-17** auf dem *Zion* wohnender JHWH als Zuflucht für sein Volk > deshalb Bestehen des יוֹם־יהוה

Den Unterschieden wird unten noch nachgegangen werden. Hier soll zunächst eine erste grundlegende Folgerung aus der Parallelisierung von Joel 2,1-11 mit 4,1-3.9-17 gezogen werden: Joel stellt damit heraus, dass es in beiden Tag-JHWHs-Dichtungen um den einen universalen יוֹם־יהוה für das Gottesvolk und die Völker geht. Diese Identifizierung wird ver-

---

wird zu zeigen versucht, dass die doppelte Darstellung in Joel 2,1-11 und 4,1-3.9-17 für Joels יוֹם־יהוה-Thematik konstitutiv ist und Jes 13,2-16 eine die JHWH-Tags-Aussagen verbindende Funktion zukommt.
72 Vgl. auch das vorige Kapitel.
73 Vgl. כי קרוב יוֹם יהוה in Joel 4,14bα mit כי־בא יוֹם־יהוה כי קרוב in Joel 2,1b.
74 שמש וירח קדרו וכוכבים אספו נגהם in Joel 2,10b und 4,15.
75 Vgl. לפניו רגזה ארץ רעשו שמים in Joel 2,10a mit ורעשו שמים וארץ in Joel 4,16aγ.
76 Vgl. ויהוה נתן קולו in Joel 2,11aα mit ויהוה ... יתן קולו in Joel 4,16aαβ.

stärkt durch den durchgehenden Rückbezug auf die Weltgerichtsdarstellung von Jes 13,2-16: Das Zitat von Jes 13,6 in Joel 1,15 stellt vorab Joels gesamte JHWH-Tags-Darstellung unter dieses Vorzeichen, und die oben aufgewiesenen Anspielungen auf Jes 13,2-16 in Joel 2,1-11 und 4,1-3.9-17 halten diesen universalen Horizont des einen JHWH-Tages für beide Darstellungen fest. Insbesondere die im Aussagezusammenhang von Joel 2,1-11 zunächst überraschende Schreckensreaktion der Völker in ihrer strukturell zentralen Position findet so ihre Erklärung: In Anspielung auf Jes 13,8 wird das Entsetzen der Völker mit dem „Sich-Winden" einer Gebärenden verglichen und an dem „Erglühen" der Gesichter veranschaulicht.[77] Joel redet also in Joel 2,1-11 und 4,1-3.9-17 von dem *einen universalen JHWH-Tag*, der das Gottesvolk und die Völker betrifft.

Doch beide Darstellungen weisen zugleich eklatante *Unterschiede* auf: Der eine יוֹם־יהוה bedroht in Joel 2,1-11 auch den Zion, da JHWHs „Stimme" vor seinem gegen Zion ziehenden „Heer" her ertönt. Deshalb wird das Gottesvolk am Anfang des Gedichts vor dem kommenden יוֹם־יהוה gewarnt und am Ende mit der bangen Frage konfrontiert: „Wer kann ihn bestehen?" In Joel 4,1-3.9-17 dagegen gehen die Völker ahnungslos – aber nicht grundlos! – ihrem Gericht entgegen, und JHWHs Stimme ertönt vom Zion her gegen sie, während das Gottesvolk wegen der Präsenz JHWHs auf dem Zion Zuflucht und dauerhafte Sicherheit findet. Wie erklärt sich diese Wende in der Stoßrichtung des יוֹם־יהוה? Was steht *theologisch hinter* seiner doppelten Darstellung?

Zur Beantwortung dieser Frage soll zunächst noch einmal herausgestellt werden, was *literarisch zwischen* beiden יוֹם־יהוה-Darstellungen steht: Nach der Warnung des Gottesvolkes vor dem kommenden יוֹם־יהוה ergeht in Joel 2,12-17 ein zweites Mal die Aufforderung zum Schofarblasen, um das Gottesvolk im Namen JHWHs[78] und im Vertrauen auf seine Barmherzigkeit und Umkehrbereitschaft seinerseits zur Umkehr zu rufen. In unmittelbarem Anschluss an diesen Umkehrruf wird in Joel 2,18 JHWHs „Eifer für sein Land" und „Erbarmen mit seinem Volk" konstatiert. Damit wird der große Erhörungsteil der Joelschrift in Joel 2,19-4,17 eingeleitet, der nun extensiv die neue Zuwendung JHWHs zu seinem Volk entfaltet: Sie zeigt sich zunächst in der Wendung der wirtschaftlichen Notsituation, durch die JHWH seine Präsenz inmitten seines Volkes zu erkennen gibt (Joel 2,27). Damit wird ein erstes Mal die rhetorische Frage

---

77 Vgl. יָחִילוּ עַמִּים ... כָּל־פָּנִים קָבָצוּ פָּארוּר ... in Jes 13,8 mit כְּיוֹלֵדָה יְחִילוּן ... פְּנֵי לָהֲבִים פְּנֵיהֶם in Joel 2,6. Während der Vergleich einer Schreckensreaktion mit dem Sich-Winden einer Gebärenden geläufig ist, findet sich die Erwähnung einer Verfärbung der Gesichter sehr selten (die gleiche Formulierung wie in Joel 2,6b nur noch in Nah 2,11b) und die Verbindung beider Aussagen nur in Jes 13,8 und Joel 2,6 (vgl. auch Jeremias, BZAW 300, 131).

78 Joel 2,12 ist Gottesrede!

beantwortet, die den ersten Teil der Joelschrift beschließt: „Warum soll man unter den Völkern sagen: Wo ist ihr Gott (Joel 2,17)?" „Danach" (Joel 3,1) zeigt sich JHWHs Zuwendung zu seinem Volk in der „Ausgießung" des Geistes, der seine Empfänger in die Lage versetzt, die „Wahrzeichen" des bevorstehenden יום־יהוה zu verstehen und den „Namen JHWHs anzurufen", um „gerettet zu werden". Damit wird erstmalig die andere rhetorische Frage nach der Bestehbarkeit des יום־יהוה beantwortet, die die erste יום־יהוה-Darstellung von Joel 2,1-11 beschließt. Was steht nun theologisch hinter dieser Zuwendung JHWHs zu seinem Volk, die in der zweiten יום־יהוה-Darstellung ihren Höhepunkt erreicht?

Zur Klärung dieser Frage sollen nun die schon im vorigen Kapitel festgestellten Querverbindungen zwischen Joel 2 und Hosea 14 genauer ins Auge gefasst werden, die sich näherhin als *Parallelisierung von Joel 2,12-20 mit Hos 14,2-9* bestimmen lassen: Sowohl in Hos 14,2-4 als auch in Joel 2,12-17 ergeht ein prophetischer Ruf zur Umkehr an das Gottesvolk, der in die Vorlage eines Gebetsformulars einmündet,[79] und in Joel 2,18-20[80] schließt sich dann wie in Hos 14,5-9 die Zusage neuer Zuwendung JHWHs in Gottesrede unmittelbar an. Diese Parallelisierung scheint der Grund dafür zu sein, dass Joel nicht erwähnt, dass das Gottesvolk dem Umkehrruf Folge leistet, sondern die Zusage erneuter Zuwendung JHWHs unmittelbar anschließt. Die Zuwendung JHWHs bedarf keiner Umkehr Israels im Sinne einer „Vorleistung", da sich in JHWH selbst eine „Umkehrung" vollzogen hat: „Mein Herz hat sich in mir umgekehrt, ganz und gar ist meine Reue entbrannt" (Hos 11,8b). „Aus freien Stücken liebt" er sein Volk, weil sein Zorn sich von Israel „gewendet" hat (Hos 14,5). Im Anschluss an diese theologischen Spitzenaussagen der Hoseaschrift kann Joel erhoffen („Wer weiß ...?"), dass JHWH „umkehrt und sich reuen lässt" (Joel 2,14a).[81]

Dass JHWH diese „Umkehr" vollzogen hat, macht Joel in seiner zweiten Tag-JHWHs-Dichtung anschaulich: JHWH zieht nicht mehr wie in Joel 2,1-11 mit gebietender Stimme an der Spitze seines Heeres gegen Zion, sondern lässt vom Zion aus seine drohende Stimme gegen das anrückende Völkerheer erschallen (Joel 4,16a). „Wo ist ihr Gott?" – diese Frage von Joel 2,17 hat ihre endgültige Antwort gefunden: Er „wohnt auf dem Zion" (Joel 4,17aβ). Damit ist auch die zweite Frage endgültig beantwortet, wer seinen Tag „aushalten" kann: wer auf dem Zion „Zuflucht"

---

79 Vgl. ... שובה ... עד יהוה אלהיך ... ושובו אל־יהוה אמרו אליו ... in Hos 14,2f mit שבו ... עדי ... ושובו אל־יהוה אלהיכם ... ויאמרו... in Joel 2,12f.17.
80 Entfaltet in Joel 2,21-4,17.
81 Vgl. כי שב אפי ממנו in Hos 14,5b und נהפך עלי לבי יחד נכמרו נחומי in Hos 11,8b mit מי יודע ישוב ונחם in Joel 2,14a.

gefunden hat (Joel 4,16b).[82] So wurzelt die Spannung zwischen den beiden Tag-JHWHs-Dichtungen der Joelschrift in einer Spannung in JHWH selbst, in der – wie Joel im Anschluss an die Gottesaussagen Hoseas entfaltet – das Erbarmen mit seinem Volk das letzte Wort behält.

---

82 Der Nominalsatz von Joel 4,16b und der Partizipialsatz von Joel 4,17aβ geben den dauerhaften Heilsstatus wieder.

7. Sacharja 14

1[1] Siehe, ein Tag [ist] kommend für JHWH,
da wird verteilt deine Beute in deiner Mitte.
2 Da sammle ich alle Völker nach Jerusalem zum Kampf,
und eingenommen wird die Stadt,
und geplündert werden die Häuser,
und die Frauen werden vergewaltigt,
und es zieht aus die Hälfte der Stadt in die Gefangenschaft,
aber der Rest des Volkes wird nicht ausgerottet aus der Stadt.
3 Dann zieht JHWH aus und kämpft gegen jene Völker
wie am Tag seines Kämpfens, am Tag des Nahkampfes[2].
4 Und es treten seine Füße an jenem Tag auf den Ölberg,
der Jerusalem gegenüber im Osten [liegt].
Da spaltet sich der Ölberg von seiner Mitte ostwärts und westwärts
zu einem sehr großen Tal,
und es weicht eine Hälfte des Berges nordwärts
und seine [andere] Hälfte südwärts.
5 Da flieht ihr zum Tal meiner Berge[3] –
denn es reicht das Tal der Berge bis Azel / Jasol[4] –,
und ihr flieht, wie ihr geflohen seid vor dem Erdbeben
in den Tagen Ussijas, des Königs von Juda.
Dann kommt JHWH dein[5] Gott –

---

1   Eingehendere Begründungen für textkritische Entscheidungen folgen.
2   קרב = „Nahkampf" mit Buber, Kündung, 573.
3   Das durch die Spaltung des Ölberges entstanden ist. – Rudolphs Einwand gegen die Identifizierung dieses Tals mit dem nach V4 entstandenen Tal (vgl. Rudolph, KAT 13/4, 231) wird hinfällig, wenn man mit M „da flieht ihr" liest. Für „Tal *meiner* Berge" (M) spricht, das auch V2 in die 1. sg der JHWH-Rede wechselt. Damit würde dann betont, dass es sich um die durch JHWHs Intervention entstandenen „Berge" handelt.
4   אצל ist hpleg und vielleicht ein Ort östlich von Jerusalem (siehe Mi 1,11; 1Chr 8,32.37f; 9,38. 43f) – vgl. Meyers&Meyers, AB 25C, 426. G hat Ιασολ, liest also auch einen Eigennamen, der ein „östliches Seitental des Kidrontals im Süden Jerusalems" (Deissler, NEB 21,180) bezeichnet. Offensichtlich soll ein östlicher Fixpunkt für die Ausdehnung des entstandenen Tales gesetzt werden.
5   Wegen der Anrede der Adressaten in V5 und des suff 2. f sg in V1b ist אלהיך wahrscheinlicher. Der Ausfall des suff 2. f sg ist durch Haplografie erklärbar – vgl. Rudolph, KAT 13/4, 232.

alle Heiligen [sind] bei ihm[6].
6 Und es wird sein an jenem Tag:
Nicht ist Licht und Kälte und Frost[7].
7 Und es wird ein einziger Tag sein – er ist JHWH bekannt[8] –
nicht Tag und nicht Nacht;
und es wird sein: Zur Abendzeit ist Licht.
8 Und es wird sein an jenem Tag:
Es geht lebendiges Wasser aus von Jerusalem –
seine [eine] Hälfte zum östlichen Meer
und seine [andere] Hälfte zum westlichen Meer –;
im Sommer und im Winter geschieht es.
9 Und JHWH wird zum König über die ganze Erde;
und an jenem Tag ist JHWH einzig und sein Name einzig.
10 Es wandelt sich das ganze Land entsprechend der Araba
von Geba bis Rimmon im Süden von Jerusalem;
aber sie[9] ist hoch und bleibt an ihrem Platz:
vom Benjamintor bis zur Stelle des früheren Tores, bis zum Ecktor,
und vom[10] Chananelturm bis zu den Königskeltern.
11 Und sie[11] bleiben wohnen in ihr,
und Vernichtung[12] gibt es nicht mehr,
und Jerusalem wohnt in Sicherheit.
12 Und dies wird der Schlag sein,
mit dem JHWH alle Völker schlägt,
die sich gegen Jerusalem scharten[13]:
Er lässt [jedem] sein Fleisch verfaulen,
während er auf seinen Füßen steht,

---

6 So mit vielen *Mss* und allen *Vrs*, auch wenn M mit עמך die lectio difficilior hat. Denn die „Heiligen" sind nicht bei den Jerusalemern, sondern im Gefolge JHWHs zu denken (vgl. Ps 89,6.8; Ijob 5,1; 15,15), und wenn man das Suffix als 2. *m* sg liest, ist der Wechsel der Rederichtung zu abrupt.

7 So nach *Q* und mit den *Vrs*.

8 הוא יודע ליהוה in V7a ist wohl als Glosse anzusehen, die den Zusammenhang der Ankündigung eines „einzigen Tages" mit seiner Näherbestimmung „nicht Tag und nicht Nacht" zerreißt und diese beiden spannungsvollen יום-Aussagen reflektiert: Wenn dieser „einzige Tag" weder „Tag noch Nacht" kennt, dann kann er nur von JHWH erkannt werden (vgl. Willi-Plein, BBB 42, 31).

9 Nämlich die Stadt Jerusalem.

10 Lies mit vielen *Mss* וממגדל – es liegt wohl Haplografie von מ vor.

11 Nämlich die Einwohner von Jerusalem.

12 „Die Wörter der Wurzel *ḥrm* I sind vor allem im Wortfeld von Krieg und Vernichtung belegt" (Lohfink, ThWAT III, 195). In Sach 14,11 ist חרם nomen actionis – vgl. Lohfink, ThWAT III, 198.

13 צבא = „scharen" mit Buber, Kündung, 754.

7.1. Kompositionelle Gestaltung

und seine Augen verfaulen in ihren Höhlen,
und seine Zunge verfault in ihrem [sic!] Mund.
13 Und es wird sein an jenem Tag:
Es ist die Panik JHWHs groß unter ihnen,
so dass sie einer des anderen Hand ergreifen
und sich erhebt dessen Hand gegen die Hand des anderen.
14 Und auch Juda kämpft in Jerusalem.[14]
Da wird gesammelt das Vermögen aller Völker ringsum:
Gold und Silber und Kleider an Menge sehr (groß).
15 Und ebenso ist der Schlag [gegen] Pferd,
Maultier, Kamel und Esel
und alles Vieh, das in jenen Lagern ist, wie dieser Schlag.
16 Und es wird sein:
Der ganze Überrest aus allen Völkern,
die über Jerusalem gekommen waren,
die ziehen Jahr für Jahr hinauf,
um anzubeten König[15] JHWH Zebaot,
und um das Laubhüttenfest zu feiern.
17 Und es wird sein:
Welches nicht hinaufzieht
von den Geschlechtern der Erde nach Jerusalem,
um anzubeten König JHWH Zebaot,
über denen wird kein Regen sein.
18[16] Und wenn das Geschlecht Ägyptens nicht hinaufzieht

---

14 Rudolph sieht V14a als den Zusammenhang von V13.14b störende Glosse an, die „aufgrund des falsch verstandenen Halbverses 12,12b" (Rudolph, KAT 13/4, 233) eingefügt wurde. Die abrupte Einführung Judas in die ansonsten Jerusalem-zentrierten Aussagen – noch dazu mit dem Kampfmotiv verbunden –, bleibt schwierig, doch andererseits liefert V14a den zehnten Beleg des Leitwortes „Jerusalem" und zeigt sich auch sonst in die Kompositionsstruktur von Sach 14 eingebunden (Näheres siehe nachfolgend), so dass sein sekundärer Charakter fraglich wird. Es scheint vielmehr eine Reminiszenz an Sach 12,6 vorzuliegen: Zur von JHWH verursachten Panik (Sach 12,4) tritt das militärische Eingreifen der „Anführer Judas". Damit würde nach Seuche und Panik Juda als drittes Mittel JHWHs im Kampf gegen die Invasoren eingeführt (vgl. Keil, BC 3/4, 668f).
15 מלך wird hier ohne Artikel zum Titel – vgl. Meyers&Meyers, AB 25C, 466.
16 So mit M ohne Berücksichtigung des Atnach. In V18a M heißt es wörtlich: „Und wenn das Geschlecht Ägyptens nicht hinaufzieht und kommt, und nicht über ihnen ...". In jedem Fall bleibt nach M offen, was denn Ägypten statt des „Schlages" gegen die Völker treffen soll. Lässt man schließlich mit G die Negation weg, wird die besondere Erwähnung Ägyptens unverständlich: „... dann wird über sie kommen die Plage, mit der JHWH die Völker plagen wird ...". Rudolphs Konjektur ist zu weitreichend (vgl. Rudolph, KAT 13/4, 233), so dass die Suche nach dem ursprünglichen Text hier wohl ein ignoramus akzeptieren muss (vgl. auch Reventlow, ATD 25/2, 128).

und nicht kommt,
dann kommt über sie nicht der Schlag,
mit dem JHWH die Völker schlägt,
die nicht hinaufziehen, um das Laubhüttenfest zu feiern.
19 Dies ist die Strafe Ägyptens und die Strafe der Völker,
die nicht hinaufziehen, um das Laubhüttenfest zu feiern.
20 An jenem Tag ist auf den Schellen der Pferde [zu lesen]:
Heilig für JHWH.
Und es wird sein:
Die Töpfe im Haus JHWHs [sind]
wie die Sprengschalen vor dem Altar.
21 Und es ist jeder Topf in Jerusalem und Juda
heilig für JHWH Zebaot,
so dass alle Opfernden kommen
und von ihnen nehmen und in ihnen kochen.
Und kein Kanaanäer ist mehr im Haus JHWHs an jenem Tag.

Nach dem redaktionsgeschichtlichen Modell, das Schart für die Entstehung des XII entwickelt hat, fungiert Sach 14 als Abschluss des Zehnprophetenbuches* (X*).[17] Leitthematik des X* ist der יום־יהוה, und entsprechend wird in Sach 14 „unter dem Oberbegriff יום ליהוה ... ein Gesamtbild eschatologischer Erwartungen entworfen".[18]

Bevor die Bedeutung von Sach 14 für die יום־יהוה-Thematik des X* näher untersucht wird, ist zu klären, inwieweit es berechtigt ist, das letzte Kapitel von Deuterosacharja als eigene Größe zu behandeln. Schon Rudolph[19] fasst im Anschluss an seine Kommentierung von Sach 14 die *thematischen* Unterschiede zusammen, die dieses Kapitel von Sach 9-13 abheben: Jerusalem allein liegt im Brennpunkt der Darstellung des Endgeschehens; die Stadt erliegt zunächst dem Völkeransturm;[20] den anschließenden JHWH-Krieg überlebt ein „Überrest" der Völker, der jährlich zum Laubhüttenfest pilgern wird; neben JHWH als alleinigem Akteur wird keine messianische Gestalt erwähnt;[21] die Bemessung des „Restes" in Sach

---

17 Vgl. Schart, Entstehung, 230-232 (275-278).
18 Schart, Entstehung, 230 (275).
19 Vgl. Rudolph, KAT 13/4, 240.
20 „Nirgends im AT wird die Vorstellung vom eschatologischen Ansturm der Völker so weit getrieben wie hier. Zwar ist in 12,2f auch von Fußtritten und Püffen die Rede, die der Stadt gelten, aber sozusagen im gleichen Atemzug wird verheißen, dass Jahwe ihr im Grunde nichts geschehen lässt" (Rudolph, KAT 13/4, 234).
21 Vgl. dagegen Sach 9,9f.

13,8f und 14,2b steht in Spannung zueinander;[22] das Motiv der von Jerusalem ausgehenden Quelle wird in Sach 13,1 und 14,8 jeweils völlig unterschiedlich verwendet, und schließlich haben im Unterschied zu Sach 9,10 auch Pferde Platz in der Heilszeit (Sach 14,20).

Dazu kommt ein wesentlicher *konzeptioneller* Unterschied zwischen Sach 9-13 und 14 dergestalt, „dass Sach 14 einen Gesamtentwurf der eschatologischen Erwartung vorlegt und dazu die traditionsgeschichtlich vorgegebenen Vorstellungen ausbaut, während die Aussagen in Sach 9,1-13,9 von den Bezugstexten inspiriert, beeinflusst oder vorgeprägt sind."[23]

Dieser Gesamtentwurf schlägt sich in der *kompositionellen* Gestaltung und Geschlossenheit von Sach 14 nieder, die im Folgenden herausgearbeitet werden soll.[24] Ziel dieses Kapitels ist der Nachweis, dass Sach 14 die Tag-JHWHs-Dichtungen des X* aufnimmt, weiterführt und zu einem Gesamtbild verbindet.

7.1. Kompositionelle Gestaltung

Das gesamte Kapitel wird durch die Eröffnungsformel „Siehe, ein Tag kommt für JHWH" unter das Vorzeichen des יום־יהוה gestellt, und siebenmal[25] wird mit der Formel ביום ההוא auf diesen „Tag für JHWH" Bezug genommen. Diese thematische Profilierung wird verstärkt durch die weiteren Vorkommen von יום in V3 und V7, so dass Sach 14 insgesamt zwölf יום-Aussagen durchziehen. Auch die entscheidenden Größen innerhalb des יום־יהוה-Gesche-hens erscheinen in einer signifikanten Anzahl von Belegen: Sach 14 weist vierzehn Belege des Gottesnames JHWH auf[26] – davon viermal mit dem Gottesepitheton „Zebaot" verbunden[27] –, zehnmal wird auf Jerusalem Bezug genommen[28], und die Völker werden siebenmal erwähnt.[29] Schließlich verdient Erwähnung, dass zwölf Vorkommen von כל[30] die Universalität des יום־יהוה-Geschehens un-

---

22 Das ist um so auffälliger, als beide Aussagen jetzt einander unmittelbar benachbart sind.
23 Ho Fai Tai, CThM 17, 277.
24 Vgl. hierzu auch Schaefer, RB 100, 167f.
25 Sach 14,4.6.8.9.13.20.21.
26 Sach 14,1a.3a.5b.9a.9b.12a.13a.16b.17a.18b.20a.20b.21a.21b (ohne die Glosse in V7a – s.o.). Dazu kommen die finite Verbform ואספתי am Anfang von V2 und das Suffix 3. m sg in V3b.9b, die sich jeweils auf JHWH zurückbeziehen.
27 Sach 14,16b.17a.21a.21b.
28 Sach 14,2a.4a.8a.10a.11b.12a.14a.16a.17a.21a.
29 גוים in Sach 14,2a.3a.14b.16a.18b.19b und עמים in V12a.
30 Sach 14,2a.5b.9a.10a.12a.14a.15a.16a[bis].19b.21a[bis].

terstreichen und dass sich das in Sach 14 entfaltete endzeitliche „neue Sein" in 24 Belegen der Wurzel היה spiegelt.[31]

Ansonsten bietet Sach 14 eine Vielzahl unterschiedlicher Traditionsstücke, die wie ein buntes Patchwork anmuten, das sich einer exakten Strukturierung zu entziehen scheint. Deshalb schlagen Ho Fai Tai und Carol und Eric M. Meyers eine Gliederung nach thematischen Kriterien vor.[32] Demgegenüber ist jedoch mit Willi-Plein von den „Hauptzäsuren"[33] auszugehen, die diese thematischen Gliederungsvorschläge übergehen:[34] V1 setzt asyndetisch mit dem Signalwort הנה ein und wechselt die grammatische Person, V10 weist Asyndeton und Wechsel der grammatischen Person auf, und in V20 sind ebenfalls asyndetisch eingeführte Einleitungswendung (ביום ההוא) und Wechsel der grammatischen Person miteinander verbunden.[35] Bei der Gliederung von Sach 14,1-9.10-19 durch die Formel ביום ההוא unterläuft Willi-Plein dann aber die zweite Hauptzäsur zwischen V9 und V10, indem sie untergliedert: „v.8-9a Die heilige Stadt und der König Jahwe [, – PGS] v.9b-11 Jahwe einer und die heilige Stadt im Schutz".[36] Offensichtlich hat sie sich hier von der Beobachtung leiten lassen, dass auch V9b asyndetisch und mit der Formel ביום ההוא einsetzt. Bei der nachfolgenden weiteren Strukturierung der Abschnitte Sach 14,1-9.10-19 erscheint es deshalb geraten, neben „rein äußeren Kriterien"[37] auch stilistische und thematische Gesichtspunkte einzubeziehen.

In *Sach 14,1-9* interveniert JHWH zugunsten seines bedrängten Volkes gegen die in Jerusalem eingefallenen Völker und richtet unter tiefgreifenden Umwälzungen auf kosmologisch-vertikaler Ebene seine Königsherrschaft auf. In *V 1-2* wird zunächst die Ausgangssituation geschildert, die zum Eingreifen JHWHs führt: JHWH selbst versammelt „alle Völker" zum Kampf gegen Jerusalem. Deren Invasion hat fünf Folgen für die „Stadt" und ihre Bevölkerung: die Einnahme der Stadt, die Plünderung der Häuser, die Vergewaltigung der Frauen, die Exilierung der Hälfte der Einwohnerschaft und das Zurückbleiben eines „Restes". Zur themati-

---

31 Sach 14,6a.6b.7a.7b[bis].8a.8b.9a.9b.11a.12a.13a[bis].15a[bis].16a.17a.17b.18b.19a.20a.20b.21bis.
32 „Die Struktur in Sach 14 ist thematisch gegliedert" (Ho Fai Tai, CThM 17, 274). Im einzelnen gliedert er Sach 14,1-5.6-11.12-21 (noch einmal untergliedert in 12-15.16-19.20-21 – vgl. Ho Fai Tai, Sacharja 9-14, 248-251). Ähnlich strukturieren Carol und Eric M. Meyers in Sach 1-5.6-11.12-15.16-21 (Meyers&Meyers, AB 25C, 493).
33 Willi-Plein, BBB 42, 37.
34 Auch bei Ho Fai Tai ist V20-21 nur ein Teilabschnitt von V12-21 (vgl. Ho Fai Tai, CThM 17, 251).
35 Vgl. Willi-Plein, BBB 42, 41-43.
36 Willi-Plein, BBB 42, 60.
37 Willi-Plein, BBB 42, 37.

7.1. Kompositionelle Gestaltung

schen kommt die formale Kohärenz des durchgehenden Jerusalembezuges: In V1 weist das zweimalige Suffix 2. f sg auf die Nennung von Jerusalem in V2aα voraus, während sich die dreimalige Erwähnung der „Stadt" in V2aβ.b auf Jerusalem zurückbezieht.

Die desolate Lage der eroberten Stadt veranlasst JHWH zum Kampf gegen „jene Völker" (V3). Doch nicht dieser Kampf wird in V3f entfaltet, sondern eine erste Veränderung der Topografie Jerusalems: Das Auftreffen JHWHs auf den Ölberg im Osten Jerusalems führt zu dessen Spaltung in eine Nord- und eine Südhälfte. Das dadurch entstehende „sehr große Tal" wird zum Fluchtweg für den „Rest" (V2) der Jerusalemer[38] und zur „via triumphalis"[39] für den in Jerusalem einziehenden JHWH. Gerahmt wird *V3-5* durch die Ankündigung des „Ausziehens" (V3a) bzw. des „Kommens" JHWHs,[40] und innerhalb dieses Rahmens werden die Auswirkungen des Kommens JHWHs durch Stichwortwiederholungen entfaltet.[41] Darüber hinaus weisen vielfältige Stichwortverbindungen auf V1-2 zurück: Zweimaliges יום (V3) und die Formel ביום ההוא nehmen den „Tag für JHWH" von V1a auf, an das Ausziehen der Exulanten schließt sich das Ausziehen JHWHs an,[42] der nun seinerseits gegen die „nach Jerusalem zum Kampf" versammelten Völker „kämpfen" wird,[43] und das Stichwort חצי aus V2b wird in V4 dreimal wiederholt. Schließlich weist die Ankündigung des kommenden JHWH in V5b auf die einleitende Ansage des kommenden „Tages für JHWH" in V1a zurück und stellt so eine gewisse Rahmung der beiden ersten Teilabschnitte von Sach 14,1-9 her.

V6-9 setzt das mit V4 eröffnete Thema der Umwälzungen auf kosmologisch-vertikaler Ebene mit drei weiteren Veränderungen fort: Sowohl „Kälte und Frost" als auch der Wechsel von „Tag und Nacht" werden aufhören, und eine in Jerusalem entspringende Quelle wird ganzjährig sowohl ins Tote Meer als auch ins Mittelmeer fließen. In dieser Etablierung einer neuen Schöpfungsordnung setzt sich die Königsherrschaft JHWHs durch. Stilistische Kohärenz gewinnt V6-9 durch fünfmaliges והיה jeweils am Beginn von V6.7a.7b.8.9a, und zusammen mit vierfachem יהיה (V6b.7b.8b.9b) spiegelt sich die neue Schöpfungswirklichkeit in den neun Belegen der Wurzel היה. Dieses „neue Sein" wird zugleich

---

38 Rudolphs Einwand gegen diese Option (vgl. Rudolph, KAT 13/4, 321) ist nicht zwingend. Die Auswertung der aufgenommenen Traditionen wird deutlich machen, dass das Fluchtmotiv im Gegenteil mit Bedacht eingeführt ist.
39 Rudolph, KAT 13/4, 235.
40 ויצא יהוה am Anfang von V3 und ובא יהוה am Beginn von V5b.
41 Fünfmal הר und je dreimal גיא, חצי und נסתם(ו).
42 Vgl. ויצא jeweils am Anfang von V2b.3a.
43 Vgl. יהוה in V1a.3a.5b, גוים in V2a.3a, ירושלם in V2a.4a und למלחמה in V2a und הלחמו in V3a.

via negationis durch dreimaliges לא beschrieben (V6b.7a^bis) und an drei Gegensatzpaaren entfaltet.[44] Durch die Wiederholung der Einleitungsformel והיה ביום ההוא von V6a am Anfang von V8a bzw. von ביום ההוא am Beginn von V9b wird das „Ausgehen lebendigen Wassers aus Jerusalem" als Mitte von V6-9 markiert. Wieder weisen markante Stichwortverbindungen auf den vorhergehenden Teilabschnitt V3-5 zurück: Die Formel ביום ההוא in V4a.6a.8a.9b stellt einen ursächlichen Zusammenhang zwischen dem Auftreffen JHWHs auf dem Ölberg und den Umwälzungen in der Schöpfung her. Dieser Zusammenhang wird für die in Jerusalem entspringende Quelle noch besonders akzentuiert: Nachdem JHWH „ausgezogen" ist (V3a), geht nun „lebendiges Wasser" von Jerusalem aus.[45] Während sich der Bezug auf JHWH und Jerusalem durch das ganze Kapitel zieht, findet sich יצא nur in den drei Teilabschnitten von V1-9 mit sechs Belegen (V2.4a.4b^bis.8a^bis).[46]

V9b wird zwar durch die Formel ביום ההוא asyndetisch eröffnet, so dass die Formulierung der Einzigkeit und Einzigartigkeit JHWHs und seines Namens vom Vorhergehenden abgesetzt und V9b als Höhe- und Zielpunkt von V1-9 akzentuiert wird. Doch durch die explizite Aufnahme des Subjekts יהוה aus V9a, der Formel ביום ההוא und des Stichwortes אחד[47] ist V9b zugleich stilistisch und thematisch fest in den Abschnitt V6-9 eingebunden: Durch die schöpferischen Wandlungen von V6-8 erweist sich JHWH als der eine König über die ganze Erde (V9).

Warum folgt auf diese theologische Spitzenaussage noch *V10-19.20-21* als zweiter Teil von Sach 14, und in welchem Verhältnis stehen beide Teile zueinander? Nach Rudolph „nimmt [der Autor - PGS] das Wichtigste voraus ..., um damit V.9 zu begründen, spart aber alle weiteren Einzelheiten, die er noch bringen will, für nachher auf, damit sie sozusagen im Scheinwerferlicht von V.9 stehen."[48] Das Verhältnis beider Teile von Sach 14 zueinander kann man näherhin so bestimmen, dass in V1-9 der Schwerpunkt darauf gelegt wird, dass JHWH seine Königsherrschaft auf kosmologisch-vertikaler Ebene durchsetzt, während in V10-21 die Implikationen für die kosmologisch-horizontale Ebene entfaltet werden.

---

44 לאיום ולא־לילה (V7a) und בקיץ ובחרף (V8b) deuten die zeitliche und אלהים הקדמוני ... אלהים האחרון (V8a) die räumliche Erstreckung der neuen Wirklichkeit an.
45 Vgl. (ו)יצא in V3a.8a.
46 Das Stichwort מלך in V9a dürfte kaum eine bewusste Anknüpfung an V5a darstellen, da es sich dort auf die einstige Regentschaft Ussijas bezieht und hier auf die künftige universale Königsherrschaft JHWHs.
47 Vgl. ביום ההוא in V6a.8a.9b und אחד in V7a.9b^bis.
48 Rudolph, KAT 13/4, 236.

7.1. Kompositionelle Gestaltung

V10-11 setzt asyndetisch und mit einem Subjektwechsel ein[49] und schließt den Wandel in der Schöpfung mit der fünften und letzten Veränderung ab: Das Umland Jerusalems wird sich „zur Ebene wandeln", so dass Jerusalem in eine exponierte Position gelangt und nunmehr „in Sicherheit wohnen wird". Das Stichwort „Jerusalem" in V10a.11b setzt einen Rahmen, auf den sich dreimaliges ישב mit Jerusalem bzw. den Jerusalemern[50] als Subjekt und die fünf topografischen Fixpunkte[51] der Stadtgrenze Jerusalems beziehen. Markante terminologische Bezüge verbinden V10-11 zugleich mit dem vorhergehenden Abschnitt: כל־הארץ weist auf V9a zurück,[52] der Jerusalembezug von V8a wird in V10a.11b fortgesetzt, und schließlich findet sich das Stichwort מלך (V9a) auch in V10b.[53] Außerdem wird das von den Veränderungen betroffene Umland Jerusalems in V8 in seiner Ost-West-Ausdehnung und in V10 in seiner Nord-Süd-Erstreckung bestimmt. Schließlich verdient besondere Erwähnung, dass die neue Wirklichkeit in V6-9.10-11 auch via negationis beschrieben wird: Nach V6b.7a werden sowohl „Licht" als auch „Tag und Nacht", also geschöpfliche Phänomene, „nicht [mehr] sein", wogegen im endgültig gesicherten Jerusalem militärische „Vernichtung nicht mehr sein" wird.

In *V12-15* werden nun die Auswirkungen des Eingreifens JHWHs für die gegen Jerusalem im Kriegszustand befindlichen Völker dargestellt. „Alle Völker, die sich gegen Jerusalem scharen", werden von JHWH mit einer plötzlich ausbrechenden Seuche „geschlagen" (V12),[54] die auch die zum feindlichen Heerlager gehörenden Tiere nicht verschont (V15). Innerhalb des so Gerahmten löst eine von JHWH verursachte Panik, zu der auch Juda beiträgt,[55] eine „Selbstzerfleischung"[56] unter den Angehörigen des feindlichen Heeres aus, so dass das „Vermögen aller Völker ringsum" nur noch als Kriegsbeute „eingesammelt" zu werden braucht. Die Ankündigung der „Plage" gegen Mensch und Tier rahmt V12-15,[57] und innerhalb

---

49 Nach ושמו ... יהוה als Subjekt von V9b nun כל־הארץ neues Subjekt am Beginn von V10.
50 Der Plural וישבו am Anfang von V11 bezieht sich auf die Jerusalemer.
51 Sie enthalten dreimal das Stichwort שער.
52 Der gleichzeitige Bedeutungswandel wird unten noch gewürdigt werden.
53 Der topografische Punkt „Königskelter" wahrt die Erinnerung an das *irdische* Königtum des Gottesvolkes, aber damit immerhin auch an den „königlichen" Charakter Jerusalems.
54 Willi-Plein will V12 als eine nicht in den Ablauf passende Dublette zu V13 streichen (vgl. Willi-Plein, BBB 42, 60). V12 ist aber mit V15 fest zu einem Rahmen um V13-14 verbunden und zeigt seinerseits den wiederholenden Stil von Sach 14 (fünf Körperteile). Dass zwei Einzelzüge des endzeitlichen Gemäldes in diesem Kapitel zueinander in unausgleichbarer Spannung stehen, betrifft nicht nur V12 und V13, sondern ist Charakteristikum der Darstellung von Sach 14 insgesamt (Näheres siehe unten zum „thematischen Profil").
55 S.o. zu V14a.
56 Rudolph, KAT 13/4, 238.
57 Vgl. וזאת תהיה המגפה am Beginn von 12 und כמגפה הזאת ... וכן תהיה מגפת in 15.

dieses Rahmens kommt es wieder zu signifikanten Wiederholungen: Das Ausbrechen der Seuche unter den feindlichen Kämpfern (V12) wird unter Aufzählung von fünf die Totalität der leiblichen Existenz erfassenden Lexemen[58] und durch dreimalige Verwendung der Wurzel מקק entfaltet, während in V15 fünf Lexeme die Gesamtheit der im Heerlager befindlichen Tiere[59] erfassen, die ebenfalls der Seuche erliegen. Schließlich wird unter dreimaliger Wiederholung von יד dargestellt, wie in Panik einer Hand an den andern legt (V13) und die „sehr große Menge" an Beute durch drei Lexeme veranschaulicht.[60] Eine stilistische Parallelisierung mit V10-11 ergibt sich durch die Kontrastierung des nunmehr unangreifbaren Jerusalem mit der Vernichtung der Angreifer: Den fünf topografischen Fixpunkten Jerusalems entsprechen die fünf anthropologischen Lexeme der Invasoren und die sich in dreifachem ישב verdichtende Sicherheit der Jerusalemer dem durch dreimaliges מקק konkretisierten Untergang der Widersacher. Außerdem wird erneut zweimal expressis verbis Jerusalem erwähnt.[61]

Der Teilabschnitt *V16-19* bietet ein völlig gewandeltes Bild: Nachdem ihre Invasionstruppen vernichtend geschlagen sind, beugen sich die Völker „König JHWH"[62], indem sie jährlich zum Laubhüttenfest pilgern. Der Autor rechnet mit Renitenz, die mit Regenentzug geahndet wird. Diese Sanktion würde Ägypten nicht treffen, da seine Fruchtbarkeit von der jährlichen Nilüberschwemmung abhängig ist.[63] Das ist offensichtlich der Grund für die besondere Erwähnung Ägyptens in V18a.19a, die aber nicht mehr erkennen lässt, was Ägypten statt dessen angedroht wird.[64] Auf jeden Fall wird Ägypten so wenig wie die übrigen Völker seiner „Strafe" entgehen, wenn es sich der jährlichen Teilnahme am Laubhüttenfest verweigert. Die jährliche Wallfahrt des „Überrestes aller Völker" (V16) und die Sanktionen für Verweigerer (V17-19)[65] werden jeweils durch die Einleitungsformel והיה eröffnet und sind verbunden durch die Infinitivkonstruktionen, die die Anbetung „König JHWHs" bzw. das Feiern des

---

58 בשרו, רליו, עיניו, לשונו und פיהם – das seltene II חר = Höhle ist keine anthropologische Vokabel (vgl. KBL³, I, 334).
59 הסוס הפרד הגמל והחמור וכל-הבהמה – nach der Aufzählung der Reit- und Transporttiere wird בהמה die zur Fleischversorgung dienenden Tiere bezeichnen (vgl. Meyers&Meyers, AB 25C, 463).
60 Vgl. זהב וכסף ובגדים in V14b.
61 Dagegen dürfte mit סביב in V14b kaum bewusst auf die Wurzel סבב am Anfang von V10 angeknüpft werden.
62 Durch den fehlenden Artikel wird מלך zum Titel (s.o.).
63 Vgl. Gen 12,10; 26,1; 41,1-3.18-21.
64 Siehe S. 182, Anm. 16 zur Übersetzung.
65 Siebenmaliges לא verbindet sich hier mit der Verweigerung und ihren Folgen.

7.1. Kompositionelle Gestaltung

Laubhüttenfestes wiedergeben.[66] Die Kohärenz von V16-19 wird verstärkt durch die fünf Belege der Wurzel עלה und den dreifachen Völkerbezug.[67] Die Erwähnung der „Völker" knüpft zugleich an den vorhergehenden Teilabschnitt an, und auch der Jerusalembezug von V12-15 wird weitergeführt.[68] Zudem nimmt die Ankündigung der „Plage", die JHWH über die Völker bringen wird (V18b), terminologisch und strukturell V12a auf,[69] um thematisch zu kontrastieren: Während nach V12a JHWHs Plage über die Völker kommt, die sich in feindlicher Absicht „gegen Jerusalem scharten", bringt JHWH nach V18a eine Plage über die Völker, die die friedliche Wallfahrt nach Jerusalem verweigern.

Der letzte Abschnitt *V20-21* setzt asyndetisch mit der Einleitungsformel ביום ההוא und unter Subjektwechsel ein und beschreibt abschließend den endzeitlichen Heiligkeitsstatus Jerusalems. Die radikale Umwandlung der Verhältnisse wird an zwei überaus signifikanten Beispielen veranschaulicht: Die bisher dem militärischen Bereich zugehörigen „Pferde" (vgl. V15a) tragen auf ihrem Schmuck die Aufschrift „heilig für JHWH", die nach Ex 28,36f auch in das goldene Stirnblatt Aarons eingraviert werden soll. Das gleiche Prädikat erhalten die „Töpfe", die im Alltag als Kochgefäße und Waschbecken und im Kult als Aschebehälter Verwendung finden,[70] so dass sie bei Bedarf auch in kultischen Gebrauch genommen werden können. Indem auch סוס und סיר in den Heiligkeitscharakter Jerusalems einbezogen sind, wird die kultische Grundunterscheidung von heilig und profan obsolet, und die Sach 14 durchziehenden Wandlungen erreichen ihren letzten Höhepunkt.

Die Formel ביום ההוא eröffnet und beschließt V20-21 und bildet so eine Inclusio um den thematisch besonders geschlossenen Schlussteil. Diese Geschlossenheit wird noch verstärkt durch die Wiederholung von Leitwendungen: Neben ביום ההוא sind dies קדש ליהוה in V20a.21aα, בבית יהוה in V20b.21b und יהוה צבאות in V21aα.21b.[71] V20-21 schließt sich mit seiner kultischen Sprache und Vorstellungswelt eng an V16-19 an und ist mit diesem Teilabschnitt außerdem terminologisch durch zweimaliges יהוה צבאות verbunden.[72] Schließlich wird der Erinnerung an das feindliche „Kommen aller Völker" das „Kommen aller

---

66 Vgl. להשתחות למלך יהוה צבאות in 16b.17a und לחג את־חג הסכות (ו) in 16b.18b.19b.
67 Vgl. עלה in 16b.17a.18a.18b.19b und גוים in 16a.18b.19b.
68 Vgl. גוים in 14b.16a.18b.19b (außerdem עמים in 12a) und ירושלם in 12a.14a. 16a.17a.
69 Vgl. ... וזאת תהיה המגפה אשר יגף יהוה את־כל־העמים אשר צבאו in V12a mit אשר יגף יהוה את־הגוים אשר לא יעלו ... תהיה המגפה in V18b.
70 Vgl. KBL³ III, 710.
71 Zur Binnenstruktur siehe unten.
72 Jeweils zweimal יהוה צבאות in V16b.17a und in V21aα. 21b.

Schlachtenden" gegenübergestellt[73] und ein letztes Mal Jerusalem erwähnt.[74]

Darüber hinaus schließt V20-21 den gesamten zweiten Teil von Sach 14 ab: V21bα parallelisiert V11aβ, so dass sich eine gewisse Rahmung von V10-21 ergibt.[75] Während mit dem Ende von „Vernichtung" in Jerusalem künftig äußere Bedrohung ausgeschlossen ist, signalisiert die Abwesenheit von „Kanaanäern im Haus JHWHs"[76], dass der zukünftige Heilsstatus von Jerusalem auch von innen her nicht mehr bedroht sein wird. Innerhalb dieses Rahmens knüpft V20-21 auch an den Teilabschnitt V12-15 an: Die überraschende Erwähnung von „Pferden" in V20a findet ihre Entsprechung in der Aufzählung von Tieren in V15a, die mit der Nennung von „Pferden" eröffnet wird.[77]

Schließlich ist V20-21 auch wirkungsvoller Abschluss von Sach 14 insgesamt: Die signifikanten Schlüsselwörter und Leitwendungen des gesamten Kapitels werden noch einmal versammelt und zu symbolhaltiger „Vollzahl" gebracht: Die Formel ביום ההוא wird um die Belege sechs und sieben ergänzt, die Jerusalemzentrierung wird mit der zehnten Erwähnung der Stadt unterstrichen, auf zwölf Vorkommen kommt כל mit V21, in V20 wird der Gottesname JHWH zum vierzehnten Mal aufgeführt[78] und die Wurzel היה wird um vier auf 24 Belege vervollständigt. Auffällig ist, dass die siebenmal genannten „Völker"[79] im Schlussabschnitt keine Erwähnung mehr finden. Die in V16-19 angekündigte Völkerwallfahrt nach Jerusalem und die inklusive Sprache von V20-21 machen den Schluss unausweichlich, dass sie zu „allen Opfernden" (V21a) gehören: Da auch das Gottesvolk nicht expressis verbis genannt wird,[80] ist offensichtlich auch die Distanzierung Israels von den Völkern obsolet geworden.[81] Nachfolgende Übersicht fasst die lineare Abfolge der Abschnitte von Sach 14 zusammen.

---

73 Vgl. מכל־הגוים הבאים על־ירושלם in V16a mit ובאו כל־הזבחים in V21aβ.
74 In V21a – davor innerhalb von V16-19 in V16a.17a.
75 Vgl. וחרם לא יהיה־עוד in V11aβ mit ולא־יהיה כנעני עוד in V21bα.
76 Näheres hierzu siehe unten unter „thematisches Profil".
77 Vgl. הסוס in V15a.20a.
78 In V7a gehört er einer Glosse an (siehe oben).
79 גוים in V2a.3a.14b.16a.18b.19b und עמים in V12a.
80 בירושלם וביהודה in V21aα haben den Charakter lokaler Bestimmungen.
81 Die Erwähnung der משפחות הארץ in V17a zeigt, dass in Sach 14 keine *Scheidung* des Gottesvolkes von den Völkern vollzogen, wohl aber eine *Unterscheidung* zwischen den Völkern als ethnisch-kulturellen Größen und Israel getroffen wird (zu dieser Bedeutung von משפחה vgl. Zobel, ThWAT V, 90).

V1-9 JHWH interveniert zugunsten seines Volkes und errichtet unter kosmologischen Veränderungen seine Königsherrschaft. V1a Asyndese, Einleitungsformel „siehe" und Subjektwechsel

V1-2 Einnahme Jerusalems durch „alle Völker", den ein „Rest des Volkes" überlebt – zum Neueinsatz s.o.
V3-5 Eröffnung eines Fluchtweges für Rest durch JHWHs Eingreifen – Rahmung durch „Ausziehen"/„Kommen" JHWHs
V6-9 kosmische Umwälzungen, deren Mitte das aus Jerusalem fließende „Wasser" und deren Ergebnis JHWH als alleiniger König

V10-19 JHWH interveniert gegen die Völker und setzt seine Königsherrschaft auch unter ihnen durch. V10a Asyndese und Subjektwechsel

V10-11 durch Nivellierung des Umlandes Jerusalem in exponierte Stellung – Rahmung durch „Jerusalem"
V12-15 vernichtender „Schlag" JHWHs gegen die Völkerinvasion in Jerusalem – Rahmung durch „Schlag"
V16-19 jährliche Völkerwallfahrt nach Jerusalem zur Anbetung JHWHs am Laubhüttenfest – Einl.-Formel und Subjektwechsel

V20-21 inklusive Heiligkeit des endzeitlichen Jerusalem Asyndese, Einleitungsformel „an jenem Tag", Subjektwechsel

Nachdem der *lineare* Aussagenzusammenhang der einzelnen Abschnitte von Sach 14 herausgearbeitet worden ist, soll nun ihre *parallele* Anordnung aufgewiesen werden. Die nachstehende Übersicht führt zunächst die Querverbindungen zwischen den Abschnitten der beiden Hauptteile Sach 14,1-9.10-19 auf.

Sach 14,1-9	Sach 14,10-19
V1f Jerusalem den Völkern preisgegeben > durch fünf militärische Folgen entfaltet, in denen Jerusalem dreimal העיר genannt	*V10f Jerusalem vor Feinden gesichert* > an fünf topograf. Punkten entfaltet, in denen dreimal שער genannt > dreimal ישב mit Jerus. als Subjekt
V3-5 Ausziehen JHWHs zum Kampf gegen die Völker, die Jerus. eroberten > *Stichwortverbindungen:* ... ועמדו על רגליו (JHWH) ונלחם בגוים ההם (JHWH) גיא גדולה מאד (nach Bergspaltg.) > *Wiederholungen:* Eingreifen JHWHs an s. „Tag" (dreimal יום) Folgen des Eingreifens JHWHs für das Umland: fünfmal הר und je dreimal חצי und גי(א) erwähnt Folgen für Jerus.: dreimal (ו)נסתם	*V12-15 Plage JHWHs gegen alle Völker, die sich gegen Jerusalem scharten* > *Stichwortverbindungen:* עמד על־רגליו (Krieger) תלחם בירושלם (Juda) לרב מאד (von Beutegut) > *Wiederholungen:* Eingreifen JHWHs durch eine „Plage" (dreimal מגפה) Folgen des Eingreifens JHWHs für Heerlager: je fünf Körperteile u. Tiere und je dreimal יד u. Beutegut Folgen für die Feinde: dreimal מקק
V6-9 JHWH König über neue Schöpfg.: > je dreimal אחד, לא, ביום ההוא und יהוה, fünfmal והיה > JHWH למלך על־כל־הארץ	*V16-19 JHWH König über die Völker:* > je dreimal גוים, יהוה und ולחג את־חג הסכות, fünfmal עלה > Völker huldigen למלך יהוה[82]

Die aufgewiesenen Querverbindungen lassen eine bewusste Parallelisierung beider Hälften von Sach 14,1-19 erkennen und erlauben folgende Verhältnisbestimmung: Sach 14,1-9 akzentuiert die durch das Kommen JHWHs ausgelösten Veränderungen auf kosmologisch-*vertikaler* Ebene, während der Ton in Sach 14,10-19 auf den Folgen für die kosmologisch-*horizontale* Ebene liegt.

Der erste Teilabschnitt *V1-2* schildert das den Völkern preisgegebene Jerusalem und markiert damit den Ausgangspunkt für JHWHs Eingreifen. In *V10-11* wird das Kontrastbild präsentiert: Durch die Nivellierung seines Umlandes wird das in seinen historischen Stadtgrenzen geschaute Jerusalem so erhöht, dass es künftiger militärischer Bedrohung entzogen ist und „in Sicherheit wohnt".

---

82 כל־הארץ aus V9a korrespondiert hier כל־הנותר מכל־הגוים (V16a) und zugleich den משפחות הארץ (V17a).

7.1. Kompositionelle Gestaltung

Das Auftreffen JHWHs auf dem Ölberg zum Kampf gegen die Völker führt zu einer topografischen Veränderung: Die Spaltung des Ölbergs gibt in Ost-West-Richtung ein Tal frei, das dem in Jerusalem verbliebenen „Rest des Volkes" einen Fluchtweg eröffnet (*V3-5*). Der korrespondierende Teilabschnitt *V12-15* ergänzt die Szenerie um die Folgen, die das Eintreffen JHWHs für die Feinde Jerusalems hat: JHWH führt über das feindliche Heerlager Seuche und Panik so wirksam herauf, dass nur noch eine reiche Beute einzusammeln bleibt.

Die Präsenz JHWHs in Jerusalem löst nach *V6-9* weitere dauerhafte Wandlungen auf kosmologisch-vertikaler Ebene aus, die die Welt grundlegend verändern und JHWHs Königsherrschaft „über die ganze Erde" manifestieren: Während „Kälte und Frost" und der irdische Zeitrhythmus überhaupt aufhören, entspringt eine Quelle in Jerusalem, die das Land nach Osten und Westen hin bewässert. Der Parallelabschnitt *V16-19* stellt wieder die Folgen für das Verhältnis JHWHs zu den Völkern dar: Auch hier vollzieht sich eine radikale Veränderung, indem der „Überrest aus allen Völkern", die in feindlicher Absicht gegen Jerusalem gezogen waren, nun zu friedlicher Wallfahrt nach Jerusalem hinaufzieht, um „König JHWH" anzubeten. Weil JHWH der eine und einzige Gott ist, dessen Name im Jerusalemer Heiligtum präsent ist,[83] deshalb pilgert der „ganze Überrest aus allen Völkern" zur Huldigung „König JHWH Zebaots" nach Jerusalem. JHWHs Königsherrschaft über die Völker manifestiert sich auch darin, dass mögliche Renitenz durch Regenentzug geahndet wird.

Darüber hinaus lassen die Abschnitte von Sach 14,1-19 noch weitere Korrespondenzen erkennen. Die benachbarten Abschnitte sind thematisch enger miteinander verbunden, und diese Bezogenheit wird jeweils durch Stichwortverbindungen verstärkt. Die Eroberung Jerusalems (V1-2) veranlasst JHWH zum Eingreifen, das seinem Volk einen Fluchtweg eröffnet (V3-5). Gerahmt wird der Kompositionsteil V1-5 durch die Ankündigung, dass der „Tag für JHWH" (V1a) bzw. JHWH selbst (V5bα) „kommt". „Alle Heiligen" in seinem Gefolge (V5bβ) kontrastieren „alle Völker" in V2a,[84] und außerdem werden die Adressaten in V1b.5a jeweils direkt angeredet.[85] Dazu kommt schließlich als eine Art innere Rahmung JHWH-Rede in V2.5a.[86] An ihren benachbarten Rändern sind die ersten beiden Abschnitte durch die finite Verbform ויצא jeweils am Anfang von V2b.3a miteinander verknüpft. Weitere Stichwortverbindungen treten hinzu: Zwei Vorkommen von יום in V3b und die Formel ביום ההוא in

---

83 Vgl. Lohfink, ThWAT I, 213.
84 Vgl. כל־הגוים in V2a und כל־קדשים in V5bβ.
85 Vgl. suff 2. f sg in V1bbis und dreimaliges (ו)נסתם in V5a.
86 Vgl. ואספתי am Beginn von V2 und גיא־הרי (M) in V5aα.

V4a weisen auf den ליהוה ... יום in V1a zurück und JHWHs Ausziehen zum „Kampf gegen jene Völker" (V3a) auf die gegen Jerusalem zum „Kampf" versammelten Völker in V2a, und schließlich wird das Stichwort חצי aus V2b in V4 dreimal wiederholt.

Die Verwandlung der Schöpfung nach V6-9 wird abgeschlossen durch die Absenkung des Umlandes von Jerusalem, die die Stadt zur herausgehobenen Mitte der neuen Welt macht (V10-11). Das Stichwort „Jerusalem" rahmt V10-11 und weist zurück auf V8a, der als Mitte von V6-9 die von Jerusalem ausgehende und dem Umland Leben spendende Wirkung darstellt. Das von den Veränderungen betroffene Umland wird in V8 in seiner Ost-West-Ausdehnung und in V10 in seiner Nord-Süd-Erstreckung bezeichnet,[87] und diese Veränderungen werden in V6a.7a. 11aβ jeweils via negationis beschrieben.[88] Schließlich sind die zwei Vorkommen von כל־הארץ nur durch V9b voneinander getrennt. V9b hat innerhalb des zweiten Kompositionsteils V6-11 eine zentrale Position, die durch Asyndese[89] noch verstärkt wird: Die Einzigkeit JHWHs und seines Namens ist der Garant der neuen Verhältnisse mit der geschützten Stadt Jerusalem als Mitte.

Auch die letzten beiden Abschnitte von Sach 14,1-19 sind eng miteinander verbunden: JHWH führt einen vernichtenden Schlag gegen „alle Völker, die sich gegen Jerusalem scharten" (V12-15), so dass der „ganze Überrest aus allen Völkern, die über Jerusalem gekommen waren", zu friedlicher Wallfahrt nach Jerusalem pilgert, um „König JHWH anzubeten" (V16-19). Der Einheit stiftende Völkerbezug wird terminologisch greifbar durch die fünfmalige Erwähnung der Völker in V12a.14b.16a.18b. 19b,[90] die außerhalb dieses Kompositionsteils nur noch in V2a.3a explizit genannt werden. Gerahmt wird der dritte Kompositionsteil V12-19 durch die Ankündigung des „Schlages, mit dem JHWH alle Völker schlagen wird" (V12aα.18bα) bzw. der „Strafe Ägyptens und aller Völker" in V19a.[91]

Erster und dritter Kompositionsteil korrespondieren signifikant miteinander, so dass sich für Sach 14,1-19 eine Ringkomposition ergibt, wie nachfolgende Übersicht zeigt. Zur Verdeutlichung der Bezugnahmen auf Kompositionsteil A orientiert sich die Reihenfolge der aufgeführten Korrespondenzen an der Ereignisfolge von V1-5.

---

87 Vgl. מגבע לרמון נגב ירושלם (V10a). אל־הים האחרון (V8a) mit אל־הים הקדמוני und.
88 Vgl. jeweils לא in V6a.7a.11aβ.
89 Vgl. den asyndetischen Einsatz von V9b mit der Formel ביום ההוא.
90 In V12a עמים, sonst גוים.
91 Vgl. תהיה המגפה אשר יגף יהוה את־כל־העמים וזאת תהיה המגפה אשר (V12aα) mit יגף יהוה את־הגוים (V18bα) und זאת תהיה חטאת מצרים וחטאת כל־הגוים (V19).

7.1. Kompositionelle Gestaltung

A V1-5 Das Ausziehen JHWHs zum Kampf
gegen die in Jerusalem eingefallenen Völker:
> Sammlung aller Völker nach Jerusalem zum Kampf (V2a)
> Plünderung Jerusalems durch alle Völker (V1b.2a)
> Treten der Füße JHWHs auf Ölberg (ועמדו רגליו – V4a)
> Fluchtweg durch Veränderungen im Osten Jerusalems (V4)
> Flucht des Restes des Volkes (יתר in V2b) in neues Tal (V5)

B V6-11 Die Verwandlung der Schöpfung und
die Exponierung Jerusalems als deren Zentrum
> fünfmal יום und והיה
> fünf Umwälzungen in der Schöpfung
> Jerusalem gesichertes und belebendes Zentrum
> Ziel universale Königsherrschaft JHWHs
> V9b strukturelle Mitte

A¹ V12-19 Das friedliche Heraufziehen der von
JHWH geschlagenen Völker nach Jerusalem:
> Rückbezug auf Kommen der Völker über Jerus. (V12a.16a)
> Einsammeln des Reichtums aller Völker (V14b)
> Stehen des Kämpfers auf s. Füßen (עמד על־רגליו V12b)
> Vernichtung durch die Vorgänge in den Heerlagern (V12f)
> Wallfahrt des d. Völkerrestes (נותר in V16a) nach Jerusalem

Weitere gemeinsame Stichwörter von V1-9 und V12-19: בוא (V1.5.16.18), אסף (V2.14), מאת (V4.14), יהוה (V5.14)

Auch in die Ringstruktur von Sach 14,1-19 ist der Schlussteil V20-21 nicht einbezogen. Bevor dieser Sachverhalt ausgewertet wird, soll die konzentrische Anordnung der Kompositionsteile Sach 14,1-5.6-11.12-19 interpretiert werden.

Die Kompositionsteile A und A¹ sind verbunden durch die Handlungsträger „JHWH" und „alle Völker", strukturell parallelisiert und thematisch kontrastiert: Im Teil A provoziert die feindliche Aktion der Völker am JHWH-Tag (V1-2) eine Intervention JHWHs (V3-5), während in Teil A¹ JHWHs Intervention (V12-15) eine friedliche Aktion der Völker auslöst, die sich „Jahr für Jahr" wiederholt (V16). Die Stadt Jerusalem als Repräsentantin des Gottesvolkes ist im ersten Kompositionsteil Opfer der einmaligen feindlichen Aktion der Völker (V1f) und Nutznießerin der Intervention JHWHs (V5), während sie im dritten Kompositionsteil erneut Nutznießerin der Intervention JHWHs ist,[92] um dann Ziel der regelmäßig wiederkehrenden, friedlichen Aktion der Völker zu werden.

Während die rahmenden Kompositionsteile Ereignisschilderung bieten, treten im Mittelteil B Zustandsschilderungen ganz in den Vordergrund, die das Bild einer neuen Schöpfung entfalten. Zentrum des Bildes ist die wieder bewohnte und endgültig gesicherte Stadt Jerusalem (V10-11), von der dauerhaft Leben ins Umland hinein ausgeht (V8). Im Mittelteil kommt das endzeitliche Drama zu seinem Ziel, indem „JHWH zum König über die ganze Erde" wird (V9a). V9b ist durch seinen asyndetischen Einsatz und durch die Asyndese des nachfolgenden V10 als perspektivische Mitte von Teil B und damit der gesamten Ringkomposition herausgehoben, die die theologische Summe zieht: JHWH hat sich auf kosmologisch-vertikaler und -horizontaler Ebene als der eine Gott für sein Volk und für alle Welt erwiesen, so dass er fortan da verehrt wird, wo er anrufbar ist, weil „sein Name dort wohnt" (vgl. Dtn 12,5.11; 1Kön 8,29; 9,3): im Tempel von Jerusalem (vgl. V20-21).

V20-21 ist, wie die obigen Analysen gezeigt haben, von V1-19 abgehoben. Die strukturelle Eigenständigkeit der Schlussverse wird durch die Beobachtung verstärkt, dass V20-21 ihrerseits einen kunstvollen Aufbau aufweisen, der in nuce die Doppelstruktur von Sach 14,1-19 enthält. Zum einen spiegelt der Schluss die Parallelstruktur des Kapitels:

20a ... יהיה ... הסוס קדש ליהוה	21aα והיה כל־סיר ... קדש ליהוה
Heiligkeit der Pferde für JHWH durch Aufschrift auf den Schellen	Heiligkeit aller Töpfe in Jerusalem und Juda für JHWH Zebaot
20b הסירות ... לפני המזבח	21aβ הזבחים ... מהם ... בהם
Töpfe wie die Sprengschalen vor der „Schlachtstatt" (Wurzel זבח)	„Schlachtende" (Wurzel זבח) nehmen von ihnen u. kochen in ihnen
21b Bekräftigung der durchdringenden Heiligkeit via negationis; Wendungen aus V20a.21aα: יהוה צבאות, ביום ההוא; Wendung aus V20b.21aβ: בבית־יהוה	

Das erste Aussagenpaar V20a.21aα beschreibt die Heiligung des profanen Bereichs in „Jerusalem und Juda", der durch „Pferde" und „Töpfe" repräsentiert wird, während das zweite Aussagenpaar V20b.21aβ die Veränderungen im kultischen Bereich des „Hauses JHWHs" ins Auge fasst, die eine Teilhabe aller Opferwilligen ermöglichen. Daneben enthalten die

---

92 Angedeutet durch das „Einsammeln des Reichtums aller Völker" in V14b.

Langzeilen des Kapitelschlusses Korrespondenzen, die ihre gleichzeitige konzentrische Anordnung signalisieren.

20a	‏ביום ההוא יהיה על־מצלות הסוס קדש ליהוה‎:
	„an jenem Tag" Heiligg. d. früher militärisch genutzten Pferde für JHWH
20b	‏והיה הסירות בבית יהוה כמזרקים לפני המזבח‎:
	Töpfe wie die Sprengschalen vor der „Schlachtstatt" (Wurzel ‏זבח‎)
21aα	‏והיה כל־סיר בירושלם וביהודה קדש ליהוה צבאות‎:
	Heiligung des gesamten Lebens in „Jerusalem und Juda"
21aβ	‏ובאו כל־הזבחים ולקחו מהם ובשלו בהם‎:
	„Schlachtende" (Wurzel ‏זבח‎) nehmen von ihnen u. kochen in ihnen
21b	‏ולא־יהיה כנעני עוד בבית־יהוה צבאות ביום ההוא‎:
	„an jenem Tag" keine kultisch verunreinigenden „Kanaanäer" im Tempel

Mitte ist die Ankündigung, dass „jeder Topf in Jerusalem und Juda" JHWH heilig sein werde. Da ‏סיר‎ sowohl profan als auch kultisch genutzte Töpfe bezeichnet, zielt diese Ankündigung auf die Heiligung des gesamten Lebens. V21aα enthält Verweise auf die übrigen vier Langzeilen des Schlussabschnitts: Mit V20a teilt die Mittelzeile die Wendung ‏קדש ליהוה‎, mit V20b das Stichwort ‏סיר(ות)‎, auf das sich das suff 3. m pl in V21aβ zweimal zurückbezieht und mit V21 schließlich den Gottestitel ‏יהוה צבאות‎. Der Heiligkeitscharakter der „Töpfe" führt zu ihrer kultischen Aufwertung, die einen unbegrenzten Opferdienst ermöglicht (innerer Ring V20b-21aβ). Der äußere Ring schließlich zeigt, warum die Heiligung Jerusalems und Judas nicht mehr gefährdet ist: Die Umwidmung der Pferde signalisiert das Ende militärischer Bedrohung von außen, während die Abwesenheit von „Kanaanäern im Haus JHWHs"[93] auch jede künftige Bedrohung von innen ausschließt.
Wie oben gezeigt wurde, nimmt der Schlussabschnitt V20-21 Leitwörter aus V1-19 auf und schließt Sach 14 mit der Darstellung der Heiligung des gesamten Lebens ab. Warum sind die Schlussverse aber nicht strukturell in die Komposition Sach 14,1-19 einbezogen? Im Folgenden soll die These begründet werden, dass Sach 14,20-21 zugleich die Funktion hat, Sach 14 in die Sacharjaschrift einzubinden.

Die Analyse von Sach 14,20-21 stößt auf zwei jeweils wiederholte Wendungen, die in der vorangehenden Komposition nicht vorkommen und deren Einführung sich auch von deren Darstellung her nicht nahe legt: ‏קדש ליהוה‎ in V20aβ bzw. ‏קדש ליהוה צבאות‎ in V21aα sowie ‏בית יהוה‎ in V20bα bzw. ‏בבית־יהוה צבאות‎ in V21b. Die Wendung

---

93 Näheres zu den „Kanaanäern" im nächsten Abschnitt.

(צבאות) בבית־יהוה nimmt das Interesse Sacharjas am Tempel von Jerusalem auf,[94] dessen Wiederaufbau Haggai[95] und Sacharja wieder in Gang bringen (vgl. Esra 5,1f; 6,14). Während nach Sach 9,8 JHWHs Schutz die Sicherheit seines Hauses vor äußerer Bedrohung garantiert, akzentuiert Sach 14,21b das Fehlen innerer Gefährdung im Haus JHWHs. Schon Sacharja betont gegenüber Haggais Interesse an der äußeren Wiederherstellung des Gotteshauses die „innere Läuterung"[96] des Gottesvolkes, die in der Endzeit durch die Deportation der personifizierten Sünde (Sach 5,5-11) endgültig vollzogen wird. Diesem Anliegen der Heiligung des endzeitlichen Gottesvolkes korrespondiert die Wendung קדש ליהוה (צבאות). Nach Sacharja tritt JHWH hervor aus seiner „heiligen Wohnung" (Sach 2,17), um Wohnung zu nehmen in seinem wiederhergestellten „Haus" (Sach 1,16) inmitten Zions (Sach 2,15), so dass Zion wieder zu seinem „heiligen Berg" (Sach 8,3) und Israel zum „heiligen Land" (Sach 2,16) wird.[97] Nach Sach 14,20-21 erreicht die von JHWH ausgehende Heiligkeit auch die Alltagswelt und erlangt irreversiblen Charakter (V21b).

Der erste Repräsentant der profanen Welt ist das „Pferd" (Sach 14,20a), das nicht nur wegen Sach 14,15 erwähnt zu werden scheint, sondern vor allem als Rückbezug auf die Sacharjaschrift, in der häufiger von „Pferden" die Rede ist als in allen übrigen Schriften des Zwölfprophetenbuches zusammen.[98] Sie symbolisieren in den rahmenden Visionen Sach 1,7-17; 6,1-8 JHWHs universale Beweglichkeit und Wirksamkeit und in Sach 10,3 die dem Haus Juda von JHWH verliehene Kampfkraft, während Pferde in Sach 9,10; 10,5; 12,4 die von JHWH her außer Gefecht gesetzte Kriegsmacht repräsentieren. Nach Sach 14,20a dagegen sind die Pferde dauerhaft demilitarisiert nicht durch Vernichtung, sondern durch „Heiligung".

Neben das „Pferd" tritt der „Topf" als Repräsentant des von JHWH geheiligten Alltagslebens: Da „ jeder Topf in Jerusalem und Juda heilig für JHWH Zebaot" sein wird (Sach 14,21aα), werden die „Töpfe" (סירות) den „Sprengschalen (מזרקים) vor dem Altar" gleichgestellt sein werden (V20b). סיר und מזרק[99] werden nur noch in Jer 52,18f in der Aufzählung

---

94 Vgl. die Nennung des „Hauses JHWHs" in Sach 1,16; 3,7; 4,9; 7,3; 8,9 und dazu 9,8; 11,13.
95 Vgl. die Erwähnung des „Hauses JHWHs" in Hag 1,2.4.8.9.14; 2,3.7.9 und dazu den „Tempel JHWHs" in 2,15.18.
96 Deissler, NEB-AT 21, 133.
97 קדש = „Heiliges, Heiligkeit" findet sich innerhalb des XII in Joel 2,1; 4,17bis; Am 2,7; 4,2; Obd 16.17; Jona 2,5.8; Mi 1,2; Hab 2,20; Zef 3,4.11; Hag 2,12; Sach 2,16.17; 8,3; 14,20.21; Mal 2,11 – also am häufigsten in der Sacharjaschrift.
98 Vgl. Hos 1,7; 14,4; Joel 2,4; Am 2,15; 4,10; 6,12; Nah 3,2; Hab 1,8; 3,8.15; Hag 2,22; Sach 1,8bis; 6,2bis.3bis.6; 9,10; 10,3.5; 12,4bis; 14,15.20.
99 מזרק innerhalb der Prophetenbücher nur in Jer 52,18f; Am 6,6; Sach 9,15; 14,20.

des von den Babyloniern konfiszierten Tempelinventars nebeneinander genannt. Ihre Zusammenstellung in Sach 14,20b lässt sich deshalb als bewusster Rückbezug auf Jer 52,18f verstehen, der die Aufnahme der Tempelthematik noch verstärkt. Was der erste Tempel an Verlust erlitten hatte, steht dem endzeitlichen Heiligtum in bisher nicht gekannter Menge zur Verfügung, weil die Töpfe nun den Sprengschalen gleichgestellt sind.

Gerahmt werden die Schlussverse von Sach 14 durch den Verweis auf „jenen Tag", der in V1-19 umfassend entfaltet wurde. Auf diese Weise werden die endzeitliche JHWH-Tags-Thematik von Sach 14,1-19 und die kultische Tempelthematik der Sacharjaschrift miteinander verknüpft.

Schon der überaus kunstvolle Aufbau von Sach 14 spiegelt das Bestreben, die vorangegangenen Tag-JHWHs-Dichtungen zu einem gültigen Gesamtbild zusammenzuführen.

7.2. Sach 14 als Summe der Tag-JHWHs-Dichtungen von X*

Im Folgenden soll untersucht werden, wie sich Sach 14 auf die vorangehenden Tag-JHWHs-Dichtungen und deren jeweiligen Kontext zurückbezieht und deren JHWH-Tags-Aussagen rezipiert.

7.2.1. Sach 14 und Amosschrift

Der Autor von Sach 14 signalisiert, dass er sich in seiner Darstellung des „Tages für JHWH" auch auf Amos bezieht: Die durch JHWH verursachte Spaltung des Ölberges gibt ein „sehr großes Tal" frei (V4), durch das „ihr fliehen werdet, wie ihr geflohen seid vor dem Erdbeben in den Tagen Ussijas, des Königs von Juda" (V5). Damit bezieht er sich expressis verbis auf das Naturereignis, das den Amostradenten eine so eindrückliche Bestätigung der „Worte des Amos" war, dass sie sein Auftreten nicht nur nach der Regierungszeit Ussijas, sondern auch in singulärer Weise nach diesem Erdbeben datierten (Am 1,1).

Der in der ältesten Tag-JHWHs-Dichtung Am 5,18-20 durch dreimalige Nennung eindringlich eingeführte Terminus יוםיהוה wird in Sach 14,1a zum יום ... ליהוה abgewandelt.[100] Die Lichtlosigkeit, die diesen Tag nach Amos charakterisiert, wird in Sach 14,6a.bα expressis verbis aufge-

---

[100] Zur Interpretation dieses Sachverhalts siehe den Schlussabschnitt „Thematisches Profil".

nommen,[101] aber in V7 neu interpretiert. Schon im Hymnenfragment Am 5,8 wird die Abwesenheit von Licht, die in Am 5,18.20 metaphorisch den Unheilscharakter des יוֹם־יהוה bezeichnet, als schöpferisches Handeln JHWHs gedeutet, der Tag in Nacht verfinstert.[102] Entsprechend wird „jener Tag" in Am 8,9 kosmisch gedeutet als Tag, an dem JHWH die „Sonne am Mittag untergehen" lässt und die „Erde am lichten Tag verfinstert".[103] Daran schließt sich die Neuinterpretation von Sach 14,7 an: Die außergewöhnliche Verfinsterung beendet den normalen irdischen Zeitrhythmus überhaupt, so dass zur „Abendzeit Licht sein wird".[104]

Eine ähnliche Traditionsentwicklung ist bei den Aussagen zum Erbeben der Erde zu beobachten: Amos schaut JHWHs Schlag gegen die Säulen, die die Schwellen des Tempels und damit die Ordnung der Welt erschüttert (Am 9,1)[105] und kündigt als JHWHs Gericht an, dass Israel den festen Boden unter seinen Füßen verliert (Am 2,13).[106] Das Hymnenfragment Am 8,8 verdeutlicht die kosmische Dimension dieses Geschehens als „Erbeben der Erde", das Trauer über alle auf ihr Wohnenden bringt, und die Amostradenten sehen, wie oben schon festgestellt, ein Erdbeben von außergewöhnlichen Ausmaßen als ein unübersehbares Signal für die Erfüllung der Amosworte an (Am 1,1).[107] Der Autor von Sach 14 übernimmt diese Topik, lokalisiert sie aber in Sach 14,3-5 im Großraum Jerusalem und gibt ihr eine neue Ausrichtung: JHWHs Auftreffen auf dem Ölberg eröffnet seinen Kampf gegen die in Jerusalem eingedrungenen Völker und führt zu geomorphologischen Veränderungen, die dem Gottesvolk ermöglichen, zu „fliehen" wie seinerzeit anlässlich des „Erdbebens in den Tagen Ussijas".

Der kommende Unheilstag hat in der Amosschrift auch militärische Dimensionen, und der Autor von Sach 14 greift einzelne Züge der kommenden Kriegskatastrophe auf: Nach Am 1,14 sind auch die Nachbarvölker vom „Tag des Kampfes" betroffen – in Sach 14,1-3 werden die Völker am „Tag für JHWH" zum Kampf nach Jerusalem versammelt, und JHWH „kämpft gegen jene Völker wie am Tag seines Kämpfens, am Tag

---

101 Vgl. הוּא־חֹשֶׁךְ וְלֹא־אוֹר ... הֲלֹא־חֹשֶׁךְ יוֹם יהוה וְלֹא־אוֹר in Am 5,18bβ.20a mit וְהָיָה בַיּוֹם הַהוּא לֹא־יִהְיֶה אוֹר in Sach 14,6a.bα. Deshalb ist אוֹר nicht in עוֹד zu emendieren (gegen Meyers& Meyers, AB 25C, 431).
102 וְיוֹם לַיְלָה הֶחְשִׁיךְ in Am 5,8aγ – siehe S. 55-57.
103 Am 8,9f ist Fortschreibung des Hymnenfragments in V8 – vgl. Jeremias, ATD 24/2, 119.
104 Vgl. וְהָיָה בַיּוֹם הַהוּא ... וְהֵבֵאתִי הַשֶּׁמֶשׁ בַּצָּהֳרָיִם וְהַחֲשַׁכְתִּי לָאָרֶץ בְּיוֹם אוֹר in Am 8,9 mit וְהָיָה בַיּוֹם הַהוּא לֹא־יִהְיֶה אוֹר ... לֹא־יוֹם וְלֹא־לַיְלָה וְהָיָה לְעֵת־עֶרֶב יִהְיֶה־אוֹר in Sach 14, 6a.7.
105 Vgl. Jeremias, ATD 24/2, 124f.
106 וַיִּרְעֲשׁוּ הַסִּפִּים in Am 9,1a und הִנֵּה אָנֹכִי מֵעִיק תַּחְתֵּיכֶם in Am 2,13a.
107 לִפְנֵי הָרַעַשׁ הַעַל זֹאת לֹא־תִרְגַּז הָאָרֶץ וְאָבַל כָּל־יוֹשֵׁב בָּהּ in Am 8,8a und ... in Am 1,1.

7.2. Sach 14 als Summe der Tag-JHWHs-Dichtungen von X*

des Nahkampfes".[108] Die Folgen für Israel werden in Am 7,17 im Geschick des Oberpriesters Amazja wie in einem Hohlspiegel gebündelt: Das Schicksal seiner Frau, der Verlust seiner Kinder, die Verteilung seines Landbesitzes und seine Deportierung bilden die Zukunft des Gottesvolkes ab, das „gewiss aus seinem Land in Gefangenschaft ziehen wird".[109] In thematischem und teilweise auch terminologischem Anschluss daran wird der Jerusalemer Bevölkerung in Sach 14,1f die Schändung der Frauen, die Plünderung ihrer Häuser, die Verteilung ihres Besitzes und die Wegführung der „Hälfte der Stadt" angekündigt.[110] Doch während Amos restlose Vernichtung androht (Am 6,9; 9,1), vor der jede Flucht vergeblich ist (Am 2,14.16; 5,19; 9,1b), wird in Sach 14 zur Verheißung, was in Am 5,15 nur vorsichtig für Umkehrwillige erhofft wird:[111] In Sach 14,2bβ wird ausdrücklich das Überleben eines Restes in Aussicht gestellt, dem JHWH dann einen Fluchtweg eröffnen wird (Sach 14,4f).[112] Insgesamt wird in Sach 14 eine bemerkenswerte Neuinterpretation des „Tages des Kampfes" vorgenommen: Während die Amosschrift zwar auch die Völker mitbetroffen, aber Israel im Brennpunkt des Geschehens sieht, ist der Kampf der Völker gegen Jerusalem nach Sach 14 die erste Phase des „Tages für JHWH" (Sach 14,1f). Dessen zweite Phase wird durch das Eingreifen JHWHs eröffnet (Sach 14,3), das zu einer vollständigen Niederlage der Völker führt (Sach 14,12-15).

Ein entscheidendes Mittel ist dabei eine von JHWH verhängte Seuchenplage im Heerlager der Feinde (Sach 14,12.15), die in Am 4,10 im Heerlager Israels und als Heimsuchung JHWHs begegnet, um sein Volk zur Umkehr zu bringen.[113] Doch während dieser Gerichtsschlag JHWHs Israel nicht zur Umkehr bewegen kann (Am 4,10bβ), beugt sich der „Überrest der Völker" in jährlicher Wallfahrt zum Laubhüttenfest der Königsherrschaft JHWHs (Sach 14,16).[114] Verweigerern „aus allen Ge-

---

108 Vgl. ביום קרב ... אל־ירושלם למלחמה ... ונלחם בגוים in Am 1,14b und ביום מלחמה in Sach 14,2-3.
109 ... אשתך ... תזנה ... ואדמתך ... תחלק ... וישראל גלה יגלה in Am 7,17; dazu in Am 3,11 Plünderung (בזז) und in Am 5,5b.27; 6,7; 7,11 Wegführung (גלה) erwähnt.
110 ... ונשסו הבתים והנשים תשגלנה ויצא חצי העיר בגולה ...וחלק שללך (Sach 14,1f).
111 אולי יחנן יהוה אלהי־צבאות שארית יוסף (Am 5,15b).
112 Vgl. ויתר העם ... ומתר (mit אחרית) in Am 6,9 (dazu in Am 9,1a אם־יותרו עשרה אנשים ... ומתר) mit לא יכרת מן־העיר in Sach 14,2bβ und die mit ... כאשר ינוס איש eingeleitete vergebliche Flucht in Am 5,19 und die Feststellung ולא־ינוס להם נס in Am 9,1b (vgl. auch נוס in Am 2,14.16) mit ... כאשר נסתם ... in Sach 14,5a und dem dreimaligen (ו)נסתם in V.5.
113 Vgl. ... המגפה אשר יגף יהוה ... סוסיכם ... מחניכם שלחתי בכם דבר ... in Am 4,10 mit ... הסוס ... במחנות in Sach 14,12.15 מגפה für דבר).
114 Das letzte Wort der Amosschrift zur Zukunft der Völker ist die Ankündigung der Inbesitznahme „des Restes Edoms und aller Völker, über die mein Name genannt ist," durch die wiederhergestellte Daviddynastie in Am 9,12.

schlechtern der Erde"[115] wird mit Regenentzug (Am 4,7) ein weiterer Schlag JHWHs aus dem Maßnahmenkatalog von Am 4,6-11 angedroht. Dass die Völker auf jährliche Wallfahrt nach Jerusalem gehen, um „König JHWH anzubeten", und dass JHWH auf Widersetzlichkeit reagiert wie einst bei seinem Volk, gehört zu den großen Wandlungen, die Sach 14 ankündigt.

Schließlich endet die Amosschrift mit einem Ausblick auf die Wiederherstellung Israels (Am 9,11-15), in dem die Wiedererrichtung des Davidischen Königtums (Am 9,11f) verbunden wird mit überfließender Fruchtbarkeit des Landes (Am 9,13). Mit dieser Erwartung korrespondiert und kontrastiert Sach 14,6-9a: In V6-8 werden Veränderungen in der geschöpflichen Welt angekündigt, die die klimatischen Bedingungen für solch überfließende Fruchtbarkeit schaffen, und in ihnen manifestiert sich das universale Königtum JHWHs.

7.2.2. Sach 14 und die Zefanjaschrift

Die יום־יהוה-Thematik prägt die gesamte Zefanjaschrift:[116] In Zef 1 wird ein universaler JHWH-Tag angekündigt, dessen Gericht auf Juda zuläuft und Jerusalem zum Zentrum hat.[117] In Zef 2,1-3,8 folgen Gerichtsworte über Fremdvölker (Zef 2,4-15), die im Endtext die Mahnung zu „Gerechtigkeit und Demut" (Zef 2,1-3) begründen. Die Fremdvölkerworte münden in erneute Gerichtsworte über Jerusalem ein, das „keine Zurechtweisung angenommen" hat (Zef 3,1-7), so dass es „am Tag des Aufstehens JHWHs" dem Zorngericht über alle Völker (M Zef 3,8) verfällt. Doch in Zef 3,9-20 wird das Zorngericht JHWHs als Läuterungsgericht interpretiert, das die Völker in JHWH-Verehrer verwandelt (Zef 3,9-10) und einen gereinigten „Rest Israels" in Jerusalem zurücklässt (Zef 3,11-13). In dessen Mitte wird JHWH als „König Israels" künftiges Unheil verhindern und die Diaspora zurückbringen (Zef 3,14-20). Die strukturelle Parallelität von Sach 14 mit der Zefanjaschrift im Ganzen ist evident, und insbesondere der Doppelcharakter des יום־יהוה für das Gottesvolk *und* die Völker in Sach 14 lässt sich aus der Zefanjaschrift herleiten. Was in dieser als Ergebnis ihrer Redaktionsgeschichte erkennbar wird (vgl. S. 59-69), ist in Sach 14 Werk eines Autors, der die prophetische Tradition vom יום־יהוה zu einem Gesamtbild fügt. Der Rückbezug auf Zefanja wird verstärkt

---

115 Zu מאת משפחות הארץ in Sach 14,17a vgl. die modifizierte Wendung מכל משפחות האדמה in Am 3,2a.
116 Vgl. Irsigler, Zefanja, 34.41-43.
117 Siehe S. 59-69.

7.2. Sach 14 als Summe der Tag-JHWHs-Dichtungen von X*

durch thematische und terminologische Querverbindungen, die im Folgenden dargestellt werden sollen.

So prägen der Terminus יום־יהוה und modifizierte Wendungen Zef 1 und rahmen Zef 2,1-3,8, während die Formel ביום־ההוא in Zef 3,9-20 auf den יום־יהוה zurückverweist.[118] Entsprechend unterstellt die einleitende Ankündigung הנה יום־בא ליהוה in Sach 14,1a das gesamte Kapitel Sach 14 der יום־יהוה-Thematik. Deren militärische Komponente wird durch die Bestimmung des Kampfgeschehens als יום הלחמו und יום קרב in V3b hervorgehoben,[119] und die sieben Vorkommen der Formel ביום־ההוא weisen auf den „Tag für JHWH" zurück.[120]

Zef 1,7-16 sieht Jerusalem im Zentrum des יום־יהוה-Geschehens, das sich hier als militärische Invasion vollzieht, die Jerusalem von Norden her erreicht und das die Habe der Jerusalemer der Plünderung und ihre Häuser der Verwüstung preisgibt. Ebenso macht der „Tag für JHWH" nach Sach 14,1-2 Jerusalem zum Kampfplatz und die Häuser der Stadt zu Plünderungszielen.[121] Dass JHWH an seinem Tag „alle Völker versammelt" (Sach 14,2aα), kündigt auch Zef 3,8 in Gottesrede an,[122] doch während die Völker nach Zef 3,8* (M) zu ihrem eigenen Gericht versammelt werden, differenziert Sach 14: Dieses Völkergericht vollstreckt JHWH erst, nachdem und weil die Völker Jerusalem erobert haben (Sach 14,1-3.12-15). Bei der Schilderung des JHWH-Tages über Jerusalem aber verzichtet der Autor von Sach 14 im Unterschied zur Zefanjaschrift auf jegliche Begründung und Zornesterminologie. In Zef 1,17-18a* schließlich wird bei der Darstellung der Unentrinnbarkeit vor dem „Tag des Grimms JHWHs" hervorgehoben, dass „auch ihr Silber und ihr Gold" die Menschen nicht zu retten vermag. Ähnlich erweisen sich „Gold und Silber" für die gegen Jerusalem versammelten Völker „an jenem Tag" als nutzlos (Sach 14,12-15), da sie nach ihrer vernichtenden Niederlage „in großer Menge" eingesammelt werden (V14b).

Nachdem Zef 1 eindringlich universale Vernichtung angedroht hat, eröffnet das Mahnwort in Zef 2,1-3 den „Demütigen des Landes" Aussicht auf Rettung vor dem „Zornestag JHWHs". JHWH wird in Jerusalem ein „demütiges und geringes Volk übriglassen", und dieser „Rest" des Gottesvolkes wird das Gebiet der Nachbarn „plündern" und in Besitz

---

118 יום־יהוה in Zef 1,7.14^bis; יום זבח יהוה in Zef 1,8; יום עברה, entfaltet in Zef 1,15.16a in fünf Konstruktusverbindungen; יום עברת יהוה in Zef 1,18; יום אף־יהוה in Zef 2,2.3; יום קומי לעד in Zef 3,8 und schließlich die Formel ביום ההוא in Zef 1,9.10; 3,11.16.
119 V3b berührt sich thematisch mit Zef 1,16a.
120 ביום ההוא in Sach 14,4.6.8.9.13.20.21.
121 Das „Plündern" wird in Sach 14,2 mit der Wurzel שסס bezeichnet, von der auch משסה in Zef 1,13a abgeleitet ist.
122 Vgl. לאסף גוים ... נאם־יהוה in Zef 3,8 und ואספתי את־כל־הגוים in Sach 14,2aα.

nehmen (Zef 2,7.9). Diesen Aussagenzusammenhang summierend und modifizierend, stellt der Autor von Sach 14 schon innerhalb der Darstellung des Völkerkampfes gegen Jerusalem (Sach 14,1-2) heraus, dass der „Rest des Volkes nicht aus der Stadt vernichtet wird".[123] In Sach 14,5 redet er diesen Rest, dem JHWH die Flucht ermöglicht, zwar direkt an, aber in V14b ist nur noch passivisch vom Einsammeln der Kriegsbeute die Rede, und expansive Aktivitäten des Gottesvolkes fehlen völlig.

Zef 3,14-20 schildert die Schicksalswende Zion-Jerusalems in leuchtenden Farben: Das Gottesvolk kann in Jubel ausbrechen, weil JHWH sich inmitten Zions als „Held" erweist, der die Diaspora sammelt und sein Volk zu Ehren bringt „unter allen Völkern der Erde", so dass es „kein Unglück mehr sehen" wird. Der Autor von Sach 14 reduziert dieses Bild auf das Ende aller äußeren Gefährdung Jerusalems in der Heilszeit: Durch die Nivellierung des Umlandes erhält die Stadt eine unangreifbare Position, so dass sie keine (militärische) Vernichtung mehr fürchten muss.[124] Ihr endzeitliches „Wohnen in Sicherheit" wird zum Kontrastbild für Ninive, das vor seiner Vernichtung „in Sicherheit wohnte" (Zef 2,15).[125] Besonders interessiert zeigt sich der Autor von Sach 14 an der neuen Heiligkeit von Juda und Jerusalem (V20-21), die dem synkretistischen Treiben von Juda und Jerusalem kontrastiert wird, gegen dass JHWH in Zef 1,4-5 seine „Hand ausstreckt".

Aufschlussreich ist in diesem Zusammenhang, dass JHWH den Baalskult „bis auf den letzten Rest aus diesem Ort ausrotten" will (Zef 1,4bα) und Sach 14,21b ankündigt, dass „kein Kanaanäer mehr im Haus JHWHs sein wird".

> „Kanaan"[126] ist im Alten Testament ursprünglich ein geografischer Terminus zur Bezeichnung Palästinas, das – politisch und ethnisch inhomogen – durch eine gemeinsame Kultur verbunden war, die näherhin „als eine vorab auf Ackerbau und Handel beruhende sedentäre Stadtkultur"[127] bestimmbar ist. Daher wird „Kanaanäer" zur Sammelbezeichnung für die vorisraelitische Bevölkerung Palästinas als Träger dieser Kultur und kann gelegentlich auch die Phönizier einschließen. Da die Kanaanäer im Alten Testament „als Inbegriff urbaner Dekadenz"[128] gelten, können sie pejoratives Synonym für Händler und Kaufleute werden.Bestimmend für das Verhältnis Israels zu den Kanaanäern ist im Alten Testament die polytheistische Religion Kanaans, die auf die „Erneuerung des Lebens und die Gewährleistung der Fruchtbarkeit" zielt. Der „unüberbrückbare Gegensatz zwischen der israelitischen JHWH-Verehrung und dem kanaanäischen

---

123 Vgl. שארית in Zef 2,7.9 und יתר גוי in Zef 2,9 mit ויתר העם in Sach 14,2bβ.
124 Vgl. לא־יראי רע עוד in Zef 3,15bβ mit וחרם לא יהיה־עוד in Sach 14,11aβ.
125 Vgl. היושבת לבטח ... העיר in Zef 2,15a und וישבה ירושלם לבטח in Sach 14,11b.
126 Vgl. Görg, NBL II, 438f und Zobel, ThWAT IV, 224-243.
127 Zobel, ThWAT IV,238.
128 Görg, NBL II, 439.

7.2. Sach 14 als Summe der Tag-JHWHs-Dichtungen von X*

Fruchtbarkeitskultus"[129] führt zu einem strikten Verbot jeglicher Kultgemeinschaft mit den Kanaanäern. So lässt sich mit Zimmerli resümieren: „Für das religiöse Bewußtsein Israels trägt das Kanaanäische den stark negativen Akzent des von Jahwe Abgelehnten, ja gar Verfluchten (Gen 9,25)."[130]

Der kultische Kontext von Sach 14,16-21 im Allgemeinen und die oben genannte Korrespondenz im Besonderen legen nahe, כנעני hier nicht als „Händler" zu verstehen,[131] sondern als Personifizierung kultischer Bedrohung Israels, die nun dauerhaft aufgehoben ist. Dass der עם כנען, dem Vernichtung angedroht wird, in Zef 1,11 das „Händlervolk" bezeichnet, steht dieser Deutung nicht entgegen, denn auch hier „muss man die Anspielung auf das fremdländische kanaanäische Element in diesem Krämervolk mithören. Das bedeutet nicht, dass der Spruch an der ethnisch fremden Herkunft dieser Leute interessiert wäre. Es geht darum, ein fremdländisch-kanaanäisches Sein und Verhalten dieser Leute zu brandmarken ...".[132] Solch „kanaanäisches Sein und Verhalten" kann den JHWH-Glauben in Jerusalems Heilszukunft nicht mehr gefährden.

Besonders beachtenswert ist schließlich für die Darstellung der Heilszeit in Sach 14, dass nur die JHWH-Verehrung des „Überrestes der Völker" Erwähnung findet, der im Kontrast zum synkretistischen Verhalten der Jerusalemer in Zef 1,5 „Jahr für Jahr hinaufziehen wird, um König JHWH Zebaot anzubeten" (Sach 14,16).[133]

Die in Sach 14,16 erwartete Teilhabe der Völker am Heil hat aber auch direkte Entsprechungen in der Zefanjaschrift. Unvermittelt an das Völkergericht anschließend (M Zef 3,8*), wird in Zef 3,9-10 in teilweise singulären Formulierungen[134] angekündigt, dass JHWH den Völkern „reine Lippe" schafft, so dass sie seinen Namen anrufen und ihm „mit einer Schulter dienen" (V9) und selbst die fernsten Völker ihm Gaben bringen (V10).[135] Eine jüngere Stimme führt diese Erwartung korrigierend und steigernd weiter:[136] Weil JHWH „alle Götter der Erde hinschwinden las-

---

129 Zobel, ThWAT IV, 239.
130 Zimmerli, BK 13/1, 349.
131 So z.B. Rudolph, KAT 13/4, 239 („Devotionalienhändler"), Deissler, NEB-AT 21, 181, Reventlow, ATD 25/2, 128 (apodiktisch: „‚Kanaanäer' kann an dieser Stelle nur ‚Händler' bedeuten.") und Zobel, ThWAT IV, 243; anders Meyers&Meyers, AB 25C, 489-491.505, die an eine ethnische Größe denken.
132 Irsigler, Zefanja, 153.
133 Vgl. ואת־המשתחוים על־הגגו לצבא השמי ואת־המשתחוים הנשבעים ליהוה והנשבעים במלכם in Zef 1,5 und להשתחות למלך יהוה צבאות in Sach 14,16bβ.
134 לעבדו שכם אחד und אהפך אל־עמים שפה ברורה in Zef 3,9.
135 Die in den frühen G-Überlieferungen fehlenden Worte עתרי בת־פוצי sind Glosse – vgl. Irsigler, Zefanja, 370.
136 Vgl. Irsigler, Zefanja, 278-280.

sen" hat, werden ihn selbst die fernsten Völker „*von ihrem Ort aus* anbeten" (Zef 2,11).[137] Das Verhältnis dieser Völkerverheißungen zu Sach 14 lässt sich am plausibelsten so bestimmen, dass der Autor von Sach 14 sie in V16 korrigierend zusammenfasst und in V17-19 differenzierend weiterführt: Ein „Überrest der Völker" wird jährlich zur Anbetung JHWHs am Laubhüttenfest nach Jerusalem hinaufziehen,[138] und mögliche Verweigerer wird JHWH durch Regenentzug zur Umkehr rufen (Sach 14,17 – vgl. Am 4,7). Die auffällige Emphase, mit der ein mögliches Nichthinaufziehen nach Jerusalem verhandelt wird, lässt sich als bewusste Auseinandersetzung mit der Erwartung von Zef 2,11 verstehen, dass die Völker JHWH „von ihrem Ort aus" verehren werden.

Auch strukturell parallelisiert der Autor von Sach 14 die Völkerwallfahrt mit Zef 2,11; 3,9-10: Sach 14,16 folgt unvermittelt wie Zef 3,9-10 auf die Ankündigung des Völkergerichts und ist ähnlich wie Zef 2,11 inmitten der Unheilsworte über die Völker platziert.[139]

Der Autor von Sach 14 stellt schließlich das endzeitliche Königtum JHWHs heraus und proklamiert über Zef 3,15 hinaus seine universale Reichweite.[140] Entsprechend präzisiert er Zef 2,11 dahingehend, dass die Völker JHWH *als König* „anbeten" werden.[141] Damit entsteht ein universales endzeitliches Kontrastbild zu Zef 1,5: Während in Zef 1,5 die Jerusalemer zugleich JHWH und „ihren König(sgott)"[142] anbeten, betet in Sach 14,16 der „Überrest der Völker" JHWH als König an.[143]

Sach 14,9b schließlich erweckt den Eindruck, (unter anderem[144]) unter bewusster Bezugnahme auf Zef 3,9 formuliert zu sein: Die Völker werden JHWH „mit einer Schulter" dienen, weil „JHWH einer" ist, und „sie alle werden den Namen JHWHs anrufen", weil „sein Name einer" ist.[145]

---

137 Zur JHWH-Verehrung unter den Völkern vgl. Meinhold, BK 14/8 (Lfg. 2), 128-130.
138 Vgl. כל איי הגוים ... וישתחוו־לו in Zef 2,11 und להשתחות למלך יהוה צבאות in Sach 14,16bβ.
139 Vgl. Zef 2,11 innerhalb von Zef 2,4-15 mit Sach 14,16 zwischen der Ankündigung des Völkergerichts in Sach 14,12-15 und den Sanktionsdrohungen von Sach 14,17-19.
140 Vgl. מלך ישראל יהוה בקרבך in Zef 3,15bα und והיה יהוה למלך על־כל־הארץ in Sach 14,9a.
141 Vgl. כל איי הגוים ... וישתחוו־לו in Zef 2,11 und להשתחות ל<u>מלך</u> יהוה צבאות in Sach 14,16bβ.
142 „Wer mit ‚ihrem Melek' (Königsgott) bezeichnet und gemeint ist, wird nicht gesagt. Sicher ist nur, dass in diesem kultischen Zusammenhang nicht von einem irdischen König die Rede ist, sondern ein göttlicher König referiert wird" (Irsigler, Zefanja, 114).
143 Vgl. ואת־המשתחוים הנשבעים ליהוה והנשבעים במלכם in Zef 1,5b und להשתחות למלך יהוה צבאות in Sach 14,16bβ.
144 Siehe hierzu auch den nächsten Abschnitt.
145 Vgl. ביום ההוא יהיה יהוה אחד in Zef 3,9 mit לקרא כלם בשם יהוה לעבדו שכם אחד ושמו אחד in Sach 14,9b.

7.2.3. Sach 14 und die Obadjaschrift

Hervorstechendes Merkmal des יוֹם־יהוה in der Obadjaschrift ist die radikale Umkehrung der Machtverhältnisse: „Edom" als Repräsentanten der Völker „wird getan werden", wie es dem Gottesvolk „getan hat" (Obd 15bα), und die Völker werden den Zornesbecher JHWHs „trinken", wie Israel ihn „getrunken hat", während Israel diese „in Besitz nehmen" wird (V17b). Diese Profilierung des יוֹם־יהוה scheint den Autor von Sach 14 zu seiner Konzeption des JHWH-Tages als „Tag" der tiefgreifenden Wandlungen mitinspiriert zu haben, doch versieht er seine Darstellung mit entscheidenden Modifizierungen: Die Schicksalswende des Gottesvolkes findet nur verhaltenen und indirekten Ausdruck in der Wandlung Jerusalems von der angegriffenen und entweihten (Sach 14,1f) zur unangreifbaren (V10f) und „heiligen" Stadt (V20f). In direkter kompositioneller Gegenüberstellung von V1-2 und V16-19[146] dagegen stellt er die Wandlung der Völker von „Jerusalemkreuzfahrern" zu Jerusalemwallfahrern dar. Am ausführlichsten jedoch stellt er die totale Verwandlung auf kosmologisch-vertikaler Ebene heraus, die bei Jerusalem ihren Ausgang nimmt (V3-5.8), aber über die Stadt hinausgreift (V10f) und kosmische Dimensionen erreicht (V6f). Die einzelnen Querbezüge verstärken den Eindruck, dass die konzeptionelle Engführung der Obadjaschrift in Sach 14 aufgebrochen werden soll.

Die יוֹם־יהוה-Ankündigungsformel von Obd 15a wird in Sach 14,1a modifiziert,[147] und sowohl Obd als auch Sach 14 weisen insgesamt zwölf Belege von יוֹם auf.[148] Doch nach Obd hat das Gottesvolk den יוֹם־יהוה bereits hinter sich (V11-14), während er allen Völkern noch bevorsteht (V15f) und dann zu Israels Wiederherstellung führt (V17-21). Demgegenüber wird in Sach 14 der inhaltliche Doppelcharakter des zukünftigen יוֹם־יהוה für das Gottesvolk und die Völker entfaltet: Das יוֹם־יהוה-Geschehen wird damit eröffnet, dass „alle Völker" Unheil über Jerusalem bringen (Sach 14,1-2), bis JHWH zugunsten seines Volkes eingreift (V3-5). Doch das Gericht über die Völker (V12-15) führt nicht zu deren vollständiger Vernichtung, sondern bringt ihren „Überrest" dazu, in jährlicher Wallfahrt die Königsherrschaft JHWHs anzuerkennen.

Die in Obd 11-14 erwähnte Invasion der „Fremden" und „Ausländer" gilt Jerusalem (V11) und akzentuiert den Verlust von Menschen (V11a.14) und Gütern (V13b) in der Stadt. Auch nach Sach 14,1-2 dringen die Völker in die Stadt ein, plündern die Häuser und führen die „Hälfte der

---
146 Vgl. den Abschnitt „Kompositionelle Gestaltung" S. 198-216.
147 Vgl. כי־קרוב יום־יהוה על־כל־הגוים in Obd 15a und הנה יום־בא ליהוה in Sach 14,1a.
148 Obd 8a.11a[bis].12a[ter].12b.13a[bis].13b.14b.15a / Sach 14,1a.3b[bis].4a.6a.7a[bis].8a.9b.13a. 20a.21b.

Stadt" in die Gefangenschaft. Doch dem „Rest des Volkes" wird nicht von den Gegnern am Engpass aufgelauert (Obd 14), sondern von JHWH ein neuer Fluchtweg eröffnet.[149]

Dass der יום־יהוה „nahe ist über alle Völker" (Obd 15a), wird in Obd 16 inhaltlich als „Trinken" des Zornesbechers JHWHs bestimmt. In Sach 14,12-15 wird diese Metapher konkretisierend als „Plage" und „Panik JHWHs" unter „allen Völkern" entfaltet, die „sich gegen Jerusalem geschart" hatten. Die Ankündigung, dass das „Haus Jakob" die Völker „in Besitz nehmen wird" (Obd 17b), wird korrigierend konkretisiert: Der Autor von Sach 14 denkt nicht an Landbesitz,[150] sondern spricht in zurückhaltender Diktion vom „Eingesammeltwerden" der beweglichen „Habe" des feindlichen Heerlagers (Sach 14,14b). In deutlichem Gegensatz zu Obd 16.18 droht er nicht die totale Vernichtung „Esaus" und „aller Völker" an, sondern rechnet mit einem „Überrest aus allen Völkern", der künftig in friedlicher Absicht nach Jerusalem „hinaufzieht" (Sach 14,16). Nicht „Esau" und „alle Völker" werden „nicht mehr sein" (Obd 18b.16b), sondern militärische Bedrohung von außen und kultische Gefährdung von innen (Sach 14,11a.21b).[151]

Von der Wiederherstellung des Gottesvolkes zeichnet der Autor von Sach 14 ein Bild, dem die politischen Züge von Obd 17b.19-21a völlig fehlen. Die Jerusalemzentrierung der Obadjaschrift dagegen wird aufgenommen und erheblich verstärkt:[152] Einmal begründet Sach 14,10-11 den Zufluchtscharakter des endzeitlichen Jerusalem (Obd 17aα) mit der Absenkung des Umlandes, und in der Grenzbeschreibung der Stadt sind die „Tore", die in Obd 11.13 Einfallstore für die Eroberer sind, Fixpunkte der sicheren Stadtgrenze.[153] Außerdem wird die exklusive Heiligkeit des Berges Zion in Obd 17aβ zu einer inklusiven Heiligkeit, die ihren Ausgangsort in Jerusalem behält, aber über den kultischen Bereich hinaus den gesamten Alltag umfasst (Sach 14,20-21).[154] Während Obd 16.18 diese Heiligkeit durch die restlose Vernichtung Edoms und aller Völker gesi-

---

149 Vgl. über die thematischen Korrespondenzen hinaus den terminologischen Bezug: את־פליטיו להכרית in Obd 14aβ und ויתר העם לא יכרת מן־העיר in Sach 14,2b.
150 Objekt von ירש q und hif ist meist Landbesitz (vgl. Schmid, THAT I, 779f). Dass die Wurzel auch in Obd 17b so zu verstehen ist, zeigt die Nachinterpretation in V19f.
151 Vgl. והיו כלוא היו in Obd 16bβ mit וחרם לא יהיה־עוד in Sach 14,11aβ und ולא־יהיה כנעני עוד בבית־יהוה in Obd 18bα mit ... ולא־יהיה in Sach 14,21b.
152 Vgl. ירושלם in Obd 11.20 und ציון in V17.21 mit ירושלם in Sach 14,2.4.8.10.11.12.14.16. 17.21 und dazu העיר in V2ter.
153 Vgl. שער in Obd 11.13 und in Sach 14,10ter.
154 Vgl. ובהר ציון תהיה פליטה והיה קדש (Obd 17a) mit קדש יהיה על־מצלות הסוס ליהוה (Sach 14,20a) und והיה כל־סיר בירושלם וביהודה קדש ליהוה צבאות (V21aα).

chert sieht, erwartet der Autor von Sach 14 eine dauerhafte Heiligung des gesamten Lebens vom Aufhören „kanaanäischen Wesens" (s.o.).[155]

Letzter Grund für die Totalität und Universalität des endzeitlichen Heilszustandes ist für den Autor von Sach 14, dass JHWH seine Königsherrschaft nicht nur über Großisrael (Obd 19-21), sondern „über die ganze Erde" aufgerichtet hat (Sach 14,9a), so dass „der ganze Überrest aus allen Völkern" regelmäßig „König JHWH Zebaot" in Jerusalem seine Reverenz erweist (V16).[156] So hat der Autor von Sach 14 sein Zukunftsbild auch im kritischen Dialog mit der Obadjaschrift entworfen.

7.2.4. Sach 14 und die Joelschrift

Die Joelschrift ist insgesamt als יום־יהוה-Komposition konzipiert,[157] und ihre beiden Hauptteile Joel 1,1-2,17 und 2,18-4,17 laufen auf Joel 2,1-11 bzw. 4,1-3.9-17 zu.[158] Während Joel 2,1-11 das Gottesvolk vor dem kommenden JHWH-Tag und dem anrückenden JHWH-Heer alarmiert, führt der יום־יהוה für die Völker in Joel 4,1-3.9-17 die Schicksalswende für das Gottesvolk herbei. Dazwischen liegt die „Umkehr" JHWHs, die den Umkehrruf an das Gottesvolk motiviert (Joel 2,12-17) und den zweiten Teil der Joelschrift einleitet (Joel 2,18-19a). So akzentuiert Joel den יום־יהוה als Tag *JHWHs*,[159] in dessen Ernst und Güte auch der Doppelcharakter dieses Tages gründet. Demgegenüber profiliert der Autor von Sach 14 den „*Tag* für JHWH": Er ist „ein einziger Tag", der ausdrücklich nicht mehr vom natürlichen Zeitrhythmus von „Tag und Nacht" bestimmt ist (V6f) und demzufolge Platz bietet für verschiedene Akten dieses „Tages". So wird die doppelte Darstellung des יום־יהוה in der Joelschrift zu einem einzigen Bild verbunden, das um die heilvolle Zukunft der Völker ergänzt und zu einer völligen Verwandlung der Verhältnisse gesteigert wird. Die Dramatik der Joelschen Darstellung mit ihren Befehlen und Fragen, ihrem Wechsel von Prophetenrede und Gottesrede weicht einem grandiosen Endzeitgemälde, dessen einzelne Teile aus Geschehensabläufen von lapidarer Kürze und fast umständlich erscheinenden Zustandsbeschreibun-

---

155 Vgl. והיו כלוא היו in Obd 16bβ und ולא־יהיה שריד לבית עשו in V18bα mit ולא־יהיה כנעני עוד בבית־יהוה צבאות in Sach 14,21b.
156 Vgl. והיתה ליהוה המלוכה in Obd 21b mit והיה יהוה למלך על־כל־הארץ in Sach 14,9a und ... והיה כל־הנותר מכל־הגוים ... להשתחות למלך יהוה צבאות in V16.
157 Die Zefanjaschrift ist im Unterschied dazu erst im Lauf ihrer Redaktionsgeschichte zu einer יום־יהוה-Komposition gestaltet worden.
158 Vgl. die beiden Joelkapitel dieser Arbeit.
159 Von den 16 Vorkommen von יום־יהוה entfallen allein fünf auf die kurze Joelschrift!

gen[160] bestehen und untereinander in verschiedene Beziehungen treten.[161] An die Stelle der Joelschen Geografie der Endzeit mit ihren apokalyptisierenden Decknamen[162] tritt die Topografie Jerusalems und des Umlandes mit ihren historisierenden Klarnamen.[163]

Diese thematischen Querverbindungen im Großen werden wieder durch eine Vielzahl thematischer und terminologischer Anknüpfungen im Einzelnen verstärkt. So kombiniert Sach 14,1a die Anfänge von Joels Tag-JHWHs-Dichtungen mitein-ander: Der Hinweis auf das „Kommen" des יום־יהוה (Joel 2,1b) wird mit dem einleitenden „siehe" von Joel 4,1a modifizierend zur Ankündigung „Siehe, ein Tag kommt für JHWH" verbunden.[164] Nach Joel 2,11 zieht JHWH selbst an der Spitze seines kampfbereiten Heeres (V5.7) auf Jerusalem zu, während er in Joel 4 die Völker zum Kampf versammelt (V2a.9.11), um mit ihnen wegen ihrer Vergehen gegen das Gottesvolk (V2b-3) im Tal Joschafat ins Gericht zu gehen (V12). Der Autor von Sach 14 löst dieses spannungsvolle Nebeneinander in ein zeitliches Nacheinander auf: Nachdem alle Völker, die JHWH zum Kampf gegen Jerusalem gesammelt hatte, die Stadt eingenommen und verheert haben (V1b-2), zieht JHWH selbst „zum Kampf gegen jene Völker" aus.[165] Sowohl in Joel 4,2b-3 als auch in Sach 14,1-2 werden in fünf kurzen Sätzen die Vergehen gegen das Gottesvolk aufgezählt, die JHWH zum Eingreifen veranlassen.[166] Während Joel sich jedoch auf vergangene Delikte bezieht, ist das Vorgehen der Völker in Jerusalem in Sach 14,1-2 Auftakt des יום־יהוה-Geschehens.

JHWH geht nach Sach 14,12-15 so gegen die Völker vor, „die sich gegen Jerusalem scharten", dass er zunächst ihr Heerlager mit einer Seuche schlägt. Die durch diese „Plage" verursachte Kampfunfähigkeit und Vernichtung der feindlichen Krieger (V12) kontrastiert Kampfkraft und Vernichtungspotential des anrückenden Heeres in Joel 2,4-5.[167] Zu diesem Schlag JHWHs gegen die Völker tritt eine von ihm ausgelöste Panik,[168] die

---

160 Vgl. die 24 Belege für die Wurzel היה in Sach 14,6a.6b.7a.7b[bis].8a.8b.9a.9b.11a.12a.13a[bis].15a[bis].16a.17a.17b.18b.19a.20a.20b.21a.21b.
161 Siehe S. 184-200 zur kompositionellen Gestaltung von Sach 14.
162 Vgl. „Tal Joschafat" (Joel 4,2.12), „Tal der Entscheidung" (V14) und „Tal Schittim" (V18).
163 Vgl. den Ölberg (Sach 14,4), Geba, Rimmon und die Fixpunkte der Stadtgrenze (V10).
164 Vgl. כי־בא יום־יהוה in Joel 2,1b und כי הנה בימים ההמה in Joel 4,1a mit ליהוה הנה יום־בא in Sach 14,1a.
165 Vgl. ואספתי את־כל־הגוים in Joel 4,2a und וקבצתי את־כל־הגוים in V11a mit ונקבצו in Sach 14,2a und מלחמה in Joel 2,5b.7a; 4,9[bis] und in Sach 14,2a sowie לחם nif in V3[bis].
166 Vgl. darunter ואת־ארצי חלקו in Joel 4,2bβ und ... וחלק שללך in Sach 14,1b.
167 Vgl. die fünf Vergleiche für das „große mächtige Volk" in Joel 2,4-5 mit der Aufzählung von fünf Körperteilen der Krieger in Sach 14,12.
168 מהומה (Sach 14,13a) ist von der Wurzel הום („in Bestürzung versetzen") abgeleitet, die ihrerseits mit der Wurzel המה („lärmen, brausen") verwandt ist. Von המה wiederum ist

7.2. Sach 14 als Summe der Tag-JHWHs-Dichtungen von X*

„an jenem Tag" zur Selbstzerstörung des feindlichen Heeres führt (V13). Das planlose und chaotische Aufeinandereindringen der Kämpfer kontrastiert wieder deren geordnetes und zielstrebiges Vordringen in Joel 2,7-9.[169] Nach Joel 4,11-12 werden „alle Völker ringsum" zum Kommen aufgefordert, um von JHWH „im Tal Joschafat gerichtet" zu werden, und in Sach 14,14b wird der „Reichtum aller Völker ringsum" eingesammelt.[170] Konkreten Nachbarn wird in Joel 4,4-5 Vergeltung dafür angekündigt, dass sie dem Gottesvolk „Silber, Gold und Kleider" geraubt haben, während nach Sach 14,14b die eingesammelte Beute „aller Völkern ringsum" aus „Gold, Silber und Kleidern" besteht.[171] Zur qualitativen kommt die quantitative Näherbestimmung der Beute: „Sehr groß" ist deren Menge in „jenen Heerlagern" – ebenso wie JHWHs Heerlager nach Joel 2,11a.[172]

Ein Vergleich der Heilsaussagen für das Gottesvolk in der Joelschrift und in Sach 14 führt zu einem ähnlichen Ergebnis wie bei der Obadjaschrift: Während Joel gleich in der Einleitung von Joel 4 „Juda und Jerusalem" die Schicksalswende verheißt (V1), wird Juda in Sach 14 erst am Schluss erwähnt und territorial als Umland der Stadt Jerusalem verstanden,[173] die geografische Mitte aller Heilsaussagen ist. Ebenso wird in Joel 4,20 Juda und Jerusalem in einem synonymen Parallelismus dauerhaftes „Wohnenbleiben" zugesagt, während der Autor von Sach 14 diese Zusage verstärkt und auf Jerusalem konzentriert.[174] Umgekehrt wird nach Joel 4,17 Jerusalem Heiligkeit zukommen, weil JHWH auf seinem „heiligen Berg Zion wohnt", während sich die Heiligung des Alltagslebens in Sach 14,20f über Jerusalem hinaus auch auf das Territorium Judas erstreckt.[175] Die unterschiedliche Akzentuierung der Heiligkeit wird an den parallel formulierten Schlusssätzen von Joel 4,1-3.9-17 und Sach 14 vollends deutlich: Während nach Joel 4,17bβ „Fremde nicht mehr durch sie [nämlich Jerusalem] hindurchziehen werden", wird in Sach 14,21b festgestellt, dass

---

המון („Getöse, Lärm") abgeleitet, der in Joel 4,14 (המונים המונים) den יום־יהוה charakterisiert. Das „Getöse" (המון) ist Ursache oder Ausdruck der „Bestürzung" (מהומה) - vgl. Müller, ThWAT II, 449f).

169 Vgl. besonders ... ואיש בדרכיו ילכון ... ואיש אחיו לא ידחקון in Joel 2,7bα.8aα mit איש יד רעהו ועלתה ידו על־יד רעהו והחזיקו in Sach 14,13b.

170 Vgl. כל־הגוים סביב in Joel 4,11a.12b und סביב in Sach 14,14b – innerhalb des XII nur noch כל־העמים סביב in Sach 12,2a.6a.

171 Vgl. ... ומחמדי הטבים ... כספי וזהבי in Joel 4,5 und ... זהב וכסף ובגדים in Sach 14,14bβ.

172 במחנות ההמה (Sach 14,14bβ) + לרב מאד (Joel 2,11aβ) und רב מאד מחנהו (V15aγ).

173 Vgl. Meyers&Meyers, AB 25C, 486. – In Sach 14,14a fungiert Juda nicht als Empfänger einer Heilsausage – unabhängig davon, wie man den Satz literarkritisch beurteilt und die Präpositionalbestimmung בירושלם deutet.

174 Vgl. ירושלם... וישבה תחתיה... ויהודה לעולם תשב וירושלם לדור ודור in Joel 4,20 und ... וישבו בה ... וישבה ירושלים לבטח in Sach 14,10-11.

175 Vgl. קדש ליהוה (הר קדשי siehe auch Joel 2,1) und והיתה ירושלם קדש in Joel 4,17 mit ... כל־סיר בירושלם וביהודה קדש ליהוה צבאות in Sach 14,20a und ... in Sach 14,21a.

"ein Kanaanäer nicht mehr im Haus JHWHs sein wird".[176] In Joel 4 geht also JHWH mit den Völkern von Jerusalem aus so ins Gericht, dass „Fremde" die „heilige Stadt" nicht mehr militärisch bedrohen können. In Sach 14 dagegen wird vom „Überrest der Völker" die Huldigung „König JHWHs" in Jerusalem erwartet (V16-19), ja in V21a sogar in inklusiver Formulierung das Kommen „aller Opfernden" angekündigt, zu denen nach dem Kontext auch die Wallfahrer aus den Völkern gehören. Die radikale Aufhebung des fundamentalen Unterschiedes von heilig und profan in V20-21 kann erfolgen, weil die von JHWH total gewandelten Verhältnisse auch in ihrem innersten Zentrum, dem „Haus JHWHs", nicht mehr durch „kanaanäisches Wesen" bedroht sind. Die Wurzel בשל schließlich kommt innerhalb des XII nur in Joel 4,13a und in Sach 14,21a vor:[177] Während Joel mit ihr metaphorisch die „Gerichtsreife" der Völker bezeichnet, verwendet der Autor von Sach 14 sie positiv für das „Kochen" des Opferfleisches durch „alle (!) Opfernden".

Innerhalb des Abschnittes von der Völkerwallfahrt (Sach 14,16-19) bezeichnet die Wurzel עלה die friedliche Wallfahrt der Völker nach Jerusalem und kontrastiert damit deren „Heraufziehen" zum Kampf gegen Jerusalem und zum Gericht durch JHWH im Tal Joschafat in Joel 4.[178] Der angedrohte Regenentzug für Verweigerer in Sach 14,17 wiederum kontrastiert das zugesagte „Herabkommen" des Regens über das umkehrwillige Gottesvolk in Joel 2,23.[179] Ähnlich wie in Joel 4,19 schließlich wird „Ägypten" in Sach 14,18-19 besonders erwähnt, doch soll hier nicht vergangene „Gewalttat" am Gottesvolk geahndet, sondern mögliche künftige Renitenz bedroht werden.[180] Nicht weil Ägypten dafür besonders anfällig wäre, wird es hier herausgehoben, sondern weil der angedrohte Regenentzug das durch die regelmäßige Nilüberschwemmung begünstigte Land nicht treffen würde. Doch im Gegensatz zu Joel 4,19 wird mit einer endzeitlichen Fortexistenz des „Geschlechtes Ägyptens"[181] gerechnet.

In der Darstellung der Verwandlung der Schöpfung in Sach 14,6-8 finden sich erneut thematische Querverbindungen und Weiterführungen zu Joels Charakterisierung des יום־יהוה: Das Erbeben von Himmel und

---

176 ולא־יהיה כנעני עוד בבית־יהוה (Sach 14,21b). / וזרים לא־יעברו־בה עוד (Joel 4,17bβ).
177 בשל kommt innerhalb der Prophetenbücher nur noch in Ez 24,5 (q) und 46,20.24 (pi) vor.
178 עלה in Joel 4,9.12 (vgl. auch עלה im Zusammenhang der Stadteroberung in Joel 2,7.9) und in Sach 14,16.17.18bis.19.
179 Vgl. ... ויורד לכם גשם in Joel 2,23b und ולא עליהם יהיה הגשם in Sach 14,17b.
180 Vgl. ... מצרים לשממה תהיה ... מחמס בני יהודה in Joel 4,19 mit Sach 14,18f: מצרים לא־תעלה ... זאת תהיה חטאת מצרים ואם־משפחת.
181 Diese Formulierung könnte darauf hindeuten, dass das endzeitliche Ägypten hier nicht mehr als politische, sondern nur mehr als ethnische Größe gesehen wird (ähnlich Meyers&Meyers, AB 25C, 476).

7.2. Sach 14 als Summe der Tag-JHWHs-Dichtungen von X*

Erde ist nach Joel 2,10a bedrohliche Begleiterscheinung des Heeres JHWHs und in Joel 4,16 unheilvolle Wirkung der Stimme JHWHs und signalisiert an beiden Stellen die unentrinnbare Nähe des יום־יהוה. Der Autor von Sach 14 schildert noch anschaulicher und konkreter, dass das Auftreffen JHWHs auf dem Ölberg zu dessen Spaltung führt (V4). Damit wird aber dem „Rest" des Gottesvolkes ein Fluchtweg eröffnet (V5) und die weitere und weitergehende Wandlung der geschöpflichen Welt eingeleitet (V6-8). Ebenso ist die Finsternis des יום־יהוה in Joel 2,10b; 4,15 für den Autor von Sach 14 nur der Auftakt für das Aufhören des normalen Tagesrhythmus (V6f). Während schließlich das endzeitliche Heer nach Joel 2,3 eine so „verzehrende" Wirkung entfaltet, dass das Land sich vom „Garten Eden" in „öde Wüste" verwandelt, wird mit dem von Jerusalem ausgehenden Strom eine umgekehrte Wandlung eingeleitet.

In Sach 14,8 finden sich nun die signifikantesten Bezugnahmen auf die Joelschrift: Mit Joel 4,18b sieht der Autor von Sach 14 eine Wasserquelle von Jerusalem „ausgehen",[182] doch über die Joelparallele hinaus auch in Richtung Westen fließen. Für das Tote Meer und das Mittelmeer aber gebraucht er Formulierungen, die nur noch in Joel 2,20 miteinander verbunden sind:[183] So wie die „Vorhut des Nördlichen in das vordere Meer" und dessen „Nachhut in das hintere Meer vertrieben" werden, sieht er „die eine Hälfte" der Quelle „in das vordere Meer" und „die andere Hälfte in das hintere Meer" fließen. Damit tritt an die Stelle der tödlichen und „Verwesungsgeruch" verbreitenden temporären Maßnahme JHWHs ein permanent („im Sommer und im Winter") Leben spendender Vorgang, der vom Zentrum der verwandelten Schöpfung – Jerusalem mit JHWH in seiner Mitte – seinen Ausgang nimmt.

---

182 Vgl. ומעין מבית יהוה יצא in Joel 4,18bα und והיה ביום ההוא יצאו מים־חיים מירושלם in Sach 14,8aα.
183 Vgl. Meyers&Meyers, AB 25C, 437.

7.3. Weitere Referenztexte

Vers für Vers, ja nahezu Satz für Satz finden sich in Sach 14 Querverbindungen zu anderen Prophetenbüchern und -schriften und darüber hinaus auch zu Pentateuch und Psalter[184] – von Aufnahmen einzelner Wörter und Wendungen über thematische Entsprechungen bis hin zu strukturellen Parallelen zu größeren prophetischen Aussagezusammenhängen.[185] Im Rahmen dieser Arbeit ist es weder möglich noch nötig, die bisher in der Sacharjaexegese aufgeführten Querverbindungen zu erörtern oder gar zu vermehren. Für die Weiterarbeit ist es erforderlich, die signifikantesten Referenztexte samt ihrem Kontext auszuwerten, mit deren Hilfe der Autor von Sach 14 Altes aus der יום־יהוה-Thematik des wachsenden XII* neu akzentuiert oder Neues in sie einbringt.

7.3.1. Zehnprophetenbuch*

Wenn Sach 14 den Abschluss des X* bildet, so sind schon deshalb über die Tag-JHWHs-Dichtungen hinaus Bezugnahmen auf dieses Korpus zu erwarten.

Eine enge Parallele findet sich zunächst in der Sacharjaschrift selbst: In *Sach 12,1-13,1* wird wie in Sach 14 das endzeitliche Geschick Jerusalems zum Thema gemacht, und diese Endzeitperspektive wird in beiden Kapiteln durch die Formel ביום ההוא akzentuiert.[186] Alle Völker versammeln sich gegen Jerusalem[187] und bringen die Stadt in Bedrängnis,[188] doch Jerusalem wird „zu einer Taumelschale für alle Völker ringsum"[189]: JHWH greift zugunsten der Stadt ein und schlägt die gegen Jerusalem versammelten Völker vernichtend,[190] während die Einwohnerschaft Jerusalems „an ihrer Stelle bleiben" wird.[191] Angesichts dieser Gemeinsamkeiten treten

---

184 Vgl. die Übersichten in Boda&Floyd, Treasure, 324-332, die „Intertextuals" von Person, Willi-Plein, Larkin, Ho Fai Tai und Nurmela auflisten.
185 Vgl. Schaefer, CBQ 57, 66-91.
186 ביום ההוא in Sach 12,3.4.6.8bis.9.11; 13,1 und 14,4.6.8.9.13.20.21.
187 Vgl. ואספתי את־כל־גוים אל־ירושלם in Sach 12,3b und ונאספו עליה כל גויי הארץ in Sach 14,2a.
188 Vgl. Sach 12,2b und 14,1-2.
189 Vgl. כל־העמים סביב in Sach 12,2a.6a und כל־הגוים סביב in Sach 14,14b.
190 Vgl. den Gottesschrecken in Sach 12,4 mit der „Panik von JHWH" in Sach 14,13 und die Adressaten des vernichtenden Schlages JHWHs: את־כל־הגוים הבאים על־ירושלם in Sach 12,9 und את־כל־העמים אשר צבאו על־ירושלם in Sach 14,12a bzw. מכל־הגוים הבאים על־ירושלם in Sach 14,16a.
191 Vgl. וישבה ירושלם עוד תחתיה בירושלם in Sach 12,6b und ירושלם ... וישבה תחתיה in Sach 14,10.

die Unterschiede zwischen Sach 12,1-13,1 und 14 umso deutlicher hervor: Die gegen Jerusalem anrückenden Völker sind zunächst so erfolgreich, dass die Stadt nicht nur in „Bedrängnis" gerät (Sach 12,2b), sondern lediglich einen „Rest des Volkes" übrig behält (Sach 14,2). Juda tritt in Sach 14 gegenüber Jerusalem völlig zurück,[192] und auch der Einwohnerschaft Jerusalems kommt im Unterschied zu Sach 12,8 keine aktive Rolle im Endkampf um die Stadt zu. Der vernichtende Schlag gegen die Völker, den JHWH nach Sach 12,9 beabsichtigt, lässt in Sach 14,16 einen „Überrest" zurück, der am Heil teilhat. Statt der in Sach 12,9-13,1 entfalteten inneren Umwandlung der Jerusalemer wird in Sach 14,6-8 die äußere Verwandlung der Schöpfung dargestellt. Entsprechend wird von der nach Sach 13,1 in Jerusalem entspringenden Quelle nicht ihre reinigende Wirkung, sondern ihr immerwährendes Fließen nach Osten und Westen betont. Schließlich fehlt in Sach 14 die Gestalt eines Heilsbringers wie der „Durchbohrte" in Sach 12,10; statt dessen bildet die Einzigkeit JHWHs und seines Namens in Sach 14,9b das Zentrum der gesamten Komposition von Sach 14. So wird also das endzeitliche Jerusalem gegenüber Sach 12,1-13,1 vom Zentrum des Gottesvolkes zur Residenz des Weltkönigs JHWH und damit zum Mittelpunkt der Völker, ja der gesamten Schöpfung.

Das solcherart exponierte Jerusalem wird auch geografisch herausgehoben – und zwar unter Rückbezug auf *Mi 4,1-5(.6-13)*. Demgegenüber plädiert Nogalski mit folgenden Gründen für eine Abhängigkeit von Sach 14 von Jes 2,2-4: Auch Sach 14,16ff sei vom Jesajabuch, nämlich von Jes 66,16ff, abhängig, und die Erwähnung von „Pferden" in Sach 14,20 kontrastiere Jes 2,7.[193]

Die zweifellos vorhandenen, gewichtigen Jesajabezüge sollen unten gewürdigt werden, doch sprechen folgende Beobachtungen für Mi 4,1-5 als mindestens gleichwertigen Referenztext: Zum einen ist noch einmal auf die Rolle von Sach 14 als Abschluss des Zehnprophetenbuches* zu verweisen, so dass der Michatext dem Autor von Sach 14 „näher liegt". Zum andern befasst sich der unmittelbar folgende Abschnitt Mi 4,6-13 wie Sach 14 mit dem endzeitlichen Geschick Jerusalems, und dazu kommt Mi 1,3f als weiterer markanter Referenztext aus der Michaschrift – wie nachfolgend auszuführen sein wird. Außerdem wird die Ankündigung der Völkerwallfahrt in Mi 4,1-3 in V4b expressis verbis als Äußerung „JHWH

---

[192] In Sach 14,21a wird Juda als Territorium erwähnt, und in V14a scheint es in die von JHWH bewirkte „Panik" einbezogen zu sein. Dass die nachgetragenen Judaaussagen in Sach 12,2b.3b.4b.6-8 in Sach 14 keine Fortsetzung finden, spricht für eine Abfassung von Sach 14 nach dieser Bearbeitung.
[193] Vgl. Nogalski, Processes, 243.

Zebaots" herausgestellt, der auch in Sach 14,16f.21 jeweils zweimal mit dem Gottesepitheton „Zebaot" versehen ist.[194] Schließlich kontrastiert Sach 14 die Folgerung, die in Mi 4,5 für die Gegenwart der Leserschaft gezogen wird: Da in der angekündigten Heilszeit JHWH wie auch sein Name „einer" sein wird, werden auch die Völker nicht mehr „im Namen ihrer Götter leben", sondern „König JHWH Zebaot" in Jerusalem anbeten (Sach 14,9.16b.17a).

Im Einzelnen sind folgende Querbezüge auszumachen: In Sach 14,10 findet das Motiv von der „Erhabenheit des Berges des Hauses JHWHs" aus Mi 4,1 Aufnahme, wird aber ausdrücklich auf ganz Jerusalem ausgeweitet und mit der Absenkung des Umlandes begründet. Die Völker „ziehen hinauf" nach Jerusalem,[195] aber die Absicht wird unterschiedlich bestimmt: Nach Mi 4,2-3 empfangen sie von JHWH Weisung und finden zu freiwilliger und dauerhafter Abrüstung. In Sach 14,16-19 dagegen feiert der „Überrest" der von JHWH besiegten Völker jährlich das Laubhüttenfest und wird im Fall von Renitenz mit Sanktionen bedroht.

Wie Mi 4,6-13 stellt Sach 14 Bedrängnis und Errettung Jerusalems einander gegenüber: Viele Völker haben sich gegen Jerusalem versammelt – nicht wissend, dass JHWH sie zu ihrem eigenen Verderben aufgeboten hat.[196] Sie werden vernichtend geschlagen und lassen ihren „Reichtum" zurück.[197] Im Unterschied aber zu Mi 4,13a vollzieht sich der JHWH-Krieg gegen die Völker ohne irgendeine aktive Mitwirkung des Gottesvolkes (Sach 14,3.12-13) und hinterlässt einen „Überrest" der Völker (Sach 14,16a). Die Einwohnerschaft Jerusalems muss aus der Stadt „herausziehen",[198] aber JHWH greift rettend ein (Mi 4,9-10 // Sach 14,1-5). Er richtet aber seine Königsherrschaft nach Sach 14,9a nicht nur über den wiederhergestellten „Überrest" seines Volkes (Mi 4,6f), sondern „über die ganze Erde" auf.

Um die Auswirkungen des Eingreifens JHWHs auf die außermenschliche Schöpfung darzustellen, schließt sich der Autor von Sach 14 – wie schon bei der Rezeption der Amosschrift zu beobachten war[199] – an hymnische Einschreibungen in das VI* (siehe S. 53f) an. So wird den Völkern in *Mi 1,3-4* verkündet, dass JHWH „von seinem Ort ausgeht" und „auf den Höhen der Erde geht", so dass „die Berge unter ihm zerschmelzen und

---

194 Vgl. יהוה צבאות in Mi 4,4b und Sach 14,16b.17a.21bis.
195 Vgl. ונעלה in Mi 4,2a und ועלו in Sach 14,16b.
196 Vgl. ועתה נאספו עליך גוים רבים in Mi 4,11a und קבצם (יהוה) in V12b mit ואספתי את־כל־הגוים אל־ירושלם in Sach 14,2a.
197 Vgl. חילם (Mi 4,13b, bezogen auf עמים רבים in V13a) und חיל כל־הגוים (Sach 14,14b).
198 Vgl. תצאי in Mi 4,10b und ויצא in Sach 14,2b – „die Hälfte der Stadt" präzisiert Sach 14.
199 Siehe die Bezugnahmen auf die Hymnenschicht der Amosschrift S. 55-57.

die Täler sich spalten". In Sach 14,3-4 sind sowohl die Bewegung JHWHs als auch deren Wirkung auf den „Ölberg" fokussiert: Wenn JHWH zum Völkerkampf „auszieht", werden „seine Füße auf den Ölberg treten", so dass dieser „sich spalten" wird.[200]

Ähnliche Querverbindungen bestehen zum Theophaniehymnus *Hab 3,3-15*: „Gott kommt von Teman her" (Hab 3,3), Lichterscheinungen umgeben ihn (V4), „Pest geht vor ihm her und Seuche folgt seinen Füßen" (V5). Unter seinem „Auftreten" wird die Erde „erschüttert" (V6) und „spaltet sich", so dass „Ströme" hervorbrechen (V9). Diese theophanen Phänomene bietet JHWH gegen die „Völker" auf (V12), wenn er „zur Rettung seines Volkes auszieht" (V13). Diese Verbindung von Theophanie- und JHWH-Kampf-Motiven wendet der Autor von Sach 14 auf den Kampf JHWHs gegen die Eroberer Jerusalems an: JHWH „zieht aus" zur Rettung des „Restes" (Sach 14,3), der „Ölberg spaltet sich" unter dem „Auftreten seiner Füße" (V4), „Wasser geht aus von Jerusalem" (V8), und die Feinde werden durch eine „Seuchenplage" geschlagen (V12).[201] So dient die Theophanietradition dem Autor von Sach 14 dazu, das Eingreifen JHWHs in seinen Wirkungen anschaulich zu machen.

7.3.2. Jesajabuch

Sach 14 zeigt Querverbindungen zum gesamten Jesajabuch, insbesondere zu seinen יום־יהוה-Aussagen. In *Jes 2,12-17* wird ein „Tag für JHWH Zebaot" angekündigt, an dem ein Gottessturm in Nord-Süd-Richtung über ganz Israel hinwegfegen und „alles Hohe erniedrigen" wird, so dass „JHWH allein hoch sein wird an jenem Tag". Das im Land angehäufte „Silber und Gold" (V7) samt den „Götzen" (V8) erweist sich dann als nutzlos, so dass man die zum „Anbeten" gemachten „Götzen von Silber und Gold an jenem Tag" wegwerfen wird (V20). Das Ergebnis des יום־יהוה-Geschehens ist in Jes 2,2-4 redaktionell vorgeschaltet, um alles Folgende unter die große Perspektive der zum Zion führenden Völkerwallfahrt und des vom Zion ausgehenden Völkerfriedens zu rücken. Der Autor von Sach 14 teilt diese Perspektive, gestaltet sie aber auf seine Wei-

---

200 Vgl. ... יהוה יצא ממקומו ... in Mi 1,3a mit ... יהוה ... ויצא יהוה in Sach 14,3a und והעמקים יתבקעו... in Mi 1,4a mit ... ונבקע הר הזיתים in Sach 14,4a.

201 Vgl. אלוה מתימן יבוא in Hab 3,3a mit ובא יהוה אלהי in Sach 14,5b, die Wurzel יצא in Hab 3,5 (mit der JHWH folgenden Seuche als Subjekt) und V13 (Subjekt der zur Rettung seines Volkes ausziehende JHWH) und in Sach 14,3a (mit dem zum Völkerkampf ausziehenden JHWH als Subjekt), die Wurzel עמד in Hab 3,6 (Subjekt JHWH) und in Sach 14,4a (Subjekt die „Füße" JHWHs), רגליו in Hab 3,5a und Sach 14,4a und schließlich תבקע־ארץ in Hab 3,9 mit ונבקע הר הזיתים in Sach 14,4a.

se aus: Er konzentriert den Unheilscharakter des „Tages für JHWH"[202] auf Jerusalem (Sach 14,1-2) und reduziert die allgemeine Ansage des „Niedrigwerdens alles Hohen" auf die Absenkung des Jerusalemer Umlandes,[203] die die Stadt in ihre exponierte Stellung bringt. „Gold und Silber" gehören zum „Reichtum aller Völker ringsum", der nach deren Niederlage „eingesammelt werden" wird (Sach 14,14b).[204] Statt der zum „Anbeten" gefertigten und vom „Menschen an jenem Tag" weggeworfenen „Götzen" (Jes 2,20) wird der „Überrest" der Völker „König JHWH Zebaot" jährlich in Jerusalem „anbeten" (Sach 14,16).[205] Diese Völkerwallfahrt hat Querverbindungen zu Jes 2,2-4, die bereits zum Paralleltext Mi 4,1-3 herausgearbeitet worden sind. Auf diese Weise parallelisiert und modifiziert der Autor von Sach 14 einige Züge des „Tages für JHWH" von Jes 2, unter denen die Nivellierung des Landes die markanteste ist.

Noch signifikanter sind die thematischen und terminologischen Querverbindungen zur nächsten יום־יהוה-Komposition des Jesajabuches, zu *Jes 13*: Der יום־יהוה „kommt" (Jes 13,6.9), an dem JHWH seine „Geheiligten" entbietet (V3a) und die Völker zum Kampf „versammelt" (V4).[206] Die Gestirne verfinstern sich (V10) und Himmel und Erde erbeben (V13).[207] Die Menschen werden von Bestürzung erfasst (V8), die „Frauen vergewaltigt" und die „Häuser geplündert" werden (V16b).[208] Jes 13,16b wird fast wörtlich in Sach 14,2a zitiert, und das Gewicht dieses Zitats wird durch folgende Beobachtungen noch erhöht: Die Wurzel שגל kommt außerdem nur noch in Dtn 28,30 und Jer 3,2 vor, und die „Vergewaltigung der Frauen" ist lediglich in Jes 13,16b und Sach 14,2a mit der „Plünderung der Häuser" verbunden.[209] Deshalb ist um so auffälliger, dass der Autor von Sach 14 den grausamsten Zug der Eroberungsszenerie, das „Zerschmettern der Kinder" (Jes 13,16a), nicht übernimmt. Dazu passt,

---

202 Vgl. ... כי יום ליהוה צבאות in Jes 2,12a und יהוה יום־בא in הנה יום־בא ליהוה in Sach 14,1a.

203 Der „Tag für JHWH" kommt nach Jes 2,14a „über alle hohen (הרמים) Berge", so dass „JHWH allein erhaben (נשגב) sein wird an jenem Tag" (V17b). Nach Sach 14,10a wird sich „das ganze Land zur Ebene wandeln von Geba bis nach Rimmon im Süden Jerusalems", aber die Stadt „wird hoch sein (וראמה) und an ihrem Platz bleiben" (V10bα). Zur schwierigen Form וראמה vgl. Meyers&Meyers, AB 25C, 443.

204 Vgl. כסף וזהב in Jes 2,7a (siehe auch V20a) und זהב וכסף in Sach 14,14b.

205 Vgl. ישתחוו in Jes 2,8b und להשתחות in V20bα mit להשתחות in Sach 14,16bβ.17aβ.

206 Vgl. ... הנה יום־יהוה בא in Jes 13,9a (siehe auch V6) mit הנה יום־בא ליהוה in Sach 14,1a, למקדשי ... in Jes 13,3a mit ... כל־קדשים ... in Sach 14,5b und ... גוים נאספים ... ואספתי את־כל־הגוים אל־ירושלם למלחמה in Jes 13,4b mit צבא מלחמה... in Sach 14,2a und אשר צבאו על־ירושלם את־כל־העמים in Sach 14,12a.

207 Vgl. אורו in Jes 13,10 und ... לא יהלו אורם ... לא־יגיה אורו in Sach 14,6b.

208 Vgl. ... איש אל־רעהו in Jes 13,8b mit ... איש יד רעהו ... in Sach 14,13b und ישסו בתיהם ונשיהם תשגלנה in Jes 13,16b mit ונשסו הבתים והנשים תשגלנה ... in Sach 14,2a.

209 Vgl. auch Meyers&Meyers, AB 25C, 414.

7.3. Weitere Referenztexte

dass er auch die Zornes- und Gerichtsterminologie von Jes 13[210] völlig übergeht: Er rechnet offensichtlich mit einer Leserschaft, der die Begründung für das Kommen des יוֹם־יהוה aus dem X* und aus der prophetischen Literatur insgesamt vertraut ist. Die gravierendste Differenz zu Jes 13 jedoch ist zweifellos, dass das dort auf Babel bezogene יוֹם־יהוה-Geschehen nach Sach 14 in Jerusalem lokalisiert ist. Die „Flucht" der Überlebenden[211] signalisiert in Jes 13,14 die Vollständigkeit der Niederlage, in Sach 14,5 hingegen die Wende des Kriegsgeschehens zugunsten des Gottesvolkes. Das dauerhafte Unbewohntbleiben Babels (V20) schließlich wird mit dem Bewohntwerden des endzeitlichen Jerusalem kontrastiert.[212]

Jes 22,1-14 stellt ein Jerusalem betreffendes[213] יוֹם־יהוה-Geschehen dar, das von Sach 14 thematisch kontrastiert wird: Der Prophet blickt in Jes 22,1-14 auf einen vergangenen[214] „Tag ... für den Herrn JHWH Zebaot" (V5) zurück, der als militärischer Angriff katastrophale Folgen für die „Stadt" hatte (V2), denen sich ihre Anführer vergeblich durch die Flucht entziehen wollten (V3). Der Autor von Sach 14 dagegen kündigt Jerusalem einen noch ausstehenden „Tag ... für JHWH" an (Sach 14,1a), der die Stadt zwar zunächst ebenfalls schwer in Mitleidenschaft ziehen wird (V2). Aber JHWH wird in das Kriegsgeschehen eingreifen und dem „Rest des Volkes" einen rettenden Fluchtweg eröffnen (V3-5).[215] Die Verteidiger entfalten nach Jes 22,8-11 hektische Aktivitäten zur Sicherung der Stadtbefestigung und der Wasserversorgung, während das endzeitliche Jerusalem durch die Nivellierung des Umlandes dauerhaft gesichert sein (Sach 14,10-11) und durch das Aufbrechen der Wasserquelle in der Stadt seinerseits zum Wasserversorger für das Land werden wird (V8). Die einzige markante terminologische Querverbindung hat ebenfalls kontrastierenden Charakter: Der יוֹם־יהוה stiftet „Verwirrung" unter den Jerusalemern, die in Jes 22,1-7 anschaulich im Rückblick entfaltet wird, wogegen die „Verwirrung" nach Sach 14,13 die Angreifer der Stadt außer Gefecht setzt.[216] Sach 14 als Abschluss des X* führt schließlich eine intensive Auseinandersetzung mit *Jes 66,18-24*,[217] der Schlusspassage des Jesajabuches.

Zur Herausarbeitung der Querverbindungen zwischen Jes 66,18-24 und Sach 14 ist es nicht erforderlich, in eine intensive literarkritische Analyse der Schlusspas-

---

210 Vgl. Jes 13,3.5.9.11.13.
211 Vgl. ינוסו ... in Jes 13,14b und das dreimalige (ו)נסתם in Sach 14,5a.
212 Vgl. ... לא־תשב in Jes 13,20a und das dreifache Vorkommen der Wurzel ישב in Sach 14,10b-11.
213 Vgl. Wildberger, BK 10/2, 809.
214 Vgl. Wildberger, BK 10/2, 811.
215 Vgl. ... לאדני יהוה צבאות ... כי יום in Jes 22,5a und הנה יום ... ליהוה ... in Sach 14,1a.
216 Vgl. ... יום מהומה ... in Jes 22,5a und ... מהומת־יהוה ... in Sach 14,13a.
217 Vgl. hierzu auch Bosshard, BN 40, 31.

sage des Jesajabuches einzutreten. Schon formale Beobachtungen lassen die Einheitlichkeit von Jes 66,18-24 fraglich erscheinen: So setzen V21b und V23f den Stil der Anrede nicht fort, und V21b verlässt außerdem den Modus der JHWH-Rede.[218] Dazu kommen die thematischen Spannungen zwischen dem Interesse an der Heilsteilhabe der Völker in V18-20a.21, der Betonung des Gottesvolkes und seiner Heilszukunft in V20b.22 und der Gegenüberstellung von regelmäßiger JHWH-Verehrung und immerwährender Verdammnis in V23f. Schon diese Beobachtungen legen einen Wachstumsprozess von Jes 66,18-24 nahe.

Auf die Ankündigung des Kommens JHWHs zum Gericht über „alles Fleisch" (Jes 66,15-17) sagt JHWH überraschend sein Kommen zur Sammlung aller Völker an, um sie seine „Herrlichkeit sehen" zu lassen (V18). Abgesandte aus ihnen bringen daraufhin die „Kunde" von JHWHs Herrlichkeit auch zu den fernen Völkern (V19) und ziehen dann als Wallfahrer – die unter alle Völker verstreuten Israeliten als Gabe mitführend – zu „meinem heiligen Berg Jerusalem" (V20a). In V21 findet sich die im Alten Testament singuläre Ankündigung, dass JHWH „auch aus ihnen Priester-Leviten[219] nehmen" wird. Diese Spitzenaussage wird durch den wohl später hinzugefügten V21b auf die „Israelsöhne" bezogen und damit in den Allgemeinplatz umgebogen, der keiner besonderen Verheißung bedürfte, dass nämlich JHWH auch aus der Diaspora „Priester-Leviten" nimmt.[220] V22 stellt dann heraus, dass sich in der Rückführung der Diaspora die Absicht JHWHs verwirklichen wird, „eurem Samen und eurem Namen" Bestand zu gewähren (V22). Von Bestand wird auch die Ausrichtung der Völker auf Jerusalem sein, denn „Neumond für Neumond und Sabbat für Sabbat wird alles Fleisch kommen", um vor JHWH „anzubeten" (V23). Auf dem Rückweg hat dann „alles Fleisch" immer wieder das „unauslöschliche" Verderben der JHWH Abtrünnigen vor Augen (V24).

Folgende Beobachtungen sprechen dafür, dass der Autor von Sach 14 um einen Ausgleich der spannungsvollen Aussagen bemüht ist und die Teilhabe der Völker am endzeitlichen Heil abschließend klären will. Stehen das „Kommen" JHWHs zum „Gericht an allem Fleisch" (Jes 66,15-16) und zum Heil für „alle Völker" (V18) unverbunden nebeneinander, so werden diese Ereignisse in Sach 14,12-15.16-19 in eine zeitliche und logische Abfolge gebracht.[221] Während Jes 66,23 ein „Kommen alles Fleisches zur Anbetung vor JHWH" ins Auge fasst, das sich „Monat für Monat und

---

218 Vgl. Koenen, WMANT 62, 208f.
219 Die Asyndese לכהנים ללוים scheint der dtn „Identitätsformel *hakkohanîm halewijim*" (Kellermann, ThWAT IV, 513) zu entsprechen – zum Problem vgl. auch Koenen, WMANT 62, 211, Anm 15.
220 Vgl. Westermann, ATD 19, 336.
221 Vgl. ... בוא ... אנכי‎ (mit G) לקבץ את־כל־הגוים in Jes 66,15 und כי הנה יהוה באש יבוא in V18a mit הנה יום־בא ליהוה in Sach 14,1a und ...ובא יהוה אלהי in V5b.

Sabbat für Sabbat" wiederholt, wird das Heraufziehen der Anbeter JHWHs aus allen Völkern auf die jährliche Wallfahrt zum Laubhüttenfest ermäßigt.²²² Signifikant ist hier die Verwendung der präpositionalen Fügung מדי, die innerhalb der prophetischen Literatur nur in Jes 66,23a und Sach 14,16b und darüber hinaus nur noch in 1Sam 7,16 und 2Chr 24,5 vorkommt. Bringen nach dem jetzigen Zusammenhang nur die „Israelsöhne die Opfergabe in reinem Gefäß zum Haus JHWHs" (Jes 66,20), so sieht der Autor von Sach 14 „alle Opfernden kommen" und von den JHWH heiligen „Töpfen" nehmen und darin „kochen" (V21a).²²³ Fast beiläufig ist hier die Unterscheidung nicht nur von Gottesvolk und Völkern,²²⁴ sondern auch von Kultpersonal und Laien aufgehoben! Den renitenten „Geschlechtern der Erde" droht nicht „Feuer" als definitive Bestrafung (Jes 66,15-16), sondern Regenentzug als Umkehr intendierende „Heimsuchung" (Sach 14,17-19). Das letzte Wort ist nicht die drastische Zurschaustellung ewiger Verdammnis (Jes 66,24), sondern der verhaltene Verweis auf die Abwesenheit von „Kanaanäern" (V21b).

Eine letzte thematische Entsprechung besteht in der in Jes 66,22a nur als Vordersatz und Bekräftigung von V22b erwähnten Erschaffung eines „neuen Himmels und einer neuen Erde" (vgl. Jes 65,17), die in Sach 14,6-8 konkretisierend entfaltet wird. Dabei zeigt sich eine terminologische Parallele in der Zeitbestimmung יום אחד: Während die Hervorhebung eines „einzigen Tages" in Jes 66,8 die schnelle „Geburt" des endzeitlichen Gottesvolkes bezeichnet, kennzeichnet der יום־אחד von Sach 14,7a die Einheit des יום־יהוה-Geschehens und die Neuartigkeit der dadurch hervorgebrachten Verhältnisse.²²⁵

Zusammenfassend lässt sich festhalten, dass der Autor von Sach 14 vor allem deshalb an Jes 66 interessiert ist, weil in Jes 66,18-24 die Teilhabe der Völker am endzeitlichen Heil diskutiert wird. In zurückhaltender Formulierung sucht er einen Ausgleich der konträren Positionen, indem er Jerusalem-Zentrierung und Universalismus – jeweils noch gesteigert – miteinander verbindet.

---

222 Vgl. ... והיה מדי־חדש בחדשו ומדי שבת בשבתו יבוא כל־בשר להשתחות לפני in Jes 66,23 und והיה כל־הנותר מכל־גוים ... ועלו מדי שנה בשנה להשתחות למלך יהוה צבאות ולחג את־חג הסכות in Sach 14,16.
223 Vgl. ... יביאו בני ישראל את־המנחה בכלי טהור בית יהוה in Jes 66,20b und ובאו ... כל־הזבחים ולקחו מהם ובשלו בהם in Sach 14,21a. – Westermann sieht Jes 66,23 als Steigerung von Sach 14,16 an (Westermann, ATD 19, 339), aber Sach 14,21 überbietet noch Jes 66,21 in seiner ursprünglichen Bezogenheit auf die Völker.
224 Letztere sind vom Kontext her zweifelsfrei eingeschlossen.
225 Dieser Unterschied wird dadurch unterstrichen, dass יום אחד in Jes 66,8 durch פעם אחת parallelisiert, das Numerale אחד in Sach 14,9b aber als Attribut JHWHs und seines Namens (יהוה אחד ושמו אחד) wiederholt wird.

7.3.3. Jeremiabuch

Zum Jeremiabuch weist Sach 14 nur zwei signifikante Parallelen auf. In *Jer 30,4-9* hat der יום(יהוה) einen Doppelcharakter für „Israel und Juda", wie er dann in Sach 14 für das Gottesvolk *und* die Völker konstitutiv ist. Dieser Tag ohnegleichen[226] bringt „Jakob Bedrängnis", aus der ihn aber JHWH dauerhaft erretten wird (V7), so dass „Fremde ihn nicht mehr dienstbar machen" werden (V8). Auf Jerusalem konzentriert, formuliert der Autor von Sach 14, dass das endzeitlich bedrängte Jerusalem (Sach 14,1-2) nach dem Eingreifen JHWHs keinen „Bann" mehr fürchten muss und in „Sicherheit wohnen" wird (V11).[227]

Nur noch in *Jer 31,38-40* werden – innerhalb einer Ankündigung ihres Wiederaufbaus – die Grenzen des endzeitlichen Jerusalem beschrieben (zu Ez 48,30-35 s. u.), zu deren topografischen Fixpunkten wie in Sach 14,10b auch der „Turm Hananel" und das „Ecktor" gehören.[228] Ein kleiner Unterschied besteht in der Funktion der Aufzählung, die in Jer 31 das wiederaufzubauende Areal eingrenzt, während sie in Sach 14 die Grenzen der gesicherten Stadt bezeichnen. Selbst das unreine Hinnomtal[229] wird nach Jer 31,40a in das wiederaufgebaute Jerusalem einbezogen und „JHWH heilig" sein, ähnlich wie nach Sach 14,20-21 selbst „Pferde" und „Töpfe JHWH heilig" sind.[230] Die abschließende Zusage, dass die Stadt nie mehr „ausgerissen und niedergerissen" werden wird, fasst der Autor von Sach 14 in die knappe Feststellung, dass kein „Bann mehr sein" wird.[231]

7.3.4. Ezechielbuch

Auch auf das Ezechielbuch nimmt der Autor von Sach 14 intensiv Bezug. In der יום(יהוה)-Komposition *Ez 7* wird das „Kommen" des „Tages" angekündigt (V10), mit dem „Unheil über Unheil" (V5), „Ende" (V6), „Wende" (V7a) und „Verwirrung" (V7b) „kommen" wird. Über das „Land Israel" (V2) und seine „Bewohner" (V7) wird JHWH die „schlimmsten der Völker kommen lassen", die „ihre Häuser in Besitz nehmen" (V24) und ihr „Silber und Gold" erbeuten werden (V21), das die Israeliten „am Tag des Grimms JHWHs" wie Unrat wegwerfen werden

---

226 Vgl. והיה יום־אחד ... לא־יום in Jer 30,7a und הוי כי גדול היום ההוא מאין כמהו in Sach 14,7a. ולא־לילה
227 Vgl. ולא־יעבדו־בו עוד זרים in Jer 30,8b und וחרם לא יהיה־עוד ... in Sach 14,11a.
228 Vgl. ממגדל חננאל שער הפנה (Jer 31,38b) und שער הפנים ומגדל חננאל (Sach 14,10b).
229 Vgl. Rudolph, HAT 12, 173 und Schreiner, NEB-AT 9, 190.
230 Vgl. קדש ליהוה in Jer 31,40a und in Sach 14,20a.21a.
231 Vgl. לא־ינתש ולא־יהרס עוד לעולם in Jer 31,40b und וחרם לא יהיה־עוד in Sach 14,11a.

(V19). Ähnlich wird in Sach 14,1f das „Kommen des Tages für JHWH" angekündigt,[232] an dem JHWH alle Völker zum Kampf gegen Jerusalem sammeln wird[233] und in der Stadt „Beute verteilt"[234] und die „Häuser geplündert" werden.[235] Doch entsprechend dem Doppelcharakter des יום ליהוה in Sach 14 als Unheilstag für das Gottesvolk und die Völker bringt er „Verwirrung" über die gegen Jerusalem versammelten Völker,[236] deren „Gold und Silber" schließlich als Beute „eingesammelt" wird.[237]

Zu *Ez 38-39* bestehen noch engere thematische Parallelen, vor allem aber wichtige strukturelle Entsprechungen: Der Prophet verkündet, was „nach vielen Tagen ... am Ende der Jahre" (Ez 38,8a; vgl. V16b) geschehen wird, wenn der „Tag" kommt, von dem JHWH geredet hat (Ez 39,8 – vgl. Sach 14,1a).[238] JHWH wird „Gog aus Magog" und seine zahlreichen Hilfstruppen „herausführen" (Ez 38,2-6) gegen das wiederhergestellte Land Israel, das wieder „in Sicherheit wohnt" (V8 – vgl. Sach 14,2a).[239] Die Invasoren werden „hinaufziehen" mit dem Vorsatz, „Beute zu erbeuten" und „Silber und Gold davonzutragen" (Ez 38,12-13 – vgl. Sach 14,1b).[240] Doch „an jenem Tag" wird JHWH ein Erdbeben über das Land Israel bringen (Ez 38,19), das sich zu einer „kosmischen Erschütterung"[241] ausweitet (Ez 38,20 – vgl. Sach 14,4). Dazu wird JHWH militärische Verwirrung stiften, die das „Schwert des einen gegen den andern" lenken wird (Ez 38,21 – vgl. Sach 14,13)[242] und schlimme Übel über die feindlichen Heere bringen, unter denen die „Pest" (דבר) als erstes genannt wird (Ez 38,22 – vgl. Sach 14,12). Nun werden die Bewohner des Landes Israel ihrerseits „ihre Räuber berauben" und „ihre Plünderer plündern" (Ez 39,10 – vgl. Sach 14,14b und noch einmal V1b).[243] JHWH wird das „Haus Israel erkennen" lassen, dass er für immer „ihr Gott" ist (Ez 39,22) und sie wieder „in Sicherheit wohnen" lassen (Ez 39,26b – vgl. Sach

---

232 Vgl. קץ בא בא הקץ הקיץ אליך רעה אחת רעה הנה באה in Ez 7,5b, הנה באה in V6, הנה היום הנה ... בא העת קרוב היום ... באה הצפירה אליך in V7 (vgl. V12aα) und הנה יום־בא ליהוה in V10a mit באה... in Sach 14,1a.
233 Vgl. והבאתי רעי גוים in Ez 7,24aα und ואספתי את־כל־הגוים in Sach 14,2aα.
234 Vgl. ... ונתתיו ולרשעי הארץ לשלל in Ez 7,21 und וחלק שללך בקרבך in Sach 14,1b.
235 Vgl. וירשו את־בתיהם in Ez 7,24aβ und ונשסו הבתים ... in Sach 14,2a.
236 Vgl. מהומה bei dem יושב הארץ in Ez 7,7 und in Sach 14,13 unter כל־העמים (V12).
237 Vgl. zweimal auf Israel bezogen וזהבם (...) כספם in Ez 7,19 und זהב וכסף aus dem „Reichtum aller Völker ringsum" in Sach 14,14b.
238 Vgl. הנה באה ונהיתה ... הוא היום in Ez 39,8 und הנה יום־בא ליהוה in Sach 14,1a.
239 Vgl. והוצאתי אותך ואת־כל־חילך (Ez 38,4b) und ואספתי את־כל־הגוים (Sach 14,2aα).
240 Vgl. ... לשלל שלל in Ez 38,12a und וחלק שללך בקרבך in Sach 14,1b.
241 Zimmerli, BK 13/2, 960.
242 Vgl. והחזיקו איש יד רעהו ועלתה ידו על־יד רעהו in Ez 38,21 und חרב איש באחיו תהיה in Sach 14,13b.
243 Vgl. ושללו את־שלליהם in Ez 39,10b und וחלק שללך בקרב in Sach 14,1b.

14,11b).²⁴⁴ Die Völker ihrerseits werden JHWHs „Herrlichkeit" und Macht sehen (Ez 39,21; vgl. 38,23a), so dass sie erkennen כי־אני יהוה (Ez 38,23b; 39,7; vgl. 38,16). Es fällt auf, dass der Autor von Sach 14 hinsichtlich des Ertrages des Endkampfes keinen solchen Unterschied zwischen dem Gottesvolk und den Völkern macht und über Ez 38-39 hinaus die Völker stillschweigend die Konsequenzen aus dem Machterweis JHWHs ziehen sieht (Sach 14,16).

Schließlich setzt sich der Autor von Sach 14 thematisch mit den neuen Verhältnissen der Heilszeit auseinander, die in der großen Entrückungsvision *Ez 40-48* entfaltet werden und ganz auf das neue Heiligtum fokussiert sind. Die Entrückung führt den Propheten auf den Tempelberg, der als „sehr hoher Berg" (Ez 40,2) vorgestellt ist, während nach Sach 14,10 die gesamte Stadt Jerusalem durch die Absenkung des Umlandes ihre herausragende Stellung gewinnt. Wie sich die „Herrlichkeit JHWHs auf den Berg stellte, der im Osten der Stadt ist" (Ez 11,23b), um diese in Richtung Osten zu verlassen, so sieht sie der Prophet „von Osten her" in den neuen Tempel zurückkehren (Ez 43,1-3). In Sach 14,4a „stellen sich JHWHs Füße auf den Ölberg, der Jerusalem gegenüber im Osten ist".²⁴⁵ Da der „Berg im Osten" als „Ölberg" identifiziert ist, bedürfte es des erklärenden Relativsatzes nicht. Er ist aber trotzdem nicht zu streichen, sondern in seiner Funktion zu beachten, eine ausdrückliche Beziehung zum Geschehen von Ez 11,23; 43,1-3 herzustellen.²⁴⁶ Doch JHWH kommt nach Sach 14 nicht als oberster Kultherr, um von seinem neuen Heiligtum Besitz zu ergreifen, sondern als oberster Kriegsherr, um dem bedrängten „Rest des Volkes" zu Hilfe zu kommen (V3-5).

In Ez 47,1-12 sieht der Prophet „Wasser unter der Schwelle des Hauses nach Osten ausgehen" (V1), das zu einem Leben spendenden Paradiesstrom anschwillt (V2-7), der selbst das Salzmeer im Osten „gesund macht" (V8). In Sach 14,8 entspringt das Wasser in Jerusalem und fließt auch ins „westliche Meer".²⁴⁷ Nach Ez 47,9 wird „alles leben, wohin der Fluss kommt". Wegen dieser Parallele ist bei מים־חיים in Sach 14,8a nicht nur an „lebendiges", also frisches Quellwasser zu denken, sondern auch „Wasser des Lebens", nämlich Leben gebendes Wasser, mitzuhören.²⁴⁸ Während das „aus dem Heiligtum hervorgehende Wasser" in Ez

---

244 בשבתם על־אדמתם לבטח ואין מחריד in Ez 39,26b (s. auch Israels „Wohnen in Sicherheit" in Ez 38,8.11.14) und וישבה ירושלם לבטח וחרם לא יהיה־עוד in Sach 14,11aβ.b.
245 Vgl. ועמדו רגליו ... על־הר הזתים in Ez 11,23 und ויעמד על־ההר אשר מקדם לעיר אשר על־פני ירושלם מקדם in Sach 14,4a.
246 Vgl. Rudolph, KAT 13/4, 234, Anm. 3.
247 Vgl. ... יצאו מים־חיים ... והנה־מים יצאים מתחת מפתן הבית קדימה in Ez 47,1a und מירושלם חצים אל־הים הקדמוני וחצים אל־הים האחרון in Sach 14,8a.
248 Vgl. וחי כל אשר־יבוא שמה הנחל ... in Ez 47,9b und מים־חיים in Sach 14,8a.

47,12 zu „Monat für Monat" anhaltender Fruchtbarkeit führen wird, bezeichnet der Autor von Sach 14 diese Kontinuität mit dem Merismus „im Sommer und im Winter".[249]

Das besondere Interesse Ezechiels und der Ezechielschule gilt der *Heiligkeit* des neuen Tempels und seines Personals: Der gesamte Tempelbezirk ist heiliges Gebiet, das „durch eine Mauer ringsherum" vom „Profanen geschieden" ist (Ez 42,20), ja in Ez 43,12 wird er sogar für „hochheilig" erklärt. Deshalb dürfen auch „keine Söhne der Fremde" in den heiligen Bereich „hineingehen" (44,9), und die Priester, die „in den äußeren Vorhof hinausgehen", sollen vorher ihre Kleidung wechseln. Denn ihnen haftet die den Innenbereich erfüllende Heiligkeit an, die andernfalls auf das „Volk" im äußeren Vorhof übertragen werden könnte (Ez 42,14; 44,19). Schließlich wird die schon abgeschlossene Tempelbeschreibung in Ez 46,19-24, einem späten Nachtrag,[250] noch um Opferküchen ergänzt. Die nach Ez 42,13 den Priestern zustehenden Opferteile sollen auf eigenen Kochstellen im Bereich der „heiligen" Priestersakristeien „gekocht" und „gebacken" werden, um das Volk nicht mit diesen „hochheiligen Gaben" (Ez 42,13) in Berührung zu bringen und dadurch zu gefährden (Ez 46,20). Nach Ez 46,24 hat der äußere Vorhof eigene „Küchen", in denen die Leviten das „Schlachtopfer des Volkes kochen" sollen. Diesem Konzept einer exklusiven Heiligkeit mit seinen peniblen Unterscheidungen und Scheidungen von heilig und profan setzt der Autor von Sach 14 einen knappen, aber pointierten Gegenentwurf inklusiver Heiligkeit entgegen: In die von JHWH ausgehende Heiligkeit ist die gesamte Alltagswelt bis hin zu den „Töpfen" einbezogen (Sach 14,20-21aα), so dass „alle Opfernden kommen" werden, um „in ihnen zu kochen" (V21aβ). Dass בשל pi innerhalb der prophetischen Literatur nur in Ez 46,20.24 und Sach 14,21aβ vorkommt, unterstreicht die bewusst kontrastierende Bezugnahme. Die Unterscheidung von heilig und profan ist obsolet geworden, da es für die „Heiligkeit" der grundlegend gewandelten Verhältnisse keine Gefährdung mehr gibt (V21b).

In *Ez 48,30-35*, am Schluss des Ezechielbuches, werden schließlich auch die Tore Jerusalems beschrieben. Die neue Stadt ist quadratisch gedacht und ihre vier Seiten sind an den Himmelsrichtungen ausgerichtet und mit jeweils drei Toren versehen, die die Namen der zwölf Stämme Israels tragen. Im Unterschied zu diesem idealen Entwurf ist die Grenzbeschreibung in Sach 14,10a an realen Gegebenheiten orientiert und nicht an Symbolik, sondern an der Sicherheit der Stadt interessiert (V11). Wie Jerusalem nach der extensiven Beschäftigung mit dem neuen Tempel erst in

---

249 Mit dieser Formulierung knüpft er an Gen 8,22 an – vgl. den übernächsten Abschnitt.
250 Vgl. Zimmerli, BK 13/2, 1182.

einem späten Nachtrag[251] am Schluss gewürdigt wird, so erwähnt der Autor von Sach 14 umgekehrt nach durchgehender Jerusalembezogenheit seiner Darstellung am Ende seiner Komposition fast beiläufig das „Haus JHWHs" (V20b.21b).

7.3.5. JHWH-König-Psalmen 93–100

Die Komposition Ps 93-100 ist nach Zenger eine „psalmische Inszenierung der Vision von der in der Weltschöpfung begründeten und durch JHWHs Handeln an Israel vor allen Völkern offenbar werdenden sowie von diesen akzeptierten Weltherrschaft JHWHs".[252] Entsprechend begründet in Sach 14 JHWHs endzeitliches Eingreifen zugunsten des „Restes des Volkes" (V1-5) und seine schöpferische Umwandlung der Verhältnisse (V6-8) seine endzeitliche Königsherrschaft (V9). Die „Hauptlinie, die von Ps 93 zu Ps 100 gezogen wird, ... ist das Thema ‚Israel und die Völker in der Welt als dem Königreich des Gottes JHWH'. Liest man Ps 93-100 als fortlaufenden Zusammenhang, treten die Völker mehr und mehr in das Zentrum des Geschehens bzw. in die Nähe Israels und seines Gottes."[253] Es ist evident, dass Sach 14 ein ebensolches Gefälle hat, wobei das Gottesvolk ganz hinter Jerusalem zurücktritt.

„JHWH ist *König* (geworden – Ps 93,1; 96,10a; 97,1; 99,1), und vor dem „König JHWH" (Ps 98,6), dem „großen König über alle Götter" (Ps 95,3 – vgl. Sach 14,9a.16.17),[254] „erzittert" (Ps 96,9), „erbebt" (Ps 97,4), „donnert" (Ps 98,7) und „wankt die Erde" (Ps 99,1), „zerschmelzen die Berge" (Ps 97,5 – vgl. Sach 14,4) und „zittern die Völker" (Ps 99,1). Damit ist die universale Reichweite seiner Königsherrschaft abgesteckt: Er ist „hoch über alle *Völker*" (Ps 99,2 – vgl. Sach 14, 2f.12.14.16. 18f) und wird „kommen", um die Völker in Gerechtigkeit zu richten" (Ps 96,10.13; 98,9 – vgl. Sach 14,5b) [255]. Zugleich sollen die Völker „unterwiesen" werden (Ps 94,10), von JHWHs Königsherrschaft erfahren (Ps 96,10) und seine „Wundertaten" (Ps 96,3) und sein „Heil" (Ps 98,2 – vgl. 97,6b) sehen. Darüber sollen „alle Geschlechter der Völker JHWH Ehre geben" (Ps

---

251 Vgl. Zimmerli, BK 13/2, 1237.
252 Hossfeld/Zenger, Psalmen 51-100, 640.
253 Hossfeld/Zenger, Psalmen 51-100, 712.
254 Vgl. יהוה מלך in Ps 93,1; 96,10a; 97,1; 99,1, המלך יהוה in Ps 98,6 und מלך גדול על־כל־אלהים in Ps 95,3 mit והיה יהוה למלך על־כל־הארץ in Sach 14,9a und in Sach 14,16bβ.17aβ להשתחות למלך יהוה צבאות.
255 Vgl. גוי(ה) in Ps 94,10; 98,2 und Sach 14,18, בגוים in Ps 96,3.10 und Sach 14,3 und כל־העמים in Ps 96,3; 97,6b; 99,2 (vgl. עמים in Ps 96,7.10.13; 98,9) und in Sach 14,12 (vgl. כל־הגוים in V2.14.19).

96,7 – vgl. Sach 14,17.18)²⁵⁶ und seinen „großen und furchtbaren Namen preisen" (Ps 99,3 – vgl. Sach 14,9b). Es fällt auf, dass die dominierende Wendung hinsichtlich der Völker in Ps 93-100 כל־העמים ist, in Sach 14 hingegen כל־הגוים. Diese Beobachtung könnte sich daraus erklären, dass die Völker in Sach 14 als politisch verfasste Größen (גוים) gesehen werden, die sich gegen das Gottesvolk wenden und deshalb JHWHs Gericht verfallen, aus dem nur ein „Überrest" (V16) hervorgeht. Die עמים in Ps 93-100 hingegen sind ethnische Einheiten in ihrem verwandtschaftlichen Zusammenhalt, die JHWHs Taten gesehen haben und ihm nun zusammen mit Israel huldigen.²⁵⁷ Der Autor von Sach 14 verwendet zwar in V12a כל־העמים synonym zu כל־הגוים, dass er aber eine entsprechende Unterscheidung beabsichtigt, zeigt seine Formulierung in V17-18: Hier spricht er überraschend und singulär von den „Geschlechtern der Erde" bzw. dem „Geschlecht Ägyptens" und verwendet mit משפחה einen vorpolitischen Terminus.²⁵⁹

Daneben wird in einer parallelen Aussagenreihe synonym zu „allen Völkern" JHWHs Königsherrschaft „über die ganze *Erde*" (vgl. Sach 14,9a.10a.17)²⁶⁰ entfaltet. Als „Höchster über die ganze Erde" (Ps 97,9 – vgl. V5) und als ihr „Richter" (Ps 94,2a) „kommt er, um den Erdkreis zu richten" (Ps 96,13 = 98,9 – vgl. noch einmal Sach 14,5b) und lässt „alle Enden der Erde das Heil unseres Gottes sehen" (Ps 98,3). Deshalb wird die „ganze Erde" aufgefordert, „anzuerkennen, dass JHWH Gott ist" (Ps 100,3 – vgl. Sach 14,9b), und ihm zu „singen" (Ps 96,1b), zu „frohlocken" (Ps 97,1) und zu „jauchzen" (Ps 98,4; 100,1).

Von besonderem Interesse für Sach 14 ist die Huldigung des Weltenkönigs JHWH durch „Niederwerfen/Anbeten" (II חוה eštaf vgl. Sach 14,16.17):²⁶¹ Israel soll sich „niederwerfen" vor seinem Schöpfer (Ps 95,6), vor dem „Schemel seiner Füße" (Ps 99,5) und vor „seinem heiligen Berg" (Ps 99,9), die „ganze Erde soll sich vor JHWH niederwerfen" (Ps 96,9), ja „alle Götter" (Ps 97,7).

Wie das Gefälle der Komposition Ps 93-100 auf die volle Einbeziehung der Völker in den Gottesdienst Israels in Ps 100 zuläuft, so mündet Sach 14 in das „Kommen aller Opfernden" ein (V21), zu denen von V16-19 her auch die „Anbeter König JHWHs" aus den Völkern gehören.

---

256 Vgl. משפחות עמים in Ps 96,7 und משפחות הארץ in Sach 14,17 (vgl. V18).
257 Vgl. zu dieser Unterscheidung von גוים und עמים Meinhold, BK 14/8 (Lfg. 1), 53.
259 Vgl. Meyers&Meyers, AB 25C, 471f.
260 Vgl. כל־הארץ in Ps 96,1b.9b; 97,5.9; 98,4; 100,1 (dazu כל־אפסי־ארץ in Ps 98,3) und in Sach 14,9a.10a und הארץ in Ps 94,2a; 96,13; 97,1.4b; 98,9; 99,1 (dazu תבל in Ps 96,13; 98,7.9) und in Sach 14,17a.
261 Vgl. (ו)השתחוו (Ps 96,9; 97,7; 99,5.9) bzw. נשתחוה (95,6) und להשתחות (Sach 14,16f).

7.3.6. Pentateuch

Auf der Suche nach den signifikanten Referenztexten für die יוֹם־יהוה-Konzeption von Sach 14 ist schließlich die Frage nach dem Hintergrund der Aussagen zu stellen, die die gewandelten Verhältnisse auf kosmologisch-vertikaler Ebene beschreiben.[262]

Der Autor von Sach 14 nimmt in diesen Aussagen erkennbar Bezug auf die Urgeschichte, vorab auf *Gen 1,3-5*. Der erste Tag des urzeitlichen Hexaemeron setzt ein mit der Erschaffung des „Lichtes" und setzt sich fort in der „Trennung von Licht und Finsternis", die „Tag und Nacht" genannt werden. So wird aus „Abend und Morgen e i n Tag (יוֹם אחד)", und der Rhythmus der Zeit ist eröffnet. In Sach 14,6-7 wird Gen 1,3-5 terminologisch[263] und stilistisch[264] parallelisiert und zugleich thematisch kontrastiert: Der יוֹם־יהוה[265] als „letzter" Tag setzt ein mit Lichtlosigkeit und setzt sich fort in der Aufhebung der Trennung von „Tag und Nacht", mit der der Zeitrhythmus beseitigt ist. Der יוֹם אחד wird damit zu „einem einzigen" und damit „letzten" Tag, an dem auch „zur Abendzeit Licht sein wird".[266]

Dazu kommt der Erhaltungsbeschluss von *Gen 8,21-22*, der dem „Erdboden" und „allem Lebendigen" (V21) gilt: „Hinfort soll alle Tage der Erde Saat und Ernte, Kälte und Hitze, Sommer und Winter, Tag und Nacht nicht aufhören" (V22). Entsprechend dem Aufhören des Zeitrhythmus wird diese Aussage in Sach 14,6-8 parallelisiert, modifiziert und kontrastiert. Dass „nicht Tag und nicht Nacht sein" wird,[267] hat Folgen für das Wortpaar „Kälte und Hitze":[268] Mit dem Aufhören des Tagesrhythmus gibt es[269] auch keine strenge Kälte mehr, so dass der Autor den

---

262 Für Sach 14,8 konnte diese Frage bereits überwiegend geklärt werden – s.o.
263 Vgl. אור in Gen 1,3bis.4bis.5 und Sach 14,6.7, יום in Gen 1,5bis und in Sach 14,6.7bis, לילה in Gen 1,5 und Sach 14,7, ערב in Gen 1,5 und Sach 14,7 und schließlich die Wendung יוֹם(־)אחד in Gen 1,5 und Sach 14,7. Außerdem gehäuftes Vorkommen der Wurzel היה.
264 Man gewinnt den Eindruck, als sollten die kurzen, koordinierten Sätze von Gen 1,3-5 nachgeahmt werden.
265 Vgl. והיה ביום ההוא in Sach 14,6a als Rückverweis auf den יום ... ליהוה von V1a.
266 Vgl. ויבדל אלהים בין in Sach 14,6b mit לא־יהיה אור in Sach 14,6b mit יהי אור ויהי־אור in Gen 1,3 mit האור ובין החשך ויקרא אלהים לאור יום ולחשך קרא לילה in Gen 1,4b-5a mit לא־יום ולא־לילה in Sach 14,7a und ויהי־ערב ויהי־בקר יום אחד in Gen 1,5b mit והיה לעת־ערב יהיה־אור in Sach 14,7b.
267 Vgl. והיה ... לא־יום ולא־לילה in Sach 14,7a und יום ולילה לא ישבתו ... in Gen 8,22b.
268 Da sich in Gen 8,22 schon „Saat und Ernte" und „Sommer und Winter" auf den Jahresrhythmus beziehen, ist das Wortpaar „Kälte und Hitze" auch auf den Tagesrhythmus und also auf „Tag und Nacht" zu beziehen – vgl. Westermann, BK I/1, 614.
269 Für das Klima Palästinas, das hier vorausgesetzt wird.

7.3. Weitere Referenztexte

Merismus „Kälte und Hitze" zum Hendiadys „Kälte und Frost"²⁷⁰ (V6) umformt.²⁷¹ „Hitze" wird stillschweigend als weiter bestehend gedacht, kann aber die Fruchtbarkeit des Landes wegen des immerwährend fließenden Wassers (V8) nicht gefährden. Die Kontinuität der Wasserversorgung wird mit einem weiteren Wortpaar aus Gen 8,22, nämlich „Sommer und Winter", bezeichnet.²⁷² Es ergibt sich also für die Merismen von Gen 8,22 der Befund, dass „Sommer und Winter" parallelisiert, „Kälte und Hitze" modifiziert, „Tag und Nacht" negiert und „Saat und Ernte" eliminiert wird. Beachtung verdient außerdem, dass sowohl die vollständige JHWH-Rede in Gen 8,21-22 als auch Sach 14,11a.21b negierte עוד-Aussagen enthalten,²⁷³ die feststellen, was „nicht mehr sein" bzw. geschehen soll. Doch während in Gen 8,21-22 den gegenwärtigen Verhältnissen Bestand garantiert wird, obwohl sie durch den Menschen permanent gefährdet sind, gibt es nach Sach 14,11a.21b keine Gefährdung mehr, die die gewandelten Verhältnisse bedrohen könnten. Nach der urzeitlichen Flutkatastrophe, aus der wenige Errettete hervorgingen, sind „alle Tage der Erde" von JHWHs Geduld geprägt. Nach dem endzeitlichen JHWH-Kampf, aus dem gewandelte Verhältnisse hervorgehen werden, ist der „eine Tag" (Sach 14,7a) von der Königsherrschaft JHWHs „über die ganze Erde" bestimmt.²⁷⁴ Alles in allem will der Autor von Sach 14 mit seinen Bezugnahmen auf die Urgeschichte nicht lediglich eine Wiederkehr der Urzeit darstellen, sondern gestaltet die Endzeit auch in Abwandlung, Überbietung und Kontrastierung urzeitlichen Geschehens.

Zuletzt ist noch ein kurzer, aber gewichtiger Rückbezug auf den Pentateuch zu erwähnen, nämlich der Anfang des Schema Jisrael in Dtn 6,4.

> Dtn 6,4 stellt „ein altes und bis zur Stunde unerledigtes exegetisches Problem"²⁷⁵ dar, das sich auf die Frage zuspitzen lässt, wie die Wendung יהוה אחד zu verstehen ist. Die in der gegenwärtigen alttestamentlichen Forschung am häufigsten vertretene Deutung versteht sie als „Proklamation des Henotheismus oder der Monolatrie",²⁷⁶ so dass Dtn 6,4 zu übersetzen wäre: „JHWH (ist) unser Gott, JHWH allein." Aber warum ist dieses Anliegen dann nicht in gleicher Unmissverständlichkeit formuliert worden wie in Dtn 5,6f? Außerdem wird „allein" in der Hebräischen Bibel durch לבדו bezeichnet – für אחד in der Bedeutung von „al-

---

270 K ist verdorbt, so dass mit Q und Vrs וקרות וקפאון zu lesen ist – s.o. und vgl. BHS und KBL³ III, 1043.
271 Vgl. ... וקר וחם ... in Gen 8,22b und ... וקרות וקפאון ... (siehe vorhergehende Anm.) in Sach 14,6b – sowohl קר als auch קרות sind von der Wurzel קרר gebildet.
272 Vgl. ... וקיץ וחרף ... in Gen 8,22b und ... בקיץ ובחרף in Sach 14,8b.
273 Vgl. עוד ... לא in Gen 8,21bis.(siehe auch V22 – עד hier defektiv geschrieben und vorangestellt) und in Sach 14,11a.21b.
274 Vgl. כל־ימי הארץ in Gen 8,22a mit יום־אחד in Sach 14,7a und על־כל־הארץ in V9a.
275 Donner, leqach 2, 12.
276 Donner, leqach 2, 17.

lein" gibt es keinen Beleg. Und schließlich wird bei dieser Deutung nicht verständlich, inwiefern die monolatrische JHWH-Verehrung die Kultzentralisation begründen kann, „denn der monolatrisch verehrte Jahwe hätte doch auch an vielen Orten monolatrisch verehrt werden können"[277].

So schlägt Donner eine zuerst von August Dillmann vertretene Lösung vor: Dtn 6,4 polemisiert gegen einen Polyyahwismus der Volksfrömmigkeit, die JHWH an verschiedenen – oft ehemals kanaanäischen – Kultstätten so verehrte, wie an kanaanäischen Heiligtümern der dortige Baal jeweils verehrt worden war (vgl. 2Sam 15,7f und 1Kön 12,28). Gegenüber einem solchen „Polyyahwismus" betonte dann Dtn 6,4 die Einheit und Unteilbarkeit JHWHs. Donner resümiert: „Dt 6,4 ist der dogmatische Hauptsatz des Deuteronomiums. ... Diesem dogmatischen Hauptsatz folgt in Dt 6,5 der ethische: Aus der Unteilbarkeit Jahwes folgt die Ungeteiltheit der Hingabe an ihn ... Beides weist auf die Kultzentralisation Kap. 12 voraus: Der mit ungeteilter Hingabe zu verehrende eine Jahwe kann und darf natürlich nur an einem einzigen Kultort verehrt werden."[278]

Der Autor von Sach 14 scheint Dtn 6,4 im Sinne einer solchen Einheit JHWHs verstanden und kontextbewusst rezipiert zu haben, um diese Proklamation dann universal auszuweiten: Wie in Dtn 6,4-5 folgt aus der Unteilbarkeit JHWHs die Ungeteiltheit der JHWH-Verehrung nicht nur Israels, sondern „des ganzen Überrestes aus allen Völkern",[279] die nur an einem Ort erfolgen kann, nämlich in Jerusalem, dem Fluchtpunkt der endzeitlichen Geografie von Sach 14. Da der Autor von Sach 14 das Anliegen von Dtn 6,4f auf die Völker ausweitet, wird begreiflich, dass er dem möglichen Fall, dass „Geschlechter der Erde nicht nach Jerusalem hinaufziehen", solches Gewicht beimisst (Sach 14,17-19).

Der Autor von Sach 14 öffnet also das zentrale Bekenntnis des Gottesvolkes zur Einheit und Unteilbarkeit JHWHs und zur Ungeteiltheit der JHWH-Verehrung auf den universalen Charakter seiner יום־יהוה-Darstellung hin und erweitert es um die Einzigkeit „seines Namens". Die Ausweitung des Bekenntnisses auf die Völker macht diese Erweiterung erforderlich: Da in der Gegenwart „alle Völker jedes im Namen seines Gottes wandeln" (Mi 4,5a), betont der Autor von Sach 14, dass es in der Heilszukunft nur einen Namen gibt, unter dem der eine JHWH anrufbar ist. Dieses universal geweitete Bekenntnis platziert er dann in das Zentrum seiner Komposition: Der „*eine* Tag" (V7) hat seine perspektivische Mitte in dem „*einen* JHWH" und dem „*einen* Namen".[280]

---

277 Donner, leqach 2, 18.
278 Donner, leqach 2, 20f.
279 Vgl. jeweils dreimaliges כל in Dtn 6,5 und Sach 14,16-19 (V16^bis.19b).
280 Vgl. שמע ישראל יהוה אלהינו יהוה אחד in Dtn 6,4 und ביום ההא יהיה יהוה אחד ושמו אחד in Sach 14,9b.

7.4. Thematisches Profil

Der Beginn von Sach 14 steht wie ein Vorzeichen vor der gesamten Komposition: „*Siehe, ein Tag kommt für JHWH*" (V1a), und die Formel ביום ההוא weist siebenmal auf diesen „Tag für JHWH" zurück.[281] Die Formulierung ליהוה ... יום verfremdet den Terminus יום־יהוה, der zwölfmal im Zehnprophetenbuch* vorkommt.[282] Damit signalisiert der Autor von Sach 14, dass er die voranstehenden Tag-JHWHs-Dichtungen nicht lediglich um eine weitere bereichern, sondern zusammenfassen und zum Abschluss bringen will. Im Kontext des X* scheint auch die Qualifizierung des יום־יהוה als יום־אחד einen neuen Klang zu bekommen: Nach den unterschiedlichen יום־יהוה-Schilderungen in den vorausliegenden Schriften mit ihren vielfältigen Aspekten wird nun in der abschließenden Darstellung herausgestellt, dass es dabei um „einen einzigen Tag" geht (V7).

Die Kontextbewusstheit des Autors zeigt sich auch darin, dass er keinerlei Motivierung für das Vorgehen der Akteure bietet und insbesondere auf jegliche Zornesterminologie zur Begründung des JHWH-Handelns verzichtet. Er rechnet offensichtlich mit einer Leserschaft, die durch die Lektüre des X* auch mit diesem Aspekt der יום־יהוה-Thematik vertraut ist. So stellt der Tag JHWHs die Leitthematik für Sach 14 bereit, die in intensiver Auseinandersetzung mit den vorausliegenden יום־יהוה-Darstellungen des X* entfaltet und unter Bezugnahme auf weitere Traditionen zu einem farbigen Gemälde ausgestaltet wird.

Besondere Beachtung verdient vorab die *literarische Gestaltungsweise*. Die einzelnen Teile der Komposition schildern Szenen[283] und beschreiben Zustände[284] und sind durch diverse thematische und terminologische Querverbindungen miteinander zu einem Ganzen verbunden. Dieses Ganze gleicht weniger einem Drama mit einem durchgehenden Handlungsbogen, als vielmehr einem Gemälde mit gewissermaßen räumlicher Anordnung der Teile.

Doch diese Teile sind in mancher Hinsicht nicht aufeinander abgestimmt und treten dadurch teilweise in Spannung zueinander. Zum einen differiert die Semantik ein und derselben Lexeme: So wird die Wurzel אסף in V2 für das „Versammeln" der Völker und in V14 für das „Einsammeln" der Beute verwendet, bezeichnet כל־הארץ in V9a die „ganze Erde" und in V10 das „ganze Land" und מגפה in V12.15 die tödliche

---

281 Siehe Sach 14,4.6.8.9.13.20.21.
282 Siehe Joel 1,15; 2,1.11; 3,4; 4,14; Am 5,18bis.20; Obd 15; Zef 1,7.14bis.
283 Vgl. Sach 14,1-2.3-5.12-15.16-19.
284 Vgl. Sach 14,4-9a.9b.10-11.20-21.

„Seuchenplage", in V18 dagegen den Regenentzug als erzieherischen „Schlag" JHWHs. Noch gewichtiger sind miteinander unvereinbare Vorstellungen, die einer perspektivischen Zusammenschau unüberwindliche Schwierigkeiten bereiten: So ist zum einen in V3f vom „Ausziehen" JHWHs zum Kampf und vom „Stehen seiner Füße auf dem Ölberg" die Rede, während V5b erneut von JHWHs Kommen spricht. Zum andern würde durch die dramatische Absenkung des Umlandes (V10a)[285] das aus Jerusalem nach Osten und Westen abfließende „Wasser" (V8) zu zwei reißenden Strömen oder gar gigantischen Wasserfällen werden und umgekehrt der Pilgerstrom aus den Völkern (V16) eine exorbitante Höhendifferenz zu überwinden haben. Und schließlich erübrigt die allgemeine, tödliche „Seuchenplage" (V12.15) im feindlichen Heerlager die „große Panik JHWHs" in demselben (V13) oder gar eine Mitwirkung Judas im Endkampf (V14a). Die Teile der Komposition sind dem Autor von Sach 14 also wichtiger als ein stimmiges Gesamtbild.

Zur Charakterisierung dieser Darstellungsweise ist der Begriff der „Aspektive" hilfreich, den die Ägyptologin Emma Brunner-Traut als Gegenbegriff zur „Perspektive" geprägt hat.

Ausgehend von der Kultur des Pharaonischen Ägypten stellt Brunner-Traut die „aspektivische" Darstellungsweise der alten vorderasiatischen Kulturen der heute geläufigen „perspektivischen" gegenüber: „Perspektive nennt man die Darstellung eines Gegenstandes mit der Absicht, auf der ebenen (zweidimensionalen) Zeichenfläche (dreidimensionale) Raumtiefe zu illusionieren."[286] Die einzelnen Teile werden dabei verzerrt oder verkürzt und einander so zugeordnet, dass sie ein Beziehungsgefüge ergeben, das den Eindruck von Raumtiefe vermittelt. Bei der „Aspektive" genannten Darstellungsweise werden die einzelnen Teile des Gegenstandes unverzerrt und unverkürzt wiedergegeben und zu einem Ganzen addiert, das „Aspekt um Aspekt gelesen"[287] werden muss. Bei der Perspektive hat das Ganze Vorrang gegenüber seinen Teilen, die zugunsten einer Gesamtschau bearbeitet werden, bei der Aspektive dagegen die unverkürzte Wiedergabe der Teile.[288] Die aspektivische Darstellungsweise wird dann nach der Kunst an weiteren Äußerungen der vorantiken Kultur herausgearbeitet (Staat und Gesellschaft, Rechtswesen, Geschichtsauffassung, Religion, Mathematik und empirische Wissenschaft, Schrift, Literatur). Diese aspektivische Darstellungsweise erhebt nicht den Anspruch, die Teile zu einem vollständigen und damit geschlossenen Ganzen zu verbinden, sondern bleibt prinzipiell offen für die Hinzufügung weiterer Aspekte.[289]

---

285 Nach Rudolph um etwa 1150 m (vgl. Rudolph, KAT 13/4, 237, Anm. 17).
286 Brunner-Traut, Frühformen, 8.
287 Brunner-Traut, Frühformen, 8.
288 Vgl. Brunner-Traut, Frühformen, 7-14.
289 Vgl. Brunner-Traut, Frühformen, 5f.

7.4. Thematisches Profil

Nicht eine harmonisierende Gesamtschau ist mit Sach 14 intendiert, die die Leserschaft auf die Perspektive des Autors festlegt, sondern eine genaue Darstellung der einzelnen Aspekte des יום־יהוה, die dem Autor wichtig sind. Sie wollen Aspekt um Aspekt gelesen werden, bleiben aber prinzipiell offen für neue Einsichten. Im Zuge solcher „aspektivischen" Darstellungsweise werden prophetische Überlieferungen nicht miteinander verschmolzen, sondern nebeneinander gestellt. Die sich daraus ergebenden Spannungen sind weniger auf die Tätigkeit von Ergänzern,[290] als vielmehr auf die Eigenart aspektivischen Darstellens zurückzuführen.[291] Dass Sach 14 nicht in seine Teile auseinander fällt, hat neben den vielfältigen Stichwortverknüpfungen vor allem zwei Gründe: Zum einen gibt der durchgehende Jerusalembezug dem יום־יהוה-Geschehen eine geografische Mitte, und zum anderen hat der Autor den ebenfalls durchlaufenden JHWH-Bezug zur perspektivischen Mitte[292] gemacht, die er in V9b auch als kompositionelles Zentrum exponiert hat.[293]

Mit seiner *Jerusalemzentrierung* bringt der Autor von Sach 14 eine Linie zum steigernden Abschluss, die sich in den Tag-JHWHs-Dichtungen des X* in synchroner Abfolge von Joel 2,1-11; 4,1-3.9-17 über Obadja bis zu Zef 1* zieht. Das Gottesvolk wird als Gegenüber des JHWH-Handelns expressis verbis überhaupt nicht mehr erwähnt, sondern von der Einwohnerschaft Jerusalems repräsentiert (vgl. V1-2.11). Sie erscheint als schuld- und wehrloses Opfer der feindlichen Invasion (vgl. noch einmal V1-2), die auch am JHWH-Kampf gegen die Völker nicht aktiv beteiligt ist und allein einer direkten Anrede gewürdigt wird (V1b.5a).

Auffällig ist die Vermeidung der Bezeichnung „Zion" für Jerusalem, obwohl mit der Zionstheologie verbundene Themen wie der Völkerkampf, die Völkerwallfahrt und das Königtum JHWHs in Sach 14 eine wichtige Rolle spielen. Der zentrale Topos des Zion als JHWHs „Wohn- und Thronsitz"[294] fehlt allerdings, und dazu kommt, dass Jerusalem nicht als „sehr hoher" Gottesberg (vgl. Ez 40,2) dargestellt wird, sondern erst und „nur" durch die Nivellierung des Hinterlandes „hoch" erscheint (Sach

---

290 Gegen Reventlow, der zugesteht: „Über den Umfang möglicher Ergänzungen herrscht übrigens unter den Auslegern keinerlei Übereinstimmung" (Reventlow, ATD 25,2, 124).
291 Ähnlich Deissler: „Eine literarische Schichtung des Textes läßt sich nicht mit Sicherheit erkennen, da einzelne Spannungen eher mit der ‚lockeren Logik' des hebräischen Denkens und Schreibens zu erklären sind" (Deissler, NEB-AT 21, 179).
292 Die Fäden laufen also nicht beim „Betrachter des Gemäldes" zusammen, sondern im Hintergrund desselben.
293 Siehe den Abschnitt „Kompositionelle Gestaltung" S. 183-203.
294 Stolz, THAT II, 546.

14,10a). Drückt sich darin eine „Transzendierung" JHWHs und eine Entsakralisierung Jerusalems für die Heilszeit (vgl. V20-21!) aus?[295]

Signifikant ist des weiteren die Konzentration des Autors auf die *Völkerthematik*. Sie zeigt sich zum einen im *Völkerkampf gegen Jerusalem* (V1-2), den JHWH mit seiner Intervention entscheidet (V12-15). Es ist oben herausgearbeitet worden, dass damit ein wichtiger Zug vorangehender יום־יהוה-Darstellungen (vgl. z.B. Joel 2,1-11; 4,1-3.9-17 und Obd) aufgenommen wird. Neu aber ist, dass ausdrücklich ein „Überrest der Völker" erwähnt wird, der den JHWH-Kampf überlebt (V16).

Damit ist die Voraussetzung gegeben für die *Völkerwallfahrt nach Jerusalem*, den zweiten Schwerpunkt der Völkerthematik (V16-19). Der Doppelcharakter des יום־יהוה als Unheils- und Heilstag auch für die Völker – erstmals in Zef 3,8-10 mittels Fortschreibung von V8* in die יום־יהוה-Thematik eingeführt – wird hier integraler Bestandteil der יום־יהוה-Komposition. Der „Überrest der Völker" wird ausschließlich in seiner Beziehung zu JHWH gesehen, die sich auf die Verehrung „König JHWH Zebaots" anlässlich des jährlichen Laubhüttenfestes in Jerusalem konzentriert. Das Laubhüttenfest erscheint als besonders geeignetes Ziel der Völkerwallfahrt: Es gehört zu den drei großen Wallfahrtsfesten, ja ist deren bedeutendstes, „das Fest" schlechthin (1Kön 8,2.65) bzw. „das Fest JHWHs" (Ri 21,19; Lev 23,39), und unter Salomo wird das agrarische Erntefest „ein Königsfest mit religionspolitischen Perspektiven und kosmischen ... Dimensionen (1Kön 8,1-13.62-66)".[296] Werden Psalmen wie Ps 47 zu Recht mit dem Laubhüttenfest in Verbindung gebracht,[297] dann hätte „das Fest JHWHs" bereits eine Affinität zum Königtum JHWHs. Auf jeden Fall wird dieses „Königsfest" für den Autor von Sach 14 zu dem Fest, an dem „der ganze Überrest aus allen Völkern" jährlich „König JHWH Zebaot" huldigen wird.

Die ausführliche Verhandlung möglicher *Verweigerung* der jährlichen Jerusalemwallfahrt (V17-19) scheint eine Auseinandersetzung mit Vorstellungen von einer dezentralen JHWH-Verehrung der Völker – „jedes von seinem Ort her" (Zef 2,11) – zu sein. Die dafür angedrohte Sanktion des Regenentzuges nimmt thematisch Am 4,7 auf[298] und legt deshalb die Folgerung nahe, dass sie als Umkehr – und das heißt hier: Hinkehr zu Jerusalem – beabsichtigende Maßnahme zu charakterisieren ist. Treten die Völker in V12-15.16-19 gegenüber der Einwohnerschaft Jerusalems ganz in

---

295 Ähnlich Jes 66,18-21.
296 Kronholm, ThWAT V, 851.
297 Vgl. Kronholm, ThWAT V, 852.
298 Siehe oben.

7.4. Thematisches Profil

den Vordergrund, so wird in V20-21 die Unterscheidung Gottesvolk – Völker völlig fallen gelassen. Da sowohl סיר als auch die Wurzeln בשל und זבח in profanen ebenso wie in kultischen Zusammenhängen verwendet werden,[299] sind hier alle Lebensäußerungen umgriffen. Auch die priesterliche Unterscheidung von heilig und profan ist nach Sach 14 in der Heilszeit obsolet geworden, denn „holiness will be every-where".[300] Dieser Spitzenaussage gibt der Autor eine prägnante Inclusio durch die Formel ביום ההוא am Anfang von V20 und am Schluss von V21.

Die *Verwandlung der kreatürlichen Welt* (V6-8) schließlich ist die eigentliche Innovation, die der Autor von Sach 14 in die יום־יהוה-Thematik einbringt und die er deshalb durch gehäufte יום-Aussagen akzentuiert.[301] Nach seinem siegreichen Völkerkampf begründet JHWHs endzeitliches Schöpferwirken „an jenem Tag" seine universale Königsherrschaft über die „ganze Erde" (V9a). Damit ist die Urzeit nicht einfach wiedergekehrt, sondern zugleich auch überboten und kontrastiert. Denn weder militärische Bedrohung (V11) noch „kanaanäisches Wesen" (V21b) können die neuen Verhältnisse mehr gefährden, so dass die Einzigkeit JHWHs und seines Namens „an jenem Tag" unangefochtene Geltung hat (V9b).

Zusammenfassend lässt sich sagen, das sich der Autor von Sach 14 auf Referenztexte aus dem X*, aus der prophetischen Literatur insgesamt, ja selbst aus dem Pentateuch und dem Psalter bezieht, um Altes neu zur Sprache zu bringen, um in alter Sprache Neues zu verlautbaren[302] und alles in allem eine Summe der bisherigen יום־יהוה-Ankündigung des X* zu bieten (ja es drängt sich die Frage auf, ob der Autor nicht noch weiter ausgreifen wollte[303]).

Amos hatte dem Nordreich Israel verkündet, dass der יום־יהוה „Finsternis und nicht Licht" sein werde (Am 5,18.20). Für den Autor von Sach

---

299 Vgl. Meyers&Meyers, AB 25C, 481.487f.
300 Meyers&Meyers, AB 25C, 487.
301 Vgl. והיה ביום ההוא am Beginn von V6 und V8 und והיה יום־אחד im Anfang von V7.
302 Bei der Aufnahme von Wörtern und Wendungen der Tradition sind semantische Verschiebungen zu beobachten, wie sie schon innerhalb der Komposition zu verzeichnen waren: So erhält z.B. das metaphorische אור in Am 5,18.20 in Sach 14,6 kosmische Bedeutung, wird der יום מלחמה von Am 1,14 in Sach 14,3b zur Vergleichsgröße, bezeichnet יום אחד nicht die Schnelligkeit des Geschehens wie in Jes 66,8 sondern die Unteilbarkeit des „Tages" (Sach 14,7a) und wird כנען (Zef 1,11; 2,5) zur Metapher für „kanaanäisches Wesen" (Sach 14,21b).
303 Spätestens an dieser Stelle stellt sich die Frage nach dem Verhältnis nicht nur von Sach 14, sondern der Tag-JHWHs-Dichtungen des XII insgesamt zu denen des Jesaja-, Jeremia- und Ezechielbuches. Eine zusammenhängende Beantwortung dieser Frage wäre eine lohnende Nachfolgeaufgabe im Anschluss an die Ergebnisse dieser Arbeit.

14 wird der „Tag für JHWH" in einem umfassenden Sinn erst „Finsternis" und dann „Licht" sein: für Jerusalem, das von „allen Völkern" erobert, aber dann von JHWH befreit und verwandelt wird; für die Völker, denen JHWH eine vernichtende Niederlage bereitet und deren „Überrest" daraufhin zu jährlicher Wallfahrt nach Jerusalem hinaufzieht und selbst für die kreatürliche Welt, in der zunächst „nicht Licht", dann aber „zur Abendzeit Licht" sein wird. So präsentiert sich der יום־יהוה nach Sach 14 als Tag der Wandlungen[304] auf kosmologisch-vertikaler und -horizontaler Ebene, im kultischen wie im profanen Bereich. Er bringt grundlegend gewandelte Verhältnisse hervor, die in zweifacher Hinsicht Kontinuität bewahren: Jerusalem „wird an seiner Stätte bleiben" und seine Einwohnerschaft innerhalb der angestammten und nunmehr dauerhaft gesicherten Stadtgrenzen leben (V10-11). Und bleiben wird ebenso die Einzigkeit JHWHs und seines Namens, die nun endgültig durchgesetzt und universal anerkannt und bekannt wird (V9b.16).

---

304 Vgl. Meyers&Meyers, AB 25C, 493.

8. Maleachi 3,13-21 und 3,23f

Die Maleachischrift beschließt das Zwölfprophetenbuch und ist zugleich die letzte Schrift im gesamten Schriftprophetenkanon, die eine Tag-JHWHs-Dichtung enthält. In der XII-Forschung besteht kein Konsens darüber, in welcher Redaktionsphase die Maleachischrift in das wachsende Mehrprophetenbuch eingegliedert wurde. Nach Schart wird die Redaktionsgeschichte des XII abgeschlossen mit der Aufnahme der Jona- und der Maleachischrift. Die Jonaschrift verkörpert einen „neue[n] Typ" von Prophetenschrift, nämlich eine Prophetenerzählung mit dem Charakter einer „Satire",[1] die wegen ihrer „positiven Sicht der Völker"[2] in das XII eingefügt wurde. Auch die Maleachischrift mit ihren sechs Diskussionsworten stellt „innerhalb des Zwölfprophetenbuches eine neue literarische Form von Prophetie"[3] dar, die an Sach 14 als Schluss des X* angefügt wurde, „um die eschatologische Vision vor Missverständen und Einwänden zu schützen" und die Leserschaft zum Nachdenken darüber anzuleiten, „wie die eschatologischen Visionen mit der konkreten Lebenswirklichkeit in Beziehung gesetzt werden können".[4]

Nach Nogalski dagegen wurde Maleachi im Rahmen der vorletzten Redaktionsstufe[5] an das „Haggai-Zechariah[1-8]corpus"[6] angefügt, während Jona und Sach 9-14 in der abschließenden Redaktionsphase eingegliedert wurden und das mittlerweile auf elf Schriften angewachsene Corpus zum XII vollendeten. Nach Redditt sind Maleachi und Jona sogar jeweils eine Redaktionsstufe früher als von Nogalski angenommen an Haggai / Sacharja 1-8 angefügt bzw. zwischen Obadja und Micha eingefügt worden, aber die Eingliederung von Sach 9-14 sieht er wie Nogalski als Werk der letzten Redaktion an.[7]

Im Folgenden soll Mal 3 innerhalb der יום־יהוה-Thematik des XII verortet werden. Die Untersuchung geht vom VI. Diskussionswort in Mal 3,13-21 aus, das mit V17-21 eine letzte profilierte Tag-JHWHs-Dichtung

---

1 Schart, Entstehung, 237 (283).
2 Schart, Entstehung, 242 (289).
3 Schart, Entstehung, 243 (291).
4 Schart, Entstehung, 248 (297).
5 Von ihm als „Joel-related Layer" bezeichnet – vgl. Nogalski, Processes, 275-278.
6 Nogalski, Processes, 277.
7 Vgl. Redditt, Redaction, 261 und Zechariah 9-14, 305-323 (besonders 321.323).

innerhalb des XII enthält, aber sie wird im Weiteren auch Mal 3,2a.23f einzubeziehen haben. Das Ergebnis dieser Untersuchung soll schließlich auf seine redaktionsgeschichtlichen Implikationen hin befragt werden.

8.1. Mal 3,13-21 in der Maleachischrift

Die Maleachischrift (Mal 1,2-3,21)[8] besteht aus den sechs Diskussionsworten (DW)[9] Mal 1,2-5; 1,6-2,9; 2,10-16; 2,17-3,5; 3,6-12 und 3,13-21. Damit ist sie wie „kein anderes Prophetenbuch bzw. keine andere Prophetenschrift ... [von einem] argumentierenden Stil und der entsprechenden Struktur des Textes geprägt".[10] Das Gattungsformular enthält vier Elemente: „I Feststellung(en), II Einrede(n) oder Widerspruch der Adressaten, III Entfaltung der Feststellung(en), IV Folgerung(en)".[11] Die einleitenden Feststellungen „mit ihren meist fundamentalen theologischen Aussagen"[12] werden „bei der Hälfte der Diskussionsworte ... durch theologische Vorsprüche mit Aussagen zu Gottes Vatersein bzw. Unwandelbarkeit verstärkt (1,6a.bα; 2,10a; 3,6 ...)".[13]

Das *I. DW Mal 1,2-5* bildet „die Grundlegung für alles Folgende. Die ... Liebe JHWHs wird eingangs pointiert im Gegensatz zu Esau/Edom hervorgehoben und durchzieht die Schrift wie ein roter Faden."[14] Im *II. DW Mal 1,6-2,9* wird der Priesterschaft wegen kultischer Vergehen das Gericht JHWHs angedroht. Das lebhafte Interesse an der Priesterschaft im nachexilischen Jerusalem und Juda hat zu einer „Zerdehnung des IV. Strukturelements ... (schließlich von 1,8b bis 2,9b)"[15] geführt, so dass das zweite nun das weitaus längste Diskussionswort ist. Das *III. DW Mal 2,10-16* warnt judäische Ehemänner vor „Treulosigkeit ... an ihrer in der Jugend geheirateten judäischen Ehefrau" und wurde in V11-13 um die Mischehenproblematik erweitert.[16]

---

8   Mal 1,1 ist redaktionelle Überschrift der Maleachischrift und Mal 3,22-24 Abschluss des gesamten Prophetenkanons – vgl. Meinhold, BK 14/8 (Lfg. 1), 3.

9   „‚Diskussionswort' erscheint noch immer als die relativ beste Bezeichnung für diese Gattung in Maleachi, weil es einerseits nicht so eng wie ‚Disputationswort' oder ‚Streitgespräch' u.ä. ist, andererseits durchaus dem Argumentativen dieser Auseinandersetzungsform gerecht zu werden vermag" (a.a.O., 25).

10 A.a.O., 24f.

11 A.a.O., 26.

12 A.a.O., 28.

13 A.a.O., 29.

14 A.a.O., 24.

15 A.a.O., 79.

16 Meinhold, BK 14/8 (Ms), 187.

8.1. Mal 3,13-21 in der Maleachischrift

Die Adressaten des *IV. DW Mal 2,17-3,5* geben sich mit ihrer Frage nach dem „Gott des Rechts" (משפט – 2,17) als die „Gottesfürchtigen" des eng verwandten VI. DW (3,16) zu erkennen. Sie bestreiten nicht die Gottheit JHWHs, sondern drängen „im Gegenteil auf deren Erweis".[17] Entsprechend kündigt JHWH sein Kommen zum „Gericht" (משפט) über die permanenten Unrechttäter an. Erstmalig im Alten Testament wird eine dem Kommen JHWHs vorausgehende Entsendung eines – wohl himmlischen[18] – „Boten" angekündigt, der JHWHs Theophanie für diejenigen aushaltbar macht, die den Gott des Rechts erwarten.[19] Der aus drei Textstücken (V1b.2.3-4) bestehende Einschub 3,1b-4[20] bewirkt eine weitere Dehnung des Endgeschehens über die Botenentsendung von 3,1a hinaus: JHWH wird als „(Tempel-) Herr plötzlich zu seinem Palast", dem Jerusalemer Tempel,[21] kommen, und sein Vorläufer wird als „Bundesbote" die Leviten „reinigen und läutern", damit sie wieder im Haus JHWHs amtieren können.[22] So sorgt JHWH nach dem IV. DW in seiner Endgestalt dafür, dass nicht nur der endzeitliche Tag seines Kommens zur Durchsetzung seines Rechts für die Adressaten aushaltbar wird, sondern auch die sich dehnende Zwischenzeit, für die JHWH seine Präsenz im irdischen Heiligtum und die Ermöglichung ihm „angenehmen" Gottesdienstes zusagt.

Das *V. DW Mal 3,6-12* zeigt eine „starke inhaltliche Beziehung zum I. DW (1,2-5) ...; denn es geht jeweils in göttlicher Ich-Rede, die unter Verwendung des Jakob-Namens an das Volk als ganzes gerichtet ist, um Identität und Unwandelbarkeit JHWHs gegenüber Israel ... Mit 3,6-12 schließt sich somit der Gedankengang, wonach Gott unveränderlich Israel zugewandt bleibt, ... ohne auf die Befolgung seines Willens ... zu verzichten. Da auch das IV. und das III. Diskussionswort mit der Identität und Selbigkeit JHWHs in seinem Rechtswillen und -wirken zu tun haben ..., bildet 3,6a Generalnenner und theologisches Resümee aller fünf ursprünglichen Diskussionsworte".[23]

---

17 A.a.O., 250.
18 „Für eine himmlische Gestalt spricht vor allem die Botenfunktion der Wegbereitung" (a.a.O., 255). – Zur Botengestalt in Mal 3,1a ausführlich a.a.O., 254-257.
19 Vgl.. a.a.O., 257.
20 Vgl. a.a.O., 244.
21 Vgl. a.a.O., 259.
22 Zur crux interpretum der „Personenlage von V.1" (259) vgl. a.a.O., 259-262.
23 A.a.O., 295. – Dazu kommt die strukturelle Ähnlichkeit des V. DW mit der Grundform des II. DW, mit der es auch die Bezugnahme auf kultische Verfehlungen im Tempelbereich teilt – vgl. a.a.O., 295.

Das *VI. DW Mal 3,13-21* weist einen engen Bezug zum IV. DW auf: Gegenstand der Diskussion sind „eure Worte",[24] die in der Entfaltung der Feststellung jeweils zitiert werden und die scheinbare Folgenlosigkeit unrechten Handelns beklagen (Mal 2,17b; 3,15). Die Lösung der damit aufgeworfenen Theodizeefrage bringt nach beiden DW ein zukünftiges Handeln JHWHs, nämlich seine endzeitliche Abrechnung mit den Übeltätern (Mal 3,5.19).

Andererseits setzt sich Mal 3,13-21 bemerkenswert von den vorangehenden DW ab: Erstmals in der Maleachischrift werden nach „Jakob" (1,2), den „Priestern" (1,6; 2,1), „Juda" (2,11), den „Jakobssöhnen" (3,6) und dem „ganzen Volk" (2,9)[25] Angehörige einer Gruppe innerhalb des Gottesvolkes angeredet, als „JHWH-Fürchtige" identifiziert und anderen Gliedern des Gottesvolkes kontrastiert. Sowohl die Angeredeten als auch ihre Widersacher werden vielfältig charakterisiert: Die Adressaten sind „JHWH Fürchtende" (3,16bis) und „seinen Namen Achtende" (V16b), „Gerechte" und „Gott Dienende" (V18) sowie „seinen Namen Fürchtende" (V20a), und ihnen stehen „Vermessene" (V15a.19b), „Freveltäter" (V15b.19b), „Frevler" (V18a.21a) und „Gott nicht Dienende" (V18b) gegenüber.[26] Diese Gegenüberstellung wird entfaltet innerhalb einer profilierten Tag-JHWHs-Dichtung in V17-21, die das Heil der Gerechten dem Unheil der Frevler schroff kontrastiert. Die JHWH-Tags-Thematik fehlt in der Maleachigrundschrift noch völlig und klingt erstmalig in Mal 3,2 innerhalb des Einschubs V1b-4 an, während sie in Mal 3,17-21 mit Hilfe von vier markanten יום-Wendungen entfaltet wird.[27] Der Nachtragscharakter des VI. DW wird erhärtet durch die oben dargestellte Abschlussfunktion des V. DW Mal 3,6-12, die offensichtlich dazu geführt hat, dass 3,13-21 nicht an das eng verwandte IV. DW Mal 2,17-3,5 angefügt wurde, sondern an das die Grundschrift beschließende V. DW.[28]

Bei Mal 3,13-21 handelt es sich nun nicht um ein ursprünglich selbstständiges DW, sondern um eine Fortschreibung vor allem des IV. DW. Denn zu den bereits oben erwähnten Gemeinsamkeiten kommen signifikante Unterschiede, die eine fortgeschrittene, verschärfte Situation signalisieren: Die Spaltung im Volk, die sich in Mal 2,17 zu Beginn des IV. DW andeutet,[29] ist inzwischen so manifest geworden, dass die Opponenten mit dem prägnanten Gegensatzpaar „Gerechte – Frevler" (V18a) belegt wer-

---

24 Vgl. בדבריכם in Mal 2,17aα und דבריכם in 3,13a.
25 Die im IV. DW Angeredeten bleiben ohne Näherbestimmung.
26 Vgl. Koenen, Heil, 61 und Meinhold, BK 14/8 (Ms), 251f.
27 Auf das Verhältnis von Mal 3,13-21 zu V1b-4 wird noch zurückzukommen sein.
28 Vgl. Koenen, Heil, 62.
29 Vgl. Meinhold, BK 14/8 (Ms), 251.

8.1. Mal 3,13-21 in der Maleachischrift

den. Diese Differenzierung zeigt sich sowohl in der Entfaltung der Feststellung, die die vermeintliche Folgenlosigkeit von Gottesverehrung und Gottesverachtung einander kontrastierend gegenüberstellt (V14-15), als auch in den Folgerungen, die das gegensätzliche Ergehen von Gerechten und Frevlern am (יום(יהוה darstellen (V17-21). Dazu kommt, dass Feststellung, Einrede und Entfaltung der Einrede in Mal 2,17 in Prophetenrede gehalten sind, während sie im VI. DW steigernd drei Verse umfassende JHWH-Rede (Mal 3,13-15) sind. Auch die Verse 2.3f des Einschubs Mal 3,1b-4 sind Prophetenrede, die die Gottesrede Mal 3,1.5 unterbricht, wogegen in Mal 3,13-21 nur der gattungskritisch zu den Folgerungen (V16-21) gehörende V16 als Prophetenrede stilisiert ist. Das Ich JHWHs selbst meldet sich also in Mal 3,13-21 deutlich stärker zu Wort.

Außerdem sind aus dem vorangehenden DW Stichwörter aufgenommen, aber entgegengesetzt verwendet worden: Zum einen werden die Adressaten in Mal 3,10 von JHWH selbst aufgefordert, seine Segensbereitschaft zu erproben, während die Gerechten in V15 beklagen, dass die Frevler scheinbar folgenlos „Gott versuchen" können.[30] Zum an-deren wird den Jakobssöhnen in V12 in Aussicht gestellt, dass alle Völker sie wegen des JHWH-Segens „glücklich preisen" werden, in V15 dagegen ist die Beglückwünschung der Übeltäter bittere Ironie im Munde der Gerechten.[31] Das seltene Vorkommen der Wurzeln II אשר und בחן macht eine zufällige Übereinstimmung unwahrscheinlich und spricht für bewussten Anschluss an das voranstehende DW.[32] Darüber hinaus kritisiert JHWH im IV. DW, dass die Adressaten seine Ordnungen nicht „bewahrt" haben (Mal 3,7), während nach dem VI. DW die Angeredeten behaupten, dass die „Bewahrung" der Ordnungen JHWHs nutzlos sei.

Schließlich knüpft das letzte DW mit Mal 3,17b thematisch an die Aussagen zur Vaterschaft Gottes in Mal 1,6a.bα; 2,10a an, modifiziert diese aber auf bezeichnende Weise: „Denn die väterlich nachsichtige Behandlung kommt zum einen ... ausschließlich den Gerechten zugute. Zum anderen soll in 3,17 offenbar der Vaterbegriff vermieden werden,"[33] da JHWH die Gerechten behandeln will, „wie ein *Mann* seinen Sohn schont ..." (V17b).

---

30 Die Wurzel בחן in Mal 3,10.15 ist im XII nur noch für Sach 13,9 belegt, wo sie jedoch JHWH zum Subjekt hat.
31 Die Wurzel II אשר kommt innerhalb des Kanonteils Nebiim nur in Mal 3,12.15 vor.
32 Vgl. Koenen, Heil, 62f.
33 Meinhold, BK 14/8 (Lfg. 2), 99.

8.2. Literarische Gestaltung

13 **Stark waren gegen mich eure Reden**, hat JHWH gesagt.
   Aber ihr sagt: Was haben wir gegen dich beredet?
14 Ihr sagtet: Nutzlos [ist es], Gott zu dienen!
   Und was [ist der] Gewinn, dass wir den Dienst für ihn bedienten[34]
   und dass wir in [Buß-]Trauer gingen vor JHWH Zebaot?
15 Und so[35] preisen wir glücklich [die] Vermessenen:
   Sowohl wurden sie aufgebaut, [obwohl sie] Frevel taten,
   als auch prüften sie Gott und kamen davon.
16 So[36] beredeten sich die JHWH-Fürchtigen,
   und JHWH horchte auf und hörte zu,
   und ein Gedenkbuch wurde vor ihm geschrieben
   für die JHWH-Fürchtigen und seinen Namen Achtenden.
17 Und sie werden mir – hat JHWH Zebaot gesagt –
   für den Tag, an dem ich handle,[37] mein [Sonder-] Eigentum sein.
   Und ich werde sie schonen[38],
   wie ein Mann seinen Sohn schont, der ihm dient.
18 **Da werdet ihr umgekehrt**[39] **sehen**

---

34 Diese Übersetzung versucht, die figura etymologica שמר משמרת wiederzugeben.
35 ועתה hier folgernd (vgl. Keil, BC 3/4, 708) wie z.B. in Mal 2,1 (vgl. Meinhold, BK 14/8 [Lfg. 1], 65).
36 „Unbetontes so" (KBL³ I, 26). Auch in Jos 22,31 findet sich ein nichttemporales אז. – Die Übersetzung von אז mit „damals" bereitet Schwierigkeiten, da weder ein temporaler Bezugspunkt noch ein Grund für einen solchen erkennbar wird. Gegen die von Keil (BC 3/4, 703) und Marti (KHC 13,477) bis Steck (Abschluss, 53f) oft vorgenommene Unterscheidung der Adressaten in V13-15 (neben Gerechten und Frevlern hier „eine dritte Gruppe der ‚Wankelmütigen'" [a.a.O., 53]) von den „Gottesfürchtigen" in V16 spricht, dass mit dem verbum finitum pl pf nif von דבר in V16 (נדברו) deutlich auf נדברנו in V13b zurückverwiesen wird (vgl. Sellin, Zwölfprophetenbuch, 563). Wäre mit den „Gottesfürchtigen" in V16 eine von V13-15 unterschiedene Gruppe gemeint, fehlte der Inhalt ihrer Unterredung (ebd.). Dieser Inhalt kann nicht in V16b gefunden werden, da drei Narrative folgen, die JHWHs Reaktion auf das Reden der Gottesfürchtigen entfalten.
37 Von Ps 118,24 und Koh 7,14 her legt sich die Übersetzung „für den Tag, den ich mache" nahe (nach einem mündlichen Hinweis von Arndt Meinhold) – warum dennoch obige Wiedergabe gewählt wurde, wird im Folgenden begründet.
38 Die Wurzel חמל kann „seelische Haltung und tätiges Verhalten" (Tsevat, ThWAT II, 1043) ausdrücken. Da V16 JHWHs „Mitgefühl" mit den Adressaten schon für deren Gegenwart belegt, ist in V17b an deren „Schonung" am JHWH-Tag zu denken.
39 Vgl. Sellin, Zwölfprophetenbuch, 563. – Gegen die geläufige Wiedergabe der hier als relatives Verb fungierenden Wurzel שוב im Sinn von „wieder tun" spricht, dass die Gottesfürchtigen ja schon für ihre Gegenwart einen Unterschied zwischen sich und den Frevlern formulieren (V14f). Dagegen wird ihnen in Aussicht gestellt, dass sie den Unterschied „umgekehrt sehen" werden (V18).

8.2. Literarische Gestaltung

den Unterschied⁴⁰ zwischen Gerechtem und Frevler,
zwischen einem, der Gott dient und einem, der ihm nicht dient.
19 Denn siehe, der Tag kommt, der brennt wie ein Backofen,
da werden alle Vermessenen und jeder Freveltäter Strohstoppeln,
und verbrennen wird sie der kommende Tag
– hat JHWH Zebaot gesagt –,
der ihm weder Wurzel noch Zweig lässt.
20 Aber aufstrahlen wird euch, die meinen Namen fürchten,
die Sonne der Gerechtigkeit und Heilung unter ihren Flügeln.
Da werdet ihr herausgehen und springen wie Mastkälber,
21 und ihr werdet [auf die] Frevler treten⁴¹,
denn sie werden Asche⁴² sein unter euren Fußsohlen⁴³
am Tag, an dem ich handle, hat JHWH Zebaot gesagt.

Die Strukturelemente des Gattungsformulars sind klar abgrenzbar: Die knappe Feststellung in V13a wird durch die Formel „Hat JHWH gesagt"⁴⁴ abgeschlossen, während die Einrede der Adressaten in V13b mit „aber ihr sagt"⁴⁵ eröffnet wird und aus einer kurzen Frage besteht.⁴⁶ Diese wird mit der Entfaltung der Feststellung beantwortet (V14-15), die durch „Ihr sagt"⁴⁷ eingeleitet wird und die „starken Worte" der Adressaten zitiert. Dieses Zitat bietet eine erste Gegenüberstellung von Gerechten und Frevlern, indem es die vermeintliche Folgenlosigkeit von Gottesverehrung (V14) und Gottesverachtung (V15) kontrastiert. Deutlich von dieser Entfaltung der Feststellung abgesetzt sind die Folgerungen in V16-21, die asyndetisch einsetzen⁴⁸ und mit V16 in Prophetenrede auf die Diskussionen der „JHWH-Fürchtigen" zurückblicken (V16a)⁴⁹ und JHWHs überraschend positive Reaktion auf sie feststellen (V16b). V17-21 ist wieder durchgehend Gottesrede, die die Folgen des Aufmerkens und Gedenkens JHWHs für die Zukunft der Gerechten und der Frevler entfaltet. Dass auf dem Heil der Gerechten der Ton liegt, zeigt sich sowohl an ihrer Anrede durch JHWH (V18.20.21) als auch am Überwiegen der Heilsaussagen (vgl.

---

40 „... in בין schimmert der substantivische Ursprung = Unterschied noch durch" (Marti, KHC 13, 477).
41 עסס ist hpleg – die Übersetzung mit „zertreten" passt nicht zum nachfolgenden כי-Satz.
42 Die Metaphorik von V19 wirkt noch nach.
43 Die Aktivität der Gerechten in V21a schließt sich an den Vergleich von V20b an.
44 אמר יהוה am Schluss von V13a.
45 ואמרתם am Anfang von V13b.
46 מה נדברנו עליך in V13b.
47 אמרתם am Anfang von V14.
48 אז am Anfang von V16.
49 Das nif von דבר aus V13b (נדברנו) wird in V16a wieder aufgenommen (נדברו).

V17.20 gegenüber V19). Die יוםיהוה-Thematik bildet die Leitvorstellung, die die angekündigten Ereignisse strukturiert und zu Wirkungen des „kommenden Tages" macht. Die Formel „hat JHWH Zebaot gesagt" kommt dreimal innerhalb von V17-21 vor: Während sie in V17a.19bβγ jeweils eine Parenthese bildet, steht sie in V21b in Endposition und markiert so zusammen mit der vorangehenden יום-Aussage einen wirkungsvollen Abschluss nicht nur der Folgerungen, sondern des gesamten VI. DW.[50]

Mal 3,16 unterbricht die JHWH-Rede des letzten DW und fällt auch als narrative Passage – singulär innerhalb der DW der Maleachischrift – aus dem Gattungsformular heraus. Man könnte V16 deshalb als nachträgliche Ergänzung ansehen,[51] die sicherstellen sollte, dass es sich bei den Adressaten trotz ihrer „starken Worte" um „JHWH-Fürchtige" handelt, denen JHWH im Folgenden mit einer Verheißung antwortet. Doch folgende Beobachtungen legen eine andere Erklärung für die Besonderheiten von V16 nahe: In Mal 3,14-15 werden die „Gott Dienenden" zitiert, die u.a. mit einer rhetorischen Frage die scheinbare Untätigkeit JHWHs beklagen (V14b). Der Klageteil der Joelschrift Joel 1,2-2,17[52] endet auch mit einer klagenden rhetorischen Frage, die den „Dienern JHWHs" in den Mund gelegt wird und die spottende Frage der Völker zitiert: „Wo ist ihr Gott (V17b)?"[53] In Joel 2,18.19aα markieren dann vier Narrative JHWHs Antwort auf die Klage und den Übergang zur JHWH-Rede des Erhörungsteils Joel 2,19aβ-4,21. Auch in Mal 3,16 entfalten drei Narrative JHWHs positive Reaktion auf die Einrede der Adressaten und leiten zur verheißenden JHWH-Rede von V17-21 über.[54] Schließlich findet sich noch ein signifikanter terminologischer Bezug: Joel 2,18b und Mal 3,17 bieten die einzigen Belege innerhalb des XII, in denen JHWHs mitfühlend-schonende Behandlung mit der Wurzel חמל bezeichnet wird.[55] Eine bewusste Anknüpfung von Mal 3,16 an Joel 2,18.19aα wird noch wahrscheinlicher durch die weiteren Joelbezüge in Mal 3,[56] die im nächsten Abschnitt näher untersucht werden sollen. Die aufgewiesene formale und

---

50 Auch in V17a.19bβγ ist die Formel „hat JHWH gesagt" jeweils mit einer יום-Aussage verbunden, nach der aber jeweils der Satz erst noch zuende geführt wird, während in V21b יום-Aussage + „hat JHWH gesagt" einen klaren Abschluss bilden.
51 So Reventlow, ATD 25/2, 158.
52 Siehe das Kapitel „Joel 2,1-11".
53 Vgl. למה יאמרו בעמים איה אלהיהם (Joel 2,17b) und אמרתם ... ומה־בצע (Mal 3,14).
54 ויאמר ,ויען und (Joel 2,18.19aα) וישמע ,ויקשב / ויכתב und ויקנא ,ויחמל (Mal 3,16b).
55 Vgl. ויחמל על־עמו in Joel 2,18b und ... וחמלתי עליהם כאשר יחמל איש על־בנו in Mal 3,17b. Die Wurzel חמל findet sich innerhalb des XII nur noch in Hab 1,17 und Sach 11,5f. In Sach 11,6 hat die finite Verbform zwar auch JHWH zum Subjekt, ist aber negiert.
56 Vgl. Joel 2,11b/Mal 3,2a, Joel 3,5a/Mal 3,15b, Joel 2,5a/Mal 3,19b, Joel 3,4b/Mal 3,23b.

8.2. Literarische Gestaltung

thematische Parallelität legt aber hier schon eine Schlussfolgerung hinsichtlich der literarkritischen Beurteilung von Mal 3,16 nahe: Dass die Prophetenrede in V16 den Zusammenhang des als JHWH-Rede gefassten VI. DW unterbricht, verrät nicht die Hand eines späteren Ergänzers, sondern stellt einen bewussten Anschluss an Joel 2,18.19aα dar, um damit eine in JHWH gründende Wende zu signalisieren. Auf diese Weise wird herausgestellt, dass die nachfolgende Verheißungsrede alles andere als eine logische Konsequenz aus der entfalteten Feststellung (V14-15) ist.

Schließlich ist die Ursprünglichkeit von V21 aus inhaltlichen Gründen in Frage gestellt worden,[57] doch schließt sich V21 sowohl an die Metaphorik von V19 als auch an den Vergleich in V20b an und ist fest in die Struktur von V17-21 eingebunden.[58] Deshalb ist V21 als ursprünglicher Abschluss des letzten DW anzusehen.

Die stilistische Gestaltung der einzelnen Formelemente ist sorgfältig: So sind Feststellung (V13a) und Einrede (V13b) chiastisch miteinander verknüpft:[59]

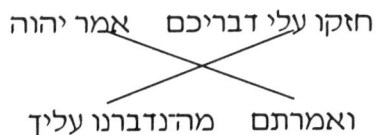

Die Entfaltung der Feststellung in V14-15 ist zweiteilig: Die zunächst entfaltete vermeintliche Vergeblichkeit der Gottesverehrung (V14) setzt mit einer Behauptung ein, die dem Prinzip der Silbengradation[60] folgt: שוא עבד אלהים = 1+2+3 Silben. Die inhaltlich parallele rhetorische Frage in V14b ist nach der Figur der zunehmenden Glieder[61] gestaltet, die die anscheinend vergebliche Mühsal der Gottesverehrung veranschaulicht: ומה־בצע / כי שמרנו משמרתו / וכי הלכנו קדרנית מפני יהוה צבאות = 2+3+6 Wörter.

Es folgt kontrastierend ein ironisch-bitterer Glückwunsch an die „Vermessenen" wegen der scheinbaren Folgenlosigkeit ihrer Gottesver-

---

57 Vgl. z.B. Deissler, NEB-AT 21, 202.204 und Koenen, Heil, 60, Anm. 19.
58 V21a beschreibt das Ergehen der Frevler nicht „in einem anderen Bild als v19" (Koenen, Heil, 60, Anm. 19), sondern fügt dem „Anzünden der Spreu" (V19) das Ergebnis hinzu: Die Frevler sind אפר, das wie in Num 19,9f mit „Asche" übersetzt werden kann. Dazu kommt das „Treten" der „Fußsohlen", das sich an den Vergleich der „springenden Mastkälber" anschließt (Von den „Fußsohlen eines Kalbes" [כף רגל עגל] spricht auch Ez 1,7.).
59 Vgl. Snyman, Malachi 3:13-21, 489.
60 Siehe zu Zef 1,14-16, S. 24f.
61 Zur Figur der zunehmenden Glieder vgl. Schlüter, Rhetorik, 29f.

achtung (V15). Das Missverhältnis von Tun und Ergehen wird in zwei mit גם eingeleiteten Vierwortsätzen entfaltet, die durch chiastische Verbindung von frevelhaftem Tun und unverdientem Ergehen zusätzlich miteinander verknüpft sind:

Die kunstvolle Verknüpfung spiegelt das Ärgernis der Adressaten, dass nicht mehr Wohlverhalten und Wohlergehen, sondern Fehlverhalten und Wohlergehen einander zu entsprechen scheinen. אלהים am Anfang (V14a) und gegen Ende des Zitats (V15bβ) bilden eine Inclusio um die Entfaltung der Feststellung.[62]

Der besondere Charakter von V16 ist oben bereits gewürdigt worden. Die Wendung (ל)יראי יהוה in V16a.bβ schafft eine Inclusio, die die Aussagen von V16 zusätzlich zusammenbindet. V16a verweist auf das in V14-15 zitierte „Reden" der Gottesfürchtigen und bezieht sich mit der finiten Verbform נדברו zugleich auf die 1. pl pf nif von דבר aus V13bβ zurück, so dass eine weitere Inclusio um V13-16 entsteht.[63]

Der verheißende Teil V17-21 bietet wieder durchgehend Gottesrede und ist vom Vorhergehenden abgehoben durch eine Inclusio der Formel „hat JHWH Zebaot gesagt" + יום-Aussage, die in V17a.21b chiastisch miteinander verknüpft sind:[64]

In V17 wird zunächst in 3. m pl von den Gerechten und ihrem Ergehen am יום(יהוה) gesprochen, indem das Verhältnis JHWH – Gerechte in V17a in einer Metapher (סגלה) und in V17b in einem Vergleich (כאשר)

---

62 Vgl. Snyman, Malachi 3:13-21, 489.
63 Zu diesen beiden Inclusiones vgl. Snyman, Malachi 3:13-21, 489.
64 Vgl. Snyman, Malachi 3:13-21, 490. – In V19bβ steht die Formel „hat JHWH gesagt" in Parenthese wie in V17a und folgt einer יום-Wendung wie in V21b. Doch die יום-Wendungen von V17a.21b bestehen aus Präpositionalgruppe + אשר-Satz und unterscheiden sich nur in der Präposition, während die יום-Wendung in V19bβ eine attributive Fügung darstellt, die sich auf V19bα zurückbezieht und Subjekt der vorausgehenden finiten Verbform ist.

8.2. Literarische Gestaltung

ausgesagt wird. Außerdem sind die beiden Vershälften durch ihre Anfangswörter in der Weise miteinander verknüpft, dass zum einen das verbum finitum 3. m pl der ersten Vershälfte und die präpositionale Fügung mit suff 3. m pl der zweiten Vershälfte und zum andern die präpositionale Fügung mit suff 1. sg von V17a und verbum finitum 1. sg von V17b miteinander korrespondieren. Durch die jeweils umgekehrte Wortfolge kommt folgender Chiasmus zustande:[65]

V17 ist wieder entsprechend der Figur der zunehmenden Glieder gestaltet: והיו לי / אמר יהוה צבאות / ליום אשר אני עשה = 2+3+4 Wörter und וחמלתי עליהם / כאשר יחמל איש / על־בנו / העבד אתו = 2+3+4 Wörter.

In V17a steht das zur finiten Verbform והיו am Satzanfang gehörende Prädikatsnomen סגלה in emphatischer Endposition und erhält auf diese Weise besonderes Gewicht. Die Wendung העבד אתו am Schluss von V17b weist auf V14a zurück und auf V18b voraus und bewirkt so eine Stichwortverknüpfung, die den thematischen Zusammenhang des VI. DW verstärkt.

V18 zeigt wieder die Figur der zunehmenden Glieder, die quasi die sich gegenüberstehenden Gerechten und Frevler voneinander abrückt: ושבתם וראיתם / בין צדיק לרשע / בין עבד אלהים לאשר לא עבדו = 2+3+6 Wörter. Die beiden finiten Verformen am Anfang bilden dabei ein Hendiadyoin: Die zweite finite Verbform וראיתם bietet die Basisaussage, die durch die erste ושבתם[66] näher bestimmt wird, und die beiden finiten Verbformen werden durch die Konjunktion ו „sinnvereint"[67]. V18 ist vom „Unterschied des Gerechten vom Frevler" bestimmt, der in V18a eingeführt und in V18b mit Hilfe der Wurzel עבד expliziert wird.[68]

V19 wendet sich dem Ergehen der Frevler am „kommenden Tag" zu. Der Gerichtscharakter dieses „Tages" wird durch den Vergleich mit einem „brennenden" (I בער) und verzehrenden[69] „Backofen" (תנור) veranschaulicht, und die beiden Metaphern für die Vermessenen (קש) und ihre

---

65 Vgl. Snyman, Malachi 3:13-21, 489.
66 שוב fungiert hier als relatives Verb.
67 Harjung, Sprachkunst, 217.
68 Das zweimalige Vorkommen der Wurzel עבד weist dabei auf V14a.17b zurück.
69 I להט pi versengen, verzehren (vgl. KBL³ II, 495).

Vernichtung „mit Stumpf und Stiel" (שרש וענף) fügen sich diesem Vorstellungskreis ein. יום-Aussage und Vergleich in V19a formen zusammen mit der Wirkung dieses „Tages" in V19bβ eine chiastische Inclusio:

Diese Einschließung von V19bα spiegelt strukturell das unentrinnbare Ausgeliefertsein der „Spreu" an den brennenden Ofen. V19bα seinerseits parallelisiert kontrastierend V17a: והיו ... סגלה (V17a) // קש ... והיו (V19bα). Auch קש steht in betonter Endposition und bestimmt in Korrespondenz mit סגלה metaphorisch den „Unterschied des Gerechten vom Frevler" als Gegensatz von kostbarem Schatz und wertloser Spreu.[70] Die Inclusio und die parenthetische Formel „Hat JHWH Zebaot gesagt" isolieren V19bγ vom Vorhergehenden und geben so der Ansage restloser Vernichtung besonderes Gewicht. Zugleich steht die Rede-Formel ein zweites Mal nach V17a in Parenthese, um der Endstellung des dritten Belegs in V21bβ eindeutigen Abschlusscharakter zu geben.

Mit V20 kehrt die Darstellung zurück zum Ergehen der Gerechten, das mit Hilfe einer Metapher[71] und eines Vergleiches beschrieben wird. Im Unterschied zu V19 ist er von einem gleichmäßigen Sprachrhythmus von dreimal vier Wortakzenten bestimmt (4+4+4),[72] der die befriedete Situation der Gerechten widerspiegelt. Die Suffixform לכם in V20aα bezieht sich auf להם in V19bγ zurück und verstärkt so die kontrastierende Parallelisierung von endgültigem Untergang (V19bγ) und heilvollem „Aufgang" (V20aα – vgl. die Wurzel זרח): ... לא־יעזב להם ... // ... וזרחה לכם. Die Constructusverbindung יראי שמי in V20aα greift יראי יהוה in V16a.bβ und חשבי שמו aus V16bγ auf und fasst diese beiden Constructusverbindungen zu einer singulären Wendung zusammen.

Besondere Beachtung verdienen die beiden nominalen Wörterverbindungen „Sonne der Gerechtigkeit und Heilung unter ihren Flügeln" in V20a, die überaus kunstvoll aufeinander bezogen sind. Beide Wendungen enthalten eine Bild- und eine Sachaussage, die chiastisch aufeinander bezogen sind:

---

70 Vielleicht steht um dieser Parallelisierung willen die finite Verbform am Anfang von V17a in der 3. Person.
71 Die geflügelte Sonnenscheibe wird hier als eine aus zwei Lexemen bestehende Metapher aufgefasst – Näheres nachfolgend.
72 Vgl. Elliger, ATD 25/2, 202.

8.2. Literarische Gestaltung

Zugleich bilden die beiden Bild- und die beiden Sachaussagen jeweils ein Hendiadyoin: Die geflügelte Sonne veranschaulicht die heilende Gerechtigkeit. Und schließlich stehen Constructusverbindung und präpositionale Fügung in einem Ursache-Wirkung-Verhältnis zueinander: Die „Sonne der Gerechtigkeit" bringt „Heilung unter ihren Flügeln" mit sich.[73] Auf diese Weise sind sowohl Bild- und Sachaussage als auch Ursache und Wirkung völlig miteinander verschränkt, so dass ein ausdrucksstarkes poetisches Bild entsteht.

V20b beginnt wie V18a mit zwei finiten Verbformen in 2. m pl pf cons, die auch hier ein Hendiadyoin bilden:[74] Wieder enthält die zweite der beiden durch die Konjunktion ו koordinierten Verbformen die Grundaussage, die durch das erste verbum finitum dahingehend näher bestimmt wird, dass die JHWHs Namen Fürchtenden „*hinaus*springen werden wie die Mastkälber" ins Freie.

V21 stellt abschließend Gerechte und Frevler einander gegenüber und enthält eine letzte Metapher für die Frevler, deren völlige Vernichtung nach der negierten Aussage am Ende von V19 nun positiv formuliert: כי־יהיו אפר ... // (V19bγ) ... לא־יעזב להם שרש וענף. Auch der Vergleich für die Gerechten in V20b wirkt in V21a nach: Diese „springen heraus wie die Mastkälber und treten [dabei] auf die Frevler, weil diese Asche unter ihren Fußsohlen" sind. Ein Chiasmus verknüpft die Aussagen über den definitiven Kontrast zwischen Gerechten und Frevlern in V21a:

V21b bildet, wie oben bereits gezeigt wurde, zusammen mit V17a eine chiastische Inclusio und zugleich einen wirkungsvollen Abschluss des gesamten DW, da die Formel „Hat JHWH Zebaot gesagt" erstmals im VI. DW in Endposition platziert ist.

---

73 Das ו vor מרפא ist hier am besten einschließend aufzufassen (zu dieser Bedeutung von ו vgl. KBL³ I, 247): „Sonne der Gerechtigkeit *samt* Heilung unter ihren Flügeln".
74 Vgl. Hill, Malachi, 352.

Da die singulären und seltenen Wörter und Wendungen des letzten DW auf ihre Weise Aussagewillen und Gestaltungskraft des Fortschreibers belegen, soll die stilistische Analyse nicht beendet werden, ohne diese in tabellarischer Form. zu dokumentieren.

SELTENE WÖRTER UND WENDUNGEN IN MAL 3,13-21
Singuläre Wörter
Hapaxlegomena: עסס in Mal 3,21; קדרנית in Mal 3,14 Singulär im Schriftprophetenkanon: סגלה in Mal 3,17 Singulär im Zwölfprophetenbuch: אנחנו in Mal 3,15
Seltene Wörter

Selten im Alten Testament: דבר nif in Ez 33,30; Mal 3,13.16; Ps 119,23
   פוש in Jer 50,11; Hab 1,8; Mal 3,20
Selten im Schriftprophetenkanon: II אשר in Mal 3,12.15
   זדים in Jes 13,11; Jer 43,2; Mal 3,15.19
   זרח in Jes 58,10; 60,1.2; Jon 4,8; Nah 3,17; Mal 3,20
   להט pi in Jes 42,25; Joel 1,19; 2,3; Mal 3,19
   מרפא in Jer 8,15; 14,19bis; 33,6; Mal 3,20
   קשב hif (Subjekt JHWH) in Jer 18,19; Mal 3,16
   תנור in Jes 31,9; Hos 7,4.6-7; Mal 3,19
Selten im Zwölfprophetenbuch: אפר in Jon 3,6; Mal 3,21
   בחן in Sach 13,9; Mal 3,10.15
   בנה (übertragen) in Am 9,11; Mal 3,15
   I בער in Hos 7,4.6; Nah 2,14 (pi); Mal 3,19
   בצע in Mi 4,13; Hab 2,9; Mal 3,14
   חמל in Joel 2,18; Hab 1,17; Sach 11,5.6; Mal 3,17bis
   מלט nif in Joel 3,5; Am 9,1; Sach 2,11; Mal 3,15
   עבד in Hos 12,13; Zef 3,9; Sach 13,5; Mal 3,14.17.18bis
   עזב in Hos 4,10; Jon 2,9; Zef 2,4; Sach 11,17; Mal 3,19
   קש in Joel 2,5; Obd 18; Nah 1,10; Mal 3,19
   רשעה in Sach 5,8; Mal 1,4; 3,15.19
   שוא in Hos 10,4; 12,12; Jon 2,9; Sach 10,2; Mal 3,14

8.2. Literarische Gestaltung

Singuläre Wendungen innerhalb des Alten Testaments
חשבי שמו in Mal 3,16 יראי שמי in Mal 3,20 (vgl. Ps 61,6) מרפא בכנפיה in Mal 3,20 ספר זכרון in Mal 3,16 (vgl. Est 6,1) שמש צדקה in Mal 3,20 תחת כפות רגליכם in V21 (vgl. Dt 11,24; Jos 1,3; 1Kö 5,17; Js 60,14)
Seltene Wendungen
Selten im Alten Testament: עגלי מרבק in 1Sam 28,24; Jer 46,21 (auch Bild); Am 6,4; Mal 3,20 שרש וענף in Ez 17,8-9; Mal 3,19; Ps 80,10.11 Selten im Schriftprophetenkanon: יראי יהוה in Jes 50,10; Mal 3,16[bis] צדיק - רשע in Ez 21,8.9; Hab 1,4.13; Mal 3,18 Selten im XII: שמר משמרת in Sach 3,7; Mal 3,14

Das VI. DW ist also durchzogen von Stilfiguren des lexikalischen (singuläre bzw. seltene Wörter und Wendungen, Metaphern und Vergleiche), des syntaktischen (Chiasmus und Anastrophe) und des kompositorischen Bereichs (Stichwortverknüpfungen und Inclusiones). Diese Figuren lassen das Anliegen des Fortschreibers erkennen, Gerechte und Frevler und deren gegenwärtiges und künftiges Ergehen so zu kontrastieren, dass er bei seinen Adressaten eine nachhaltige rhetorische Wirkung erzielt.

Nach der stilistischen Analyse erfordert die Frage nach der Struktur des letzten DW weitere Erörterung. Schon durch die Dialogstruktur des Gattungsformulars werden formal die Fragen der Adressaten und JHWHs Antwort und thematisch deren Behauptungen und ihre Widerlegung durch JHWH miteinander kontrastiert. Doch über die mit dem Gattungsformular gegebene Strukturierung legt sich nun noch eine antithetische Struktur, die der Thematik des VI. DW Ausdruck verleiht.[75]

---

75 Vgl. Snyman, Malachi 3:13-21, 491f. – Snyman lässt zwar bei seiner Untersuchung das Gattungsformular außer Acht, kommt aber dennoch zu wichtigen Einsichten in die Struktur des VI. Diskussionswortes. Diese lassen sich gleichwohl erst auf dem Hintergrund des Gattungsformulars voll würdigen, wie nach der Übersicht gezeigt werden soll.

V13-16 *Gegenwart von Gerechten und Frevlern* – Zeithorizont: Und jetzt ... Inclusio[76] durch דבר nif	V17-21 *Zukunft von Gerechten + Frevlern*: Zeithorizont kommender Tag Chiastische Inclusio durch 17a.21b
13-14 Gerechte: Trug, Gott zu dienen; עבד אלהים	17-18 Gerechte: Schatz für JHWH; עבד אלהים, dreimal עבד
15 Frevler: jetzt Davonkommen der זדים und עשי רשעה	19 Frevler: am kommend. Tag Gericht an כל־זדים וכל־עשה רשעה
16 Gerechte: Aufmerken JHWHs auf יראי יהוה und חשבי שמו	20-21 Gerechte: Aufgehen der Sonne der Gerechtigkeit für יראי שמי

Ohne das Gattungsformular zu unterlaufen,[77] setzt der Fortschreiber JHWHs Antwort in V17-21 durch den die Gottesrede unterbrechenden Übergangsvers V16 vom Vorhergehenden ab und bezieht diese antithetisch auf V13-16 zurück. Dadurch erreicht er eine doppelte Kontrastierung, indem er einmal die Gerechten und die Frevler und zum andern deren Ergehen in Gegenwart und Zukunft einander entgegensetzt. Darin zeigt sich die literarische Virtuosität des Autors und zugleich sein Abstand zu den ursprünglichen DW Maleachis.

Wie oben gezeigt wurde, wird der Abschnitt V17-21 durch eine chiastische Inclusio gerahmt und auch damit vom Vorhergehenden abgehoben. Auf diese Weise wird innerhalb des XII eine abschließende Tag-JHWHs-Dichtung markiert, die durch jeweils zwei parallele יום-Aussagen strukturiert wird, die zusammen mit der Gegenüberstellung von Gerechten und Frevlern ein letztes Mal eine Ringkomposition schaffen: Mal 3,17-18.19.20-21. Es folgt zunächst eine Übersicht über die Ringstruktur von Mal 3,17-21, die besonders die Korrespondenzen zwischen den beiden Rahmenteilen herausstellt.

---

76 Hier handelt es sich um eine Inclusio im weiteren Sinn, da die V13-16 inkludierenden finiten Verbformen zwar im Anfangs- und Schlussvers, dort aber nicht in Anfangs- bzw. Endposition stehen.

77 Das Gattungsformular wird auch dadurch nicht unterlaufen, dass V16 in der antithetischen Struktur von Mal 3,13-21 die erste Hälfte V13-16 beschließt, denn V16 hat, wie oben gezeigt wurde, einen innerhalb der DW der Maleachischrift singulären Charakter.

8.2. Literarische Gestaltung

V17-18 Die Gerechten am „Tag, an dem i c h handle":
V17a Einl. mit verbum finitum 3. m pl pf cons + suffigiertes ל: והיו לי
 Metapher für Gerechte in ihrer Beziehung zu JHWH: סגלה
V17b Vergleich für die Behandlung der Gerechten durch JHWH:
 כאשר יחמל איש
V18 Ankündigung des Unterschiedes zwischen Gerechtem und Frevler:
 בין צדיק לרשע
V18a Hendiadyoin aus zwei finiten Verbformen in 2. m pl pf cons
 mit Gerechten als Subjekt
V18b Explizierung von Gerechtem und Frevler hinsichtlich ihres Verhaltens JHWH gegenüber
V17a Formel „Hat JHWH Zebaot gesagt" + יום-Aussage –
 mit V21b chiastische Inclusio bildend

V19 Die Frevler am „kommenden Tag":
V19 Chiastische Inclusio durch יום-Wendung + Wirkung des
 „kommenden Tages"
V19a Vergleich für „kommenden Tag":
 בער כתנור
V19bα Charakterisierung des Verhaltens Vermessenen:
 וכל־עשה רשעה; Metapher für die „Vermessenen": קש
V19bβ Bekräftigung durch die Formel
 „hat JHWH Zebaot gesagt"
V19bγ Relativsatz: restlose Vernichtung –
 אשר לא־יעזב להם שרש וענף

V20-21 Die Gerechten am „Tag, an dem i c h handle":
V20a Einleitung mit verbum finitum 3. f sg pf cons + suffigiertes ל:
 וזרחה לכם ...
 Metapher für JHWHs Beziehung zu Gerechten: שמש צדקה
V20b Hendiadyoin aus zwei finiten Verbformen in 2 m pl pf cons mit
 Gerechten als Subjekt
 Vergleich für das Ergehen der Gerechten: כעגלי מרבק
V21 Darstellung des Unterschiedes zwischen Gerechten und Frevlern:
 Zweites Vorkommen von רשעים (nach sg in V18a)
V21a Explizierung in zwei Sätzen mit Gerechten bzw. Frevlern
 als Subjekt: ... ועסותם ... כי־יהיו
V21b יום-Aussage + Formel „Hat JHWH Zebaot gesagt" –
 mit V17a chiastische Inclusio bildend

Mit solcher Strukturierung von Mal 3,17-21 stellt sich der Autor in die Tradition der Tag-JHWHs-Dichtungen des XII, und er wahrt auch darin Kontinuität, dass er im Mittelstück den unentrinnbaren Unheilscharakter des „kommenden Tages" entfaltet.[78] Mit Sach 14 teilt er die Erwartung seines Doppelcharakters als Unheils- und als Heilstag,[79] der er in der scharfen Kontrastierung von Mittelstück und Rahmenstücken kräftig Ausdruck verleiht. Neu ist, dass er *Individuen*[80] vom יום(־יהוה) betroffen sieht. Wiederum in Übereinstimmung mit den jüngeren Tag-JHWHs-Dichtungen Obd, Joel 4,1-17 und Sach 14 legt er das ganze Schwergewicht auf die Heilsaussagen, wie die Rahmenstücke eindrucksvoll belegen. Die stilistische Gestaltung resümierend, lässt sich sagen, dass Mal 3,13-21 schon in dieser Hinsicht alles andere als der Abgesang eines Epigonen ist, sondern ein reifer Abschlusstext eines prophetischen Prophetenauslegers. Dieser Eindruck wird sich im Folgenden verstärken.

8.3. Mal 3,17-21 als letzte Tag-JHWHs-Dichtung im XII*

Im Folgenden soll der Nachweis geführt werden, dass Mal 3,13-21 nicht nur die DW der Maleachischrift fortschreibt, sondern mit seiner Tag-JHWHs-Dichtung in V17-21 zugleich die יום־יהוה-Thematik im XII zum Abschluss bringt.

Schon die Maleachischrift gibt ihren Abschlusscharakter im XII darin zu erkennen, dass sie – bereits mit der Grundschrift einsetzend – signifikante Rückbezüge auf die Hoseaschrift aufweist.

> Zum Thema hat sich zuletzt Tooze[81] umfassend geäußert: Ausgehend von Zenger (Einleitung), Watts (Frame), Baumann (Connected by Marriage) und Braaten (God Sows the Land) will er deren Beobachtungen zu Querverbindungen zwischen Hosea und Maleachi zu einem „full picture" (41) erweitern, das die gesamte Hosea- und Maleachischrift als Rahmen um das XII präsentiert. Wesentliche Komponente dieses Rahmens sind für ihn die Epiloge Hos 14,10 und Mal 3,22-24, die er auf ihre literarische Verbindung untereinander, zu Hosea und Maleachi (ohne die Epiloge), zu den übrigen Schriften von XII und zum hebräischen Kanon insgesamt untersucht (84-140). Für Hos und Mal (ohne Epiloge) macht er fünf verbindende „literary features" (141 u.ö.) aus: (1) die Beschreibung von Israels Treubruch JHWH gegenüber als Ehebruch in Hos 1-3 und Mal 2,10-16, (2)

---

78 Siehe z.B. Am 5,18-20 und Zef 1,10-11.
79 In Obadja und Joel 4,1-3.9-17 ist der יום־יהוה noch traditionell Unheilstag für die Feinde JHWHs, der als solcher Heil für das Gottesvolk bedeutet. In Sach 14 und Mal 3,17-21 hat das JHWH-Tags-Geschehen selbst ambivalenten Charakter, da es sowohl Unheil als auch Heil bringt. Dieser Sachverhalt kommt im Schlusskapitel ausführlicher zur Sprache.
80 Vgl. Schart, Entstehung, 248 (297).
81 Vgl. Tooze, Framing.

8.3. Mal 3,17-21 als letzte Tag-JHWHs-Dichtung im XII*

die Kritik am Verhalten des Gottesvolkes durch Personifizierung als „Jakob" in Hos 12 und Mal 1,2-5; 3,7-8, (3) die Anklage gegen die Priester wegen ausbleibender Unterweisung des Volkes in Hos 4,4-11a und Mal 1,6-2,9, (4) das Bild eines brennenden Ofens zur Beschreibung zerstörerischer Kraft in Hos 7,3-7 und Mal 3,19 und (5) die Erwähnung göttlicher Schriften in Hos 8,12 und Mal 3,16 (141-218). – Tooze arbeitet ausschließlich auf synchroner Ebene, so dass die redaktionsgeschichtliche Fragestellung für ihn ohne Relevanz ist (89f). Deshalb kann die Fülle aufgeführten Materials lediglich zeigen, dass eine aufmerksame Leserschaft das XII als „unified work" (219) lesen *kann*, nicht aber, dass es nach dem Willen der Redaktion auch als höhere Einheit gelesen werden *soll*. Eine kritische Würdigung im einzelnen ist im Zusammenhang dieser Arbeit weder möglich noch erforderlich, so dass nur einige Anmerkungen aus der Perspektive dieses Maleachikapitels gemacht werden sollen: (1) Da Mal 3,22-24 als einheitlicher Epilog angesehen wird, der zudem die Maleachischrift zusammenfassen soll (97f), bleibt die Darstellung zu den Epilogen zu undifferenziert. (2) Die erste Querverbindung, die Beschreibung von Israels Treubruch als Ehebruch, basiert auf einer Fehlinterpretation der Relation judäischer Ehemann – judäische Ehefrau bzw. ausländische Frau in Mal 2,10-16 als Bild für das Verhältnis des Gottesvolkes zu JHWH bzw. zu einer ausländischen Göttin (159-174). (3) Die beiden letzten Querverbindungen liegen auf einer anderen Ebene als die übrigen: Die vorletzte Querverbindung besteht aus einem einzelnen Vergleich („brennender Ofen") und die letzte lediglich aus einer Metapher, die dazu noch in den beiden angeführten Belegstellen unterschiedlich verwendet wird.[82]

Die *Thematik der Liebe JHWHs* zu seinem Volk stellt die intensivste Querverbindung her: Diese Thematik „durchzieht die [Maleachi-]Schrift wie ein roter Faden",[83] und auch die Hoseaschrift „ist unter den Prophetenschriften am stärksten von Liebesmetaphorik und -begrifflichkeit bestimmt (19 Vorkommen der Wurzel *'hb*)".[84] Innerhalb des XII ist nur noch in Zef 3,17 – im Rahmen der nachexilischen Heilsankündigungen in Zef 3,14-20 – von JHWHs „Liebe" (אהבה) die Rede, dessen „Erneuerung"[85] JHWH Zion zusagt. Die *Vater-Sohn-Topik* für das Verhältnis Gottes zu seinem Volk findet sich in Hos 2,1; 11,1 und in Mal 1,6a.bα; 2,10a; 3,17b.[86] Mal 3,17b modifiziert die beiden Topoi der Liebe und der Vaterschaft Gottes in für das VI. DW bezeichnender Weise: JHWH wird seine väterliche Liebe[87] nicht ganz Israel, sondern nur den Gerechten zuwenden.

---

82 Mal 3,16 hat mit Jes 4,3; Ez 13,9 viel engere thematische Berührungen als mit Hos 8,12.
83 Meinhold, BK 14/8 (Lfg. 1), 24. – Vgl. Mal 1,2-5 (in V2 dreimal אהב), variierend weitergeführt in 2,6a.bα. 2,10a.17b; 3,12.15.17f.
84 Meinhold, BK 14/8 (Lfg. 1), 39. – Vgl. nur Hos 3,1; 11,1.4a; 14,5.
85 Zum entsprechend korrigierten Text vgl. Irsigler, Zefanja, 418f.
86 Vgl. בני אל־חי in Hos 2,1bβ, קראתי לבני in Hos 11,1b, אב für JHWH in Mal 1,6bα; 2,10a und בן im Vergleich in Mal 3,17b.
87 Der Vaterbegriff scheint hier bewusst vermieden– vgl. Meinhold, BK 14/8 (Lfg. 2), 99.

8. Maleachi 3,13-21 und 3,23f

Von der „*Erkenntnis*" (Gottes – דעת) ist innerhalb des XII nur in Hos 4,1.6bis; 6,6 und Mal 2,7 die Rede – „und zwar jeweils in priesterlich-kultischem Kontext".[88] Auch dass Israel an JHWH „*treulos handelt*" (בגד), wird innerhalb des XII nur in Hos 5,7; 6,7 und Mal 2,11 festgestellt.[89] Als weitere Querverbindung ist schließlich die „*Jakob(=Betrüger)-Tradition*"[90] zu nennen, auf die sich Mal 3,6b-9 bezieht – in V6 in der kritisch gemeinten Anrede der Adressaten als „Jakobssöhne" und in V8a „über die Paronomasie mit ‚berauben' (קבע)".[91] „Diese [Tradition] bildet einen Bogen von der letzten Prophetenschrift des Zwölfprophetenbuches zur ersten (Hos 12,4-15) und verweist damit vom Ende des zweiten Kanonteils zurück weit an den Anfang des ersten (Gen 25,19-34; 27)."[92]

Alles in allem stehen diese Querverbindungen in einem thematischen Zusammenhang: JHWHs väterliche Liebe ringt mit den Jakobssöhnen, denen durch Verschulden der Priester die Erkenntnis[93] Gottes fehlt, so dass sie an ihm treulos handeln. Innerhalb dieses Rahmens kann man dann das XII als ein Beziehungsdrama lesen, in dem die liebende Zuwendung JHWHs das letzte Wort behält.

Der Fortschreiber von Mal 3,13-21 war sich offensichtlich der Hoseabezogenheit der Maleachischrift bewusst und verstärkt sie einmal durch den Vergleich des „kommenden Tages" mit einem „brennenden Backofen"[94] in Mal 3,19a, der in Hos 7,4.6.7 als Bild für das „Auflodern revolutionärer Leidenschaften, zugleich aber auch [für] die trügerische Unterdrückung dieser Leidenschaft zum Zweck der Täuschung"[95] dient. Dieser Bezug lässt das Gericht von Mal 3,19 als Spiegelstrafe erscheinen: Kein Freveltäter „kommt davon" (V15b), denn am „kommenden Tag" wird ihm nach seinem Tun vergolten. JHWHs Zuwendung aber erfahren an diesem „Tag" jene, die „ihm dienen" (V17f). Zum anderen stellt der Autor des VI. DW auch innerhalb seiner Heilsaussagen eine signifikante Querverbindung zur Hoseaschrift her: Auf Grund seiner zerbrochenen Gottesbeziehung ist das Gottesvolk nach Hos 5,13 so unheilbar krank, dass

---

88 A.a.O. (Lfg. 2), 159.
89 A.a.O. (Lfg. 3), 204.
90 A.a.O. (Ms), 300.
91 A.a.O. (Ms), 307. – Zu קבע vgl. die Wurzel עקב I, die „volkstümlich zur Erklärung des Jakobnamens יעקב herangezogen" wurde (a.a.O. [Ms], 307 – vgl. Gen 25,26; 27,36).
92 Ebd.
93 Vgl. neben der kognitiven die kontaktive Komponente von ידע, wie sie z.B. in Hos 2,22 greifbar wird.
94 תנור innerhalb der Schriftprophetie nur in Jes 31,9; Hos 7,4 (hier verbunden mit בער).6.7 und Mal 3,19 – vgl. auch Tooze, Framing, 207-211.
95 Jeremias, ATD 24/1, 95.

8.3. Mal 3,17-21 als letzte Tag-JHWHs-Dichtung im XII*

menschliche Hilfe aussichtslos ist. Nur JHWH kann Israel „heilen" (Hos 6,1; 7,1; vgl. 11,3), und im Schlussabschnitt der Hoseaschrift sagt Gott seinem Volk solche Wiederherstellung zu: „Ich will ihre Abtrünnigkeit heilen" (Hos 14,5a). Im letzten DW der Maleachischrift wird die Vorstellung von JHWH als Heiler[96] aufgenommen, indem JHWHs heilende Gerechtigkeit durch das singuläre Bild von der geflügelten Sonne veranschaulicht wird,[97] die aber nicht ganz Israel, sondern nur den JHWHs Namen Fürchtenden Heilung bringt (Mal 3,20a).

Innerhalb des durch die Hosea- und die Maleachischrift gesetzten Rahmens stellt der יום־יהוה die Leitthematik dar, die in den analysierten Tag-JHWHs-Dichtungen entfaltet wird. In welchem Verhältnis die letzte Tag-JHWHs-Dichtung Mal 3,17-21 zu ihnen steht, soll in drei Schritten geklärt werden: Zunächst werden die Querverbindungen zu Am 5,18-20 sowie zur Zefanja- und zur Obadjaschrift herausgearbeitet, während die Beziehungen zur Joelschrift im weiteren Zusammenhang von Mal 3,1-21 ermittelt werden müssen. Die Auswertung dieser Beziehungen schärft das besondere Profil von Mal 3,17-21, so dass schließlich das wegen seiner redaktionsgeschichtlichen Implikationen wichtige Verhältnis zu Sach 14 bestimmt werden kann.

Ein Vergleich mit *Am 5,18-20* ergibt eine signifikante strukturelle Entsprechung: Beide Tag-JHWHs-Dichtungen sind als Ringkomposition gestaltet, deren Mittelteil jeweils bildhaft die Unentrinnbarkeit des Gerichts darstellt. יום(־יהוה)-Aussagen finden sich jeweils in den beiden Rahmenteilen Am 5,18.20 und Mal 3,17f.20f, und in Mal 3,19 bilden die zwei יום-Wendungen sogar eine weitere Inclusio um den Mittelteil. Dazu kommt eine frappante thematische Gemeinsamkeit: Sowohl in Am 5,18-20 als auch in Mal 3,17-21 fehlt im Unterschied zu den anderen Tag-JHWHs-Dichtungen des XII ein Juda-Jerusalem-Bezug, ja überhaupt jede Lokalisierung des יום־יהוה-Geschehens.[98] Doch im Unterschied zu Am 5,18-20 akzentuieren die rahmenden Stücke Mal 3,17f.20f den heilvollen Charakter des „Tages" für die Gerechten und signalisieren damit den Wandel der יום־יהוה-Vorstellung von der ältesten bis zur jüngsten Tag-JHWHs-Dichtung des XII: Der „Tag", der nach Am 5,18-20 alle Adressaten unterschiedslos bedroht, ist zu einem „Tag" geworden, der den Unterschied zwischen Gerechten und Frevlern offenbart und endgültig macht.

---

96 Zur Vorstellung von JHWH als Heiler vgl. Haag, BE 9, 177-184.
97 Innerhalb des XII findet sich רפא q lediglich in Hos 5,13; 6,1; 7,1; 11,3 und 14,5 (einziger weiterer Beleg der Wurzel רפא pi in Sach 11,16 – negiert und mit dem „schlechten Hirten" als Subjekt) und מרפא nur in Mal 3,20a.
98 Die älteste Tag-JHWHs-Dichtung innerhalb von Zef 1*, V14-16, weist zwar auch keinen Juda-Jerusalem-Bezug auf, aber immerhin allgemeine geografische Bezugnahmen in V16b.

Zur יוֹם־יהוה-Thematik der *Zefanjaschrift* besteht eine einzelne bemerkenswerte Querverbindung: Nach Zef 3,9 werden die Völker in der Heilszeit „reine Lippen" erhalten und JHWH „mit einer Schulter dienen", und in Mal 3,14.17f werden die Gerechten als „Gott Dienende" charakterisiert. Dieser Bezug gewinnt dadurch Gewicht, dass die Wurzel עבד innerhalb des XII nur an diesen Stellen Gott zum Objekt hat. Für die Leserschaft des XII sind so auch die „Gerechten aus den Völkern" in die heilvolle Zukunft der „Gott Dienenden" eingeschlossen.

Zur *Obadjaschrift* bestehen folgende Stichwortverbindungen: Die vom יוֹם(־יהוה) Bedrohten sind durch „Vermessenheit" (Obd 3aα) bzw. als „Vermessene" (Mal 3,15a.19b) charakterisiert, wobei die ohnehin seltenen Lexeme זדון nur in Obd 3aα und זדים lediglich in Mal 3,15a.19b innerhalb des XII vorkommen.[99] Sowohl in Obd 18 als auch in Mal 3,19 wird Feuermetaphorik zur Beschreibung des יוֹם־יהוה-Geschehens und „Strohstoppeln" (קש) als Metapher für die Betroffenen verwendet und die Ankündigung restloser Vernichtung mit einer Redeabschlussformel verbunden.[100] Eine strukturelle Parallele besteht darin, dass sowohl die Obadjaschrift als auch Mal 3,13-21 vom doppelten Gegensatz zweier Gruppen und deren Geschick vor und nach der endzeitlichen Wende bestimmt ist. Zugleich ist der fundamentale Unterschied unübersehbar: Während sich in der Obadjaschrift das Gottesvolk und die durch „Esau" repräsentierten Völker gegenüberstehen und „das Haus Jakob und das Haus Josef" im Gericht „Feuer und Flamme" sind (Obd 18), stehen sich in Mal 3,13-21 zwei Gruppen *innerhalb* des Gottesvolkes und deren gegensätzliches Geschick gegenüber.

Die Bezugnahmen auf Joel 2,1-11, sind am intensivsten, lassen sich aber nur im Zusammenhang der Querverbindungen zwischen Mal 3,1-21 und der *Joelschrift* insgesamt angemessen bewerten. Diesen Querverbindungen wird deshalb jetzt – zunächst auf synchroner Ebene – nachgegangen. JHWH beantwortet die Frage der Adressaten des IV. DW (Mal 2,17-3,5) nach dem „Gott des Rechts" (Mal 2,17) mit der Ankündigung, seinen Boten zur Wegbereitung vor ihm zu entsenden (Mal 3,1a). Diese Ankündigung wird in Mal 3,1b dahingehend expliziert, dass JHWH „plötzlich" als Tempelherr kommt, so dass das Kommen seines Boten als priesterlich agierender „Bundesbote"[101] um so nötiger ist, um JHWHs Kommen für

---

99 Innerhalb des Kanonteils Nebiim זד nur in Jes 13,11; Jer 43,12; Mal 3,15.19 und זדון lediglich in 1Sam 17,28; Jer 49,16 // Obd 3; Jer 50,31f; Ez 7,10.
100 Vgl. אשר לא־יעזב להם שרש in Obd 18b und ולא־יהיה שריד לבית עשו כי יהוה דבר in Mal 3,19b.
101 Die singuläre Wendung מלאך הברית „bindet begrifflich am ehesten Bezugnahmen auf den durch die zeitgenössische Priesterschaft verdorbenen Levi-Bund (2,4b-6.8 ...) und den

8.3. Mal 3,17-21 als letzte Tag-JHWHs-Dichtung im XII*

die Adressaten aushaltbar zu machen. Das reinigende Wirken des Bundesboten wird nun mit Hilfe einer Neuinterpretation von Joel 2,1-11 eingeleitet: Die diese Tag-JHWHs-Dichtung abschließende rhetorische Frage wird in Mal 3,2a fast wörtlich aufgenommen[102] und durch eine parallele Frage noch verstärkt. Doch der „Tag seines Kommens" ist nicht mehr der Tag JHWHs wie in Joel 2,1b.11b, sondern nach der voraufgehenden Ankündigung des מלאך הברית (letzte Langzeile von Mal 3,1b) der dem Kommen JHWHs vorausliegende „Tag" des Bundesboten.[103] Sein Wirken wird wie in Joel 2,3a.5a durch Feuermetaphorik charakterisiert,[104] doch hat dieses Feuer keine vernichtende (Joel 2,3.5), sondern eine reinigende und läuternde Wirkung, die zudem auf das Kultpersonal begrenzt ist (Mal 3,2bf). So wird aus der eine negative Antwort implizierenden rhetorischen Frage Joels eine Doppelfrage (Mal 3,2a), die im Folgenden positiv beantwortet wird: Die durch den Bundesboten gereinigten und geläuterten „Levisöhne" können so amtieren, dass das „Opfer Judas und Jerusalems" JHWH wohlgefällig ist und das Kommen des „Gottes des Rechts" (Mal 2,17b; 3,5) für die Adressaten aushaltbar wird.

Mit den in Aussicht gestellten für JHWH wohlgefälligen Opfergaben wird erneut auf Joel angespielt, der von JHWHs erneuter Zuwendung „Speis- und Trankopfer für JHWH, euren Gott," erwartet.[105] Doch Joel zufolge konnten die Opfer wegen der Heuschrecken- und Dürrekatastrophe nicht mehr dargebracht werden (Joel 1,9a.13b), so dass ihre künftige Darbringung dadurch möglich wird, dass JHWH „Früh- und Spätregen wie früher herabkommen" lässt und „Korn, Wein und Öl sendet" (Joel 2,19a). In Mal 3,2-4 dagegen ist vorausgesetzt, dass der Opferkult durch das Versagen der Priesterschaft für JHWH nicht mehr annehmbar ist. Deshalb „sendet"[106] JHWH seinen Boten, der als Reiniger wieder die Darbringung von Opfern „wie in der Vorzeit" möglich macht.

Im V. DW Mal 3,6-12 wird ein Umkehrruf an die Adressaten gerichtet (V7aβ), der Parallelen in Joel 2,12aβ.13aβ.14a hat.[107] Doch Joels Umkehrruf ergeht in der Hoffnung, dass JHWH „vielleicht" umkehrt (Joel 2,14a), während Mal 3,7aβ reziprok formuliert ist: „Kehrt um zu mir, so kehre ich um zu euch!" Bei Joel ist die erhoffte Umkehr JHWHs also das *Motiv* für

---

als ‚der Bote JHWH Zebaots' hochqualifizierten Priester (2,7 ...) zusammen" (Meinhold, BK 14/8 [Ms], 261. – Zum „Bundesboten" vgl. auch Renker, Tora, 90-93 und Hirth, Boten, 104-106).
102 Vgl. ומי יכילנו am Schluss von Joel 2,11 und ומי מכלכל את־יום בואו in Mal 3,2aα.
103 Vgl. Meinhold, BK 14/8 (Ms), 263.
104 Vgl. אש in Joel 2,3a.5a (vgl. 1,19b.20b) und in Mal 3,2b.
105 Vgl. מנחה in Mal 3,3b.4a und מנחה ונסך in Joel 2,14b (vgl. 1,9a.13b).
106 Vgl. die identische Formulierung הנני שלח in Joel 2,19a und Mal 3,1a.
107 Vgl. ... שבו עדי in Joel 2,12aβ, ושובו אל־יהוה אלהיכם in V13aβ und – auf JHWH bezogen – מי יודע ישוב in V14a mit שובו אלי ואשובה אליכם in Mal 3,7aβ.

die geforderte Umkehr der Adressaten, die nicht als Abkehr von konkreten Verfehlungen konkretisiert, sondern auf die Hinkehr zum kommenden Gott konzentriert ist.[108] In Mal 3,7aβ dagegen ist die Umkehr JHWHs als *Reaktion* auf die Umkehr der Adressaten zu ihm gefasst, und diese realisiert sich in der vollen Erfüllung kultischer Verpflichtungen:[109] „Bringt den ganzen Zehnten in das Vorratshaus, damit Nahrung in meinem Haus ist" (Mal 3,10aα)! Auch diese Formulierung berührt sich mit Joel: Nach Joel 1,9a.13b „sind Speis- und Trankopfer vom Haus JHWHs weggenommen" (vgl. V16b) und die „Vorratshäuser[110] verödet". Nach Mal 3,10b. 11aα wird JHWH auf die tätige Umkehr der Adressaten mit dem „Herabgießen" von Regen[111] und der „Bedrohung des Fressers" antworten. Damit ist die auf Joels Umkehrruf (Joel 2,12-17) folgende Zusage JHWHs thematisch parallelisiert, Regen herabkommen zu lassen (Joel 2,23) und den Heuschreckenschaden zu erstatten (V25). Die thematische Entsprechung zwischen V. DW und Joelschrift setzt sich darin fort, dass als Folge von Regengewährung und Schädlingsbekämpfung neue Fruchtbarkeit in Aussicht gestellt wird, und sie wird noch verstärkt durch terminologische Gemeinsamkeiten: Die verheißene Fruchtbarkeit zeigt sich in der „Frucht des Ackerbodens" und dem Ertrag des „Weinstocks" (Mal 3,11; vgl. Joel 2,21a.22b)[112] und wird zusammenfassend als überfließender[113] „Segen" (Mal 3,10b; vgl. Joel 2,14bα)[114] bezeichnet, den JHWH „für euch" bereithält: Jeweils unmittelbar auf ein verbum finitum folgt in Joel 2,19a[115].23a.b.25a und in Mal 3,10bα.β.11aα.β.b die suffigierte Präposition לכם. Schließlich wird angekündigt, welche Auswirkung dieses künftige Handeln JHWHs zugunsten seines Volkes auf das Verhältnis zu den Völkern haben wird: Während das Gottesvolk nach Joel 2,19b (vgl. V26b.27) keine „Schmähung" mehr durch die Völker erleiden wird, stellt Mal 3,12a in positiver Formulierung steigernd in Aussicht, dass „alle Völker euch glücklich preisen" werden.

---

108 Vgl. Wolff, BK 14/2, 62f.
109 Vgl. Graupner, ThWAT VII, 1161f.
110 אוצר kommt innerhalb des XII lediglich in Hos 13,15; Joel 1,17; Mi 6,10 und Mal 3,10 vor, doch nur in Joel 1,17 (אצרות = Vorratshäuser // מגרות = Speicher) und Mal 3,10 (בית האוצר) bezeichnet es Baulichkeiten.
111 Als metaphorisches „Öffnen der Himmelsfenster"– vgl. Meinhold, BK 14/8 (Ms), 315.
112 Vgl. פרי האדמה in Mal 3,11aβ mit אדמה in Joel 2,21a und פרי V22bα und (ה)גפן in Joel 2,22bβ (vgl. 1,7a.12a) und in Mal 3,11bα.
113 Zum Motiv des Überfließens vgl. Mal 3,10b mit Joel 2,24; 4,18.
114 ברכה innerhalb des XII nur noch in Sach 8,13 und Mal 2,2 (vgl. Meinhold, BK 14/8 [Ms], 315). In Sach 8,13 wird dem Gottesvolk verheißen, dass es „ein Segen sein" werde, und in Mal 2,2 bezeichnet ברכה die Darbringung der Priester.
115 In Joel 2,19a nach einem pt.

8.3. Mal 3,17-21 als letzte Tag-JHWHs-Dichtung im XII*

Im VI. DW Mal 3,13-21 beklagen die Gottesfürchtigen die vermeintliche Folgenlosigkeit der Gottesverehrung: Es scheint zum einen nutzlos, „seinen Dienst zu bedienen"[116] (V14bα). Dann wird der Nutzen der Bußtrauer, wie sie Joel 2,12b (vgl. 1,14a; 2,15) gefordert wird, in V14bβ in Frage gestellt. Schließlich kommen die Gottesfürchtigen auf die scheinbare Folgenlosigkeit der Gottesverachtung zu sprechen: Während nach Joel 3,5a die JHWHs Namen Anrufenden den Schrecken des יום־יהוה „entrinnen" werden, scheinen es in Mal 3,15bβ die Gott Prüfenden zu sein, die dem strafenden Zugriff JHWHs „entrinnen".[117] Das narrative Interludium in Mal 3,16 mit JHWH als Subjekt bezieht sich auf Joel 2,18.19aα zurück (s.o.) und leitet wie dort die verheißende Gottesrede ein. Sie setzt wie in Joel 2,18b mit der Zusage von JHWHs Schonung ein,[118] die aber in Mal 3,17b eine doppelte Umakzentuierung erfährt: Einmal verschiebt sich der Akzent bei der Wurzel חמל von der Haltung („Mitleid haben") zum Verhalten („schonen") und dann verkürzt sich die Reichweite von „seinem Volk" auf die Gerechten.

Intensiv werden die Joelbezüge in Mal 3,17-21 mit Joel 2,1-11 als wichtigstem Referenztext. In Joel 2,1b wird das „Kommen" des יום־יהוה angekündigt, der in Gestalt des JHWH-Heeres heraufzieht. Dieses Heer bringt verzehrendes Feuer mit sich, vor dem es kein Entrinnen gibt und verbreitet im Vorrücken selbst ein Geräusch wie im Feuer prasselnde Strohstoppeln (V5aβ). Nach Mal 3,19 brennt der kommende Tag[119] wie ein Backofen, und die von ihm Betroffenen sind wie Strohstoppeln, die restlos verzehrt werden. Innerhalb des XII findet sich die Wurzel להט nur in Joel 1,19b; 2,3a und Mal 3,19b[120] und das Lexem קש lediglich in Joel 2,5a; Obd 18a; Nah 1,10 und Mal 3,19b. Die Verfinsterung der Sonne macht in Joel 2,10b den Unheilscharakter des יום־יהוה anschaulich, während der Aufgang der „Sonne der Gerechtigkeit" in Mal 3,20a dessen Heilscharakter für die Gerechten symbolisiert. Im XII erscheint das Lexem שמש nur in Joel 2,10bα(= 4,15a). 3,4a und Mal 3,20a innerhalb eines יום־יהוה-Kontextes.[121] Schließlich ist die Individualisierung der Adressa-

---

116 Die figura etymologica שמר משמרת findet sich häufig in Ez und P, wo sie sich „normalerweise auf Vorschriften mit kultischem Charakter bezieht" (García López, ThWAT VIII, 299). Eine kultische Bedeutung legt sich wegen der Parallelaussage in V14bβ und wegen des kontrastierenden Rückbezuges auf V10 auch für Mal 3,14bα nahe.
117 Sowohl Joel 3,5a als auch Mal 3,15bβ haben מלט nif. Die Wurzel מלט kommt innerhalb des XII nur noch in Am 9,1 (negiert) und Sach 2,11 (als Aufforderung) vor.
118 Vgl. die Wurzel חמל in Joel 2,18b und Mal 3,17b.
119 Vgl. ... כי־בא יום־יהוה in Joel 2,1b und ... כי־הנה היום בא in Mal 3,19a.
120 Und darüber hinaus im Schriftprophetenkanon nur noch in Jes 42,25.
121 שמש ist im XII insgesamt in Joel 2,10; 3,4; 4,15; Am 8,9; (Jona 4,8bis); Mi 3,6; (Nah 3,17); Hab 3,11; (Sach 8,7; Mal 1,11); 3,20 belegt (in Klammern lediglich als Tagesgestirn).

ten des JHWH-Tages in Mal 3,17-21 thematisch auf Joel 3,5a bezogen: Die Zusage, dass „jeder, der den Namen JHWHs anruft, gerettet wird", gilt Individuen und ihrem Verhalten am יוֹם־יהוה (vgl. Joel 3,4b). In Mal 3,17-21 wird die individualisierende Darstellung aufgenommen und ergänzt um „jeden Freveltäter" bzw. um den, „der Gott nicht dient". Diese Beobachtungen sprechen für einen bewusste Rückbezug auf Joel 2,1-11.

Die herausgearbeiteten Bezugnahmen von Mal 3,1-21 auf die Joelschrift sollen nun unter diachroner Perspektive interpretiert werden. Den Ausgangspunkt bildet dabei die Frage, in welchem Verhältnis der Einschub in das IV. DW, Mal 3,1b-4, und V13-21 als Fortschreibung des IV. DW zueinander stehen.

Koenen hält Mal 3,13-21 für älter: „In der Grundschicht von 2,17-3,5 erscheint Jahwe als Ankläger, also in einer juristischen Funktion. Der Übergang von dieser Vorstellung zu der die Fortschreibung v2-4 bestimmenden Vorstellung vom Tag Jahwes ist sehr abrupt, zumal da der Tag Jahwes auf ein Reinigungsereignis umgedeutet wird. Die Vorstellung vom Tag Jahwes legte sich für den Verfasser von v2-4 also weder von 2,17-3,1a.5 noch von seiner Aussageabsicht ‚Reinigung der Leviten' her nahe. In die Fortschreibung 3,13-21* fügt sich die Vorstellung vom Tag Jahwes hingegen sehr gut ein ... Der Verfasser von 3,2-4 will das Kommen Jahwes, von dem die ... Grundschicht 2,17-3,1a.5 spricht, explizieren. Dies geschieht, indem er aus 3,13-21* (bes. v19) die Rede vom Jahwetag ... sowie das ... Feuer-Motiv aufnimmt, dabei den dort angekündigten Vernichtungstag jedoch zu einem Reinigungstag umdeutet."[122]

Doch obige Analyse hat ergeben, dass die in Mal 3,2a aufgenommene JHWH-Tags-Vorstellung nicht V13-21, sondern expressis verbis Joel 2,11 entnommen ist. Für die Ergänzer des IV. DW legte sich ein Rückbezug auf die Joelschrift aus mehreren Gründen nahe: Einmal fanden sie bereits im V. DW Joelparallelen vor, die vor allem den Zusammenhang von geforderter Umkehr und verheißener Fruchtbarkeit betrafen. Und dann bot bereits die Joelschrift eine dem יוֹם־יהוה vorausgehende Ereignisfolge: Heuschrecken- und Dürrekatastrophe als Vorboten des JHWH-Tages (Joel 1,15),[123] „Korn, Wein und Öl" als Zeichen zukünftiger Zuwendung JHWHs (Joel 2,19a)[124] und „danach" (Joel 3,1) „Wunderzeichen am Himmel und auf der Erde ... vor dem Kommen des großen und furchtbaren Tages JHWHs" (Joel 3,3f). Schließlich eröffnete die zweizügige Darstellung des יוֹם־יהוה Deutungsspielraum: Joels erste Tag-JHWHs-

---

122 Koenen, Heil, 63f.
123 Erstere nach Joel 2,25b von JHWH „gesandt": חֵילִי הַגָּדוֹל אֲשֶׁר שִׁלַּחְתִּי בָּכֶם.
124 Auch von JHWH gesandt: vgl. הִנְנִי שֹׁלֵחַ לָכֶם (Joel 2,19a) / הִנְנִי שֹׁלֵחַ מַלְאָכִי (Mal 3,1a).

8.3. Mal 3,17-21 als letzte Tag-JHWHs-Dichtung im XII*

Dichtung Joel 2,1-11 konnte dem Anliegen dienstbar ge-macht werden, die Frage nach dem „Gott des Rechts" und seinem verziehenden Kommen (Mal 2,17) zu klären, indem alle Aufmerksamkeit auf die Gottes Kommen vorbereitende Botentätigkeit gelenkt wurde: Der Tag *JHWHs* wird zum Tag seines *Boten* und das *vernichtende* Feuer des JHWH-Heeres zum *läuternden* Feuer des Reinigers, das auf die Levisöhne begrenzt ist und dessen Ergebnis Juda und Jerusalem zugute kommt.

Demgegenüber spiegelt Mal 3,13-21 eine deutlich vorangeschrittene Differenzierung im Gottesvolk: Das Auseinandertreten zweier Gruppen ist mittlerweile so manifest geworden, dass ihre Gegenüberstellung das gesamte letzte DW strukturiert und in der antithetischen Charakterisierung als „Gerechte und Frevler" (V18) auch terminologisch Ausdruck findet. Um die künftige Umkehrung des Geschicks beider Gruppen zu entfalten, knüpft der Fortschreiber an die Interpretation des יוֹם־יהוה in V2 an, korrigiert sie aber mit Hilfe erneuter intensiver Rückbezüge auf Joel 2,1-11: Während der Tag seines Kommens in V2a ein dem Kommen Gottes vorausliegender Tag der Läuterung und Reinigung durch JHWHs Boten ist, tritt in V17-21 der „Tag" in den Blick, an dem JHWH selbst an Gerechten und Frevlern handeln wird (V17a. 21b). Die singuläre und die Tag-JHWHs-Dichtung Mal 3,17-21 betont rahmende Wendung vom „Tag, an dem ich handle",[125] scheint die Uminterpretation des Tages JHWHs zum Tag seines Boten ausdrücklich richtigstellen zu wollen. Der Vergleich mit dem Feuer des Schmelzers, das die Leviten wie kostbares Gold und Silber läutert und reinigt (V2bf), wird zum Vergleich mit dem brennenden Backofen gesteigert, der die wertlose Spreu darstellenden Frevler restlos vernichtet (V19). Für den Autor ist die Zeit offensichtlich so vorgerückt, dass er weder die Umkehr der Jakobssöhne (V6f) noch die Reinigung der Levisöhne (V3) mehr erwartet. Die Wende kann nicht mehr von den menschlichen Adressaten oder einem himmlischen Boten erhofft werden, sondern allein von dem Tag, an dem *JHWH* handelt: Da wird er die unerträglich gewordene Spannung zwischen Gerechten und Frevlern so auflösen, dass er ihr jeweiliges Geschick umkehrt. Das VI. DW hat seine Position offenkundig nicht nur aus dem literarischen Grund, dass das V. DW bereits Abschlusscharakter hatte, sondern auch aus einem theologischen Grund: Die mit dem Umkehrruf des V. DW verbundene Zusage, die innerhalb der Einrede des VI. DW in V14b bezweifelt wird, erfährt am kommenden Tag ihre endgültige Bewahrheitung.

Die Beziehungen zwischen *Sach 14* und Mal 3,13-21 sind wegen ihrer redaktionsgeschichtlichen Implikationen[126] von besonderem Interesse.

---

125 ... ליום אשר אני עשה in V17aβ und ביום אשר אני עשה in V21bα.
126 Siehe Einführung in das Maleachikapitel.

Bosshard/Kratz und Steck haben beide Texte einer Redaktionsschicht zugeordnet.[127] Dagegen spricht jedoch, dass Sach 14 und Mal 3,13-21 in Situationsbezug, thematischem Profil[128] und Aussageabsicht zu unterschiedlich sind: Während der Autor von Sach 14 eine Summe der יום־יהוה-Thematik des X* bietet, die keinerlei konkreten Situationsbezug erkennen lässt, ist die Tag-JHWHs-Dichtung Mal 3,17-21 Gliedgattung innerhalb des letzten DW, das die JHWH-Tags-Vorstellung der Lösung eines aktuellen Problems dienstbar macht. In Sach 14 wird das יום־יהוה-Geschehen als endgeschichtlicher Kampf dargestellt, der das Abfolgeschema vom Gericht zum Heil sowohl für das Gottesvolk als auch für die Völker durchläuft. In Mal 3,17-21 dagegen werden das Heil der Gerechten und das Unheil der Frevler kontrastierend nebeneinander gestellt und mit Hilfe von Metaphern und Vergleichen veranschaulicht. In Sach 14 ist Jerusalem das universale Zentrum der Königsherrschaft JHWHs in einer verwandelten Schöpfung, während Mal 3,17-21 keinerlei lokalen Bezug aufweist, sondern ausschließlich an der personalen Gegenüberstellung von Gerechten und Frevlern interessiert ist. Dass VI. DW muss also von anderer Hand stammen als Sach 14. Doch welchem Text kommt dann Priorität zu?

Im Folgenden soll begründet werden, dass Mal 3,17-21 die jüngste Tag-JHWHs-Dichtung innerhalb des XII ist, die auch Sach 14 bereits voraussetzt. Eine erste Bezugnahme auf Sach 14 findet sich bereits innerhalb der Fortschreibung Mal 1,11-14:[129] Die Thematik des Königtums JHWHs „legt sich über die Inclusion גדול / שמי / בגוים ... wie ein Rahmen ... um den Abschnitt und bestimmt ihn".[130] Dieser Rahmen knüpft nun an Sach 14,9.16 an und sieht die Königsherrschaft JHWHs in seiner kultischen Verehrung durch die Völker verwirklicht.[131] Besonders der ursprünglich eigenständige[132] hymnische Halbvers Mal 1,14b weist

---

127 Nach Bosshard/Kratz besteht die „Überarbeitungsschicht (Mal II)" (37) aus Mal 2,17-3,5 und 3,13-21 und wird „das Buch *Sach; Mal zugleich von Sach 14 und Mal II fortgeschrieben" (43 – vgl. Bosshard/Kratz, BN 52, 37-45). – Steck rezipiert Bosshard/Kratz und nennt diese Redaktionsschicht im Rahmen seines Modells für die letzten Redaktionen des Zwölfpropheten- und des Jesajabuches „Fortschreibung III am Ende des Mehrprophetenbuches" (56 – vgl. Steck, Abschluss, 43-58, besonders 43-46).
128 Siehe hierzu auch den vorletzten Abschnitt dieses Kapitels.
129 „Neu- bzw. Weiterinterpretation von 1,6-10" (Meinhold, BK 14/8 [Lfg. 2], 124).
130 Ebd.
131 Vgl. zu diesem späten Zug des Königtums JHWHs Meinhold, BK 14/8 (Lfg. 2), 124. – Der Unterschied zwischen Mal 1,11 und Sach 14,16 zeigt zugleich den Abstand auch dieser Fortschreibung zu Sach 14: Die Völker verehren JHWH nicht in Jerusalem (Sach 14,16), an dessen Kult JHWH kein „Gefallen" hat (Mal 1,13), sondern „an jedem Ort" (V11) ihres Wohnens.
132 Vgl. Meinhold, BK 14/4 (Lfg. 2), 83f.

terminologische Entsprechungen zu Sach 14,9.16 auf:[133] Am Tag für JHWH wird JHWH König sein über die ganze Erde, und JHWH und sein Name werden „einzig" sein (Sach 14,9), so dass der Überrest der Völker König JHWH Zebaot anbeten wird (V16). Analog dazu stellt sich JHWH Zebaot in hymnischer Ich-Rede als großer König vor, dessen Name gefürchtet ist unter den Völkern (Mal 1,14b).[134] Diese auf Sach 14(,9.16) anspielende Aussage von der JHWH-Furcht unter den Völkern seinem Namen gegenüber bot dem Fortschreiber in Verbindung mit Mal 1,11 offensichtlich den geeigneten Hintergrund, auf dem das ehrfurchtslose Verhalten der Jerusalemer Priesterschaft kontrastiert werden konnte.

Auch zwischen Mal 3,13-21 und Sach 14 bestehen terminologische und thematische Querverbindungen, die Sach 14 als Ausgangstext nahe legen. Die Ankündigung des „kommenden Tages" in Mal 3,19aα hat ihre engste Parallele in Sach 14,1a,[135] und im Anschluss an diese Ankündigung wird jeweils die unheilvolle Wirkung dieses „Tages" für einen Teil des Gottesvolkes beschrieben (Sach 14,1b.2; Mal 3,19aβ.b). Doch während der personale Bezug in Sach 14,2b allgemein bleibt, wird er in Mal 3,19bα qualifizierend präzisiert.[136] Eine weitere terminologische Querverbindung wird durch die Wurzel יצא hergestellt, die nur in Sach 14,2b.3a.8a und Mal 3,20b in einer Tag-JHWHs-Dichtung des XII vorkommt.[137] Nachdem die „Hälfte der Stadt in die Gefangenschaft ausgezogen" ist (Sach 14,2b), „zieht" JHWH zugunsten seines Volkes „zum Kampf aus" (V3a), zu dessen Auswirkungen das „Ausgehen" einer Quelle aus Jerusalem gehört (V8). Mal 3,20b ergänzt nun diese Geschehensfolge um die positiven Konsequenzen für den „Rest des Volkes" (Sach 14,2b), der expressis verbis in Sach 14 nicht mehr erwähnt wird. Hier aber werden die den יום־יהוה Überstehenden qualifizierend als „meinen Namen Fürchtende" angeredet und erhalten die Zusage, dass sie „ausziehen und springen werden wie die Mastkälber".

Die Priorität von Sach 14 wird schließlich durch eine traditionsgeschichtliche Erwägung unterstrichen: Es ist wenig wahrscheinlich, dass der

---

133 Zur Anspielung von Mal 1,14b auf Sach 14,9 vgl. auch Schart, Zechariah, 338f.
134 Vgl. יהוה צבאות als מלך in Sach 14,9a.16b und Mal 1,14b, das Lexem שם in Sach 14,9b und Mal 1,11a[bis].b.14b und schließlich das Lexem גוים in Sach 14,16a und Mal 1,11a.b.14b.
135 Vgl. הנה יום־בא ליהוה in Sach 14,1a und כי הנה היום בא in Mal 3,19aα. Weitere Parallele innerhalb der יום־יהוה-Darstellungen der Schriftprophetie ist nur noch die Ankündigung הנה יום־יהוה בא in Jes 13,9aα, auf die sich Sach 14,1a zurückbezieht (vgl. S. 219f).
136 Vgl. die „Hälfte der Stadt" in Sach 14,2b und „alle Vermessenen und jeder Freveltäter" in Mal 3,19bα.
137 יצא mit personalem Subjekt findet sich innerhalb von Tag-JHWHs-Dichtungen nur in Jer 46,9 („Helden"), Ez 30,9 („Boten"), Sach 14,2b („Hälfte der Stadt").3a (JHWH) und Mal 3,20b („die meinen Namen Fürchtenden").

Autor von Sach 14, der die ihm vorliegenden Tag-JHWHs-Dichtungen zusammenfassen wollte, Mal 3,17-21 dabei bewusst übergangen hätte. Unverwechselbares Proprium von Mal 3,17-21 ist die Individualisierung der Adressaten des יום־יהוה, die mit dem Gegensatzpaar „Gerechter – Frevler" (V18a) prägnant auf den Begriff gebracht wird. Gerade wenn der Autor von Sach 14 dieser letzten Zuspitzung kritisch gegenübergestanden hätte, wären mindestens Spuren einer Auseinandersetzung mit dieser Position zu erwarten. Wesentlich plausibler ist, dass der Fortschreiber von Mal 3,13-21 diese durch die Situation geforderte und Sach 14 ergänzende Neuakzentuierung auf die umfassende Darstellung in Sach 14 folgen lässt und den exakten Terminus יום־יהוה im Bewusstsein des traditionsgeschichtlichen Abstandes seiner Tag-JHWHs-Dichtung zu ihren Vorgängerinnen viermal kräftig modifiziert.[138] In den Tag-JHWHs-Dichtungen des XII wird eine fortlaufende Differenzierung der Adressaten des יום־יהוה vorgenommen: Während die Adressaten des unheilvollen JHWH-Tages von Am 5,18-20 ohne Näherbestimmung bleiben, befinden sich in Zef 1 Juda und Jerusalem im Brennpunkt des Unheilstages. Nach Obd trifft der Unheilscharakter dieses „Tages" nur Esau und die Völker, wogegen der יום־יהוה für das Gottesvolk Heil bedeutet. Für Joel bringt er nach vollzogener Umkehr Heil für Israel, und nach Sach 14 schließt der Heilsaspekt des JHWH-Tages nach JHWHs Gerichtsschlag auch den „ganzen Überrest aus allen Völkern" ein. In Mal 3,17-21 schließlich ist der „kommende Tag" individualisierend Unheilstag für die Frevler und Heilstag für die Gerechten. Damit bildet diese Tag-JHWHs-Dichtung nicht nur literarisch das Ende des XII,[139] sondern auch traditionsgeschichtlich den Abschluss seiner Tag-JHWHs-Dichtungen.

---

138 Zum „Tag, an dem ich handle" (Mal 3,17aβ.21bα) und der „brennt wie ein Backofen" (V19a) sowie zum „kommenden Tag" (V19bβ). – Innerhalb der Tag-JHWHs-Dichtungen des XII fehlt die präzise Wendung יום־יהוה nur noch in Sach 14, aber die Formulierung יום־בא ליהוה (Sach 14,1a) ist deutlich an sie angelehnt, während der Gottesname יהוה in allen יום-Wendungen von Mal 3,17-21 fehlt.
139 Mal 3,22-24 enthält zwei jüngere Nachträge – Näheres siehe im letzten Abschnitt.

8.4. Thematisches Profil von Mal 3,17-21

Wie im vorigen Abschnitt herausgearbeitet wurde, zeigen sowohl Akzentuierung als auch Funktion des „kommenden Tages" in Mal 3,17-21 einen deutlichen Abstand zum X*, dessen Redaktoren den יום־יהוה zur Leitthematik dieses Corpus gemacht haben. Diese letzte Tag-JHWHs-Darstellung im XII ist keine selbstständige Dichtung, sondern Gliedgattung innerhalb des VI. DW der Maleachischrift (Mal 3,13-21). Diese gattungskritische Beobachtung führt auf die signifikanteste Beson-derheit des JHWH-Tages nach Mal 3,17-21: Die יום־יהוה-Vorstellung ist kein selbstständiges Thema mehr, sondern wird innerhalb des VI. DW der Klärung einer aktuellen Herausforderung dienstbar gemacht. Die Adressaten sehen sich mit einer verkehrten Welt konfrontiert, in der sich „Freveltäter" des Ergehens von Gerechten erfreuen (V15), während die JHWH-Verehrung der Gottesfürchtigen ins Leere zu gehen scheint (V14). Keine Tag-JHWHs-Dichtung ist so auf die aktuelle Situa-tion ihrer Adressaten bezogen und in ihrem besonderen Profil so von deren bedrängenden Fragen bestimmt wie Mal 3,17-21 innerhalb des letzten DW der Maleachischrift.

(1) Die Schilderung des „kommenden Tages" entfaltet JHWHs Antwort auf die „starken Worte" der Gottesfürchtigen: Erstmals erfolgt die Ankündigung seines „Tages" durch JHWH selbst,[140] der den Gerechten in direkter Anrede die Schicksalswende zusagt (V17f. 20f).

(2) Der „kommende Tag" wird – singulär in Tag-JHWHs-Dichtungen – in göttlicher Ich-Rede paraphrasiert als היום אשר אני עשה (V17a.21b). Diese Wendung kann übersetzt werden als „der Tag, den ich mache". Sie betonte dann mit der Wurzel עשה als dem „allgemeingültigste(n) Schöpfungsverb"[141] JHWHs Handeln in seiner kosmologisch-vertikalen Dimension, schlösse sich thematisch an die Partizipialkonstruktionen von Am 4,13; 5,8 und Sach 10,1 an[142] und machte den „Tag" zum Objekt göttlichen Schöpferhandelns wie in Ps 118,24 und Koh 7,14.[143] Diese Wendung kann aber auch übersetzt werden als „der Tag, an dem ich handle", und diese Wiedergabe verdient aus drei Gründen den Vorzug: Zum einen hätte solches Handeln JHWHs, wie es in Mal 3,17-21 sowohl nach seiner

---

140 Vgl. die dreimalige Formel „hat JHWH gesagt" in V17aα.19bβ.21bβ. und das zweimal betonte göttliche אני in V17aβ.21bα. Die Ankündigung des יום־יהוה erfolgt sonst durchgängig in Prophetenrede.
141 Ringgren, ThWAT VI, 417.
142 Vgl. עשה שחר עיפה in Am 4,13a, עשה כימה וכסיל in Am 5,8a und יהוה עשה חזיזים in Sach 10,1a.
143 Vgl. זה־היום עשה יהוה in Ps 118,24a und Koh 7,14, wo „guter und böser Tag" einander gegenübergestellt werden, verbunden mit der Aufforderung zu bedenken: גם את־זה לעמת־זה עשה האלהים (V14bα).

heilvollen als auch nach seiner unheilvollen Seite hin entfaltet wird, ebenfalls Parallelen innerhalb des XII in JHWHs Handeln an seinen und seines Volkes Feinden in Nah 1,9 und Zef 3,19 und in der Wiederherstellung seines Volkes in Am 9,12.[144] Zum anderen nimmt die so verstandene Wendung noch direkter die beiden Fragen von Mal 2,17b; 3,14b auf, die Gottes vermeintliche Inaktivität beklagen: JHWH beantwortet die Klagen mit dem Verweis auf den „Tag, an dem ich handle". Und schließlich korrigiert die zweimalige Betonung des „Tages, an dem ich handle", die Uminterpretation des יום־יהוה in Mal 3,2a zum „Tag", an dem der „Bundesbote" handelt.

(3) In jedem Fall bietet die Wendung היום אשר אני עשה eine sachgerechte Paraphrase der traditionsreichen Wendung יום־יהוה und damit eine prägnante Kurzformel für den Charakter dieses „Tages": Er ist der „Tag", der ganz und gar von JHWHs Handeln bestimmt ist – in Mal 3,17-21 so ausschließlich, dass der Darstellung im Unterschied z.B. von Sach 14 jegliche Züge endzeitlicher Auseinandersetzung fehlen.

(4) Anschaulichkeit wird statt dessen durch zahlreiche Metaphern und Vergleiche erreicht: JHWH wird den Gerechten seine väterliche „Schonung" zuteil werden und seine heilende Gerechtigkeit als „Sonne" aufstrahlen lassen; sein „kommender Tag" wird „brennen wie ein Backofen"; die Gerechten werden JHWHs „besonderes Eigentum"[145] sein und „springen wie die Mastkälber"; die Frevler schließlich werden als „Strohstoppeln" mit Stumpf und Stiel „verbrennen", so dass nur „Asche" übrigbleibt.

(5) All diese Metaphern und Vergleiche dienen dem einen Anliegen, den „Unterschied des Gerechten vom Frevler"[146] eindringlich zu veranschaulichen. Der ambivalente Charakter des יום־יהוה zeigt sich nicht mehr im Nacheinander von Unheil und Heil des Gottesvolkes und der Völker, sondern im Nebeneinander des Heils für die Gerechten und des Unheils für die Frevler.

(6) Damit wird eine Individualisierung der Adressaten eingeführt: „Sondereigentum" (סגלה) JHWHs sind nicht mehr alle Glieder des Gottesvolkes (Ex 19,5; Dtn 7,6; 14,2; 26,18; Ps 135,4), sondern nur die

---

144 Vgl. כלה הוא עשה in Nah 1,9a, הנני עשה את־כל־מעניך בעת ההיא in Zef 3,19a und נאם־יהוה עשה זאת in Am 9,12b.

145 Die weiteren Belege für סגלה bezeichnen in Ex 19,5; Ps 135,4 und – hier mit עם verbunden – in Dtn 7,6; 14,2; 26,18 das Gottesvolk und in Koh 2,8; 1Chr 29,3 königliche Schätze. Auf JHWHs Verhältnis zu Israel bezogen, ist סגלה ein Anthropomorphismus, der dadurch charakterisiert ist, „daß er eine Initiative und einen persönlichen Einsatz von seiten JHWHs impliziert. Der Wert eines so erworbenen Gutes wird höher eingeschätzt" (Lipiński, ThWAT V, 752).

146 Vgl. בין צדיק לרשע in Mal 3,18a.

Gerechten (Mal 3,17a). Nicht mehr das gesamte Gottesvolk (Jes 5,24) oder das „alle Völker" repräsentierende „Haus Esau" (Obd 18) werden „wie Strohstoppeln verzehrt werden", sondern „alle Vermessenen und jeder Freveltäter" (Mal 3,19).

(7) Zugleich wird eine Universalisierung des Geschehens vollzogen: Die Darstellung des יום־יהוה kommt ohne irgendeinen Ortsbezug aus und nennt keinerlei Namen von Völkern oder Gruppen noch von deren Stammvätern. Dafür wird dreimal – am Anfang, in der Mitte und am Ende der Tag-JHWHs-Dichtung – der Name dessen genannt, der an seinem „Tag" allein „handelt": „JHWH Zebaot".

Die solcherart „übergeschichtlich" gewordene JHWH-Tags-Erwartung war offensichtlich geeignet, den einzelnen Gerechten zu erreichen und ihm Hoffnung auf die Wendung seiner bedrängten Lage zu geben. Damit vermittelt das VI. DW zwischen der Zukunftsperspektive des יום־יהוה, die das X* durchzieht und den Gegenwartsproblemen, von denen die Maleachischrift bestimmt ist und erweist sich so als passender Abschluss auch des sich vollendenden XII.

8.5. Zum Abschlusscharakter von Mal 3,23f

Nach Mal 3,17-21 als letzter Tag-JHWHs-Dichtung im XII folgt innerhalb von Mal 3,23f, dem zweiten Nachwort zur Maleachischrift, eine letzte Aufnahme der JHWH-Tags-Vorstellung, die sich zudem erstmals seit Zef 1 wieder der exakten Formulierung יום־יהוה bedient. Deshalb ist am Ende der diachronischen Untersuchung der Frage nachzugehen, welche Funktion diese letzte Verlautbarung zum יום־יהוה in exponierter Position am Schluss des XII hat. Da V23f auf den ersten Nachtrag V22 reagiert,[147] muss zur Klärung dieser Frage der gesamte Epilog Mal 3,22-24 untersucht werden.

Zunächst sollen die wichtigsten Gründe aufgeführt werden, die für den *Nachtragscharakter von Mal 3,22-24* sprechen: (1) Die dialogische Struktur, die für alle sechs DW der Maleachischrift konstitutiv ist, wird im Maleachischluss aufgegeben. (2) Obwohl die Aufforderung in V22 und die Ankündigung in V23f in göttlicher Ich-Rede ergehen, wird keine der in Mal verwendeten Formeln für JHWH-Rede verwendet.[148] (3) Mit V22 wird ein abrupter Themenwechsel vollzogen: Nachdem in V17-21 das künftige Geschick von Gerechten und Frevlern eindringlich kontrastiert wurde, wendet sich JHWH im asyndetisch einsetzenden V22 der Gegen-

---
147 Näheres siehe nachfolgend.
148 Zu den ersten beiden Argumenten vgl. Meinhold, Mose und Elia, 30.

wart der Adressaten zu und fordert sie in singulärer Diktion[149] auf, der „Tora meines Knechtes Mose" zu „gedenken". Diese allgemeine Aufforderung steht in Spannung zur Klage über die vermeintliche Vergeblichkeit der Gottesverehrung in V14 und greift thematisch und terminologisch weit über die Maleachischrift hinaus.[150] (4) V23f knüpft zwar mit der angekündigten Entsendung Elias an V1 an, aber die Einführung Elias ist eine nachträgliche Konkretisierung der beiden Botengestalten von V1,[151] die die Aufgabe des von Gott Gesandten nicht als kultische Wirksamkeit an den Levisöhnen, sondern als Vermittlertätigkeit zwischen „Vätern" und „Söhnen" bestimmt. (5) Die JHWH-Tags-Vorstellung findet sich auch in V2a.17-21, wird aber in V2a zum „Tag" des Bundesboten uminterpretiert und in V17-21 in stark modifizierten Formulierungen expliziert, während V23b auf die traditionelle Wendung יום־יהוה zurückgreift.

Aber auch der Maleachischluss ist in sich nicht einheitlich, sondern setzt sich aus *zwei Nachträgen* zusammen: Der zweite Nachtrag V23f setzt asyndetisch ein und enthält im Unterschied zu V22 intensive thematische und terminologische Bezugnahmen (vor allem) auf Mal 3,1-21.[152] Außerdem vertreten die beiden Nachträge V22.23f unterschiedliche Anliegen, die im Folgenden herauszuarbeiten sind.

Der *erste Nachtrag V22* besteht aus der auf die Gegenwart der Adressaten bezogenen Aufforderung zum „Gedenken" an die Mose-Tora, die in einem אשר-Satz mit dem göttlichem Ursprung der Tora und ihrem Geltungsbereich „über ganz Israel" begründet wird. Die singuläre Wendung „die Tora Moses, meines Knechtes" hat ihre nächste Entsprechung in Jos 1,7,[153] und die Apostrophierung Moses als „Knecht JHWHs" findet sich auch an der Nahtstelle zu Tora und Nebiim (Dtn 34,5; Jos 1,1.2.13.15).[154] Die Wurzel צוה[155] verweist auf den gleichen Zusammenhang, und die nur in Mal 3,22 mit der Tora verbundene Wurzel זכר findet sich in Jos 1,13 – hier verbunden mit dem „Wort Moses". Die Explizierung der Tora durch

---

149 Die Wendung תורת משה עבדי ist nur hier mit der Wurzel זכר verbunden (vgl. Hill, AB 25D, 365).
150 Vgl. Rudolph, KAT 13/4, 291 und siehe nachfolgend.
151 Vgl. Öhler, Elia, 4.
152 Vgl. Mathys, Anmerkungen, 328.
153 Vgl. תורת משה עבדי in Mal 3,22a mit התורה אשר צוך משה עבדי ... in Jos 1,7aα.
154 Mose als עבד יהוה ist noch belegt in Jos 8,31.33; 9,24; 11,12.15; 12,6; 13,8; 14,7; 18,7; 22,2.4.5; 1Kön 2,3; 8,53.56; 2Kön 18,12; 21,8; Neh 9,14; 10,30 (vgl. Tooze, Framing, 132).
155 Vgl. nur צוה als Terminus für Gebotsübermittlung in Dtn 4,5.13.14; 5,12.15.16.33; 6,1.17.20; 9,12.16; 13,6; 26,13.14.16; 28,45.69; Jos 1,7.13; 8,35; 22,2.5.

die geprägte Wendung „Ordnungen und Rechtsbestimmungen"[156] und die Lokalisierung von Bundesschluss und Gebotsübermittlung auf dem „Horeb" – nur hier innerhalb der Schriftprophetie erwähnt! – bezieht sich ebenfalls auf das Deuteronomium und die Vorderen Propheten.[157] Die Adressierung der Tora an „ganz Israel"[158] verweist noch einmal auf die Vorderen Propheten in toto, die die Geschichte „ganz Israels" von der Inbesitznahme des „Landes" bis zu seinem Verlust erzählen.[159] Der Nachtrag Mal 3,22 signalisiert, dass der Schriftprophetenkanon „nun in *andere federführende Hände* gekommen ist, ... denen die Pflege dtr. Überlieferungen und Sprachwelt ... noch eigen war".[160] Offensichtlich soll dieser Nachtrag mit seinem Rückverweis auf die Nahtstelle von „Gesetz und Propheten" die Nebiim rahmen und mit der „Tora Moses"[161] verbinden. Dadurch wird zum einen nachdrücklich zur Geltung gebracht, dass über den Propheten und ihren Taten und Worten nicht die Tora mit ihren Ordnungen und Rechtsbestimmungen in Vergessenheit geraten darf.[162] Zum anderen wird der gesamte Kanonteil Nebiim durch solche Rahmung „als Aktualisierung der Mose-Tora gedeutet"[163] und dieser so nachgeordnet.

Von diesem weiten Horizont von V22 herkommend, liegt es nahe, die Aufmerksamkeit im *zweiten Nachtrag V23f* auf die Eliagestalt zu fokussieren und in ihm den Kanonteil „Propheten" personifiziert zu finden, so dass V23f auch innerhalb dieses Horizontes interpretiert werden kann.[164] Nachfolgende Beobachtungen widerraten aber einer zu raschen Konzentration auf eine „kanonische" Funktion von V23f. Der zweite Anhang ist – im Unterschied zu V22[165] – unter intensiven terminologischen Anleihen

---

156 Vgl. ומשפטים (...) חקים in Ex 15,25; Lev 18,4.5.26; 19,37; 25,18; 26,43; Dtn 4,1.5.8.14.45; 5,1.31; 6,1.20; 7,11; 8,11; 11,1.32; 12,1; 26,16.17; 30,16; Jos 24,25; 2Sam 22,23; 1Kön 2,3; 6,12; 8,58; 9,4; 11,33; 2Kön 17,34.37; Neh 9,13; 10,30 (vgl. auch Tooze, Framing, 132).
157 Vgl. die Erwähnung des חרב in Dtn 1,2.6.19; 4,10.15; 5,2; 9,8; 18,16; 28,69; 1Kön 8,9; 19,8 (an den unterstrichenen Stellen als Ort des Bundesschlusses – sonst nur noch in Ex 3,1).
158 Dtn 1,1; 5,1; 11,6; 13,12; 21,21; 27,9.14; 29,1; 31,1.7.11; 32,45; Jos 3,7.17; 4,14; 7,24; 8,15. 21.33; 10,29.31.34.36.38.43; 1Sam 4,1; 12,1; 13,2.20; 19,5; 24,3; 25,1; 28,3; 2Sam 3,12.21; 4,1; 5,5; 8,15; 10,17; 12,12; 16,21.22; 17,10.11.13; 1Kön 1,20; 2,15; 3,28; 4,1.7; 5,27; 8,62.65; 11,42; 12,18; 14,13.18; 18,20; 22,17; 2Kön 3,6 (vgl. Tooze, Framing, 133, Anm. 49 [Belege z.T. fehlerhaft]).
159 Vgl. Steck, Abschluß, 170.
160 Steck, Abschluß, 174.
161 Welchen Umfangs, kann in diesem Zusammenhang unerörtert bleiben.
162 Vgl. Rudolph, KAT 13/4, 291 und Mathys, Anmerkungen, 327.
163 Meinhold, Mose und Elia, 31.
164 Vgl. z.B. Hill, AB 25D, 365.
165 תורה findet sich auch in Mal 2,6-9, meint hier aber die mündlich erteilte Weisung des Priesters. Zur Apostrophierung von Mose als עבדי könnte man die Wurzel עבד in Mal 1,6; 3,17f stellen, doch charakterisiert dieses Attribut Mose kaum als Beispiel eines Gott Die-

an die *Maleachischrift* formuliert, die in der Reihenfolge ihres Vorkommens in V23f dokumentiert seien: Zu הנה אנכי שלח in V23aα vgl. הנני שלח in Mal 3,1aα, dann בוא q in Mal 3,1b[bis].2a.19a.b.23bα.24b und dazu בוא hif in Mal 1,13[bis]; 3,10, יום(־יהוה) in Mal 3,2a.17.19a.b.21.23bα, zu הגדול והנורא in V23bβ vgl. JHWH als „großen (גדול) König", der „gefürchtet (נורא) ist unter den Völkern" (Mal 1,14b – vgl. V11a), שוב q in Mal 1,4; 3,7a[bis].b.18 und dazu שוב hif in Mal 2,6; 3,24a,[166] לב in Mal 2,2; 3,24a[bis], אב in Mal 1,6a.b; 2,10a.b; 3,7.24a[bis], בן in Mal 1,6; 3,17.24a[bis] und schließlich ארץ in Mal 3,12. 24b.[167] Dazu kommt außerdem mit dem Hendiadyoin פן־אבוא והכיתי in V24b[168] ein stilistischer Rückgriff auf V18a.21a.

Die Bezugnahmen konzentrieren sich eindeutig auf die letzten drei DW und lassen das Anliegen erkennen, zwischen ihnen zu vermitteln: Aus dem *IV. DW* wird das Vorläufermotiv entnommen und konkretisierend weitergeführt. Auch das Motiv der endzeitlichen praeparatio auf das Kommen Gottes wird aufgenommen, aber vom kultischen auf den zwischenmenschlichen Bereich verlagert und in seiner Reichweite von den „Levisöhnen" auf die „Väter und Söhne" verlängert, so dass die durch die Botentätigkeit implizierte Dehnung der Zeit noch verstärkt wird. Zurückgenommen wird dagegen die Uminterpretierung des „Tages JHWHs" zum „Tag" des Bundesboten. Aus dem *V. DW* stammt die Umkehrthematik, die aber aus der vertikalen in die horizontale Dimension versetzt und von einer aktuellen Forderung an die menschlichen Adressaten zur künftigen Aufgabe des gottgesandten Elia gewandelt wird. Der Autor des zweiten Nachtrags teilt auch das Interesse Maleachis am zukünftigen Wohlergehen des „Landes", erwartet es aber nicht als Folge tätiger Umkehr der Adressaten, sondern von einer durch JHWH initiierten Aussöhnung. Darin ist zugleich eine Kritik am V. DW eingeschlossen: Das in Aussicht gestellte Handeln JHWHs ist nicht Reaktion auf menschliches Verhalten, sondern freie Initiative des sendenden Gottes. Aus dem *VI. DW* wird schließlich die JHWH-Tags-Perspektive aufgenommen, die durch die Verwendung der traditions- und assoziationsreichen Formulierung יום־יהוה noch verstärkt wird. Zugleich wird ein kräftiger Kontrapunkt zur ausschließlichen Bindung endzeitlichen Ergehens an das irdische Tun in V17-21 gesetzt:

---

nenden (so Tooze, Framing, 100), sondern ist „ein Ehrentitel des Offenbarungsmittlers ... und weist auf seine Sonderstellung im Verhältnis zu Gott hin" (Ringgren, ThWAT V, 1001). Schließlich sind ישראל auch in Mal 1,5; 2,11.16 und חקים in Mal 3,7 belegt, in V22b jedoch tauchen diese Lexeme in stereotypen Formulierungen (חקים ומשפטים על־כל־ישראל ...) auf, die – wie oben gezeigt – auf einen wesentlich weiteren Kontext verweisen.

166 In Mal 1,4; 3,18 ist שוב relatives Verb.
167 Vgl. Mathys, Anmerkungen, 322-324 und auch Tooze, Framing, 97-106.
168 Die erste finite Verbform bestimmt die zweite näher: „... damit ich nicht bei meinem Kommen schlage ...".

8.5. Zum Abschlusscharakter von Mal 3,23f

Der Autor gründet die Zukunftsgewissheit der Adressaten nicht auf den schließlichen „Nutzen" der eigenen Frömmigkeit, sondern auf das versöhnende Wirken des endzeitlichen Elia.

Dass der Autor von V23f sich darüber hinaus auch auf das gesamte *XII* zurückbeziehen will, macht schon das Zitat von Joel 3,4b (vgl. Joel 2,11b) in V23b unübersehbar deutlich. „Vor dem Kommen des großen und furchtbaren Tages JHWHs" werden nach Joel 3,1f infolge der Geistausgießung „eure Söhne und Töchter als Propheten auftreten" (נבא nif), während dem יום־יהוה laut Mal 3,23a die Entsendung Elias, „des Propheten" (הנביא), vorausgeht. Damit scheint eine kritische Bezugnahme auf Joels Ankündigung vorgenommen:[169] Das endzeitlich Not-Wen-dende wird nicht von einer allgemeinen Unmittelbarkeit zu JHWH, sondern von der Vermittlertätigkeit Elias erwartet. Mit Mal 3,23aα wird zugleich terminologisch Joel 2,19aα aufgenommen, aber mit einem neuen Objekt versehen: JHWHs verheißene Zuwendung zeigt sich nicht in der „Sendung" von „Korn, Wein und Öl", sondern in der Entsendung Elias in heilvoller Funktion. Diese Funktion wird in V24aα mit der Wurzel שוב (hif) bezeichnet, die den Bogen zur Hoseaschrift schlägt und zugleich ein letztes Mal ein zentrales Thema des XII aufnimmt. Die Umkehrthematik durchzieht die gesamte Hoseaschrift:[170] Das Gottesvolk verweigert JHWH die Umkehr (Hos 7,10.16; 11,5), und dem aus der Not geborenen Entschluss Efraims, zu JHWH umzukehren (Hos 6,1; vgl. 2,9), stehen seine Taten entgegen (Hos 5,4). Deshalb wird JHWH „Korn und Wein" entziehen (Hos 2,11), sich selbst zurückziehen (Hos 5,15) und Israel nach Ägypten zurückkehren lassen (Hos 8,13; 9,3). Doch wie Gott Jakob die Rückkehr aus dem Aramäergebiet zusagte (Hos 12,7), so werden die Israelsöhne „am Ende der Tage" umkehren (Hos 3,5). Ja, weil sich JHWH jetzt schon von seinem Zorn abgekehrt hat und die Abkehr (משובה – vgl. Hos 11,7) Israels von seinem Gott heilen will (Hos 14,5), kann das Gottesvolk schon jetzt zur Umkehr gerufen werden (Hos 14,2f). Joel nimmt diesen Umkehrruf im Vertrauen auf JHWHs Umkehrbereitschaft nachdrücklich auf (Joel 2,12-14), wogegen in Am 4,6-11 kehrversartig beklagt wird, dass Israel nicht „bis zu mir umgekehrt" ist. Der König von Ninive dagegen ruft die Bevölkerung auf Grund der Bußpredigt Jonas und in der Hoffnung auf eine Abkehr JHWHs von der „Glut seines Zorns"[171] erfolgreich zur Umkehr, so dass JHWH sich das angedrohte „Unheil gereuen" lässt (Jona 3,8-

---

169 Vgl. Meinhold, Joel 2,1-11, 222.
170 Siehe die Belege in Hos 2,9.11; 3,5; 5,4.15; 6,1.11; 7,10.16; 8,13; 9,3; 11,5bis.9 (hier relatives Verb); 12,7; 14,2f.5.8.
171 Jona 3,9a ist Zitat von Joel 2,14a.

10). Gegen Ende des XII findet sich die Umkehrthematik schließlich in Sach 1,3; Mal 3,7 in reziproker Formulierung, mit der die Umkehr des Gottesvolkes zur Bedingung für JHWHs Zuwendung gemacht wird.

Welchen Schlussakzent will der Autor von Mal 3,23f nun zu dieser Thematik setzen? Die 3. m sg perf cons hif von שוב in V24aα hat ihre engste Parallele in Mal 2,6:[172] Die Tätigkeit des endzeitlichen Elia ist präfiguriert im vorbildlichen Wirken Levis, der jedoch das Gottesvolk zur Abkehr von „Verkehrung" gebracht hat, während Elias Wirksamkeit zu einer wechselseitigen Zuwendung von „Vätern" und „Söhnen" führen soll.[173] Wie erklärt sich die „Ausnahme"[174], dass hier nicht Hinkehr zu Gott, sondern menschlicher Partner zueinander in Aussicht gestellt wird? Zum einen legt sich nach dem oben dargestellten Befund die Vermutung nahe, der Autor habe Umkehr in ihrer vertikalen Dimension im XII erschöpfend behandelt gefunden. Zum anderen erlauben die herausgearbeiteten Rückbezüge auf das VI. DW, das ohnehin den Nahkontext zu V23f darstellt, die Folgerung, der Autor wolle eine Gegenposition zu den Antithesen von V13-21 formulieren: Der Antagonismus zweier Gruppen, den der „kommende Tag" mit der Umkehrung ihres Geschicks „verewigt", wird aufgebrochen durch die Aussicht, dass JHWH vor dem Kommen des יום יהוה eine Zusammenführung von „Vätern" und „Söhnen" initiieren wird. Die damit verbundene Absichtserklärung JHWHs enthält in negativer Fassung, was in V17b positiv formuliert, aber auf die Gottesfürchtigen begrenzt ist: JHWH will die ארץ nicht vernichten. Damit ist die Umkehr JHWHs vorausgesetzt, die Joel 2,14a erhofft, so dass JHWH nun seinerseits Umkehr veranlasst.[175] Für die Vernichtung, die JHWH abwenden will, wird in V24b die Wurzel נכה hif verwendet, die auch an einigen anderen Stellen im XII Gerichtsschläge bezeichnet, die JHWH zum Subjekt haben:[176] ein Erdbeben, das Privatgebäude (Am 3,15 – vgl. 6,11) und sogar das Heiligtum in Betel (Am 9,1 – emendierter Text) zum Einsturz bringt, Getreidekrankheiten, die die Ernte vernichten (Am 4,9 – aufgenommen in Hag 2,17) und Krieg, der um die Früchte der Arbeit bringt und das Land verheert (Mi 6,13 – vgl. Sach 9,4; 12,4). Allgemein bleiben das erste und das letzte Vorkommen von נכה im XII: In Hos 6,1 hat JHWHs „Schlagen" kein Objekt, und in Mal 3,24b werden weder Art und Weise noch Adressat spezifiziert. Der חרם kann in nachexilischem

---

172 Vgl. והשיב לב־אבות על־בנים in Mal 3,24aα und ורבים השיב מעון in Mal 2,6bβ.
173 Vgl. Meinhold, BK 14/8 (Lfg. 2), 154f.
174 Wolff, TB 22, 146.
175 Weiteres zum Verständnis von Mal 3,24a folgt in der Erörterung der Schlussposition von V23f im Kanonteil Nebiim, da dieser Horizont in die Deutung hineinspielt.
176 Vgl. Conrad, ThWAT V, 451f.

8.5. Zum Abschlusscharakter von Mal 3,23f

Sprachgebrauch von JHWH selber vollzogen werden und allgemein „Vernichtung" bedeuten.[177] Dieses Lexem kommt innerhalb des XII nur noch in Sach 14,11 vor, so dass sich ein bewusster Rückbezug korrigierenden Charakters nahe legt:[178] Für eine Heilszeit ohne „Vernichtung" muss JHWH vor seinem „Tag" erst die Voraussetzungen schaffen. Der allgemeinen Bedeutung von חרם entspricht die ארץ als Adressat des „Schlages" JHWHs: Für die Wiedergabe mit „Land" sprechen angesichts der sonstigen Joel- und Maleachibezogenheit des Autors Joel 2,18a und Mal 3,12b, wo das Wohlergehen des „Landes" ebenfalls Ergebnis eines vorausgehenden Umkehrvollzuges ist.[179] Für ein universales Verständnis wiederum spricht Jes 34,5 – neben Sach 14,11 die einzige Belegstelle für חרם innerhalb einer Tag-JHWHs-Dichtung –: Der einleitende Höraufruf ergeht an die „Völker" und die „Erde" (ארץ – Jes 34,1) und fordert Aufmerksamkeit dafür, dass JHWH an „allen Völkern den Bann vollstreckt" hat (Wurzel חרם – V2). Im Brennpunkt des Gerichtsvollzuges an den Völkern befindet sich – wie schon in der Obadjaschrift – Edom als „Volk meines Bannes" (חרם – V5), und dieser „Tag der Rache" (V8) wird die immerwährende Unbewohnbarkeit Edoms zur Folge haben.[180] Wegen der beabsichtigten Abschlussfunktion von Mal 3,23f wird von einer bewussten Doppelsinnigkeit der Formulierung auszugehen sein: JHWH wird präventive Maßnahmen ergreifen, damit weder sein „Land" noch die „Erde" der Vernichtung verfallen.

Zusammenfassend lässt sich festhalten, dass der Autor von Mal 3,23f die das XII durchziehenden großen Themen in beziehungsreicher Formulierung und unter kritischer Bezugnahme insbesondere auf Joel, Sach 14 und Maleachi miteinander verknüpft: Im Fluchtpunkt prophetischer Erwartung bleibt der יום־יהוה in seiner Bedrohlichkeit (הגדול והנורא) für die ארץ, die als Lebensraum synekdochisch deren Bewohner einschließt. Ein „Schlag" Gottes bei seinem Kommen, wie er innerhalb des XII in angedrohten Natur- und Kriegskatastrophen seine Vorläufer hat, ist aber kein unabwendbares Verhängnis – weder für die Völker noch für das Gottesvolk oder eine bestimmte Gruppe. Er kann abgewendet werden durch eine rechtzeitige Umkehr, die aber JHWH selbst initiiert, indem er Elia in endzeitlicher Mission entsendet. Die Abwendung des חרם impliziert neue Fruchtbarkeit, wie sie besonders in Hosea und Joel angekündigt wird und endgültige Sicherheit, die nach Sach 14,11 Ergebnis des JHWH-Tags-Geschehens ist.

---

177 Vgl. Lohfink, ThWAT III, 212.
178 Vgl. Hill, AB 25D, 382.390.
179 Vgl. שוב in Joel 2,12f; Mal 3,7 und ארץ für Israels „Land" in Joel 2,18a; Mal 3,12b.
180 Zu Jes 34,5 vgl. auch Mathys, Anmerkungen, 326, Anm. 31.

Die Einführung Elias erklärt sich nicht aus dem XII, sondern lässt das Anliegen erkennen, mit Mal 3,23f auch den Kanonteil *Nebiim* abzuschließen:[181] Die Eliagestalt findet innerhalb der Schriftprophetie nur in Mal 3,23a Erwähnung, wird aber in den Eliaerzählungen 1Kön 17-19; 21; 2Kön 1; 2,1-18 ausführlich dargestellt. Sie wird offensichtlich eingeführt, um nach der nachdrücklichen Erinnerung an Mose und die Tora (Mal 3,22) auf die Bedeutung der Prophetie zu verweisen[182] und ist besonders geeignet, die Prophetie zu repräsentieren: Zum einen gehört Elia in deren Anfänge und ist die bedeutendste Prophetengestalt in den Vorderen Propheten, die als eine „geschichtliche Gestalt von fast übermenschlicher Größe" erscheint, von der geredet wird „wie von einem, den jeder kennt".[183] Zum anderen wird Elia in den alttestamentlichen Überlieferungen wie kein anderer als ein „Prophet wie Mose" (vgl. Dtn 18,15.18) akzentuiert:[184] Er erfährt und bewirkt wunderbare Versorgung mit elementaren Lebensgütern,[185] ist „Knecht Gottes"[186] und erfährt Gottes verzehrende Gegenwart im „Feuer".[187] Seine Flucht vor Isebel führt ihn nach einer Wanderung von vierzig Tagen und vierzig Nächten[188] schließlich zum Gottesberg,[189] dem Horeb,[190] wo er in „*der* (!) Höhle" übernachtet.[191] JHWH „zieht vorüber" an ihm,[192] und er „verhüllt sein Gesicht" vor JHWH,[193] und schließlich teilt er die Wasser des Jordan, um trockenen Fußes hindurchzugehen.[194] So wächst Elia mit den Überlieferungen über ihn zu einer Mose ebenbürtigen Gestalt heran – eben zu „dem Propheten" (1Kön 18,36; Mal 3,23). Schließlich ist Elia wie kein anderer Prophet für seine endzeitliche Mission geeignet: Einmal stand er schon zu seinen

---

181 Für Chapman ist die Abschlussfunktion von Mal 3,23f für das XII und den gesamten Prophetenkanon sekundär und dadurch zustande gekommen, dass die Maleachischrift an den Schluss des XII und dieses an den Schluss des Prophetenkorpus gesetzt wurde, weil der Maleachischluss als passender Abschluss erschien (vgl. Chapman, Approach, 139). Doch schon die Maleachigrundschrift und ihre Fortschreibung im VI. DW beziehen sich auf die Hoseaschrift zurück, Mal 3,23f gibt sich als bewusster Abschluss des XII zu erkennen und die Einführung der Eliagestalt in Mal 3,23a lässt sich aus Maleachi nicht erklären.
182 Vgl. Mathys, Anmerkungen, 327f und Meinhold, Mose und Elia, 32.
183 Von Rad, Theologie II, 24.
184 Vgl. auch Grünwaldt/Schroeter, Elia, 45.
185 Vgl. 1Kön 17,2-6.7-16 und Ex 15,22-17,7.
186 Vgl. 1Kön 18,36 und Dtn 34,5; Jos 1,1.2.13.15 u.ö.
187 Vgl. 1Kön 18,38; 2Kön 1,9-15; 2,11 und Ex 3,2-6; 19,18; 24,17.
188 Vgl. 1Kön 19,8 und Ex 24,18.
189 Vgl. 1Kön 19,1-8 und Ex 24,14.
190 Vgl. 1Kön 19,8 und Ex 3,1; Dtn 5,2; 18,16; 28,69.
191 Vgl. 1Kön 19,9a und Ex 33,22 – vgl. Grünwaldt/Schroeter, Elia, 45.
192 Vgl. 1Kön 19,11 und Ex 33,22.
193 Vgl. 1Kön 19,13 und Ex 3,6.
194 Vgl. 2Kön 2,8 und Ex 14,21f.

8.5. Zum Abschlusscharakter von Mal 3,23f

Lebzeiten im Ruf außergewöhnlicher Verfügbarkeit für JHWH (vgl. 1Kön 18,12; 2Kön 2,16) und ist dann der einzige Prophet, der den Tod nicht sieht, sondern von JHWH „weggenommen" wird (2Kön 2,3.5.9.10), so dass er als endzeitlicher Bote entsendbar ist. Mit der Einführung der Eliagestalt wird aber die durch Mal 3,22 vorgenommene Vorordnung der Tora und die Zuordnung der Nebiim als deren „Explikation"[195] nicht rückgängig gemacht, sondern lediglich ergänzt um die endzeitliche Bedeutung der Prophetie: Mose und Elia „zusammenzustellen, diente der Synthese und Rangfolge beider, der Tora und der Propheten".[196]

Die Bedeutung der Prophetie zeigt sich nach Mal 3,24 an der endzeitlichen Mission Elias. Deshalb soll abschließend die Frage aufgenommen werden, welche Opponenten Elia einander zuwenden wird. Lässt die erforderliche Zuwendung von „Vätern" und „Söhnen" zueinander auf den Generationenkonflikt schließen, der sich in den jüdischen Familien durch die „Welle der Hellenisierung"[197] zuspitzte? Die schon mit dieser Zuspitzung gegebene religiöse Komponente kann bei der Deutung der Kontrahenten in den Vordergrund rücken: Stehen allgemein „faithful ancestors versus faithless descendents",[198] geht es spezieller um die „Traditionserziehung der nachfolgenden Geschlechter"[199] nach Dtn 4,9; 6,7.20-25; 11,19 oder aktuell um die hinter Tora und Prophetie stehenden Trägerkreise der toratreuen „Väter" und der prophetisch bewegten „Söhne"[200]? Zu kurz greifen die Deutungen, die die „Väter" als Vorfahren Israels verstehen oder die „die Schuld an dem Zwist zunächst bei den Söhnen"[201] sehen, da sie die *Wechselseitigkeit* der Zuwendung von Vätern und Söhnen außer Acht lassen. Für aktuelle religiöse Auseinandersetzungen wiederum erscheint die Formulierung in V24 zu allgemein. Unbefriedigend ist schließlich auch die Vermutung, der Verfasser habe lediglich „maleachisch formulieren" wollen.[202]

Eine Zerrüttung des menschlichen Zusammenlebens wird schon von Jeremia beklagt (Jer 9,1-5.7) und erlitten (Jer 12,6) und erweist sich darin als besonders bedrohlich, dass sie auch vor familiären Bindungen nicht Halt macht (Jer 12,6) und feindliche Einstellungen im Innern verborgen bleiben und durch scheinheilige Worte getarnt werden (Jer 9,7 – vgl. Ps

---

195 Gese, Bedeutung Elias, 146.
196 Meinhold, Mose und Elia, 34.
197 Rudolph, KAT 13/4, 292.
198 Hill, AB 25D, 388.
199 Gese, Bedeutung Elias, 146.
200 Vgl. Grünwaldt, Elia, 51f.
201 Rudolph, KAT 13/4, 292.
202 Mathys, Anmerkungen, 326.

12,3; 28,3; Spr 26,25²⁰³). In Mi 7,1-7 (vgl. besonders V6) beklagt eine nach-exilische Prophetenstimme einen Verfall menschlichen Zusammenlebens, der auch die intimsten menschlichen Beziehungen untergräbt (V5f) und als Erfüllung prophetischer Unheilsdrohungen gedeutet wird (V4b).²⁰⁴ Entsprechende Unheilsankündigungen finden sich in Jes 3,5 und in Ez 5,10 – hier in reziproker Formulierung und unüberbietbarer Steigerung von JHWH selbst als singuläre Strafmaßnahme herausgestellt: „Darum werden Väter Söhne essen in deiner Mitte und Söhne werden ihre Väter essen" (Ez 5,10a).²⁰⁵ Auch Mal 3,24a setzt einen Konflikt zwischen „Vätern" und „Söhnen" voraus, und die G bietet mit ihrer freien Übersetzung eine bezeichnende Neuinterpretation: „Der wird zurückführen das Herz des Vaters zum Sohn und das Herz des Menschen zu seinem Nächsten" (Mal 3,24a G).²⁰⁶ Der vorausgesetzte familiäre Konflikt wird hier expressis verbis als Ausdruck allgemeiner zwischenmenschlicher Zerrissenheit verstanden, die Elia im Auftrag JHWHs vor dem Kommen des יום־יהוה überwinden wird. In pseudepigrafischen Belegen schließlich „geht das wechselseitige Gegeneinander von Eltern- bzw. Altengeneration und Söhnen bzw. Jüngeren als Ausdruck genereller Verfehltheit und Gegensätzlichkeit mit vernichtender Kraft für die Erde ... dem großen Gericht Gottes voraus".²⁰⁷

Dieser Traditionszusammenhang, die Abschlussposition von Mal 3,23f und die allgemeine Formulierung der bedrohlichen Konsequenzen zwischenmenschlichen Gegeneinanders in V24b sprechen für ein verallgemeinerndes Verständnis von V24a: Vorausgesetzt scheint eine generelle Störung des Zusammenlebens in der Gesellschaft, die durch die Familie als ihre kleinste und engste Gemeinschaft repräsentiert wird.²⁰⁸ Dass die Familie durch die Generationenfolge von „Vätern" und „Söhnen" in ihrer Erstreckung in der Zeit bestimmt wird, könnte dem Kontext entsprechend darauf abheben, dass ein Gegeneinander der Generationen in besonderem Maß die Zukunftsfähigkeit menschlicher Gemeinschaft gefährdet. Aber JHWH will eine solche Gefährdung von der ארץ und ihrer

---

203 Hier „Herz" als Sitz böser Absichten – vgl. dazu das zweimalige לב in Mal 3,24a.
204 Vgl. Wolff, BK 14/4, 181.
205 Die Parallelität im Formalen zwischen Ez 5,10b und Mal 3,24a zeigt sich in der reziproken Formulierung und geht soweit, dass die „Väter" bei ihrem zweiten Vorkommen mit dem suff 3. m pl (אבותם) versehen sind.
206 Mal 3,24a G: ὅς ἀποκαταστήσει καρδίαν πατρὸς πρὸς υἱὸν καὶ καρδίαν ἀνθρώπου πρὸς τὸν πλησίον αὐτοῦ.
207 Meinhold, Mose und Elia, 31 im Anschluss an Sellin zu Jub 23,16-21. Siehe auch äthHen 99,5; 100,1f, wo dieses Gegeneinander bis zur Tötung engster Angehöriger führt.
208 „Überdies wird gerne auf die Vater-Sohn-Formel zurückgegriffen, wo immer zwischen zwei Personen ein intimes Band ... besteht" (Stendebach, NBL III, 624).

8.5. Zum Abschlusscharakter von Mal 3,23f

Bewohnerschaft abwenden, indem er Elia sendet, der schon einmal einen schweren „Schlag" JHWHs gegen das Land[209] beendete, indem er Israel zur Umkehr brachte (vgl. 1Kön 17,1-18,46 und besonders 18,36-39[210]).

In Mal 3,23b wird innerhalb des zweiten Nachtrags der Maleachischrift zum letzten Mal im XII expressis verbis der יום־יהוה erwähnt, so dass die hier mit ihm verbundenen Erwartungen besonderes Gewicht erhalten.

(1) Nach den Modifizierungen und Umschreibungen des „kommenden Tages" in den letzten beiden Schriften des XII[211] greift der Autor noch einmal bewusst die traditionsreiche Wendung יום־יהוה auf und verweist damit besonders auf die Tag-JHWHs-Dichtungen und Einzelbelege im „vorexilischen"[212] Teil des XII zurück, die zwölfmal den exakten Terminus enthalten.[213] Damit wird der יום־יהוה als ein Fluchtpunkt prophetischer Erwartung festgeschrieben und erhält auf Grund der Schlussposition von V23f geradezu den Charakter eines „letzten Tages".[214]

(2) Dieser kommende Tag wird als „groß und furchtbar" charakterisiert: Mit diesem Wortpaar wird zum einen auf die Anfangszeit Israels Bezug genommen, als das Gottesvolk unter Moses Führung durch die „große und furchtbare Wüste" (Dtn 1,19; 8,15) zog und damit implizit die exponierte Stellung des Mose nach V22 anerkannt.

(3) Zum anderen wird auf den Doppelcharakter des יום־יהוה angespielt: JHWH wird sich als „großer und furchtbarer Gott" an seinen Feinden erweisen (Dtn 7,21) und mit „großen und furchtbaren Taten" zugunsten der Seinen eingreifen (Dtn 10,21).[215] Auf diese Weise werden am יום־יהוה „Größe und Furchtbarkeit" JHWHs und seines Namens sichtbar werden.[216]

(4) Mit der Bedrohlichkeit des JHWH-Tages bleibt auch die Frage seiner Bestehbarkeit von unveränderter Aktualität, mit der die erste Tag-JHWHs-Dichtung Joel 2,1-11 endet. Diese Frage wird wie schon in Joel

---

209 Nach Dtn 28,22f wird JHWH Ungehorsam dadurch ahnden, dass er die Adressaten mit Dürre „schlägt" und die „Erde" zu „Eisen" werden lässt.
210 Nur in V36 wird Elia innerhalb der Eliaerzählungen הנביא genannt, in V37 erbittet Elia, dass JHWH das „Herz" des Volkes „zurückwenden" (Wurzel סבב) möge, und nach V38f findet diese Bitte unverzügliche Erfüllung.
211 Vgl. Sach 14,1a; Mal 3,17aβ.19.21bα.
212 Vgl. den durch die Datierungen in Hos 1,1; Am 1,1; Mi 1,1; Zef 1,1 redaktionell gesetzten chronologischen Rahmen.
213 Joel 1,15; 2,1.11; 3,4; 4,14; Am 5,18bis.20; Obd 15; Zef 1,7.14bis.
214 Vgl. Mathys, Anmerkungen, 321.
215 Noch einmal findet sich mit dem Wortpaar גדול ונורא ein signifikanter terminologischer Rückbezug auf das Deuteronomium.
216 Vgl. ... נורא הוא ... כי גדול יהוה in Ps 96,4 und ... גדול ונורא ... יודו שמך in Ps 99,3 – zusammengezogen in Mal 1,14b zu ... ושמי נורא ... כי מלך גדול אני.

2,12f mit Hilfe der Umkehrthematik beantwortet, die aber in Mal 3,23f einer doppelten Modifizierung unterzogen wird.

(5) Zum einen wird von Umkehr nicht in Gestalt einer Forderung zu menschlicher Aktivität, sondern einer Verheißung göttlicher Initiative geredet: JHWH wird vor seinem Kommen Elia entsenden, um die erforderliche Umkehr zu bewirken. Zum anderen wird die endzeitliche Wirksamkeit Elias nicht auf die Rückkehr von Menschen zu Gott, sondern auf die Hinkehr menschlicher Partner zueinander gerichtet sein.

(6) Damit wird die Aufmerksamkeit auf ein künftiges Geschehen vor dem יוֹם־יהוה gelenkt, das die ihm vorausgehende Zeit dehnt und den kommenden „Tag" zu einem übernächsten Ereignis macht, das nicht mehr als „nahe" apostrophiert wird wie vorher in der Hälfte der Belege für den exakten Terminus יוֹם־יהוה im XII.[217]

(7) Angesichts einer so weiträumig gewordenen Zukunftserwartung müssen sich die Adressaten auf einen entsprechend weiten geschichtlichen Weg einstellen. Dafür ist Wegweisung erforderlich, wie sie V22 ins Spiel bringt: Die Gegenwart kann bestanden werden im Studium der Tora und der Observanz seiner „Ordnungen und Rechtsbestimmungen".[218]

---

217 Vgl. קרוב in Joel 1,15; 2,1; 4,14; Obd 15; Zef 1,7.14.
218 Die Wurzel זכר ist gut geeignet, diese beiden Aspekte zu umfassen, da sie in ihrer „Bedeutung schon einen über bloßes Denken hinausreichenden tathaften Bezug zu den Objekten des Gedenkens impliziert" (Schottroff, THAT I, 510).

9. Ergebnisse und Folgerungen

Nach der Arbeit an den Tag-JHWHs-Dichtungen im Zwölfprophetenbuch sollen im letzten Kapitel die diachrone Abfolge dieser Dichtungen zusammengefasst und Folgerungen für ihre synchrone Lektüre innerhalb des XII gezogen werden.

Eingangs war als Hauptaufgabe dieser Arbeit formuliert worden, die Tag-JHWHs-Dichtungen zuerst einer diachronischen Untersuchung zu unterziehen. Die Suche nach schriftenübergreifenden Sinnlinien im XII kann der Versuchung erliegen, sich den Mühen und auch Unsicherheiten diachronischer Arbeit zu entziehen. Eine solche Vorgehensweise begäbe sich in die Gefahr, teilweise unausgleichbare Spannungen zu entschärfen und gewissermaßen den Löwen, dessen Brüllen das Fürchten lehrt (Am 3,8) zu domestizieren und die Botschaft von Unheilskündern wie Amos zu verharmlosen.[1] Im Fall der Tag-JHWHs-Dichtungen ließe sich auf diesem Weg eine zeitlose Botschaft vom „Tag des HERRN" herausdestillieren, die bestätigt, was christliche Theologie schon immer vom „Jüngsten Tag" zu sagen wusste. Doch die Tradenten des XII haben nicht nur die jeweils jüngste Tag-JHWHs-Dichtung als die maßgebende Verlautbarung zum Thema überliefert, sondern auch die vorausgegangenen Ankündigungen des יום־יהוה aufbewahrt. Sie präsentieren die Tag-JHWHs-Dichtungen innerhalb der Chronologie der datierten Schriftanfänge im XII und in auf prophetische Einzelgestalten zurückgeführten Schriften. Damit signalisieren sie unübersehbar, dass die Botschaft vom יום־יהוה nur erfassbar ist, wenn die geschichtliche Verwurzelung jeder einzelnen Tag-JHWHs-Dichtung ernst genommen und die „Sinnbewegung"[2] der JHWH-Tags-Thematik in der diachronen Abfolge der Tag-JHWHs-Dichtungen nachvollzogen wird. Die Tradenten muten dabei ihrer Leserschaft zu, angesichts der spannungsvollen Äußerungen zum יום־יהוה immer neu selbst „nach der *höheren Einheit* zu fragen"[3].

Im Folgenden sollen deshalb die Hauptlinien dieser „Sinnbewegung" noch einmal nachgezogen und dabei historische Situierung und diachroner Konnex der Tag-JHWHs-Dichtungen besonders akzentuiert werden.

---

1 Vgl. Barton, JSOT-(S) 375, 78.
2 Steck, Zeugnis, 194 u.ö.
3 Steck, Zeugnis, 199 zur prophetischen Botschaft insgesamt (Hervorhebung im Original).

9.1. Diachrone Lektüre der Tag-JHWHs-Dichtungen im XII

Am 5,18-20 ist die älteste Tag-JHWHs-Dichtung mit der frühesten Erwähnung des יום־יהוה in der hebräischen Bibel und historisch mit dem Auftreten des Amos aus Tekoa in Juda im Nordreich Israel um 760 vC zu verbinden. Das Land erlebt eine politische und wirtschaftliche Spätblüte, von der aber nur eine Minderheit profitiert.

Die älteste JHWH-Tags-Proklamation setzt bei ihrer Hörerschaft bereits die Erwartung des יום־יהוה als Heilstag für das Gottesvolk voraus, der nach den von Amos bestrittenen Kennzeichen und aus dem Kontext anderer Amosworte als „Tag" bestimmbar ist, an dem JHWH unter theophoren Begleitumständen militärisch zu Gunsten seines Volkes eingreift, um Israel dauerhafte Sicherheit vor seinen Feinden zu bringen. Amos verkehrt diese Erwartung in ihr Gegenteil und kündigt den JHWH-Tag als Gerichtstag für das Nordreich Israel an. Die unerhörte Botschaft wird in einprägsamer Gestalt rhetorisch wirkungsvoll vermittelt: Rahmende Aussagen bestimmen den יום־יהוה als lichtlosen Unheilstag (Am 5,18.20), und das gerahmte Gleichnis akzentuiert die Unentrinnbarkeit vor ihm (V19). Wichtige Stichwörter des Gleichnisses („Löwe", „Haus", „Schlange", „beißen") stellen Bezüge zu anderen Amosworten her, die durch den literarischen Kontext vertieft werden, den die Amostradenten der Tag-JHWHs-Dichtung gegeben haben. Dieser Kontext bietet eine Konkretion der Adressaten und die Begründung für den Unheilscharakter des JHWH-Tages: Im Brennpunkt steht die gesellschaftliche Elite und ihr soziales Fehlverhalten. Innerhalb dieses Kontextes geben die Tradenten der Tag-JHWHs-Dichtung Am 5,18-20 eine zentrale Position im Mittelteil der ältesten Amosschrift Am 3-6*, und in der Mitte des zentralen 5. Kapitels, die auch von den nachfolgenden Redaktionen beibehalten wird.

Nach dem Untergang des Nordreiches Israel 722/1 vC erhält die Unheilsbotschaft des Propheten Amos das Gewicht erfüllter Prophetie und wird zusammen mit der Hoseaschrift* in Juda tradiert und redigiert. Diese Verbindung – vielleicht in einem Zweiprophetenbuch Hos*-Am* – hat auch Auswirkungen für das Verständnis von Am 5,18-20:[4] Die Begründung für den Unheilscharakter des יום־יהוה wird in der Hoseaschrift durch den Verweis auf das gestörte Gottesverhältnis vertieft, während umgekehrt die Tag-JHWHs-Dichtung Am 5,18-20 der Gerichtsverkündigung Hoseas ihre zeitlich-geschichtliche Zuspitzung gibt.

Nach seiner ersten geschichtlichen Bewahrheitung im Untergang des Nordreiches Israel hat nun auch das Südreich Juda den „Tag der Heimsu-

---

[4] Für die Ankündigung des unheilvollen יום־יהוה erfolgt die Verknüpfung mit der Hoseaschrift* via Hos 9,7; Am 3,2.14 (פקד) - siehe erstes Kapitel, S. 15f).

chung" zu gewärtigen. In *Zef 1,14-16* ist die zweitälteste Tag-JHWHs-Dichtung des XII überliefert. Über ein Jahrhundert nach dem Wirken des Amos im Nordreich Israel tritt der Prophet Zefanja im Südreich Juda auf – nach Zef 1,1 in der Regierungszeit des Königs Joschija (640/39 – 609 vC) und auf Grund der vorausgesetzten Verhältnisse (Zef 1,4f) wohl vor dessen Kultreform 622 vC. In Juda herrscht eine ähnliche Prosperität wie zur Zeit des Amos im Nordreich Israel, die sich aber nicht außenpolitischen Erfolgen (vgl. 2Kön 14,25; Am 6,13), sondern dem Windschatten der assyrischen Großmacht verdankt. Diese Situation fordert auch die spezifische Kritik Zefanjas heraus: Sie gilt fremdreligiösen Praktiken (Zef 1,4f), der Übernahme ausländischer Sitten (Zef 1,8f) und der religiösen Indifferenz gegenüber JHWH (Zef 1,12).

Wie Amos wenige Jahrzehnte vor dem Untergang des Nordreiches Israel vor dem יום־יהוה warnte, so kündigt Zefanja wenige Jahrzehnte vor dem politischen Ende Judas den nahen JHWH-Tag an. Der ältesten Tag-JHWHs-Dichtung entnimmt er dessen Finsternischarakter und theophore Züge, die er in seiner Darstellung noch kräftig verstärkt (Zef 1,15). Im Unterschied zu Am 5,18-20 gibt er seiner Tag-JHWHs-Dichtung eine lineare Struktur, deren Gefälle auf eine militärische Charakterisierung des „Tages von Horn und Kriegsgeschrei" zuläuft (Zef 1,16). Während Amos die Unentrinnbarkeit vor dem יום־יהוה durch die Person des vergeblich Fliehenden veranschaulicht (Am 5,19), personifiziert Zefanja die Schnelligkeit seines Herannahens (Zef 1,14 – emendierter Text). Als neue Merkmale des יום־יהוה bringt Zefanja dessen Nähe (Zef 1,14) und Zornescharakter (Zef 1,15a) in seine Darstellung ein. Wiederum wie Amos verkehrt Zefanja dabei eine positive Erwartung in ihr Gegenteil: Der „Tag des Zornes", der sich laut Ps 110,5f gegen die feindlichen Völker richten sollte, bedroht nach Zefanja nun Juda. Die Nähe des JHWH-Tages wird mit der Formel קרוב יום־יהוה proklamiert (Zef 1,14a), die von den drei zeitlich folgenden Tag-JHWHs-Dichtungen im XII aufgenommen wird.[5]

Zef 1,14-16 wird im Rahmen der ältesten Zefanjaschrift Zef 1,4-3,8*[6] zur Tag-JHWHs-Dichtung *Zef 1,7-16** erweitert, die bereits dieser frühesten Komposition von Zefanjaworten ihren thematischen Schwerpunkt gibt.[7] Zef 1,7-16* schließt sich strukturell eng an Am 5,18-20 an: Im Zentrum steht die gegenüber Am 5,19 konkretisierend entfaltete Unentrinnbarkeit des יום־יהוה für die Betroffenen (Zef 1,8-13*), um das sich ein Rahmen von JHWH-Tags-Aussagen legt (Am 5,18.20 // Zef 1,7.14-16),

---

5 Vgl. Obd 15a; Joel 2,1b (modifiziert); 4,14b.
6 Vgl. Irsigler, Zefanja, 60f.
7 Der Schluss Zef 3,8* mit seiner יום-Ansage bezieht sich dabei wirkungsvoll auf den יום־יהוה von Zef 1,7-16* zurück.

der die Ausweglosigkeit durch die Inclusio verstärkt und jeweils dreimal den exakten Terminus יוֹם־יהוה enthält. Der vordere Rahmen Zef 1,7 verkehrt wie Am 5,18 positive Hörererwartungen[8] in ihr Gegenteil, während der hintere Rahmen Zef 1,14-16 den Unheilscharakter des Tages JHWHs unter erheblicher Verstärkung des ō-Vokalismus von Am 5,20 entfaltet.

Wie lässt sich die Tag-JHWHs-Dichtung Zef 1,7-16* datieren? Nach Zef 3,6-7 haben sich die Unheilsdrohungen gegen Fremdvölker aus Zef 2,4-15* inzwischen erfüllt, doch Jerusalem hat sich von der Erfüllung des prophetischen Wortes nicht warnen lassen.[9] Deshalb wird das Gericht über Jerusalem unausweichlich, so dass trügerische Erwartungen einer Wende, wie sie aus Jerusalem vor der Katastrophe von 587/6 bezeugt sind,[10] in Zef 3,8* ironisiert werden: „Warte mir nur ... auf den Tag ...!"[11] So legt sich für die älteste Zefanjaschrift eine Entstehung in den letzten Jahren vor dem Untergang Judas nahe: Die Jerusalemer haben unübersehbare Warnsignale bereits hinter sich, die große Katastrophe von 587/6 vC aber noch vor sich. Die Tag-JHWHs-Dichtung Zef 1,7-16 spricht dann in diese vorgerückte geschichtliche Stunde: Die rahmenden JHWH-Tags-Aussagen mit der zweifachen Proklamation der „Nähe" des יוֹם־יהוה (Zef 1,7bα.14a) machen sie zu einem dringlichen Warnruf in letzter Stunde, und die redaktionellen Verknüpfungsformeln (Zef 1,8aα. 10aα.12aα) beziehen die primären Einheiten innerhalb von Zef 1,8-13* auf den יוֹם־יהוה. So erhält die bedrohliche Nähe des JHWH-Tages ihre konkrete Adressierung und Begründung: Im Brennpunkt steht die Jerusalemer Oberschicht wegen ihres religiösen und sozialen Fehlverhaltens.

Das *Vierprophetenbuch** entfaltet eine gerichtsprophetische Position im „Ringen um die theologische Interpretation der politischen Katastrophe"[12]. Dazu bedurften die vier vorexilischen Prophetenschriften Hosea*, Amos*, Micha* und Zefanja* keiner langen Nachinterpretationen, sondern wurden lediglich mit kurzen redaktionellen Zusätzen versehen und als geschichtlich bewährtes JHWH-Wort zusammengestellt. Auf die beiden (primär) an Israel gerichteten Schriften Hosea* und Amos* folgen Micha* und Zefanja* als an Juda gerichtetes JHWH-Wort. Dabei kommen die beiden Tag-JHWHs-Dichtungen des IV* in der jeweils zweiten Schrift

---

8   Die sich mit dem יוֹם־יהוה (Am 5,18) bzw. mit einem זבח (Zef 1,7) verbanden.
9   Die Babylonier eroberten 612 vC Ninive und 604 vC Aschkelon – vgl. Donner, Geschichte 2, 361.363.
10 Vgl. Jer 21,2; 28,1-4.10-11; 37,9.
11 חכה ל = „warten, harren auf" positiv als Warten auf JHWH (Jes 8,17; Ps 33,20) und auf die Erfüllung der Weissagung (Hab 2,3) –obige Übersetzung nach Irsigler, Zefanja, 340.
12 Albertz, Religionsgeschichte II, 383 (zu diesem Ringen vgl. a.a.O., 383-413).

9.1. Diachrone Lektüre der Tag-JHWHs-Dichtungen im XII 285

zu stehen und gewinnen damit eine exponierte Position im IV*: Am 5,18-20 nimmt eine zentrale Stellung in ihm ein, und die ganz von der JHWH-Tags-Thematik bestimmte Zefanjaschrift* mit der Tag-JHWHs-Dichtung Zef 1,7-16 bildet den Schlussteil des Korpus. Offensichtlich war die Botschaft vom יוֹם־יהוה besonders geeignet, die prophetische Gerichtsverkündigung zu bündeln.

Durch redaktionelle Zusätze erhält die JHWH-Tags-Thematik im Kontext des IV* eine weitere Profilierung: Das verkehrte Verhalten besonders der Elite des Gottesvolkes, das in die Katastrophe geführt hat, wurzelte in einem gestörten Gottesverhältnis und wird als Missachtung der Tora qualifiziert. Am Schluss des IV* wird die JHWH-Tags-Thematik erstmals mit einem Hoffnungsakzent versehen: „An jenem Tag" wird JHWH sein Volk einer Läuterung unterziehen, aus der ein „armes und niedriges Volk" hervorgehen wird, das „dem Namen JHWHs vertraut" (Zef 3,11-13). Die verhaltene Formulierung dieser Hoffnung könnte für eine *früh*exilische Entstehung des IV* sprechen.

Das *Sechsprophetenbuch** entsteht, indem Nahum* und Habakuk* durch Fortschreibungen auf ihren neuen Kontext bezogen und dem IV* eingegliedert werden. Die gegenüber dem IV* neuartige Gerichtsprophetie über die Weltmächte – Nahums über die Assyrer und Habakuks über die Babylonier – hatte sich durch deren Untergang als wirksames JHWH-Wort erwiesen, das nun mit der Gerichtsprophetie über das Gottesvolk verbunden wird. Es liegt auf der Hand, dass damit auch die beiden Tag-JHWHs-Dichtungen des bisherigen IV* in eine neue Perspektive gerückt werden.

Die älteste Tag-JHWHs-Dichtung *Am 5,18-20* ist so allgemein und metaphorisch formuliert, dass sie für eine Neuinterpretation durch den Kontext besonders offen ist: Zum einen wird die Löwenmetapher von Am 5,19 jeweils neunmal als Bild für JHWHs strafendes Eingreifen bzw. für die strafwürdige Raublust der Assyrer verwendet und macht die Veränderung im Verständnis der assyrischen Weltmacht[13] anschaulich: Aus dem *Instrument* des strafenden Eingreifens JHWHs wird nun dessen *Objekt*. Außerdem eröffnet das Wehe über die, die „den Tag JHWHs herbeisehnen" (Am 5,18-20), eine Kette von Weherufen sowohl über das Gottesvolk als auch über die Weltmächte, so dass neben dem Gottesvolk auch die Völker unter das Vorzeichen des יוֹם־יהוה gestellt werden. Schließlich erhält der יוֹם־יהוה als vergangener Tag richterlicher Vergeltung durch die Hymnenschicht der Amosschrift eine Neuinterpretation als künftiger Tag kosmischer Verwandlung: JHWHs Handeln an seinem „Tag" erschöpft

---

[13] In Jes 5,25-30 z.B. wird der assyrische „Löwe" noch von JHWH als Strafwerkzeug für sein Volk „herbeigepfiffen".

sich nicht in der *Reaktion* auf menschliches Fehlverhalten, sondern schließt auch seine schöpferische *Aktion* in göttlicher Souveränität ein.

Zef 1,7-16 ist hinsichtlich der Adressaten und des Charakters des יוֹם־יהוה wesentlich konkreter als Am 5,18-20. Deshalb erfolgt die Neuinterpretation dieser Tag-JHWHs-Dichtung dadurch, dass sie an ihren Rändern um V2-3* und V17-18* zur dreiteiligen Tag-JHWHs-Komposition Zef 1,2-18* erweitert und so zu einer universalen JHWH-Tags-Darstellung fortgeschrieben wird. Um den *universalen* Charakter des יוֹם־יהוה zu begründen, werden Nahum und Habakuk *vor* der Zefanjaschrift eingefügt. Eine enge Verknüpfung von Nahum und Habakuk mit der Tag-JHWHs-Dichtung Zef 1,2-18* erfolgt zum einen durch die Wendung צרה יום, durch die der „Tag der Bedrängnis" für das Gottesvolk (Zef 1,15bα) und für die assyrische (Nah 1,7) und die babylonische Weltmacht (Hab 3,16) miteinander identifiziert werden. Zum anderen wird ursprüngliche Sozialanklage in Hab 2,8-19 auf die babylonische Weltmacht umadressiert und in durchgehender Korrespondenz zu Zef 1,2-18* formuliert.

Wenn die geschichtliche Bewahrheitung ihrer Prophetien über die assyrische und die babylonische Weltmacht den entscheidenden Impuls für die Eingliederung von Nahum und Habakuk in das IV* gab, ergibt sich als terminus a quo für die Entstehung des VI* die Einnahme Babels 539 vC. Für zeitliche Nähe zu diesem Datum spricht, dass der Wiederaufbau des Jerusalemer Tempels im VI* noch außer Betracht bleibt.

In der nächsten Redaktionsphase kommt es zu heilsprophetischen Fortschreibungen im VI* und zur Anfügung von Haggai und Sacharja (1-8). Im Großkontext des so entstehenden VIII* erhalten die beiden Tag-JHWHs-Dichtungen Am 5,18-20 und Zef 1,2-18* nun einen heilvollen Horizont. Nach der Fortschreibung Am 9,11-15* wird „an jenem Tag" der Vergeblichkeitsfluch von Am 5,11 und Zef 1,13b – hier innerhalb der zweiten Tag-JHWHs-Dichtung formuliert – zurückgenommen und das Gottesvolk in einen endgültigen Heilszustand eintreten. Zef 3,14-20* entfaltet das endzeitliche Heil für das Gottesvolk unter kontrastierendem Rückbezug auf die Tag-JHWHs-Dichtung Zef 1,2-18* und leitet damit zugleich zu Haggai und Sacharja (1-8) und deren heilsprophetischer Orientierung über.

Welche Intention könnte für diese Redaktionsphase leitend gewesen sein? Schart versteht die „Redaktionsgeschichte (des XII – PGS) als Geschichte von Kompromissen",[14] wendet dieses Deutungsmuster aber nicht auf die Entstehung des VIII* an. Doch auch das VIII* könnte einen Kompromiss darstellen, der das „Fiasko der frühnachexilischen Heilspro-

---

14 Schart, Entstehung, 258 (309).

9.1. Diachrone Lektüre der Tag-JHWHs-Dichtungen im XII

phetie"[15] zu bewältigen versucht: Mit der Anfügung der nach ihnen benannten Schriften wird das Wirken Haggais und Sacharjas gewürdigt, die erfolgreich zur Vollendung des Tempelwiederaufbaus motiviert hatten. Die damit verbundenen weitreichenden Erwartungen hatten sich aber nicht erfüllt, so dass sie aus dem Zusammenhang mit dem wiederhergestellten *Haus* JHWHs gelöst und – zunächst noch lose[16] – mit dem *Tag* JHWHs verbunden werden.[17] Das Nichteintreffen der heilsprophetischen Ankündigungen führt also nicht zu deren Preisgabe, sondern zu ihrer „Eschatologisierung". Die יום־יהוה-Vorstellung war für eine solche Neuinterpretation offen, da „der Tag Jahwes von Hause aus ambivalenten Charakter hat; er bringt Unheil für die Feinde Jahwes und Heil für die Seinen".[18] Für die Datierung des VIII* legen sich die Jahrzehnte nach der Vollendung des Tempelbaus nahe.

Die Redaktion des VIII* bringt aber mit Hos 2,1-3 auch eine eigene Proklamation des יום־יהוה hervor, die sich „einer eigentümlich schwebenden metaphorischen Sprache"[19] bedient und dem Gottesvolk künftige Wandlungen ankündigt mit der Begründung: „Denn groß [ist] der Tag Jesreels" (V2b). „Jesreel" wird vom Ort vergangenen Unheils zum „Ort" künftigen Heils, und der große JHWH-Tag als Unheilstag für das Gottesvolk (Zef 1,14a) zum großen Jesreeltag als überaus beziehungsreichem Heilstag für Israel. Dass Gericht nicht das Ende der Wege Gottes mit seinem Volk ist, diese Erkenntnis ist der VIII*-Redaktion so wichtig, dass sie Hos 2,1-3 in ihrem Korpus so weit wie möglich nach vorn platziert.

Mit der Entstehung des *Zehnprophetenbuches** folgt eine Redaktionsphase, die wie keine andere von der JHWH-Tags-Vorstellung bestimmt ist und allein vier Tag-JHWHs-Dichtungen hervorbringt: Obd, Joel 2,1-11; 4,1-3.9-17 und Sach 14. Gemeinsam ist diesen Tag-JHWHs-Dichtungen zum einen, dass sie Heilsaussagen enthalten,[20] und innerhalb dieser Heilsaussa-

---

15 Albertz, Religionsgeschichte 2, 483.
16 Das wird sich in der nächsten Redaktionsphase ändern.
17 Neue Fruchtbarkeit wird nicht mehr nach dem vollendeten Tempelbau erwartet wie in Hag 2,15-19; Sach 8,9-13, sondern von „jenem Tag" (Am 9,11-15*, besonders V13-15*), und die messianischen Untertöne von Hag 2,20-23 (der Davidide Serubbabel JHWHs erwählter Knecht) und Sach 4 (Serubbabel als „Ölsohn = Gesalbter) werden mit Am 9,11 gedämpft („*Hütte* Davids") und in Zef 3,15-18 ersetzt (*JHWH* wird sich „an jenem Tag" als „König Israels" erweisen.).
18 Jenni, THAT I, 726.
19 Albertz, Religionsgeschichte 2, 485. – Was Albertz für die etwa zeitgleich wirkende Gruppe hinter Tritojesaja formuliert, charakterisiert treffend auch die Diktion von Hos 2,1-3.
20 Dabei sind die beiden Tag-JHWHs-Dichtungen Joels zusammen zu sehen: Die Mehrdimensionalität des יום־יהוה entfaltet Joel in zwei JHWH-Tags-Darstellungen (siehe besonders den Schlussabschnitt des zweiten Joelkapitels).

gen wird die Reichweite des endzeitlichen Heils mehr und mehr erweitert. Zum anderen sind immer intensiver werdende Bezugnahmen auf vorausliegende Traditionen zu beobachten, die erkennen lassen, dass diese Traditionen mittlerweile den Charakter heiliger Überlieferung gewonnen haben. Parallel dazu werden die Propheten nicht mehr als mündliche Verkünder empfangenen JHWH-Wortes an konkrete Adressaten profiliert,[21] sondern sind nur noch in Namen greifbar („Obadja", „Joel") oder bleiben wie der Autor von Sach 14 ganz anonym.

Der Versuch einer zeitlichen Einordnung dieser Redaktionsphase führt damit in das „dunkle Jahrhundert zwischen Nehemia und Esra einerseits und Alexander dem Großen andererseits"[22], das aber hinsichtlich seiner geistigen Lebendigkeit nichts weniger als „dunkel" war. Denn in diese Zeit „fällt die Formation beträchtlicher Teile der atl Literatur", da man nun „bestimmten Schriften die Qualität der Heiligkeit"[23] zuerkannte. An der Prophetie wird der Eintritt in das „Zeitalter der heiligen Schriften"[24] besonders anschaulich: Der דבר יהוה erreicht das Gottesvolk nicht mehr als mündlich ergehender Prophetenspruch, der gehört (Jes 1,10), sondern als schriftlich vorliegendes Prophetenbuch, das gelesen werden soll (Jes 34,16).[25]

Die Tag-JHWHs-Dichtungen dieser Redaktionsphase entziehen sich einer genaueren geschichtlichen Verortung zum einen wegen der überaus dürftigen Quellenlage für das deswegen so genannte „dunkle Jahrhundert"[26] und zum anderen wegen des veränderten Charakters des prophetischen Wortes: Da das aufgeschriebene und zum „Buch" zusammengestellte Prophetenwort das zeitübergreifend Typische herausstellt, um über den Tag hinaus zu sprechen, tritt sein Situationsbezug naturgemäß zurück.[27] Das herausgearbeitete traditionsgeschichtliche Gefälle von Obadja über Joels Tag-JHWHs-Darstellungen bis hin zu Sach 14 erlaubt aber eine relative Chronologie der Reihenfolge dieser Tag-JHWHs-Dichtungen.

Danach gelangte zuerst die *Obadja*schrift in das weiter anwachsende Mehrprophetenbuch. Die internen literarischen Spannungen dieser Tag-JHWHs-Dichtung lassen sich aus den intensiven Bezugnahmen auf die Referenztexte Jer 49,7-22 (besonders V.9.14-16), Am 9* und Zef 1,2-18* (besonders V14-16) erklären. Wegen der durchgehenden Parallelisierung

---

21 Wie zuvor noch Haggai und Sacharja.
22 Donner, Geschichte 2, 433.
23 Donner, Geschichte 2, 436f.
24 Donner, Geschichte 2, 437.
25 Zur geistigen Lage im „dunklen Jahrhundert" vgl. Donner, Geschichte 2, 436-439.
26 Vgl. Donner, Geschichte 2, 433-436.
27 Vgl. Schart, VuF 43, 31.

von Am 9* erscheint es plausibel, dass Obadja für seine Position und Funktion im entstehenden X* geschaffen wurde. Die Position und Funktion nach der Amosschrift lässt sich wie folgt bestimmen: Amos wird mit Fremdvölkerworten eröffnet (Edom eingeschlossen), enthält die erste Tag-JHWHs-Dichtung an zentraler Position und schließt mit einem Heilsausblick. Das angedrohte Unheil gleicht nach den Fremdvölkerworten einem Erdbeben, in dessen Radius auch die Nachbarvölker liegen, dessen Epizentrum sich aber in Israel befindet, und Am 5,18-20 identifiziert dieses Unheil mit der Finsternis des יום־יהוה. Für die Obadjaschrift ist der JHWH-Tag als Unheilstag für das Gottesvolk bereits Vergangenheit, während er „allen Völkern" noch bevorsteht. Der künftige Gerichtstag für alle Völker hat für das Gottesvolk eine heilvolle Kehrseite, die in Entsprechung zu Am 9,11-15 entfaltet wird.

Mit ihrer dreiteiligen Struktur Obd 1b-7.8-15.16-21 parallelisiert die Obadjaschrift den dreiteiligen Aufbau von Am 5,18.19.20 und Zef 1,2-6.7-13.14-18*. Die Spannung in Zef 1,2-18* hinsichtlich der Adressaten des יום־יהוה wird in Obd in ein zeitliches Nacheinander aufgelöst: Nachdem der JHWH-Tag über das Gottesvolk bereits in der Vergangenheit liegt, ist er als Unheilstag für die Völker desto sicherer zu erwarten. Die Völker erfahren am יום־יהוה adäquate Vergeltung, wie am Beispiel Edoms expliziert wird. Dabei ergeht die Gerichtsverkündigung in durchgehender Anrede, und in der Strafbegründung wird die Verletzung des Bruderverhältnisses akzentuiert. Während die Tag-JHWHs-Dichtungen Am 5,18-20 und Zef 1,2-18* erst im Großkontext der Amos- bzw. der Zefanjaschrift einen heilvollen Horizont erhalten, sind die heilvollen Folgen des יום־יהוה wesentlicher Bestandteil von Obadja selbst: Das Gottesvolk erfährt am JHWH-Tag seine Wiederherstellung, die in der Terminologie der Landnahme- und Richterüberlieferungen entfaltet wird. Doch setzt die Heilsansage mit Hilfe der Zionstradition auch einen neuen Akzent: Das wiederhergestellte Israel hat mit dem Zion ein neues Zentrum und im Königtum JHWHs eine neue perspektivische Mitte.

In der *Joelschrift* erreichen die Bezugnahmen auf die Nachbarschriften Hosea und Amos eine solche Dichte, dass sich auch für Joel eine Abfassung für seine Position und Funktion im entstehenden X* nahe legt.[28]

Im Klage- und Umkehrruf Joel 1,2-2,17, dem ersten Hauptteil der Joelschrift, wird zunächst der Verlust der Lebensmittel beklagt (1,5-20), die mit der Trias „Korn, Wein und Öl" prägnant zusammengefasst werden. Diese Klage knüpft an das die Hoseaschrift durchziehende Motiv entzo-

---

[28] Während Obadja vor allem Am 9* parallelisiert, bezieht sich Joel in gleicher Intensität auf beide Nachbarschriften.

gener Fruchtbarkeit an, die dort ebenfalls durch „Korn, Wein und Öl" repräsentiert wird (Hos 2,10). Der in Joel 1,5-20 beklagte Verlust wird durch Heuschrecken und Dürre verursacht, die auch nach den ersten beiden Amosvisionen das Gottesvolk bedrohen (Am 7,1-6). Für Joel sind Heuschrecken und Dürre Vorhut des nahen יום־יהוה (Joel 1,15; 2,1-11), der auch durch die Tag-JHWHs-Dichtung Am 5,18-20 im Zentrum der Amosschrift als unheilvoller Tag angekündigt wird. Angesichts dieser endzeitlichen Bedrohung ergeht an alle Gruppen des Volkes ein Ruf zur Umkehr, zu der der Hinweis auf JHWHs Erbarmen motiviert. Dieser Umkehrruf parallelisiert Hos 14,2-9 und bildet zugleich ein positives Gegenstück zu Am 4,6-11, einem Rückblick auf fünf erfolglose Heimsuchungen JHWHs, die Israel zur Umkehr bringen sollten.[29] Die Hoffnung auf JHWHs „Reue" (Joel 2,14a) stellt eine weitere Querverbindung zu den ersten beiden Amosvisionen (Am 7,1-6) her, nach denen sich JHWH zweimal auf die Intervention des Amos hin des angedrohten Unheils „gereuen" lässt (Am 7,3.6).

Der Erhörungsteil Joel 2,18-4,17 wird eingeleitet durch die Feststellung neuer Zuwendung JHWHs zu seinem Volk (Joel 2,18-20), die ihre thematische Parallele in Hos 11,8f; 14,5 hat. Zunächst wird dem Gottesvolk neue Fruchtbarkeit zugesagt (Joel 2,19a.21-27): JHWH wird „Korn, Wein und Öl" im Überfluss geben (V19a.24), wie schon Hos 2,24 (vgl. auch Hos 14,6-9) in Aussicht stellt. Auch die Ankündigung des endzeitlichen Eintretens JHWHs für sein Volk in Joel 3,1-4,17 erfolgt unter intensiven Bezugnahmen auf die Nachbarschriften: So wird angesichts des „großen und schrecklichen Tages JHWHs" mit Hilfe des Zitates von Obd 17a Zuflucht „auf dem Berg Zion" verheißen (Joel 3,5b), und die Einbestellung „aller Völker *ringsum*" (Joel 4,11.12) bereitet den Spruchzyklus über die Nachbarvölker Israels in Am 1,3-2,3 vor. Kurz vor ihrem Ende wird die Joelschrift durch das Zitat von Am 1,2a in Joel 4,16a (vgl. Hos 11,10) ausdrücklich mit der Amosschrift verknüpft. Das hier angekündigte „Brüllen" JHWHs hat nach Joel 4,16a Wirkungen, die zugleich zu Am 1,1 überleiten: Die Amostradenten datierten das Auftreten des Propheten nach einem „Erdbeben" (Am 1,1: רעש), in dem sie eine erste Erfüllung seiner Strafankündigung sahen (Am 9,1: וירעשו). Nach der Ankündigung gelesen, dass Himmel und Erde „erbeben" werden (Joel 4,16a: ורעשו), erscheint das Erdbeben von Am 1,1 zugleich wie eine erste Erfüllung Joelscher Weissagung. Am intensiven Amosbezug ist schließlich auch der Schluss der Joelschrift (Joel 4,18-21) beteiligt: Die Ansage „überfließender" Fruchtbarkeit in Joel 4,18a stellt eine Querverbindung zum A-

---

[29] In Am 4,6-11 findet sich fünfmal שוב, und unter den Schlägen JHWHs, die Umkehr bewirken sollten, werden auch Dürre und Heuschrecken genannt.

9.1. Diachrone Lektüre der Tag-JHWHs-Dichtungen im XII 291

moschluss her, der in Am 9,13b eine fast gleichlautende Ankündigung enthält, die vielleicht redaktionell eingefügt wurde (vgl. S. 140). Höhepunkt beider Hauptteile der Joelschrift ist jeweils eine Tag-JHWHs-Dichtung, und angesichts der intensiven Verknüpfung von Joel mit dem entstehenden X* ist von vornherein eine bewusste Anknüpfung an die vorausliegenden Tag-JHWHs-Dichtungen zu erwarten.

Joels erste Tag-JHWHs-Dichtung *Joel 2,1-11* alarmiert das Gottesvolk vor dem nahen יום־יהוה und stellt eine Aktualisierung von Zef 1,2-18* dar: So wird in Joel 2,1b die יום־יהוה-Ankündigungsformel von Zef 1,7b.14a intensivierend modifiziert und im Anschluss daran (Joel 2,2aα) der Finsternischarakter des יום־יהוה durch das Zitat von Zef 1,15bβγ akzentuiert. Das im Folgenden dargestellte endzeitliche Heer JHWHs (Joel 2,2aβ-5.7-9) gibt dem JHWH-Tag militärische Züge, die dem „Tag des Horns und des Kriegsgeschreis" von Zef 1,16a entsprechen. Beiden Tag-JHWHs-Dichtungen ist weiterhin der Jerusalembezug gemeinsam (Zef 1,4a.10f. 12a), aber die in Zef 1,10f vergegenwärtigte Eroberung Jerusalems wird in Joel 2,7-9 zur Stadteroberung anonymisiert. Das JHWH-Tags-Geschehen greift sowohl in Zef 1,2-18* als auch in Joel 2,1-11 weit über Jerusalem hinaus, wird aber in seiner Reichweite von Joel noch vom Leben auf der Erde (Zef 1,2f.17f*) auf Himmel, Erde und Gestirne verlängert (Joel 2,10). Außerdem wird die Charakterisierung des „großen" יום־יהוה von Zef 1,14a durch seine Prädizierung als „groß und sehr furchtbar" in Joel 2,11b gesteigert. Angesichts dieser intensiven Bezugnahmen fällt besonders auf, dass Joel im Gegensatz zu Zef 1,2-18* auf jegliche Begründung für das Kommen des יום־יהוה verzichtet. Diese Tatsache lässt sich damit erklären, dass Joel bewusst für seine Position nach der Hoseaschrift geschaffen wurde, die von Anklagen an das Gottesvolk durchzogen ist. Auf beide Tag-JHWHs-Dichtungen folgen schließlich Imperative, die eine Rettungsaussicht eröffnen (Zef 2,1-3; Joel 2,12-17), die von Joel noch mit einer theologischen Begründung versehen wird (Joel 2,13b.14).

Die gegenüber Zef 1,2-18* neuen Züge in Joels erster Tag-JHWHs-Dichtung entstammen vor allem der יום־יהוה-Tradition (besonders der Weltgerichtsdarstellung von Jes 13,2-16) und Theophanieschilderungen, und die Beschreibung des endzeitlichen Heeres zeigt sich außerdem von prophetischen Feindschilderungen inspiriert. Auf diese Weise wird in *thematischer* Hinsicht der יום־יהוה von Zef 1,2-18* *transzendiert* und für das Gottesvolk *aktualisiert*: Der Tag JHWHs betrifft als kommender universaler Gerichtstag auch das Gottesvolk. Dieser Profilierung entspricht auf *literarischer* Ebene, dass Joel 2,1-11 zum einen als konzentrisch aufgebautes Gedicht *komponiert* ist, dessen äußeren Rahmen wie in Am 5,18-20 יום־יהוה-Aussagen bilden, und zum andern an exponierter Stelle *platziert* wird: Joel 2,1-11 bildet den Höhepunkt des ersten Teils der Joelschrift (Joel 1,2-2,17) und stellt zugleich die erstplatzierte Tag-JHWHs-Dichtung im entstehenden X* dar – eine Position, die Joel 2,1-11 auch im XII behält. Da der auf die abschließende Frage in Joel 2,11 reagierende Umkehrruf Joel 2,12-17 und die anschließende Erhörungszusage Joel 2,18-20 Hos 14,2-9 parallelisieren, wird Joel 2,1-11 zugleich zur Zusammenfassung der Gerichtsverkündigung Hoseas. Eine überraschende Beobachtung zu Joel 2,1-11 soll am Schluss erwähnt werden und zu Joel 4,1-3.9-17 überleiten: In der Mitte der Ringkomposition wird nicht wie in Zef 1,2-18* der יום־יהוה über Jerusalem vergegenwärtigt (Zef 1,10f), sondern die Involvierung der „Völker" festgestellt (Joel 2,6). Dieser signifikante Zug klärt sich erst von Joel 4,1-3.9-17 her und zeigt, dass die beiden Tag-JHWHs-Dichtungen der Joelschrift zusammen gelesen werden wollen.

Mit *Joel 4,1-3.9-17* erreicht der Erhörungsteil Joel 2,18-4,17 seinen Höhepunkt: JHWH selbst wird die Bedrohung des Gottesvolkes durch den nahen יום־יהוה (Joel 2,1-11) abwenden. In Joels zweiter Tag-JHWHs-Dichtung sind die aufgenommenen Traditionen nicht miteinander verschmolzen wie in Joel 2,1-11, sondern verteilen sich auf dadurch deutlicher voneinander abgrenzbare Abschnitte, die aber untereinander in einem klaren Aussagezusammenhang stehen. Ihre Mitte hat die Tag-JHWHs-Dichtung Joel 4,1-3.9-17 in der Ankündigung des nahen יום־יהוה im „Tal der Entscheidung" (V14), und an diesem endzeitlichen Gerichtsort werden die versammelten Völker nach dem inneren Rahmen V9-13.15-16a mit der den Kosmos erschütternden Stimme JHWHs (V16aβ) konfrontiert werden. Im äußeren Rahmen wird die Schicksalswende des Gottesvolkes in Aussicht gestellt (V1-3) und in ihrem Ergebnis dargestellt (V16b-17).

Wie Joel 2,1-11 unter Rückbezug auf Zef 1,2-18* den יום־יהוה für das Gottesvolk aktualisiert, so wird in Joel 4,1-3.9-17 der nahe JHWH-Tag über alle Völker im Anschluss an die Obdjaschrift entfaltet: Mitte dieser beiden Tag-JHWHs-Dichtungen bildet die Ankündigungsformel כי קרוב יום־יהוה (Obd 15a; Joel 4,14b), innerhalb der Strafbegründung findet sich in Obd 11b; Joel 4,3a das Delikt des „Loswerfens" (ידד גורל) über das Gottesvolk,[30] und in der Strafankündigung werden Metaphern aus der Welt des Weinbaus verwendet (Obd 5b.16; Joel 4,13). Der Fortschreiber von V4-8 konkretisiert[31] Joels Gerichtsverkündigung ebenfalls unter

---

30 Der dritte und letzte Beleg in Nah 3,10b blickt auf den Untergang Thebens zurück.
31 Eine Aktionsgemeinschaft von Tyros, Sidon und den Philistergebieten ist für die Mitte des 4. Jh. vC belegt, und 343 vC wurde Sidon von Artaxerxes III. zerstört, so dass mit der Datierung des Einschubs Joel 4,4-8 zwischen 400 und 343 vC außerdem in 343 vC ein „terminus ante quem für das übrige Joelbuch gewonnen" ist (Wolff, BK 14/2, 94).

9.1. Diachrone Lektüre der Tag-JHWHs-Dichtungen im XII

Rückgriff auf eine markante Formulierung aus Obadja: JHWH wird „eure Tat auf euren Kopf zurückkehren lassen" (Obd 15b; Joel 4,4b.7b). Durch die Übernahme der seltenen Formel כי יהוה דבר (Obd 18bβ; Joel 4,8b) wird die schriftkundige Leserschaft noch expressis verbis auf den Obadjabezug verwiesen. Schließlich ist für beide Tag-JHWHs-Dichtungen Zion JHWHs „heiliger Berg" (Obd 16a; Joel 4,17a), so dass die Stadt Jerusalem nach der Heilswende „heilig sein" wird (Obd 17a; Joel 4,17b) und „Fremde" (זרים) sie nicht mehr wie einst (Obd 11a) in feindlicher Absicht betreten werden (Joel 4,17bβ). Wie Joel seinen Rückbezug auf Jes 13 in Joel 2,1-11 bereits in Joel 1,15 mit dem Zitat von Jes 13,6 eröffnet, so geht dem Obadjabezug von Joel 4,1-17 schon in Joel 3,5bα das Zitat von Obd 17a voraus, dass noch durch die Formel כאשר אמר יהוה als solches kenntlich gemacht ist. Damit gibt Joel vorab zu erkennen, dass die Bestehbarkeit des יום־יהוה für das Gottesvolk für ihn die wichtigste thematische Verbindung zu Obadja ist. Dieses Anliegen entfaltend, formuliert er JHWHs Schutz für sein Volk am יום־יהוה mit Hilfe von Theologumena aus der Zionstradition (Joel 4,16b-17). Dass die Völker in diese Heilsperspektive nicht einbezogen sind, macht Joel dezidiert deutlich, indem er die Konversion von „Schwertern zu Pflugscharen" innerhalb der Völkerwallfahrt von Mi 4,1-3 polemisch umkehrt (Joel 4,10a).

Der יום־יהוה ist das zentrale Thema der *Joelschrift*, und dem entsprechend bildet jeweils eine Tag-JHWHs-Dichtung den Höhepunkt ihrer beider Hauptteile. Joel 2,1-11 aktualisiert im Anschluss an Am 5,18-20; Zef 1,2-18* den יום־יהוה für das Gottesvolk, während Joel 4,1-17 unter Rückbezug auf Obadja den nahen JHWH-Tag an die Völker adressiert. Beide Tag-JHWHs-Dichtungen sind miteinander parallelisiert und außerdem gemeinsam auf Jes 13 bezogen, um den יום־יהוה als den einen universalen Gerichtstag für das Gottesvolk und die Völker zu proklamieren. Der signifikanteste Unterschied beider JHWH-Tags-Darstellungen besteht darin, dass JHWHs Stimme innerhalb von Joel 2,1-11 vor seinem gegen Zion anrückenden Heer her erschallt und das Gottesvolk bedroht, wogegen sie nach Joel 4,1-17 vom Zion her gegen das versammelte Völkerheer gerichtet wird, während das Gottesvolk unter JHWHs Schutz steht. Literarisch verbunden sind beide Tag-JHWHs-Dichtungen durch den Umkehrruf Joel 2,12-17, der den ersten Hauptteil Joel 1,2-2,17 beschließt und die Konstatierung der positiven Reaktion JHWHs auf diesen in Joel 2,18-20, der den Erhörungsteil Joel 2,18-4,17 einleitet. Diese „Brücke" zwischen den beiden יום־יהוה-Darstellungen parallelisiert Hos 14,2-9, den Schlussabschnitt der Hoseaschrift, der ebenfalls in V2-4 mit einem prophetischen Umkehrruf einsetzt, dem in V5-9 JHWHs Zusage folgt, dass sein Zorn sich „gewendet" hat und das Gottesvolk neue Zuwendung

JHWHs erwarten darf.³² Dass JHWHs Stimme nicht mehr vor seinem gegen Zion ziehenden Heer, sondern von Jerusalem her ertönt, macht also anschaulich, dass sich JHWH „bewegt" und die erhoffte „Umkehr" (Joel 2,14a) vollzogen hat. Die Spannung zwischen beiden Tag-JHWHs-Dichtungen spiegelt nach der Joelschrift eine Spannung in JHWH selbst, in der JHWHs Erbarmen mit seinem Volk das letzte Wort behält.

So fungiert die Joelschrift als Leseanleitung für die literarisch nachfolgenden, aber traditionsgeschichtlich vorausliegenden Tag-JHWHs-Dichtungen des entstehenden X*: Sie entfalten Teilaspekte der יום־יהוה-Thematik, die mit ihrem jeweiligen Anliegen in Joels mehrdimensionaler JHWH-Tags-Darstellung „aufgehoben" sind.

Sach 14 präsentiert sich am intensivsten als schriftgelehrte Prophetie und bezieht sich auch auf die Joelschrift zurück, so dass diese summierende Tag-JHWHs-Dichtung aus traditionsgeschichtlichen Gründen nach Joel zu datieren ist. Rudolph sieht nur eine „geringe Datierungsmöglichkeit" und trifft lediglich die allgemeine Feststellung: „terminus a quo ist das 4.Jh."³³ Da in Sach 9-11 der Herrschaftswechsel von den Persern zu den Griechen vorausgesetzt wird und Sach 12-14 Fortschreibung von Sach 9-11 ist, vermutet Albertz, dass Sach 12-14 „in das Ende des 4. oder an den Anfang des 3. Jhs. gehören".³⁴ Die Umwälzungen durch den Siegeszug Alexanders des Großen, der zwei Jahrhunderte persischer Oberhoheit in Palästina beendete und „eine tiefe Erschütterung der semitischen Völkerschaften Syriens und Palästinas"³⁵ bewirkte, war dazu angetan, einen prophetischen Prophetenausleger zu einer zusammenfassenden Tag-JHWHs-Dichtung zu inspirieren, und die Eroberung Jerusalems durch Ptolemaios I. 301 vC könnte ihren Niederschlag in der Invasionsschilderung von Sach 14,1f gefunden haben.³⁶

Das Anliegen des Autors von Sach 14, eine Gesamtschau des „Tages für JHWH" zu entwerfen, spiegelt sich schon in der überaus kunstvollen literarischen Durchgestaltung seiner Tag-JHWHs-Dichtung: Erstmals innerhalb des XII wird der exakte terminus יום־יהוה zur Wendung ... יום ליהוה modifiziert, auf die die Formel ביום ההוא siebenmal zurückweist.

---

32 Sie zeigt sich in Hos 14,6-9 in der Zuwendung neuer Fruchtbarkeit, wie sie in Entsprechung dazu ebenso in Joel 2,21-27 entfaltet wird.
33 Rudolph, KAT 13/4, 164.
34 Albertz, Religionsgeschichte 2, 638. – Steck geht „gemäß der vorgeschlagenen Schichtenrelation" (Steck, Abschluss, 102) innerhalb seines redaktionsgeschichtlichen Modells noch weiter nach vorn und schlägt die befriedeten Folgejahre nach dem Friedensschluss zwischen Ptolemaios III. und Seleukos II. um 240 vC vor (vgl. a.a.O, 102f).
35 Hengel, SBS 76, 12.
36 Vgl. Hengel, SBS 76, 34 und Sasse, Geschichte, 100.

9.1. Diachrone Lektüre der Tag-JHWHs-Dichtungen im XII

Die insgesamt zwölf Belege von יום signalisieren zusammen mit den anderen jeweils in signifikanter Anzahl wiederholten Leitwörtern von Sach 14[37] bereits auf der Ebene der Wortstatistik, dass der Autor eine umfassende Darstellung beabsichtigt. Das JHWH-Tags-Geschehen wird strukturell in zwei parallelen Aussagenreihen entfaltet (V1-9.10-19), die jeweils auf die Durchsetzung der universalen Königsherrschaft Gottes zulaufen (V9.16-19). Über diese Parallelstruktur legt sich eine konzentrische Anordnung der Kompositionsteile: Die feindliche Aktion der Völker gegen Jerusalem provoziert JHWHs Eingreifen (A V1-5), und dessen Intervention zugunsten des „Restes" in der Stadt löst die friedliche Wallfahrt des „ganzen Überrestes aus allen Völkern" nach Jerusalem zur Huldigung „König JHWHs" aus (A¹ V12-19). Diese Ereignisdarstellungen rahmen den Mittelteil B V6-11, in dem Zustandsschilderungen in den Vordergrund treten, die das Bild einer gewandelten Schöpfung entfalten. Ihr Zentrum bildet die dauerhaft gesicherte Stadt Jerusalem, von der Leben für das Land ausgeht (V8). Der innerhalb des Mittelteils noch besonders exponierte V9b markiert die perspektivische Mitte der Tag-JHWHs-Dichtung: JHWH ist der eine Gott für sein Volk und für alle Welt.

Die in die Komposition V1-19 nicht eingebundenen Schlussverse V20-21 spiegeln in nuce deren Doppelstruktur und akzentuieren die inklusive Heiligkeit Jerusalems, die selbst „Pferde" und „Töpfe" einschließt und die Unterscheidung zwischen sakral und profan obsolet macht. Die Wendungen „heilig für JHWH (Zebaot)" und „im Haus JHWH (Zebaots)" in V20-21 werden in V1-19 weder aufgeführt noch auch nur vorbereitet, finden sich aber in den Schlussversen jeweils gleich zweimal. Sie führen mit der Tempelthematik und der endzeitlichen Heiligung des Lebens zwei zentrale Anliegen der Sacharjaschrift zum Ziel, so dass V20-21 nicht nur dem Abschluss der Tag-JHWHs-Dichtung Sach 14, sondern zugleich deren Anschluss an die Sacharjaschrift dienen.

Sach 14 präsentiert unterschiedliche Ereignisdarstellungen und Zustandsschilderungen, in die traditionelle Themen und Topoi Aufnahme gefunden haben, die in der Weise verbunden und weitergeführt werden, dass konträre Positionen miteinander vermittelt werden. Innerhalb der Kompositionsteile A V1-5 und A¹ V12-19 dominiert die Völkerthematik, zu der dem Autor aus dem X* und der prophetischen Tradition insgesamt zwei gegensätzliche Perspektiven vorgegeben waren: die Vernichtung der Völker am יום־יהוה[38] und die endzeitliche Anbetung JHWHs durch die

---

37 Vierzehnmal יהוה (ohne die Glosse in V7) und dazu siebenmal צבאות, zehnmal ירושלם, siebenmal die „Völker", zwölfmal כל־ und 24 mal היה - vgl. das Sacharjakapitel, S. 183f.
38 Siehe besonders Obd, Joel 4 und vgl. Jes 13 und Ez 38-39.

Völker[39]. Innerhalb des weiträumigen JHWH-Tags-Geschehens von Sach 14 wird diese Spannung in ein Nacheinander aufgelöst: Nachdem JHWH den Völkerkampf in Jerusalem siegreich beendet hat, pilgert der Überrest der Völker Jahr für Jahr zur Anbetung „König JHWH Zebaots" nach Jerusalem. Indem er ein Nichthinaufziehen nach Jerusalem mit Sanktionen bedenkt, korrigiert der Autor zugleich die Erwartung einer Anbetung der Völker „jedes von seinem Ort aus" (Zef 2,11).

Auch die Wandlungen auf kosmologisch-vertikaler Ebene im Mittelpunkt der Komposition (B V6-11) werden mit Hilfe intensiver Bezugnahmen auf die Tradition dargestellt: Die kosmischen Begleiterscheinungen des יוֹם־יהוה,[40] die in der JHWH-Tags-Tradition den destruktiven Charakter des JHWH-Tages akzentuieren, werden mit Hilfe von Reminiszenzen an die Urgeschichte (Gen 1,3-5; 8;21f) kontrastierend und steigernd zur Vorstellung von einer gewandelten Schöpfung ausgestaltet.

Die großen Themen von Sach 14 haben jeweils ihr eigenes Gewicht und enthalten zudem Züge, die untereinander in unauflösbaren Spannungen stehen. Die traditionsgesättigte Entfaltung dieser Themen war dem Autor offensichtlich wichtiger als die Stimmigkeit und Geschlossenheit eines Gesamtbildes. Dass die große Tag-JHWHs-Dichtung dennoch nicht in ihre Teilaspekte auseinander fällt, erreicht er einmal mit dem durchlaufenden Jerusalembezug: Die eroberte Stadt wird von JHWH befreit und gelangt durch die Nivellierung des Umlandes in eine exponierte Position, in der sie nicht mehr durch Invasoren bedroht wird (V10f), sondern immerwährend Leben spendet (V8). Mit der Jerusalemorientierung wird eine Linie, die die Tag-JHWHs-Dichtungen des X* durchzieht,[41] aufgenommen und zum Abschluss gebracht. Damit ist schon implizit angesprochen, was diese vielgestaltige Darstellung darüber hinaus zusammenhält: Die Stadt Jerusalem hat diese überragende Bedeutung, weil das „Haus JHWHs" (V20f) sie zum Thronsitz JHWHs und damit zum Wallfahrtsziel für die Völker macht, die „König JHWH Zebaot" huldigen wollen (V16). JHWH ist der Urheber der umfassenden Wandlungen am „Tag ... für JHWH" und die perspektivische Mitte dieser summierenden Tag-JHWHs-Dichtung: Ihr Skopus ist die Einzigkeit JHWHs (vgl. Dtn 6,4), die nun auch von den Völkern anerkannt und bekannt wird (V16) und damit universal durchgesetzt ist (V9b).

---

39 Siehe besonders Zef 3,9f; 2,11 und vgl. Mi 4,1-4 // Jes 2,2-4; Jes 66,18-24 und Ps 93-100.
40 Siehe Joel 2,1-11; 4,1-17; Jes 13 und vgl. die Licht-Finsternis-Metaphorik von Am 5,18-20; Zef 1,14-16 und das Erdbebenmotiv innerhalb der Amosschrift.
41 Nur Am 5,18-20 ist ohne Jerusalembezug – vgl. aber Am 1,2 // Joel 4,16.

9.1. Diachrone Lektüre der Tag-JHWHs-Dichtungen im XII

Die letzte Tag-JHWHs-Dichtung *Mal 3,17-21* gehört einer Prophetenschrift neuen literarischen Typs an, denn die Maleachischrift besteht aus sechs Diskussionsworten (DW), die ihr eine stark dialogische Prägung geben. Auch Mal 3,17-21 stellt eine Besonderheit innerhalb der Tag-JHWHs-Dichtungen dar, da die letzte Tag-JHWHs-Dichtung Gliedgattung innerhalb des VI. DW Mal 3,13-21 ist und die Antwort auf die Einrede der Adressaten bietet. Mal 3,13-21 ist Fortschreibung des IV. DW Mal 2,17-3,5 und lässt das Auseinandertreten zweier Gruppen innerhalb des Gottesvolkes, der „Gerechten" und der „Frevler", erkennen. Dieser Gegensatz findet schon in der literarischen Gestaltung Ausdruck: Im VI. DW legt sich über das Gattungsformular eine antithetische Struktur, die das Ergehen von Gerechten und Frevlern in der Gegenwart (V13-16) und in der Zukunft (V17-21) kontrastiert, und die Ringstruktur von V17-21 stellt das gegensätzliche Geschick von Gerechten (V17-18.20-21) und Frevlern (V19) am „kommenden Tag" einander gegenüber. Dieser V17-21 bestimmende Gegensatz wird unter Bezugnahmen auf die übrigen Tag-JHWHs-Dichtungen des XII und in Auseinandersetzung mit dem IV. und V. DW (Mal 2,17-3,5; 3,6-12) entfaltet: Der Fortschreiber erwartet weder eine Läuterung der „Levisöhne" noch eine Umkehr der „Jakobsöhne" vor dem Kommen JHWHs, sondern den „Tag", an dem JHWH väterlich-schonend an den Gerechten und vernichtend an den Frevlern handeln wird. Bei der Explizierung dieses Gegensatzes gibt er dann dem „kommenden Tag" Züge, die innerhalb der Tag-JHWHs-Dichtungen singulär sind: Der erstmals in Gottesrede angekündigte „Tag" ist so ausschließlich vom Handeln JHWHs bestimmt, dass seine Darstellung keinerlei Spuren einer endzeitlichen Auseinandersetzung mehr enthält. An die Stelle eines Nacheinanders von Unheil und Heil für Gottesvolk und Völker tritt das Nebeneinander des Heils der Gerechten und des Unheils der Frevler. Das führt zu einer Individualisierung der Adressaten des kommenden Tages, da nicht mehr zwischen Gottesvolk und Völkern, sondern zwischen Einzelpersonen entsprechend ihrem Verhalten Gott gegenüber differenziert wird. Diese Zuspitzung bringt zugleich eine Transzendierung des JHWH-Tags-Geschehens mit sich, der alle konkretisierenden Züge und selbst der Jerusalembezug fehlen. Dafür ist der Name dessen, der an diesem „Tag" allein „handelt", um so deutlicher exponiert: „JHWH Zebaot" am Anfang (V17aα), in der Mitte (V19bβ) und am Schluss (V21bβ) von Mal 3,17-21. Mit dem VI. DW gelingt es dem Autor, zwischen der Zukunftsperspektive des X* und den Gegenwartsproblemen der Maleachischrift zu vermitteln: Die Erwartung des יום־יהוה, die das X* durchzieht, wird der Beantwortung der Theodizeefrage dienstbar gemacht.

Mit der individualisierenden Kontrastierung von Gerechten und Frevlern ist innerhalb der fortschreitenden Differenzierung der Adressaten des

יוֹם־יְהוָה und ihres Geschicks im XII ein Endpunkt erreicht, dem auch Sach 14 traditionsgeschichtlich vorausliegt. Danach ergibt sich als terminus a quo für das VI. DW Mal 3,13-21 die Abfassung von Sach 14, während um 200 vC den terminus ad quem darstellen dürfte.[42] Diese Überlegungen führen in die Zeit der Oberhoheit der Ptolemäer über Palästina im 3. Jh. vC,[43] die wirtschaftliche und soziale Aufstiegschancen für jene Mitglieder der jüdischen Oberschicht bot, die bereit waren, sich dem Hellenismus zu öffnen und mit den neuen Machthabern zusammenzuarbeiten. Deren Interesse war auf die städtische Kultur gerichtet, so dass die hellenistischen Kultureinflüsse sich zunächst auf Jerusalem beschränkten. Exemplarisch für die durch die hellenistische Zeit eröffneten Karrieremöglichkeiten ist der rasante Aufstieg der Familie der Tobiaden in der zweiten Hälfte des 3. Jahrhunderts: Schon ihr Oberhaupt Tobias war wohl „neben dem Hohenpriester der mächtigste Mann der jüdischen Volksgemeinschaft"[44], und seine Korrespondenz verrät eine „sehr laxe Gesetzesauffassung"[45]. Sein Sohn Joseph und dessen Familie sind die „ersten jüdischen Bankiers"[46], und mit ihnen verlagert sich der Lebensschwerpunkt der Tobiaden nach Jerusalem. Unter ihrem Einfluss verändert sich der Lebensstil der Metropole, und Jerusalem gewinnt „als die einzige ‚Stadt' Judäas endgültig das Übergewicht gegenüber dem Land"[47]. Folgerichtig entwickeln und verschärfen sich Gegensätze einmal zwischen hellenistisch gesonnenen und toratreuen Führungskreisen und zum anderen zwischen der von den neuen Verhältnissen profitierenden städtischen Elite und der von ihr ausgebeuteten Unterschicht.

> „Einer relativ kleinen, aber reichen und mächtigen Oberschicht ... standen einerseits die Vertreter der toratreuen Theokratie gegenüber, die sich überwiegend aus der niederen Priesterschaft und den Leviten rekrutierten und deren konservative, nomistisch-kultische Haltung sich vor allem im chronistischen Werk und bei dessen Überarbeitern sowie bei Ben-Sira manifestierte, und zum anderen jene Gruppen, in denen die prophetische Überlieferung weiterlebte und die Apokalyptik vorbereitete."[48]

---

42 Die Schlussverse Mal 3,22-24 sind als Anhänge der Maleachischrift jünger als das VI. DW, und Mal 3,23f wird in Sir 48,10 bereits vorausgesetzt, so dass sich für Mal 3,23f als terminus ad quem um 180 vC (vgl. Steck, Abschluss, 140-142) und entsprechend für V22 eine wenige Jahre frühere Abfassung ergibt.
43 Vgl. Hengel, Judentum, besonders 92-105.486-503; Hengel, SBS 76, 47-51.152-175 und Haag, BE 9, 49-53.
44 Hengel, Judentum, 487.
45 A.a.O., 488.
46 A.Schlatter – zitiert nach Hengel, Judentum, 492.
47 A.a.O., 101.
48 A.a.O., 96f.

9.1. Diachrone Lektüre der Tag-JHWHs-Dichtungen im XII

Besondere Beachtung verdient, dass Ben-Sira seine Opponenten als רשעים und זדים bzw. אנשי זדון bezeichnet und damit terminologische Entsprechungen zur Charakterisierung der Widersacher der Gerechten im VI. Diskussionswort aufweist.[49] Mit Mal 3,13-21 könnte sich eine zeitgenössische Stimme aus spätprophetischen Kreisen zu Wort melden, die die weisheitliche Charakterisierung der Gegenseite teilen und die bedrängende Situation mit Hilfe der prophetischen Tradition zu deuten versuchen. Sie verstehen sich nicht als „Weise" wie die aristokratischen Kreise, denen Ben-Sira angehört, sondern als „Gerechte" aus der Unterschicht, die mit besonderer Verbitterung sehen, wie die Angehörigen der hellenistischen Jerusalemer Oberschicht durch die Ausbeutung ihrer eigenen Landsleute „Frevel begehen" und „sogar noch erbaut" werden und mit ihrer religiösen Indifferenz „JHWH versuchen" und dennoch „davonkommen" (vgl. Mal 3,15).[50] Aus der zeitgeschichtlichen Konstellation der Ptolemäerzeit könnte sich auch die auffallende Beobachtung erklären, dass Jerusalem-Zion innerhalb der JHWH-Tags-Darstellung von Mal 3,17-21 keine Erwähnung mehr findet: Für den Fortschreiber war aus dem Ort der Präsenz JHWHs der Hort neuen hellenistischen Geistes geworden.

Mal 3,23f, der zweite Nachtrag der Maleachischrift, enthält die letzte Verlautbarung zum יום־יהוה innerhalb des XII. Während der erste Nachtrag V22 an die „Tora meines Knechtes Mose" erinnert und sich damit auf die Nahtstelle von Tora und Nebiim zurückbezieht, bringt V23f abschließend die Prophetie zur Geltung, die durch den wiederkehrenden Elia repräsentiert wird. Im Unterschied zu V22 macht der zweite Nachtrag intensive terminologische Anleihen bei Mal und auch beim XII, mit deren Hilfe noch einmal dessen große Themen aufgerufen und abschließend miteinander verknüpft werden. Zum einen wird der יום־יהוה letztmalig in seiner Bedrohlichkeit akzentuiert, so dass die Frage nach seiner Aushaltbarkeit unveränderte Aktualität behält. Diese Frage wird sodann mit Hilfe der Umkehrthematik beantwortet, die aber einer zweifachen Modifizierung unterzogen wird: JHWH fordert von den Adressaten keine Rückkehr zu ihm, sondern verheißt eine endzeitliche Hinkehr der Generationen zueinander. Schließlich wird via negationis auch das Thema der mit der Heilszeit verbundenen Fruchtbarkeit aufgenommen: Die von Elia bewirkte Umkehr wird einen vernichtenden Schlag JHWHs gegen die ארץ abwenden, so dass der Erfüllung von Hos 2,24 nichts mehr im Weg steht,

---

49 Vgl. a.a.O., 270f und siehe besonders Anm. 271 und vgl. dazu זדים in Mal 3,15a.19bα, רשעה עשי in V15bα.19bα und רשעים in V21aα.

50 Auch innerhalb von Jes 24-26 – nach Albertz zwischen 300 und 221 entstanden – begegnet die Gegenüberstellung von צדיק und רשע bzw. זד und findet sich außerdem die Erwartung, dass die zu Boden gestürzte Stadt von den „Füßen der Elenden zertreten" wird (Jes 26,5f – vgl. Albertz, Religionsgeschichte 2, 644).

dass die ארץ „Korn, Wein und Öl" als Inbegriff dieser Fruchtbarkeit hervorbringen wird. Durch die angekündigte Wirksamkeit Elias „vor dem Kommen des großen und furchtbaren Tages JHWHs" wird der יום־יהוה selbst zu einem übernächsten Ereignis, das nicht mehr „nahe" bevorsteht. Der Weg in die Zukunft dehnt sich damit, und die Tora (V22) wird zur unentbehrlichen Wegweisung.

Da in Sir 48,10 bereits auf Mal 3,23f Bezug genommen wird, ist mit 180 vC der terminus ad quem für die Abfassung des zweiten Maleachiepilogs gegeben.[1] In den Jahrzehnten davor vollzog sich in Palästina der Machtwechsel von den Ptolemäern zu den Seleukiden, der Judäa und Jerusalem schwer in Mitleidenschaft zog. Der vierte syrische Krieg 221-217 vC[2] verschärfte die Spannungen zwischen proptolemäischen und proseleukidischen Parteien, die innerhalb der Tobiaden zu einem Familienkrieg eskalierten, der eine allgemeine Spaltung in der Bevölkerung nach sich zog.[3] Steck fragt, ob „Mal 3,24 die politisch bestimmten, tiefgreifenden Spaltungen in der Bevölkerung in den Folgejahren im Auge"[4] hat. In der Tat könnten die mit dem vierten syrischen Krieg verbundenen Entwicklungen das besondere Profil von Mal 3,23f erklären: In der großpolitischen Unsicherheit über die künftige Oberhoheit über Palästina bleibt der יום־יהוה fester Orientierungspunkt endzeitlicher Erwartung, und angesichts der innenpolitischen Unübersichtlichkeit in Judäa und Jerusalem könnte eine Aussöhnung zwischen den zerstrittenen Parteien als Voraussetzung für die Bestehbarkeit des JHWH-Tages nahe gelegen haben.[5] Auf jeden Fall liegt zwischen der ältesten Tag-JHWHs-Dichtung Am 5,18-20 und der jüngsten Erwähnung des יום־יהוה am Ende des XII eine Entwicklung von über 500 Jahren, in deren Verlauf der JHWH-Tag seine Ambivalenz bewahrt hat. Zugleich ist aber der von Amos angekündigte geschichtliche Unheilstag für das Nordreich Israel geradezu zu einem „letzten Tag" entschränkt worden, für dessen Aushaltbarkeit JHWH selbst vor dem Kommen dieses „Tages" Sorge tragen wird.

Resümierend lässt sich sagen, dass sich Scharts Modell zur Entstehung des XII als tragfähiger Rahmen für die diachronische Untersuchung der Tag-JHWHs-Dichtungen des Dodekapropheton erwiesen hat: In der diachro-

---

1   Vgl. Steck, Abschluss, 140-142.
2   Zusammenfassend zu den sog. syrischen Kriegen vgl. Sasse, Geschichte, 122-128.
3   Zu diesen innerjüdischen Spannungen vgl. zusammenfassend Sasse, Geschichte, 128-132.
4   Steck, Abschluss, 150.
5   Dass der Familienkrieg der Tobiaden durch das Zerwürfnis des Hyrkanos mit seinem Vater Joseph ausgelöst wurde (vgl. dazu Sasse, Geschichte, 130f), könnte die Formulierung einer Aussöhnung zwischen „*Vätern und Söhnen*" (Mal 3,24a) begünstigt haben.

9.2. Synchrone Lektüre der Tag-JHWHs-Dichtungen im XII

nen Abfolge seiner Tag-JHWHs-Dichtungen bündelt sich die Entstehung des XII wie in einem Hohlspiegel.

9.2. Synchrone Lektüre der Tag-JHWHs-Dichtungen im XII

Am Schluss dieser Arbeit soll nun der Frage nachgegangen werden, ob die untersuchten Tag-JHWHs-Dichtungen einen Aussagezusammenhang ergeben, der ihre synchrone Lektüre innerhalb des XII erlaubt.

Zunächst soll nach dem Zusammenhang der Tag-JHWHs-Dichtungen im Leseablauf des XII gefragt werden. Die *Joelschrift* enthält gleich zwei Tag-JHWHs-Dichtungen und insgesamt fünfmal den exakten Terminus יום־יהוה. Dieser kräftige Auftakt fungiert als Leseanleitung, die die Mehrdimensionalität des JHWH-Tages hinsichtlich seiner Adressaten und seines Charakters herausstellt. Von Joel her gelesen, entfalten die nachfolgenden Tag-JHWHs-Dichtungen Teilaspekte aus Joels mehrdimensionaler Darstellung. Der יום־יהוה wird im XII das erste Mal expressis verbis in *Joel 1,15* erwähnt. Angesichts von Heuschreckenfraß und Trockenheit von außergewöhnlichen Ausmaßen wird hier vor Nähe und Unheilscharakter des Tages JHWHs gewarnt. Ein erstes Mal dargestellt wird der יום־יהוה dann in *Joel 2,1-11*, der ersten Tag-JHWHs-Dichtung im Leseablauf des XII, die sich als besonders kunstvoll gestaltetes Gedicht präsentiert. Jerusalem und die „Landesbewohner" werden vor dem nahen JHWH-Tag alarmiert, der in Gestalt eines unheimlichen und unheilvollen „Volkes" heranrückt. Dessen Geheimnis wird dann am Schluss der Dichtung gelüftet: Es ist das Heer JHWHs, dessen Stimme vor ihm her erschallt. Angesichts dieser Bedrohung werden die Adressaten in Joel 2,12-17 zu einem allgemeinen Bußgottesdienst aufgerufen. Umkehr ist möglich, weil JHWH selbst „umkehrbereit" ist. Die nächste JHWH-Tags-Dichtung folgt im zweiten Teil der Joelschrift, der dem umkehrwilligen Gottesvolk die Erhörung seiner Klage zusagt. JHWHs neue Zuwendung wird sich nach Joel 3 in endzeitlicher Geistausgießung zeigen, durch die der Name JHWHs anrufbar und sein „großer und furchtbarer Tag" bestehbar wird. In *Joel 4,1-17* wird der יום־יהוה wie zuvor als Unheilstag mit kosmischen Begleiterscheinungen dargestellt, an dem JHWHs Stimme drohend erschallt. Aber diesmal ergeht seine Stimme vom Zion aus und bedroht die Völker, so dass der יום־יהוה für das Gottesvolk heilvolle Folgen hat.

Die damit geweckten Erwartungen werden jäh gedämpft durch *Am 5,18-20*: Ein Weheruf ergeht über die, die „den Tag JHWHs herbeiwünschen". Warum der JHWH-Tag wieder zum Unheilstag wird, erklärt der Kontext: Nach Am 4,6-12 haben JHWHs Heimsuchungen – u.a. durch

Heuschrecken und Trockenheit – das Gottesvolk nicht zur Umkehr bewegen können.

Es folgt im Leseablauf die *Obadja*schrift, in deren Mitte der nahe JHWH-Tag über alle Völker proklamiert wird, in dessen Brennpunkt das Brudervolk Edom steht. Er trifft sie als Gerichtstag, weil sie dem Gottesvolk den „Tag des Unheils" bereitet haben. Der יום־יהוה als Unheilstag für das Gottesvolk liegt hier also bereits in der Vergangenheit,[56] so dass der nahe JHWH-Tag für alle Völker Israel die Wiederherstellung bringt.

Zef 1,2-18 als nächste Tag-JHWHs-Dichtung steht am Ende des „vorexilischen" Teils des XII, der durch die datierten Überschriften Hos 1,1; Am 1,1; Mi 1,1 und Zef 1,1 markiert wird. Der Tag JHWHs wird hier als universaler Unheilstag entfaltet, in dessen Reichweite die gesamte Schöpfung und in dessen Brennpunkt Jerusalem liegt. Die Universalität des יום צרה (Nah 1,7; Hab 3,16; Zef 1,15) wird durch Nahum und Habakuk begründet, die die Vergehen der assyrischen bzw. babylonischen Großmacht anprangern. Im unmittelbaren Anschluss an Zef 1,2-18 wird zur Suche von „Gerechtigkeit und Demut" aufgefordert, damit die Adressaten „vielleicht geborgen bleiben am Tag des Zornes JHWHs" (Zef 2,1-3). Der Schlussteil der Zefanjaschrift (Zef 3,9-20) eröffnet dann eine heilvolle Pespektive sowohl für die Völker als auch für das Gottesvolk mit JHWH als dem „König Israels".

Als Zwischenbilanz lässt sich feststellen, dass sowohl der exakte Terminus יום־יהוה als auch die Tag-JHWHs-Ankündigungsformel כי קרוב יום־יהוה nur im vorexilischen Teil des XII begegnen – und zwar in signifikanter Anzahl: Zwölfmal ist die Wendung „Tag JHWHs"[57] belegt und siebenmal die Ansage seiner Nähe[58]. In gleichmäßigem Wechsel wird der יום־יהוה in den Tag-JHWHs-Dichtungen von Joel 2,1-11 bis Zef 1 als Unheilstag für das Gottesvolk und die Völker entfaltet. Diskutiert wird im vorexilischen Teil, wer dem nahen Gerichtstag entrinnen kann. Die Leserschaft soll diese Tag-JHWHs-Dichtungen offensichtlich im Zusammenhang verstehen: Der יום־יהוה bedroht das Gottesvolk und die Völker, doch wer zu JHWH umkehrt, kann ihn bestehen.[59]

Die beiden letzten Tag-JHWHs-Dichtungen gehören dem Schlussteil des XII an, der durch die Haggai und Protosacharja durchziehenden Datierungen (Hag 1,1-2; 1,15b-2,2.10-11.20-21; Sach 1,1.7; 7,1) als nachexilisch gekennzeichnet wird. Sie sprechen vom JHWH-Tag in modifizierter

---

56 Vgl. das zehnmalige יום innerhalb des Schuldaufweises für Edom in V11-14.
57 Joel 1,15; 2,1.11; 3,4; 4,14; Am 5,18[bis].20; Obd 15; Zef 1, 7.14[bis] – Mal 3,23 gehört zum späten zweiten Nachtrag zu Mal und zum XII.
58 Joel 1,15; 2,1; 4,14; Obd 15; Zef 1,7.14[bis] (mit Modifikationen).
59 Der Joelschrift zufolge, die als Leseanleitung für die Tag-JHWHs-Dichtungen fungiert.

9.2. Synchrone Lektüre der Tag-JHWHs-Dichtungen im XII

Formulierung und signalisieren damit ein neues Verständnis des traditionsreichen יוֹם־יהוה: Er ist nicht mehr reiner Unheilstag, dem Betroffene unter bestimmten Bedingungen entrinnen (vgl. Joel 2,12-17; Zef 2,1-3) oder dessen Nutznießer Nichtbetroffene sein können (vgl. das Gottesvolk in Joel 4,1-17; Obd). Im nachexilischen Teil des XII erhält er einen Doppelcharakter und verbindet auf jeweils spezifische Weise Heil und Unheil miteinander. *Sach 14* bietet ein umfassendes „Gemälde" des kommenden „Tages" als Summe der vorangehenden Tag-JHWHs-Dichtungen: Der „Tag für JHWH" ist erst Unheils- und dann Heilstag sowohl für das Gottesvolk als auch für die Völker. Darüber hinaus führt er eine Verwandlung der gesamten Schöpfung herauf, in deren Brennpunkt wiederum Jerusalem steht und deren Ziel die universale Königsherrschaft JHWHs ist. Über die bisherigen Tag-JHWHs-Dichtungen hinaus wird in Sach 14 also nicht nur der Unheils-, auch der Heilsaspekt universalisiert.

Mal 3,17-21, die abschließende Tag-JHWHs-Dichtung des XII, ist Gliedgattung innerhalb des letzten Diskussionswortes der Maleachischrift (Mal 3,13-21) und bietet eine Individualisierung des kommenden Tages: In singulären Bildern wird er als Unheilstag für die Frevler und Heilstag für die Gerechten dargestellt. Der Erfahrung der scheinbaren Folgenlosigkeit von Gottesverehrung und Gottesverachtung wird die Ankündigung des „kommenden Tages" entgegengesetzt, der den „Unterschied des Gerechten vom Frevler" offenbar macht. Der große Wurf von Sach 14 wird damit gewissermaßen „geerdet" und die JHWH-Tags-Thematik der Klärung von Alltagsproblemen dienstbar gemacht.

Der Maleachischluss *Mal 3,23f* schließlich enthält als eine Art Postludium das Schlusswort zum יוֹם־יהוה, das noch einmal den exakten Terminus aus dem „vorexilischen" Teil des XII aufnimmt. Der יוֹם־יהוה bleibt ein Fluchtpunkt prophetischer Erwartung und gewinnt durch die Position von Mal 3,23f am Ende des XII geradezu den Charakter eines letzten Tages, der durch eine von JHWH initiierte endzeitliche praeparatio bestehbar wird.

Folgende Übersicht fasst die Tag-JHWHs-Dichtungen im Leseablauf des XII noch einmal zusammen.

Joel 1,15: erster Warnruf vor Nähe und Unheilscharakter des יוֹם־יהוה angesichts außergewöhnlicher Heuschreckenplage und Trockenheit
Joel 2,1-11: Alarmierung Jerusalems und der Landesbewohner vor Nähe und Unheilscharakter des יוֹם־יהוה in Gestalt eines endzeitlichen Heeres, vor dem her JHWHs Stimme erschallt > „Wer kann ihn aushalten?" > Joel 2,12-17: Aufforderung zur Umkehr
Joel 3: Geistausgießung und Anrufen des Namens JHWHs vor Kommen des יוֹם־יהוה ermöglichen sein Bestehen > **Joel 4,1-17:** Erschallen der Stimme JHWHs vom Zion her > Tag JHWHs Gerichtstag für die Völker mit heilvollen Folgen für Gottesvolk, das auf dem Zion Zuflucht findet
Am 5,18-20: Weheruf über die, „die den Tag JHWHs herbeiwünschen" Begründung aus Kontext: nach Am 4,6-12 keine Umkehr auf JHWHs Heimsuchungen hin (u.a. durch Heuschreckeneinfall und Trockenheit)
Obadja: Edom und Völker haben in Vergangenheit „Tag des Unheils" über Gottesvolk gebracht > naher יוֹם־יהוה deshalb Gerichtstag über Edom und „alle Völker" mit heilvollen Folgen für Gottesvolk – Ziel JHWHs „Königsherrschaft"
Zef 1,2-18: יוֹם־יהוה universaler Unheilstag mit Brennpunkt in Jerusalem > Zef 2,1-3: Aufforderung, „Gerechtigkeit und Demut" zu suchen, um „vielleicht geborgen" zu bleiben am „Tag des Zornes JHWHs" > Zef 3,9-20 heilvolle Perspektive für Völker und Gottesvolk – JHWH „König Israels"
Sach 14 Summe der vorangehenden Tag-JHWHs-Dichtungen – Universalisierung des Heilsaspekts: „Tag ... für JHWH" erst Unheils-, dann Heilstag sowohl für das Gottesvolk als auch für die Völker; Verwandlung der gesamten Schöpfung mit Jerusalem als Zentrum > „Und JHWH wird zum König über die ganze Erde werden" (V9a).
Mal 3,17-21 Lösung der Theodizeefrage durch Individualisierung des יוֹם־יהוה: „Tag", an dem JHWH „handelt", bringt „Frevlern" Unheil und „Gerechten" Heil – Umkehrung ihres Geschicks
Mal 3,23f Schlusswort: Ankündigung einer Mittlertätigkeit des wiederkehrenden Elia vor dem Kommen des יוֹם־יהוה

9.2. Synchrone Lektüre der Tag-JHWHs-Dichtungen im XII

Im Hauptteil der Arbeit ist herausgearbeitet worden, dass jede der Tag-JHWHs-Dichtungen des XII eine Doppelstruktur aufweist: Sie lässt sich linear-progressiv lesen und gibt zugleich eine konzentrische Struktur zu erkennen. Am Schluss der Arbeit soll nun gezeigt werden, dass die Tag-JHWHs-Dichtungen auch insgesamt nicht nur eine linear-progressive Lesung erlauben, sondern darüber hinaus eine Ringstruktur bilden. Sie hat ihre *Vorläuferinnen* in der ringförmigen Anordnung der Tag-JHWHs-Dichtungen während der Redaktionsphase des X*: Die Obadjaschrift wird nach Amos und damit zwischen die Tag-JHWHs-Dichtungen Am 5,18-20 und Zef 1* platziert, die dem *Gottesvolk* den יום־יהוה ankündigen. Nach Obadja ist er als Unheilstag für das Gottesvolk mittlerweile Vergangenheit, für Edom und „alle *Völker*" aber „nahe"(Vorläuferin I: Mitte Obadja, Ring Am 5,18-20 und Zef 1). Die Joelschrift verbindet mit ihren beiden Tag-JHWHs-Dichtungen Joel 2,1-11; 4,1-17 die verschiedenen Aspekte des יום־יהוה aus den Vorgängerdichtungen und verkündet, dass der JHWH-Tag durch Unkehr heilvolle Folgen für das Gottesvolk hat. Durch ihre Position vor Amos erhält sie den Charakter einer Leseanleitung für die nachfolgenden Tag-JHWHs-Dichtungen (Vorläuferin II: Mitte Amos 5,18-20, innerer Ring Joel 4,1-17 und Obd, äußerer Ring Joel 2,1-11 und Zef 1). Sach 14 schließlich bezieht sich besonders auf die Joelschrift zurück, löst deren spannungsvolles Nebeneinander von Unheil und Heil für das Gottesvolk am יום־יהוה in ein Nacheinander auf und erweitert die Darstellung um die Heilsperspektive für die Völker und für die gesamte Schöpfung, so dass Sach 14 als Summe der Tag-JHWHs-Dichtungen das X* wirkungsvoll abschließt (Vorläuferin III: Mitte Obd, innerer Ring Am 5,18-20 und Zef 1, äußerer Ring Joel und Sach 14). Ihre *Endgestalt* erhält die konzentrische Anordnung der Tag-JHWHs-Dichtungen des XII schließlich durch die Erweiterung der Maleachischrift um Mal 3,13-21, da sich die darin enthaltene Tag-JHWHs-Dichtung Mal 3,17-21 besonders auf Joel 2,1-11 zurückbezieht. Diese Endfassung der Ringstruktur soll im Folgenden dargestellt werden.

Die *Obadjaschrift* bildet ihre *Mitte*: Sie kündigt die Umkehrung des Geschicks von Bedrängten und Bedrängern am nahen JHWH-Tag an und mündet in die Zielformulierung aus, dass dann „die Königsherrschaft JHWH gehören" werde (V 21). Singulär innerhalb der Tag-JHWHs-Dichtungen des XII, ja prophetischer Strafbegründung überhaupt ist, dass die Anklagen gegen Edom in Obd 12-14 als Vetitive[60] formuliert sind. Aus der Perspektive synchroner Endtextlesung hat Edom bereits das in Obd

---

60 Verbot durch אל + Jussiv – vgl. S. 112.

angedrohte Strafgericht erlitten[61] und wird mittlerweile auch als übertragene Größe verstanden.[62] Deshalb werden die Vetitive, die in Obd 12-14 ursprünglich als Strafbegründung fungieren, frei für ihre eigentliche Bedeutung: Vetitive sind auf Gegenwart und Zukunft bezogen und warnen davor, eine Aktion zu beginnen oder fortzusetzen und werden durch einen mit כי eingeleiteten Satz begründet.[63] Sie werden in gesetzlichen Verboten[64] und weisheitlichen Warnworten[65] verwendet und wurzeln im Sippenethos,[66] so dass sie besonders geeignet sind, vor der Verletzung des Bruderverhältnisses zu warnen. Die Jakob-Esau-Beziehung, auf die Obd anspielt, ist Paradigma eines solchen Bruderverhältnisses, und Edom fungiert in Obd als Repräsentant der Völker und kraft seines Namens der Menschheit[67]. So lesen sich die Vetitive im Zentrum der Tag-JHWHs-Dichtungen als allgemeine Warnungen vor der Verletzung des zwischenmenschlichen „Bruderverhältnisses", da diese am nahen יום־יהוה geahndet wird (Obd 15).

Den *ersten Ring* bilden *Am 5,18-20 und Zef 1,2-18*, die den Tag JHWHs an das Gottesvolk adressieren und damit zugleich aus Obadja ableitbare einseitige Erwartungen korrigieren. In beiden Dichtungen findet sich jeweils dreimal der exakte Terminus יום־יהוה. In Am 5,18-20 ist das Nordreich Israel Erstbetroffener und befindet sich nach Am 1,3-2,16 im Zentrum des Gerichtes über die Nachbarvölker. Dagegen steht in Zef 1,2-18 das Südreich Juda im Brennpunkt eines universalen Unheilstages. Dabei nimmt Zef 1,2-18 die Licht-Finsternis-Metaphorik von Am 5,18-20 auf, entfaltet den unheimlichen und unheilvollen Charakter dieses „Tages" und bietet eine Begründung für sein Kommen, die sich für Am 5,18-20 erst aus dem Kontext ergibt.[68] Zugleich werden die Rettungsaussichten, die bei Amos ebenfalls erst im Kontext ausgesprochen werden (Am 5,14f), in Zef 2,1-3 unter Aufnahme des „Vielleicht" von Am 5,15 unmittelbar und mit direkter Bezugnahme auf den Tag JHWHs an Zef 1,2-18 angeschlossen

---

61 Mal 1,2-5 setzt in V3b.4a eine Katastrophe voraus, die dem edomitischen Königtum wohl 553/52 durch Nabonid bereitet wurde (vgl. Meinhold, BK 14/8 [Lfg. 1], 34-38).
62 Zu einem zunehmend übertragenen Verständnis Edoms in der prophetischen Literatur vgl. Meinhold, BK 14/8 (Lfg. 1), 34.
63 Beispiele für solche durch einen כי-Satz begründete Vetitive finden sich innerhalb des XII in Am 5,5; Sach 8,17 und Mal 2,15f.
64 Hier gibt es keinen Unterschied zwischen Verboten mit לא und mit אל (vgl. Gerstenberger, Recht, 50-54). – Hervorhebung verdient, dass die „für die israelitischen Prohibitive" konstitutive „Tendenz zur Reihenbildung" (a.a.O., 104) auch in Obd 12-14 erkennbar wird.
65 Vgl. a.a.O., 129.
66 Vgl. a.a.O., 110ff.129ff.
67 Vgl. die phonetische und grafische Ähnlichkeit von אדום und אדם – siehe S. 111.
68 Jeweils soziales und kultisches Fehlverhalten.

9.2. Synchrone Lektüre der Tag-JHWHs-Dichtungen im XII

und zugleich präzisiert: Rettungsaussichten bestehen für alle, die „Gerechtigkeit und Demut suchen" (vgl. Zef 3,12).
Mit Obadja als zentraler Tag-JHWHs-Dichtung ist der erste Ring besonders dadurch verbunden, dass mit Israel (Obd 20) und Juda (Obd 12) bzw. mit dem „Haus Josef" und dem „Haus Jakob" (Obd 18) die Adressaten von Am 5,18-20 (Nordreich Israel) und Zef 1 (Südreich Juda) auch in Obadja erwähnt werden und dass sowohl Obd 12-14 als auch Zef 1,14-16 jeweils eine Reihenbildung mit יום-Wendungen aufweisen.[69]

Der *zweite Ring* aus *Joel 4,1-17 und Sach 14* stellt den Tag JHWHs als Gerichtstag für die Völker dar, der in Jerusalem lokalisiert, durch Kriegsmetaphorik charakterisiert und in seinen kosmischen Dimensionen expliziert wird. Zu Beginn wird jeweils das Vorgehen der Völker gegen das Gottesvolk dargestellt, das JHWHs Eingreifen herausfordert, doch liegt die feindliche Aktion in Joel 4,2f bereits in der Vergangenheit, während sie nach Sach 14,1f Teil des angekündigten JHWH-Tags-Geschehens ist. In beiden Dichtungen wird der Zion zum endzeitlichen Zufluchtsort des Gottesvolkes, aber in Sach 14 wird er darüber hinaus auch zum Wallfahrtsziel des „ganzen Überrestes aus allen Völkern" (V16). Dementsprechend weisen die jeweiligen Schlussaussagen beider Dichtungen neben offensichtlichen Parallelen signifikante Unterschiede auf: In Joel 4,17 begründet das Wohnen JHWHs auf dem Zion Jerusalems endzeitliche Heiligkeit, so dass „Fremde es nicht mehr durchziehen" werden. Nach Sach 14,20f schließt die Heiligkeit Jerusalems auch militärisch genutzte Pferde und profan verwendete Töpfe in Jerusalem und Juda ein, und die neue Heiligkeit der Stadt ist so durchdringend, dass das endzeitliche Jerusalem nicht mehr von innen bedroht wird durch „kanaanäisches Wesen". An die Stelle der exklusiven Heiligkeit von Joel 4 tritt hier also eine inklusive Heiligkeit, die sowohl die Trennung zwischen Gottesvolk und Völkern als auch zwischen heilig und profan überhaupt aufhebt. Darüber hinaus bezieht sich Sach 14 auch auf den unmittelbar an die Tag-JHWHs-Dichtung Joel 4,1-17 anschließenden Joelschluss. Joel 4,18-21 beschreibt den neuen Zustand, den der Tag JHWHs herbeiführen wird: Aus dem Jerusalemer Tempel wird eine Quelle austreten und nach Osten fließen, Ägypten und Edom werden wegen ihres feindlichen Verhaltens gegenüber Juda veröden, und Juda und Jerusalem werden für immer bewohnt werden. Nach Sach 14 wird in Jerusalem eine Quelle entspringen und nach Osten und Westen abfließen (V8), Ägypten wird für den Fall bedroht, dass es die friedliche Wallfahrt nach Jerusalem verweigert (V18f), und Jerusalem wird „in Sicherheit wohnen" (V11).

---

69 Vgl. hierzu die Übersicht im Obadjakapitel, S.88.

Mit Obadja als Mitte ist der zweite Ring verbunden durch die Erwähnung „aller Völker" als vom יום־יהוה Betroffene (Joel 4,2.11f; Obd 15f; Sach 14,2.12.14.16.19) und ihrer feindlichen Aktionen gegen das Gottesvolk als Grund für JHWHs Einschreiten.[70] Außerdem werden in allen drei Tag-JHWHs-Dichtungen auch konkrete Völker genannt,[71] wobei die Stichworte „Philister" und „Kanaanäer" jeweils Mitte und zweiten Ring zusätzlich verknüpfen.[72] Schließlich wird die Königsherrschaft JHWHs als Ziel des יום־יהוה in Obd 21 und Sach 14,9.16 hervorgehoben.[73]

Der *letzte Ring* wird durch die Tag-JHWHs-Dichtungen *Joel 2,1-11 und Mal 3, 17-21* gebildet, die jeweils als Gottesrede stilisiert sind[74] und den „kommenden Tag" ankündigen.[75] Dieser Ring ist durch eine Transzendierung in der JHWH-Tags-Darstellung gekennzeichnet: Joels „Heer" und der vom diesem eroberten „Stadt" fehlen alle geschichtlichen Züge und dem JHWH-Tags-Geschehen von Mal 3,17-21 darüber hinaus jegliche Kampfmetaphorik und Lokalisierung. Der יום־יהוה ist bestimmt vom Agieren des von JHWH selbst befehligten Heeres als „Vollstrecker seines Wortes" (Joel 2,11 – עשה דברו), ja vom alleinigen Handeln JHWHs, wie es in Mal 3,17.21 steigernd heißt (אני עשה). Beide Tag-JHWHs-Dichtungen verbindet außerdem eine intensive Verwendung von Vergleichen und Metaphern zur Veranschaulichung des JHWH-Tags-Geschehens und insbesondere die Feuermetaphorik zur Darstellung der verheerenden Wirkung des JHWH-Tages, die die Frage provoziert, wer diesen Tag bestehen kann (Joel 2,11; vgl. Mal 3,2). Die Antwort gibt Mal 3,17-21: Der יום־יהוה bringt nur denen Unheil, die „JHWH nicht gedient" haben, während den „Gerechten" Heil in Aussicht gestellt wird. Die Erwähnung der Völker in Joel 2,6 und die vorangegangenen Aussagen zur JHWH-Verehrung der Völker (z.B. Zef 3,9; Sach 14,16 und zuletzt Mal 1,11) leiten die Leserschaft des XII an, auch die „Gerechten aus denVölkern" in diese Perspektive einzubeziehen.
Auch der dritte Ring enthält eine markante Querverbindung zu Obadja: Die Feuermetaphorik findet sich in allen drei Tag-JHWHs-Dichtungen und dient jeweils dazu, restlose Vernichtung zu akzentuieren (Joel 2,3; Obd 18; Mal 3,19).

---

70 Dabei ist Obd 12-14 mit Joel 4,2-3 dadurch besonders verbunden, dass die feindliche Aktion bereits in der Vergangenheit liegt und mit Sach 14,1-2 dadurch, das Jerusalem deren besonderes Ziel ist.
71 Vgl. Joel 4,4; Obd 19f (neben der extensiven Nennung Esau-Edoms) und Sach 14,18f.21.
72 Vgl. „Philister" in Joel 4,4 und Obd 19 sowie „Kanaanäer" in Obd 20 und Sach 14,21.
73 Vgl. die exponierte Position in der jeweiligen Tag-JHWHs-Dichtung.
74 In Joel 2,1-11 angedeutet in V1a (הר קדשי) und in Mal 3,17-21 kräftig akzentuiert.
75 Vgl. כי־בא יום־יהוה in Joel 2,1b und כי־הנה היום בא sowie היום הבא in Mal 3,19a.

9.2. Synchrone Lektüre der Tag-JHWHs-Dichtungen im XII

Die erste und die letzte Erwähnung des יום־יהוה im XII können auf synchroner Ebene als eine *Inclusio* gelesen werden: *Joel 1,15* ist der erste Warnruf angesichts seiner Nähe und seiner unheimlichen und zerstörerischen Wirkung und lässt wie ein *Präludium* unmittelbar vor der ersten Tag-JHWHs-Dichtung Joel 2,1-11 das Thema anklingen, das nachfolgend in seiner Mehrdimensionalität entfaltet wird. Entsprechend kann man die letzte Erwähnung des יום־יהוה in *Mal 3,23f* als spätes *Postludium* unmittelbar nach der letzten Tag-JHWHs-Dichtung Mal 3,17-21 lesen: Die Charakterisierung des Tages JHWHs als „groß und furchtbar" schlägt expressis verbis den Bogen zu Joel 2,11; 3,4. Dazu tritt die Korrespondenz mit Joel 1,15, die nicht nur makrostruktureller und terminologischer[76], sondern auch thematischer Art ist: In Joel 1,15a wird das „Wehe" über die „Verwüstung des Landes" durch Heuschrecken und Dürre (vgl. Joel 1,6.10) ausgerufen, da sie Vorläufer des nahen יום־יהוה und seiner endzeitlichen „Verwüstung vom Verwüster" sind (Joel 1,15b). Nach der ersten Darstellung des „großen und furchtbaren Tages JHWHs" in Joel 2,1-11 ergeht ein Umkehrruf in der Hoffnung auf JHWHs Erbarmen (Joel 2,12-17). Ausdruck solchen Erbarmens ist dann die Ankündigung JHWHs in Mal 3,23f, vor dem Tag JHWHs Elia zur Vermittlertätigkeit zwischen „Vätern und Söhnen" zu entsenden, um einen endzeitlichen „Schlag" JHWHs gegen das „Land" abzuwenden. Die Charakterisierung von Heuschrecken und Dürre als Vorhut des Tages JHWHs hat in Joel unverkennbar die Funktion, die Nähe dieses „Tages" zu signalisieren. Die Aufnahme des Vorläufermotivs aus Mal 3,1.2a in V23f aber hat eine retardierende Wirkung, die Raum für die Paränese eröffnet: Der Tag JHWHs ist zu einem übernächsten Ereignis geworden, dem die Sendung Elias vorausgeht, der zum Bestehen dieses „Tages" bereitmacht. Angesichts dieser weiträumig gewordenen Zukunftsperspektive wird die Tora (Mal 3,22) zur unentbehrlichen Orientierung in der Zeit.

Auch die Inclusio enthält einen thematischen Rückbezug auf die zentrale Tag-JHWHs-Dichtung: Formuliert Obd 12-14 Warnungen vor der Verletzung des Bruderverhältnisses angesichts des nahen יום־יהוה, so verheißt Mal 3,23f eine von JHWH initiierte Heilung der Väter-Söhne-Beziehung vor seinem „Tag". Damit wird zwischenmenschliches Verhalten dem Zuspruch und Anspruch JHWHs unterstellt und in seiner Relevanz für die Bestehbarkeit des JHWH-Tages herausgestellt.

Zwei signifikante Charakteristika der Ringkomposition verdienen am Schluss besondere Hervorhebung: Zum einen bietet die zweite Tag-JHWHs-Dichtung eine Differenzierung hinsichtlich der gemeinsamen

---

76 Sowohl in Joel 1,15 als auch in Mal 3,23 ist vom „Kommen" (בא) des יום־יהוה die Rede.

Adressaten des jeweiligen Ringes: Innerhalb des ersten Ringes bedroht der Prophet in Am 5,18-20 allgemein das Gottesvolk, während nach Zef 1,2-18 Jerusalem im Brennpunkt des JHWH-Tags-Geschehens liegt. Nach Joel 4,1-17 bringt der יום־יהוה den Völkern Unheil, dem Gottesvolk dagegen Heil, wogegen er in Sach 14 sowohl über das Gottesvolk als auch über die Völker zuerst Unheil, dann aber Heil für den „(Über-)Rest" aus Gottesvolk und Völkern heraufführt. Mal 3,17-21 schließlich differenziert dahingehend, das der „verzehrende" Charakter des JHWH-Tags-Geschehens, der nach Joel 2,1-11 sowohl Gottesvolk (V1) als auch Völker (V6) bedroht, nur die Frevler trifft, während den Gerechten die „Sonne der Gerechtigkeit aufstrahlt".

Zum anderen sind Themen, die in der ersten Tag-JHWHs-Dichtung des jeweiligen Ringes nur im Kontext erscheinen, in die korrespondierende zweite Tag-JHWHs-Dichtung integriert. Innerhalb des ersten Ringes bietet Zef 1* eine ausführliche Begründung für den Unheilscharakter des יום־יהוה, die sich für Am 5,18-20 erst aus Am 5 (und der übrigen Amosschrift) ergibt. Auf die erste Tag-JHWHs-Dichtung des zweiten Ringes, Joel 4,1-17, folgt in V18 die Ankündigung überfließender Fruchtbarkeit, die durch eine im Tempel entspringende Quelle ausgelöst wird, und diese Quelle bildet in Sach 14 die Mitte der gewandelten Schöpfung (V8). Die Frage nach der Bestehbarkeit des יום־יהוה am Ende von Joel 2,1-11 wird erst im Anschluss an die erste Tag-JHWHs-Dichtung beantwortet (V12ff), während ihre Beantwortung zentrales Thema der zweiten Tag-JHWHs-Dichtung Mal 3,17-21 ist. Die in dieser Antwort vorgenommene Individualisierung der Adressaten ist angedeutet in der Rettungszusage in Joel 3,5a für „jeden", der am יום־יהוה „den Namen JHWHs anrufen wird". Schließlich findet sich auch in der Inclusio ein entsprechendes Korrespondenzverhältnis: Dem prophetischen Warnruf von Joel 1,15 folgt im weiteren Verlauf der Joelschrift ein Umkehrruf (Joel 2,12-17), wogegen in Mal 3,23f – gewissermaßen als göttliche Antwort darauf – die Zusage gemacht wird, JHWH selbst werde „vor dem Kommen des großen und furchtbaren Tages JHWHs" (vgl. Joel 2,11; 3,4!) eine Umkehr initiieren, die dessen Schrecken abwendet.

Auch die konzentrische Anordnung der Tag-JHWHs-Dichtungen des XII soll in einer Übersicht zusammengefasst werden.

9.2. Synchrone Lektüre der Tag-JHWHs-Dichtungen im XII

Joel 1,15 „Präludium": Warnruf vor der Nähe des Tages JHWHs (TJ)
– Heuschrecken und Dürre als „Vorhut" > Umkehrruf im Kontext

> **Joel 2,1-11:** TJ *Unheilstag für das Gottesvolk*
> – Feuermetaphorik (u.a. „verzehren" und „Strohstoppeln")
> –Doppelcharakter hinsichtlich Adressaten: auch Völker (6)
> > „Wer kann ihn ertragen" (11)? > Joel 2,12-17 Umkehrruf

>> **Joel 4,1-17:** TJ *Unheilstag für Völker, f. Gottesvolk Heil*
>> – Kriegsmetaphorik, kosmische Begleiterscheinungen
>> – „Und Fremde werden es nicht mehr durchziehen" (17bβ).
>> – Joel 4,18 Austreten einer „Quelle" aus dem Tempel

>>> **Am 5,18-20:** TJ *Unheilstag für Nordreich Israel*
>>> – 1,3-2,16: im Zentrum des Gerichts über Nachbarn
>>> – Licht-Finsternis-Metaphorik – dreimal יום־יהוה
>>> – im Kontext soziale und kultische Begründung

>>>> **Obd:** TJ *Unheilstag f. Edom u. Völker, Heil f. Gottesvolk* – Warnung vor Verletzung des Bruderverhältnisses, sonst Umkehrung des Geschicks > Ziel: Königsherrschaft JHWHs

>>> **Zef 1,2-18:** TJ als *Unheilstag für Südreich Juda*
>>> – Jerusalem im Zentrum eines universalen Gerichts
>>> – Licht-Finsternis-Metaphorik – dreimal יום־יהוה
>>> – kultische und soziale Begründung

>>> **Sach 14:** TJ *erst Unheils-, dann Heilstag für Gottesvolk + Völker* – Kriegsmetaphorik, kosm. Begleiterscheinungen
>>> – u.a. Austreten einer Quelle aus Jerusalem
>>> – „Kanaanäer" nicht mehr im Tempel „an jenem Tag" (21b)

>> **Mal 3,17-21:** TJ *für Gottlose Unheils-, für Gerechte Heilstag*
>> – Feuermetaphorik (u.a. „verzehren" und „Strohstoppeln")
>> > Beantwortung der Frage nach der Bestehbarkeit des TJ:
>> > die JHWH „fürchten" und ihm „dienen" – Individualisierung

Mal 3,23f „Postludium": Ausblick auf den von JHWH vor Kommen des יום־יהוה entsandten Elia als „Vorläufer", der „Umkehr" bewirken wird

Zusammenfassend lässt sich festhalten: Das Zwölfprophetenbuch enthält sieben sorgfältig durchgestaltete Tag-JHWHs-Dichtungen, die weitere יוֹם(־יהוה)-Aussagen und andere zentrale Themen (wie Umkehr und Fruchtbarkeit) an sich binden und so aufeinander bezogen sind, dass eine schriftenübergreifende Lektüre des XII unter der Perspektive des יוֹם־יהוה eröffnet wird.

Literaturverzeichnis

Aalen, S. „אור". *Theologisches Handwörterbuch zum Alten Testament*, 1, hg. Ernst Jenni u. Claus Westermann. München: Chr. Kaiser; Zürich: Theologischer Verlag, 1978, 160-182.

Achtemeier, Elizabeth. „The Book of Joel: Introduction, Commentary and Reflections". *The New Interpreter's Bible*, 7. Nashville, Tenessee: Abingdon Press, 1996, 301-331.

-----. *Minor Prophets I*. New International Biblical Commentary. Peabody, Massachusetts: Hendrickson Publishers, 1996.

-----. *Nahum-Malachi*. Interpretation: A Commentary for Teaching and Preaching. Atlanta, Georgia: John Knox Press, 1986.

Ackroyd, Peter R. „Obadiah, Book of". *The Anchor Bible Dictionary*, 5. New York: Doubleday, 1992, 2-4.

Agus, Aharon R.E. „Der Tag des Herrn: eine rabbinische Auslegung des Joelbuches". *Die Erfindung des inneren Menschen*, hg. Jan Assmann. Gütersloh, 1993, 133-158.

Ahlström, G.W. *Joel and the Temple Cult of Jerusalem*. Supplements to Vetus Testamentum, 21. Leiden: Brill, 1971.

Albertz, Rainer. „Exile as Purification: Reconstructing the Book of the Four (Hosea, Amos, Micah, Zephaniah)". *Society of Biblical Literature: Seminar Paper Series*, 41, 2002, 213-233.

-----. *Religionsgeschichte Israels in alttestamentlicher Zeit*, 1. ATD Ergänzungsreihe Band 8/1. Göttingen: Vandenhoeck & Ruprecht 1992.

-----. *Religionsgeschichte Israels in alttestamentlicher Zeit*, 2. ATD Ergänzungsreihe Band 8/2. 2., durchges. Aufl. Göttingen: Vandenhoeck & Ruprecht 1997.

Allen, Leslie C. *The Books of Joel, Obadiah, Jonah and Micah*. New International Commentary on the Old Testament. Grand Rapids, Mich.: Eerdmans, 1976.

Andersen, Francis I. u. David Noel Freedman. *Amos: A New Translation with Introduction and Commentary*. The Anchor Bible, 24A. New York: Doubleday, 1989.

Auld, A. Graeme. *Amos*. Old Testament Guides. Sheffield: JSOT Press, 1986.

Der Babylonische Talmud mit Einschluss der vollständigen Mischnah: sechster Band, hg. Lazarus Goldschmidt. Haag: Martinus Nijoff, 1933.

Barstad, Hans M. *The Religious Polemics of Amos.* Supplements to Vetus Testamentum, 34. Leiden: Brill, 1984.

Bartelmus, Rüdiger. *Einführung in das Biblische Hebräisch.* Zürich: Theologischer Verlag, 1994.

Barton, John. „The Day of Yahweh in the Minor Prophets". Carmel McCarthy u.a. (hg.), Studies in honor of Kevin J. Cathcart. *Biblical and Near Eastern Essays.* Journal for the Study of the Old Testament: Supplement Series, 375. London, New York: T & T Clark International, 2004, 68-79.

Bauckham, Richard J. „The Lord´s Day". *From Sabbath to Lord´s Day: A Biblical, Historical and Theological Investigation,* hg. D.A. Carson. Grand Rapids, Michigan: Zondervan, 1982, 221-250.

Baumann, A. „המה". *Theologisches Wörterbuch zum Alten Testament,* II, hg. G. Johannes Botterweck u. Helmer Ringgren. Stuttgart u.a.: Kohlhammer, 1977, 444-449.

-----. „ילל". *Theologisches Wörterbuch zum Alten Testament,* III, hg. G. Johannes Botterweck u. Helmer Ringgren. Stuttgart u.a.: Kohlhammer, 1982, 639-645.

Baumann, Gerlinde. „Connected by Marriage, Adultery, and Violence: The Prophetic Marriage Metaphor in the Book of the Twelve and in the Major Prophets". *Society of Biblical Literature: Seminar Paper Series,* 38. Atlanta, 1999, 552-569.

Bell, Robert D. „Annotated Bibliography on Joel." *Biblical Viewpoint,* 29, 1995, 73-88.

-----. „Annotated Bibliography on Obadiah." *Biblical Viewpoint,* 29, 1995, 57-72.

-----. „The Day of the Lord Theme in the Old Testament Prophets". *Biblical Viewpoint,* 29, 1995, 43-56.

Becker, Uwe. „Die Wiederentdeckung des Prophetenbuches". *Berliner Theologische Zeitschrift* 21, 2004, 30-60.

Bennett, Robert A. „The Book of Zephaniah: Introduction, Commentary and Reflections". *The New Interpreter´s Bible,* 7. Nashville, Tennessee: Abingdon Press, 1996, 657ff.

Berges, Ulrich. *Das Buch Jesaja: Komposition und Endgestalt.* Herders Biblische Studien, 16. Freiburg: Herder, 1998.

-----. *Klagelieder.* Herders Theologischer Kommentar zum Alten Testament. Freiburg: Herder, 2002.

Bergler, Siegfried. *Joel als Schriftinterpret.* Beiträge zur Erforschung des Alten Testaments und des antiken Judentums, 16. Frankfurt am Main: Lang, 1988 [= München: Universität, Dissertation 1987].

Bergman, J. u.a. „זבח". *Theologisches Wörterbuch zum Alten Testament*, II, hg. G. Johannes Botterweck u. Helmer Ringgren. Stuttgart u.a.: Kohlhammer, 1977, 509-531.
Berlin, Adele. *Zephaniah: A Translation with Introduction and Commentary*. The Anchor Bible, 25A. New York: Doubleday, 1994.
Best, Otto F. *Handbuch literarischer Fachbegriffe: Definitionen und Beispiele*, 8. Aufl. Frankfurt am Main: Fischer Taschenbuch Verlag, 1989.
Bewer, Julius A. „A Critical and Exegetical Commentary on Obadjah and Joel". Smith, John Merlin Powis u.a. *A Critical and Exegetical Commentary on Micah, Zephaniah, Nahum, Habakkuk, Obadiah and Joel*. The International Critical Commentary. Edinburgh: T. & T. Clark, 4. ND 1959 [¹1911].
Biblisch-Historisches Handwörterbuch A – G, hg. Bo Reicke und Leonhard Rost. Göttingen: Vandenhoeck & Ruprecht, 1962.
Biblisch-Historisches Handwörterbuch H - O, hg. Bo Reicke und Leonhard Rost. Göttingen: Vandenhoeck & Ruprecht, 1964.
Biblisch-Historisches Handwörterbuch P - Z, hg. Bo Reicke und Leonhard Rost. Göttingen: Vandenhoeck & Ruprecht, 1966.
Biblisch-Historisches Handwörterbuch: Register - Palästinakarte, hg. Bo Reicke und Leonhard Rost. Göttingen: Vandenhoeck & Ruprecht, 1979.
Birch, Bruce C. *Hosea, Joel and Amos*. Westminster Bible Companion. Louisville, Kentucky: Westminster John Knox Press, 1997.
Blenkinsopp, Joseph. *Prophecy and Canon: A Contribution to the Study of Jewish Origins*. Studies in Judaism and Christianity in Antiquity, 3. Notre Dame, London: University of Notre Dame Press, 1977.
Bliese, Loren F. „Chiastic and Homogeneous Metrical Structures Enhanced by Word Patterns in Obadiah". *Journal of Translation and Textlinguistics*, 6/3, 1993, 221-227.
Boadt, Lawrence. *Jeremiah 26-52, Habakkuk, Zephaniah, Nahum*. Old Testament Message: A Biblical-Theological Commentary, 10. Wilmington, Delaware: Michael Glazier, 1982.
Boda, Mark J. und Michael H. Floyd (Hg.). *Bringing out the Treasure: Inner Biblical Allusion in Zechariah 9-14*. Journal for the Study of the Old Testament Supplement Series, 370. Sheffield: Academic Press, 2003.
Boecker, Hans Jochen. *Redeformen des Rechtslebens im Alten Testament*. Wissenschaftliche Monographien zum Alten und Neuen Testament, 14. Neukirchen-Vluyn: Neukirchener Verlag, 1964.
Bosshard, Erich. „Beobachtungen zum Zwölfprophetenbuch". *Biblische Notizen: Beiträge zur exegetischen Diskussion*, 40, 1987, 30-62.
-----; Reinhard Gregor Kratz. „Maleachi im Zwölfprophetenbuch". *Biblische Notizen: Beiträge zur exegetischen Diskussion*, 52, 1990, 27-46.

Bosshard-Nepustil, Erich. *Rezeptionen von Jesaja 1-39 im Zwölfprophetenbuch: Untersuchungen zur literarischen Verbindung von Prophetenbüchern in babylonischer und persischer Zeit.* Orbis Biblicus et Orientalis, 154. Freiburg, Schweiz: Universitätsverlag u. Göttingen:Vandenhoeck & Ruprecht, 1997.

Botterweck, G. Johannes. „Die Sonne der Gerechtigkeit am Tage Jahwes". *Bibel und Leben*, 1. Düsseldorf: Patmos, 1960, 253-260.

----- und R. E. Clements. „גוי". *Theologisches Wörterbuch zum Alten Testament*, I, hg. G. Johannes Botterweck u. Helmer Ringgren. Stuttgart u.a.: Kohlhammer, 1973, 965-973.

Braaten, Laurie J. „God Sows the Land: Hosea´s Place in the Book of the Twelve". *Society of Biblical Literature: Seminar Papers Series*, 39, 2000, 218-242.

Brown, William P. *Obadiah through Malachi*. Westminster Bible Companion. Louisville, Kentucky: Westminster John Knox Press, 1996.

Brunner-Traut, Emma. *Frühformen des Erkennens: Am Beispiel Ägyptens.* Darmstadt: Wissenschaftliche Buchgesellschaft, 1990.

Buber, Martin. *Bücher der Kündung: Verdeutscht von Martin Buber gemeinsam mit Franz Rosenzweig.* 8. Aufl. d. neubearb. Ausg. von 1958. Heidelberg: Lambert Schneider, 1985.

Cathcart, K.J. „Day of Yahweh". *The Anchor Bible Dictionary*, 2. New York: Doubleday, 1992, 84-85.

Cerny, Ladislav. *The Day of Yahweh and some relevant Problems.* Prag: Philosophische Fakultät der Karlsuniversität, 1948.

Chapman, Stephen B. „A Canonical Approach to Old Testament Theology? Deuteronomy 34:10-12 and Malachi 3:22-24 as Programmatic Conclusions". *Horizons in Biblical Theology*, 25, Pittsburgh, 2003, 121-145.

Childs, Brevard S. *Introduction to the Old Testament as Scripture.* London: SCM Press, 1979.

-----. „Retrospektive Reading of the Old Testament Prophets". *Zeitschrift für die alttestamentliche Wissenschaft*, 108, 1996, 362-377.

Coggins, R.J. *Haggai, Zechariah, Malachi.* Old Testament Guides. Sheffield: JSOT Press, 1987.

-----. „The Minor Prophets – one Book or Twelve?" *Crossing the Boundaries: Essays in Biblical Interpretation in Honour of Michael D. Goulder.* Biblical Interpretation Series, 8. Leiden: Brill, 1994, 57-68.

----- u. S.Paul Re´emi. *Israel among the Nations: A Commentary on the Books of Nahum, Obadiah and Esther.* International Theological Commentary. Grand Rapids, Michigan: Eerdmans, 1985.

Cole, Dennis. „The Day of the Lord is Coming: Mal 2:17-3:5, 4:1-6". *Theological Educator: A Journal of Theology and Ministry*, 36, 1987, 126-137.
Collins, Terence. *The Mantle of Elijah: The Redaction Criticism of the Prophetical Books*. The Biblical Seminar, 20. Sheffield: Academic Press, 1993.
-----. „Threading as a Stylistic Feature of Amos". *The elusive prophet*, ed. by Johannes C. de Moor. Oudtestamentische studiën, 45. Leiden: Brill, 2001, 94-104.
Comiskey, Thomas Edward. „Zechariah". *The Minor Prophets: An Exegetical and Expository Commentary*, 3. Grand Rapids, Michigan: Baker Books, 1998, 1003ff.
Conrad, Edgar W. „Forming the Twelve and Forming Canon". *Society of Biblical Literature: Seminar Paper Series*, 41, 2002, 234-247.
-----. „Messengers in Isaiah and the Twelve: Implications for Reading Prophetic Books". *Journal for the Study of the Old Testament*, 91, 2000, 83-97.
Conrad, J. „כלה". *Theologisches Wörterbuch zum Alten Testament*, IV, hg. G. Johannes Botterweck, Helmer Ringgren u. Heinz-Josef Fabry. Stuttgart u.a.: Kohlhammer, 1984, 174-178.
-----. „נכה". *Theologisches Wörterbuch zum Alten Testament*, V, hg. G. Johannes Botterweck, Helmer Ringgren u. Heinz-Josef Fabry. Stuttgart u.a.: Kohlhammer, 1986, 445-454.
Correns, Dietrich. „Zwölf". *Biblisch-Historisches Handwörterbuch P - Z*, hg. Bo Reicke und Leonhard Rost. Göttingen: Vandenhoeck & Ruprecht, 1966, 2251f.
Crenshaw, James L. *Joel: A New Translation with Introduction and Commentary*. The Anchor Bible, 24C. New York: Doubleday, 1995.
-----. „Theodicy in the Book of the Twelve". *Society of Biblical Literature: Seminar Paper Series*, 40, 2001, 1-18.
Cross, Frank Moore Junior. „The Divine Warrior in Israel's Early Cult". *Biblical Motifs: Origins and Transformations*, hg. Alexander Altmann. Cambridge, Massachusetts: Harvard University Press, 1966.
Crüsemann, Frank. *Studien zur Formgeschichte von Hymnus und Danklied in Israel*. Wissenschaftliche Monographien zum Alten und Neuen Testament, 32. Neukirchen-Vluyn: Neukirchener Verlag, 1969.

Deissler, Alfons. *Zwölf Propheten I: Hosea – Joel – Amos*. Die Neue Echter-Bibel: Kommentar zum Alten Testament mit der Einheitsübersetzung, Lieferung 4. Leipzig: St.Benno, 1985.
-----. *Zwölf Propheten II: Obadja - Jona - Micha - Nahum - Habakuk*. Die Neue Echter-Bibel: Kommentar zum Alten Testament mit der Einheitsübersetzung, Lieferung 8. Würzburg: Echter Verlag, 1984.

-----. *Zwölf Propheten III: Zefanja - Haggai - Sacharja - Maleachi*. Die Neue Echter-Bibel: Kommentar zum Alten Testament mit der Einheitsübersetzung, Lieferung 21. Würzburg: Echter Verlag, 1988.

Deist, Ferdinand. „Parallels and Reinterpretation in the Book of Joel: a Theology of the Yom Yahweh?". *Text and Context: Old Testament and Semitic Studies for F. C. Fensham*, ed. by W. Claassen. Journal for the Study of the Old Testament: Supplement Series, 48. Sheffield, 1988, 63-79.

Deutsch, Richard R. „Calling God´s People to Obedience: A Commentary on the Book of Malachi". Ogden, Graham S. u. Richard R. Deutsch. *A Promise of Hope - a Call to Obedience: A Commentary on the Books of Joel and Malachi*. International Theological Commentary. Grand Rapids, Michigan: Eerdmans, 1987, 61-120.

De Vries, Simon J. „Futurism in the Preexilic Minor Prophets Compared with That of the Postexilic Minor Prophets". *Society of Biblical Literature: Seminar Paper Series*, 40, 2001, 19-38.

Dietrich, Walter. „Die Kontexte des Zefanjabuches". *Der Tag wird kommen: ein interkontextuelles Gespräch über das Buch Zefanja*, hg. Walter Dietrich u. Milton Schwantes. Stuttgarter Bibelstudien, 170. Stuttgart, 1996, 19-37.

-----. „Obadja/Obadjabuch". *Theologische Realenzyklopädie*, 24, 1994, 715-720.

Dillard, Raimond Bryan. „Joel". *The Minor Prophets: An Exegetical and Expository Commentary. Volume 1: Hosea, Joel and Amos*. Grand Rapids, Michigan: Baker Book House, 1992, 239ff.

Donner, Herbert. *Geschichte des Volkes Israel und seiner Nachbarn in Grundzügen Teil 1: Von den Anfängen bis zur Staatenbildungszeit*. ATD Ergänzungsreihe, 4/1. Göttingen: Vandenhoeck & Ruprecht, 1984.

-----. *Geschichte des Volkes Israel und seiner Nachbarn in Grundzügen Teil 2: Von der Königszeit bis zu Alexander dem Großen*. ATD Ergänzungsreihe, 4/2. Göttingen: Vandenhoeck & Ruprecht, 1986.

-----. „Höre, Israel: Unser Gott Jahwe ist ein Jahwe!" *leqach 2*, hrg. v. d. Forschungsstelle Judentum, Theologische Fakultät Leipzig. Leipzig: Thomas, 2002, 12-21.

Edler, Rainer. *Das Kerygma des Propheten Zefanja*. Freiburger Theologische Studien, 126. Freiburg: Herder, 1984.

Eggebrecht, Gottfried. „Die früheste Bedeutung und der Ursprung der Konzeption vom Tage Jahwes". *Theologische Versuche*, XIII, 1983, 41-56.

Ehrlich, Arnold B. *Randglossen zur Hebräischen Bibel: Textkritisches, Sprachliches und Sachliches. Fünfter Band: Ezechiel und die kleinen Propheten.* ND Hildesheim: Olms, 1968 [Leipzig, 1912].
Eising, H. „גיחון". *Theologisches Wörterbuch zum Alten Testament*, I, hg. G. Johannes Botterweck u. Helmer Ringgren. Stuttgart u.a.: Kohlhammer, 1973, 1008-1011.
Eissfeldt, Otto. *Einleitung in das Alte Testament*, 3., neubearb. Aufl. Tübingen: J.C.B.Mohr (Paul Siebeck), 1964.
Elliger, Karl. *Das Buch der zwölf Kleinen Propheten II.* Altes Testament Deutsch, 2. Göttingen: Vandenhoeck & Ruprecht, 1950.
Eppstein, Victor. „The Day of Yahweh in Jeremiah 4,23-28". *Journal of Biblical Literature*, 87. Philadelphia, Pennsylvania: Society of Biblical Literature, 1968, 93-97.
Everson, A. Joseph. „The Canonical Location of Habakkuk". *Society of Biblical Literature: Seminar Paper Series*, 41, 2002, 248-257.
-----. „Day of the Lord". *The Interpreter's Dictionary of the Bible: Supplementary Volume* 5. Nashville, Tennessee: Abingdon, 1976, 209-210.
-----. „The Days of Yahweh". *Journal of Biblical Literature*, 93, 1974, 329-337.

Fabry, H.-J. „מרזח". *Theologisches Wörterbuch zum Alten Testament*, V, hg. G. Johannes Botterweck, Helmer Ringgren u. Heinz-Josef Fabry. Stuttgart u.a.: Kohlhammer, 1986,11-16.
Fensham, F.C. „The Poetic Form of the Hymn on the Day of the Lord in Zephaniah". *Studies in Old Testament Prophecy*, hg. W.C. van Wyk. Die Ou-Testamentiese Werkgemeenskap in Suid-Afrika. Potchefstroom, 1975, 9-14.
-----. „A Possible Origin of the Concept of the Day of the Lord". *Die Ou-Testamentiese Werkgemeenskap in Suid-Afrika*, 9, Stellenbosch, 1966, 90-97.
Floyd, Michael H. „The maśśā` as a type of prophetic book". *Journal of Biblical Literature*, 121, 2002, 401-422.
Fohrer, Georg. *Das Buch Hiob.* Kommentar zum Alten Testament, 16. 2. Aufl. Berlin: Evangelische Verlagsanstalt, 1988.
-----. „Der Tag JHWHs". *Harry M.Orlinsky Volume.* Eretz Israel, 16, 1982, 43*-50*. (= Studien zum Alten Testament [1966-1988] mitsamt Bibliographie Georg Fohrer [BZAW 196], 1991, 32-44).
Freedman, David Noel. „Headings in the Books of the Eighth-Century Prophets". *Andrews University Seminary Studies*, 25, 1987, 9-26.
----- und J. Lundbom. „חרץ". *Theologisches Wörterbuch zum Alten Testament*, III, hg. G. Johannes Botterweck u. Helmer Ringgren. Stuttgart u.a.: Kohlhammer, 1982, 230-234.

Fritz, Volkmar. „Amosbuch, Amosschule und historischer Amos". Ders. *Studien zu Literatur und Geschichte des alten Israel*. Stuttgarter biblische Aufsatzbände, 22. Stuttgart: Verlag Katholisches Bibelwerk, 1997, 109-124.

Fuhs, H. „ירא". *Theologisches Wörterbuch zum Alten Testament*, III, hg. G. Johannes Botterweck u. Helmer Ringgren. Stuttgart u.a.: Kohlhammer, 1982, 869-893.

Fuller, Russel. „The Form and Formation of the Book of the Twelve: The Evidence from the Judean Desert". *Forming Prophetic Literature: Essays on Isaiah an the Twelve in Honour of John D.W. Watts*, hg. James W. Watts u. Paul R. House. Journal for the Study of the Old Testament: Supplement Series, 235. Sheffield, 1996, 86-101.

García López, F. „שמר". *Theologisches Wörterbuch zum Alten Testament*, VIII, hg. Heinz-Josef Fabry u. Helmer Ringgren. Stuttgart u.a.: Kohlhammer, 1995, 280-306.

Garrett, Duane A. „The Structure of Joel". *Journal of the Evangelical Theological Society*, 28, 1985, 289-297.

Gerstenberger, Erhard S. „Psalms in the Book of the Twelve: How Misplaced Are They?". *Society of Biblical Literature: Seminar Papers Series*, 39, 2000, 254-262.

Gese, Hartmut. „Zur Bedeutung Elias für die biblische Theologie". *Evangelium – Schriftauslegung – Kirche*. Festschrift für Peter Stuhlmacher zum 65. Geburtstag, hg. Jostein Ådna. Göttingen: Vandenhoeck und Ruprecht, 1997.

-----. „Die dreifache Gestaltwerdung des Alten Testaments". *Alttestamentliche Studien*. Tübingen: Mohr, 1991, 1-28.

-----. „Zephanjabuch". *Die Religion in Geschichte und Gegenwart*, VI, 3.Aufl., hg. Kurt Galling. Tübingen, 1962, 1901f.

Glazier-McDonald, Beth. *Malachi: The Divine Messenger*. Society of Biblical Literature: Dissertation Series, 98. Atlanta, Georgia: Scholars Press, 1987.

Görg, Manfred. „Jesreel". *Neues Bibellexikon: Band II H-N*, hg. Manfred Görg und Bernhard Lang. Zürich u. Düsseldorf: Benziger, 1995, 319f.

-----. „Josua (Buch)". *Neues Bibellexikon: Band II H-N*, hg. Manfred Görg und Bernhard Lang. Zürich u. Düsseldorf: Benziger, 1995, 392-394.

-----. „Kanaan". *Neues Bibellexikon: Band II H-N*, hg. Manfred Görg und Bernhard Lang. Zürich u. Düsseldorf: Benziger, 1995,438f.

Gowan, Donald E. „The Book of Amos: Introduction, Commentary and Reflections". *The New Interpreter's Bible*, 7. Nashville, Tennessee: Abingdon Press, 1996, 337ff.

Graupner, A. und H.-J. Fabry. „שוב". *Theologisches Wörterbuch zum Alten Testament*, VII, hg. Heinz-Josef Fabry u. Helmer Ringgren. Stuttgart u.a.: Kohlhammer, 1993, 1118-1176.

Gray, John. „The Day of Yahweh in Cultic Experience and Eschatological Prospect". *Svensk Exegetisk Årsbok*, 39, 1974, 5-37.

Greßmann, Hugo. *Der Messias*. Forschungen zur Religion und Literatur des Alten und Neuen Testaments, Neue Folge, 26. Göttingen: Vandenhoeck & Ruprecht, 1929.

-----. *Der Ursprung der israelitisch-jüdischen Eschatologie*. Forschungen zur Religion und Literatur des Alten und Neuen Testaments, 6. Göttingen: Vandenhoeck & Ruprecht, 1905.

Grönbæck, Jacob H. „Zur Frage der Eschatologie in der Verkündigung der Gerichtspropheten". *Sevensk Exegetisk Årsbok*, 24, 1959, 5-21.

Grünwaldt, Klaus und Harald Schroeter (Hg.). *Was suchst du hier, Elia? Ein hermeneutisches Arbeitsbuch*. Rheinbach-Merzbach: CMZ-Verlag, 1995.

Haag, Ernst. *Das hellenistische Zeitalter: Israel und die Bibel im 4. bis 1. Jahrhundert v. Chr*. Biblische Enzyklopädie, 9. Stuttgart: W. Kohlhammer, 2003.

-----. „Der Tag Jahwes im Alten Testament". *Bibel und Leben*, 13, 1972, 238-248.

Habets, Goswin. „Eschatologie – Eschatologisches". *Bausteine biblischer Theologie: Festgabe für G. Johannes Botterweck*, hg. Heinz-Josef Fabry. Bonner Biblische Beiträge, 50. Köln-Bonn: Peter Hanstein, 1977, 351-369.

Harjung, J. Dominik. *Lexikon der Sprachkunst: Die rhetorischen Stilformen*. München: Beck, 2000.

Harper, William Rainey. *A Critical and Exegetical Commentary on Amos and Hosea*. The International Critical Commentary. Edinburgh: T. & T. Clark, 5. ND 1960 (1905).

Hausmann, Manfred. „Der große und schreckliche Tag des Herrn". *Israel hat dennoch Gott zum Trost: Festschrift für Schalom Ben-Chorin*, hg. Gotthold Müller. Trier: Paulinus, 1978, 85-91.

Hengel, Martin. *Juden, Griechen und Barbaren: Aspekte der Hellenisierung des Judentums in vorchristlicher Zeit*. Stuttgarter Bibelstudien, 76. Stuttgart: Katholisches Bibelwerk, 1976.

-----. *Judentum und Hellenismus: Studien zu ihrer Begegnung unter besonderer Berücksichtigung Palästinas bis zur Mitte des 2.Jh.s v.Chr*. Wissenschaftliche Untersuchungen zum Neuen Testament, 10, 2. durchges. u. erg. Aufl. Tübingen: Mohr, 1973.

Hermisson, Hans-Jürgen. „Zeitbezug des prophetischen Wortes". *Kerygma und Dogma*, 2, 1981, 96-110.

Herrmann, Siegfried. *Die prophetischen Heilserwartungen im Alten Testament: Ursprung und Gestaltwandel.* Beiträge zur Wissenschaft vom Alten und Neuen Testament, Fünfte Folge, 5 (der ganzen Sammlung, 85). Stuttgart: Kohlhammer, 1965.

Herrmann, W. „Das unerledigte Problem des Buches Habakuk". *Vetus Testamentum,* 51, 4, 2001, 481-496.

Hiebert, Theodore. „Joel, Book of". *The Anchor Bible Dictionary,* 3. New York: Doubleday, 1992, 873-880.

Hiers, Richard H. „Day of Judgment". *The Anchor Bible Dictionary,* 1. New York: Doubleday, 1992, 79-82.

-----. „Day of the Lord". *The Anchor Bible Dictionary,* 2. New York: Doubleday, 1992, 82-83.

Hill, Andrew E. „Malachi, Book of". *The Anchor Bible Dictionary,* 4. New York: Doubleday, 1992,478-485.

-----. *Malachi: A New Translation with Introduction and Commentary.* The Anchor Bible, 25D. New York, Doubleday, 1998.

Hirth, Volkmar. *Gottes Boten im Alten Testament: Die alttestamentliche Mal`ak-Vorstellung unter besonderer Berücksichtigung des Mal`ak-Jahwe-Problems.* Theologische Arbeiten, Band XXXII. Berlin: Evangelische Verlagsanstalt, 1975.

Hitzig, Ferdinand. *Die zwölf kleinen Propheten.* 4. Aufl. Kurzgefasstes exegetisches Handbuch zum Alten Testament. Leipzig: S.Hirzel, 1881 [¹1831].

Ho Fai Tai, Nicholas. *Prophetie als Schriftauslegung in Sacharja 9-14: Traditions- und kompositionsgeschichtliche Studien.* Calwer Theologische Monographien, 17. Stuttgart: Calwer Verlag, 1996.

Hoffmann, Yair. „The Day of the Lord as a Concept and a Term in the Prophetic Literature". *Zeitschrift für die alttestamentliche Wissenschaft,* 93, 1981, 37-50.

-----. „Eschatology in the Book of Jeremiah: 1. Introduction". *Eschatology in the Bible and in Jewish an Christian Tradition,* edited by Henning Graf Reventlow. Journal for the Study of the Old Testament: Supplement Series 243. Sheffield, 1997, 75-79.

Holladay, William L. „Reading Zephaniah with a concordance: suggestions for a redaction History". *Journal of Biblical Literature,* 120, 2001, 671-684.

Hölscher, Gustav. *Die Ursprünge der jüdischen Eschatologie.* Vorträge der theologischen Konferenz zu Gießen, 41. Gießen: Alfred Töpelmann, 1925.

Homerski, Jósef. „'Tag Jahwes' bei dem Propheten Maleachi". *Collectanea Theologica 64, Fasciculus specialis,* 1994, 5-17.

Horst, Friedrich. *Gottes Recht: Studien zum Recht im Alten Testament.* Theologische Bücherei, 12. München: Chr. Kaiser, 1961.

Hossfeld, Frank L.; Erich Zenger. *Die Psalmen I: Ps 1-50.* Die Neue Echter-Bibel. Würzburg: Echter, 1993.

-----. *Psalmen 51-100.* Herders Theologischer Kommentar zum Alten Testament, 2.Aufl. Freiburg: Herder, 2000.

House, Paul R. „Endings as New Beginnings: Returning to the Lord, the Day of the Lord, and Renewal in the Book of the Twelve". *Society of Biblical Literature: Seminar Paper Series,* 41, 2002, 258-284.

-----. *The Unitiy of the Twelve.* Bible and Literature Series 27. Journal for the Study of the Old Testament: Supplement Series, 97. Sheffield: Almond, 1990.

Huwyler, Beat. *Jeremia und die Völker: Untersuchungen zu den Völkersprüchen in Jeremia 46-49.* Forschungen zum Alten Testament, 20. Tübingen: Mohr, 1977.

Irsigler, Hubert. *Gottesgericht und Jahwetag: Die Komposition Zef 1,1-2,3, untersucht auf der Grundlage der Literarkritik des Zefanjabuches.* Arbeiten zu Text und Sprache im Alten Testament, 3. St. Ottilien: Eos, 1977.

-----. *Zefanja.* Herders Theologischer Kommentar zum Alten Testament. Freiburg u.a.: Herder, 2002.

-----. „Zefanja" und „Zefanja (Buch)". *Neues Bibellexikon: Band III O-Z,* hg. Manfred Görg und Bernhard Lang. Zürich u. Düsseldorf: Benziger, 2001, 1177-1185.

Jenni, Ernst. „הוי". *Theologisches Handwörterbuch zum Alten Testament,* 1, hg. Ernst Jenni u. Claus Westermann. München: Chr. Kaiser; Zürich: Theologischer Verlag, 1978, 474-477.

-----. „יום". *Theologisches Handwörterbuch zum Alten Testament,* 1, hg. Ernst Jenni u. Claus Westermann. München: Chr. Kaiser; Zürich: Theologischer Verlag, 1978, 707-726.

Jeppesen, Knud. „„Because of you!': An Essay about the Centre of the Book of the Twelve". *In Search of True Wisdom: Essays in Old Testament Interpretation in Honour of Ronald E. Clements,* hg. Edward Ball. Journal for the Study of the Old Testament: Supplement Series, 300. Sheffield, 1999, 196-210.

-----. „The Day of Yahweh in Mowinckel's Conception Reviewed". *Scandinavian Journal of the Old Testament,* 2. Aarhus: University Press, 1988, 42-55.

Jeremias, Jörg. „Amos/Amosbuch". *Die Religion in Geschichte und Gegenwart,* I, 4., völl. neu bearb. Aufl. Tübingen: Mohr Siebeck, 1998, 417-419.

-----. „Gelehrte Prophetie: Beobachtungen zu Joel und Deuterosacharja". *Vergegenwärtigung des Alten Testaments: Beiträge zur biblischen Hermeneutik; Festschrift für Rudolf Smend zum 70. Geburtstag*, hg. Christoph Bultmann. Göttingen: Vandenhoeck & Ruprecht, 2002, 97-111.

-----. *Hosea und Amos: Studien zu den Anfängen des Dodekapropheton*. Forschungen zum Alten Testament, 13. Tübingen: Mohr, 1996.

-----. „Joel/Joelbuch". *Theologische Realenzyklopädie*, 17. Berlin: de Gruyter, 1988, 91-97.

-----. „Neuere Tendenzen der Forschung an den kleinen Propheten". *Perspectives in the Study of the Old Testament and Early Judaism: A Symposium in Honour of Adam S. van der Woude on the Occasion of his 70th Birthday*, hg. Florentino García Martínez u. Ed Noort. Supplements to Vetus Testamentum, 73. Leiden: Brill, 1998, 122-136.

-----. *Kultprophetie und Gerichtsverkündigung in der späten Königszeit*. Wissenschaftliche Monographien zum Alten und Neuen Testament, 35. Neukirchen: Neukirchener Verlag, 1970.

-----. *Der Prophet Amos*. Altes Testament Deutsch, 24,2. Göttingen: Vandenhoeck&Ruprecht, 1995.

-----. *Der Prophet Hosea*. Altes Testament Deutsch, 24,1. Berlin: Evangelische Verlagsanstalt, 1986.

-----. „Der ‚Tag Jahwes' in Jes 13 und Joel 2". *Schriftauslegung in der Schrift: Festschrift für Odil Hannes Steck zu seinem 65. Geburtstag*, hg. Reinhard G. Kratz, Thomas Krüger und Konrad Schmid. Beihefte zur Zeitschrift für die alttestamentliche Wissenschaft, 300. Berlin: de Gruyter, 2000, 129-138.

-----. *Theophanie: Die Geschichte einer alttestamentlichen Gattung*. Wissenschaftliche Monographien zum Alten und Neuen Testament, 10. 2., überarb. u. erw. Aufl. Neukirchen: Neukirchener Verlag, 1977 (^{1}1965).

Jones, Barry Alan. *The Formation of the Book of the Twelve: A Study in Text and Canon*. Society of Biblical Literature: Dissertation Series, 149. Atlanta, Ga.: Scholars Press 1995.

Joseph, M.P. „The Day of Yahweh in the Prophetic Literature". *Bangalore Theological Forum*, 18-1. Bangalore: St. Joseph´s Press, 1986, 52.

Kaiser, Walter C. *Micah-Malachi*. The Communicator´s Commentary, 21. Dallas, Texas: Word Books, 1992.

Kaiser, Otto. *Grundriß der Einleitung in die kanonischen und deuterokanonischen Schriften des Alten Testaments - Band 2: Die prophetischen Werke*. Gütersloh: Gütersloher Verlagshaus, 1994.

Keil, Carl, Friedrich. *Biblischer Commentar über die zwölf kleinen Propheten*. Biblischer Commentar über das Alte Testament, 3.4. 2., verb. Aufl. Leipzig: Dörffling und Franke, 1873.

Kellermann, D. „לוי". *Theologisches Wörterbuch zum Alten Testament*, IV, hg. G. Johannes Botterweck, Helmer Ringgren u. Heinz-Josef Fabry. Stuttgart u.a.: Kohlhammer, 1984, 499-521.

Kessler, Rainer. *Micha*. Herders Theologischer Kommentar. Freiburg u.a.: Herder, 1999.

King, Greg A. „The Message of Zephaniah: an Urgent Echo". *Andrews University Seminary Studies*, 32, 1996, 211-222.

Klein, Ralph W. „The Day of the Lord". *Concordia Theological Monthly*, 39, 1968, 517-525.

Knierim, R. „עול". *Theologisches Handwörterbuch zum Alten Testament*, 2, hg. Ernst Jenni u. Claus Westermann. München: Chr. Kaiser; Zürich: Theologischer Verlag, 1979, 224-228.

Koch, Klaus. *Die Profeten I: Assyrische Zeit*. 3., völl. neu bearb. Aufl. Stuttgart: Kohlhammer, 1995 (¹1978).

Kodell, Jerome. *Lamentations, Haggai, Zechariah, Malachi, Obadiah, Joel, Second Zechariah, Baruch*. Old Testament Message, 14. Wilmington, Delaware: Michael Glazier, 1982.

Koenen, Klaus. *Ethik und Eschatologie im Tritojesajabuch: Eine literarkritische und redaktionsgeschichtliche Studie*. Wissenschaftliche Monographien zum Alten und Neuen Testament, 62. Neukirchen: Neukirchener Verlag, 1990.

-----. *Heil den Gerechten – Unheil den Sündern! Ein Beitrag zur Theologie der Prophetenbücher*. Beihefte zur Zeitschrift für die alttestamentliche Wissenschaft, 229. Berlin – New York: de Gruyter, 1994.

Kratz, Reinhard G. „Die Worte des Amos von Tekoa". *Propheten in Mari, Assyrien und Israel*, hg. v. Matthias Köckert u. Martti Nissinen. Forschungen zur Religion und Literatur des Alten und Neuen Testaments, 201. Göttingen: Vandenhoeck & Ruprecht, 2003, 54-89.

Kraus, Hans-Joachim. *Psalmen*. Biblischer Kommentar Altes Testament, XV. Nachdruck der 5., grundl. überarb. u. veränd. Aufl. Berlin: Evangelische Verlagsanstalt, 1980 [¹1961].

Kreuzer, Siegfried. „Zahl". *Neues Bibellexikon: Band III O-Z*, hg. Manfred Görg und Bernhard Lang. Zürich u. Düsseldorf: Benziger, 2001, 1155-1169.

Kronholm, T. „סכן". *Theologisches Wörterbuch zum Alten Testament*, V, hg. G. Johannes Botterweck, Helmer Ringgren u. Heinz-Josef Fabry. Stuttgart u.a.: Kohlhammer, 1986, 838-856.

Kselman, John S. „Zephaniah, Book of". *The Anchor Bible Dictionary*, 6. New York: Doubleday, 1992, 1077-1080.

Kutsch, Ernst. „Heuschreckenplage und Tag Jahwes in Joel 1 und 2". *Kleine Schriften zum Alten Testament*, hg. L. Schmidt u. K. Eberlein. Beihefte zur Zeitschrift für die alttestamentliche Wissenschaft, 168. Berlin – New York: de Gruyter, 1986, 231-244.

-----. „חתן". *Theologisches Wörterbuch zum Alten Testament*, III, hg. G. Johannes Botterweck u. Helmer Ringgren. Stuttgart u.a.: Kohlhammer, 1982, 288-296.

Leeuwen, Cornelis van. „The Prophecy of the Yom Yhwh in Amos V 18-20". *Oudtestamentische Studiën*, 19, 1974, 113-134.

Leeuwen, Raymond C. van. „Scribal Wisdom and Theodicy in the Book of the Twelve". *In Search of Wisdom: Essays in Memory of John G. Gammie*, hg. Leo G. Perdue u.a. Louisville, KY: Westminster/John Knox Press, 1993, 31-49.

leqach 2. Mitteilungen und Beiträge, hg. von der Forschungsstelle Judentum, Theologische Fakultät Leipzig. Leipzig: Thomas, 2002.

Lescow, Theodor. *Das Buch Maleachi: Texttheorie – Auslegung – Kanontheorie*. Arbeiten zur Theologie, 75. Stuttgart: Calwer, 1993.

-----. „Die Komposition des Buches Obadja". *Zeitschrift für die alttestamentliche Wissenschaft*, 111, 1999, 380-398.

-----. „Das nachexilische Amosbuch: Erwägungen zu seiner Kompositionsgeschichte". *Biblische Notizen*, 99, 1999, 69-101.

Levin, Christoph. „Das Amosbuch der Anawim". Ders. *Fortschreibungen: Gesammelte Studien zum Alten Testament*. BZAW 310. Berlin – New York: de Gruyter, 2003, 265-290.

Limburg, James. *Hosea-Micah*. Interpretation: A Bible Commentary for Teaching and Preaching. Atlanta, Georgia: John Knox Press, 1988.

Lipiński, E. „סגלה". *Theologisches Wörterbuch zum Alten Testament*, V, hg. G. Johannes Botterweck, Helmer Ringgren u. Heinz-Josef Fabry. Stuttgart u.a.: Kohlhammer, 1986, 749-752.

Lohfink, Norbert. „Deuteronomistisch". *Neues Bibellexikon: Band I A-G*, hg. Manfred Görg und Bernhard Lang. Zürich u. Düsseldorf: Benziger, 1991, 413f.

----- und J. Bergman. „אחד". *Theologisches Wörterbuch zum Alten Testament*, I, hg. G. Johannes Botterweck u. Helmer Ringgren. Stuttgart u.a.: Kohlhammer, 1973, 210-218.

-----. „חרם". *Theologisches Wörterbuch zum Alten Testament*, III, hg. G. Johannes Botterweck u. Helmer Ringgren. Stuttgart u.a.: Kohlhammer, 1982, 192-213.

-----. „ירש". *Theologisches Wörterbuch zum Alten Testament*, III, hg. G. Johannes Botterweck u. Helmer Ringgren. Stuttgart u.a.: Kohlhammer, 1982, 953-985.

-----. „Zefanja und das Israel der Armen". *Bibel und Kirche*, 39, 1984, 100-108.

Loretz, Oswald. *Regenritual und Jahwetag im Joelbuch.* Ugaritisch-Biblische Literatur, 4. Altenberge: CIS-Verlag, 1986.
Luther, Martin. *Vorlesungen über die kleinen Propheten.* Kritische Gesamtausgabe, 13. Weimar: Böhlau, 1889.
Lutz, Hanns-Martin. *Jahwe, Jerusalem und die Völker: Zur Vorgeschichte von Sach 12,1-8 und 14,1-5.* Wissenschaftliche Monographien zum Alten und Neuen Testament, 27. Neukirchen: Neukirchener Verlag, 1968.

Maag, Victor. „Eschatologie als Funktion des Geschichtserlebnisses". *Saeculum: Jahrbuch für Universalgeschichte,* 12. Freiburg – München: Karl Alber, 1961, 123-130.
McHatten, Mary Timothy. *The day of Yahweh: a study of the concept yom Yahweh in the Old Testament.* Ottawa: National Library of Canada, 1980.
McKeating, Henry. *The Books of Amos, Hosea and Micah.* The Cambridge Bible Commentary. Cambridge: University Press, 1971.
Markert, Ludwig. „Amos/Amosbuch". *Theologische Realenzyklopädie,* 2, 1978, 471-487.
Marrs, R.R. „Obadiah, Book of". *Dictionary of Biblical Interpretation: K-Z,* hg. John H. Hayes. Nashville, Tenessee: Abingdon Press, 1999, 219-221.
Marti, Karl. *Das Dodekapropheton.* Kurzer Hand-Commentar zum Alten Testament, XIII. Tübingen: Mohr, 1904.
Martin-Achard, R. „The End of the People of God". *God's People in Crisis: A Commentary on the Book of Amos, R.. Martin-Achard and a Commentary on the Book of Lamentations, S. Paul Re'mi.* International Theological Commentary. Edinburgh: Handsel Press, 1984, 1ff.
Mason, Rex. *The Books of Haggai, Zechariah and Malachi.* The Cambridge Bible Commentary. Cambridge: University Press, 1977.
Mason, Rex. *Micah, Nahum, Obadiah.* Old Testament Guides. Sheffield: JSOT Press, 1991.
-----. *Zephaniah, Habakkuk, Joel.* Old Testament Guides. Sheffield: JSOT Press, 1994.
Mathys, Hans Peter. „Anmerkungen zu Mal 3,22-24". *Spuren eines Weges: Freundesgabe für Bernd Janowski zum fünfzigsten Geburtstag am 30. April 1993,* hg. Thomas Podella und Peter Riede. Heidelberg, 1993 (ungedruckt), 319-328.
Mayhue, Richard L. „The Prophet's Watchword: Day of the Lord". *Grace Theological Journal,* 6, 1985, 231-246.
Mays, James Luther. *Amos: A Commentary.* The Old Testament Library. London: SCM Press,1969.
Meinhold, Arndt. *Maleachi: Lieferung* 1. Biblischer Kommentar Altes Testament, 14/8. Neukirchen: Neukirchener Verlag, 2000.

-----. *Maleachi: Lieferung 2.* Biblischer Kommentar Altes Testament, 14/8. Neukirchen: Neukirchener Verlag, 2002.
-----. *Maleachi: Lieferung 3.* Biblischer Kommentar Altes Testament, 14/8. Neukirchen: Neukirchener Verlag, 2003.
-----. *Maleachi: IV. und V. Diskussionswort,* Manuskript.
-----. "Maleachi/Maleachibuch". *Theologische Realenzyklopädie,* 22, 1992, 6-11.
-----. „Zur Bedeutung von 4QXII^a für Mal 2,10-16". *Der Freund des Menschen: Festschrift für Georg Christian Macholz zur Vollendung des 70. Lebensjahres,* hg. Arndt Meinhold und Angelika Berlejung. Neukirchen: Neukirchener Verlag, 93-105.
-----. „Mose und Elia am Gottesberg und am Ende des Prophetenkanons". *leqach 2,* hrg. v. d. Forschungsstelle Judentum, Theologische Fakultät Leipzig. Leipzig: Thomas, 2002, 22-38.
-----. „Zur Rolle des Tag-JHWHs-Gedichts Joel 2,1-11 im XII-Propheten-Buch". *Verbindungslinien: Festschrift für Werner H. Schmidt zum 65. Geburtstag,* hg. Axel Graupner u.a. Neukirchen: Neukirchener Verlag, 2000, 207-223.
-----. „Weisheitliches in Obadja". *Weisheit außerhalb der kanonischen Weisheitsschriften,* hg. Bernd Janowski. Gütersloh: Gütersloher Verlagshaus, 1996, 70-86.
Merrill, Eugene H. *Haggai, Zechariah, Malachi: An Exegetical Commentary.* Chicago: Moody Press, 1994.
Meeteren, Nele van. „Zwölfprophetenbuch". *Neues Bibellexikon: Band III O-Z,* hg. Manfred Görg und Bernhard Lang. Zürich u. Düsseldorf: Benziger, 2001, 1232-1235.
Meyer, Rudolph. *Hebräische Grammatik,* I-IV. Berlin: de Gruyter, 1966 – 1972.
Meyers, Carol L. u. Eric M. Meyers. *Zechariah 9-14: A New Translation with Introduction and Commentary.* The Anchor Bible 25C. New York: Doubleday 1993.
Mitchell, Hinckley G. u.a. *A Critical and Exegetical Commentary on Haggai, Zechariah, Malachi and Jonah.* The International Critical Commentary. Edinburgh: T. & T. Clark, 1912.
Moore, Michael S. „Yahwe´s Day". *Restoration Quarterly,* 29, 1987, 193-208.
Mosis, R. u.a. „גדל". *Theologisches Wörterbuch zum Alten Testament,* I, hg. G. Johannes Botterweck u. Helmer Ringgren. Stuttgart u.a.: Kohlhammer, 1973, 927-956.
Motyer, J. Alec. „Zephaniah". *The Minor Prophets: An Exegetical and Expository Commentary,* 3, hg. Thomas Edward Comiskey. Grand Rapids, Michigan: Baker Books, 1998, 897ff.

Mowinckel, Sigmund. *He that Cometh.* Oxford: Basil Blackwell, 1956.
-----. *Psalmenstudien II: Das Thronbesteigungsfest Jahwäs und der Ursprung der Eschatologie.* Kristiania: Jacob Dybwad, 1922.
Müller, Hans-Peter. *Ursprünge und Strukturen alttestamentlicher Eschatologie.* Beihefte zur Zeitschrift für die alttestamentliche Wissenschaft, 109. Berlin: Töpelmann, 1969, 69-85.
-----. „המם". *Theologisches Wörterbuch zum Alten Testament*, II, hg. G. Johannes Botterweck u. Helmer Ringgren. Stuttgart u.a.: Kohlhammer, 1977, 449-454.

Nash, K.S. „Joel, Book of". *Dictionary of Biblical Interpretation: A-J*, hg. John H. Hayes. Nashville, Tenessee: Abingdon Press, 1999, 599-602.
Neef, Heinz-Dieter. „JHWH und die Völker: Beobachtungen zur Theologie der Bücher Nahum, Habakuk, Zephanja". *Theologische Beiträge*, 31-2. Haan: Rolf Brockhaus, 2000, 82-91.
-----. „Vom Gottesgericht zum universalen Heil: Komposition und Redaktion des Zephanjabuches". *Zeitschrift für die alttestamentliche Wissenschaft*, 111, 1999, 530-546.
Niehaus, Jeff. „Amos". *The Minor Prophets: An Exegetical and Expository Commentrary. Volume 1: Hosea, Joel and Amos.* Grand Rapids, Michigan: Baker Book House, 1992, 315ff.
Niehr, H. „פרש". *Theologisches Wörterbuch zum Alten Testament*, VI, hg. Heinz-Josef Fabry u. Helmer Ringgren. Stuttgart u.a.: Kohlhammer, 1986, 782-787.
-----. „צלמות". *Theologisches Wörterbuch zum Alten Testament*, VI, hg. Heinz-Josef Fabry u. Helmer Ringgren. Stuttgart u.a.: Kohlhammer, 1986, 1056-1059.
Noble, Paul R. „The Literary Structure of Amos: a Thematic Analysis". *Journal of Biblical Literature*, 114, 1995, 209-226.
-----. „The Remnant in Amos 3:9-6:14: a Prophetic Paradox". *Horizons in Biblical Theology*, 19, 1997, 123-147.
Nogalski, James D. „The Day(s) of YHWH in the Book of the Twelve". *Society of Biblical Literature: Seminar Paper Series*, 38, 1999, 617-642.
-----. „Intertextuality and the Book of the Twelve". *Forming Prophetic Literature: Essays on Isaiah an the Twelve in Honour of John D.W. Watts*, hg. James W. Watts u. Paul R. House. Journal for the Study of the Old Testament: Supplement Series, 235. Sheffield, 1996, 102-124.
-----. „Joel as ‚Literary Anchor' for the Book of the Twelve". *Reading and Hearing the Book of the Twelve*, hg. James D. Nogalski u. Marvin A. Sweeney. Society of Biblical Literature: Symposium Series, 15, 2000, 91-109.

-----. *Literary Precursors to the Book of the Twelve*. Beihefte zur Zeitschrift für die alttestamentliche Wissenschaft, 217. Berlin – New York: de Gruyter, 1993.

-----. *Redactional Processes in the Book of the Twelve*. Beihefte zur Zeitschrift für die alttestamentliche Wissenschaft, 218. Berlin – New York: de Gruyter, 1993.

-----. „Zephaniah 3: A Redactional Text for a Developing Corpus". *Schriftauslegung in der Schrift: Festschrift für Odil Hannes Steck zu seinem 65. Geburtstag*, hg. Reinhard G. Kratz, Thomas Krüger und Konrad Schmid. Beihefte zur Zeitschrift für die alttestamentliche Wissenschaft, 300. Berlin – New York: de Gruyter, 2000, 207-218.

Nowack, W. *Die kleinen Propheten*. Göttinger Handkommentar zum Alten Testament, III,4, 3. neubearb.Aufl. Göttingen: Vandenhoeck & Rupprecht, 1922.

O´Brien, J.M. „Malachi, Book of". *Dictionary of Biblical Interpretation: K-Z*. Hg. John H. Hayes. Nashville, Tenessee: Abingdon Press, 1999, 110-113.

Öhler, Markus. *Elia im Neuen Testament: Untersuchungen zur Bedeutung des alttestamentlichen Propheten im frühen Christentum*. Beihefte zur Zeitschrift für die neutestamentliche Wissenschaft 88, Berlin – New York: de Gruyter, 1997.

Ogden, Graham S. u. Richard R. Deutsch. *A Promise of Hope - a Call to Obedience: A Commentary on the Books of Joel and Malachi*. International Theological Commentary. Grand Rapids, Michigan: Eerdmans, 1987.

Ogilvie, Loyd J. *Hosea, Joel, Amos, Obadiah, Jona*. The Communicator´s Commentary, 20. Dallas, Texas: Word Books, 1990.

Ollenburger, Ben C. „The Book of Zechariah: Introduction, Commentary and Reflections". *The New Interpreter´s Bible*, 7. Nashville, Tennessee: Abingdon Press, 1996, 733ff.

Otzen, Benedikt. *Studien über Deuterosacharja*. Acta Theologica Danica, 6. Copenhagen: Prostant Apud Munksgaard, 1964.

Pagán, Samuel. „The Book of Obadiah: Introduction, Commentary and Reflections". *The New Interpreter´s Bible*, 7. Nashville, Tenessee: Abingdon Press, 1996, 333ff.

Patterson, Richard D. *Nahum, Habakuk, Zephaniah*. The Wycliffe Exegetical Commentary. Chicago: Moody Press, 1991.

Paul, Shalom M. *Amos: A Commentary on the Book of Amos*. Hermeneia – a Critical and Historical Commentary on the Bible. Minneapolis: Fortress Press, 1991.

Perlitt, Lothar. *Die Propheten Nahum, Habakuk, Zefanja.* Altes Testament Deutsch, 25,1. Göttingen: Vandenhoeck & Ruprecht, 2004.

Petersen, David L. „The World of Creation in the Book of the Twelve". *God who creates: essays in honor of W. Sibley Towner,* ed. by William P. Brown and S. Dean Mc Bride Jr. Grand Rapids, Michigan: Eerdmans, 2000, 204-214.

-----. „Zecheriah, Book of". *The Anchor Bible Dictionary,* 6. New York: Doubleday, 1992, 1061-1068.

-----. *Zechariah 9-14 and Malachi: A Commentary.* Old Testament Library. London: SCM Press, 1995.

Podella, Thomas. „Licht (I) AT". *Neues Bibellexikon: Band II H-N,* hg. Manfred Görg und Bernhard Lang. Zürich u. Düsseldorf: Benziger, 1995, 633-636.

Preuß, Horst Dietrich. *Eschatologie im Alten Testament.* Wege der Forschung, 480. Darmstadt: Wissenschaftliche Buchgesellschaft, 1978.

-----. *Jahweglaube und Zukunftserwartung.* Beiträge zur Wissenschaft vom Alten und Neuen Testament, 87. Stuttgart: Kohlhammer, 1968.

-----. *Theologie des Alten Testaments Band 1: JHWHs erwählendes und verpflichtendes Handeln.* Stuttgart – Berlin – Köln: Kohlhammer, 1991.

-----. *Theologie des Alten Testaments Band 2: Israels Weg mit JHWH.* Stuttgart – Berlin – Köln: Kohlhammer, 1992.

Prinsloo, Willem S. „The Unity of the Book of Joel". *Zeitschrift für die alttestamentliche Wissenschaft,* 104, 1992, 66-81.

Raabe, Paul R. *Obadiah: A New Translation with Introduction and Commentary.* The Anchor Bible, 24D. New York: Doubleday, 1996.

Von Rad, Gerhard. *Gottes Wirken in Israel: Vorträge zum Alten Testament.* Neukirchen-Vluyn: Neukirchener Verlag, 1974.

-----. „The Origin of the Concept of the Day of Yahweh". *Journal of Semitic Studies,* 4, 1959, 97-108.

-----. *Theologie des Alten Testaments I: Die Theologie der geschichtlichen Überlieferungen Israels.* Unveränd. Nachdr. d. 4. Aufl. Berlin: Evangelische Verlagsanstalt, 1969 [¹1957].

-----. *Theologie des Alten Testaments II: Die Theologie der prophetischen Überlieferungen Israels.* 4. Aufl. München: Chr. Kaiser, 1965 [¹1960].

-----. *Weisheit in Israel.* Neukirchen-Vluyn: Neukirchener Verlag, 1970.

Redditt, Paul L. *Haggai, Zechariah and Malachi.* New Century Bible Commentary. Grand Rapids, 1995.

-----. „Zechariah 9-14: The Capstone of the Book of the Twelve". *Bringing out the Treasure: Inner Biblical Allusion in Zechariah 9-14,* hg. Marc J. Boda u. Michael H. Floyd. Journal for the Study of the Old Testament Supplement Series, 370. Sheffield: Academic Press, 2003, 305-323.

-----. „The Formation of the Book of the Twelve: A Review of Research". *Society of Biblical Literature: Seminar Paper Series*, 40, 2001, 58-80.

-----. „Zechariah 9-14, Malachi and the Redaction of the Book of the Twelve". *Forming Prophetic Literature: Essays an Isaiah and the Twelve in Honor of John D. W. Watts*, hg. James W. Watts u. Paul R. House. Journal for the Study of the Old Testament: Supplement Series, 235. Sheffield, 1996, 245-268.

----- und Aaron Schart (Hg.). *Thematic Threads in the Book of the Twelve*. Beihefte zur Zeitschrift für die alttestamentliche Wissenschaft, 325. Berlin – New York: de Gruyter, 2003.

Rendtorff, Rolf. „Alas for the Day! The ‚Day of the Lord' in the Book of the Twelve". *God in the Fray: a Tribute to Walter Brueggemann*, hg. Tod Linafelt u. Timothy K. Beal. Minneapolis: Fortress Press, 1998, 186-197.

-----. „How to Read the Book of the Twelve as a Theological Unity". *Society of Biblical Literature: Seminar Paper Series*, 36, 1997, 420-432.

-----. *Theologie des Alten Testaments: Ein kanonischer Entwurf. Band 1: Kanonische Grundlegung*. Neukirchen: Neukirchener Verlag, 1999.

Renker, Alwin. *Die Tora bei Maleachi: Ein Beitrag zur Bedeutungsgeschichte von tôrā im Alten Testament*. Freiburger theologische Studien, 112. Band. Freiburg u.a.: Herder, 1979.

Reventlow, Henning Graf. „The Eschatologization of the Prophet Books: a Comparative Study". *Eschatology in the Bible an in Jewish and Christian Tradition*. Journal for the Study of the Old Testament: Supplement Series, 243. Sheffield, 1997, 169-188.

-----. *Die Propheten Haggai, Sacharja und Maleachi*. Altes Testament Deutsch, 25,2. Göttingen: Vandenhoeck & Ruprecht, 1993.

Ringgren, Helmer u.a. „חשׁך". *Theologisches Wörterbuch zum Alten Testament*, III, hg. G. Johannes Botterweck u. Helmer Ringgren. Stuttgart u.a.: Kohlhammer, 1982, 261-277.

----- u.a. „עבד". *Theologisches Wörterbuch zum Alten Testament*, V, hg. G. Johannes Botterweck, Helmer Ringgren u. Heinz-Josef Fabry. Stuttgart u.a.: Kohlhammer, 1986, 982-1012.

-----. „עשׂה". *Theologisches Wörterbuch zum Alten Testament*, VI, hg. Heinz-Josef Fabry u. Helmer Ringgren. Stuttgart u.a.: Kohlhammer, 1986, 413-432.

Roberts, Jimmy Jack McBee. *Nahum, Habakuk and Zephaniah: A Commentary*. The Old Testament Library. Louisville, Kentucky: Westminster/John Knox Press, 1991.

Robertson, O. Palmer. *The Books of Nahum, Habakkuk and Zephaniah*. The New International Commentary on the Old Testament. Grand Rapids, Michigan: Eerdmans, 1990.
Robinson, Theodore H. und Friedrich Horst. *Die Zwölf Kleinen Propheten: Hosea bis Micha von Theodore H. Robinson – Nahum bis Maleachi von Friedrich Horst*. Handbuch zum Alten Testament, erste Reihe 14. Tübingen: Mohr, 1938.
Rogerson, John William. „Dodekapropheton". *Theologische Realenzyklopädie*, 9, 1982, 18-20.
Rosenbaum, S.N. „Amos, Book of „. *Dictionary of Biblical Interpretation: A-J*, hg. John H. Hayes. Nashville, Tennessee: Abingdon Press, 1999, 30-34.
Rottzoll, Dirk U. *Studien zur Redaktion und Komposition des Amosbuches*. Beihefte zur Zeitschrift für die alttestamentliche Wissenschaft, 243. Berlin – New York: de Gruyter, 1996.
Rubenstein, Jeffrey L. „Sukkot, Eschatology and Zechariah 14". *Revue Biblique*, 103, 1996, 161-195.
Rudolph, Wilhelm. *Haggai - Sacharja 1-8 - Sacharja 9-14 - Maleachi*. Kommentar zum Alten Testament. Berlin: Evangelische Verlagsanstalt, 1981 [Gütersloh: Gerd Mohn, 1976].
-----. *Hosea*. Kommentar zum Alten Testament. Berlin: Evangelische Verlagsanstalt, 1971 [Gütersloh: Gerd Mohn, 1966].
-----. *Jeremia*. Handbuch zum Alten Testament, 12. Tübingen, Mohr, 1947.
-----. *Joel – Amos – Obadja – Jona*. Kommentar zum Alten Testament. Berlin: Evangelische Verlagsanstalt, 1974 [Gütersloh: Gerd Mohn, 1971].
-----. *Micha - Nahum - Habakuk - Zephanja*. Kommentar zum Alten Testament. Berlin: Evangelische Verlagsanstalt, 1977 [Gütersloh: Gerd Mohn, 1975].

Sæbø, Magne. „Eschaton und Eschatologia im Alten Testament – in traditionsgeschichtlicher Sicht". *Alttestamentlicher Glaube und Biblische Theologie: Festschrift für Horst Dietrich Preuß zum 65. Geburtstag*. Hg. Jutta Hausmann u. Hans-Jürgen Zobel. Stuttgart: Kohlhammer, 1992, 321-330.
-----. *Sacharja 9-14: Untersuchungen von Text und Form*. Wissenschaftliche Monographien zum Alten und zum Neuen Testament, 34. Neukirchen: Neukirchener Verlag, 1969.
-----. „Zechariah, Book of". *Dictionary of Biblical Interpretation: K-Z*, hg. John H. Hayes. Nashville, Tennessee: Abingdon Press, 1999, 666-669.
-----. „אור". *Theologisches Handwörterbuch zum Alten Testament*, 1, hg. Ernst Jenni u. Claus Westermann. München: Chr. Kaiser; Zürich: Theologischer Verlag, 1978, 84-90.

Sasse, Markus. *Geschichte Israels in der Zeit des Zweiten Tempels*. Neukirchen Vluyn: Neukirchener Verlag, 2004.

Scalise, Pamela J. „Malachi 3,13-4,3: a Book of Remembrance for God-fearers". *Review & Expositor*, 95, 1998, 571-581.

Schaefer, Konrad R. „The Ending of the Book of Zechariah: A Commentary". *Revue Biblique*, 100, 1993, 165-238.

-----. „Zechariah 14 and the Composition of the Book of Zechariah". *Revue Biblique*, 100, 1993, 368-398.

-----. „Zechariah 14: A Study in Allusion". *The Catholic Biblical Quarterly*, 57, 1995, 66-91.

Scharbert, Josef. „Fürbitte". *Neues Bibellexikon: Band I A-G*, hg. Manfred Görg und Bernhard Lang. Zürich u. Düsseldorf: Benziger, 1991, 712f.

-----. "Die prophetische Literatur: Der Stand der Forschung". *De Mari à Qumrân*, 1 (Festschrift J.Coppens). Bibliotheca Ephemeridum Theologicarum Lovaniensium, 24. Gembloux: J.Duculot, 1969, 58-118.

Schart, Aaron. *Die Entstehung des Zwölfprophetenbuchs: Neubearbeitungen von Amos im Rahmen schriftübergreifender Redaktionsprozesse* (Habilitationsschrift). Marburg: Philippsuniversität, 1995 [Beihefte zur Zeitschrift für die alttestamentliche Wissenschaft, 260. Berlin – New York: de Gruyter, 1998].

-----. „Putting the Eschatological Visions of Zechariah in their Place: Malachi as a Hermeneutical Guide for the Last Section of the Book of the Twelve". *Bringing out the Treasure: Inner Biblical Allusion in Zechariah 9-14*, hg. Marc J. Boda u. Michael H. Floyd. Journal for the Study of the Old Testament: Supplement Series, 370. Sheffield: Academic Press, 2003, 333-343.

-----. „Zur Redaktionsgeschichte des Zwölfprophetenbuches". *Verkündigung und Forschung*, 43/2, 1998, 13-33.

Schlüter, Hermann. *Grundkurs der Rhetorik*, 11. Aufl. München: Deutscher Taschenbuch Verlag, 1988.

Schmid, H. H. „ירש". *Theologisches Handwörterbuch zum Alten Testament*, 1, hg. Ernst Jenni u. Claus Westermann. München: Chr. Kaiser; Zürich: Theologischer Verlag, 1978, 778-781.

Schmid, Konrad. „Innerbiblische Schriftauslegung: Aspekte der Forschungsgeschichte". *Schriftauslegung in der Schrift: Festschrift für Odil Hannes Steck zu seinem 65. Geburtstag*, hg. Reinhard G. Kratz, Thomas Krüger und Konrad Schmid. Beihefte zur Zeitschrift für die alttestamentliche Wissenschaft, 300. Berlin – New York: de Gruyter, 2000, 1-22.

Schmidt, Hans. *Die großen Propheten übersetzt und erklärt: Mit Einleitungen versehen von Hermann Gunkel.* Die Schriften des Alten Testaments, II,2. Göttingen: Vandenhoeck & Ruprecht, 1915.

Schmidt, Werner H. „Aspekte der Eschatologie im Alten Testament". *Vielfalt und Einheit alttestamentlichen Glaubens, Bd. 2: Psalmen und Weisheit, Theologische Anthropologie und Jeremia, Theologie des Alten Testaments.* Neukirchen: Neukirchener Verlag, 1995, 233-253.

-----. *Exodus: 1.Teilband Exodus 1-6.* Biblischer Kommentar Altes Testament, II/1, 1.Teilband. Neukirchen: Neukirchener Verlag,1988.

Schneider, Dale Allen. *The Unity of the Book of the Twelve.* Ph.D. Yale University, 1979.

Schottroff, W. „זכר". *Theologisches Handwörterbuch zum Alten Testament*, 1, hg. Ernst Jenni u. Claus Westermann. München: Chr. Kaiser; Zürich: Theologischer Verlag, 1978, 507-518.

-----. „פקד". *Theologisches Handwörterbuch zum Alten Testament*, 2, hg. Ernst Jenni u. Claus Westermann. München: Chr. Kaiser; Zürich: Theologischer Verlag, 1979, 466-486.

Schreiner, Josef. *Jeremia.* Neue Echter Bibel. Leipzig: St. Benno, 1987.

Schroer, Silvia. „Das Kommen des Tages und unsere Zeitrechnung: ein Einwurf". *Der Tag wird kommen: ein interkontextuelles Gespräch über das Buch Zefanja,* hg. Walter Dietrich u. Milton Schwantes. Stuttgarter Bibelstudien 170. Stuttgart, 1996, 84-87.

Schuller, Eileen M. „The Book of Malachi: Introduction, Commentary and Reflections". *The New Interpreter's Bible,* 7. Nashville, Tennessee: Abingdon Press, 1996, 841ff.

Schultz, Richard L. „The Ties that Bind: Intertextuality, the Identification of Verbal Parallels, and Reading Strategies in the Book of the Twelve". *Society of Biblical Literature: Seminar Paper Series,* 40, 2001, 39-57.

Schunck, Klaus-Dietrich. „Die Eschatologie der Propheten des Alten Testaments und ihre Wandlung in exilisch-nachexilischer Zeit". *Studies on Prophecy: A Collection of Twelve Papers.* Supplements to Vetus Testamentum, 26. Leiden: Brill, 1974, 116-132.

-----. „Strukturlinien in der Entwicklung der Vorstellung vom Tag Jahwes". *Altes Testament und Heiliges Land: Gesammelte Studien zum Alten Testament und zur biblischen Landeskunde,* Bd. I. Beiträge zur Erforschung des Alten Testaments und des antiken Judentums, 17. Frankfurt am Main, 1989, 57-68 [= VT 14, 1964, 319-330].

-----. „Der Tag Jahwes in der Verkündigung der Propheten". *Altes Testament und Heiliges Land: gesammelte Studien zum Alten Testament und zur biblischen Landeskunde,* Bd. I. Beiträge zur Erforschung des Alten Testaments und des antiken Judentums, 17. Frankfurt am Main, 1989, 89-96 [= Kairos, 11, 1969, 14-21].

-----. „עברה". *Theologisches Wörterbuch zum Alten Testament*, V, hg. G. Johannes Botterweck, Helmer Ringgren u. Heinz-Josef Fabry. Stuttgart u.a.: Kohlhammer, 1986, 1033-1039.

Schwertner, Siegfried. *Internationales Abkürzungsverzeichnis für Theologie und Grenzgebiete*. Berlin – New York: de Gruyter, 1976.

Sellin, Ernst. *Der alttestamentliche Prophetismus: Drei Studien*. Leipzig: A. Deichert'sche Verlagsbuchhandlung, 1912.

-----. *Das Zwölfprophetenbiuch*. Kommentar zum Alten Testament, XII. Leipzig: Deichert'sche Verlagsbuchhandlung, 1922.

----- und Leonhard Rost. *Einleitung in das Alte Testament*. 9., von Rost bearb. Aufl. Berlin: Evangelische Verlagsanstalt, 1959.

Seybold, Klaus. *Nahum Habakuk Zephanja*. Zürcher Bibelkommentare, 24,2. Zürich: Theologischer Verlag, 1991.

-----. *Satirische Prophetie: Studien zum Buch Zefanja*. Stuttgarter Bibelstudien, 120. Stuttgart: Katholisches Bibelwerk, 1985.

-----. „Text und Textauslegung in Zef 2,1-3". *Biblische Notizen*, 25. Bamberg, 1984, 49-54.

----- u.a. „מלך". *Theologisches Wörterbuch zum Alten Testament*, IV, hg. G. Johannes Botterweck, Helmer Ringgren u. Heinz-Josef Fabry. Stuttgart u.a.: Kohlhammer, 1984, 926-957.

Simian-Yofre, H. „רחם". *Theologisches Wörterbuch zum Alten Testament*, VII, hg. Heinz-Josef Fabry u. Helmer Ringgren. Stuttgart u.a.: Kohlhammer, 1993, 460-476.

Smelik, K.A.D. „The Meaning of Amos V 18-20". *Vetus Testamentum*, XXXVI, 2, 1986.

Smend, Rudolf. „Eschatologie II: Altes Testament". *Theologische Realenzyklopädie*, 10, 1982, 256-264.

Smith, John Merlin Powis. „A Critical and Exegetical Commentary on the Book of Malachi". Mitchell, Hinckley G. u.a. *A Critical and Exegetical Commentary on Haggai, Zechariah, Malachi and Jonah*. The International Critical Commentary. Edinburgh: T. & T. Clark, 1912.

----- u.a. *A Critical and Exegetical Commentary on Micah, Zephaniah, Nahum, Habakkuk, Obadiah and Joel*. The International Critical Commentary. Edinburgh: T. & T. Clark, 4. ND 1959 [¹1911].

Smith, Ralph L. *Micah-Malachi*. Word Biblical Commentary, 32. Waco, Texas: Word Books, 1984.

Snyman, S. D. „YOM (JHWH) in the Book of Obadiah". *Goldene Äpfel in silbernen Schalen: collected Communications to the XIIIth Congress of the International Organization for the Study of the Old Testament*, hg. Klaus Dietrich

Schunck u. Matthias Augustin. Beiträge zur Erforschung des Alten Testaments und des antiken Judentums, 20. Frankfurt, 1992, 81-91.

-----. „A structural approach to Malachi 3:13-21". *Old Testament Essays NS*, 9, 1996, 486-494.

Soggin, J. Alberto. *The Prophet Amos: A Translation and Commentary*, übers. John Bowden. London: SCM Press, 1987 [*Il Propheta Amos*. Brescia: Paideia Editrice, 1982].

Spieckermann, Hermann. „Dies irae: der alttestamentliche Befund und seine Vorgeschichte". *Vetus Testamentum*, 39, 1989, 194-208.

Steck, Odil Hannes. *Der Abschluß der Prophetie im Alten Testament: Ein Versuch zur Frage der Vorgeschichte des Kanons*. Biblisch-Theologische Studien, 17. Neukirchen: Neukirchener Verlag, 1991.

-----. *Exegese des Alten Testaments: Leitfaden der Methodik*. 13., durchges. Aufl. Neukirchen: Neukirchener Verlag, 1993 ([1]1971).

-----. *Die Prophetenbücher und ihr theologisches Zeugnis: Wege der Nachfrage und Fährten der Antwort*. Tübingen: Mohr, 1996.

-----. *Gott in der Zeit entdecken: Die Prophetenbücher des Alten Testaments als Vorbild für Theologie und Kirche*. Biblisch-Theologische Studien, 42. Neukirchen: Neukirchener Verlag, 2001.

-----. „Prophetische Prophetenauslegung". *Wahrheit der Schrift – Wahrheit der Auslegung: Eine Zürcher Vorlesungsreihe zu Gerhard Ebelings 80. Geburtstag am 6. Juli 1992*, hg. Hans Friedrich Geißer u.a. Zürich: Theologischer Verlag, 1993, 198-244.

[-----.] *Schriftauslegung in der Schrift: Festschrift für Odil Hannes Steck zu seinem 65. Geburtstag*. Hg. Reinhard G. Kratz, Thomas Krüger und Konrad Schmid. Beihefte zur Zeitschrift für die alttestamentliche Wissenschaft, 300. Berlin – New York: de Gruyter, 2000.

Stendebach, Franz Josef. „Sohn". *Neues Bibellexikon: Band III O-Z*, hg. Manfred Görg und Bernhard Lang. Zürich u. Düsseldorf: Benziger, 2001, 624f.

Stolz, Fritz. *Jahwes und Israels Kriege: Kriegstheorien und Kriegserfahrungen im Glauben des alten Israel*. Abhandlungen zur Theologie des Alten und Neuen Testaments, 60. Zürich: Theologischer Verlag, 1972.

-----. „צִיּוֹן". *Theologisches Handwörterbuch zum Alten Testament*, 2, hg. Ernst Jenni u. Claus Westermann. München: Chr. Kaiser; Zürich: Theologischer Verlag, 1979, 543-551.

Striek, Marco. *Das vordeuteronomistische Zephanjabuch*. Beiträge zur biblischen Exegese und Theologie, 29. Frankfurt/Main u.a.: Lang, 1999.

Struppe, Ursula. *Die Bücher Obadja, Jona*. Neuer Stuttgarter Kommentar – Altes Testament, 24,1. Stuttgart: Katholisches Bibelwerk, 1996.

Stuart, Douglas. *Hosea-Jonah*. Word Biblical Commentary, 31. Dallas, Texas: Word Books, 1987.

-----. „Malachi". *The Minor Prophets: An Exegetical and Expository Commentary*, 3, hg. Thomas Edward Comiskey. Grand Rapids, Michigan: Baker Books, 1998, 1245ff.

-----. „The Sovereign's Day of Conquest". *Essays in Honor of George Ernest Wright*, hg. Edward F. Campbell u. Robert G. Boling. Bulletin of the American Schools of Oriental Research, 220/221. Missoula, Montana: Scholars Press, 1976, 159-164.

Stuhlmueller, Carroll. *Rebuilding with Hope: A Commentary on the Books of Haggai and Zechariah*. International Theological Commentary. Grand Rapids, Michigan: Eerdmans, 1988.

Sweeney, Marvin A. „A Form-Critical Reassessment of the Book of Zephaniah". *The Catholic Biblical Quarterly*, 53, 1991, 388-408.

-----. „The Place and Function of Joel in the Book of the Twelve". *Society of Biblical Literature: Seminar Papers Series*, 38, 1999, 570-595.

-----. Zephaniah: A Paradigm for the Study of the Prophetic Books". *Currents in Research: Biblical Studies*, 7, 1999, 119-145.

Széles, Mária Eszenyei. *Wrath and Mercy: A Commentary on the Books of Habakuk and Zephaniah*, üs. George A.F. Knight. International Theological Commentary. Grand Rapids, Michigan: Eerdmans, 1987.

Tarazi, Paul Nadim. „Israel and the Nations (according to Zechariah 14)". *St Vladimir's Theological Quarterly*, 38. Tuckahoe, New York: St Vladimir's Orthodox Theological Seminary, 1994, 181-192.

Then, Reinhold. *„Gibt es denn keinen mehr unter den Propheten?": Zum Fortgang der alttestamentlichen Prophetie in frühjüdischer Zeit*. Beiträge zur Erforschung des Alten Testaments und des antiken Judentums, 22. Frankfurt am Main u.a.: Lang, 1990.

Tigchelaar, Eibert J.C. *Prophets of Old and the Day of the End: Zechariah, the Book of Watchers and Apokalyptic*, hg. Johannes C. de Moor. Oudtestamentische Studien, 35. Leiden: Brill, 1996.

Tooze, George Andrew. *Framing the Book of the Twelve: Connections between Hosea and Malachi*. A Dissertation: Presented to The Faculties of The Iliff School of Theology and The University of Denver (Colorado Seminary). Denver, 2002 [Ann Arbor: ProQuest Information and Learning Company, 2003].

Tsevat, M. „חמל". *Theologisches Wörterbuch zum Alten Testament*, II, hg. G. Johannes Botterweck u. Helmer Ringgren. Stuttgart u.a.: Kohlhammer, 1977, 1042-1045.

Tuell, Steven S. „Haggai-Zecheriah: Prophecy after the Manner of Ezekiel". *Society of Biblical Literature: Seminar Papers Series*, 39, 2000, 263-286.

Uffenheimer, Benjamin. „Eschatologie III: Judentum". *Theologische Realenzyklopädie*, 10, 1982, 264-270.

Uehlinger, Christoph. „Astralkultpriester und Fremdgekleidete, Kanaanvolk und Silberwäger: zur Verknüpfung von Kult- und Sozialkritik in Zef 1". *Der Tag wird kommen: Ein interkontextuelles Gespräch über das Buch Zefanja*, hg. von Walter Dietrich u. Milton Schwantes. Stuttgarter Bibelstudien, 170. Stuttgart, 1996, 49-83.

Vawter, Bruce. *Amos, Hosea, Micah, with an Introduction to Classical Prophecy*. Old Testament Message, 7. Wilmington, Delaware: Michael Glazier, 1981.

Verhoef, Pieter A. *The Books of Haggai and Malachi*. The New International Commentary on the Old Testament. Grand Rapids, Mich.: Eerdmans, 1987.

Volz, Paul. *Das Neujahrsfest Jahwes (Laubhüttenfest)*. Sammlung gemeinverständlicher Vorträge und Schriften aus dem Gebiet der Theologie und Religionsgeschichte, 67. Tübingen: Mohr, 1912.

Wagner, Siegfried. „Schöpfung' im Buche Hiob". *Zeichen der Zeit*, 3-80. Berlin: Evangelische Verlagsanstalt, 1980, 93-96.

-----. „מופת". *Theologisches Wörterbuch zum Alten Testament*, IV, hg. G. Johannes Botterweck, Helmer Ringgren u. Heinz-Josef Fabry. Stuttgart u.a.: Kohlhammer, 1984, 750-759.

Waltke, Bruce K.; M. O`Connor. *An Introduction to Biblical Hebrew Syntax*. Eisenbrauns: Winona Lake, 1990.

Waschke, E.-J. „Eschatologie als hermeneutischer Schlüssel prophetischen Geschichtsverständnisses". *Hermeneutik eschatologischer biblischer Texte*, hg. Dieter Birnbaum. 21. Konferenz von Hochschultheologen der Ostseeländer. Greifswald: Ernst-Moritz-Arndt-Universität, 1983, 5-29.

-----. „Die fünfte Vision des Amosbuches (9,1-4): Eine Nachinterpretation". *Zeitschrift für die alttestamentliche Wissenschaft*, 106, 1994, 434-445.

Watts, John D. W. *The Books of Joel, Obadiah, Jonah, Nahum, Habakkuk and Zephaniah*. The Cambridge Bible Commentary. Cambridge: University Press, 1975.

-----. „A Frame for the Book of the Twelve: Hos 1-3 and Malachi". *Reading and Hearing the Book of the Twelve*. Society of Biblical Literature: Symposium Series, 15, Atlanta, 2000, 209-218.

Weigl, Michael. „Zefanja und das Israel der Armen". *Bibel und Kirche*, 50, 1995, 6-11.

Weimar, Peter. „Obadja: eine redaktionskritische Analyse". *Biblische Notizen: Beiträge zur exegetischen Diskussion*, 27, 1985, 35-99.

-----. „Zef 1 und das Problem der Komposition der Zefanjaprophetie". *„Und Mose schrieb dies Lied auf": Studien zum Alten Testament und zum Alten Orient, Festschrift für Oswald Loretz.* Alter Orient und Altes Testament, 250. Münster: Ugarit-Verlag, 1998, 809-832.

Weinfeld, Moshe. „The Day of the Lord: Aspirations for the Kingdom of God in the Bible and Jewish Liturgy". *Studies in Bible 1986.* Scripta Hierosolymitana, 31. Jerusalem: Magnes Press, Hebrew University, 1986, 341-372.

Weiss, Meir. „The Origin of the ‚Day of the Lord' – Reconsidered". *Hebrew Union College Annual,* 37, 1966, 29-72.

Wellhausen, Julius. *Israelitische und jüdische Geschichte,* 9.Aufl. Berlin: de Gruyter, 1958 [¹1894].

-----. *Die kleinen Propheten: Übersetzt und erklärt,* 4. unv. Aufl. Berlin: de Gruyter, 1963 [= ³1898].

Wendebourg, Irmgard Nicola. *Der Tag des Herrn: Ein Beitrag zur Gerichtserwartung im Neuen Testament auf ihrem alttestamentlichen und frühjüdischen Hintergrund* (Dissertation). Berlin: Humboldt-Universität, 2000 [WMANT 96, 2003].

Wendland, Ernst. „Linear and Concentric Patterns in Malachi". *The Bible Translator,* 36, 1985, 108-121.

-----. „Obadiah´s ‚Day': on the Rhetorical Implications of Textual Form and Intertextual Influence". *Journal of Translation and Textlinguistics,* 8, 1996, 23-49.

-----. „Obadiah´s Vision of ‚the Day of the Lord': on the Importance of Rhetoric in the Biblical Text and in Bible Translation". *Journal of Translation and Textlinguistics,* 7/4, 1996, 54-86.

Westermann, Claus. *Anfang und Ende in der Bibel.* Calwer Hefte, 100. Stuttgart: Calwer, 1969.

-----. *Forschung am Alten Testament: Gesammelte Studien Band II.* Theologische Bücherei, 55. München: Chr. Kaiser, 1974.

-----. *Das Buch Jesaja: Kapitel 40-66.* Das Alte Testament Deutsch, 19. Berlin: Evangelische Verlagsanstalt, 1968.

-----. *Genesis: Kapitel 1 – 11.* Biblischer Kommentar Altes Testament, I/1. Berlin: Evangelische Verlagsanstalt, 1985 [Nachdruck der 3. Aufl. Neukirchen, 1983].

-----. *Die Klagelieder: Forschungsgeschichte und Auslegung.* Neukirchen-Vluyn: Neukirchener Verlag, 1990.

Widbin, R. Bryan. „Center Structure in the Center Oracles of Amos". *Go to the Land I will Show You: Studies in Honour of Dwight W. Young,* hg. Joseph E. Coleson u. Victor H. Matthews. Winona Lake/Indiana: Eisenbrauns, 1996, 177-192.

Wildberger, Hans. *Jesaja: 1. Teilband Jesaja 1 – 12*. Biblischer Kommentar Altes Testament, X/1. 2., verb. Aufl. Neukirchen: Neukirchener Verlag, 1980 (¹1974).
-----. *Jesaja: 2. Teilband Jesaja 13 – 27*. Biblischer Kommentar Altes Testament, X/2. Neukirchen: Neukirchener Verlag, 1978.
-----. *Jesaja: 3. Teilband Jesaja 28 – 39. Das Buch, der Prophet und seine Botschaft*. Biblischer Kommentar Altes Testament, X/3. Neukirchen: Neukirchener Verlag, 1982.
-----. „שאר". *Theologisches Handwörterbuch zum Alten Testament*, 2, hg. Ernst Jenni u. Claus Westermann. München: Chr. Kaiser; Zürich: Theologischer Verlag, 1979, 844-855.
Willi-Plein, Ina. *Prophetie am Ende: Untersuchungen zu Sacharja 9-14*. Bonner Biblische Beiträge, 42. Köln: Peter Hanstein Verlag, 1974.
-----. „Sacharja/Sacharjabuch". *Theologische Realenzyklopädie*, 29, 1998, 539-547.
-----. „Das Zwölfprophetenbuch". *Theologische Rundschau*, 64, 1999, 351-395.
Willoughby, Bruce E. „Amos, Book of". *Anchor Bible Dictionary*, 1. New York: Doubleday, 1992, 203-212.
Wolfe, Rolland Emerson. „The Editing of the Book of the Twelve". *Zeitschrift für die alttestamentliche Wissenschaft*, 53, 1935, 90-129.
Wolff, Hans Walter. *Anthropologie des Alten Testaments*. Berlin: Evangelische Verlagsanstalt, 1980 [München: Chr. Kaiser, ³1977].
-----. *Dodekapropheton 1: Hosea*, 2., durchges. Aufl. Biblischer Kommentar Altes Testament, XIV/2. Neukirchen: Neukirchener Verlag, 1975.
-----. *Dodekapropheton 2: Joel und Amos*, 3., verbesserte Aufl. Biblischer Kommentar Altes Testament, XIV/2. Neukirchen: Neukirchener Verlag, 1976.
-----. *Dodekapropheton 3: Obadja und Jona*. Biblischer Kommentar Altes Testament, XIV/3. Neukirchen: Neukirchener Verlag,1977.
-----. „Endzeitvorstellungen und Orientierungskrise in der alttestamentlichen Prophetie". *„Wenn nicht jetzt, wann dann?": Aufsätze für Hans-Joachim Kraus zum 65. Geburtstag*. Hg. Hans-Georg Geyer u.a. Neukirchen: Neukirchener Verlag, 1983, 75-86.
-----. „Der große Jesreeltag: methodologische Erwägungen zur Auslegung einer alttestamentlichen Perikope". *Gesammelte Studien zum Alten Testament*, 2. Aufl. Theologische Bücherei, 22. München, 1973 [¹1964], 151-181.
-----. „Das Thema ‚Umkehr' in der alttestamentlichen Prophetie". *Gesammelte Studien zum Alten Testament*. 2. Aufl. Theologische Bücherei, 22. München, 1973 (¹1964), 130-150.

Zapff, Burkard M. „The Perspective of the Nations in the Book of Micah as a ‚Systematization' of the Nations´ Role in Joel, Jonah and Nahum? Reflections on a Context-Oriented Exegesis in the Book of the Twelve". *Society of Biblical Literature: Seminar Papers Series*, 38, 1999, 596-616.

-----. „Der Tag Jahwes im Alten Testament – seine Herleitung und Konzeption". *Schriftgelehrte Prophetie – Jes 13 und die Komposition des Jesajabuches: Ein Beitrag zur Erforschung der Redaktionsgeschichte des Jesajabuches.* Forschung zur Bibel, 74. Würzburg: Echter, 1995, 66-105.

Zenger, Erich. *Einleitung in das Alte Testament.* 4. durchges. u. erg. Aufl. Stuttgart: W. Kohlhammer, 2001 [¹1995].

Zimmerli, Walter. *Ezechiel: 1. Teilband Ezechiel 1 – 24*, 2., verb. Aufl. Biblischer Kommentar Altes Testament, XIII/1. Neukirchen: Neukirchener Verlag, 1979, [¹1969].

-----. *Ezechiel: 2. Teilband Ezechiel 25 – 48*, 2., verb. Aufl. Biblischer Kommentar Altes Testament, XIII/2. Neukirchen: Neukirchener Verlag, 1979, [¹1969].

Zobel, H.-J. „כנען". *Theologisches Wörterbuch zum Alten Testament*, IV, hg. G. Johannes Botterweck, Helmer Ringgren u. Heinz-Josef Fabry. Stuttgart u.a.: Kohlhammer, 1984, 224-243.

-----. „משפחה". *Theologisches Wörterbuch zum Alten Testament*, V, hg. G. Johannes Botterweck, Helmer Ringgren u. Heinz-Josef Fabry. Stuttgart u.a.: Kohlhammer, 1986, 86-93.

Ben Zvi, Ehud. *A Historical-Critical Study of the Book of Obadiah.* Beihefte zur Zeitschrift für die alttestamentliche Wissenschaft, 242. Berlin – New York: de Gruyter, 1996.

-----. *A Historical-Critical Study of the Book of Zephaniah.* Beihefte zur Zeitschrift für die alttestamentliche Wissenschaft, 198. Berlin – New York: de Gruyter, 1991.

-----. „Twelve Prophetic Books or ‚the Twelve': A few Preliminary Considerations". *Forming Prophetic Literature: Essays on Isaiah an the Twelve in Honour of John D.W. Watts*, hg. James W. Watts u. Paul R. House. Journal for the Study of the Old Testament: Supplement Series, 235. Sheffield, 1996, 126-156.

-----. „Zephaniah, Book of". *Dictionary of Biblical Interpretation: K-Z*, hg. John H. Hayes. Nashville, Tennessee: Abingdon Press, 1999, 669-673.

Register

Ausgewählt sind Stellen, die den Gedankengang der Arbeit tragen und ausführlich(er) besprochen wurden, soweit sie nicht im Inhaltsverzeichnis aufgeführt sind.

Genesis
Gen 1,3-5 228
Gen 4,1-16 112
Gen 8,21-22 228
Gen 18,18a 156

Exodus
Ex 1,7.20 156
Ex 1,9f 156
Ex 4,21 134
Ex 10 .... 118, 155
Ex 11,9f 134
Ex 28,36f 189
Ex 34,6 149

Levitikus
Lev 26,18-39 46

Deuteronomium
Dtn 1,19 279
Dtn 6,4 229
Dtn 7,21 279
Dtn 8,15 279
Dtn 10,21 279
Dtn 18,15.18 276
Dtn 28,20-61 46
Dtn 34,5 270

Josua
Jos 1,1.2.13.15 270
Jos 1,13 270
Jos 6 28

1Könige
1Kön 17,1-18,46 279
1Kön 18,12 277
1Kön 18,36 276
1Kön 8,33-40 46

2Könige
2Kön 2,3.5.9.10 277

Jesaja
Jes 2,12-17 .... 27, 217
Jes 5,25-30 151
Jes 13 .... 154, 218
Jes 13,11 171
Jes 13,2-16 .... 171, 291
Jes 13,4 171
Jes 13,6 154
Jes 22,1-14 219
Jes 34,5 275
Jes 66,18-24 219

Jeremia
Jer 9,1-5.7 277
Jer 12,6 277
Jer 30,4-9 222
Jer 31,38-40 222
Jer 4,5-6.26 151
Jer 46,3-12 170
Jer 46,4b 170
Jer 49,9.14-16 82

Ezechiel

Ez 5,10	278
Ez 7	222
Ez 30,1-19	153
Ez 38-39	223
Ez 40-48	224
Ez 42,13	225
Ez 46,20.24	225
Ez 47,1-12	224
Ez 48,30-35	225

Hosea

Hos 1-2	75
Hos 2,1-3	74, 287
Hos 2,10f	122
Hos 2,24	122, 130
Hos 4,1.6	256
Hos 4,3	62
Hos 5,7	256
Hos 5,8	151
Hos 5,8f	55, 151
Hos 5,14	16, 59
Hos 6,1	274
Hos 6,6	256
Hos 6,7	256
Hos 7,4.6.7	256
Hos 7,14	122
Hos 9,1f	122
Hos 9,7-9	16
Hos 11,8	130
Hos 11,8b	177
Hos 11,8f	290
Hos 12,4-15	256
Hos 13,7f	16, 59
Hos 14,2-9	119, 127, 177, 290, 292, 293
Hos 14,2f	273
Hos 14,5	273, 290
Hos 14,5a	257
Hos 14,7f	122

Joel

Joel 1,1	118
Joel 1,2-4	118
Joel 1,5-14	120
Joel 1,5-20	119
Joel 1,15-20	121
Joel 1,15	301, 309
Joel 1,15b	154
Joel 2,1-11	123, 142, 175, 261, 279, 291, 301, 305, 308, 310
Joel 2,1-17	123
Joel 2,1-2aα	157
Joel 2,1b	210, 291
Joel 2,1b.11b	259
Joel 2,1b.9bβ	150
Joel 2,2aα	291
Joel 2,6	157, 292
Joel 2,10-11	157
Joel 2,11	210, 309
Joel 2,12-14	259, 273
Joel 2,12-17	124, 176, 291, 293, 301
Joel 2,12b	261
Joel 2,12f	280
Joel 2,13b	149
Joel 2,14a	149, 290
Joel 2,18	128
Joel 2,18.19aα	244
Joel 2,18-20	129, 177, 290
Joel 2,18b	244
Joel 2,20	213
Joel 2,21-27	130
Joel 3	301
Joel 3,1	262
Joel 3,1-4,17	132
Joel 3,1-5	133
Joel 3,3f	262
Joel 3,4	309
Joel 3,4b	273
Joel 3,5a	262
Joel 3,5b	134, 290
Joel 3,5bα	170, 293
Joel 4,1-17	134, 301, 307, 310
Joel 4,1-3	162
Joel 4,1-3.9-17	162, 175, 292
Joel 4,1a	210
Joel 4,3a	292
Joel 4,4-8	135, 161, 168

Joel 4,4b.7b	293
Joel 4,8b	293
Joel 4,9-11	210
Joel 4,9-13	163, 168
Joel 4,10a	170, 173, 293
Joel 4,11	163, 168, 169
Joel 4,11.12	290
Joel 4,13	171
Joel 4,14	164, 171
Joel 4,14b	292
Joel 4,15-16a	164
Joel 4,16a	290
Joel 4,16b-17	165, 293
Joel 4,17	169
Joel 4,17a	293
Joel 4,17b	293
Joel 4,17bβ	211, 293
Joel 4,18-21	137, 290
Joel 4,18b	213

Amos

Am 1-2*	10
Am 1,1	137, 199, 290
Am 1,2a	290
Am 1,3-2,16	9
Am 1,3-2,3	137, 290
Am 1,14	11, 17, 200
Am 2,13	200
Am 3-6*	12
Am 3,2	15
Am 3,3-6.8	11
Am 3,4.8.12	59
Am 3,12	12
Am 3,13f	15
Am 3,14	39
Am 3,15	12
Am 4,6-11	273, 290
Am 4,6-11*	46
Am 4,6-9	127
Am 4,7	202
Am 4,9	122
Am 4,10	201
Am 4,12-13	55
Am 5	12
Am 5,1-17*	13
Am 5,8	200
Am 5,18-20	6, 27, 34, 38, 41, 47, 55, 153, 257, 282, 285, 301, 305, 306, 310
Am 5,18.20	200, 235
Am 5,19	59
Am 5,21-27*	13
Am 6,1	59
Am 6,1-7*	14
Am 7,1-6	127, 290
Am 7,17	201
Am 7-9*	10
Am 8,8	200
Am 8,9	200
Am 9,1	137, 200, 290
Am 9,1-4	12
Am 9,1-10	83
Am 9,3	39
Am 9,5-6	55
Am 9,11-15	83, 202
Am 9,11-15*	73, 286
Am 9,12a	84
Am 9,13b	140, 291
Am 9,14f	136

Obadja

Obadja	288, 302, 305, 307, 308
Obd 1-7	106
Obd 1-9	83
Obd 1b-4.5-7	91
Obd 1b-7	103
Obd 3aα	258
Obd 8-11.12-15	93
Obd 8-15	103, 105
Obd 9a	168
Obd 10-14	167
Obd 11a	293
Obd 11b	292
Obd 12-14	305, 309
Obd 12-15	85, 87
Obd 15	94
Obd 15a	167, 292
Obd 15b	293
Obd 16-18.19-21	96

Obd 16-21 .... 83, 105, 106, 114
Obd 16a 169, 293
Obd 17a 134, 169, 290, 293
Obd 18 258
Obd 18bβ 293
Obd 19 97
Obd 19-21 209
Obd 20 99
Obd 21 101

Jona
Jona 3,8-10 274

Micha
Mi 1,3-4 216
Mi 2,1 59
Mi 4,1-3 .... 173, 293
Mi 4,1-5(.6-13) 215
Mi 7,1-7 278

Nahum
Nah 1,2-8 67
Nah 1,7 67
Nah 3,1 59
Nah 3,15-17 123

Habakuk
Hab 2,20 69
Hab 2,5-19 59
Hab 2,6-19 68
Hab 2,8-19 286
Hab 3,16 67
Hab 3,3 150
Hab 3,3-15 .... 67, 69, 217

Zefanja
Zef 1-2 86
Zef 1* 20, 305, 310
Zef 1,2-18 .... 302, 306, 310
Zef 1,2-18* 62, 147, 286
Zef 1,2-3* 62, 69
Zef 1,2f 32
Zef 1,4-3,8* 42
Zef 1,6 .... 32, 47
Zef 1,7 34
Zef 1,7-13* 33, 36
Zef 1,7-16 .... 203, 285, 286
Zef 1,7-16* 30, 283
Zef 1,7b.14a 291
Zef 1,11 205
Zef 1,13b 32, 48
Zef 1,14-16 .... 20, 87, 283
Zef 1,15bα 67
Zef 1,15bβγ 149, 291
Zef 1,17-18a* 62
Zef 1,17f 32
Zef 2,1-3 .... 149, 203, 291, 302
Zef 2,1-3* 30, 41
Zef 2,3a 32
Zef 2,5 59
Zef 2,7.9 204
Zef 2,11 .... 206, 296
Zef 3,1 59
Zef 3,8* 43, 66, 203, 284
Zef 3,9 258
Zef 3,9-10 205
Zef 3,9-20 302
Zef 3,11-13 .... 48, 285
Zef 3,14-20 .... 72, 204
Zef 3,14-20* 286
Zef 3,17 255

Haggai
Hag 1,11 122

Sacharja
Sach 1,3 274
Sach 9-13 182
Sach 12,1-13,1 214
Sach 14 .... 182, 263, 294,
.... 303, 305, 307, 310
Sach 14,1-9 184
Sach 14,1a 210, 265
Sach 14,1b-2 210
Sach 14,10-11 .... 187, 192
Sach 14,10a 225
Sach 14,11 275
Sach 14,1-2 .... 184, 192, 203
Sach 14,12-15 .... 187, 193
Sach 14,16-19 .... 188, 193, 206, 234

Sach 14,17-19	234
Sach 14,20-21	189, 196
Sach 14,21aβ	225
Sach 14,21b	211
Sach 14,3-4	217
Sach 14,3-5	185, 193
Sach 14,6-8	235
Sach 14,6-9	185, 193
Sach 14,6a.bα	199
Sach 14,7	200
Sach 14,8	213
Sach 14,9.16	265
Sach 14,9a	209
Sach 14,9b	186

Maleachi

Mal 1,11-14	264
Mal 1,2-5	238
Mal 1,6-2,9	238
Mal 2,6	274
Mal 2,7	256
Mal 2,10-16	238
Mal 2,11	256
Mal 2,17-3,5	239, 258
Mal 3,1.2a	309
Mal 3,1b-4	262
Mal 3,2a	259
Mal 3,6-12	239, 259
Mal 3,6b-9	256
Mal 3,7	274
Mal 3,13-21	238, 261
Mal 3,16	244
Mal 3,17	244
Mal 3,17-21	252, 261, 297, 303, 305, 308, 310
Mal 3,17a	269
Mal 3,17b	241, 255
Mal 3,19a	256
Mal 3,20a	248, 257
Mal 3,21	245
Mal 3,22	270
Mal 3,22-24	269
Mal 3,23a	273
Mal 3,23f	269, 271, 299, 303, 309
Mal 3,24	277
Mal 3,24b	274

Psalmen

Ps 22,28f	101
Ps 46	172
Ps 93-100	226
Ps 96,13	150
Ps 97,2a	27
Ps 98,9	150
Ps 110,5f	29